第四版

企业所得税实务与风险防控

ENTERPRISE INCOME TAX PRACTICE AND RISK PREVENTION AND CONTROL

马泽方◎编著

中国市场出版社
China Market Press
·北京·

图书在版编目（CIP）数据

企业所得税实务与风险防控 / 马泽方编著．—4版．— 北京：中国市场出版社有限公司，2022.4
ISBN 978-7-5092-2202-7

Ⅰ.①企… Ⅱ.①马… Ⅲ.①企业所得税－税收管理－风险管理－中国
Ⅳ.①F812.424

中国版本图书馆CIP数据核字（2022）第034376号

企业所得税实务与风险防控（第四版）

QIYESUODESHUI SHIWU YU FENGXIAN FANGKONG

作　　者 马泽方
责任编辑 张　瑶（zhangyao9903@126.com）
出版发行 中国市场出版社 China Market Press
社　　址 北京月坛北小街2号院3号楼　**邮政编码** 100837
电　　话 编 辑 部（010）68032104　读者服务部（010）68022950
发 行 部（010）68021338　68020340　68053489
68024335　68033577　68033539
总 编 室（010）68020336
盗版举报（010）68020336
印　　刷 河北鑫兆源印刷有限公司
规　　格 185mm×260mm　16开本　**版　　次** 2022年4月第4版
印　　张 35.5　**印　　次** 2022年4月第1次印刷
字　　数 876千字　**定　　价** 98.00元
书　　号 ISBN 978-7-5092-2202-7

推荐序

RECOMMENDED ORDER

第一次见到马泽方，是在一次纳税检查讲座上，那时的他还是个刚毕业的大学生，腼腆地做着忠实的倾听者。第二次见到马泽方，是在他毕业论文答辩前，那时的他即将获得硕士学位，真诚地聆听着老师们对他论文的点评。第三次见到马泽方，是在一次税务机关的会议上，那时的他已经在纳税评估领域独当一面，沉稳地听着与会者的经验介绍。

十年弹指一挥间，从涉外税务分局到纳税评估分局，又到市局，马泽方像一块吸水的海绵，经过十年的学习、积淀，十年的聆听、思考，十年的实践、成长，今天终于成为一名讲述者，从普通企业都关注的收入、成本讲起，将企业最常见的增值税业务与所得税业务对比分析，将税务处理与财务会计处理紧密结合，将政策与税理综合梳理，娓娓道来的表述，循循善诱的分析，始终围绕如何避免日常业务中的税收风险这一鲜明主题。他的这本书紧贴基层业务的基本需求。

会倾听、勤思考、能梳理、善表述是优秀的税务工作者的素质体现。我希望马泽方的这本书能引发更多人的倾听、思考，也祝愿在税务领域不断勤奋耕耘的马泽方，今后收获更加丰硕的成果。

刘　颖

前言 PREFACE

笔者从事企业所得税风险管理工作多年，发现确有少数企业故意偷逃税款，但绝大多数企业本是主观诚信的纳税人，却因为对税收政策掌握得不够全面、准确，而少缴或漏缴税款。对于前者，应严厉打击；对于后者，应予以辅导，提高他们的纳税遵从度，加大对企业的政策辅导力度。在国家鼓励大众创业、万众创新的大背景下，增强企业的税务风险防范能力，是对企业发展的极大支持。

在我国，企业所得税是仅次于增值税的第二大税种。《中华人民共和国国民经济和社会发展第十四个五年规划和2035年远景目标纲要》指出："优化税制结构，健全直接税体系，适当提高直接税比重。"作为直接税重要组成部分的企业所得税势必受到更多重视。企业所得税由于其复杂性，一直是税收征管的难点。但近年来，随着国税、地税征管体制改革后企业所得税由过去的两家共管到一家管理，金三系统的日益完善，金四系统的正式启用，以及大数据应用的持续深入，税务机关对企业所得税风险管理的力度不断加大，企业所得税风险管理已经提到前所未有的高度。

目前市场上的税收实务类书籍已然很多，本书力求以"接地气"为特色脱颖而出。从提笔之初，笔者就本着"从实践中发现问题，解决实践中的问题"这一原则，尽可能地贴近企业实际业务，试图为税务机关及企业财务人员做好企业所得税工作提供实实在在的帮助。

闲言少叙，打开本书，体验三大特色：

一、突出实务——重点是经常性业务

企业所得税事项众多，难以做到面面俱到。为突出重点，本书对企业经常遇到的业务进行详细讲解，如收入、扣除、资产、优惠等，这些内容看似简单，却是企业容易出现风险的事项。如工资薪金是企业最普通的业务，但经常有企业因工资薪金支出处理不当引发税务风险；小型微利企业优惠是国家重点推进的税收优惠政策，但有不少企业误以为只要是“小微企业”就能享受税收优惠，导致风险；如此种种，不胜枚举。正所谓“祸患常积于忽微”，小政策不注意，也会酿成大风险。如一些企业认为只要是福利性质的支出，就属于职工福利费。一个小失误导致的风险可能就是上百万元的支出，而且会严重损害企业的形象。

本书还用较大篇幅介绍了企业相关业务的财务会计处理。纳税调整来源于会计，只有弄清楚会计处理，才能做好纳税调整。当前会计政策变化很快，为保证准确，本书会计方面全部采用新准则，很多讲解及例题参考了注册会计师考试的《会计》教材和注册税务师考试的《财务与会计》教材。

二、提示风险——这些教训真的发生过

随着简政放权的不断深入，税务机关的管理模式由原来的事前管理转变为事中事后管理，大量涉税事项不再需要审批，税收优惠取消备案，资产损失资料留存备查，极大地方便了企业，但企业在享受便利的同时也很容易产生税务风险。简政放权不是放而不管，税务机关加大了事中事后管理力度，建立了随机抽查机制，企业一旦被发现有问题，不但要补缴税款，还要加收滞纳金。因此，若企业没有全面透彻地掌握税收政策，在简政放权的形势下反而会面临更大的税务风险。

很多税收政策，或许在学习时并没有意识到其中的风险，实践中却可能付出很大的代价。比如企业报销高管学历教育的学费不属于职工教育经费，但很多企业并不知道，被税务机关检查出来要求补税时才恍然大悟。对此，本书力求起到点拨的作用。笔者结合多年的税收工作实践，从收入、扣除、资产、优惠等方面，针对税会差异、纳税申报表、案例、有争议的问题等，系统梳理了企业常见的税务风险，将可能遇到的风险一一点出，并辅以真实的案例进行详细讲解。

笔者在征管实践中还发现，不少企业由于对政策的误解而多交税。对于这种情况，本书也予以提示，以保障纳税人的合法权益。书中标注为“注意”的，为企业可能多交税的地方；标注为“风险提示”的，为企业可能产生税务风险的地方；标注为“案例”的，均来源于媒体报道的真实案例；标注为“争议”的，为目前存在争议的政策问题。

三、解读时新政策——这是一本税收政策工具书

本书涉及的政策截至2022年3月。当前税收政策变化极快，比如在本书将要完成时，国家又出台500万元以上固定资产一次性税前扣除、小型微利企业100万元至300万元再减半、科技型中小企业100%加计扣除等政策，笔者赶紧删除了过时内容，增加了最新内容。这种刚写完就有新政策出来的情况并不少见，笔者不厌其烦地修改，就是要为读者呈现最新的税收政策。国家税务总局未发布明确政策而省级税务机关（包括12366）已发布的政策、解答或口径，本书也列示出来供读者参考。需要注意的是，本书列出的国家税务总局的政策均为现行有效政策，但一些省级税务机关发布的政策、解答或口径可能随着时间的推移而废止或修改，由于难以查证，仅供参考。

书中所涉及的大量税收政策文件，全部标明文号、引用原文，便于读者查找。需要说明的是，笔者对每个文件在首次出现时均给出文件名称及文号。当该文件在后续较近的位置（一般在同节中）再次出现时，只给出文号，以保持行文简洁。敬请读者留意。

除了有益于企业财务人员，对于税务机关来说，本书同样适用。本书列出的企业常见风险可以对税务人员的纳税评估和税务稽查起到指引作用，在检查中从风险点入手，好过漫无头绪的大海捞针。

本书所做结论仅为笔者个人观点，不代表笔者所在单位及部门意见。

由于水平和经验有限，书中不足之处在所难免，欢迎读者批评指正。

马泽方

2022年3月

再版说明

REPRINT INSTRUCTIONS

《企业所得税实务与风险防控》自2016年3月初版问世以来，深受广大纳税人和税务干部喜爱。2020年1月第三版出版发行后，国家又相继出台了诸多企业所得税政策，修订了多个会计准则，因此有必要结合新政策与时俱进。第四版修订内容主要包括以下几个方面：

1. 增加了新发布的企业所得税政策

近年来，国家持续性减税降费，企业所得税出台了不少重要政策。如小型微利企业优惠在引入超额累进税率后再度减半，提高制造业和中小型科技企业研发费用加计扣除比例，加大软件和集成电路企业优惠力度，提高了固定资产一次性税前扣除金额，等等。此次修订删除了已到期或已被废止的政策，增加了新政策，净增加约5万字。本次修订政策截止到2022年3月。

2. 增加了新修订的会计准则内容

不但税收政策变化快，会计政策的变化也非常快。近年来，2006版《企业会计准则》不断被修订。会计处理的变化必然带来纳税调整的变化，本书会计核算部分采用了最新的会计准则，并探索了新准则对纳税调整的影响。所有例题均采用最新增值税税率计算。

3. 完善企业重组相关内容

近年来，企业重组税收政策越来越受到关注，此次修订大幅补充了企业重组的企业所得税相关内容，希望能对读者有所帮助。

4. 精简案例内容

本书收集了百余个源自媒体报道的真实案例，以提示读者这些风险真实发生过。但这些案例占用篇幅较大。为突出重点，此次修订大幅精简了案例内容，有兴趣的读者可自行查阅全文。

CONTENTS

目录

第1章
收 入

Enterprise Income Tax
Practice and Risk
Prevention and Control

TAXING

1.1 应税收入

收入是企业生产经营最重要的方面，不取得收入企业靠什么生存下去？但税收上的收入和会计上的收入有所不同，前者的范围远大于后者。

2017年修订的《企业会计准则第14号——收入》（财会〔2017〕22号）（以下简称新收入准则）规定，在境内外同时上市的企业以及在境外上市并采用国际财务报告准则或企业会计准则编制财务报表的企业，自2018年1月1日起施行；其他境内上市企业，自2020年1月1日起施行；执行企业会计准则的非上市企业，自2021年1月1日起施行。目前，该准则已在我国全面施行。新收入准则第二条规定："收入，是指企业在日常活动中形成的、会导致所有者权益增加的、与所有者投入资本无关的经济利益的总流入。"比如制造企业销售产品取得的收入是主营业务收入，出租设备取得的租金是其他业务收入，二者组成了企业的营业收入。非日常活动中形成的经济利益的流入，则不属于收入，比如企业获取的政府补助，计入营业外收入，营业外收入是利得，不属于收入。有的企业会把营业外收入计入营业收入，收入总额没有减少，纳税也没有减少，但税务机关会找上门来。为什么？原因在后面会讲到。

税收上的收入范围就大多了，企业的一切经济利益流入都是应税收入。应税收入，就是应当缴税的收入。因此，如果税务人员说您少计收入了，并不一定是您在会计上少计了收入，可能是您少计了其他应税收入。

《中华人民共和国企业所得税法》（以下简称《企业所得税法》）第六条规定："企业以货币形式和非货币形式从各种来源取得的收入，为收入总额。包括：（一）销售货物收入；（二）提供劳务收入；（三）转让财产收入；（四）股息、红利等权益性投资收益；（五）利息收入；（六）租金收入；（七）特许权使用费收入；（八）接受捐赠收入；（九）其他收入。"这其中有的收入在会计上不计入收入，如"股息、红利等权益性投资收益"（会计上计入投资收益或冲减长期股权投资成本）、"利息收入"（会计上记入"财务费用"科目的贷方）等，因此应税收入的范围远大于企业会计收入。

说白了，企业的一切经济利益流入都是应税收入。很多企业咨询，我们取得的这项收入是否应当缴税。简言之，如果符合收入确认条件，又不符合税收优惠条件，那么都应当缴税。

1.2 销售收入确认

1.2.1 权责发生制

权责发生制是收入确认的总原则。《中华人民共和国企业所得税法实施条例》（以下简称《企业所得税法实施条例》）第九条规定："企业应纳税所得额的计算，以权责发生制为原则，属于当期的收入和费用，不论款项是否收付，均作为当期的收入和费用；不属于当期的收入和费用，即使款项已经在当期收付，均不作为当期的收入和费用。本条例和国务院财政、税务主管部门另有规定的除外。"

《企业会计准则——基本准则》第九条规定："企业应当以权责发生制为基础进行会计确认、计量和报告。"没有例外，因此，在权责发生制上无税会差异。

1.2.2 销售收入确认原则

企业最重要的收入是销售收入，税收上的销售收入确认原则与会计上的销售收入确认原则有所不同。

企业会计准则采用五步法确认收入，即：第一步，识别与客户订立的合同；第二步，识别合同中的单项履约义务；第三步，确定交易价格；第四步，将交易价格分摊至各单项履约义务；第五步，履行各单项履约义务时确认收入。新收入准则第五条规定："当企业与客户之间的合同同时满足下列条件时，企业应当在客户取得相关商品控制权时确认收入：（一）合同各方已批准该合同并承诺将履行各自义务；（二）该合同明确了合同各方与所转让商品或提供劳务（以下简称'转让商品'）相关的权利和义务；（三）该合同有明确的与所转让商品相关的支付条款；（四）该合同具有商业实质，即履行该合同将改变企业未来现金流量的风险、时间分布或金额；（五）企业因向客户转让商品而有权取得的对价很可能收回。在合同开始日即满足前款条件的合同，企业在后续期间无需对其进行重新评估，除非有迹象表明相关事实和情况发生重大变化。合同开始日通常是指合同生效日。"

旧收入准则区分销售商品、提供劳务、让渡资产使用权和建造合同，分别采取不同收入确认模式，新收入准则不再区分业务类型，采用统一的收入确认模式。企业所得税收入政策的基础性文件是《国家税务总局关于确认企业所得税收入若干问题的通知》（国税函〔2008〕875号），其第一条规定："除企业所得税法及实施条例另有规定外，企业销售收入的确认，必须遵循权责发生制原则和实质重于形式原则。

（一）企业销售商品同时满足下列条件的，应确认收入的实现：

1.商品销售合同已经签订，企业已将商品所有权相关的主要风险和报酬转移给购货方；

2.企业对已售出的商品既没有保留通常与所有权相联系的继续管理权，也没有实施有效控制；

3.收入的金额能够可靠地计量；

4.已发生或将发生的销售方的成本能够可靠地核算"。

会计上的收入确认原则是在2017年修订的，税收上的收入确认原则是根据原收入准则制定的。但在国税函〔2008〕875号文件有效的情况下，税收上仍然按照上述四项原则确认销售收入。新收入准则更强调对合同的职业判断、合理预估，难度明显增大，而税收上的销售收入确认强调确定性原则。因此，也产生更多的税会差异。

1.2.3 收入确认时间

国税函〔2008〕875号文件第一条第二款规定："符合上款收入确认条件，采取下列商品销售方式的，应按以下规定确认收入实现时间：

1.销售商品采用托收承付方式的，在办妥托收手续时确认收入。

2. 销售商品采取预收款方式的，在发出商品时确认收入。

3. 销售商品需要安装和检验的，在购买方接受商品以及安装和检验完毕时确认收入。如果安装程序比较简单，可在发出商品时确认收入。

4. 销售商品采用支付手续费方式委托代销的，在收到代销清单时确认收入。”

第四款规定：“销售商品以旧换新的，销售商品应当按照销售商品收入确认条件确认收入，回收的商品作为购进商品处理。”

注 意

开具发票不一定就要确认企业所得税营业收入。

企业开具发票即缴纳增值税，但开具发票不一定缴纳企业所得税。销售货物按国税函〔2008〕875号文件规定确认收入，如企业销售货物于年底收款开具发票，次年初货物发出。在开具发票时，应确认增值税销售额，但由于其时与商品所有权相关的主要风险和报酬尚未转移，因此不能确认企业所得税营业收入，而是待次年确认企业所得税营业收入。

风险提示

1. 不开具发票不一定就不确认企业所得税营业收入。

销售货物按国税函〔2008〕875号文件规定确认收入，与企业是否开具发票无关，企业即使未开具发票，符合国税函〔2008〕875号文件规定的，也应确认企业所得税营业收入。

案 例

某混凝土企业向客户发出混凝土产品后，因对方单位迟迟没有结算，故未开具发票，随后也没有申报销售收入。经自查，及时调整账务，将未记入账目的收入442万元进行申报，并补缴了税款和滞纳金。

资料来源：疑点数据分析查出企业漏报收入［N］. 中国税务报，2015-05-20（B6）.

2. 会计上不确认收入企业所得税上不一定也不确认收入。

【例1-1】 企业销售一批商品，增值税专用发票上注明售价为10万元，增值税税额为1.3万元，该批商品成本为6万元。企业在销售该批商品时已得知对方资金流转发生暂时困难，但为了减少存货积压，同时为了维持与对方长期以来建立的商业关系，仍将商品发出。会计处理如下：

借：发出商品	60 000	
贷：库存商品		60 000
借：应收账款	13 000	
贷：应交税费——应交增值税（销项税额）		13 000

由于企业因向客户转让商品而有权取得的对价不是很可能收回，不符合收入确认原则，不能在会计上确认收入，但符合应税收入确认的四项原则，应确认应税收入，并结转成本。

3.不收钱就不确认收入是错误的。

权责发生制原则是最简单的原则，也是企业最容易忽视的原则。

【例1–2】某企业销售商品一批，不含税售价100万元，增值税税率13%，成本80万元，货款尚未收到，发票已开具。会计处理如下：

借：应收账款　　1 130 000

　贷：主营业务收入　　1 000 000

　　应交税费——应交增值税（销项税额）　　130 000

借：主营业务成本　　800 000

　贷：库存商品　　800 000

这是所有会计学习中最简单的题目，相信学过会计的人都会做。但实务中企业经常会想：我没收到钱，为什么要缴税？现在有不少企业不到收钱不确认收入，显然，这既违反了税收政策，也违反了会计政策。

因此，收入确认的原则是权责发生制，而不是以收到钱为准。

1.3 各种销售方式

例1–2是最普通的销售方式，还有很多特殊的销售方式。

1.3.1 重大融资成分

新收入准则第十七条规定："合同中存在重大融资成分的，企业应当按照假定客户在取得商品控制权时即以现金支付的应付金额确定交易价格。该交易价格与合同对价之间的差额，应当在合同期间内采用实际利率法摊销。合同开始日，企业预计客户取得商品控制权与客户支付价款间隔不超过一年的，可以不考虑合同中存在的重大融资成分。"

也就是说，此时合同中包括销售交易和融资交易。当客户拖延付款时，企业是在向客户提供融资，所确认的交易价格将会少于收取的对价，差额部分将确认为利息收入；相反，当客户提前付款时，企业是从客户取得融资，所确认的交易价格将会大于收取的对价，差额部分将被确认为利息费用。

合同开始日，企业预计客户取得商品控制权与客户支付价款间隔不超过一年的，可以不考虑合同中存在的重大融资成分。

1.3.1.1 企业为客户提供重大融资利益

企业为客户提供重大融资利益，即企业延期收款。

【例1–3】20×1年1月1日，甲公司向乙公司销售一批商品，合同约定：销售价格为124万元（不含税），必须在交货后的24个月内支付，乙公司在合同开始时即获得产品的控制权。该产品的现金售价为100万元（不含税），它代表了在合同开始时点、按相同条款和条件出售相同商品并于交货时支付货款的价格。该商品成本为80万元。这是一份含有重大融资成分的合同。

（1）会计处理。

20×1年1月1日发货时：

借：应收账款 1 000 000

  贷：主营业务收入 1 000 000

借：主营业务成本 800 000

  贷：库存商品 800 000

分24个月确认利息收入，20×1年12月31日累计会计分录如下：

借：应收账款 120 000

  贷：财务费用 120 000

20×2年收到款项时：

借：银行存款 1 401 200

  贷：应收账款 1 240 000

    应交税费——应交增值税（销项税额） 161 200

20×2年12月31日累计会计分录如下：

借：应收账款 120 000

  贷：财务费用 120 000

（2）税务处理。

按照国税函〔2008〕875号文件的规定，在货物发出时即确认收入124万元，由于会计上在第一年确认收入和利息收入112万元（100+12），需要纳税调增12万元；第二年会计上确认利息收入12万元，税务上确认收入为零，需要纳税调减12万元。

【例1-4】20×1年1月1日，甲公司采用分期收款方式向乙公司销售一套大型设备，合同约定的销售价格为2 000万元（不含税），分5次于每年12月31日等额收取。该大型设备成本为1 560万元。在现销方式下，该大型设备的销售价格为1 600万元。内含利率为7.93%。

（1）会计处理。

甲公司每期财务费用表见表1-1。

表1-1 每期财务费用表 单位：元

日 期	未收本金	财务费用	收现总额	已收本金
	1=1-4	2=1×7.93%	3	4=3-2
20×1年1月1日	16 000 000			
20×1年12月31日	16 000 000	1 268 800	4 000 000	2 731 200
20×2年12月31日	13 268 800	1 052 216	4 000 000	2 947 784
20×3年12月31日	10 321 016	818 457	4 000 000	3 181 543
20×4年12月31日	7 139 472	566 160	4 000 000	3 433 840
20×5年12月31日	3 705 633	294 367*	4 000 000	3 705 633
合计		4 000 000	20 000 000	16 000 000

*尾数调整。

①20×1年1月1日销售实现时：

借：长期应收款　20 000 000

　贷：主营业务收入　16 000 000

　　未实现融资收益　4 000 000

借：主营业务成本　15 600 000

　贷：库存商品　15 600 000

②20×1年12月31日收取货款时：

借：银行存款　4 520 000

　贷：长期应收款　4 000 000

　　应交税费——应交增值税（销项税额）　520 000

借：未实现融资收益　1 268 800

　贷：财务费用　1 268 800

③20×2年12月31日收取货款时：

借：银行存款　4 520 000

　贷：长期应收款　4 000 000

　　应交税费——应交增值税（销项税额）　520 000

借：未实现融资收益　1 052 200

　贷：财务费用　1 052 200

20×3—20×5年会计处理相同，只是每年财务费用不同。

（2）税务处理。

《企业所得税法实施条例》第二十三条规定："以分期收款方式销售货物的，按照合同约定的收款日期确认收入的实现。"因此，税法与会计产生了差异。

本例中，20×1年，会计上确认1 600万元收入，1 560万元成本，销售利润40万元，而税收上只确认400万元收入，312万元成本，销售所得88万元；同时调增财务费用。20×2—20×5年，会计上已无收入、成本，但税收上每年确认销售所得88万元；同时，调增财务费用（如表1-2所示）。

表1-2　甲公司各年度纳税调整明细表　　单位：元

年度	纳税调减		纳税调增	纳税调整
	会计销售利润	财务费用	税收销售所得	
	1	2	3	4=3-2-1
20×1	400 000	1 268 800	880 000	-788 800
20×2		1 052 216	880 000	-172 216
20×3		818 457	880 000	61 543
20×4		566 160	880 000	313 840
20×5		294 367	880 000	585 633
合计	400 000	4 000 000	4 400 000	0

《小企业会计准则》第五十九条第三款规定："销售商品采用分期收款方式的，在合同

约定的收款日期确认收入。”无税会差异。

风险提示

1.注意分期收款的税会差异。

分期收款收入在会计上是按照权责发生制原则确认，税收上则是按照合同约定的收款日期确认，存在税会差异。

2.以分期收款方式销售货物的，才能按照合同约定的收款日期确认收入的实现。

《企业所得税法实施条例》第二十三条规定：“以分期收款方式销售货物的，按照合同约定的收款日期确认收入的实现。”此处仅指“分期收款方式销售货物”，若采用分期收款方式销售非货物财产，如技术、服务等，则不能按照合同约定的收款日期确认收入的实现，应按照《国家税务总局关于企业取得财产转让等所得企业所得税处理问题的公告》（国家税务总局公告2010年第19号）规定的“企业取得财产（包括各类资产、股权、债权等）转让收入、债务重组收入、接受捐赠收入、无法偿付的应付款收入等，不论是以货币形式、还是非货币形式体现，除另有规定外，均应一次性计入确认收入的年度计算缴纳企业所得税”处理。

案 例

2020年4月，上海艾力斯医药科技股份有限公司招股说明书披露，其与深圳信立泰药业股份有限公司签订《战略合作框架协议》等协议，向信立泰出售了阿利沙坦酯原料药和制剂的生产技术、相关专利等。根据公司与信立泰的协议约定，信立泰按照分期方式向支付了相关合同价款，公司在财务处理上按照收款情况进行了相关收入的申报。2019年，经公司自查，对确认收入的时间点按照企业会计准则进行了调整，将相关收入调整至2016年度进行确认，并据此对上海艾力斯2016—2018年度的企业所得税进行了补充申报，补缴了2016年度企业所得税3 520.88万元和对应滞纳金1 542.15万元。

资料来源：上海艾力斯医药科技股份有限公司首次公开发行股票并在科创板上市招股说明书（申报稿）[EB/OL].（2020-04-17）东方财富网.

1.3.1.2 客户为企业提供重大融资利益

客户为企业提供重大融资利益，即客户提前付款。

（1）会计处理。

【例1-5】20×1年1月1日，甲公司与乙公司签订合同，向其销售一批产品。合同约定，该批产品将于2年之后交货。合同中包含两种可供选择的付款方式，即乙公司可以在2年后交付产品时支付449.44万元，或者在合同签订时支付400万元。乙公司选择在合同签订时支付货款。该批产品的控制权在交货时转移。甲公司于20×1年1月1日收到乙公司支付的货款，并开具增值税专用发票。本例中，按照上述两种付款方式计算的内含利率为6%。考虑到乙公司付款时间和产品交付时间之间的间隔以及现行市场利率水平，甲公司认为该合同包含重大融资成分，在确定交易价格时，应当对合同承诺的对价金额进行调整，以反映该重大融资成分的影响。假定融资费用不符合借款费用资本化的要求。甲公司的账务处理为：

20×1年1月1日收到货款：

借：银行存款　　4 520 000

　　未确认融资费用　　494 400（4 494 400−4 000 000）

　贷：合同负债　　4 494 400

　　　应交税费——应交增值税（销项税额）　　520 000

20×1年12月31日确认融资成分的影响：

借：财务费用——利息支出　　240 000（4 000 000×6%）

　贷：未确认融资费用　　240 000

20×2年12月31日交付产品：

借：财务费用——利息支出　　254 400（494 400−240 000）

　贷：未确认融资费用　　254 400

借：合同负债　　4 494 400

　贷：主营业务收入　　4 494 400

（2）税务处理。上例中，甲公司的销售方式属于预收货款。国税函〔2008〕875号文件第一条第二款第二项规定："销售商品采取预收款方式的，在发出商品时确认收入"，因此，20×1年收到货款时，不确认收入，也不确认财务费用，调增24万元；20×2年交付产品时，符合收入确认条件，确认收入400万元，调减收入49.44万元（400−449.44），调增财务费用25.44万元，合计调减24万元。

1.3.2 分摊交易价格

1.3.2.1 单独售价确定方法

（1）会计处理。新收入准则第二十条规定："合同中包含两项或多项履约义务的，企业应当在合同开始日，按照各单项履约义务所承诺商品的单独售价的相对比例，将交易价格分摊至各单项履约义务。企业不得因合同开始日之后单独售价的变动而重新分摊交易价格。"

【例1-6】20×1年12月20日，甲公司与乙公司签订合同，向其销售A、B两种商品，合同价款为2 000元（不含税）。合同约定，A商品于合同开始日交付，B商品在一个月之后交付，只有当两种商品全部交付之后，甲公司才有权收取2 000元的合同对价。假定A商品和B商品分别构成单项履约义务，其控制权在交付时转移给乙公司，A商品的单独售价为500元，B商品的单独售价为2 000元。

本例中，分摊至A商品的合同价款为400元［500÷（500+2 000）×2 000］，分摊至B商品的合同价款为1 600元［2 000÷（500+2 000）×2 000］。会计处理如下：

20×1年12月20日交付A商品时：

借：合同资产　　400

　贷：主营业务收入　　400

20×2年1月20日后交付B商品时：

借：应收账款 2 260

贷：合同资产 400

主营业务收入 1 600

应交税费——应交增值税（销项税额） 260[1]

（2）税务处理。上例中，A商品在交付时，已符合国税函〔2008〕875号文件要求，应当确认收入，但由于税法没有规定如何分摊，可按照《国家税务总局关于企业所得税年度汇算清缴有关事项的公告》（国家税务总局公告2021年第34号）中的年度申报表填报说明规定处理，即“纳税人在计算企业所得税应纳税所得额及应纳税额时，会计处理与税收规定不一致的，应当按照税收规定计算。税收规定不明确的，在没有明确规定之前，暂按国家统一会计制度计算”。

1.3.2.2 分摊合同折扣

新收入准则第二十三条规定：“对于合同折扣，企业应当在各单项履约义务之间按比例分摊。有确凿证据表明合同折扣仅与合同中一项或多项（而非全部）履约义务相关的，企业应当将该合同折扣分摊至相关一项或多项履约义务。合同折扣仅与合同中一项或多项（而非全部）履约义务相关，且企业采用余值法估计单独售价的，应当首先按前款规定在该一项或多项（而非全部）履约义务之间分摊合同折扣，然后采用余值法估计单独售价。合同折扣，是指合同中各单项履约义务所承诺商品的单独售价之和高于合同交易价格的金额。”

情况一：各项商品可估计单独售价。

（1）会计处理。

【例1-7】20×1年11月1日，甲公司与乙公司签订合同，向其销售A、B、C三种产品，合同总价款为1 000元，这三种产品构成三个单项履约义务。甲公司在类似环境下向类似客户单独销售A产品、B产品、C产品的单独售价分别400元、250元、750元。甲公司经常单独出售三种产品，另外，甲公司也经常以600元的价格将B产品和C产品一同出售。只有当三种商品全部交付之后，甲公司才有权收取1 000元的合同对价。甲公司按照合同约定于20×1年11月、12月和20×2年1月分别向乙公司转让了A产品、B产品、C产品。

由于该合同包含针对整项交易的折扣400元（1 400−1 000），如按单独售价的相对比例分摊交易价格，这一折扣将按比例分摊至全部三项履约义务。但是，由于甲公司定期以600元的价格将B产品和C产品一同出售，且以400元的价格出售A产品，因此甲公司有证据证明应当将全部折扣400元分摊至转让B产品和C产品的履约义务。

本例中，各产品分摊的交易价格分别为：A产品400元，B产品150元（250÷1 000×600），C产品450元（750÷1 000×600）。会计处理如下：

20×1年11月交付A产品时：

---

[1]《中华人民共和国增值税暂行条例实施细则》（以下简称《增值税暂行条例实施细则》）第三十八条第一款规定：“采取直接收款方式销售货物，不论货物是否发出，均为收到销售款或者取得索取销售款凭据的当天。”

借：合同资产　400
　贷：主营业务收入　400

20×1年12月交付B产品时：

借：合同资产　150
　贷：主营业务收入　150

20×2年1月交付C产品时：

借：应收账款　1 130
　贷：合同资产　550
　　主营业务收入　450
　　应交税费——应交增值税（销项税额）　130

（2）税务处理。税务处理可能产生分歧。通常按照每一种产品的售价计算分摊，即各产品分摊的交易价格分别为：A产品286元（400÷1 400×1 000），B产品179元（250÷1 400×1 000），C产品535元（750÷1 400×1 000），但这样处理政策依据不足。笔者认为，在未有明确规定之前，可暂按会计处理计算。

情况二：部分商品不可估计单独售价。

（1）会计处理。

【例1-8】20×1年11月1日，甲公司与乙公司签订合同，向其销售A、B、C三种产品，合同总价款为1 200元，这三种产品构成三个单项履约义务。甲公司经常单独出售A产品，其可直接观察的单独售价为500元；B产品和C产品的单独售价不可直接观察，企业采用市场调整法估计B产品的单独售价为250元，采用成本加成法估计C产品的单独售价为750元。甲公司经常以500元的价格单独销售A产品，并且经常将B产品和C产品组合在一起以700元的价格销售。只有当三种商品全部交付之后，甲公司才有权收取1 200元的合同对价。甲公司按照合同约定于20×1年11月、12月和20×2年1月分别向乙公司转让了A产品、B产品、C产品。

这三种产品的单独售价合计为1 500元，而该合同的价格为1 200元，因此该合同的折扣为300元。由于甲公司经常将B产品和C产品组合在一起以700元的价格销售，该价格与其单独售价的差额为300元，与该合同的折扣一致，而A产品单独销售时的价格与其单独售价一致，证明该合同的折扣仅应归属于B产品和C产品。

在该合同下，分摊至A产品的交易价格为500元，分摊至B产品和C产品的交易价格合计为700元，甲公司应当进一步按照B产品和C产品的单独售价的相对比例将该价格在二者之间进行分摊。

因此，各产品分摊的交易价格分别为：A产品500元，B产品175元（250÷1 000×700），C产品525元（750÷1 000×700）。会计处理如下：

20×1年11月交付A产品时：

借：合同资产　500
　贷：主营业务收入　500

20×1年12月交付B产品时：

借：合同资产　175
　贷：主营业务收入　175

20×2年1月交付C产品时：

借：应收账款　　1 356

　贷：合同资产　　675

　　　主营业务收入　　525

　　　应交税费——应交增值税（销项税额）　　156

（2）税务处理。同上，在未有明确规定之前，可暂按会计处理计算。

1.3.3 商业折扣

1.3.3.1 会计处理

商业折扣，是指企业为促进商品销售而在商品标价上给予的价格扣除。销售商品涉及商业折扣的，应当按照扣除商业折扣后的金额确定销售商品收入金额。

【例1-9】甲公司为增值税一般纳税人，销售某商品，单价20元（不含税），每件成本15元，购买1 000件以上可以打8折。乙公司购买2 000件，货物已发出，货款已付。会计处理如下：

借：应收账款　　36 160

　贷：主营业务收入　　32 000

　　　应交税费——应交增值税（销项税额）　　4 160

借：主营业务成本　　30 000

　贷：库存商品　　30 000

1.3.3.2 税务处理

国税函〔2008〕875号文件第一条第五款规定："企业为促进商品销售而在商品价格上给予的价格扣除属于商业折扣，商品销售涉及商业折扣的，应当按照扣除商业折扣后的金额确定销售商品收入金额。"

商业折扣就是俗称的打折销售，无税会差异，企业所得税与增值税都按照打折后的金额确认应税收入。《国家税务总局关于印发〈增值税若干具体问题的规定〉的通知》（国税发〔1993〕154号）第二条第二款规定："纳税人采取折扣方式销售货物，如果销售额和折扣额在同一张发票上分别注明的，可按折扣后的销售额征收增值税；如果将折扣额另开发票，不论其在财务上如何处理，均不得从销售额中减除折扣额"，因此，企业须注意将折扣额另开发票。

1.3.4 现金折扣

1.3.4.1 会计处理

现金折扣，是指债权人为鼓励债务人在规定的期限内付款而向债务人提供的债务扣除。旧收入准则规定销售商品涉及现金折扣的，应当按照扣除现金折扣前的金额确定销售商品收入金额，现金折扣在实际发生时计入当期损益（财务费用），即总价法。

新收入准则执行后，财政部会计司在收入准则实施问答（2020年12月11日）中明确："企业在销售商品时给予客户的现金折扣，应当按照《企业会计准则第14号——收入》（财会〔2017〕22号）中关于可变对价的相关规定进行会计处理。"新收入准则第十六条规定，"合同中存在可变对价的，企业应当按照期望值或最可能发生金额确定可变对价的最佳估计数，但包含可变对价的交易价格，应当不超过在相关不确定性消除时累计已确认收入极可能不会发生重大转回的金额。企业在评估累计已确认收入是否极可能不会发生重大转回时，应当同时考虑收入转回的可能性及其比重"，即按照净价法确认收入。但在具体会计处理上，目前存在两种方法。

【例1-10】甲公司为增值税一般纳税人，20×1年12月28日销售某商品，单价20元，每件成本15元，乙公司购买2 000件，销售合同约定现金折扣条件为2/10，1/20，n/30，货物已于12月28日发出。甲公司预计乙公司10天内支付货款的概率最大，按照最可能发生金额确定可变对价的最佳估计数。会计处理如下：

（1）方法一：合同负债不含税。

20×1年12月28日：

借：应收账款	45 200	
贷：主营业务收入		39 200（40 000×98%）
应交税费——应交增值税（销项税额）		5 200
合同负债		800（40 000×2%）
借：主营业务成本	30 000	
贷：库存商品		30 000

①若乙公司于20×2年1月5日付款。

借：银行存款	44 296	
合同负债	800	
财务费用	104	
贷：应收账款		45 200

②若乙公司于20×2年1月10日付款。

借：银行存款	44 748	
合同负债	800	
财务费用	52	
贷：应收账款		45 200
主营业务收入		400

③若乙公司于20×2年1月20日付款。

借：银行存款	45 200	
合同负债	800	
贷：应收账款		45 200
主营业务收入		800

（2）方法二：预计负债含税。

20×1年12月28日：

借：应收账款　45 200
　贷：主营业务收入　39 096
　　应交税费——应交增值税（销项税额）　5 200
　　预计负债　904（45 200×2%）
借：主营业务成本　30 000
　贷：库存商品　30 000

①若乙公司于20×2年1月5日付款。

借：银行存款　44 296
　预计负债　904
　贷：应收账款　45 200

②若乙公司于20×2年1月10日付款。

借：银行存款　44 748
　预计负债　904
　贷：应收账款　45 200
　　主营业务收入　452

③若乙公司于20×2年1月20日付款。

借：银行存款　45 200
　预计负债　904
　贷：应收账款　45 200
　　主营业务收入　904

1.3.4.2 税务处理

国税函〔2008〕875号文件第一条第五款规定："……债权人为鼓励债务人在规定的期限内付款而向债务人提供的债务扣除属于现金折扣，销售商品涉及现金折扣的，应当按扣除现金折扣前的金额确定销售商品收入金额，现金折扣在实际发生时作为财务费用扣除"。与旧收入准则规定一致，现金折扣处理无税会差异。

新收入准则下，由于会计上采用净价法，产生税会差异。首先，20×1年在税收上确认收入40 000元，其次，20×2年现金折扣实际发生时作为财务费用扣除的金额做纳税调减。纳税调整如下（见表1-3、表1-4）：

表1-3　方法一纳税调整明细表　　单位：元

方法一	纳税调增		纳税调减		纳税调整
	税收上的收入	会计上的财务费用	会计上的收入	税收上的财务费用	
	1	2	3	4	5=1+2−3−4
①					
20×1年	40 000		39 200		800
20×2年		104		904	−800

续表

方法一	纳税调增		纳税调减		纳税调整
	税收上的收入	会计上的财务费用	会计上的收入	税收上的财务费用	
	1	2	3	4	5=1+2–3–4
合计					0
②					
20×1年	40 000		39 200		800
20×2年		52	400	452	–800
合计					0
③					
20×1年	40 000		39 200		800
20×2年			800		–800
合计					0

表1–4 方法二纳税调整明细表 单位：元

方法二	纳税调增	纳税调减		纳税调整
	税收上的收入	会计上的收入	税收上的财务费用	
	1	2	3	4=1–2–3
①				
20×1年	40 000	39 096		904
20×2年			904	–904
合计				0
②				
20×1年	40 000	39 096		904
20×2年		452	452	–904
合计				0
③				
20×1年	40 000	39 096		904
20×2年		904		–904
合计				0

1.3.5 销售折让

1.3.5.1 会计处理

销售折让，是指企业因售出商品的质量不合格等原因而在售价上给予的减让。企业已经确认销售商品收入的售出商品发生销售折让的，应当在发生时冲减当期销售商品收入。

【例1–11】甲公司向乙公司销售一批商品，开出的增值税专用发票上注明的销售价款为80万元。乙公司在验收过程中发现商品质量不合格，要求在价格上给予5%的折让。假定甲公司已确认销售收入，款项尚未收到，已取得税务机关开具的红字增值税专用发票。甲公司会计处理如下：

（1）销售实现时：

借：应收账款	904 000	
贷：主营业务收入		800 000
应交税费——应交增值税（销项税额）		104 000

（2）发生销售折让时：

借：主营业务收入	40 000	
应交税费——应交增值税（销项税额）	5 200	
贷：应收账款		45 200

（3）实际收到款项时：

借：银行存款	858 800	
贷：应收账款		858 800

1.3.5.2 税务处理

国税函〔2008〕875号文件第一条第五款规定："企业因售出商品的质量不合格等原因而在售价上给的减让属于销售折让……企业已经确认销售收入的售出商品发生销售折让和销售退回，应当在发生当期冲减当期销售商品收入。"销售折让处理无税会差异。

1.3.6 委托代销

1.3.6.1 视同买断方式

以视同买断方式代销商品，是指委托方和受托方签订合同或协议，委托方按合同或协议收取代销的货款，实际售价由受托方自定，实际售价与合同或协议价之间的差额归受托方所有。如果委托方和受托方之间的协议明确标明，受托方在取得代销商品后，无论是否能够卖出、是否获利，均与委托方无关，那么，委托方和受托方之间的代销商品交易，与委托方直接销售商品给受托方没有实质区别，在符合销售商品收入确认条件时，委托方应确认相关销售商品收入。如果委托方和受托方之间的协议明确标明，将来受托方没有将商品售出时可以将商品退回给委托方，或受托方因代销商品出现亏损时可以要求委托方补偿，那么，委托方在交付商品时通常不确认收入，受托方也不做购进商品处理，受托方将商品销售后，按实际售价确认销售收入，并向委托方开具代销清单，委托方收到代销清单时，再确认本企业的销售收入。

【例1–12】甲公司委托乙公司销售商品100件，商品已经发出，每件成本为60元。合同价格每件100元（不含税）。甲公司收到乙公司开来的代销清单时开具增值税专用发票，发票上注明售价为10 000元，增值税税额为1 300元。乙公司按照每件120元的价格销售。乙公司可以将没有销售出去的商品退还给甲公司。甲公司会计处理如下：

（1）发出商品时：

借：发出商品	6 000	
贷：库存商品		6 000

（2）收到代销清单时：

借：应收账款	11 300	
贷：主营业务收入		10 000
应交税费——应交增值税（销项税额）		1 300
借：主营业务成本	6 000	
贷：发出商品		6 000

（3）收到乙公司支付的货款时：

借：银行存款	11 300	
贷：应收账款		11 300

乙公司会计处理如下：

（1）收到商品时：

借：受托代销商品	10 000	
贷：受托代销商品款		10 000

（2）对外销售时：

借：银行存款	13 560	
贷：主营业务收入		12 000
应交税费——应交增值税（销项税额）		1 560
借：主营业务成本	10 000	
贷：受托代销商品		10 000
借：受托代销商品款	10 000	
贷：应付账款		10 000

（3）按照合同将款项支付给甲公司时：

借：应付账款	10 000	
应交税费——应交增值税（进项税额）	1 300	
贷：银行存款		11 300

1.3.6.2　收取手续费方式

在这种方式下，委托方在发出商品时通常不应确认销售商品收入，而应在收到受托方开出的代销清单时确认销售商品收入；受托方应在商品销售后，按合同或协议约定的方法计算确定的手续费确认收入。

【例1-13】甲公司委托乙公司销售商品200件，商品已经发出，每件成本为60元。合同约定乙公司应按每件100元对外销售，甲公司按售价的10%向乙公司支付手续费。乙公司实际销售100件，增值税专用发票上注明的销售价款为10 000元，增值税税额1 300元，款项已收到。甲公司会计处理如下：

（1）发出商品时：

借：发出商品	12 000	
贷：库存商品		12 000

（2）收到代销清单时：

借：应收账款	11 300	
贷：主营业务收入		10 000
应交税费——应交增值税（销项税额）		1 300
借：主营业务成本	6 000	
贷：发出商品		6 000
借：销售费用	1 000	
应交税费——应交增值税（进项税额）	60	
贷：应收账款		1 060

（3）收到乙公司支付的货款时：

借：银行存款	10 240	
贷：应收账款		10 240

乙公司会计处理如下：

（1）收到商品时：

借：受托代销商品	20 000	
贷：受托代销商品款		20 000

（2）对外销售时：

借：银行存款	11 300	
贷：受托代销商品		10 000
应交税费——应交增值税（销项税额）		1 300

（3）收到增值税专用发票时：

借：受托代销商品款	10 000	
应交税费——应交增值税（进项税额）	1 300	
贷：应付账款		11 300

（4）支付货款并计算代销手续费时：

借：应付账款	11 300	
贷：银行存款		10 240
其他业务收入		1 000
应交税费——应交增值税（销项税额）		60

1.3.6.3 税务处理

国税函〔2008〕875号文件第一条第二款第一项规定："销售商品采用支付手续费方式委托代销的，在收到代销清单时确认收入。"委托代销处理无税会差异。

1.3.7 销售退回

1.3.7.1 当前发生的销售退回

（1）会计处理。

【例1-14】甲公司20×1年1月8日销售一批商品给乙公司，取得收入120万元（不含税）。甲公司发出商品后，按照正常情况已确认收入，并结转成本100万元。1月18日，该笔货款已经收到。2月12日，由于产品质量问题，本批货物被退回。甲公司会计处理如下：

销售实现时：

借：应收账款	1 356 000	
贷：主营业务收入		1 200 000
应交税费——应交增值税（销项税额）		156 000
借：主营业务成本	1 000 000	
贷：库存商品		1 000 000

收到货款时：

借：银行存款	1 356 000	
贷：应收账款		1 356 000

退货时：

借：主营业务收入	1 200 000	
应交税费——应交增值税（销项税额）	156 000	
贷：银行存款		1 356 000
借：库存商品	1 000 000	
贷：主营业务成本		1 000 000

（2）税务处理。当期发生的销售退回处理没有税会差异。

1.3.7.2 资产负债表日后期间发生销售退回

（1）会计处理。根据《企业会计准则第29号——资产负债表日后事项》规定，资产负债表日后事项，是指资产负债表日至财务报告批准报出日之见发生的有利或不利事项。涉及损益的事项，通过"以前年度损益调整"科目核算。调整增加以前年度利润或调整减少以前年度亏损的事项，记入"以前年度损益调整"科目的贷方；调整减少以前年度利润或调整增加以前年度亏损的事项，记入"以前年度损益调整"科目的借方。

【例1-15】甲公司20×1年11月8日销售一批商品给乙公司，取得收入120万元（不含税）。甲公司发出商品后，按照正常情况已确认收入，并结转成本100万元。20×1年

12月31日，该笔货款已经收到。20×2年1月12日，由于产品质量问题，本批货物被退回。甲公司于20×2年2月28日完成20×1年企业所得税汇算清缴（适用税率25%）。甲公司会计处理如下：

20×2年1月12日：

借：以前年度损益调整	1 200 000	
应交税费——应交增值税（销项税额）	156 000	
贷：银行存款		1 356 000
借：库存商品	1 000 000	
贷：以前年度损益调整		1 000 000
借：应交税费——应交所得税	50 000	
贷：以前年度损益调整		50 000

（2）税务处理。

销售退回发生在同一年度的，没有税会差异，但销售退回发生在资产负债表日后的，存在税会差异。

国税函〔2008〕875号文件第一条第五款规定，企业因售出商品质量、品种不符合要求等原因而发生的退货属于销售退回。企业已经确认销售收入的售出商品发生销售退回，应当在发生当期冲减当期销售商品收入。因此，会计与税收产生了差异，税收规定销售退回一律冲减发生当期的销售商品收入，不管是否属于资产负债表日后事项。因此，该企业20×1年度汇算清缴时调增收入120万元，调增成本100万元，合计调增应纳税所得额20万元；20×2年度汇算清缴时再进行反向调整。

《小企业会计准则》第六十一条规定："小企业已经确认销售商品收入的售出商品发生的销售退回（不论属于本年度还是属于以前年度的销售），应当在发生时冲减当期销售商品收入。"小企业会计准则与税法没有差异。

风险提示

无论何时发生退货，税收上均要求冲减当期收入，因此资产负债表日后发生的退货处理存在较大税会差异，在实务中容易被忽视。

争　议

按照国税函〔2008〕875号文件规定，企业因售出商品质量、品种不符合要求等原因而发生的退货属于销售退回，即销售退回的前提条件是售出商品质量、品种不符合要求等。因此有观点认为，若无条件退货，不符合国税函〔2008〕875号文件规定，不能冲减当期销售商品收入。

1.3.8 附有销售退回条款的销售

1.3.8.1 会计处理

新收入准则第三十二条规定："对于附有销售退回条款的销售，企业应当在客户取得相关商品控制权时，按照因向客户转让商品而预期有权收取的对价金额（即，不包含预期因销售退回将退还的金额）确认收入，按照预期因销售退回将退还的金额确认负债；同时，按照预期将退回商品转让时的账面价值，扣除收回该商品预计发生的成本（包括退回商品的价值减损）后的余额，确认为一项资产，按照所转让商品转让时的账面价值，扣除上述资产成本的净额结转成本。每一资产负债表日，企业应当重新估计未来销售退回情况，如有变化，应当作为会计估计变更进行会计处理。”

【例1-16】20×1年11月1日，甲公司向乙公司销售5 000件商品，单位销售价格为500元，单位成本为400元，开出的增值税专用发票上注明的销售价款为250万元，增值税税额为32.5万元。协议约定，乙公司应于20×1年12月31日之前支付货款，在20×2年3月31日之前有权退还商品。甲公司根据过去的经验，估计该批商品退货率为20%。20×1年12月31日，甲公司对退货率进行了重新评估，认为只有10%的商品会被退回。商品发出时纳税义务已经发生；实际发生销售退回时取得税务机关开具的红字增值税专用发票。甲公司会计处理如下：

（1）20×1年11月1日发出商品时：

借：应收账款	2 825 000	
贷：主营业务收入		2 000 000
预计负债——应付退货款		500 000
应交税费——应交增值税（销项税额）		325 000
借：主营业务成本	1 600 000	
应收退货成本	400 000	
贷：库存商品		2 000 000

（2）20×1年12月31日前收到货款时：

借：银行存款	2 825 000	
贷：应收账款		2 825 000

（3）20×1年12月31日甲公司对退货率进行重新评估：

借：预计负债——应付退货款	250 000［5 000×500×（20%-10%）］	
贷：主营业务收入		250 000
借：主营业务成本	200 000	
贷：应收退货成本		200 000

（4）20×2年3月31日发生销售退回，实际退货量为400件，退货款项已支付：

借：库存商品	160 000	
应交税费——应交增值税（销项税额）	26 000	
预计负债——应付退货款	250 000	
贷：应收退货成本		160 000
主营业务收入		50 000
银行存款		226 000
借：主营业务成本	40 000	
贷：应收退货成本		40 000

1.3.8.2 税务处理

税法上不承认预估，应在商品销售时确认收入，退货时冲减收入。例1-16中，20×1年甲公司在会计上确认收入225万元、成本180万元，税收上确认收入250万元、成本200万元，纳税调增5万元；20×2年，甲公司在会计上确认收入5万元、成本4万元，税收上确认收入-20万元、成本-16万元，纳税调减5万元。

1.3.9 附有质量保证条款的销售

1.3.9.1 会计处理

新收入准则第三十三条规定："对于附有质量保证条款的销售，企业应当评估该质量保证是否在向客户保证所销售商品符合既定标准之外提供了一项单独的服务。企业提供额外服务的，应当作为单项履约义务，按照本准则规定进行会计处理；否则，质量保证责任应当按照《企业会计准则第13号——或有事项》规定进行会计处理。"

【例1-17】甲公司与乙公司签订合同，销售一款手机。该手机自售出起一年内如果发生质量问题，甲公司负责提供质量保证服务。此外，在此期间内，对于由乙公司使用不当（例如手机进水）等原因造成的产品故障，甲公司也免费提供维修服务。该维修服务不能单独购买。甲公司的承诺包括：销售手机、提供质量保证服务以及维修服务。甲公司针对产品的质量问题提供的质量保证服务是为了向乙公司保证所销售商品符合既定标准，因此不构成单项履约义务；甲公司对由乙公司使用不当而导致的产品故障提供的免费维修服务，属于在向乙公司保证所销售商品符合既定标准之外提供的单独服务，尽管其没有单独销售，但该服务与手机可明确区分，应该作为单项履约义务。因此，在该合同下，甲公司的履约义务有两项：销售手机和提供维修服务，甲公司应当按照其各自单独售价的相对比例，将交易价格分摊至这两项履约义务，并在各项履约义务履行时分别确认收入。甲公司提供的质量保证服务，应当按照或有事项的要求进行会计处理。

假设该手机售价2 000元，其中产品标价1 800元、维修服务标价200元。甲公司根据以往经验估计在法定保修期（1年）内将发生的保修费用为100元。该手机的成本为1 200元。会计处理如下：

借：银行存款	2 260	
贷：主营业务收入		1 800
合同负债		200
应交税费——应交增值税（销项税额）		260
借：主营业务成本	1 200	
贷：库存商品		1 200
借：销售费用	100	
贷：预计负债		100

维修服务收费200元应当在维修服务期间（1年）根据维修服务进度分期确认为收入：

借：合同负债　　200
　贷：主营业务收入　　200

1.3.9.2　税务处理

例1-17中，税务上，在手机销售时确认收入2 000元，调增收入200元，调增销售费用100元；待维修实际发生时，维修费用作税前扣除。

1.3.10　售后回购

1.3.10.1　会计处理

售后回购，是指企业销售商品的同时承诺或有权选择日后再将该商品（包括相同或几乎相同的商品，或以该商品作为组成部分的商品）购回的销售方式。

新收入准则第三十八条规定："对于售后回购交易，企业应当区分下列两种情形分别进行会计处理：（一）企业因存在与客户的远期安排而负有回购义务或企业享有回购权利的，表明客户在销售时点并未取得相关商品控制权，企业应当作为租赁交易或融资交易进行相应的会计处理。其中，回购价格低于原售价的，应当视为租赁交易，按照《企业会计准则第21号——租赁》的相关规定进行会计处理；回购价格不低于原售价的，应当视为融资交易，在收到客户款项时确认金融负债，并将该款项和回购价格的差额在回购期间内确认为利息费用等。企业到期未行使回购权利的，应当在该回购权利到期时终止确认金融负债，同时确认收入。（二）企业负有应客户要求回购商品义务的，应当在合同开始日评估客户是否具有行使该要求权的重大经济动因。客户具有行使该要求权重大经济动因的，企业应当将售后回购作为租赁交易或融资交易，按照本条（一）规定进行会计处理；否则，企业应当将其作为附有销售退回条款的销售交易，按照本准则第三十二条规定进行会计处理。"

旧收入准则只规定了回购价格高于原售价的情况，新收入准则增加了回购价格低于原售价的情况，按照租赁处理。

【例1-18】甲企业为增值税一般纳税人。20×1年10月1日，甲企业与乙企业签订协议，向乙企业销售一批商品，成本为90万元，增值税专用发票上注明销售价格为100万元，增值税税额为13万元。协议规定，甲企业应在20×2年2月28日将所售商品购回，回购价为120万元，另需支付增值税款15.6万元。货款已实际收付，不考虑其他相关税费。会计处理如下：

（1）20×1年10月1日发出商品时：

借：银行存款　　1 130 000
　贷：合同负债　　1 000 000
　　应交税费——应交增值税（销项税额）　　130 000
借：发出商品　　900 000
　贷：库存商品　　900 000

（2）20×1年10月至次年2月，每月应计提利息费用：（1 200 000–1 000 000）/5=40 000（元）。20×1年12月31日，计提财务费用累计分录如下：

借：财务费用　　120 000
　贷：合同负债　　120 000

（3）20×2年2月28日，甲企业回购时：

借：合同负债　　1 200 000
　应交税费——应交增值税（进项税额）　　156 000
　贷：银行存款　　1 356 000
借：库存商品　　900 000
　贷：发出商品　　900 000

【例1–19】甲企业为增值税一般纳税人。20×1年10月1日，甲企业与乙企业签订协议，向乙企业销售一批商品，成本为100万元，增值税专用发票上注明销售价格为120万元，增值税税额为15.6万元。协议规定，甲企业应在20×2年2月28日将所售商品购回，回购价为100万元，另需支付增值税款13万元。货款已实际收付，不考虑其他相关税费。会计处理如下：

（1）20×1年10月1日发出商品时：

借：银行存款　　1 356 000
　贷：合同负债　　1 200 000
　　应交税费——应交增值税（销项税额）　　156 000
借：发出商品　　1 000 000
　贷：库存商品　　1 000 000

（2）20×1年10月至次年2月，每月应计提租金收入：（1 200 000–1 000 000）/5=40 000（元）。20×2年2月28日，计提财务费用累计分录如下：

借：合同负债　　80 000
　贷：其他业务收入　　80 000

（3）20×2年2月28日，甲企业回购时：

借：合同负债　　1 000 000
　应交税费——应交增值税（进项税额）　　130 000
　贷：银行存款　　1 130 000
借：库存商品　　1 000 000
　贷：发出商品　　1 000 000

1.3.10.2 税务处理

国税函〔2008〕875号文件第一条第三款规定："采用售后回购方式销售商品的，销售的商品按售价确认收入，回购的商品作为购进商品处理。有证据表明不符合销售收入确认条件的，如以销售商品方式进行融资，收到的款项应确认为负债，回购价格大于原售价的，差额应在回购期间确认为利息费用。"

例1–18，在回购价格大于原售价的情况下，无税会差异。

例1–19，税法没有明确回购价格低于原售价的情况，分析来看，回购价格低于原售价不属于以销售商品方式进行融资，应按照销售的商品按售价确认收入，回购的商品作为购进商品处理。则20×1年，甲公司确认销售收入120万元，成本100元，纳税调增20万元；当年在会计上确认的租金收入12万元，予以调减，合计纳税调增8万元（20–12）。20×2年，纳税调减会计上确认的租金收入8万元。

1.3.11 建造合同

1.3.11.1 会计处理

《企业会计准则第14号——收入》规定，执行新收入准则的企业，不再执行《企业会计准则第15号——建造合同》。

《企业会计准则第14号——收入》第十二条规定："对于在某一时段内履行的履约义务，企业应当在该段时间内按照履约进度确认收入，但是，履约进度不能合理确定的除外。"第二十七条规定："企业应当在下列支出发生时，将其计入当期损益：……（三）与履约义务中已履行部分相关的支出。"

原《企业会计准则第15号——建造合同》第十八条规定："在资产负债表日，建造合同的结果能够可靠估计的，应当根据完工百分比法确认合同收入和合同费用。完工百分比法，是指根据合同完工进度确认收入与费用的方法。"

对于建造合同来说，原准则要求采用完工百分比法确认合同收入和合同费用，新收入准则要求按照履约进度确认收入，与履约义务中已履行部分相关的支出确认成本，而非按照履约进度确认成本。

【例1–20】20×1年1月1日，甲建筑公司与乙公司签订一项大型设备建造工程合同，根据合同，该工程的造价为6 300万元，工程期限为3年，甲公司负责工程的施工及全面管理，乙公司按照第三方工程监理公司确认的工程完工量，每年末与甲公司结算一次；预计20×3年12月31日竣工；预计可能发生的总成本为4 000万元。假定该建造工程整体构成单项履约义务，并属于在某一时段履行的履约义务，甲公司采用成本法确定履约进度，增值税税率为13%，不考虑其他相关因素。相关数据如表1–5所示。

表1–5 单位：万元

	20×1年12月31日	20×2年12月31日	20×3年12月31日
累计发生成本	1 500	3 000	4 100
预计尚需发生成本	2 500	1 000	0
合同约定结款	2 500	1 100	2 700
实际收款	2 000	1 000	3 300

会计处理如下：

（1）20×1年。

20×1年1月1日至12月31日实际发生工程成本时：

借：合同履约成本　　15 000 000

贷：原材料、应付职工薪酬等 15 000 000

20×1年12月31日：

履约进度=1 500/4 000=37.5%

合同收入=6 300×37.5%−0=2 362.5（万元）

借：合同结算——收入结转 23 625 000

贷：主营业务收入 23 625 000

借：主营业务成本 15 000 000

贷：合同履约成本 15 000 000

借：应收账款 28 250 000

贷：合同结算——价款结算 25 000 000

应交税费——应交增值税（销项税额） 3 250 000

借：银行存款 23 250 000

贷：应收账款 23 250 000

（2）20×2年。

20×2年1月1日至12月31日实际发生工程成本时：

借：合同履约成本 15 000 000

贷：原材料、应付职工薪酬等 15 000 000

20×2年12月31日：

履约进度=3 000/4 000=75%

合同收入=6 300×75%−2 362.5=2 362.5（万元）

借：合同结算——收入结转 23 625 000

贷：主营业务收入 23 625 000

借：主营业务成本 15 000 000

贷：合同履约成本 15 000 000

借：应收账款 12 430 000

贷：合同结算——价款结算 11 000 000

应交税费——应交增值税（销项税额） 1 430 000

借：银行存款 11 430 000

贷：应收账款 11 430 000

（3）20×3年。

20×3年1月1日至12月31日实际发生工程成本时：

借：合同履约成本 11 000 000

贷：原材料、应付职工薪酬等 11 000 000

20×3年12月31日，由于当日该工程已竣工决算，其履约进度为100%。

合同收入=6 300−2 362.5−2 362.5=1 575（万元）

合同成本=4 100−1 500−1 500=1 100（万元）

借：合同结算——收入结转 15 750 000

贷：主营业务收入 15 750 000

借：主营业务成本 11 000 000

贷：合同履约成本 11 000 000

借：应收账款 30 510 000

贷：合同结算——价款结算 27 000 000

应交税费——应交增值税（销项税额） 3 510 000

借：银行存款 36 510 000

贷：应收账款 36 510 000

1.3.11.2　税务处理

《企业所得税法实施条例》第二十三条第二款规定："企业受托加工制造大型机械设备、船舶、飞机，以及从事建筑、安装、装配工程业务或者提供其他劳务等，持续时间超过12个月的，按照纳税年度内完工进度或者完成的工作量确认收入的实现。"

国税函〔2008〕875号文件第二条第三款规定："企业应按照从接受劳务方已收或应收的合同或协议价款确定劳务收入总额，根据纳税期末提供劳务收入总额乘以完工进度扣除以前纳税年度累计已确认提供劳务收入后的金额，确认为当期劳务收入；同时，按照提供劳务估计总成本乘以完工进度扣除以前纳税期间累计已确认劳务成本后的金额，结转为当期劳务成本。"

因此，在原建造合同准则下，企业所得税与会计都采用完工百分比的情况下，不存在差异。

但新收入准则放弃了完工百分比法，按照履约进度确认收入。企业应当考虑商品的性质，采用产出法或投入法确定恰当的履约进度。其中，产出法是根据已转移给客户的商品对于客户的价值确定履约进度；投入法是根据企业为履行履约义务的投入确定履约进度。成本按照"与履约义务中已履行部分相关的支出"确认。如果企业按照新收入准则计算的收入、成本正好与完工百分比法计算的收入、成本一致，则无税会差异（如上例）；若不一致，则须纳税调整。在采用完工百分比法的同时，还须注意相关成本是否取得发票。

增值税上的规定与会计处理也有差异。《增值税暂行条例实施细则》第三十八条第四款规定："采取预收货款方式销售货物，为货物发出的当天，但生产销售生产工期超过12个月的大型机械设备、船舶、飞机等货物，为收到预收款或者书面合同约定的收款日期的当天。"

企业所得税以"完工进度或者完成的工作量"确认收入的实现，增值税以"收到预收款或者书面合同约定的收款日期的当天"确认收入的实现。

风险提示

企业往往按照收款金额确认收入，这样比较简单，但可能少缴税款。

案　例

某建安工程企业自2012年成立以来取得的工程收入全部按发票开具的时间及金额进行确认，即使已于年前完工结束，仍于次年开具发票时进行收入确认，同时结转相应成本。该建安工程企业在2012及2013年度提供工程劳务的交易结果均能够可靠估计，却未按完工进度百分比法确认收入。经调整，该企业2012年度调增营业收入和营业成本，补缴企业所得税6.92万元；2013年度调增营业收入和营业成本，补缴企业所得税5.05万元。同时缴纳滞纳金。

资料来源：交易结果能够可靠估计的建安工程应按完工进度确认收入［EB/OL］.（2015-01-09）原江苏省苏州工业园区地税局网站.

1.3.12 授予客户奖励积分

授予客户奖励积分是商场常见的促销手段之一，是企业在销售商品或者提供劳务的同时授予客户积分，客户在满足一定条件后将奖励积分兑换成企业或第三方提供的免费或者折扣后的商品或者服务。如消费满100元送10积分，积分可以抵现金购物等。

1.3.12.1 会计处理

新收入准则第三十五条规定："对于附有客户额外购买选择权的销售，企业应当评估该选择权是否向客户提供了一项重大权利。企业提供重大权利的，应当作为单项履约义务，按照本准则第二十条至第二十四条规定将交易价格分摊至该履约义务，在客户未来行使购买选择权取得相关商品控制权时，或者该选择权失效时，确认相应的收入。客户额外购买选择权的单独售价无法直接观察的，企业应当综合考虑客户行使和不行使该选择权所能获得的折扣的差异、客户行使该选择权的可能性等全部相关信息后，予以合理估计。客户虽然有额外购买商品选择权，但客户行使该选择权购买商品时的价格反映了这些商品单独售价的，不应被视为企业向该客户提供了一项重大权利。"

额外购买选择权包括销售奖励、客户奖励积分、商品折扣券以及合同续约选择权等。

【例1-21】20×1年1月1日，甲公司开始推行一项奖励积分计划。根据该计划，客户在甲公司每消费10元可获得1积分，每个积分从次月开始在购物时可以抵减1元。截至20×1年1月31日，客户共消费113 000元，可获得11 300积分，根据历史经验，甲公司估计该积分的兑换率为95%。

本例中，甲公司认为其授予客户的积分为客户提供了一项重大权利，应当作为一项单独的履约义务。客户购买商品的单独售价合计为100 000元（不含税），考虑积分的兑换率，甲公司估计积分的单独售价为10 735元（1元×11 300积分×95%）。甲公司按照商品和积分单独售价的相对比例对交易价格进行分摊，具体如下：

分摊至商品的交易价格=［113 000÷（113 000+10 735）］×113 000÷1.13=91 324.20（元）

分摊至积分的交易价格=［10 735÷（113 000+10 735）］×113 000÷1.13=8 675.80（元）

因此，甲公司应当在商品的控制权转移时确认收入91 324.20元，同时确认合同负债8 675.80元。

借：银行存款	113 000
贷：主营业务收入	91 324.20
合同负债	8 675.80

应交税费——应交增值税（销项税额） 13 000

截至20×1年12月31日，客户共兑换了5 000积分，甲公司对该积分的兑换率进行了重新估计，仍然预计客户总共将会兑换10 735积分。因此，甲公司以客户兑换的积分数占预期将兑换的积分总数的比例为基础确认收入。

积分应当确认的收入=5 000÷10 735×8 675.80=4 040.89（元）；

剩余未兑换的积分=8 675.80−4 040.89=4 634.91（元），仍然作为合同负债。

借：合同负债 4 040.89

贷：主营业务收入 4 040.89

积分兑换是否缴纳增值税存在争议：一种观点认为积分不属于无偿，不缴纳增值税；一种观点认为应当缴纳增值税。

截至20×2年12月31日，客户累计兑换了9 000积分。甲公司对该积分的兑换率进行了重新估计，预计客户总共将会兑换10 961积分。

积分应当确认的收入=9 000÷10 961×8 675.80−4 634.91=2 488.73（元）；

剩余未兑换的积分=8 675.80−4 634.91−2 488.73=1 552.16（元），仍然作为合同负债。

借：合同负债 2 488.73

贷：主营业务收入 2 488.73

积分到期日，无论积分的兑换率最终是多少，积分累计应确认的收入金额均为8 675.80元，当年确认收入1 552.16元。

借：合同负债 1 552.16

贷：主营业务收入 1 552.16

1.3.12.2 税务处理

税收上不承认合同负债，例1−21中，20×1年企业在销售商品时应全额确认收入10万元，纳税调增4 634.91元（8 675.80−4 040.89），20×2年纳税调减4 040.89元。

1.3.13 储值卡

1.3.13.1 会计处理

商场销售购物卡，消费者持卡购物，是目前极为普遍的一种购销结算方式。由于商品尚未售出，不符合收入确认条件，不能确认收入。

新收入准则第三十九条规定："企业向客户预收销售商品款项的，应当首先将该款项确认为负债，待履行了相关履约义务时再转为收入。当企业预收款项无需退回，且客户可能会放弃其全部或部分合同权利时，企业预期将有权获得与客户所放弃的合同权利相关的金额的，应当按照客户行使合同权利的模式按比例将上述金额确认为收入；否则，企业只有在客户要求其履行剩余履约义务的可能性极低时，才能将上述负债的相关余额转为收入。"

【例1−22】甲公司经营连锁面包店。20×1年，甲公司向客户销售了5 000张储值卡，每张卡的面值为200元，总额为1 000 000元。客户可在甲公司经营的任何一家门店使用该储值卡进行消费。根据历史经验，甲公司预期客户购买的储值卡中将有大约相当于储值卡面值金额5%（即50 000元）的部分不会被消费。截至20×1年12月31日，客户使用该储值卡消费的金额为400 000元。甲公司为增值税一般纳税人，适用的增值税税率为13%，在客户使用该储值卡消费时发生增值税纳税义务。

本例中，甲公司预期将有权获得与客户未行使的合同权利相关的金额为50 000元，该金额应当按照客户行使合同权利的模式按比例确认为收入。因此，甲公司在20×1年销售的储值卡应当确认的收入金额为372 612.95元［（400 000+50 000×400 000÷950 000）÷（1+13%）］。会计处理如下：

（1）销售储值卡：

借：银行存款　　1 000 000

　贷：合同负债　　884 955.75

　　　应交税费——待转销项税额　　115 044.25

（2）根据储值卡的消费金额确认收入，同时将对应的待转销项税额确认为销项税额：

借：合同负债　　372 612.95

　　应交税费——待转销项税额　　46 017.70

　贷：主营业务收入　　372 612.95

　　　应交税费——应交增值税（销项税额）　　46 017.70

1.3.13.2 税务处理

商场销售购物卡，会计上与企业所得税上都不确认收入。

注 意

在营改增之前，由于当时的《中华人民共和国增值税暂行条例》（以下简称《增值税暂行条例》）第十九条第一款规定，增值税纳税义务发生时间，“先开具发票的，为开具发票的当天”，因此，销售购物卡开具发票时即发生增值税纳税义务，缴纳增值税。但是，营改增后，该政策发生了变化。

《国家税务总局关于营改增试点若干征管问题的公告》（国家税务总局公告2016年第53号）第三条第一款规定：“单用途卡发卡企业或者售卡企业（以下统称‘售卡方’）销售单用途卡，或者接受单用途卡持卡人充值取得的预收资金，不缴纳增值税。售卡方可按照本公告第九条的规定，向购卡人、充值人开具增值税普通发票，不得开具增值税专用发票。”第三条第三款规定：“持卡人使用单用途卡购买货物或服务时，货物或者服务的销售方应按照现行规定缴纳增值税，且不得向持卡人开具增值税发票。”第四条第一款规定：“支付机构销售多用途卡取得的等值人民币资金，或者接受多用途卡持卡人充值取得的充值资金，不缴纳增值税。支付机构可按照本公告第九条的规定，向购卡人、充值人开具增值税普通发票，不得开具增值税专用发票。”第四条第三款规定：“持卡人使用多用途卡，向与支付机构签署合作协议的特约商户购买货物或服务，特约商户应按照现行规定缴纳增值税，且不得向持卡人开具增值税发票。”

企业在销售预付卡时，不缴纳增值税，开具增值税普通发票，不得开具增值税专用发票；在持卡人实际消费时，缴纳增值税，且不得开具增值税发票。企业所得税处理与增值税没有差异。

1.3.14 买一赠一

企业的买一赠一行为，赠送的商品在企业所得税上不确认收入。国税函〔2008〕875号文件第三条规定："企业以买一赠一等方式组合销售本企业商品的，不属于捐赠，应将总的销售金额按各项商品的公允价值的比例来分摊确认各项的销售收入。"在增值税处理上，各地税务机关是有争议的，有的地方认为属于无偿赠送，应当视同销售；有的地方认为不属于无偿赠送，不应视同销售。建议咨询主管税务机关。

1.4 权责发生制的例外

《企业所得税法实施条例》第九条规定，以权责发生制为原则，但是"本条例和国务院财政、税务主管部门另有规定的除外"。那么，收入中有哪些是"国务院财政、税务主管部门另有规定"的呢？常见的有跨期收取的利息收入、租金收入和特许权使用费。

1.4.1 租金收入

本节所称租金收入为简单的租金收入，涉及《企业会计准则第21号——租赁》（财会〔2018〕35号）关于经营租赁和融资租赁出租人的处理的规定，详见3.2节"固定资产"。

1.4.1.1 一般租金收入

（1）会计处理。《企业会计准则第21号——租赁》第四十五条规定："在租赁期内各个期间，出租人应当采用直线法或其他系统合理的方法，将经营租赁的租赁收款额确认为租金收入。其他系统合理的方法能够更好地反映因使用租赁资产所产生经济利益的消耗模式的，出租人应当采用该方法。"

（2）税务处理。《企业所得税法实施条例》第十九条规定："企业所得税法第六条第（六）项所称租金收入，是指企业提供固定资产、包装物或者其他有形资产的使用权取得的收入。租金收入，按照合同约定的承租人应付租金的日期确认收入的实现。"

会计上的租金收入采用直线法确认，而税收上租金收入的确认是按照合同约定的支付租金日期，到了合同约定的付款日期，即使没有收到钱也要确认收入，存在税会差异。

【例1–23】20×1年1月1日，甲公司向乙公司出租一栋办公楼，租期为3年。租赁合同规定，租赁开始日乙公司向甲公司一次性预付租金60万元（不含税，下同），第1年年末支付租金100万元，第2年年末支付租金200万元，第3年年末支付租金300万元，租金收到即开具发票。甲公司会计处理如下：

甲公司每年确认租金收入=（60+100+200+300）÷3=220（万元）

（1）20×1年1月1日：

借：银行存款 654 000

贷：合同负债 600 000

应交税费——应交增值税（销项税额） 54 000

（2）20×1年12月31日：

借：银行存款 1 090 000

合同负债 1 200 000

贷：其他业务收入 2 200 000

应交税费——应交增值税（销项税额） 90 000

（3）20×2年12月31日：

借：银行存款 2 180 000

合同负债 200 000

贷：其他业务收入 2 200 000

应交税费——应交增值税（销项税额） 180 000

（4）20×3年12月31日：

借：银行存款 3 270 000

贷：合同负债 800 000

其他业务收入 2 200 000

应交税费——应交增值税（销项税额） 270 000

税务处理：该业务不是一次性支付跨期租金，不能分期确认，根据《企业所得税法实施条例》第十九条规定，按照合同约定的承租人应付租金的日期确认收入的实现。

甲公司各年度纳税调整明细表见表1–6。

表1–6 甲公司各年度纳税调整明细表 单位：元

年度	纳税调减	纳税调增	纳税调整
	1	2	3=2–1
20×1	2 200 000	1 600 000	–600 000
20×2	2 200 000	2 000 000	–200 000
20×3	2 200 000	3 000 000	800 000
合计	6 600 000	6 600 000	0

1.4.1.2 一次性收取跨年租金

一次性收取跨年租金，会计上按照直线法确认租金收入，税法上按照合同约定的支付租金日期确认租金收入，存在税会差异。但是，这个差异已被弥合。《国家税务总局关于贯彻落实企业所得税法若干税收问题的通知》（国税函〔2010〕79号）第一条规定：“根据《实施条例》第十九条的规定，企业提供固定资产、包装物或者其他有形资产的使用权取得的租金收入，应按交易合同或协议规定的承租人应付租金的日期确认收入的实现。其中，如果交易合同或协议中规定租赁期限跨年度，且租金提前一次性支付的，根据《实施条例》第九条规定的收入与费用配比原则，出租人可对上述已确认的收入，在租赁期内，分期均匀计入相关年度收入。”对于跨期收取的租金税收上也采用权责发生制核算，无税会差异。

【例1–24】甲公司出租一栋房屋给乙公司，租赁期为20×1年9月1日至20×4年12月31日，月租金10万元（不含税，下同），20×1年9月1日一次性收取租金400万元。

（1）会计处理。

①20×1年。

20×1年确认租金收入=400÷40×4=40（万元）；根据《财政部国家税务总局关于全面推开营业税改征增值税试点的通知》（财税〔2016〕36号）附件1《营业税改征增值税试点实施办法》第四十五条第二款“纳税人提供租赁服务采取预收款方式的，其纳税义务发生时间为收到预收款的当天”的规定，出租方在一次性收取跨年租金的当期缴纳增值税。甲公司缴纳增值税=400×9%=36（万元）。

9月1日：

借：银行存款　4 360 000

　贷：合同负债　4 000 000

　　应交税费——应交增值税（销项税额）　360 000

12月31日：

借：合同负债　400 000

　贷：其他业务收入　400 000

②20×2—20×4年。

20×2—20×4年分别确认租金收入=400÷40×12=120（万元）。

借：合同负债　1 200 000

　贷：其他业务收入　1 200 000

（2）税务处理。

甲公司有两种税务处理方法：一是按照《企业所得税法实施条例》第十九条第二款的规定，在收取租金时一次性确认收入；二是按照国税函〔2010〕79号文件第一条，在租赁期内分期确认收入。甲公司若采用国税函〔2010〕79号文件第一条规定，则无税会差异；若采用《企业所得税法实施条例》第十九条第二款规定，则存在税会差异（如表1–7所示）。

表1–7　甲公司各年度纳税调整明细表　　单位：元

年度	纳税调减	纳税调增	纳税调整
	1	2	3=2–1
20×1	400 000	4 000 000	3 600 000
20×2	1 200 000		–1 200 000
20×3	1 200 000		–1 200 000
20×4	1 200 000		–1 200 000
合计	4 000 000	4 000 000	0

1.4.1.3 免租期

《〈企业会计准则第21号——租赁〉应用指南》规定："出租人提供免租期的，出租人应将租金总额在不扣除免租期的整个租赁期内，按直线法或其他合理的方法进行分配，免租期内出租人应当确认租金收入。"

【例1-25】甲公司（一般纳税人）出租一栋房屋给乙公司，租赁期为20×1年9月1日至20×4年12月31日，月租金10万元（不含税，下同），20×1年9月1日至12月31日为免租期，20×1年9月1日、20×3年1月1日、20×4年1月1日分别收取租金120万元。

（1）会计处理。

①20×1年。

在免租期内也应确认租金收入，20×1年确认租金收入=120×3÷40×4=36（万元）；根据《国家税务总局关于土地价款扣除时间等增值税征管问题的公告》（国家税务总局公告2016年第86号）第七条"纳税人出租不动产，租赁合同中约定免租期的，不属于《营业税改征增值税试点实施办法》（财税〔2016〕36号文件印发）第十四条规定的视同销售服务"的规定，出租方与承租方约定的免租期不视同销售缴纳增值税。

甲公司缴纳增值税=120×9%=10.8（万元）。

9月1日：

借：银行存款　　1 308 000

　贷：合同负债　　1 200 000

　　　应交税费——应交增值税（销项税额）　　108 000

12月31日：

借：合同负债　　360 000

　贷：其他业务收入　　360 000

②20×2年。

20×2年确认租金收入=120×3÷40×12=108（万元）。

借：合同负债　　1 080 000

　贷：其他业务收入　　1 080 000

③20×3—20×4年。

20×3—20×4年分别确认租金收入=108万元，缴纳增值税10.8万元。

1月1日：

借：银行存款　　1 308 000

　贷：合同负债　　1 200 000

　　　应交税费——应交增值税（销项税额）　　108 000

12月31日：

借：合同负债　　1 080 000

　贷：其他业务收入　　1 080 000

（2）税务处理。

《企业所得税法实施条例》第十九条第二款规定："租金收入，按照合同约定的承租人应付租金的日期确认收入的实现。”此处存在税会差异（如表1–8所示）。

表1–8　甲公司各年度纳税调整明细表　　单位：元

年度	纳税调减	纳税调增	纳税调整
	1	2	3=2–1
20×1	360 000	1 200 000	840 000
20×2	1 080 000		–1 080 000
20×3	1 080 000	1 200 000	120 000
20×4	1 080 000	1 200 000	120 000
合计	3 600 000	3 600 000	0

1.4.1.4　免租期和跨年租赁并存

【例1–26】甲公司出租一栋房屋给乙公司，租赁期为20×1年9月1日至20×4年12月31日，月租金10万元（不含税，下同），20×1年9月1日至12月31日为免租期，20×1年9月1日一次性收取租金360万元。

（1）会计处理。

①20×1年。

20×1年确认租金收入=360÷40×4=36（万元），缴纳增值税=360×9%=32.4（万元）。

9月1日：

借：银行存款　　3 924 000

　贷：合同负债　　3 600 000

　　应交税费——应交增值税（销项税额）　　324 000

12月31日：

借：合同负债　　360 000

　贷：其他业务收入　　360 000

②20×2—20×4年。

20×2—20×4年分别确认租金收入=360÷40×12=208（万元）。

借：合同负债　　1 080 000

　贷：其他业务收入　　1 080 000

（2）税务处理。

①若甲公司采用《企业所得税法实施条例》第十九条第二款规定，则存在税会差异（如表1–9所示）。

表1–9　甲公司各年度纳税调整明细表　　单位：元

年度	纳税调减	纳税调增	纳税调整
	1	2	3=2–1
20×1	360 000	3 600 000	3 240 000
20×2	1 080 000		–1 080 000

续表

年度	纳税调减	纳税调增	纳税调整
	1	2	3=2-1
20×3	1 080 000		-1 080 000
20×4	1 080 000		-1 080 000
合计	3 600 000	3 600 000	0

②若甲公司采用国税函〔2010〕79号文件第一条规定，则无税会差异。

注 意

国税函〔2010〕79号文件第一条规定的是“出租人可对上述已确认的收入，在租赁期内，分期均匀计入相关年度收入”，对租赁期限跨年度，且租金提前一次性支付的，出租人可以选择一次性确认租金收入，也可以选择分期确认租金收入。

风险提示

采用国税函〔2010〕79号文件第一条规定的前提条件有两个，一是租赁期限跨年度，二是租金提前一次性支付，两者缺一不可。如例1-25，20×1年9月1日收取的20×1年9月1日至20×2年12月31日的租金虽然满足租赁期限跨年度的条件，但不满足租金提前一次性支付的条件，因此只能适用《企业所得税法实施条例》第十九条第二款，不能适用国税函〔2010〕79号文件第一条。又如，企业出租房屋5年，一次性收取3年租金，也不符合“提前一次性支付”的要求，不能分期确认。

争 议

房地产开发企业转让人防车位使用权是财产转让还是租赁？

人防设施的所有权属于国家，房地产开发企业将人防设施改造的车位使用权“出租”给业主，期限一般与房屋年限相同，是按照财产转让一次性确认收入，还是按照跨期租赁分期确认收入？

根据郑州人和新天地投资管理有限公司与郑州市二七区国家税务局、佛山鑫城房地产有限公司与佛山市顺德区国家税务局稽查局、武汉新润百汇公共设施管理有限公司与武汉市硚口区国家税务局三则法院判决，这种情况不属于租赁，属于财产转让，一次性确认企业所得税收入。

1.4.2 利息收入

《企业所得税法实施条例》第十八条规定：“企业所得税法第六条第（五）项所称利息收入，是指企业将资金提供他人使用但不构成权益性投资，或者因他人占用本企业资金取得的收入，包括存款利息、贷款利息、债券利息、欠款利息等收入。利息收入，按照合同约定的债务人应付利息的日期确认收入的实现。”税收上对利息收入按照合同约定的付息期确认，会计上采用权责发生制核算，存在税会差异。

【例1-27】甲公司20×1年初借款1 000万元给乙公司，借期三年，利率2%，合同约定每年末收取利息，第三年末还本。甲公司会计处理如下：

20×1年初：

借：其他应收款　　10 000 000

　贷：银行存款　　10 000 000

20×1—20×3年末每年确认利息收入20万元：

借：应收利息　　200 000

　贷：财务费用　　188 679.25

　　应交税费——应交增值税（销项税额）　　11 320.75

借：银行存款　　200 000

　贷：应收利息　　200 000

20×3年还本：

借：银行存款　　10 000 000

　贷：其他应收款　　10 000 000

【例1-28】甲公司20×1年初借款1 000万元给乙公司，借期三年，利率2%，合同约定第三年一并还本付息。

（1）会计处理。

20×1年初：

借：其他应收款　　10 000 000

　贷：银行存款　　10 000 000

20×1年末确认利息收入20万元：

借：应收利息　　200 000

　贷：财务费用　　188 679.25

　　应交税费——待转销项税额　　11 320.75

20×2年确认利息收入20万元：

借：应收利息　　200 000

　贷：财务费用　　188 679.25

　　应交税费——待转销项税额　　11 320.75

20×3年还本付息：

借：银行存款　　10 000 000

　贷：其他应收款　　10 000 000

借：应收利息　　200 000

　贷：财务费用　　188 679.25

　　应交税费——待转销项税额　　11 320.75

借：银行存款　　600 000

　应交税费——待转销项税额　　33 962.25

　贷：应收利息　　600 000

　　应交税费——应交增值税（销项税额）　　33 962.25

（2）税务处理。

税务处理上在合同约定的付息期确认利息收入，因此，例1–27无税会差异，例1–28存在税会差异，会计上每年确认的利息收入做纳税调减，合同到期时收取的利息做纳税调增（如表1–10所示）。

表1–10 甲公司各年度纳税调整明细表 单位：元

年度	纳税调减	纳税调增	纳税调整
	1	2	3=2–1
20×1	188 679.25		–188 679.25
20×2	188 679.25		–188 679.25
20×3	188 679.25	566 037.75	377 358.50
合计	566 037.75	566 037.75	0

1.4.3 特许权使用费收入

《企业所得税法实施条例》第二十条规定："企业所得税法第六条第（七）项所称特许权使用费收入，是指企业提供专利权、非专利技术、商标权、著作权以及其他特许权的使用权取得的收入。特许权使用费收入，按照合同约定的特许权使用人应付特许权使用费的日期确认收入的实现。"与租金、利息一样，特许权使用费也是在合同约定的付款日期确认收入。

国税函〔2008〕875号文件规定："特许权费。属于提供设备和其他有形资产的特许权费，在交付资产或转移资产所有权时确认收入；属于提供初始及后续服务的特许权费，在提供服务时确认收入。"

风险提示

特许权使用费收入与特许权费收入是两个不同的概念，特许权使用费是企业提供无形资产使用权取得的收入；特许权费是企业提供有形资产使用权取得的收入。二者收入确认的时点也不一样。

1.5 提供劳务收入确认

1.5.1 收入确认原则

国税函〔2008〕875号文件第二条第一款规定，提供劳务交易的结果能够可靠估计，是指同时满足下列条件：

（1）收入的金额能够可靠地计量；

（2）交易的完工进度能够可靠地确定；

（3）交易中已发生和将发生的成本能够可靠地核算。

1.5.2 收入确认方法

国税函〔2008〕875号文件第二条第二款规定，企业提供劳务完工进度的确定，可选用下列方法：

（1）已完工作的测量；

（2）已提供劳务占劳务总量的比例；

（3）发生成本占总成本的比例。

1.5.3 特殊劳务收入确认

国税函〔2008〕875号文件第二条第四款规定，下列提供劳务满足收入确认条件的，应按规定确认收入：

（1）安装费。应根据安装完工进度确认收入。安装工作是商品销售附带条件的，安装费在确认商品销售实现时确认收入。

（2）宣传媒介的收费。应在相关的广告或商业行为出现于公众面前时确认收入。广告的制作费，应根据制作广告的完工进度确认收入。

（3）软件费。为特定客户开发软件的收费，应根据开发的完工进度确认收入。

（4）服务费。包含在商品售价内可区分的服务费，在提供服务的期间分期确认收入。

（5）艺术表演、招待宴会和其他特殊活动的收费。在相关活动发生时确认收入。收费涉及几项活动的，预收的款项应合理分配给每项活动，分别确认收入。

（6）会员费。申请入会或加入会员，只允许取得会籍，所有其他服务或商品都要另行收费的，在取得该会员费时确认收入。申请入会或加入会员后，会员在会员期内不再付费就可得到各种服务或商品，或者以低于非会员的价格销售商品或提供服务的，该会员费应在整个受益期内分期确认收入。

【例1-29】 20×1年9月1日客户与甲健身俱乐部签订合同，支付会员费3 816元，成为甲公司会员。

情况一：客户可在未来12个月内在该俱乐部健身，且没有次数限制。

甲公司按照直线法确认收入，每月确认收入为300元（3 816÷1.06÷12），截至20×1年12月31日，甲公司应确认收入为1 200元（300×4），无税会差异。

情况二：在未来12个月内，客户可随时来健身俱乐部健身100次。

甲公司按照客户来健身的次数确认收入，截至20×1年12月31日，客户来健身30次，甲公司应确认收入为1 080元（3 816÷1.06÷100×30），而税收上确认收入1 200元，纳税调增120元。

（7）特许权费。属于提供设备和其他有形资产的特许权费，在交付资产或转移资产所有权时确认收入；属于提供初始及后续服务的特许权费，在提供服务时确认收入。

（8）劳务费。长期为客户提供重复的劳务收取的劳务费，在相关劳务活动发生时确认收入。

1.6 视同销售

1.6.1 一般规定

视同销售是收入方面存在较大税会差异的一个项目。《企业所得税法实施条例》第二十五条规定："企业发生非货币性资产交换，以及将货物、财产、劳务用于捐赠、偿债、赞助、集资、广告、样品、职工福利或者利润分配等用途的，应当视同销售货物、转让财产或者提供劳务，但国务院财政、税务主管部门另有规定的除外。"

在企业所得税上，视同销售以企业资产所有权属是否发生改变为标准，不发生改变则不视同销售。《国家税务总局关于企业处置资产所得税处理问题的通知》（国税函〔2008〕828号）第一条规定："企业发生下列情形的处置资产，除将资产转移至境外以外，由于资产所有权属在形式和实质上均不发生改变，可作为内部处置资产，不视同销售确认收入，相关资产的计税基础延续计算。（一）将资产用于生产、制造、加工另一产品；（二）改变资产形状、结构或性能；（三）改变资产用途（如，自建商品房转为自用或经营）；（四）将资产在总机构及其分支机构之间转移；（五）上述两种或两种以上情形的混合；（六）其他不改变资产所有权属的用途。"

第二条规定："企业将资产移送他人的下列情形，因资产所有权属已发生改变而不属于内部处置资产，应按规定视同销售确定收入。（一）用于市场推广或销售；（二）用于交际应酬；（三）用于职工奖励或福利；（四）用于股息分配；（五）用于对外捐赠；（六）其他改变资产所有权属的用途。"

因此，只有企业的资产所有权属发生改变才视同销售。举个例子，企业自产或外购的大米，若用于职工食堂，则为集体福利，资产所有权属没有发生改变，不视同销售；若过节发给职工，则为职工福利，资产所有权属发生改变，应视同销售。

1.6.2 视同销售收入的确认

在2016年之前，企业自产或外购的资产视同销售收入确认是不同的。国税函〔2008〕828号文件第三条规定："企业发生本通知第二条规定情形时，属于企业自制的资产，应按企业同类资产同期对外销售价格确定销售收入；属于外购的资产，可按购入时的价格确定销售收入。"即企业自产的资产，按照同期同类市场价值确认视同销售收入；外购的资产按照购入时的价格确认视同销售收入，由于该资产的成本也是其购入时的价格，因此购入资产视同销售所得一般为零。

但对于使用过的固定资产来说，视同销售时其成本是扣除折旧的净值，收入是购入价格，会产生所得，而使用过的固定资产公允价值远低于购入价格，按购入价格确认视同销售收入不合理。

《国家税务总局关于企业所得税有关问题的公告》（国家税务总局公告2016年第80号）废止了国税函〔2008〕828号文件第三条，其第二条规定："企业发生《国家税务总局关于企业处置资产所得税处理问题的通知》（国税函〔2008〕828号）第二条规定情形的，除另有规定外，应按照被移送资产的公允价值确定销售收入。”

至此，无论是企业自制的资产，还是外购的资产，统一按照被移送资产的公允价值确定销定销售收入。

注 意

企业自产产品视同销售不一定有应纳税所得额。

企业自产产品视同销售，调整视同销售收入和视同销售成本，同时，视同销售产品所对应支出的计税基础为其公允价值，在不超过税前扣除限额的前提下，不必然有补税。

【例1-30】某企业以自产产品发放职工福利，市场价格100万元，成本80万元，会计处理如下：

借：管理费用——职工福利费　　930 000

　贷：库存商品　　800 000

　　应交税费——应交增值税（销项税额）　　130 000

税务处理上，确认视同销售收入100万元，视同销售成本80万元，调增视同销售所得20万元。此时，视同销售产品所相应支出的计税基础为其公允价值，即职工福利费的账面价值为93万元，视同销售后计税基础为113万元（100+100×13%），纳税调减：113-93=20（万元），与纳税调增的视同销售所得20万元抵消，该企业无须缴纳税款。

既然如此，我们讨论视同销售有什么意义呢？意义在于费用是否超标。

【例1-31】（承上例）若该企业当年工资薪金支出为1 000万元，账载的职工福利费为93万元，但计税的职工福利费应为113万元，计算税前扣除的职工福利费也为113万元，而不是93万元，因此调减：113-93=20（万元）；税前扣除限额=1 000×14%=140（万元）>113万元，可以全额扣除。由此，纳税调增的视同销售所得20万元又被纳税调减的职工福利费20万元抵消了，未产生应纳税所得额。

【例1-32】（承上例）若该企业当年工资薪金支出为700万元，首先，计税的职工福利费为113万元，调减：113-93=20（万元）；其次，职工福利费税收扣除限额=700×14%=98（万元）<113万元，可以税前扣除的职工福利费为98万元，纳税调增：113-98=15（万元），那么，该企业纳税调整为：20（视同销售所得）-20（调增的职工福利费）+15（超标的职工福利费）=15（万元）。

视同销售产品所对应支出的计税基础为其公允价值一直存在争议。2019年底，《国家税务总局关于修订企业所得税年度纳税申报表有关问题的公告》（国家税务总局公告2019年第41号）在A105 000《纳税调整项目明细表》第30行“其他”的填报说明中增加“填报其他因会计处理与税收规定有差异需纳税调整的扣除类项目金额，企业将货物、资产、劳务用于捐赠、广告等用途时，进行视同销售纳税调整后，对应支出的会计处理与税收规定有差异需纳税调整的金额填报在本行”，以填报说明的形式明确了视同销售的口径。

1.6.3 与增值税视同销售的区别

增值税与企业所得税上均有关于视同销售的规定，但二者是有区别的。

《增值税暂行条例实施细则》第四条规定：“单位或者个体工商户的下列行为，视同销售货物：（一）将货物交付其他单位或者个人代销；（二）销售代销货物；（三）设有两个以上机构并实行统一核算的纳税人，将货物从一个机构移送其他机构用于销售，但相关机构设在同一县（市）的除外；（四）将自产或者委托加工的货物用于非增值税应税项目；（五）将自产、委托加工的货物用于集体福利或者个人消费；（六）将自产、委托加工或者购进的货物作为投资，提供给其他单位或者个体工商户；（七）将自产、委托加工或者购进的货物分配给股东或者投资者；（八）将自产、委托加工或者购进的货物无偿赠送其他单位或者个人。”

而企业所得税上的视同销售是以资产所有权属发生改变为标志的，因此增值税八项视同销售中的（一）、（三）、（四）项由于资产所有权属未发生改变，企业所得税上不视同销售，（二）符合条件的（如视同买断）要确认收入，也不视同销售。

1.6.4 其 他

虽然视同销售不一定产生所得，但企业也应重视，因为视同销售收入仍是业务招待费、广告费和业务宣传费的扣除基数。

《国家税务总局关于企业所得税执行中若干税务处理问题的通知》（国税函〔2009〕202号）第一条规定：“企业在计算业务招待费、广告费和业务宣传费等费用扣除限额时，其销售（营业）收入额应包括《企业所得税法实施条例》第二十五条规定的视同销售（营业）收入额。”

注 意

所有权属未发生改变不视同销售。

企业将资金无偿借给他人，将房产无偿出租给他人，虽然无偿，但资金和房产的所有权属未发生改变，不视同销售。如果双方构成关联关系，可以做特别纳税调整。

风险提示

1. 企业产品所有权属发生改变未视同销售。

企业产品所有权属发生改变，在会计上未视同销售的，在税收上应视同销售。

案 例

某纺织企业将生产的500套床上用品发放给职工作为福利，并按成本15万元作为收入入账。企业认为，该床上用品属于自制产品，未实际发生销售情形，应按成本确认收入。经税务人员辅导后，该企业对该床上用品按同类资产同期对外销售价格20万元作为收入，自查补缴了相关税款及滞纳金。

资料来源：企业自制产品用于福利按同类资产同期售价确定销售收入［EB/OL］.（2014-12-04）原江苏省淮安地税局网站.

2. 企业无偿提供服务未视同销售。

企业无偿提供服务，在税收上也应视同销售。如饭店经理在自家饭店请客，消耗了食材，应按照餐饮服务的公允价值视同销售。

案 例

某酒店总经理接待客人安排在自家酒店用餐，作内部费用处理。该酒店将劳务用于交际应酬，应按规定视同销售确定收入。该酒店将劳务用于交际应酬发生的支出，属业务招待费支出范围。该酒店现已补缴纳企业所得税1.2万余元。

资料来源：酒店将劳务用于交际应酬应视同销售［EB/OL］.（2017-10-24）原江苏省镇江地税局网站。

争 议

1.企业自产或外购产品用于职工消费是否视同销售？

餐饮企业一般包吃包住，其员工餐是否应视同销售？有观点认为，餐饮企业的员工餐属于餐饮企业的自产产品，员工吃掉了属于“资产所有权属已发生改变”，因此应当视同销售。

笔者认为，应区分集体福利与职工福利。职工福利是给职工个人的福利，集体福利是给整个企业所有职工的福利。通俗地说，集体福利是拿不走的，无法量化到个人的，如食堂的饭菜、浴室的热水等。职工福利是拿得走的，可以量化到个人的，如企业自产或外购的大米、食用油，若用于职工食堂，则为集体福利；若发放给员工，则为职工福利。集体福利所有权属没有发生改变，不视同销售；职工福利所有权属发生改变，视同销售。集体福利若视同销售，应按被移送资产的公允价值确定视同销售收入，餐饮企业的员工餐不对外销售，如果需要确认一盘鸡蛋炒西红柿或者土豆丝的公允价值，将带来征管难度。

2.外购资产视同销售的公允价值按何时确认？

国家税务总局公告2016年第80号第二条规定：“应按照被移送资产的公允价值确定销售收入。”举个例子：甲企业于某年10月份购入一批手机用于赠送客户，次年春节，将剩余的10部手机作为奖品奖励给优秀员工。那么，该手机的公允价值是该手机的购入价，还是春节这个时点的公允价值（假设相比于上年10月，该手机公允价值有所下降）？按照我们之前的分析，应为春节时的公允价值。那么问题又来了，是按照新手机的公允价值，还是二手手机的公允价值？虽然甲企业购入手机并没有使用，但也是二手货，不可能卖出新品的价格，若按照全新二手手机在春节这个时点的公允价值，其公允价值又较新手机有所下降。

1.7 政府补助收入

1.7.1 政府补助范围

政府补助，是指企业从政府无偿取得货币性资产或非货币性资产。

政府补助具有下列特征：

（1）来源于政府的经济资源。对于企业收到的来源于其他方的补助，有确凿证据表明政府是补助的实际拨付者，其他方只起到代收代付作用的，该项补助也属于来源于政府的经济资源。

（2）无偿性。即企业取得来源于政府的经济资源，不需要向政府交付商品或服务等对价。

政府补助同时满足下列条件的，才能予以确认：

（1）企业能够满足政府补助所附条件；

（2）企业能够收到政府补助。

企业从政府取得的经济资源，如果与企业销售商品或提供服务等活动密切相关，且是企业商品或服务的对价或者是对价的组成部分，不属于政府补助，在会计上适用新收入准则等相关准则。

所得税减免也不属于政府补助，在会计上适用《企业会计准则第18号——所得税》。

政府补助分为与资产相关的政府补助和与收益相关的政府补助。与资产相关的政府补助，是指企业取得的、用于购建或以其他方式形成长期资产的政府补助。与收益相关的政府补助，是指除与资产相关的政府补助之外的政府补助。

1.7.2 与收益相关的政府补助

1.7.2.1 会计处理

2017年，财政部修订了《企业会计准则第16号——政府补助》（财会〔2017〕15号），其第九条规定：“与收益相关的政府补助，应当分情况按照以下规定进行会计处理：（一）用于补偿企业以后期间的相关成本费用或损失的，确认为递延收益，并在确认相关成本费用或损失的期间，计入当期损益或冲减相关成本；（二）用于补偿企业已发生的相关成本费用或损失的，直接计入当期损益或冲减相关成本。”

【例1-33】甲公司20×1年收到政府部门发放的补助资金300万元，受益期三年，不符合不征税收入条件。会计处理如下：

收到政府补助时：

借：银行存款	3 000 000	
贷：递延收益		3 000 000

20×1年末：

借：递延收益	1 000 000	
贷：其他收益		1 000 000

20×2、20×3年末：

借：递延收益	1 000 000	
贷：其他收益		1 000 000

1.7.2.2 税务处理

《财政部 国家税务总局关于财政性资金、行政事业性收费、政府性基金有关企业所得税政策问题的通知》（财税〔2008〕151号）第一条第一款规定：“企业取得的各类财政性资金，除属于国家投资和资金使用后要求归还本金的以外，均应计入企业当年收入总额。”

企业取得的政府补助，若不符合不征税收入条件，则一次性计入应税收入，但在会计上确认为递延收益，存在税会差异。

例1–33中的甲公司各年度纳税调整明细表见表1–11。

表1–11　甲公司各年度纳税调整明细表　　单位：元

年度	纳税调减	纳税调增	纳税调整
	1	2	3=2–1
20×1	1 000 000	3 000 000	2 000 000
20×2	1 000 000		–1 000 000
20×3	1 000 000		–1 000 000
合计	3 000 000	3 000 000	0

1.7.3　与资产相关的政府补助

1.7.3.1　会计处理

《企业会计准则第16号——政府补助》第八条规定：“与资产相关的政府补助，应当冲减相关资产的账面价值或确认为递延收益。与资产相关的政府补助确认为递延收益的，应当在相关资产使用寿命内按照合理、系统的方法分期计入损益。按照名义金额计量的政府补助，直接计入当期损益。相关资产在使用寿命结束前被出售、转让、报废或发生毁损的，应当将尚未分配的相关递延收益余额转入资产处置当期的损益。”增加了净额法。

【例1–34】政府为鼓励企业使用环保设备，对购置环保设备的企业予以补助。20×1年甲公司以自有资金239万元和政府补助100万元购入一台环保设备，售价339万元，按5年[1]折旧，该政府补助不符合不征税收入条件。企业采用全额法，会计处理如下：

收到政府补助时：

借：银行存款　　1 000 000

　贷：递延收益　　1 000 000

购进固定资产时：

借：固定资产　　3 000 000

　　应交税费——应交增值税（进项税额）　　390 000

　贷：银行存款　　3 390 000

计提折旧（简化每年折旧为300/5=60万元）：

借：管理费用　　600 000

　贷：累计折旧　　600 000

[1] 为简化计算，假设折旧年限符合税法规定。

20×1年末（政府补助对应的折旧为100/5=20万元）：

借：递延收益　200 000

　贷：其他收益　200 000

20×2年末：

借：递延收益　200 000

　贷：其他收益　200 000

20×3—20×5年度的处理相同。

【例1-35】政府为鼓励企业使用环保设备，对购置环保设备的企业予以补助。20×1年，甲公司收到政府补助100万元，加上自有资金239万元，购入一台环保设备，售价339万元，按5年折旧，不符合不征税收入条件。企业采用净额法，会计处理如下：

收到政府补助时：

借：银行存款　1 000 000

　贷：递延收益　1 000 000

购进固定资产时：

借：固定资产　3 000 000

　应交税费——应交增值税（进项税额）　390 000

　贷：银行存款　3 390 000

借：递延收益　1 000 000

　贷：固定资产　1 000 000

该环保设备账面价值为200万元，每年折旧为：200/5=40（万元）。

20×1—20×5年：

借：管理费用　400 000

　贷：累计折旧　400 000

1.7.3.2 税务处理

例1-34中，20×1年一次性确认政府补助收入100万元，纳税调增80万元（100-20），20×2—20×5年度每年调减应纳税所得额20万元（如表1-12所示）。

表1-12 甲公司各年度纳税调整明细表　单位：元

年度	纳税调减	纳税调增	纳税调整
	1	2	3=2-1
20×1	200 000	1 000 000	800 000
20×2	200 000		-200 000
20×3	200 000		-200 000
20×4	200 000		-200 000
20×5	200 000		-200 000
合计	1 000 000	1 000 000	0

例1–35中，根据财税〔2008〕151号文件第一条第一款规定，甲公司20×1年一次性调增收入100万元，固定资产计税基础增加100万元，固定资产计税基础为300万元，可税前扣除折旧额为60万元（300/5），会计上的折旧额为40万元，存在税会差异（见表1–13）。

表1–13　甲公司各年度纳税调整明细表

单位：元

年度	纳税调减	纳税调增		纳税调整
	税收折旧	政府补助	会计折旧	
	1	2	3	4=2+3–1
20×1	600 000	1 000 000	400 000	800 000
20×2	600 000		400 000	–200 000
20×3	600 000		400 000	–200 000
20×4	600 000		400 000	–200 000
20×5	600 000		400 000	–200 000
合计	3 000 000	1 000 000	2 000 000	0

1.7.4　政府补助收入的确认时点

《国家税务总局关于企业所得税若干政策征管口径问题的公告》（国家税务总局公告2021年第17号）第六条规定："企业按照市场价格销售货物、提供劳务服务等，凡由政府财政部门根据企业销售货物、提供劳务服务的数量、金额的一定比例给予全部或部分资金支付的，应当按照权责发生制原则确认收入。除上述情形外，企业取得的各种政府财政支付，如财政补贴、补助、补偿、退税等，应当按照实际取得收入的时间确认收入。"

企业取得的财政性资金，若属于政府购买，按照权责发生制确认收入，若属于政府补助，按照收付实现制确认收入。

注　意

留抵退税不是企业所得税应税收入。

2019年增值税改革中，符合条件的企业可以申请留抵退税。企业取得的留抵退税不是企业所得税应税收入，不缴纳企业所得税。

风险提示

1.取得政府补助应计入应税收入。

有的企业将取得的政府补助计入其他应付款或资本公积，汇算清缴未计入应税收入，导致少缴税款；有的企业取得的政府批文上要求将该政府补助记入"其他应付款"等科目单独核算，企业自认为按照政府批文的要求进行会计处理没有问题。会计处理没有问题，但应当做纳税调整。

案 例

长春市金旅汽车销售有限公司2018–2020年收到财政补贴收入合计7 362 000元未计入营业外收入，合计补缴企业所得税1 693 593.91元，并处一倍罚款。

资料来源：长春市金旅汽车销售有限公司行政处罚公示［EB/OL］.（2021-11-22）吉林省税务局网站.

2. 与企业销售商品或提供服务密切相关的政府经济资源应计入营业收入。

企业从政府取得的经济资源，如果与企业销售商品或提供服务等活动密切相关，且是企业商品或服务的对价或者是对价的组成部分，不属于政府补助，在会计上适用新收入准则等相关准则，税收上也按照营业收入处理。如果企业将该收入计入营业外收入，虽然不会影响应纳税所得额，但会减少业务招待费、广告费和业务宣传费计算扣除基数。更大的风险是会少缴纳增值税。

《国家税务总局关于取消增值税扣税凭证认证确认期限等增值税征管问题的公告》（国家税务总局公告2019年第45号）第七条规定："纳税人取得的财政补贴收入，与其销售货物、劳务、服务、无形资产、不动产的收入或者数量直接挂钩的，应按规定计算缴纳增值税。纳税人取得的其他情形的财政补贴收入，不属于增值税应税收入，不征收增值税。"

1.8 不征税收入

1.8.1 一般企业的不征税收入

不征税收入是企业所得税特有的概念。

《企业所得税法》第七条规定："收入总额中的下列收入为不征税收入：（一）财政拨款；（二）依法收取并纳入财政管理的行政事业性收费、政府性基金；（三）国务院规定的其他不征税收入。"

一开始，不征税收入仅限于事业单位，后来扩展到所有政府补助。

财税〔2008〕151号文件第一条第三款规定："纳入预算管理的事业单位、社会团体等组织按照核定的预算和经费报领关系收到的由财政部门或上级单位拨入的财政补助收入，准予作为不征税收入，在计算应纳税所得额时从收入总额中减除，但国务院和国务院财政、税务主管部门另有规定的除外。"事业单位毕竟是少数，我们在这里主要讲一般企业的处理。

财税〔2008〕151号文件第一条第二款规定："对企业取得的由国务院财政、税务主管部门规定专项用途并经国务院批准的财政性资金，准予作为不征税收入，在计算应纳税所得额时从收入总额中减除。"2008年时，不征税收入仅限于"由国务院财政、税务主管部门规定专项用途并经国务院批准的财政性资金"，级别很高，很少有企业能够得到。

此后，陆续下发了《财政部 国家税务总局关于专项用途财政性资金有关企业所得税处理问题的通知》（财税〔2009〕87号）和《财政部 国家税务总局关于专项用途财政性资金企业所得税处理问题的通知》（财税〔2011〕70号），两个文件的内容几乎一模一样，前者有效期三年，后者直到今天仍然有效。

财税〔2011〕70号文件第一条规定："企业从县级以上各级人民政府财政部门及其他部门取得的应计入收入总额的财政性资金，凡同时符合以下条件的，可以作为不征税收入，在计算应纳税所得额时从收入总额中减除：（一）企业能够提供规定资金专项用途的资金拨付文件；（二）财政部门或其他拨付资金的政府部门对该资金有专门的资金管理办法或具体管理要求；（三）企业对该资金以及以该资金发生的支出单独进行核算。"

因此，企业取得的政府补助只有符合上述三项条件才能作为不征税收入处理。

不征税收入不征税，但相应的支出也不能税前扣除。《企业所得税法实施条例》第二十八条第二款规定："企业的不征税收入用于支出所形成的费用或者财产，不得扣除或者计算对应的折旧、摊销扣除。"财税〔2008〕151号文件第三条规定："企业的不征税收入用于支出所形成的费用，不得在计算应纳税所得额时扣除；企业的不征税收入用于支出所形成的资产，其计算的折旧、摊销不得在计算应纳税所得额时扣除。"财税〔2011〕70号文件第二条规定："根据实施条例第二十八条的规定，上述不征税收入用于支出所形成的费用，不得在计算应纳税所得额时扣除；用于支出所形成的资产，其计算的折旧、摊销不得在计算应纳税所得额时扣除。"

1.8.2 软件企业的不征税收入

《财政部 国家税务总局关于企业所得税若干优惠政策的通知》（财税〔2008〕1号）第一条第一款规定："软件生产企业实行增值税即征即退政策所退还的税款，由企业用于研究开发软件产品和扩大再生产，不作为企业所得税应税收入，不予征收企业所得税。"

虽然这是一个税收优惠文件，但该即征即退款被界定为不征税收入。若软件生产企业取得该即征即退款，则不征收企业所得税，但"企业用于研究开发软件产品和扩大再生产"所形成的费用也不得在税前扣除，更不能享受研发费用加计扣除。

这项政策在四年后得到修改。《财政部 国家税务总局关于进一步鼓励软件产业和集成电路产业发展企业所得税政策的通知》（财税〔2012〕27号）第五条规定："符合条件的软件企业按照《财政部 国家税务总局关于软件产品增值税政策的通知》（财税〔2011〕100号）规定取得的即征即退增值税款，由企业专项用于软件产品研发和扩大再生产并单独进行核算，可以作为不征税收入，在计算应纳税所得额时从收入总额中减除。"

文件中使用了柔性的"可以"，允许企业自主选择。

1.8.3 社保基金的不征税收入

根据《财政部、国家税务总局关于全国社会保障基金有关企业所得税问题的通知》（财税〔2008〕136号）第一条的规定，对社保基金理事会、社保基金投资管理人管理的社保基金银行存款利息收入，社保基金从证券市场中取得的收入，包括买卖证券投资基金、股票、债券的差价收入，证券投资基金红利收入，股票的股息、红利收入，债券的利息收入及产业投资基金收益、信托投资收益等其他投资收入，作为企业所得税不征税收入。

根据《财政部 税务总局关于全国社会保障基金有关投资业务税收政策的通知》（财税〔2018〕94号）第二条的规定，对社保基金取得的直接股权投资收益、股权投资基金收益，作为企业所得税不征税收入。

根据《财政部 税务总局关于基本养老保险基金有关投资业务税收政策的通知》（财税〔2018〕95号）第二条的规定，对社保基金会及养老基金投资管理机构在国务院批准的投资范围内，运用养老基金投资取得的归属于养老基金的投资收入，作为企业所得税不征税收入；对养老基金投资管理机构、养老基金托管机构从事养老基金管理活动取得的收入，依照税法规定征收企业所得税。

1.8.4 核电行业的不征税收入

根据《财政部 国家税务总局关于核电行业税收政策有关问题的通知》（财税〔2008〕38号）第二条的规定，自2008年1月1日起，核力发电企业取得的增值税退税款，专项用于还本付息，不征收企业所得税。

1.8.5 不征税收入和免税收入的区别

区别一：免税收入是税收优惠，永远免予征税；不征税收入不是税收优惠，只是暂时不予征税。

区别二：不征税收入用于支出所形成的费用，不得税前扣除；用于支出所形成的资产，其计算的折旧、摊销不得税前扣除。而免税收入可以。《国家税务总局关于贯彻落实企业所得税法若干税收问题的通知》（国税函〔2010〕79号）第六条规定："根据《企业所得税法实施条例》第二十七条、第二十八条的规定，企业取得的各项免税收入所对应的各项成本费用，除另有规定者外，可以在计算企业应纳税所得额时扣除。"

1.8.6 不征税收入的纳税调整

不征税收入的纳税调整可分为两步：第一步，根据财税〔2008〕151号文件第一条第一款规定，在收到政府补助时一次性确认应税收入；第二步，根据财税〔2011〕70号文件规定，调减不征税收入，调增不征税收入所对应的费用、折旧或摊销。

【例1-36】在例1-33中，假设该补助资金符合不征税收入条件，企业作为不征税收入处理，纳税调整如下：

20×1年，甲公司一次性确认政府补助收入300元，调增200万元；同时，由于符合不征税收入条件，调减不征税收入300元，其支出形成的费用做纳税调增。20×2、20×3年度各调减100万元，其支出形式的费用做纳税调增。

【例1-37】在例1-34中，假设该补助资金符合不征税收入条件，企业作为不征税收入处理，纳税调整如下：

20×1年，甲公司一次性确认政府补助收入100万元，调增80万元（100–20）；同时，由于符合不征税收入条件，调减不征税收入100元，调增不征税收入对应的折旧100/5=20（万元），合计纳税调整为零。20×2—20×5年度每年调减其他收益20万元，调增折旧额20万元，纳税调整为零。

【例1–38】在例1–35中，假设该补助资金符合不征税收入条件，企业作为不征税收入处理，纳税调整如下：

20×1年，甲公司一次性调增政府补助收入100万元，同时，由于符合不征税收入条件，调减不征税收入100万元；调增不征税收入对应的折旧100/5=20（万元），同时调减由于固定资产计税基础不同产生的折旧差异20万元，合计纳税调整为零。20×2—20×5年每年调增不征税收入对应的折旧20万元，同时调减由于固定资产计税基础不同产生的折旧差异20万元，纳税调整为零。

注 意

1. 企业可以选择是否作为不征税收入。

企业取得财政性资金，符合不征税收入条件，无论是财税〔2011〕70号文件还是财税〔2012〕27号文件，都用的是“可以”，企业具有选择权，既可以作为不征税收入，也可以不作为不征税收入。这是因为，不征税收入并不能给企业带来实质性收益，甚至有可能损害企业利益。

2. 不征税收入不能给企业带来实质性收益。

企业不要一见到不征税收入就欣喜若狂，因为不征税收入并不会给企业带来什么好处。如果企业取得的政府补助不属于不征税收入，其应当计入收入总额缴纳企业所得税，同时其用于支出所形成的费用，以及用于支出所形成的资产的折旧、摊销也可以在税前扣除；如果企业取得的政府补助属于不征税收入，则不用缴纳企业所得税，但其用于支出所形成的费用，以及用于支出所形成的资产的折旧、摊销也不得在税前扣除。因此，企业取得的政府补助无论是否属于不征税收入，其应纳税所得额都是一样的。

唯一的好处是企业可以延迟纳税，获得资金的时间性收益。当然，如果企业取得和使用不征税收入是在同一年度，那么连时间性收益都没有。

3. 不征税收入有可能损害企业利益。

不少企业，尤其是在经济技术开发区、高新技术产业园区内的企业，大部分会取得相关政府补助，在政府补助文件中一般都会注明“该款项应用于高新技术产品研发”“该款项应用于技术创新”等要求，政府部门对该款项都有专门的管理办法，企业对该款项也会单独核算，因此符合不征税收入的规定，应作为不征税收入。

让我们来对比一下。

如果企业将取得的政府补助计入应纳税所得额缴纳企业所得税，同时企业用该笔款项进行产品研发、技术创新，不仅能够全额扣除，符合条件的还可以享受研发费用加计扣除优惠。假设企业取得100万元政府补助，将其用于研发，企业将获得75万元（100×75%）的税收收益。

如果企业将该政府补助作为不征税收入，则不用缴纳企业所得税，但其用于支出所形成的费用，以及用于支出所形成的资产的折旧、摊销也不得在税前扣除，更不能享受相关税收优惠。即企业因该笔政府补助获得的税收收益为零。不征税收入不但没有带来任何好处，反而可能使其利益受到损害。

风险提示

1.不符合条件的财政性资金不属于不征税收入。

企业取得的财政性资金，只有符合财税〔2011〕70号文件规定的三项条件，才属于不征税收入，否则不属于不征税收入。三项条件中，资金拨付文件和资金管理办法或具体管理要求是政府出具的，只有单独进行核算是企业自己能够把握的，若企业没有单独核算，则不能作为不征税收入。

另外，很多人只注意到三项条件，忽视了财税〔2011〕70号文件还规定了财政性资金应是“企业从县级以上各级人民政府财政部门及其他部门取得的”，若企业的财政性资金是从县级以下人民政府及其部门取得的，则不能作为不征税收入。

案 例

A公司收到市县两级财政部门拨付资金1.09亿元，这些资金被作为不征税收入处理。企业提供了市政府财政性资金管理的文件和市发展改革委的能源科技基础设施投资计划。但该公司对于收到的1.09亿元财政拨付资金，既没有设置单独账页，也没有单独设置银行存款明细核算科目进行核算，而是混在基本账户里，与公司其他项目支出合并核算，不符合财税〔2011〕70号文件规定条件，按照规定调增了应纳税所得额。

资料来源：是财政拨付资金就能作为不征税收入吗［N］.中国税务报，2017-08-01（B3）.

2.不征税收入对应的支出不能在税前扣除。

企业一定要牢记，不征税收入不是免税收入，不是税收优惠，它虽然暂时不征税，但对应的支出也不能在税前扣除，这是税务机关检查的重点。企业可能在取得不征税收入的当年尚未使用，则当年不予征税，以后年度使用时切记调增对应的支出。

案 例

某企业于2011年4月取得一笔由政府部门拨付的专项用途财政性资金，作为不征税收入处理，但其用于支出所形成的费用在计算应纳税所得额时进行了税前扣除。税务机关要求企业对该笔支出进行了纳税调增处理，并按规定补缴企业所得税。

资料来源：作为不征税收入的财政性资金对应的支出不得在企业所得税税前扣除［EB/OL］.（2012-11-11）原甘肃省定西市地方税务局网站.

3.不征税收入和免税收入不能混淆。

如上所述，不征税收入和免税收入有本质的区别，不能把不征税收入作为免税收入。

案 例

某企业2012年在将用于软件产品的研发并单独进行核算的即征即退款2 633 973.93元全部作为免税收入，将该项支出全部列入管理费用——研究开发费，在年度纳税申报时调减了应纳税所得额2 633 973.93元。按照政策，该即征即退款可以作为不征税收入，但相应支出所形成的费用不得税前扣除。同时，对于企业发生的纳入不征税收入的研发费用不得加计扣除，应进行纳税调增。

资料来源：即征即退增值税款应作为不征税收入核算［EB/OL］.（2014-04-08）原江苏省南京市地方税务局网站.

4. 小微企业免征的增值税不是不征税收入。

实务中，很多企业将小微企业免征的增值税作为不征税收入，这是不对的。

《财政部 税务总局关于对增值税小规模纳税人免征增值税的公告》（财政部 税务总局公告2022年第15号）规定，自2022年4月1日至2022年12月31日，增值税小规模纳税人适用3%征收率的应税销售收入，免征增值税。

《增值税会计处理规定》（财会〔2016〕22号文件印发）第二条第十款规定："小微企业在取得销售收入时，应当按照税法的规定计算应交增值税，并确认为应交税费，在达到增值税制度规定的免征增值税条件时，将有关应交增值税转入当期损益。"财政部会计司业会计准则实施问答（2020年12月11日）明确："对于小微企业达到增值税制度规定的免征增值税条件时，应当按照《增值税会计处理规定》（财会〔2016〕22号）的相关规定进行会计处理，将有关应交增值税转入'其他收益'科目。"会计处理如下：

（1）销售货物时：

借：应收账款/银行存款

　贷：主营业务收入

　　应交税费——应交增值税

（2）月末符合免税条件时：

借：应交税费——应交增值税

　贷：其他收益

因此，小微企业免征的增值税在会计上应计入企业的其他收益。

财税〔2008〕151号文件第一条第一款规定："企业取得的各类财政性资金，除属于国家投资和资金使用后要求归还本金的以外，均应计入企业当年收入总额。"第四款规定："本条所称财政性资金，是指企业取得的来源于政府及其有关部门的财政补助、补贴、贷款贴息，以及其他各类财政专项资金，包括直接减免的增值税和即征即退、先征后退、先征后返的各种税收，但不包括企业按规定取得的出口退税款。"小微企业免征收的增值税属于"直接减免的增值税"，应计入"企业当年收入总额"。

对照不征税收入确认的三个条件，小微企业免征的增值税既没有"规定资金专项用途的资金拨付文件"，也没有"政府部门对该资金有专门的资金管理办法或具体管理要求"，因此小微企业免征的增值税不属于不征税收入，应当缴纳企业所得税。

所以，无论查账征收的小微企业还是核定征收的小微企业，免征的增值税均须计入企业所得税应税收入，计算缴纳企业所得税。

5. 增值税加计抵减额应计入企业所得税应纳税所得额。

自2019年4月1日至2022年12月31日，生产、生活性服务业增值税一般纳税人可抵扣进项税额加计10%或15%，抵减应纳税额（以下称加计抵减政策）。

《财政部会计司关于〈关于深化增值税改革有关政策的公告〉适用〈增值税会计处理规定〉有关问题的解读》明确："生产、生活性服务业纳税人取得资产或接受劳务时，应当按照《增值税会计处理规定》的相关规定对增值税相关业务进行会计处理；实际缴纳增值税时，按应纳税额借记‘应交税费——未交增值税’等科目，按实际纳税金额贷记‘银行存款’科目，按加计抵减的金额贷记‘其他收益’科目。”

“其他收益”为损益类科目，计入企业利润总额，且不符合不征税收入条件，须缴纳企业所得税。

案　例

某企业2019年度汇算清缴申报年应纳税所得额为2 964 842.04元，享受小型微利企业优惠，缴纳企业所得税1 000 000×5%+（2 964 842.04−1 000 000）×10%=246 484.20（元）。税务人员发现，其2019年度增值税加计抵减额为136 628.86元，未计入利润总额。根据规定将136 628.86元增值税加计抵减额计入利润总额后，该企业应纳税所得额变为3 101 470.90元，不再符合小型微利企业条件。该公司应缴纳企业所得税为3 101 470.90×25%=775 367.73（元），补缴企业所得税775 367.73−246 484.20=528 883.53（元），并缴纳了相应的滞纳金。

资料来源：增值税加计抵减额应计入利润总额［N］. 中国税务报，2020-11-06（B3）.

6. 大多数增值税即征即退税款不是不征税收入。

目前，除了软件企业增值税即征即退税款可以作为不征税收入外，其他（如资源综合利用、残疾人就业等方面的）即征即退税款，既没有“规定资金专项用途的资金拨付文件”，也没有“政府部门对该资金有专门的资金管理办法或具体管理要求”，因此不符合不征税收入确认条件，应当缴纳企业所得税。

7. 不征税收入超5年未使用应计入应税收入。

财税〔2011〕70号文件第三条规定：“企业将符合本通知第一条规定条件的财政性资金作不征税收入处理后，在5年（60个月）内未发生支出且未缴回财政部门或其他拨付资金的政府部门的部分，应计入取得该资金第六年的应税收入总额；计入应税收入总额的财政性资金发生的支出，允许在计算应纳税所得额时扣除。”

企业取得的政府补助符合不征税收入条件，不使用就暂不征税，但60个内未使用也未缴回财政部门的，应计入取得该资金第六年的应税收入总额。政府给企业补助就是让企业使用的，一直不使用就要缴税。

案　例

D公司2016—2018年收到政府部门拨付的“担保扶持基金”，确认为不征税收入。税务人员发现，该项目下的部分资金已经超过60个月未支出，这部分资金不能再继续按照不征税收入处理，D公司应做出相应调整，并补缴企业所得税税款。

资料来源：税务处理不合规，这笔政府补助要缴税［N］. 中国税务报，2019-12-20（B3）.

8. 不征税收入的孳息要缴税。

企业取得不征税收入产生的孳息不是不征税收入，要计入收入总额缴纳企业所得税。

争 议

财政性资金未按规定用途使用是否还能作为不征税收入？

企业取得一笔财政性资金，资金拨付文件明确规定了用途，但该企业将其用于其他用途，还能否作为不征税收入？有观点认为，财税〔2011〕70号文件并未规定财政性资金必须按照规定用途使用，因此，若未按规定用途使用就不属于不征税收入，法律依据不足。

不征税收入税收管理的重点是收入暂不征税，支出不能扣除。若企业将财政性资金用于其他用途，只要其对应的支出没有扣除，就对税收没有影响，也没有税收风险。但若企业将该财政性资金用于非支出项目，如用于缴纳企业所得税，由于没有影响损益，也就不用纳税调增，不符合不征税收入政策的本意。因此，笔者认为，若企业取得的财政性资金未按规定用途使用，不应作为不征税收入。

1.9 非货币性资产交换

1.9.1 基本规定

非货币性资产交换，是指企业主要以固定资产、无形资产、投资性房地产和长期股权投资等非货币性资产进行的交换。该交换不涉及或只涉及少量的货币性资产（即补价）。

新修订的《企业会计准则第7号——非货币性资产交换》（以下简称非货币性资产交换准则）（财会〔2019〕8号）自2019年6月10日起施行。

非货币性资产交换是相对于货币性资产而言的。货币性资产，是指企业持有的货币资金和收取固定或可确定金额的货币资金的权利。非货币性资产，是指货币性资产以外的资产。与旧准则不同的是，新准则规定企业以存货换取客户的非货币性资产的，适用新收入准则。

1.9.2 以公允价值为基础计量

1.9.2.1 会计处理

非货币性资产交换同时满足下列条件的，应当以公允价值为基础计量：

（1）该项交换具有商业实质。

（2）换入资产或换出资产的公允价值能够可靠地计量。换入资产和换出资产的公允价值均能够可靠计量的，应当以换出资产的公允价值为基础计量，但有确凿证据表明换入资产的公允价值更加可靠的除外。

满足下列条件之一的非货币性资产交换具有商业实质：

（1）换入资产的未来现金流量在风险、时间分布或金额方面与换出资产显著不同。

（2）使用换入资产所产生的预计未来现金流量现值与继续使用换出资产不同，且其差额与换入资产和换出资产的公允价值相比是重大的。

以公允价值为基础计量的非货币性资产交换，对于换入资产，应当以换出资产的公允价值和应支付的相关税费作为换入资产的成本进行初始计量；对于换出资产，应当在终止确认时，将换出资产的公允价值与其账面价值之间的差额计入当期损益。

有确凿证据表明换入资产的公允价值更加可靠的，对于换入资产，应当以换入资产的公允价值和应支付的相关税费作为换入资产的初始计量金额；对于换出资产，应当在终止确认时，将换入资产的公允价值与换出资产账面价值之间的差额计入当期损益。

以公允价值为基础计量的非货币性资产交换，涉及补价的，应当按照下列规定进行处理：

（1）支付补价的，以换出资产的公允价值，加上支付补价的公允价值和应支付的相关税费，作为换入资产的成本，换出资产的公允价值与其账面价值之间的差额计入当期损益。

有确凿证据表明换入资产的公允价值更加可靠的，以换入资产的公允价值和应支付的相关税费作为换入资产的初始计量金额，换入资产的公允价值减去支付补价的公允价值，与换出资产账面价值之间的差额计入当期损益。

（2）收到补价的，以换出资产的公允价值，减去收到补价的公允价值，加上应支付的相关税费，作为换入资产的成本，换出资产的公允价值与其账面价值之间的差额计入当期损益。

有确凿证据表明换入资产的公允价值更加可靠的，以换入资产的公允价值和应支付的相关税费作为换入资产的初始计量金额，换入资产的公允价值加上收到补价的公允价值，与换出资产账面价值之间的差额计入当期损益。

简单地说，若企业以存货换取客户的非货币性资产，适用新收入准则的，换入资产的成本以换入资产的公允价值为初始计量首选；若以非存货换取客户的非货币性资产，适用非货币性资产交换准则的，换入资产的成本以换出资产的公允价值为初始计量首选。

（1）不涉及补价。

【例1-39】甲公司以生产经营中使用的A设备交换乙公司生产经营中使用的B设备。A设备账面原值为200万元，在交换日累计折旧为100万元，已计提减值准备30万元，公允价值为60万元；B设备账面原值为120万元，在交换日累计折旧为50万元，已计提减值准备20万元，公允价值为60万元。该交换具有商业实质。

（1）甲公司会计处理如下：

借：固定资产清理——A设备	700 000	
累计折旧	1 000 000	
固定资产减值准备	300 000	
贷：固定资产——A设备		2 000 000
借：固定资产清理——A设备	78 000	
贷：应交税费——应交增值税（销项税额）		78 000
借：固定资产——B设备	600 000	
应交税费——应交增值税（进项税额）	78 000	
资产处置损益	100 000	
贷：固定资产清理——A设备		778 000

（2）乙公司会计处理如下：

借：固定资产清理——B设备　　500 000

　　累计折旧　　500 000

　　固定资产减值准备　　200 000

　贷：固定资产——B设备　　1 200 000

借：固定资产清理——B设备　　78 000

　贷：应交税费——应交增值税（销项税额）　　78 000

借：固定资产——A设备　　600 000

　　应交税费——应交增值税（进项税额）　　78 000

　贷：固定资产清理——B设备　　578 000

　　资产处置损益　　100 000

（2）涉及补价。

【例1-40】甲公司以生产经营中使用的A设备交换乙公司生产经营中使用的B设备。A设备账面原值为900万元，在交换日累计折旧为150万元，公允价值为800万元；B设备账面原值为1 000万元，在交换日累计折旧为300万元，公允价值为755万元，乙公司另支付了45万元给甲公司。该交换具有商业实质。

（1）甲公司会计处理如下：

B设备的入账价值=8 000 000-450 000+1 040 000-981 500=7 608 500（元）

借：固定资产清理——A设备　　7 500 000

　　累计折旧　　1 500 000

　贷：固定资产——甲设备　　9 000 000

借：固定资产——B设备　　7 608 500

　　应交税费——应交增值税（进项税额）　　981 500

　　银行存款　　450 000

　贷：固定资产清理——A设备　　7 500 000

　　应交税费——应交增值税（销项税额）　　1 040 000

　　资产处置损益　　500 000

（2）乙公司会计处理如下：

A设备的入账价值=7 550 000+450 000+981 500-1 040 000=7 941 500（元）

借：固定资产清理——乙设备　　7 000 000

　　累计折旧　　3 000 000

　贷：固定资产——乙设备　　10 000 000

借：固定资产——甲设备　　7 941 500

　　应交税费——应交增值税（进项税额）　　1 040 000

　贷：固定资产清理——乙设备　　7 000 000

　　应交税费——应交增值税（销项税额）　　981 500

　　银行存款　　450 000

　　资产处置损益　　550 000

1.9.2.2 税务处理

例1–39中，纳税调整如下：

（1）甲公司税务处理：

①换出A设备的资产净值=200–100=100（万元）；

②换出A设备的公允价值：60万元；

③转让财产所得：

转让财产所得=换出A设备的公允价值–换出A设备的资产净值=60–100=–40（万元），会计上确认的资产处置损益为–10万元，调减甲公司应纳税所得额30万元［–40–（–10）］。

（2）乙公司税务处理：

①换出B设备的资产净值=120–50=70（万元）；

②换出B设备的公允价值：60万元；

③转让财产所得：

转让财产所得=换出B设备的公允价值–换出B设备的计税基础=60–70=–10（万元），会计上确认的资产处置损益为10万元，调减乙公司应纳税所得额20万元（–10–10）。

例1–40不用做纳税调整。

1.9.3 以账面价值为基础计量

1.9.3.1 会计处理

不具有商业实质的非货币性资产交换，应当以账面价值为基础计量。对于换入资产，企业应当以换出资产的账面价值和应支付的相关税费作为换入资产的初始计量金额；对于换出资产，终止确认时不确认损益。

以账面价值为基础计量的非货币性资产交换，涉及补价的，应当按照下列规定进行处理：

（1）支付补价的，以换出资产的账面价值，加上支付补价的账面价值和应支付的相关税费，作为换入资产的初始计量金额，不确认损益。

（2）收到补价的，以换出资产的账面价值，减去收到补价的公允价值，加上应支付的相关税费，作为换入资产的初始计量金额，不确认损益。

（1）不涉及补价。

【例1–41】基本情况同例1–39，但该交换不具有商业实质。

（1）甲公司会计处理如下：

借：固定资产清理——A设备	700 000	
累计折旧	1 000 000	
固定资产减值准备	300 000	
贷：固定资产——A设备		2 000 000
借：固定资产清理——A设备	78 000	

贷：应交税费——应交增值税（销项税额）　78 000

借：固定资产——B设备　700 000

应交税费——应交增值税（进项税额）　78 000

贷：固定资产清理——A设备　778 000

（2）乙公司会计处理如下：

借：固定资产清理——B设备　500 000

累计折旧　500 000

固定资产减值准备　200 000

贷：固定资产——B设备　1 200 000

借：固定资产清理——B设备　78 000

贷：应交税费——应交增值税（销项税额）　78 000

借：固定资产——A设备　500 000

应交税费——应交增值税（进项税额）　78 000

贷：固定资产清理——B设备　578 000

（2）涉及补价。

【例1-42】基本情况同例1-40，但该交换不具有商业实质。

（1）甲公司会计处理如下：

B设备的入账价值=7 500 000-450 000+1 040 000-981 500=7 108 500（元）

借：固定资产清理——A设备　7 500 000

累计折旧　1 500 000

贷：固定资产——A设备　9 000 000

借：固定资产清理——A设备　1 040 000

贷：

借：固定资产——B设备　7 108 500

应交税费——应交增值税（进项税额）　981 500

银行存款　450 000

贷：固定资产清理——A设备　7 500 000

应交税费——应交增值税（销项税额）　1 040 000

（2）乙公司会计处理如下：

A设备的入账价值=7 000 000+450 000+981 500-1 040 000=7 391 500（元）

借：固定资产清理——B设备　7 000 000

累计折旧　3 000 000

贷：固定资产——B设备　10 000 000

借：固定资产清理——B设备　981 500

贷：应交税费——应交增值税（销项税额）　981 500

借：固定资产——A设备　7 391 500

应交税费——应交增值税（进项税额）　1 040 000

贷：固定资产清理——B设备　7 981 500

银行存款　450 000

1.9.3.2 税务处理

《企业所得税法实施条例》第二十五条规定："企业发生非货币性资产交换，以及将货物、财产、劳务用于捐赠、偿债、赞助、集资、广告、样品、职工福利或者利润分配等用途的，应当视同销售货物、转让财产或者提供劳务，但国务院财政、税务主管部门另有规定的除外。"

以账面价值为基础计量的非货币性资产交换，需要按照《企业所得税法实施条例》第二十五条规定视同销售。

例1–41中，纳税调整如下：

（1）甲公司税务处理。

①换出A设备的资产净值=200–100=100（万元）。

②换出A设备的公允价值：60万元。

③转让财产所得：

转让财产所得=换出A设备的公允价值–换出A设备的资产净值=60–100=–40（万元），调减甲公司应纳税所得额40万元。

④换入B设备的计税基础：

《企业所得税法实施条例》第五十八条规定："固定资产按照以下方法确定计税基础：……（五）通过捐赠、投资、非货币性资产交换、债务重组等方式取得的固定资产，以该资产的公允价值和支付的相关税费为计税基础；"换入B设备的计税基础为60万元，账面价值为70万元，每年做折旧的纳税调整。

（2）乙公司税务处理。

①换出B设备的资产净值=120–50=70（万元）。

②换出B设备的公允价值：60万元。

③转让财产所得：

转让财产所得=换出B设备的公允价值–换出B设备的计税基础=60–70=–10（万元），调减乙公司应纳税所得额10万元。

④换入A设备的计税基础：

换入A设备的计税基础为60万元，账面价值为50万元，每年做折旧的纳税调整。

例1–42中，纳税调整如下：

（1）甲公司税务处理。

①换出A设备的资产净值=900–150=750（万元）。

②换出A设备的公允价值：800万元。

③转让财产所得：

转让财产所得=换出A设备的公允价值–换出A设备的资产净值=800–750=50（万元），调增甲公司应纳税所得额50万元。

④换入B设备的计税基础。

换入B设备的计税基础为：7 550 000+1 040 000–981 500=7 608 500（元），账面价值为7 108 500元，每年做折旧的纳税调减，合计调减：7 608 500–7 108 500=500 000（元）。

（2）乙公司税务处理。

①换出B设备的计税基础=1 000–300=700（万元）。

②换出B设备的公允价值：755万元。

③转让财产所得：

转让财产所得=换出B设备的公允价值–换出B设备的资产净值=755–700=55（万元），调增乙公司应纳税所得额55万元。

④换入A设备的计税基础。

换入A设备的计税基础为：8 000 000+981 500–1 040 000=7 941 500（元），账面价值为7 391 500元，每年做折旧的纳税调减，合计调减：7 941 500–7 391 500=550 000（元）。

风险提示

非货币性资产交换涉及减值准备的，减值准备不能税前扣除，需要进行纳税调整。非货币性资产交换收入，应一次性计入应纳税所得额。《国家税务总局关于企业取得财产转让等所得企业所得税处理问题的公告》（国家税务总局公告2010年第19号）第一条规定："企业取得财产（包括各类资产、股权、债权等）转让收入、债务重组收入、接受捐赠收入、无法偿付的应付款收入等，不论是以货币形式、还是非货币形式体现，除另有规定外，均应一次性计入确认收入的年度计算缴纳企业所得税。"

1.10 企业所得税与增值税收入确认的差异

企业所得税与增值税是我国最重要的两大税种，也是企业纳税最多的两大税种。二者虽然是两个不同的税种，但具有很强的关联性，都是以收入为起点计算应纳税额，在收入的确认上既有相同之处又有不同之处。二者在确认收入方面最大的差异在于：企业所得税按照权责发生制确认收入，而增值税上若先开具发票，就要确认收入。

下面我们就来分析一下企业所得税与增值税收入确认的主要差异。

1.10.1 企业所得税确认收入而增值税不确认收入

1.10.1.1 总机构纳税

企业所得税汇总纳税，总机构申报的营业收入是所有总分机构汇总的营业收入；增值税分别纳税，总机构申报的销售额只是其自身的销售额。因此，总机构企业所得税收入远大于增值税销售额。

1.10.1.2 企业将外购的货物用于职工福利

企业将外购的货物用于职工福利，由于资产所有权属发生了改变，企业所得税应按照视同销售确认收入，但增值税应做进项税额转出处理。

1.10.2 企业所得税确认收入而增值税暂不确认收入

1.10.2.1 先发货后收款

《增值税暂行条例实施细则》第三十八条第一款规定："采取直接收款方式销售货物，无论货物是否发出，均为收到销售款或者取得索取销售款凭据的当天；"《国家税务总局关于增值税纳税义务发生时间有关问题的公告》（国家税务总局公告2011年第40号）规定："纳税人生产经营活动中采取直接收款方式销售货物，已将货物移送对方并暂估销售收入入账，但既未取得销售款或取得索取销售款凭据也未开具销售发票的，其增值税纳税义务发生时间为取得销售款或取得索取销售款凭据的当天；先开具发票的，为开具发票的当天。"因此，在先发货后收款的销售模式下，销售方没有收到钱，不确认增值税销售额，但若符合相关条件，应当确认企业所得税收入。

【例1-43】20×1年12月，甲公司销售一批货物给乙公司，价款11.3万元，合同约定，乙公司收到货物30天内付款。根据以往经验，甲公司判断乙公司会全额付款。20×2年1月，甲公司收到全部货款。会计处理如下：

20×1年12月：

借：应收账款	113 000	
贷：主营业务收入		100 000
应交税费——待转销项税额		13 000

20×2年1月：

借：银行存款	113 000	
贷：应收账款		113 000
借：应交税费——待转销项税额	13 000	
贷：应交税费——应交增值税（销项税额）		13 000

20×1年，确认企业所得税营业收入11.3万元，不确认增值税销售额。

1.10.2.2 工期超过12个月的建造合同

如前所述，工期超过12个月的建造合同，会计和企业所得税上按照完工百分比法确认收入，而增值税上按书面合同约定的收款日期的当天确认销售额。企业所得税在年末就要按照完工百分比法计算收入，若合同约定的收款日期是次年1月，那么，两税收入确认就会出现时间性差异。即使合同约定的收款日期也是年末，由于企业所得税是按照完工百分比法计算出的收入，增值税的计税依据是合同约定的收款金额，也会产生差异。如在前面的例1-20中，20×1年末，企业所得税确认收入2 362.5万元，增值税确认销售额2 500万元；20×2年末，企业所得税确认收入2 362.5万元，增值税确认销售额1 100万元。

1.10.2.3 托收承付

《国家税务总局关于确认企业所得税若干问题的通知》（国税函〔2008〕875号）第一条第二款第一项规定："销售商品采用托收承付方式的，在办妥托收手续时确认收入。"

《增值税暂行条例实施细则》第三十八条第二款规定："采取托收承付和委托银行收款方式销售货物，为发出货物并办妥托收手续的当天。"

因此，在托收承付方式下，企业所得税只需"办妥托收手续"即可确认收入，增值税则要求在"办妥托收手续"的同时还要"发出货物"，两者缺一不可。若企业先发出货物后办妥托收手续，则增值税与企业所得税在收入确认上没有差异；但若企业先办妥托收手续后发出货物，则企业所得税先于增值税确认收入。

1.10.3 增值税确认收入而企业所得税不确认收入

1.10.3.1 所有权属不发生改变的视同销售行为

企业所得税视同销售以"资产所有权属已发生改变"为原则，增值税则不一定。若企业将货物从总机构移送到外省分支机构，应当视同销售缴纳增值税，但不是企业所得税上的视同销售。

1.10.3.2 售后回购

在前面的例1-18中，售后回购在会计和企业所得税上不确认收入，但应缴纳增值税。

1.10.4 增值税确认收入而企业所得税暂不确认收入

1.10.4.1 先开具发票

《增值税暂行条例》第十九条规定："增值税纳税义务发生时间：（一）发生应税销售行为，为收讫销售款项或者取得索取销售款项凭据的当天；先开具发票的，为开具发票的当天。"企业销售货物，先开具发票，就应确认增值税收入，但若货物尚未发出，则不符合国税函〔2008〕875号文件规定的条件，暂不确认企业所得税收入。

1.10.4.2 委托代销

（1）委托方处理。国税函〔2008〕875号文件第一条第二款第一项规定："销售商品采用支付手续费方式委托代销的，在收到代销清单时确认收入。"

《增值税暂行条例实施细则》第三十八条第五款规定："委托其他纳税人代销货物，为收到代销单位的代销清单或者收到全部或者部分货款的当天。未收到代销清单及货款的，为发出代销货物满180天的当天。”

因此，在发生委托代销行为时，企业所得税以“收到代销清单时确认收入”确认销售额，增值税则以“收到代销单位的代销清单”或者“收到全部或者部分货款”确认销售额。若企业先收到代销清单后收到货款，则企业所得税与增值税同时确认收入；若企业先收到货款后收到代销清单，则增值税先确认销售额；若企业既没有收到代销清单也没有收到货款，在“发出代销货物满180天的当天”增值税也要确认销售额，而企业所得税还得等代销清单。

（2）受托方处理。在前面的例1–13中，就受托方乙公司而言，不但增值税销售额先于企业所得税销售（营业）收入确认，而且由于是受托销售，增值税销售额要确认10 000元，但实际上真正属于乙公司的收入只有1 000元。

1.10.4.3 一次性收取跨期租金

在前面的例1–24中，出租方在一次性收取跨期租金时即确认增值税收入，企业所得税则分期确认收入。

1.10.5 两税都确认收入但企业所得税不计营业收入

1.10.5.1 处置固定资产

企业销售自己使用过的、未抵扣的固定资产，在增值税上适用简易计税方法，企业销售自己使用过的、已抵扣的固定资产，在增值税上适用一般计税方法。无论哪种方法，增值税上均按照销售该固定资产取得的不含税收入全额计入增值税销售额，企业所得税上按照销售该固定资产产生的净损益计入营业外收入或营业外支出。

1.10.5.2 转让金融商品

企业转让金融商品，增值税上按照卖出价减买入价后的余额计入销售额，企业所得税上计入投资收益。

1.10.5.3 非金融企业贷款利息收入

企业取得贷款利息收入，增值税上计入销售额；在企业所得税上，金融企业填报A101020《金融企业收入明细表》第7行“发放贷款及垫资”，属于金融企业营业收入，与增值税销售额差异不大，但非金融企业记入“财务费用”科目贷方。

注 意

增值税收入有可能大于企业所得税收入，因此不能一见到企业增值税收入大于所得税收入就判定企业有风险，要具体问题具体分析。

1.11 其 他

1.11.1 汇兑收益

《企业所得税法实施条例》第二十二条规定："企业所得税法第六条第（九）项所称其他收入，是指企业取得的除企业所得税法第六条第（一）项至第（八）项规定的收入外的其他收入，包括企业资产溢余收入、逾期未退包装物押金收入、确实无法偿付的应付款项、已作坏账损失处理后又收回的应收款项、债务重组收入、补贴收入、违约金收入、汇兑收益等。"第三十九条规定："企业在货币交易中，以及纳税年度终了时将人民币以外的货币性资产、负债按照期末即期人民币汇率中间价折算为人民币时产生的汇兑损失，除已经计入有关资产成本以及与向所有者进行利润分配相关的部分外，准予扣除。"企业拥有因汇率变动产生的汇兑收益，应缴纳企业所得税。

按照《企业会计准则应用指南——会计科目和主要账务处理》的规定，汇兑损益计入财务费用。按照《小企业会计准则》的规定，汇兑收益计入营业外收入，因此A101010《一般企业收入明细表》第25行"汇兑收益"由执行《小企业会计准则》的企业填报。

风险提示

当前人民币汇率变动较快，有些有大量外币收入的企业年末会产生汇兑收益，企业以为账面上的汇兑收益不用缴纳企业所得税，遂做调减处理，这是不对的，即使是企业账面上的汇兑收益，也应计入应纳税所得额；当然，汇兑损失也可以在税前扣除。

案 例

大安市能源公司2013年度取得汇兑净收益7 727.71万元，其中汇兑收益8 747.53万元，汇兑损失1 019.823 4万元，计入财务费用核算，在汇算清缴时做了纳税调减处理。根据税法相关规定，该企业实现的汇兑收益应计入其他收入，缴纳企业所得税，依法追缴税款及滞纳金2 095万元。

资料来源：汇兑收益未纳税查补税款2 000万元［N］.中国税务报，2015-04-15（B5）.

1.11.2 扣缴手续费

《中华人民共和国税收征收管理法》（以下简称《税收征收管理法》）第三十条第三款规定："税务机关按照规定付给扣缴义务人代扣、代收手续费。"《中华人民共和国税收征收管理法实施细则》第一百一十条规定："税收征管法第三十条第三款规定的代扣、代收手续费，纳入预算管理，由税务机关依照法律、行政法规的规定付给扣缴义务人。"因此，扣缴义务人无论是代扣代缴个人所得税还是企业所得税，都可以从税务机关获得相应的手续费。

会计处理：财政部会计司《关于2018年度一般企业财务报表格式有关问题的解读》

第二条第二款规定："企业作为个人所得税的扣缴义务人，根据《中华人民共和国个人所得税法》收到的扣缴税款手续费，应作为其他与日常活动相关的项目在利润表的'其他收益'项目中填列。"财政部会计司业会计准则实施问答（2021年11月2日）明确："执行《小企业会计准则》的企业作为个人所得税的扣缴义务人，根据《中华人民共和国个人所得税法》收到的扣缴税款手续费，应当计入'其他收益'科目，在利润表'营业收入'项目中反映。"

税务处理：企业取得的扣缴手续费，根据《企业所得税法》第六条"企业以货币形式和非货币形式从各种来源取得的收入，为收入总额"的规定，应当计入应税收入总额，缴纳企业所得税。

企业取得扣缴手续费应当缴纳企业所得税没有争议，但是否缴纳增值税和个人所得税争议较大。

增值税方面。营改增后，企业取得的扣缴手续费是否缴纳增值税争议较大。目前，大多数省级税务局的指导意见都是应当缴纳增值税。

个人所得税方面。《财政部 国家税务总局关于个人所得税若干政策问题的通知》（财税字〔1994〕20号）第二条规定："下列所得，暂免征收个人所得税：……个人办理代扣代缴税款手续，按规定取得的扣缴手续费。"政策明确规定是"个人"，企业将取得的扣缴手续费奖励办税人员不免征个人所得税。但也有的税务机关将"个人"扩大解释为包括企业的办税人员。

风险提示

实务中，很多企业将取得的扣缴手续费记入了"其他应付款"等科目，没有做纳税调整。由于几乎所有代扣代缴个人所得税的企业都会取得扣缴手续费，因此这也是税务机关检查的重点。

案 例

某公司2016年9月取得地税机关代扣代缴个人所得税手续费返还464 070.48元，该公司在其他应付款科目核算挂账，未计入收入总额。需调增该公司2016年应纳税所得额464 070.48元。

资料来源：8个案例说说那些被检查出的"小问题"［N］.中国税务报，2017-12-01（B3）.

1.11.3 试运行收入

《企业会计准则应用指南——会计科目和主要账务处理》中的"在建工程"规定："试车形成的产品对外销售或转为库存商品的，借记'银行存款'、'库存商品'等科目，贷记本科目（待摊支出）。"《小企业会计准则》第二十八条第二款规定："小企业在建工程在试运转过程中形成的产品、副产品或试车收入冲减在建工程成本。"

因此，企业建造固定资产取得的试运行收入应冲减在建工程成本。

《企业所得税法》第六条规定："企业以货币形式和非货币形式从各种来源取得的收

入，为收入总额。”因此，企业取得的试运行收入应确认为应税收入，而不应冲减在建工程成本，产生税会差异。

2021年12月底，财政部发布《企业会计准则解释第15号》(财会〔2021〕35号)，其第一条规定：“企业将固定资产达到预定可使用状态前或者研发过程中产出的产品或副产品对外销售（以下统称试运行销售）的，应当按照《企业会计准则第14号——收入》、《企业会计准则第1号——存货》等规定，对试运行销售相关的收入和成本分别进行会计处理，计入当期损益，不应将试运行销售相关收入抵销相关成本后的净额冲减固定资产成本或者研发支出。”此规定改变了原有试运行销售收入冲减固定资产成本的做法，要求按相关准则确认试运行销售相关收入和成本，无税会差异。

1.11.4 确实无法偿付的应付款项

《企业会计准则应用指南——会计科目和主要账务处理》中的“应付账款”规定：“企业如有将应付账款划转出去或者确实无法支付的应付账款，应按其账面余额，借记本科目，贷记‘营业外收入——其他’科目。”

《企业所得税法实施条例》第二十二条规定：“企业所得税法第六条第（九）项所称其他收入，是指企业取得的除企业所得税法第六条第（一）项至第（八）项规定的收入外的其他收入，包括企业资产溢余收入、逾期未退包装物押金收入、确实无法偿付的应付款项、已作坏账损失处理后又收回的应收款项、债务重组收入、补贴收入、违约金收入、汇兑收益等。”

确实无法偿付的应付款项均应计入收入总额，无税会差异。

风险提示

如何判定“确实无法偿付的应付款项”是税收征管中的难点，因为税法没有明确“确实无法偿付”的条件。在实务中，若双方达成协议债权人放弃债权，或者债权人（法人）已将该应收账款作为资产损失税前扣除，或者债权人（自然人）失踪或死亡，债权人（法人）注销、破产、走逃（失联）的，则可以判定债务人确实无法偿付。对于这部分确实无法偿付的应付款项，应计入应税收入计征企业所得税。

案　例

江苏神龙药业股份有限公司与合肥医工医药有限公司达成布洛芬注射液的技术转让协议，后因出现技术问题没有向合肥医工医药有限公司付清尾款600 000元，合肥医工医药有限公司多次要求付清尾款，经双方多次协商，两家公司于2019年12月份达成共识，尾款不再支付。江苏神龙药业股份有限公司对此业务未记账未作营业外收入，补缴企业所得税90 000元，并处以0.5倍罚款。

资料来源：江苏神龙药业股份有限公司行政处罚公示［EB/OL］.（2021-11-24）江苏省税务局网站.

争 议

若债权人依然正常经营，既未放弃债权，又未将该应收账款作为资产损失税前扣除，债务人找出各种理由证明该应付款项并非"确实无法偿付"，这时如何判定该应付款项是否"确实无法偿付"仍然存在争议。

1.11.5 固定资产盘盈

《〈企业会计准则第28号——会计政策、会计估计变更和差错更正〉应用指南》第十一条规定："……前期差错通常包括计算错误、应用会计政策错误、疏忽或曲解事实以及舞弊产生的影响以及存货、固定资产盘盈等。"

【例1-44】甲公司在年末财产清查中盘盈设备一台，同类设备市场价格为5万元，估计设备6成新。会计处理如下：

借：固定资产	30 000	
贷：以前年度损益调整		30 000
借：以前年度损益调整	30 000	
贷：利润分配——未分配利润		30 000

《企业所得税法实施条例》第二十二条规定："企业所得税法第六条第（九）项所称其他收入，是指企业取得的除企业所得税法第六条第（一）项至第（八）项规定的收入外的其他收入，包括企业资产溢余收入……"

在固定资产盘盈方面，企业所得税与会计处理不同，会计上作为会计差错，企业所得税上作为其他收入。调增应纳税所得额3万元。

《小企业会计准则》第六十八条第二款规定："小企业的营业外收入包括：非流动资产处置净收益、政府补助、捐赠收益、盘盈收益……"

《小企业会计准则》与税法的规定一致。

风险提示

固定资产盘盈涉及纳税调整，企业要注意。

1.11.6 返利收入

商业企业向供货方收取的与商品销售量挂钩或不挂钩的各种返点收入。实务中超市向供货商收取的"进场费""条码费""节庆费""海报费""赞助费""战略合作费"等，都是返利收入，应缴纳企业所得税。

风险提示

1. 商业企业收取的返利不确认收入。

商业企业收取的返利记入往来科目，不确认收入，是错误的。

案 例

某旅行社将2013年取得的地接旅行社返点收入60 000余元列入“其他应付款——系统费”，未列入应纳税所得额。税务机关做出调增应纳税所得额，补缴企业所得税、加收滞纳金并处以0.5倍罚款的决定。

资料来源：返点费应作为利润计征企业所得税［N］.南京日报，2014-12-16（A8）.

2.返利收入应缴纳增值税。

《国家税务总局关于商业企业向货物供应方收取的部分费用征收流转税问题的通知》（国税发〔2004〕136号）第一条规定：“商业企业向供货方收取的部分收入，按照以下原则征收增值税或营业税：（一）对商业企业向供货方收取的与商品销售量、销售额无必然联系，且商业企业向供货方提供一定劳务的收入，例如进场费、广告促销费、上架费、展示费、管理费等，不属于平销返利，不冲减当期增值税进项税金，应按营业税的适用税目税率征收营业税。（二）对商业企业向供货方收取的与商品销售量、销售额挂钩（如以一定比例、金额、数量计算）的各种返还收入，均应按照平销返利行为的有关规定冲减当期增值税进项税金，不征收营业税。”

营改增后，商业企业向供货方收取的返利，均应缴纳增值税。

1.11.7 违约金收入

《企业所得税法实施条例》第二十二条规定：“企业所得税法第六条第（九）项所称其他收入，是指企业取得的除企业所得税法第六条第（一）项至第（八）项规定的收入外的其他收入，包括企业资产溢余收入、逾期未退包装物押金收入、确实无法偿付的应付款项、已作坏账损失处理后又收回的应收款项、债务重组收入、补贴收入、违约金收入、汇兑收益等。”

企业取得的违约金应计入应税收入。

案 例

2014年12月，A投资公司与M投资公司签订股份转让协议，拟向M投资公司转让其持有的B公司股票。双方约定：“如购买方未能在约定时间内支付股权转让款，则其向A投资公司支付的5 000万元定金不予退还。”最终因M投资公司未能履约，该项股权转让交易搁浅。按协议，A投资公司未退还对方定金，计入“其他应付款”。

最终，税务机关依法对A投资公司做出处理决定：对企业收到的5 000万元违约金收入进行纳税调增，包括其他事项合计调增应纳税所得额5 576万元，补缴企业所得税1 394万元，加收滞纳金248万元。

资料来源：一笔被“冻结”的赔偿金［N］.中国税务报，2018-09-04（B2）.

1.11.8 小企业的注意事项

《小企业会计准则》第六十八条第二款规定："小企业的营业外收入包括：非流动资产处置净收益、政府补助、捐赠收益、盘盈收益、汇兑收益、出租包装物和商品的租金收入、逾期未退包装物押金收益、确实无法偿付的应付款项、已作坏账损失处理后又收回的应收款项、违约金收益等。通常，小企业的营业外收入应当在实现时按照其实现金额计入当期损益。"

出租包装物和商品的租金收入、逾期未退包装物押金收益在《企业会计准则》中要求计入其他业务收入，而在《小企业会计准则》中要求计入营业外收入，不能作为业务招待费、广告费和业务宣传费的扣除基数。

1.11.9 有限合伙企业法人合伙方应分得的应纳税所得额

《财政部 国家税务总局关于合伙企业合伙人所得税问题的通知》（财税〔2008〕159号）第二条规定："合伙企业以每一个合伙人为纳税义务人。合伙企业合伙人是自然人的，缴纳个人所得税；合伙人是法人和其他组织的，缴纳企业所得税。"第四条规定："（一）合伙企业的合伙人以合伙企业的生产经营所得和其得，按照合伙协议约定的分配比例确定应纳税所得额。（二）合伙协议未约定或者约定不明确的，以全部生产经营所得和其他所得，按照合伙人协商决定的分配比例确定应纳税所得额。（三）协商不成的，以全部生产经营所得和其他所得，按照合伙人实缴出资比例确定应纳税所得额。（四）无法确定出资比例的，以全部生产经营所得和其他所得，按照合伙人数量平均计算每个合伙人的应纳税所得额。合伙协议不得约定将全部利润分配给部分合伙人。"

无论合伙企业是否分配利润，合伙企业的法人合伙人都须确认应纳税所得额。

风险提示

有的法人合伙人认为，合伙企业未分配利润其就不用确认应纳税所得额，这存在重大风险。2017版申报表修订时专门在A105000《纳税调整项目明细表》增加一行"有限合伙企业法人合伙方应分得的应纳税所得额"（后改名为"合伙企业法人合伙人应分得的应纳税所得额"），填报此事项。

案 例

某资产管理公司自2012年底开始成立有限合伙企业，到2013年底，成立的有限合伙企业已达到14家。检查人员发现，对于当年度各有限合伙企业的留存收益，A公司并未并入其当年度的应纳税所得额缴纳企业所得税。该企业补缴2013年度企业所得税1 183万余元及相应的滞纳金。

资料来源：一公司为何短期内成立14家合伙企业？［N］.中国税务报，2015-09-29（B3）.

第2章

扣　除

Enterprise Income Tax

Practice and Risk

Prevention and Control

TAXING

2.1 基本原则

《企业所得税法》第八条规定："企业实际发生的与取得收入有关的、合理的支出，包括成本、费用、税金、损失和其他支出，准予在计算应纳税所得额时扣除。"税前扣除是企业所得税管理中最重要的部分，也是难点最多的部分。税前扣除应把握以下四个要点。

2.1.1 直接相关

《企业所得税法实施条例》第二十七条第一款规定："企业所得税法第八条所称有关的支出，是指与取得收入直接相关的支出。"

需要注意的是，不是与企业生产经营有关的支出，而是与企业取得收入有关的支出，相比于前者，后者更加严格。

《企业所得税法》第八条规定的"与取得收入有关"本身是一个弹性比较大的不确定概念，若将任何与企业所取得的收入有些联系的支出都界定为"与取得收入有关"的支出，势必无限制地扩大企业可以税前扣除的支出范围，架空支出扣除中的相关性原则，因为从某种意义上来说，企业任何形式的支出都可以与企业的收入扯上关系。《中华人民共和国企业所得税法实施条例释义及适用指南》[1]指出："与取得收入直接相关的支出，是指企业所实际发生的能直接带来经济利益的流入或者可预期经济利益的流入的支出。一是这类允许税前扣除的支出，应该是能给企业带来现实、实际的经济利益；二是这类允许税前扣除的支出，应该是能给企业带来可预期经济利益的流入。"

《国家税务总局关于印发〈新企业所得税法精神宣传提纲〉的通知》（国税函〔2008〕159号）第十二条规定："对相关性的具体判断一般是从支出发生的根源和性质方面进行分析，而不是看费用支出的结果。如企业经理人员因个人原因发生的法律诉讼，虽然经理人员摆脱法律纠纷有利于其全身心投入企业的经营管理，结果可能确实对企业经营会有好处，但这些诉讼费用从性质和根源上分析属于经理人员的个人支出，因而不允许作为企业的支出在税前扣除。"从形式上看，企业支付的经理人员因个人原因发生的法律诉讼支出虽与企业生产经营有关，但实质上这仍是经理人员的个人支出，因此不能在税前扣除。

随着企业经济活动越来越多种多样，企业发生的类似支出将会越来越多，在判断能否在税前扣除时应首先看是否与取得收入直接相关，从费用发生的根源和性质方面分析，做出正确的处理。

注 意

对于"直接相关"不能机械地判定。如企业统一制作并要求员工工作时统一着装所发生的工作服饰费用，是否与企业取得收入直接相关就曾产生争议。反对的观点认为，企业员工是否统一着装与企业取得收入不直接相关，如银行员工不统一着装，就没人来存款，

[1] 史耀斌，孙瑞标，刘炤．中华人民共和国企业所得税法实施条例释义及适用指南［M］．北京：法律出版社，2007.

没人来贷款了么？直至《国家税务总局关于企业所得税若干问题的公告》（国家税务总局公告2011年第34号）明确该工作服饰费用符合《企业所得税法实施条例》第二十七条规定，可以税前扣除，此项争议才得以解除。

因此，判断企业的一项支出是否与取得收入有关，不能只看表面，否则，企业员工脱产学习、病休假、女职工休产假期间的工资薪金都成了与企业取得收入无关的支出，这是违背税法本意的。

风险提示

在实务中，“直接相关”界定模糊，具有不确定性，可操作性不强，因此，如何判断企业发生的支出是否与取得收入直接相关，是税收征管的难点。

2.1.2 合 理

《企业所得税法实施条例》第二十七条第二款规定：“企业所得税法第八条所称合理的支出，是指符合生产经营活动常规，应当计入当期损益或者有关资产成本的必要和正常的支出。”

首先，允许扣除的支出应当是符合企业生产经营活动常规的支出。对于企业的特定行为是否符合生产经营活动常规，需要借助社会经验，根据企业的性质、规模、业务范围、活动目的以及可预期效果等多种因素，加以综合考虑与判断。其次，企业发生的合理的支出，限于应当计入当期损益或者有关资产成本的必要与正常的支出。也就是说，企业发生的支出，是企业生产经营活动不可缺少的支出，是企业为了获取某种经济利益的流入所不得不付出的代价，而且这种代价是符合一般社会常理的，符合企业经济活动的一般规律或者情况的支出。

风险提示

支出应符合合理性原则。

网上有一个很有名的段子。问：“我公司赚了很多钱，怎样才能合法地不交税？”答：“花2.4亿买鸡缸杯喝水。”问：“可是现在很多税务机关都规定收藏的艺术品不能在税前扣除。”答：“我让你喝水，又没让你收藏。”

企业买水杯的支出可以在税前扣除，但花100元买一个水杯喝水是合理的，花2.4亿元买一个文物用来喝水就是不合理的，是不符合生产经营活动常规的。企业就算有钱任性真这么干，也不符合税法的合理性原则，不能在税前扣除。

2.1.3 实际发生

真实、合法和合理是企业经营活动中发生的支出可以在税前扣除的主要条件和基本原则。真实性是税前扣除的首要条件，任何支出除非确属已经真实发生，否则不能在税前扣除，不是实际发生的支出也就没有继续判断其合法性和合理性的必要。《企业所得税法》第八条规定，企业可以在税前扣除的支出必须是实际发生的，没有实际发生则不能在税前扣除。

另外，实际发生的费用不能重复扣除。《企业所得税法实施条例》第二十八条第三款规定："除企业所得税法和本条例另有规定外，企业实际发生的成本、费用、税金、损失和其他支出，不得重复扣除。"显然，重复扣除违反了实际发生的原则。

注 意

1. 实际发生不等于实际支付。

税前扣除的实际发生原则并不是说钱一定要实际支付才能税前扣除。《企业所得税法实施条例》第九条规定："企业应纳税所得额的计算，以权责发生制为原则，属于当期的收入和费用，不论款项是否收付，均作为当期的收入和费用；不属于当期的收入和费用，即使款项已经在当期收付，均不作为当期的收入和费用。本条例和国务院财政、税务主管部门另有规定的除外。"因此，属于当期的费用，不论款项是否支付，均作为当期的费用。

需要注意的是，虽然尚未支付，也要取得相关凭证，才能税前扣除。国家税务总局12366纳税服务平台《2016年企业所得税热点问题解答》第10问提问："企业由于资金困难，无法支付今年的租金，经与出租方协商，约定明年一并支付，那么这笔没有支付的租金能否在所得税前扣除？如何扣除？"回答："如果企业在汇算清缴前取得有效凭证则可以直接在税前扣除，如果汇算清缴结束后才取得有效凭证，则需要按照国家税务总局公告2012年第15号文件的要求，由企业做出专项申报及说明后，准予追补至该项目发生年度计算扣除。"

但有一些特殊事项要求必须实际支付，如工资薪金支出、五险一金、补充医疗保险、补充养老保险等。

2. 房地产开发企业可以扣除符合规定的预提费用。

《房地产开发经营业务企业所得税处理办法》(国税发〔2009〕31号)第三十二条规定："除以下几项预提(应付)费用外，计税成本均应为实际发生的成本。(一)出包工程未最终办理结算而未取得全额发票的，在证明资料充分的前提下，其发票不足金额可以预提，但最高不得超过合同总金额的10%。(二)公共配套设施尚未建造或尚未完工的，可按预算造价合理预提建造费用。此类公共配套设施必须符合已在售房合同、协议或广告、模型中明确承诺建造且不可撤销，或按照法律法规规定必须配套建造的条件。(三)应向政府上交但尚未上交的报批报建费用、物业完善费用可以按规定预提。物业完善费用是指按规定应由企业承担的物业管理基金、公建维修基金或其他专项基金。"

2.1.4 取得合法有效的凭据

合法有效凭据怎么强调都不过分，我们将单独用一节的篇幅加以说明。

2.1.5 五项原则

现行税法没有给出税前扣除原则，我们可以参考一下《国家税务总局关于印发〈企业所得税税前扣除办法〉的通知》(国税发〔2000〕84号，已废止)关于税前扣除一般应遵循的五项原则：

（1）权责发生制原则。即纳税人应在费用发生时而不是实际支付时确认扣除。

（2）配比原则。即纳税人发生的费用应在费用应配比或应分配的当期申报扣除。纳税人某一纳税年度应申报的可扣除费用不得提前或滞后申报扣除。

（3）相关性原则。即纳税人可扣除的费用从性质和根源上必须与取得应税收入相关。

（4）确定性原则。即纳税人可扣除的费用不论何时支付，其金额必须是确定的。

（5）合理性原则。即纳税人可扣除费用的计算和分配方法应符合一般的经营常规和会计惯例。

2.2 工资薪金支出

工资薪金支出是任何企业都无法避免的支出。许多企业认为，工资薪金处理不存在税会差异，但实际上工资薪金处理存在较大的税会差异，不能忽视。

2.2.1 定 义

2.2.1.1 会计处理

《企业会计准则第9号——职工薪酬》（财会〔2014〕8号）第二条规定："职工薪酬，是指企业为获得职工提供的服务或解除劳动关系而给予的各种形式的报酬或补偿。职工薪酬包括短期薪酬、离职后福利、辞退福利和其他长期职工福利。企业提供给职工配偶、子女、受赡养人、已故员工遗属及其他受益人等的福利，也属于职工薪酬。"

该准则第三条规定："本准则所称职工，是指与企业订立劳动合同的所有人员，含全职、兼职和临时职工，也包括虽未与企业订立劳动合同但由企业正式任命的人员。未与企业订立劳动合同或未由其正式任命，但向企业所提供服务与职工所提供服务类似的人员，也属于职工的范畴，包括通过企业与劳务中介公司签订用工合同而向企业提供服务的人员。"

具体而言，职工至少应当包括：

（1）与企业订立劳动合同的所有人员，含全职、兼职和临时职工。按照我国劳动法的规定，企业作为用人单位应当与劳动者订立劳动合同。本准则中的职工首先应当包括这部分人员，即与企业订立了固定期限、无固定期限或者以完成一定工作作为期限的劳动合同的所有人员。

（2）未与企业订立劳动合同但由企业正式任命的人员，如部分董事会成员、监事会成员等。

企业按照有关规定设立董事、监事，或者董事会、监事会的，所聘请的独立董事、外部监事等，虽然没有与企业订立劳动合同，但属于由企业正式任命的人员，属于该准则所称的职工。

（3）在企业的计划和控制下，虽未与企业订立劳动合同或未由其正式任命，但向企业所提供服务与职工所提供服务类似的人员，也属于职工的范畴，包括通过企业与劳务中介公司签订用工合同而向企业提供服务的人员，这些劳务用工人员属于该准则所称的职工。

2.2.1.2 税务处理

《企业所得税法实施条例》第三十四条规定："工资薪金，是指企业每一纳税年度支付给在本企业任职或者受雇的员工的所有现金形式或者非现金形式的劳动报酬，包括基本工资、奖金、津贴、补贴、年终加薪、加班工资，以及与员工任职或者受雇有关的其他支出。"

《国家税务总局关于企业工资薪金及职工福利费扣除问题的通知》（国税函〔2009〕3号）第二条规定："《企业所得税法实施条例》第四十、四十一、四十二条所称的'工资薪金总额'，是指企业按照本通知第一条规定实际发放的工资薪金总和，不包括企业的职工福利费、职工教育经费、工会经费以及养老保险费、医疗保险费、失业保险费、工伤保险费、生育保险费等社会保险费和住房公积金。"

税收上所称职工，是指在本企业任职或者受雇的员工，包括：

（1）与企业订立劳动合同的全职人员。与会计一致。

（2）季节工、临时工、实习生、返聘离退休人员。《国家税务总局关于企业所得税应纳税所得额若干税务处理问题的公告》（国家税务总局公告2012年第15号）第一条规定："企业因雇用季节工、临时工、实习生、返聘离退休人员以及接受外部劳务派遣用工所实际发生的费用，应区分为工资薪金支出和职工福利费支出，并按《企业所得税法》规定在企业所得税前扣除。其中属于工资薪金支出的，准予计入企业工资薪金总额的基数，作为计算其他各项相关费用扣除的依据。"该条款中的接受外部劳务派遣用工部分已被废止，但雇用季节工、临时工、实习生、返聘离退休人员的规定仍然有效。与会计一致。

（3）符合条件的劳务派遣用工。《国家税务总局关于企业工资薪金和职工福利费等支出税前扣除问题的公告》（国家税务总局公告2015年第34号）第三条规定："企业接受外部劳务派遣用工所实际发生的费用，应分两种情况按规定在税前扣除：按照协议（合同）约定直接支付给劳务派遣公司的费用，应作为劳务费支出；直接支付给员工个人的费用，应作为工资薪金支出和职工福利费支出。其中属于工资薪金支出的费用，准予计入企业工资薪金总额的基数，作为计算其他各项相关费用扣除的依据。"

企业雇用劳务派遣用工支付的费用，一般可区分为支付给劳务派遣公司和直接支付给员工个人两种情况处理。对于根据协议（合同）约定直接支付给劳务派遣公司的费用，企业应作为劳务费支出；对于直接支付给员工个人的费用，应作为工资薪金支出和职工福利费支出。前者不能作为计算职工福利费、职工教育经费和工会经费的扣除基数，后者属于工资薪金支出的费用，准予计入企业工资薪金总额，作为计算职工福利费、职工教育经费和工会经费的扣除基数。此处存在税会差异，在会计上企业雇用劳务派遣用工支付的费用计入本企业工资薪金，但在税收上要区分是支付给劳务派遣公司的费用，还是直接支付给员工个人的费用。后者可以计入本企业工资薪金，前者不能。

2.2.2 合理的工资薪金

大家都希望多挣钱，企业也愿意通过高薪吸引、留住人才。那么，哪些工资薪金是合理的工资薪金？

国税函〔2009〕3号文件第一条规定："《企业所得税法实施条例》第三十四条所称的'合理工资薪金'，是指企业按照股东大会、董事会、薪酬委员会或相关管理机构制订的工资薪金制度规定实际发放给员工的工资薪金。税务机关在对工资薪金进行合理性确认时，可按以下原则掌握：

（一）企业制订了较为规范的员工工资薪金制度；

（二）企业所制订的工资薪金制度符合行业及地区水平；

（三）企业在一定时期所发放的工资薪金是相对固定的，工资薪金的调整是有序进行的；

（四）企业对实际发放的工资薪金，已依法履行了代扣代缴个人所得税义务。

（五）有关工资薪金的安排，不以减少或逃避税款为目的。"

关于合理的工资薪金，有一个著名的行政诉讼判例。中国二十二冶集团有限公司（以下简称"二十二冶公司"）从4家劳务派遣公司取得虚开劳务费发票1.45亿元，用以发放员工工资。之所以这么做，是因为其主管单位根据国有企业薪酬管理要求对工资薪金总额进行管理。二十二冶公司为避免违反工资总额的规定，同时满足自身实际发生的用工工资薪金需要，遂以虚开的方式套取资金用以支付工资。原唐山市国家税务局稽查局认为其通过虚开套取资金方式取得的工资不属于按照工资制度规定发放的合理工资薪金，不能税前扣除。一审、二审税务机关均败诉。

正如一审判决书所言，"企业职工工资的合理性与工资资金的来源方式是否合法没有必然联系，原告虚开发票套取本企业资金，其行为违法并不必然导致原告使用套取的资金给职工发放工资违法"，本案中，其资金来源违法，但发放工资并不违法，所以可税前扣除。

注 意

1.工资薪金按权责发生制进行税前扣除。

大多数企业是下发工资制，即次月发放上个月工资。国税函〔2009〕3号文件第一条规定："《企业所得税法实施条例》第三十四条所称的'合理工资薪金'，是指企业按照股东大会、董事会、薪酬委员会或相关管理机构制订的工资薪金制度规定实际发放给员工的工资薪金。"该文件明确是"实际发放"而不是"实际发生"，前者是收付实现制，后者是权责发生制，即企业2015年1月发放2014年12月的工资，该工资不能在2014年度扣除，应在2015年度扣除。在下发工资制下，企业会计上计入利润总额的工资薪金支出是每年1月至12月的工资薪金支出，允许税前扣除的工资薪金支出是上年12月至次年11月的工资薪金支出，每年均须进行纳税调整。这种扣除方法在前几年是严格执行的，但后来，有的税务机关也可以按照权责发生制扣除。

国家税务总局公告2015年第34号第二条规定："企业在年度汇算清缴结束前向员工实际支付的已预提汇缴年度工资薪金，准予在汇缴年度按规定扣除。"税收上工资薪金支出也按照权责发生制处理，弥合了税会差异，减少了企业纳税调整的工作量。

2.企业雇用临时工等支付的报酬，可计入工资薪金总额。

个人所得税方面，企业雇用临时工、实习生等支付的报酬，存在劳动关系的，按照工资薪金所得得扣缴个人所得税，不存在劳动关系的，按照劳务报酬所得扣缴个人所得税。但在企业所得税上，国家税务总局公告2012年第15号第一条规定，企业雇用季节工、临时工、实习生、返聘离退休人员支付的报酬，属于工资薪金支出的，计入企业工资薪金总额。因此，即使企业按照劳务报酬所得扣缴个人所得税，在企业所得税上也可以作为工资薪金支出。

风险提示

1.不可冒用个人身份信息虚增成本。

有些企业为减少应纳税所得额，购买个人身份信息，“发放”伪造工资。伪造的员工工资均在个人所得税免征额以下，既能虚增工资成本、偷逃企业所得税，又未超过免征额，只需申报而无须代扣代缴个人所得税，不会增加实际成本。

在国税、地税机构合并前，有些企业个人所得税在地税机关申报，企业所得税在国税机关申报，企业利用信息不共享虚增成本，即使信息共享，将企业所得税工资薪金支出与个人所得税工资薪金所得比对时，由于后者已经进行了申报，也难以发现虚增人员工资。

但2020年进行的首次个人所得税汇算清缴，自然人登录个人所得税App查询信息就能发现，自己明明没有在某公司任职，却有该公司的个人所得税申报记录，很可能个人身份信息被冒用作违法使用。企业冒用个人身份信息虚增成本将无处藏身，税务部门查处了一批冒用个人身份信息偷逃税款的违法企业。

案 例

北京某设计咨询公司实际控制人的同学为某高校老师，双方于2017年签订了一份“校企合作协议”，约定选派该校大学生到该公司实习，老师向公司提供学生的姓名和身份信息，但学生并未真正参与实习工作。该公司为增加成本、减少应纳税所得额，在2017年至2019年1月间利用掌握的这些信息虚假申报292条，虚列人员成本45.26万元，偷税11.25万元，另外发现其他税收违法行为少缴税款26.47万元，税务机关将依法依规对涉案企业作出进一步处罚。

资料来源：税务部门查处一批冒用个人身份信息涉税案件［N］.中国税务报，2020-06-22（A1）.

2.仅限于合理的工资。

合理性是税前扣除的原则之一，工资薪金支出也不例外。企业发放的工资薪金应符合国税函〔2009〕3号文件第一条的五项规定。若企业发放的工资多得不靠谱，有可能被认定为不合理。

3.计提未发放的工资薪金不能税前扣除。

尽管国家税务总局公告2015年第34号规定，企业在汇算清缴结束前实际支付的预提工资薪金可以在汇算清缴年度扣除，但若企业的预提工资直到汇算清缴结束还未实际支付，则不能在汇算清缴年度税前扣除。

案 例

某企业2014年12月末有“应付职工薪酬”贷方余额100万元，企业由于资金紧张在

2015年5月31日还没有发放，需要在2014年度汇算清缴中调增应纳税所得额，并计算相应企业所得税。

资料来源：工资薪金税前莫“错扣”［N］.南京日报，2015-08-18（A6）.

4.注意次年支付的汇缴年度工资薪金扣除年度问题。

国家税务总局公告2015年第34号第二条规定，企业准予在汇算清缴年度扣除的是工资薪金是“汇算清缴结束前向员工实际支付的已预提汇缴年度工资薪金”，一是已经预提，二是在汇算清缴结束前已经实际支付。那么，在此就需要注意“企业已预提但在汇算清缴结束后才支付”和“企业未预提但在汇算清缴结束前已支付”二者的扣除年度问题。

企业已于汇缴年度年末预提了年终奖，但为留住人才，规定60%的年终奖在次年春节前发放，40%的年终奖在次年下半年发放。下半年发放的年终奖就不能追溯到汇算清缴年度扣除，而是在实际发放年度扣除。

企业未于汇缴年度预提年终奖，但在次年春节前发放了年终奖，该年终奖不能在汇算清缴年度扣除，而应在实际发放的年度扣除。

5.离退休人员工资不能在税前扣除。

《国家税务总局办公厅关于强化部分总局定点联系企业共性税务风险问题整改工作的通知》（税总办函〔2014〕652号）第一条规定：“按照《中华人民共和国企业所得税法》（以下简称《企业所得税法》）第八条及《中华人民共和国企业所得税法实施条例》第二十七条的规定，与企业取得收入不直接相关的离退休人员工资、福利费等支出，不得在企业所得税税前扣除。”

离退休人员工资福利费不得在税前扣除的根源是《企业所得税法实施条例》第二十七条的规定，即：“企业所得税法第八条所称有关的支出，是指与取得收入直接相关的支出”。离退休人员已经不能为企业带来效益，他们无法为企业带来直接相关的收入，所以他们的工资不能在税前扣除。

6.企业负担的个人所得税符合条件的才能税前扣除。

企业为留住人才，会负担一些员工的个人所得税，这些个人所得税能不能税前扣除要区分情况。《国家税务总局关于雇主为雇员承担全年一次性奖金部分税款有关个人所得税计算方法问题的公告》（国家税务总局公告2011年第28号）第四条规定：“雇主为雇员负担的个人所得税款，应属于个人工资薪金的一部分。凡单独作为企业管理费列支的，在计算企业所得税时不得税前扣除。”

【例2-1】企业与某员工约定月薪为税后10 000元，则企业须每月为该员工承担个人所得税322.22元。

（1）若做如下处理，则企业承担的个人所得税可以作为工资薪金在税前扣除。

借：应付职工薪酬	10 322.22	
贷：银行存款		10 000
应交税费——应交个人所得税		322.22
借：管理费用	10 322.22	
贷：应付职工薪酬		10 322.22

（2）若做如下处理，则企业承担的个人所得税不能在税前扣除，应进行纳税调增。

借：应付职工薪酬 10 000
　贷：银行存款 10 000
借：管理费用 322.22
　贷：应交税费——应交个人所得税 322.22
借：管理费用 10 000
　贷：应付职工薪酬 10 000

案 例

某企业在发放员工全年一次性奖金时为部分员工定额支付了一部分个人所得税，这部分支付的个人所得税单独放在了管理费中列支，并税前扣除。税务检查人员要求该企业进行纳税调整，并补缴企业所得税。

资料来源：雇主为雇员负担个税单独列支管理费不准允税前扣除［EB/OL］.（2012-11-11）原甘肃省定西市地方税务局网站.

7. 职工辞退补偿不属于工资薪金支出。

职工辞退补偿即《企业会计准则第9号——职工薪酬》中的辞退福利，是指企业在职工劳动合同到期之前解除与职工的劳动关系，或者为鼓励职工自愿接受裁减而给予职工的补偿。职工辞退补偿在会计上属于职工薪酬，但不属于税收上的工资薪金支出。后者要求"任职或者受雇"的员工，被辞退员工显然已经不是"任职或者受雇"的员工，其补偿不能作为工资薪金支出，可以作为与生产经营有关的必要、合理的支出，在税前扣除。

8. 没有缴纳个人所得税的工资薪金支出不是合理的工资薪金支出。

合理的工资薪金有一项原则："企业对实际发放的工资薪金，已依法履行了代扣代缴个人所得税义务。"若企业发放的工资薪金未代扣代缴个人所得税，可以被认定为不合理的工资薪金支出。

有的地方已做出明确。如《大连市地方税务局关于印发2011年度企业所得税汇算清缴若干规定的通知》（大地税发〔2012〕22号）第八条规定："企业发生工资薪金支出但未履行个人所得税纳税申报义务的，不允许在企业所得税税前扣除。"

9. 企业支付给外聘董事、监事的劳务报酬，应凭发票扣除。

一些企业会外聘董事、监事，并向其支付董事费、监事费等报酬，该报酬属于劳务报酬支出，应凭发票税前扣除。一些税务机关已做出明确，如《天津国税2017年企业所得税汇算清缴问题解答》第七条规定："企业实际支付给外聘的董事、监事的劳务报酬，应凭发票在税前扣除。"

2.2.3 股权激励

股权激励是一种通过经营者获得公司股权形式给予企业经营者一定的经济权利，使他们能够以股东的身份参与企业决策、分享利润、承担风险，从而勤勉尽责地为公司的长期发展服务的激励方法。股权激励制度产生于20世纪70年代的美国，80年代以后，在西方国家广泛应用。90年代，我国一些外商投资企业开始涉及股权激励，但均是参与者，不是股权激励计划的建立者。此后，一些在境外上市的我国中资企业，对公司高级人员、董事等实行股权激励计划。2006年1月，中国证监会发布《上市公司股权激励管理办法（试行）》（证监公司字〔2005〕151号，以下简称《管理办法》），允许在我国境内上市的公司，对其董事、监事、高级管理及其他员工管理人员建立职工股权激励计划。

2.2.3.1 会计处理

股权激励的会计处理适用《企业会计准则第11号——股份支付》。

股份支付，是指企业为获取职工和其他方提供服务而授予权益工具或者承担以权益工具为基础确定的负债的交易。

（1）股份支付的四个环节。典型的股份支付通常涉及四个环节：①授予；②可行权；③行权；④出售。

授予日是指股份支付协议获得批准的日期。其中“获得批准”，是指企业与职工或其他方就股份支付的协议条款和条件已达成一致，该协议获得股东大会或类似机构的批准。这里的“达成一致”是指，在双方对该计划或协议内容充分形成一致理解的基础上，均接受其条款和条件。如果按照相关法规的规定，在提交股东大会或类似机构之前存在必要程序或要求，则应履行该程序或满足该要求。

可行权日是指可行权条件得到满足、职工或其他方具有从企业取得权益工具或现金权利的日期。有的股份支付协议是一次性可行权，有的则是分批可行权。只有已经可行权的股票期权，才是职工真正拥有的“财产”，才能去择机行权。从授予日至可行权日的时段，是可行权条件得到满足的期间，因此称为“等待期”，又称“行权限制期”。

行权日是指职工和其他方行使权利、获取现金或权益工具的日期。例如，持有股票期权的职工行使了以特定价格购买一定数量本公司股票的权利，该日期即为行权日。行权是按期权的约定价格实际购买股票，一般在可行权日之后至期权到期日之前的可选择时段内行权。

出售日是指股票的持有人将行使期权所取得的期权股票出售的日期。按照我国法规规定，用于期权激励的股份支付协议，应在行权日与出售日之间设立禁售期，其中国有控股上市公司的禁售期不得低于两年。

（2）股份支付的主要类型。

①以权益结算的股份支付。以权益结算的股份支付，是指企业为获取服务而以股份或其他权益工具作为对价进行结算的交易。以权益结算的股份支付最常用的工具有两类：限制性股票和股票期权。

限制性股票是指职工或其他方按照股份支付协议规定的条款和条件，从企业获得一定数量的本企业股票。企业授予职工一定数量的股票，在一个确定的等待期内或在满足特定业绩指标之前，职工出售股票要受到持续服务期限条款或业绩条件的限制。

股票期权是指企业授予职工或其他方在未来一定期限内以预先确定的价格和条件购买本企业一定数量股票的权利。

②以现金结算的股份支付。以现金结算的股份支付，是指企业为获取服务而承担的以股份或其他权益工具为基础计算的交付现金或其他资产的义务的交易。以现金结算的股份

支付最常用的工具有两类：模拟股票和现金股票增值权。

股票增值权和模拟股票，是用现金支付模拟的股权激励机制，即与股票挂钩，但用现金支付。除不需实际行权和持有股票之外，现金股票增值权的运作原理与股票期权是一样的，都是一种增值权形式的与股票价值挂钩的薪酬工具。除不需实际授予股票和持有股票之外，模拟股票的运作原理与限制性股票是一样的。

（3）股份支付的会计处理。

股份支付的会计处理必须以完整、有效的股份支付协议为基础。

①授予日。除了立即可行权的股份支付外，无论权益结算的股份支付还是现金结算的股份支付，企业在授予日均不做会计处理。

②等待期内的每个资产负债表日。企业应当在等待期内的每个资产负债表日，将取得职工或其他方提供的服务计入成本费用，同时确认所有者权益或负债。对于附有市场条件的股份支付，只要职工满足了其他所有非市场条件，企业就应当确认已取得的服务。

在等待期内，业绩条件为非市场条件的，如果后续信息表明需要调整对可行权情况的估计的，应对前期估计进行修改。

在等待期内的每个资产负债表日，企业应将取得的职工提供的服务计入成本费用；计入成本费用的金额应当按照权益工具的公允价值计量。

对于权益结算的涉及职工的股份支付，应当按照授予日权益工具的公允价值计入成本费用和资本公积（其他资本公积），不确认其后续公允价值变动；对于现金结算的涉及职工的股份支付，应当按照每个资产负债表日权益工具的公允价值重新计量，确定成本费用和应付职工薪酬。

对于授予的存在活跃市场的期权等权益工具，应当按照活跃市场中的报价确定其公允价值。对于授予的不存在活跃市场的期权等权益工具，应当采用期权定价模型等估值技术确定其公允价值。

在等待期内的每个资产负债表日，企业应当根据最新取得的可行权职工人数变动等后续信息做出最佳估计，修正预计可行权的权益工具数量。在可行权日，最终预计可行权权益工具的数量应当与实际可行权工具的数量一致。

根据上述权益工具的公允价值和预计可行权的权益工具数量，计算截至当期累计应确认的成本费用金额，再减去前期累计已确认金额，作为当期应确认的成本费用金额。

③可行权日之后的处理。

第一，对于权益结算的股份支付，在可行权日之后不再对已确认的成本费用和所有者权益总额进行调整。企业应在行权日根据行权情况，确认股本和股本溢价，同时结转等待期内确认的资本公积（其他资本公积）。

第二，对于现金结算的股份支付，企业在可行权日之后不再确认成本费用，负债（应付职工薪酬）公允价值的变动应当计入当期损益（公允价值变动损益）。

④回购股份进行职工期权激励。企业以回购股份形式奖励本企业职工的，属于权益结算的股份支付。企业回购股份时，应按回购股份的全部支出作为库存股处理，同时进行备查登记。

根据《企业会计准则第11号——股份支付》关于职工权益结算股份支付的规定，企业应当在等待期内每个资产负债表日按照权益工具在授予日的公允价值，将取得的职工服务计入成本费用，同时增加资本公积（其他资本公积）。在职工行权购买本企业股份时，企业应转销交付职工的库存股成本和等待期内资本公积（其他资本公积）累计金额，同时，按照其差额调整资本公积（股本溢价）。

【例2-2】甲公司是一家上市公司。20×1年1月1日，公司向其200名管理人员每人授予100股股票期权，这些职员从20×1年1月1日起在该公司连续服务3年，即可以每股5元的价格购买100股A公司股票，从而获益。公司估计该期权在授予日的公允价值为18元。

第一年有20名职员离开A公司，A公司估计三年中离开的职员的比例将达到20%；第二年又有10名职员离开公司，公司将估计的职员离开比例修正为15%；第三年又有15名职员离开。到行权日全部155名职员行权，A公司股份面值为1元，行权日的公允价值为20元。

（1）费用和资本公积计算过程如表2-1所示。

表2-1 单位：元

年份	计　　算	当期费用	累计费用
20×1	200×100×（1-20%）×18×1/3	96 000	96 000
20×2	200×100×（1-15%）×18×2/3-96 000	108 000	204 000
20×3	155×100×18-204 000	75 000	279 000

（2）账务处理如下：

20×1年1月1日：

授予日不做账务处理。

20×1年12月31日：

借：管理费用　96 000
　贷：资本公积——其他资本公积　96 000

20×2年12月31日：

借：管理费用　108 000
　贷：资本公积——其他资本公积　108 000

20×3年12月31日：

借：管理费用　75 000
　贷：资本公积——其他资本公积　75 000

假设全部155名职员都在20×4年1月1日行权，A公司股份面值为1元：

借：银行存款　77 500
　　资本公积——其他资本公积　279 000
　贷：股本　15 500
　　　资本公积——股本溢价　341 000

2.2.3.2　税务处理

（1）股权激励条件。《国家税务总局关于我国居民企业实行股权激励计划有关企业所得税处理问题的公告》（国家税务总局公告2012年第18号）第一条规定："本公告所称股权激励，是指《管理办法》中规定的上市公司以本公司股票为标的，对其董事、监事、高级管理人员及其他员工（以下简称激励对象）进行的长期性激励。股权激励实行方式包括授予限制性股票、股票期权以及其他法律法规规定的方式。限制性股票，是指《管理办法》中规定的激励对象按照股权激励计划规定的条件，从上市公司获得的一定数量的本公司股票。股票期权，是指《管理办法》中规定的上市公司按照股权激励计划授予激励对象在未来一定期限内，以预先确定的价格和条件购买本公司一定数量股票的权利。"

（2）税会差异。该公告第二条规定："上市公司依照《管理办法》要求建立职工股权激励计划，并按我国企业会计准则的有关规定，在股权激励计划授予激励对象时，按照该股票的公允价格及数量，计算确定作为上市公司相关年度的成本或费用，作为换取激励对象提供服务的对价。上述企业建立的职工股权激励计划，其企业所得税的处理，按以下规定执行：

（一）对股权激励计划实行后立即可以行权的，上市公司可以根据实际行权时该股票的公允价格与激励对象实际行权支付价格的差额和数量，计算确定作为当年上市公司工资薪金支出，依照税法规定进行税前扣除。

（二）对股权激励计划实行后，需待一定服务年限或者达到规定业绩条件（以下简称等待期）方可行权的。上市公司等待期内会计上计算确认的相关成本费用，不得在对应年度计算缴纳企业所得税时扣除。在股权激励计划可行权后，上市公司方可根据该股票实际行权时的公允价格与当年激励对象实际行权支付价格的差额及数量，计算确定作为当年上市公司工资薪金支出，依照税法规定进行税前扣除。

（三）本条所指股票实际行权时的公允价格，以实际行权日该股票的收盘价格确定。"

①确认时间的差异。授予后立即可行权的以权益结算的股份支付，对成本费用的确认时间均在授予日，不存在税会差异。需经等待期后方可行权的以权益结算的股份支付，会计上在等待期内的每个资产负债表日确认成本费用计入当期损益，税收上则在激励对象实际行权时确认为工资薪金支出从税前扣除，因此存在税会差异。

会计准则规定，上市公司股权激励计划一旦开始实施，其估计的金额将计入成本费用。之所以做出这一规定，主要是基于受益原则和成本配比原则。即从授予开始，员工开始提供服务，该服务的成本就应计入企业成本费用。

而根据《企业所得税法实施条例》第三十四条的规定，企业工资薪金支出，必须是每年度"支付"的。上市公司实行股权激励计划，是设有一定条件的，在实施过程中，有可能满足不了；况且股市的变化也可能影响行权（如授予价高于行权时的股票市场价格，现实中有许多公司出现这种情况），这种不确定的成本费用，税法不允许当时就给予扣除。因此，根据税法的规定，这种费用应在激励对象行权时给予扣除。

②确认金额的差异。会计准则要求，企业在授予职工股权激励计划时，要在等待期内，按照该股票的公允价格以及每年职工可能留用的比例及授予数量，计算作为企业当年度的成本费用，即在授予时点，以该股票的公允价格作为企业成本费用。而该股票的公允价格又是根据授予时该股票的市场价格，同时考虑等待期内股票市场波动等因素确定的。

在税务处理上，由于税法规定的企业工资福利费是按实际支付日确定作为成本费用的，同时不考虑市场波动等因素，因此，在确认企业建立的职工股权激励计划作为工资薪金扣除时，是按职工实际行权时该股票的公允价格与职工实际支付价格的差额和行权数量确定。

根据以上表述，在等待期的年度纳税申报时应对会计上确认的费用进行调增。在实际行权当年的年度纳税申报时，应对会计当年确认的费用与可税前扣除的工资薪金支出的差额进行纳税调整。

例2–2中，甲公司在等待期20×1、20×2、20×3年度在会计上分别确认管理费用96 000元，108 000元、75 000元，税收上不予确认，分别予以全额调整；行权时20×4年度企业所得税税前扣除金额=（职工实际行权时该股票的公允价格－职工实际支付价格）×行权数量，即：

（20–5）×155×100=232 500（元）；

甲公司在职工实际行权时，可以税前扣除232 500元。

（3）其他。该公告第三条规定："在我国境外上市的居民企业和非上市公司，凡比照《管理办法》的规定建立职工股权激励计划，且在企业会计处理上，也按我国会计准则的有关规定处理的，其股权激励计划有关企业所得税处理问题，可以按照上述规定执行。"

注　意

若企业按照税收政策计算出的费用大于会计上计提的费用，则依前者税前扣除。

【例2–3】乙公司是一家上市公司。20×1年1月1日，公司向其200名管理人员每人授予100股股票期权，这些职员从20×1年1月1日起在该公司连续服务3年，即可以每股30元的价格购买100股A公司股票，从而获益。公司估计该期权在授予日的公允价值为15元。

第一年有20名职员离开A公司，A公司估计三年中离开的职员的比例将达到20%；第二年又有10名职员离开公司，公司将估计的职员离开比例修正为15%；第三年又有15名职员离开。到行权日全部155名职员行权，A公司股份面值为1元，行权日的公允价值为50元。费用和资本公积计算过程如表2–2所示。

表2–2　　单位：元

年份	计　　算	当期费用	累计费用
20×1	200×100×（1–20%）×15×1/3	80 000	80 000
20×2	200×100×（1–15%）×15×2/3–80 000	90 000	170 000
20×3	155×100×15–170 000	62 500	232 500

乙公司在等待期20×1、20×2、20×3年度在会计上分别确认管理费用80 000元，90 000元、62 500元，税收上不予确认，分别予以全额调整；行权时20×4年度企业所得税税前扣除金额=（职工实际行权时该股票的公允价格－职工实际支付价格）×行权数量，即：（50–30）×155×100=310 000（元）。

我们发现，企业在会计上仅确认了23.25万元的费用，而可以税前扣除的费用为31万元。根据《国家税务总局关于企业所得税应纳税所得额若干税务处理问题的公告》（国家税务总局公告2012年第15号）第八条“根据《企业所得税法》第二十一条规定，对企业依据财务会计制度规定，并实际在财务会计处理上已确认的支出，凡没有超过《企业所得税法》和有关税收法规规定的税前扣除范围和标准的，可按企业实际会计处理确认的支出，在企业所得税前扣除，计算其应纳税所得额”的规定，企业是否只能扣除23.25万元？

不是的。股权激励处理存在税会差异。《企业所得税法》第二十一条规定：“在计算应纳税所得额时，企业财务、会计处理办法与税收法律、行政法规的规定不一致的，应当依照税收法律、行政法规的规定计算。”应当按照国家税务总局公告2012年第18号规定计算出的费用税前扣除。

因此，乙公司在职工实际行权时，可以税前扣除31万元。

风险提示

1.股权激励等待期的成本费用不能税前扣除。

股权激励计划实施后，持股员工需待一定服务年限的等待期方可行权的，在此期间企业要在会计上确认相关成本费用，但不得在对应年度税前扣除。

案 例

A公司是一家上市公司，2019年实施股权激励计划，授予相关员工一定数量限制性股票。这些限制性股票一年后分批解禁，最近一期解禁日期是2020年8月。A公司在2019年度汇算清缴中，按照企业会计准则规定，计算公司该年度工资、薪金支出，并税前扣除。

2019年度汇算清缴期间，A公司限制性股票尚处于等待期，基于此，A公司根据企业会计准则计算确认的工资、薪金支出，不得税前扣除，应进行纳税调增，然后在各批次解禁日所在年度，再进行税前扣除。A公司进行了纳税调整。

资料来源：股权激励：选对税务处理的“打开方式”[N].中国税务报，2021-06-11（B1）.

2.通过持股平台进行股权激励不能税前扣除。

有些企业的激励对象通过持有持股平台（有限合伙企业）的合伙份额，间接持有公司的股份，激励对象通过持股平台行权。此种情形能否适用国家税务总局公告2012年第18号？

国家税务总局公告2012年第18号规定的激励对象是本企业员工，上述情形的激励对象是持股平台，因此不适用国家税务总局公告2012年第18号，相关费用不能税前扣除。

争 议

集团间股权激励，母公司以自身的股票对子公司高管进行股权激励，能否税前扣除、在谁那里税前扣除？

根据《企业会计准则解释第4号》第七条“企业集团内涉及不同企业的股份支付交易应当如何进行会计处理”的规定，对于集团间股权激励，按照《企业会计准则第11号——股份支付》的规定，在激励对象实际工作单位确认管理费用。

争议的焦点在于如何理解国家税务总局公告2012年第18号第一条“本公告所称股权激励，是指《管理办法》中规定的上市公司以本公司股票为标的，对其董事、监事、高级管理人员及其他员工（以下简称激励对象）进行的长期性激励”的规定。

不能税前扣除的观点认为，母公司以其自身的股票对子公司高管进行股权激励，不是以本公司股票为标的对激励对象进行股权激励，不符合国家税务总局公告2012年第18号规定的条件，不能税前扣除。如厦门市税务局答复：“根据国务院证券管理委员会发布的《上市公司股权激励管理办法（试行）》（证监公司字〔2005〕151号）的规定，及根据国家税务总局公告2012年第18号，本公告所称股权激励，是指《管理办法》中规定的上市公司以本公司股票为标的，对其董事、监事、高级管理人员及其他员工（以下简称激励对象）进行的长期性激励。股权激励的股票不是控股子公司的股票，不符合文件规定，不能确认为控股子公司的成本费用。对于控股子公司的员工进行股权激励也不符合文件规定，不能确认为上市公司的成本费用。”

可以税前扣除的观点认为，按照会计准则规定，费用产生在子公司，母公司没有产生费用，也没有税前扣除，所以母公司不符合国家税务总局公告2012年第18号规定的条件，不能税前扣除，实际上也没有税前扣除。但并没有关于子公司不能税前扣除的规定。如北京市税务局《企业所得税实务操作政策指引（第一期）》明确，“对于用母公司股票向员工进行股权激励的，属于子公司向员工支付的非现金形式的劳动报酬，应作为企业发生的工资薪金支出，在激励对象实际行权时按照有关规定税前扣除”。

2.3 职工福利费

职工福利费是容易产生风险的项目，焦点就是哪些属于职工福利费。

2.3.1 会计处理

《企业会计准则第9号——职工薪酬》第六条规定：“企业发生的职工福利费，应当在实际发生时根据实际发生额计入当期损益或相关资产成本。职工福利费为非货币性福利的，应当按照公允价值计量。”

《财政部关于企业加强职工福利费财务管理的通知》（财企〔2009〕242号）第一条规定：“企业职工福利费是指企业为职工提供的除职工工资、奖金、津贴、纳入工资总额管理的补贴、职工教育经费、社会保险费和补充养老保险费（年金）、补充医疗保险费及住房公积金以外的福利待遇支出，包括发放给职工或为职工支付的以下各项现金补贴和非货币性集体福利：（一）为职工卫生保健、生活等发放或支付的各项现金补贴和非货币性福利，包括职工因公外地就医费用、暂未实行医疗统筹企业职工医疗费用、职工供养直系亲属医疗补贴、职工疗养费用、自办职工食堂经费补贴或未办职工食堂统一供应午餐支出、符合国家有关财务规定的供暖费补贴、防暑降温费等。（二）企业尚未分离的内设集体福利部门所发生的设备、设施和人员费用，包括职工食堂、职工浴室、理发室、医务所、托儿所、疗养院、集体宿舍等集体福利部门设备、设施的折旧、维修保养费用以及集体福利部门工作人员的工资薪金、社会保险费、住房公积金、劳务费等人工费用。（三）职工困难补助，或者企业统筹建立和管理的专门用于帮助、救济困难职工的基金支出。（四）离退休人员统筹外费用，包括离休人员的医疗费及离退休人员其他统筹外费用。企业重组涉及的离退休人员统筹外费用，按照《财政部关于企业重组有关职工安置费用财务管理问题的通知》（财企〔2009〕117号）执行。国家另有规定的，从其规定。（五）按规定发生的其他职工福利费，包括丧葬补助费、抚恤费、职工异地安家费、独生子女费、探亲假路费，以及符合企业职工福利费定义但没有包括在本通知各条款项目中的其他支出。”

个人应当负担的支出不得作为企业的职工福利费。《企业财务通则》第四十六条规定："企业不得承担属于个人的下列支出：（一）娱乐、健身、旅游、招待、购物、馈赠等支出。（二）购买商业保险、证券、股权、收藏品等支出。（三）个人行为导致的罚款、赔偿等支出。（四）购买住房、支付物业管理费等支出。（五）应由个人承担的其他支出。”

2.3.2 税务处理

《企业所得税法实施条例》第四十条规定："企业发生的职工福利费支出，不超过工资薪金总额14%的部分，准予扣除。”

国税函〔2009〕3号文件第三条规定："《企业所得税法实施条例》第四十条规定的企业职工福利费，包括以下内容：（一）尚未实行分离办社会职能的企业，其内设福利部门所发生的设备、设施和人员费用，包括职工食堂、职工浴室、理发室、医务所、托儿所、疗养院等集体福利部门的设备、设施及维修保养费用和福利部门工作人员的工资薪金、社会保险费、住房公积金、劳务费等。（二）为职工卫生保健、生活、住房、交通等所发放的各项补贴和非货币性福利，包括企业向职工发放的因公外地就医费用、未实行医疗统筹企业职工医疗费用、职工供养直系亲属医疗补贴、供暖费补贴、职工防暑降温费、职工困难补贴、救济费、职工食堂经费补贴、职工交通补贴等。（三）按照其他规定发生的其他职工福利费，包括丧葬补助费、抚恤费、安家费、探亲假路费等。”

注 意

1. 与工资薪金一起发放的福利性补贴不作为职工福利费。

财企〔2009〕242号文件第二条规定："企业为职工提供的交通、住房、通讯待遇，已经实行货币化改革的，按月按标准发放或支付的住房补贴、交通补贴或者车改补贴、通讯补贴，应当纳入职工工资总额，不再纳入职工福利费管理；尚未实行货币化改革的，企业发生的相关支出作为职工福利费管理，但根据国家有关企业住房制度改革政策的统一规定，不得再为职工购建住房。”

按照国税函〔2009〕3号文件第三条的规定，企业随同工资薪金一并发放的交通补贴、住房补贴等，虽在会计上计入工资薪金总额，但由于这些补贴具有福利性质，须计入职工福利费，在限额内税前扣除。

《国家税务总局关于企业工资薪金和职工福利费等支出税前扣除问题的公告》（国家税务总局公告2015年第34号）第一条规定："列入企业员工工资薪金制度、固定与工资薪金一起发放的福利性补贴，符合《国家税务总局关于企业工资薪金及职工福利费扣除问题的通知》（国税函〔2009〕3号）第一条规定的，可作为企业发生的工资薪金支出，按规定在税前扣除。不能同时符合上述条件的福利性补贴，应作为国税函〔2009〕3号文件第三条规定的职工福利费，按规定计算限额税前扣除。”

企业随同工资薪金一并发放的交通补贴、住房补贴等，可作为工资薪金支出，据实在税前扣除。此规定弥合了工资薪金上的税会差异，减少了职工福利费总额，减轻了企业负担。

2. 高温津贴与防暑降温费的税务处理。

（1）高温津贴。

国家安全生产监督管理总局、卫生部、人力资源和社会保障部、中华全国总工会联合印发的《防暑降温措施管理办法》（安监总安健〔2012〕89号）第十七条规定："劳动者从事高温作业的，依法享受岗位津贴。用人单位安排劳动者在35℃以上高温天气从事室外露天作业以及不能采取有效措施将工作场所温度降低到33℃以下的，应当向劳动者发放高温津贴，并纳入工资总额。高温津贴标准由省级人力资源社会保障行政部门会同有关部门制定，并根据社会经济发展状况适时调整。"

因此，企业为在高温下工作的劳动者发放的高温津贴，属于工资薪金支出。

（2）防暑降温费。

无论是根据财企〔2009〕242号文件还是国税函〔2009〕3号文件，防暑降温费都属于职工福利费，但是，根据国家税务总局公告2015年第34号第一条规定，与工资薪金一并发放的防暑降温费，属于工资薪金支出，据实税前扣除。

（3）防暑降温用品支出。

《防暑降温措施管理办法》第十一条规定："用人单位应当为高温作业、高温天气作业的劳动者供给足够的、符合卫生标准的防暑降温饮料及必需的药品。不得以发放钱物替代提供防暑降温饮料。防暑降温饮料不得充抵高温津贴。"

很多企业的防暑降温用品并不管职工是否在高温下工作，或者说职工根本不需要在高温下工作，企业也会发放。

为室外高温工作人员发放饮料的支出，根据《企业所得税法实施条例》第四十八条"企业发生的合理的劳动保护支出，准予扣除"的规定，可以据实扣除；为办公室人员发放饮料的支出，作为职工福利费，在税法规定的限额内税前扣除。

另外，为职工发放饮料，由于所有权属已发生转移，还要视同销售。

3. 员工体检支出的处理。

企业为员工体检发生的支出属于职工福利费。如《北京市税务局企业所得税实务操作政策指引（第一期）》明确："企业发生的职工体检费用属于职工卫生保健方面的支出，可以作为职工福利费支出，按照相关规定税前扣除。"

风险提示

1. 会计上与税收上的职工福利费不能混淆。

由于财企〔2009〕242号文件对职工福利费的会计核算范围做出了详细规定，导致不少人认为税务处理可以参考，其实不然。财企〔2009〕242号文件是财政部下发的规范会计处理的文件，与税收无关，会计文件不可能指导税务处理。该文件第七条规定："在计算应纳税所得额时，企业职工福利费财务管理同税收法律、行政法规的规定不一致的，应当依照税收法律、行政法规的规定计算纳税。"因此，无论会计上如何处理，税务处理都要遵循税收法律、法规，纳税人若按照会计政策进行税务处理，无疑将导致税务风险。比如企业离退休人员统筹外补助，在财企〔2009〕242号文件中被列为职工福利费，但税收上不能在税前扣除。

2.不能随意扩大职工福利费的范围。

现在很多企业为了吸引、留住人才，推出了许多诱人的福利，如为职工发放无息房贷、子女教育补贴等，这些福利能否在税前扣除容易引发争议。

国税函〔2009〕3号文件界定的职工福利费内容是全列举还是非全列举尚未明确。如果是全列举，则该文件没有列举但从情理上分析可以作为职工福利费的支出，也不能作为职工福利费在税前扣除；如果是非全列举，则没有列举但从情理上分析可以作为职工福利费的支出，即可作为职工福利费在税前扣除。很多人认为国税函〔2009〕3号文件最后的“等”说明了是非全列举，但从法律的角度讲，无论是企业还是基层税务机关，都无权对国家税务总局的文件做出扩大性解释。因此，从严格意义上来说，不在国税函〔2009〕3号文件列举范围内的都不属于职工福利费。

如果不属于职工福利费，那么能否在税前扣除呢?

这又回到税前扣除原则之一的“与取得收入有关的支出”上来了。以子女教育补贴为例，企业认为，企业为职工支付子女教育补贴，解决了其后顾之忧，使之能够更好地为企业工作，应属于企业实际发生的与取得收入有关的支出，但它不是“与取得收入直接相关的支出”，与2.1.1小节中所述“经理人员因个人原因发生的法律诉讼支出”有异曲同工之处，因此不能在税前扣除。

企业遇到拿不准的情况，建议咨询主管税务机关。

案 例

外企H公司将为外籍员工报销的子女教育费、国际学校学费、语言类培训等计入了职工福利费并税前扣除，最终补缴企业所得税27.25万元，加收滞纳金14.65万元。

资料来源：读报“读”出数十万税款［N］.中国税务报，2017-01-02（B1）.

3.没有实际发生的职工福利费不能在税前扣除。

税法规定，企业发生的职工福利费支出，在不超过工资薪金总额14%的范围内允许税前扣除，但并不是说只要不超过工资薪金总额的14%都能在税前扣除，计提但未发生的职工福利费不能在税前扣除。

案 例

R公司于2018年计提福利费20万元，实际发生约16万元。该企业在进行2018年度汇算清缴时没有对未实际支出的4万元福利费做纳税调增处理。税务机关经检查，要求R公司补缴企业所得税，并缴纳相应的滞纳金。

资料来源：福利费扣除莫踩“红线”［N］.中国税务报，2019-10-25（B3）.

4.职工福利费计算扣除基数是实发工资。

职工福利费计算扣除基数的工资薪金总额是实际发放的工资薪金总额，计提的工资薪金不得作为计算扣除基数。

5. 职工福利费超额部分不能结转。

职工福利费超过工资薪金总额14%的部分不能在税前扣除，也不能向以后年度结转。

6. 职工福利费应该单独设账核算。

餐饮企业都是包吃包住的，但很多餐饮企业职工用餐费用无法与对外经营餐费用区分开来，对于这种情况税务机关可以进行核定。国税函〔2009〕3号文件第四条规定："企业发生的职工福利费，应该单独设置账册，进行准确核算。没有单独设置账册准确核算的，税务机关应责令企业在规定的期限内进行改正。逾期仍未改正的，税务机关可对企业发生的职工福利费进行合理的核定。"

7. 福利部门支出应计入职工福利费。

企业职工食堂、浴室等福利设施的折旧、食堂人员的工资等应计入职工福利费，由于折旧金额一般都较大，容易造成职工福利费超标，企业应当注意。

案　例

A热电公司为本单位职工铺设供气、供水管道，将计提的折旧直接在税前扣除。正确的做法是作为职工福利费，在规定比例范围内扣除。最终，A公司补缴了税款。

资料来源：将"简单"问题查深查透［N］. 中国税务报，2010-11-15（7）.

8. 不得将职工福利费计入其他科目。

有的企业将职工福利费计入其他科目，以全额税前扣除。

案　例

某钻井公司每月向所有职工发放燃油费补贴，若计入职工福利费将严重超支，于是计入"车辆使用费"全额扣除，少缴企业所得税95.2多万元，税务机关依法追缴税款并进行处罚。

资料来源：钻井公司虚列费用支出逃税［N］. 中国税务报，2015-04-29（B6）.

9. 实物福利应视同销售。

企业发放的实物福利所有权属已经发生改变，应视同销售。

争　议

1. 组织职工旅游支出能否税前扣除？

《青岛市国家税务局2013年度企业所得税汇算清缴若干业务问题解答》第八条规定："根据《企业所得税法实施条例》第四十条规定，企业组织本单位员工旅游的费用可以按照职工福利费进行处理。"

《河北省国家税务局关于印发〈企业所得税若干政策问题解答〉的通知》（冀国税函〔2013〕161号）第十二条规定："《国家税务总局关于企业工资薪金及职工福利费扣除问题的通知》（国税函〔2009〕3号）第三条关于职工福利费扣除问题规定，企业发生的旅游费支出，不能作为职工福利费列支。"

笔者认为，组织职工旅游支出不属于职工福利费，不能税前扣除。

首先，组织职工旅游支出不在国税函〔2009〕3号文件列举范围内，不属于职工福利费；其次，组织职工旅游支出不是与企业取得收入直接相关的支出，不能税前扣除。

若企业在工会经费中列支了组织职工去外地旅游费用，未重复税前扣除，则不必做纳税调整。

需要说明的是，《中华全国总工会办公厅关于加强基层工会经费收支管理的通知》（总工办发〔2014〕23号）第三条第一款第二项规定，工会经费支出包括“用会费组织会员观看电影、开展春游秋游等集体活动”。《中华全国总工会关于〈关于加强基层工会经费收支管理的通知〉的补充通知》（工财发〔2014〕69号）第一条规定：“工会组织的会员春游秋游，应严格控制在单位所在城市，并做到当日往返。”因此，企业使用工会经费组织职工去外地旅游是违规的，但这就与税务机关没有关系了。

案 例

K公司2018年在“管理费用——福利费”科目中列支了13万元员工旅游费用，认为这笔旅游费用属于福利费支出且已经实际发生，故在汇算清缴时税前扣除。税务机关检查后，要求K公司对这笔13万元的旅游费用做纳税调增处理，补缴企业所得税并缴纳相应的滞纳金。

资料来源：福利费扣除莫踩“红线”[N].中国税务报，2019-10-25（B3）.

2.职工福利费是不是普惠待遇？

如果企业在为员工租赁集体宿舍的同时也为高管租赁公寓，其租金可作为职工福利费，但若企业只为高管租赁公寓，是否可以作为职工福利费税前扣除呢？

这里涉及职工福利费是否为普惠待遇的问题。税法并未规定大多数职工都能享有的福利才是职工福利费，但在实务中，为了避免职工福利沦为高管福利，一般将大多数职工都能享有的福利才作为职工福利费，少数职工才能享有的福利不作为职工福利费，不能税前扣除。

2.4 职工教育经费

2.4.1 会计处理

财政部、国家税务总局等十部委联合印发的《关于企业职工教育经费提取与使用管理的意见》（财建〔2006〕317号）第三条第五款规定：“企业职工教育培训经费列支范围包括：1.上岗和转岗培训；2.各类岗位适应性培训；3.岗位培训、职业技术等级培训、高技能人才培训；4.专业技术人员继续教育；5.特种作业人员培训；6.企业组织的职工外送培训的经费支出；7.职工参加的职业技能鉴定、职业资格认证等经费支出；8.购置教学设备与设施；9.职工岗位自学成才奖励费用；10.职工教育培训管理费用；11.有关职工教育的其他开支。”

2.4.2 税务处理

2.4.2.1 一般规定

《企业所得税法实施条例》第四十二条规定："除国务院财政、税务主管部门另有规定外，企业发生的职工教育经费支出，不超过工资薪金总额2.5%的部分，准予扣除；超过部分，准予在以后纳税年度结转扣除"。

《财政部 税务总局关于企业职工教育经费税前扣除政策的通知》（财税〔2018〕51号）规定，自2018年1月1日起，"企业发生的职工教育经费支出，不超过工资薪金总额8%的部分，准予在计算企业所得税应纳税所得额时扣除；超过部分，准予在以后纳税年度结转扣除"。

此前只有高新技术企业和技术先进型服务企业发生的职工教育经费支出限额为8%，现在所有企业发生的职工教育经费支出限额均提高至8%。

2.4.2.2 职工培训费用

（1）软件和集成电路企业。《财政部 国家税务总局关于进一步鼓励软件产业和集成电路产业发展企业所得税政策的通知》（财税〔2012〕27号）第六条规定："集成电路设计企业和符合条件软件企业的职工培训费用，应单独进行核算并按实际发生额在计算应纳税所得额时扣除。"

（2）动漫企业。《财政部 国家税务总局关于扶持动漫产业发展有关税收政策问题的通知》（财税〔2009〕65号）第二条规定："经认定的动漫企业自主开发、生产动漫产品，可申请享受国家现行鼓励软件产业发展的所得税优惠政策。"

（3）航空企业。《国家税务总局关于企业所得税若干问题的公告》（国家税务总局公告2011年第34号）第三条规定："航空企业实际发生的飞行员养成费、飞行训练费、乘务训练费、空中保卫员训练费等空勤训练费用，根据《企业所得税法实施条例》第二十七条规定，可以作为航空企业运输成本在税前扣除。"

（4）核电企业。《国家税务总局关于企业所得税应纳税所得额若干问题的公告》（国家税务总局公告2014年第29号）第四条规定："核力发电企业为培养核电厂操纵员发生的培养费用，可作为企业的发电成本在税前扣除。企业应将核电厂操纵员培养费与员工的职工教育经费严格区分，单独核算，员工实际发生的职工教育经费支出不得计入核电厂操纵员培养费直接扣除。"

注 意

职工教育经费超过扣除标准的部分，可以无限期向以后年度结转。

【例2-4】某公司20×1年工资薪金支出100万元，职工教育经费发生10万元，当年调增应纳税所得额2万元（10–100×8%）；该公司20×2年工资薪金支出200万元，职工教育经费发生12万元，扣除限额为16万元（200×8%），当年发生的12万元和上年结转的2

万元可以全额扣除。

风险提示

1. 企业承担的学历学位教育学费不得在税前扣除。

很多企业鼓励职工深造，为在职取得硕士、博士、MBA学位的职工报销学费，但这些学费不但不属于职工教育经费，而且不能在税前扣除。

财建〔2006〕317号文件第三条第九款规定："企业职工参加社会上的学历教育以及个人为取得学位而参加的在职教育，所需费用应由个人承担，不能挤占企业的职工教育培训经费。"因此，这些在职教育学费应由个人承担，不能在税前扣除。

"岗位培训、职业技术等级培训、高技能人才培训"属于财建〔2006〕317号文件第三条第五款规定的职工教育经费范围，如企业为员工考取注册会计师等资格证书发生的培训费用，则属于职工教育经费。

2019年4月，财政部就《关于加强企业职工教育经费财务管理的通知（征求意见稿）》向社会公开征求意见，其第六条"职工教育经费的提取范围"第六项为："职工为取得在职学位学历证书交纳的报名费、教材费、考试费、学费等"，说明企业职工在职学历学位教育属于职工教育经费。同时，第七条第三款指出："企业董事、监事、高级管理人员参加学位学历教育，相关费用由个人承担"。也就是说，若正式文件如此且国家税务总局无其他相关政策，企业董、监、高在职学位学历教育的学费不能税前扣除，而其他职工在职学位学历教育的学费属于职工教育经费，可以税前扣除。

案 例

A公司是一家外资金融机构，2012年度在职工教育经费中列支了一名员工个人为取得学位而报读MBA班的学费共计90 000元。A公司认为报读MBA班的费用符合职工教育经费定义。根据财建〔2006〕317号文件规定，该费用应由员工负担，不得在职工教育经费中列支，也不能在税前列支。A公司补交2012年企业所得税22 500元，并加收滞纳金。

资料来源：MBA学费列支职工教育经费问题［EB/OL］.（2013-07-17）上海税务微博.

2. 要准确划分职工教育经费和职工培训费用。

软件企业和集成电路企业的职工培训费用、航空企业的空勤训练费用、核电企业的操纵员培养费必须单独核算，据实在税前扣除。它们必须与职工教育经费严格区分，不计入职工教育经费，不挤占职工教育经费份额。反之，也不得将应限额扣除的职工教育经费计入职工培训费用全额扣除。

案 例

深圳市某保理有限公司2018年将653 833.45元的职工教育培训经费全额扣除，该企业不符合全额扣除条件。补缴税款143 824.08元，滞纳金24 665.83元。

资料来源：教育培训费全额扣？满足条件才可以！［EB/OL］.（2021-07-12）深圳税务微信公众号.

3. 没有实际发生的职工教育经费不能在税前扣除。

企业已计提但未发生的职工教育经费不能在税前扣除。

4. 职工教育经费计算扣除基数是实发工资。

职工教育经费计算扣除基数的工资薪金总额是实际发放的工资薪金总额，计提的工资薪金不得作为计算扣除基数。

5. 外出学习过程中发生的差旅费和住宿费应计入职工教育经费。

职工异地培训涉及的交通费、餐费、住宿费应计入职工教育经费，而不是差旅费。

6. 不能将职工教育经费计入其他科目。

有的企业将职工教育经费计入其他科目，以全额税前扣除，这是错误的。

案　例

L装饰工程有限公司职工教育经费比例超标，为达到少缴企业所得税目的，将190万元职工教育支出记入了“管理费用——咨询费”科目，并在税前扣除。税务机关依法对追缴企业所得税47.5万元，并加收滞纳金。

资料来源：名不符实的“工程咨询”业务［N］. 中国税务报，2019-11-19（B2）.

2.5　工会经费

2.5.1　会计处理

《中华全国总工会办公厅关于印发〈基层工会经费收支管理办法〉的通知》（总工办发〔2017〕32号）第三章详细规定了基层工会经费支出范围，包括：职工活动支出、维权支出、业务支出、资本性支出、事业支出和其他支出。

2.5.2　税务处理

《企业所得税法实施条例》第四十一条规定：“企业拨缴的工会经费，不超过工资薪金总额2%的部分，准予扣除。”

2.5.3　工会经费的凭据

工会经费最主要的问题在于凭据。

《国家税务总局关于工会经费企业所得税税前扣除凭据问题的公告》（国家税务总局公告2010年第24号）第一条规定：“自2010年7月1日起，企业拨缴的职工工会经费，不超过工资薪金总额2%的部分，凭工会组织开具的《工会经费收入专用收据》在企业所得税税前扣除。”

但在实务中，有不少地方是由税务机关来代征工会经费，给企业出具的凭据有《工会经费拨缴款专用收据》，也有《工会经费通用缴款书》《工会经费（筹备金）专用缴款书》

等，由于这些凭据不是工会组织开具的，又与国家税务总局公告2010年第24号中规定的不一致，能不能在作为在税前扣除的凭据曾引发争议。尤其是现在总分机构汇总纳税，各地分支机构不同的工会经费缴纳凭据给总机构主管税务机关的审核带来了很大的麻烦。

《国家税务总局关于税务机关代收工会经费企业所得税税前扣除凭据问题的公告》(国家税务总局公告2011年第30号)规定："自2010年1月1日起，在委托税务机关代收工会经费的地区，企业拨缴的工会经费，也可凭合法、有效的工会经费代收凭据依法在税前扣除。"此规定明确了税务机关代收工会经费的凭据可以在税前扣除。

注 意

现在工会经费拨缴的方式有两种：一是企业按每月全部职工工资总额的2%计算工会经费，全部拨付给上级工会组织，上级工会组织再返还60%给企业的工会组织；二是按每月全部职工工资总额的2%计算工会经费，60%拨付上级工会组织，40%拨付给企业的工会组织。

无论是上级工会组织返还，还是本企业拨付，工会经费都归工会组织使用，如何支出不影响工会经费的税前扣除。

需要注意的是，在工会经费中列支的费用，不能再在企业所得税税前扣除，因为工会经费已经税前扣除，再扣除从中列支的费用，将造成重复扣除。

风险提示

1.要取得工会经费代收凭据。

不管是谁收的工会经费，企业都要取得合法、有效的工会经费代收凭据。

案 例

某地产置业有限公司工会经费67 743.72元未取得《工会经费拨缴款专用收据》，调增应纳税所得额67 743.72元。

资料来源：光环背后藏玄机，内查外调揭真相[N].中国税务报，2011-11-11(7).

2.工会经费超额部分不能结转。

工会经费超过工资薪金总额2%的部分不能税前扣除，也不能向以后年度结转。

3.工会经费计算扣除基数是实发工资。

工会经费计算扣除基数的工资薪金总额是实际发放的工资薪金总额，计提的工资薪金不得作为计算扣除基数。

2.6 住房公积金

《企业所得税法实施条例》第三十五条第一款规定："企业依照国务院有关主管部门或者省级人民政府规定的范围和标准为职工缴纳的基本养老保险费、基本医疗保险费、失业保险费、工伤保险费、生育保险费等基本社会保险费和住房公积金，准予扣除。"

风险提示

税法没有规定住房公积金的税前扣除限额，但应依照国务院有关主管部门或者省级人民政府规定的范围和标准缴纳。《住房公积金管理条例》第十六条第二款规定：“单位为职工缴存的住房公积金的月缴存额为职工本人上一年度月平均工资乘以单位住房公积金缴存比例。”

因此，企业超过规定比例为职工缴存的住房公积金，不能在税前扣除。

2.7 补充养老保险费、补充医疗保险费

《企业所得税法实施条例》第三十五条第二款规定：“企业为投资者或者职工支付的补充养老保险费、补充医疗保险费，在国务院财政、税务主管部门规定的范围和标准内，准予扣除。”

《财政部 国家税务总局关于补充养老保险费、补充医疗保险费有关企业所得税政策问题的通知》（财税〔2009〕27号）规定：“自2008年1月1日起，企业根据国家有关政策规定，为在本企业任职或者受雇的全体员工支付的补充养老保险费、补充医疗保险费，分别在不超过职工工资总额5%标准内的部分，在计算应纳税所得额时准予扣除；超过的部分，不予扣除。”

风险提示

1.注意比例限制。

企业为在本企业任职或者受雇的全体员工支付的补充养老保险费、补充医疗保险费，分别在不超过职工工资总额5%标准内的部分，可以在税前扣除；超过的部分不得扣除。

案 例

某非银行金融机构在营业费用（劳动保险费）中列支补充养老保险1 989 650元，超过工资总额20 593 685.92元的5%（1 029 684.296元），超过部分不予税前扣除，调增应纳税所得额959 965.70元。

资料来源：报表分析捕捉疑点分类突破查处大案［N］.中国税务报，2010-10-08（7）.

2.必须覆盖全体员工。

许多企业只注意到5%的限额比例，认为只要不超过这个比例就可以在税前扣除，但忽视了“全体员工”这个限定语。不是为全体员工支付的补充养老保险费、补充医疗保险费不能在税前扣除。不少企业觉得该限制过于苛刻，这是因为有的企业将补充养老保险、补充医疗保险作为给予高管的一种福利，仅为高管办理，普通职工则享受不到这一福利。为使普通劳动者也能够享受到补充养老保险、补充医疗保险，促使企业为全体员工办理补充养老保险、补充医疗保险，才制订了如此严格的规定。很多企业忽视了这一点，认为只要不超过限额就可以税前扣除了，从而引发税务风险。

如《广东省税务局2019年汇算清缴热点问答（第三期）》第13个解答明确：“这里所

说的必须是‘全体员工’，只是为公司高管而购买的补充医疗保险不符合文件规定，不能予以税前扣除。”

案 例

某企业于2014—2016年度为助理级以上职工和优秀员工缴纳补充养老保险，金额分别为1 826 425.38元、1 844 645.25元和1 931 845.34元。由于该企业没有为所有员工缴纳补充养老保险，因此不符合政策规定，应调增2014—2016年度相关应纳税所得额。

资料来源：8个案例说说那些被检查出的“小问题”［N］.中国税务报，2017-12-01（B3）.

3. 为投资者支付的补充保险费用不得税前扣除。

《企业所得税法实施条例》第三十五条第二款的规定是“企业为投资者或者职工支付的补充养老保险费、补充医疗保险费”，财税〔2009〕27号文件的规定是“为在本企业任职或者受雇的全体员工支付的补充养老保险费、补充医疗保险费”。后者没有提及投资者，那么企业为投资者支付的补充养老保险费、补充医疗保险费能否税前扣除呢？若投资者同时是企业的员工，则可以税前扣除；若投资者不是企业的员工，则不能税前扣除。

4. 企业计提的补充保险不能税前扣除。

有的企业计提的补充保险未支付给保险公司，而是由企业集中使用和管理，单独建账，单独管理，实际发生的用于本企业员工负担的医药费用可以在不超过规定限额内税前扣除；提取而未实际发生的，不得税前扣除。

案 例

某企业2011年计提的补充养老保险362 782元一直没有支付，在汇算清缴时进行了税前扣除。对此，税务机关对只计提未实际支付的部分进行了纳税调整，作出补税、加收滞纳金并处以0.5倍罚款的处理决定。

资料来源：未实际支付的补充养老保险不能税前扣除［N］.南京日报，2014-04-08（A6）.

5. 支付以前年度的补充保险要追溯扣除。

关于企业在当年为职工支付以前年度的补充医疗保险、补充养老保险，《国家税务总局关于企业所得税应纳税所得额若干税务处理问题的公告》（国家税务总局公告2012年第15号）第六条规定：“根据《中华人民共和国税收征收管理法》的有关规定，对企业发现以前年度实际发生的、按照税收规定应在企业所得税前扣除而未扣除或者少扣除的支出，企业做出专项申报及说明后，准予追补至该项目发生年度计算扣除，但追补确认期限不得超过5年”。追溯补充医疗保险、补充养老保险应在所属年度税前扣除，而不能在当年税前扣除。

争 议

实务中，“全体员工”是否为少一个都不行，为大多数员工支付的补充保险能否税前扣除，存在争议。假设某企业有100名员工，为其中99人上了补充保险，能否税前扣除？

从严格意义上讲，少一个人都不是“全体员工”。但补充保险不是国家强制规定的保险，它属于一种福利，在《财政部关于企业加强职工福利费财务管理的通知》（财企〔2009〕242号）中也是作为职工福利费处理。企业员工众多，很难做到一个人都不落地全部办理补充保险，很少有新入职的员工就能享受补充保险的，有的规定只为工作一定年限以上的员工办理补充保险，有的规定自愿办理补充保险。如此，大多数企业达不到“全体员工”标准，若严格按照财税〔2009〕27号文件规定，都不得税前扣除。

《国家税务总局稽查局关于2015年度重点税源企业随机抽查工作的指导意见》对此的指导意见是：“对于企业为员工支付的补充养老保险费、补充医疗保险费，如企业制定的相关方案或制度针对全体员工，而部分员工自愿不加入的，可视为财税〔2009〕27号中的‘全体员工’，不予调整。”

因此，建议企业根据具体情况，咨询主管税务机关。但可以肯定的是，对于实际参加补充保险的职工，其补充保险税前扣除限额的计算基数不是全体职工工资总额的5%，而是实际参加的职工工资总额的5%。

2.8 捐赠支出

现在企业越来越重视社会责任，积极参与公益慈善活动，不少企业都把慈善当作树立企业良好形象的重要途径，各级政府对此也加以支持引导。企业参与慈善活动是一件大好事，值得鼓励，但在实务中也发现，由于主导企业慈善活动的是企业家，对税收政策了解不多，因而非常容易产生税务风险。

2.8.1 公益慈善事业定义

《企业所得税法实施条例》第五十一条规定：“企业所得税法第九条所称公益性捐赠，是指企业通过公益性社会组织或者县级以上人民政府及其部门，用于符合法律规定的慈善活动、公益事业的捐赠。”

公益慈善事业，应当符合《中华人民共和国公益事业捐赠法》（以下简称《公益事业捐赠法》）第三条对公益事业范围的规定或者《中华人民共和国慈善法》（以下简称《慈善法》）第三条对慈善活动范围的规定。

《公益事业捐赠法》第三条规定：“本法所称公益事业是指非营利的下列事项：（一）救助灾害、救济贫困、扶助残疾人等困难的社会群体和个人的活动；（二）教育、科学、文化、卫生、体育事业；（三）环境保护、社会公共设施建设；（四）促进社会发展和进步的其他社会公共和福利事业。”

《慈善法》第三条规定：“本法所称慈善活动，是指自然人、法人和其他组织以捐赠财产或者提供服务等方式，自愿开展的下列公益活动：（一）扶贫、济困；（二）扶老、救孤、恤病、助残、优抚；（三）救助自然灾害、事故灾难和公共卫生事件等突发事件造成的损害；（四）促进教育、科学、文化、卫生、体育等事业的发展；（五）防治污染和其他公害，保护和改善生态环境；（六）符合本法规定的其他公益活动。”

2.8.2 限额扣除及结转

2017年修订的《企业所得税法》第九条规定："企业发生的公益性捐赠支出，在年度利润总额12%以内的部分，准予在计算应纳税所得额时扣除；超过年度利润总额12%的部分，准予结转以后三年内在计算应纳税所得额时扣除。"

原《企业所得税法》规定超过限额的公益性捐赠支出不能结转以后年度，但是，自2016年9月1日起施行的《慈善法》第八十条规定："自然人、法人和其他组织捐赠财产用于慈善活动的，依法享受税收优惠。企业慈善捐赠支出超过法律规定的准予在计算企业所得税应纳税所得额时当年扣除的部分，允许结转以后三年内在计算应纳税所得额时扣除。"这一规定与《企业所得税法》产生冲突，因此修改了《企业所得税法》。

《财政部 税务总局关于公益性捐赠支出企业所得税税前结转扣除有关政策的通知》（财税〔2018〕15号）第五条规定："本通知自2017年1月1日起执行。2016年9月1日至2016年12月31日发生的公益性捐赠支出未在2016年税前扣除的部分，可按本通知执行。"也就是说，企业2016年9月1日至12月31日发生的公益性捐赠支出未在2016年税前扣除的部分，可以结转至2017、2018、2019年度扣除。

2.8.3 全额扣除

自2008年《企业所得税法》实施以来，公益性捐赠支出税前扣除限额的限制多次被打破：一是有大灾，如向汶川、玉树、舟曲、芦山、鲁甸等灾区的公益性捐赠支出，二是有大事，如向北京奥运会、上海世博会、北京冬奥会等的公益性捐赠支出，都可以据实扣除。据实扣除，是指企业发生的公益性捐赠支出不受利润总额12%的限制，也不受盈亏的限制，即使企业亏损，公益性捐赠支出也可以全额在税前扣除。

目前，能够据实扣除的公益性捐赠支出主要为向北京冬奥会和冬残奥会、杭州亚运会和亚残运会的公益性捐赠支出、扶贫捐赠支出、应对新冠肺炎疫情捐赠支出等。

2.8.3.1 北京冬奥会、冬残奥会捐赠支出

《财政部 税务总局 海关总署关于北京2022年冬奥会和冬残奥会税收政策的通知》（财税〔2017〕60号）第三条第一款规定："对企业、社会组织和团体赞助、捐赠北京2022年冬奥会、冬残奥会、测试赛的资金、物资、服务支出，在计算企业应纳税所得额时予以全额扣除。"

2.8.3.2 扶贫捐赠支出

为支持脱贫攻坚，《财政部 税务总局 国务院扶贫办关于企业扶贫捐赠所得税税前扣除政策的公告》（财政部 税务总局 国务院扶贫办公告2019年第49号）第一条规定："自2019年1月1日至2022年12月31日，企业通过公益性社会组织或者县级（含县级）以上

人民政府及其组成部门和直属机构，用于目标脱贫地区的扶贫捐赠支出，准予在计算企业所得税应纳税所得额时据实扣除。在政策执行期限内，目标脱贫地区实现脱贫的，可继续适用上述政策。”

“目标脱贫地区”包括832个国家扶贫开发工作重点县、集中连片特困地区县和建档立卡贫困村。

若企业既发生扶贫捐赠支出，同时也发生其他公益性捐赠支出，在计算公益性捐赠支出税前扣除限额时，只计算其他公益性捐赠支出的限额，扶贫捐赠支出不计算在内。但需要注意的是，尽管打破了额度限制，仍然必须“通过公益性社会组织或者县级（含县级）以上人民政府及其组成部门和直属机构”进行捐赠，否则不能税前扣除。

企业发生对“目标脱贫地区”的捐赠支出时，应及时要求开具方在公益事业捐赠票据中注明目标脱贫地区的具体名称，并妥善保管该票据。

该政策执行期限内，即使目标脱贫地区已实现脱贫，企业对其的捐赠也可以继续适用据实扣除的政策。

需要注意与增值税规定的差异。《财政部 税务总局 国务院扶贫办关于扶贫货物捐赠免征增值税政策的公告》（财政部 税务总局 国务院扶贫办公告2019年第55号）第一条规定：“自2019年1月1日至2022年12月31日，对单位或者个体工商户将自产、委托加工或购买的货物通过公益性社会组织、县级及以上人民政府及其组成部门和直属机构，或直接无偿捐赠给目标脱贫地区的单位和个人，免征增值税。在政策执行期限内，目标脱贫地区实现脱贫的，可继续适用上述政策。”企业将货物直接捐赠给目标脱贫地区，免征增值税，但在企业所得税上不能税前扣除。

该政策执行期限已被《财政部 税务总局 人力资源社会保障部 国家乡村振兴局关于延长部分扶贫税收优惠政策执行期限的公告》（财政部 税务总局 人力资源社会保障部 国家乡村振兴局公告2021年第18号）延长至2025年12月31日。

2.8.3.3 杭州亚运会和亚残运会捐赠支出

《财政部 税务总局 海关总署关于杭州2022年亚运会和亚残运会税收政策的公告》（财政部 税务总局 海关总署公告2020年第18号）第九条规定：“对企业、社会组织和团体赞助、捐赠杭州亚运会的资金、物资、服务支出，在计算企业应纳税所得额时予以全额扣除。”

2.8.4 股权捐赠

若企业将持有的其他企业的股权、上市公司股票等向公益性社会团体进行捐赠，根据《财政部 国家税务总局关于公益股权捐赠企业所得税政策问题的通知》（财税〔2016〕45号）的规定，企业向公益性社会团体实施的股权捐赠，应按规定视同转让股权，股权转让收入额以企业所捐赠股权取得时的历史成本确定。企业实施股权捐赠后，以其股权历史成本为依据确定捐赠额，并依此按照企业所得税法有关规定在企业所得税前予以扣除。公益性社会团体接受股权捐赠后，应按照捐赠企业提供的股权历史成本开具捐赠票据。

企业以股权进行捐赠，应视同销售，视同销售收入为该股权的历史成本，这样不会产生视同销售所得；以该股权历史成本作为计算税前扣除的捐赠支出，不必以该股权的公允价值作为计算税前扣除的捐赠支出，缩小了捐赠支出的税收金额，减少了纳税调增的金额。

2.8.5 非货币捐赠

企业以实物进行公益性捐赠，应视同销售，其计算税前扣除的捐赠金额按公允价值确定。

2.8.5.1 以自产货物捐赠

（1）会计处理。

【例2–5】20×1年11月，甲公司（一般纳税人）将自产货物10 000件通过红十字会捐赠，该货物市场价值10元/件（不含税），成本8元/件。甲公司20×1年度利润总额为80万元。会计处理如下：

借：营业外支出	93 000	
贷：库存商品		80 000
应交税费——应交增值税（销项税额）		13 000

（2）税务处理。在例2–5的情形下，应调增视同销售收入100 000元，调增视同销售成本93 000元，调增7 000元；视同销售后，甲公司捐赠支出账面价值为93 000元，计税基础为100 000元，调减7 000元，合计纳税调整为0。以捐赠支出的公允价值100 000元计算可扣除的捐赠支出，而不是以账面价值93 000元计算。

甲公司捐赠支出税前扣除限额=800 000×12%=96 000（元），纳税调增=100 000–96 000=4 000（元）。该4 000元可以结转以后三年内扣除。

2.8.5.2 以外购货物捐赠

（1）会计处理。

【例2–6】20×1年11月，乙公司（一般纳税人）外购货物10 000件通过红十字会捐赠，购进价格11.3元/件（含税）。乙公司20×1年度利润总额为90万元。会计处理如下：

借：库存商品	100 000	
应交税费——应交增值税（进项税额）	13 000	
贷：银行存款		113 000
借：营业外支出	113 000	
贷：库存商品		10 000
应交税费——应交增值税（销项税额）		13 000

（2）税务处理。在例2–6的情形下，应调增视同销售收入113 000元，调增视同销售成本113 000元，合计纳税调整为0。甲公司捐赠支出税前扣除限额=900 000×12%=108 000（元），纳税调增=113 000–108 000=5 000（元）。该5 000元可以结转以后三年内扣除。

2.8.6 公益性社会组织

2.8.6.1 公益性社会组织条件

《企业所得税法实施条例》第五十二条规定："本条例第五十一条所称公益性社会组织，是指同时符合下列条件的慈善组织以及其他社会组织：（一）依法登记，具有法人资格；（二）以发展公益事业为宗旨，且不以营利为目的；（三）全部资产及其增值为该法人所有；（四）收益和营运结余主要用于符合该法人设立目的的事业；（五）终止后的剩余财产不归属任何个人或者营利组织；（六）不经营与其设立目的无关的业务；（七）有健全的财务会计制度；（八）捐赠者不以任何形式参与社会团体财产的分配；（九）国务院财政、税务主管部门会同国务院民政部门等登记管理部门规定的其他条件。"

除公益性社会组织外，还增加了公益性群众团体，二者有异同之处。适用政策为《财政部 税务总局 民政部关于公益性捐赠税前扣除有关事项的公告》（财政部 税务总局 民政部公告2020年第27号）；后者适用政策为《财政部 税务总局关于通过公益性群众团体的公益性捐赠税前扣除有关事项的公告》（财政部 税务总局公告2021年第20号）。

2.8.6.2 公益性捐赠税前扣除资格及其确认

（1）公益性捐赠税前扣除资格的取得条件（见表2-3）。

表2-3

公益性社会组织	公益性群众团体
公益性社会组织，包括依法设立或登记并按规定条件和程序取得公益性捐赠税前扣除资格的慈善组织、其他社会组织和群众团体。公益性群众团体的公益性捐赠税前扣除资格确认及管理按照现行规定执行。依法登记的慈善组织和其他社会组织的公益性捐赠税前扣除资格确认及管理按本公告执行。	公益性群众团体，包括依照《社会团体登记管理条例》规定不需进行社团登记的人民团体以及经国务院批准免予登记的社会团体（以下统称群众团体），且按规定条件和程序已经取得公益性捐赠税前扣除资格。
在民政部门依法登记的慈善组织和其他社会组织（以下统称社会组织），取得公益性捐赠税前扣除资格应当同时符合以下规定： （一）符合《企业所得税法实施条例》第五十二条第一项到第八项规定的条件。 （二）每年应当在3月31日前按要求向登记管理机关报送经审计的上年度专项信息报告。报告应当包括财务收支和资产负债总体情况、开展募捐和接受捐赠情况、公益慈善事业支出及管理费用情况（包括下列第三项、第四项规定的比例情况）等内容。	群众团体取得公益性捐赠税前扣除资格应当同时符合以下条件： （一）符合《企业所得税法实施条例》第五十二条第一项至第八项规定的条件； （二）县级以上各级机构编制部门直接管理其机构编制； （三）对接受捐赠的收入以及用捐赠收入进行的支出单独进行核算，且申报前连续3年接受捐赠的总收入中用于公益慈善事业的支出比例不低于70%。

续表

公益性社会组织	公益性群众团体
首次确认公益性捐赠税前扣除资格的，应当报送经审计的前两个年度的专项信息报告。 （三）具有公开募捐资格的社会组织，前两年度每年用于公益慈善事业的支出占上年总收入的比例均不得低于70%。计算该支出比例时，可以用前三年收入平均数代替上年总收入。 不具有公开募捐资格的社会组织，前两年度每年用于公益慈善事业的支出占上年末净资产的比例均不得低于8%。计算该比例时，可以用前三年年末净资产平均数代替上年末净资产。 （四）具有公开募捐资格的社会组织，前两年度每年支出的管理费用占当年总支出的比例均不得高于10%。 不具有公开募捐资格的社会组织，前两年每年支出的管理费用占当年总支出的比例均不得高于12%。 （五）具有非营利组织免税资格，且免税资格在有效期内。 （六）前两年度未受到登记管理机关行政处罚（警告除外）。 （七）前两年度未被登记管理机关列入严重违法失信名单。 （八）社会组织评估等级为3A以上（含3A）且该评估结果在确认公益性捐赠税前扣除资格时仍在有效期内。 公益慈善事业支出、管理费用和总收入的标准和范围，按照《民政部 财政部 国家税务总局关于印发〈关于慈善组织开展慈善活动年度支出和管理费用的规定〉的通知》（民发〔2016〕189号）关于慈善活动支出、管理费用和上年总收入的有关规定执行。 按照《中华人民共和国慈善法》新设立或新认定的慈善组织，在其取得非营利组织免税资格的当年，只需要符合上述第（一）项、第（六）项、第（七）项条件即可。	

（2）公益性捐赠税前扣除资格的确认（见表2-4）。

表2-4

公益性社会组织	公益性群众团体
公益性捐赠税前扣除资格的确认按以下规定执行： （一）在民政部登记注册的社会组织，由民政部结合社会组织公益活动情况和日常监督管理、评估等情况，对社会组织的公益性捐赠税前扣除资格进行核实，提出初步意见。根据民政部初步意见，财政部、税务总局和民政部对照本公告相关规定，联合确定具有公益性捐赠税前扣除资格的社会组织名单，并发布公告。 （二）在省级和省级以下民政部门登记注册的社会组织，由省、自治区、直辖市和计划单列市财政、税务、民政部门参照上述第（一）项规定执行。 （三）公益性捐赠税前扣除资格的确认对象包括： 1.公益性捐赠税前扣除资格将于当年末到期的公益性社会组织； 2.已被取消公益性捐赠税前扣除资格但又重新符合条件的社会组织； 3.登记设立后尚未取得公益性捐赠税前扣除资格的社会组织。 （四）每年年底前，省级以上财政、税务、民政部门按权限完成公益性捐赠税前扣除资格的确认和名单发布工作，并按上述第（三）项规定的不同审核对象，分别列示名单及其公益性捐赠税前扣除资格起始时间。	公益性捐赠税前扣除资格的确认按以下规定执行： （一）由中央机构编制部门直接管理其机构编制的群众团体，向财政部、税务总局报送材料； （二）由县级以上地方各级机构编制部门直接管理其机构编制的群众团体，向省、自治区、直辖市和计划单列市财政、税务部门报送材料； （三）对符合条件的公益性群众团体，按照上述管理权限，由财政部、税务总局和省、自治区、直辖市、计划单列市财政、税务部门分别联合公布名单。企业和个人在名单所属年度内向名单内的群众团体进行的公益性捐赠支出，可以按规定进行税前扣除； （四）公益性捐赠税前扣除资格的确认对象包括： 1.公益性捐赠税前扣除资格将于当年末到期的公益性群众团体； 2.已被取消公益性捐赠税前扣除资格但又重新符合条件的群众团体； 3.尚未取得或资格终止后未取得公益性捐赠税前扣除资格的群众团体。 （五）每年年底前，省级以上财政、税务部门按权限完成公益性捐赠税前扣除资格的确认和名单发布工作，并按上述第（四）项规定的不同审核对象，分别列示名单及其公益性捐赠税前扣除资格起始时间。 上述规定需报送的材料，应在申报年度6月30日前报送，包括： （一）申报报告； （二）县级以上各级党委、政府或机构编制部门印发的“三定”规定； （三）组织章程； （四）申报前3个年度的受赠资金来源、使用情况，财务报告，公益活动的明细，注册会计师的审计报告或注册会计师、（注册）税务师、律师的纳税审核报告（或鉴证报告）。

2.8.6.3 公益性捐赠税前扣除资格有效期

公益性捐赠税前扣除资格在全国范围内有效，有效期为三年。

这是公益性捐赠税前扣除资格有效期的重大变化，原来公益性捐赠税前扣除资格有效期为一年，每年均须公布名单，现延长至三年。

2.8.6.4 公益性社会组织、公益性群众团体资格的取消

（1）公益性社会组织、公益性群众团体存在表2–5所列情形之一的，应当取消其公益性捐赠税前扣除资格。

表2–5

公益性社会组织	公益性群众团体
（一）未按本公告规定时间和要求向登记管理机关报送专项信息报告的； （二）最近一个年度用于公益慈善事业的支出不符合本公告第四条第三项规定的； （三）最近一个年度支出的管理费用不符合本公告第四条第四项规定的； （四）非营利组织免税资格到期后超过六个月未重新获取免税资格的； （五）受到登记管理机关行政处罚（警告除外）的； （六）被登记管理机关列入严重违法失信名单的； （七）社会组织评估等级低于3A或者无评估等级的。	公益性群众团体前3年接受捐赠的总收入中用于公益慈善事业的支出比例低于70%的，应当取消其公益性捐赠税前扣除资格。

（2）公益性社会组织、公益性群众团体存在表2–6所列情形之一的，应当取消其公益性捐赠税前扣除资格，且取消资格的当年及之后三个年度内不得重新确认资格：

表2–6

公益性社会组织	公益性群众团体
（一）违反规定接受捐赠的，包括附加对捐赠人构成利益回报的条件、以捐赠为名从事营利性活动、利用慈善捐赠宣传烟草制品或法律禁止宣传的产品和事项、接受不符合公益目的或违背社会公德的捐赠等情形； （二）开展违反组织章程的活动，或者接受的捐赠款项用于组织章程规定用途之外的； （三）在确定捐赠财产的用途和受益人时，指定特定受益人，且该受益人与捐赠人或公益性社会组织管理人员存在明显利益关系的。	（一）违反规定接受捐赠的，包括附加对捐赠人构成利益回报的条件、以捐赠为名从事营利性活动、利用慈善捐赠宣传烟草制品或法律禁止宣传的产品和事项、接受不符合公益目的或违背社会公德的捐赠等情形； （二）开展违反组织章程的活动，或者接受的捐赠款项用于组织章程规定用途之外的； （三）在确定捐赠财产的用途和受益人时，指定特定受益人，且该受益人与捐赠人或公益性群众团体管理人员存在明显利益关系的； （四）受到行政处罚（警告或单次1万元以下罚款除外）的。 对存在第（一）、（二）、（三）项情形的公益性群众团体，应对其接受捐赠收入和其他各项收入依法补征企业所得税。

（3）公益性社会组织、公益性群众团体存在以下情形之一的，应当取消其公益性捐赠税前扣除资格且不得重新确认资格：

①从事非法政治活动的；

②从事、资助危害国家安全或者社会公共利益活动的。

（4）对应当取消公益性捐赠税前扣除资格的公益性社会组织，由省级以上财政、税务、民政部门核实相关信息后，按权限及时向社会发布取消资格名单公告。自发布公告的次月起，相关公益性社会组织、公益性群众团体不再具有公益性捐赠税前扣除资格。

获得公益性捐赠税前扣除资格的公益性群众团体，应自不符合资格条件之一或存在上述三种取消资格情形之一之日起15日内向主管税务机关报告。

2.8.6.5　公益事业捐赠票据

公益性社会组织、公益性群众团体（以下简称“公益组织”）、县级以上人民政府及其部门等国家机关在接受捐赠时，应当按照行政管理级次分别使用由财政部或省、自治区、直辖市财政部门监（印）制的公益事业捐赠票据，并加盖本单位的印章。

企业将符合条件的公益性捐赠支出进行税前扣除，应当留存相关票据备查。

2.8.6.6　公益组织接受捐赠资产价值的确认

公益组织、县级以上人民政府及其部门等国家机关在接受企业或个人捐赠时，按以下原则确认捐赠额：

（1）接受的货币性资产捐赠，以实际收到的金额确认捐赠额。

（2）接受的非货币性资产捐赠，以其公允价值确认捐赠额。捐赠方在向公益组织、县级以上人民政府及其部门等国家机关捐赠时，应当提供注明捐赠非货币性资产公允价值的证明；不能提供证明的，接受捐赠方不得向其开具捐赠票据。

2.8.7　其　他

《财政部 税务总局关于公共租赁住房税收优惠政策的公告》（财政部 税务总局公告2019年第61号）第四条规定：“企事业单位、社会团体以及其他组织捐赠住房作为公租房，符合税收法律法规规定的，对其公益性捐赠支出在年度利润总额12%以内的部分，准予在计算应纳税所得额时扣除，超过年度利润总额12%的部分，准予结转以后三年内在计算应纳税所得额时扣除。”

注　意

1. 向特定地区捐赠可以全额扣除。

企业通过公益组织、县级以上政府部门对汶川等灾区和北京奥运会、冬奥会、目标脱贫地区等的公益性捐赠可以全额在税前扣除，不受税法规定的比例限制；也不受企业盈亏的限制，即使亏损也可以全额在税前扣除。

2.企业通过外地名单中的公益组织进行捐赠可以税前扣除。

财政部、国家税务总局、民政部及省级财政、税务、民政部门会定期公布获得公益性捐赠税前扣除资格的公益组织名单，企业通过名单中的公益组织进行捐赠，可以税前扣除。企业通过外省公益组织进行捐赠，该公益组织不在国家级名单内，但在当地省级名单内，也可以税前扣除。

如《北京市财政局、北京市国家税务局、北京市地方税务局、北京市民政局转发财政部、国家税务总局、民政部关于公益性捐赠税前扣除有关问题的补充通知》（京财税〔2010〕2039号）第五条规定："纳税人在我市以外地区开展公益性捐赠活动税前扣除时，需留存下列资料备查：（一）财政部或省、自治区、直辖市财政部门印制的公益性捐赠票据或《非税收入一般缴款书》收据联；（二）省、自治区、直辖市和计划单列市以上财政、税务、民政部门联合确认、公布的公益性捐赠税前扣除资格的文件复印件。"

3.先扣除以前年度结转的公益性捐赠支出。

财税〔2018〕15号文件第四条规定："企业在对公益性捐赠支出计算扣除时，应先扣除以前年度结转的捐赠支出，再扣除当年发生的捐赠支出。"这是税收政策中首次出现结转顺序的规定。职工教育经费、广告费和业务宣传费都可以向以后年度结转，但都无此规定，因为它们是无限期结转，谁先扣谁后扣无所谓。但公益性捐赠支出结转有三年的限制，超过三年便不能结转。所以，正常情况下，企业应当先扣除以前年度结转的捐赠支出，再扣除当年发生的捐赠支出，以实现利益最大化。但是，若企业出于税收筹划或其他目的，就想先扣除当年发生的捐赠支出，再扣除以前年度结转的捐赠支出，税务机关也不能阻止。为了预防这种情况发生，同时避免企业误解政策导致多缴税，第四条用了"应"，企业必须按照规定的先后顺序结转。

4.公益组织的公益性捐赠税前扣除资格有效期延长至三年。

原政策[1]规定名单每年发布一次，即名单内公益组织的公益性捐赠税前扣除资格有效期只有一年，企业在捐赠时，必须对照当年的名单，在当年名单内的，才能税前扣除。这就带来滞后性的问题：一是每年只有在名单公布后企业才知道哪些组织具有公益性捐赠税前扣除资格，二是有时名单公布较晚，有的在汇算清缴结束后才公布上一年度名单，企业在汇算清缴时不能税前扣除，只能在文件发布后再进行调整。

财政部、税务总局、民政部公告2020年第27号及财政部、税务总局公告2021年第20号都规定："公益性捐赠税前扣除资格在全国范围内有效，有效期为三年。"公益组织一旦进入名单，企业在三年内向该社会组织捐赠，都可以税前扣除，不必再每年查阅。

5.贫困县全部脱贫摘帽后，扶贫捐赠政策仍然适用。

截至2020年11月23日，我国22个省区市的832个贫困县全部实现脱贫摘帽。财政部、税务总局、国务院扶贫办公告2019年第49号规定，"在政策执行期限内，目标脱贫地区实现脱贫的，可继续适用上述政策"，因此，即使832个贫困县已全部脱贫摘帽，2025年12月31日前，企业通过公益组织或者县级（含县级）以上人民政府及其组成部门和直

[1]《财政部 国家税务总局 民政部关于公益性捐赠税前扣除有关问题的补充通知》（财税〔2010〕45号，被财政部 税务总局 民政部公告2020年第27号废止）、《财政部 国家税务总局关于通过公益性群众团体的公益性捐赠税前扣除有关问题的通知》（财税〔2009〕124号，被财政部 税务总局公告2021年第20号废止）。

属机构，用于目标脱贫地区的扶贫捐赠支出，仍然可以据实扣除。

风险提示

1. 公益性捐赠不一定能够据实税前扣除。

若企业的公益性捐赠支出在《企业所得税法》第九条规定限额以内，可以据实税前扣除，若超出了税法规定的范围，则超出的部分不能扣除，可结转以后三年扣除。

【例2-7】甲公司某年利润总额100万元（假设没有其他纳税调整项目，下同），通过慈善组织向灾区捐款10万元，由于10万元<12万元（100万元×12%），因此可以全额在税前扣除，甲公司该年度应缴纳企业所得税为100×25%=25（万元）；但若甲公司捐款15万元，由于15万元>12万元（100万元×12%），因此只有12万元可以在税前扣除，3万元（15-12）需要做纳税调增处理，则甲公司该年度应缴纳企业所得税为（100+3）×25%=25.75（万元）。

2. 企业直接捐赠、通过非公益组织、县级以下人民政府及其部门的捐赠不能税前扣除。

现在很多企业直接向受捐助对象进行捐赠。一方面，直接捐赠可以免去许多中间环节，省时省力；另一方面，由于我国的公益组织尚不成熟，不少企业不信任公益组织，更愿意自己直接把捐赠的财物送到受捐助对象手中。但这样是有税务风险的。

《企业所得税法实施条例》第五十一条规定："企业所得税法第九条所称公益性捐赠，是指企业通过公益性社会组织或者县级以上人民政府及其部门，用于符合法律规定的慈善活动、公益事业的捐赠。"与国际上大多数国家一样，这是为防止纳税人通过公益性捐赠进行避税或转移利润的一种税收制度安排。

《企业所得税法》实施以来，唯一允许直接捐赠税前扣除的是2020年1月1日至2021年3月31日执行的《财政部 税务总局关于支持新型冠状病毒感染的肺炎疫情防控有关捐赠税收政策的公告》（财政部 税务总局公告2020年第9号），企业直接向承担疫情防治任务的医院捐赠用于应对新冠疫情的物品，可以据实税前扣除。除此以外，直接捐赠一律不能税前扣除。

因此，企业的公益性捐赠必须通过公益组织或者县级以上人民政府及其部门，否则不能在税前扣除。

【例2-8】（沿用上例的资料）若甲公司直接向灾区捐款10万元，那么这10万元不能税前扣除，应全额做纳税调增处理，则甲公司该年度应缴纳企业所得税：（100+10）×25%=27.5（万元）。

即使企业是通过公益组织进行捐赠的，该公益组织也必须在有关部门公布的具备公益性捐赠税前扣除资格的公益组织名单中，否则不能税前扣除。

需要注意的是，公益组织并不是上了名单就永远不会改变，企业在捐赠时应查看该公益组织是否在当年的名单内。

案 例

长江绿海环境科技股份有限公司发布公告披露，其2016年通过四川省宜宾县慈善总会捐赠款100 000元，但四川省宜宾县慈善总会不在公益性社会团体名单内，补缴2016年度企业所得税15 000元。

资料来源：长江绿海环境科技股份有限公司关于公司收到税务处理决定书的公告［EB/OL］.（2020-12-21）东方财富网.

3. 亏损企业的公益性捐赠支出不能税前扣除。

公益性捐赠支出税前扣除的基数是企业的利润总额，若企业当年度是亏损的，利润总额为负数，则公益性捐赠须全额纳税调增。对此，会计上也有规定。《财政部关于加强企业对外捐赠财务管理的通知》（财企〔2003〕95号）第二条第三款规定："企业已经发生亏损或者由于对外捐赠将导致亏损或者影响企业正常生产经营的，除特殊情况以外，一般不能对外捐赠。"因此，企业捐赠应量力而行。尽管企业"毁家纾难"的行为让我们十分感动，但法律必须遵守。同时，慈善活动也应当在自己能力范围内展开。

【例2-9】若甲公司某年利润总额为-100万元，通过慈善组织向灾区捐款10万元，由于该企业是亏损的，这10万元不能税前扣除。甲公司该年度的利润是-90万元（-100+10）；若甲公司该年利润总额是-8万元，那么其该年度应缴纳企业所得税0.5万元［（-8+10）×25%］。

案　例

福建××房地产开发有限公司2009年度会计利润为负数，向长泰县慈善总会捐赠两笔款项计100 000元，故调增应纳税所得额100 000元。

资料来源：多列成本费用少缴企业所得税的稽查案例［EB/OL］.（2011-03-16）中国税网.

4. 能向以后三年结转的仅限于公益性捐赠支出。

企业能够向以后三年结转的公益性捐赠支出，仅限于当年由于超过限额未税前扣除的公益性捐赠支出；企业当年发生的捐赠支出由于不符合公益性捐赠支出条件而未在当年税前扣除的部分，不能结转以后三年扣除。

5. 实物捐赠应视同销售。

现在很多企业喜欢实物捐赠，如第一章"视同销售"部分所述，企业捐赠的实物所有权属已发生改变，应当视同销售。由于捐赠行为在会计上不确认收入，因此存在税会差异。

6. 集团公司统一捐赠，成员企业分摊额不能税前扣除。

集团公司每年按比例向各成员企业收取一定费用，以集团的名义进行公益性捐赠，取得捐赠人为集团的公益性捐赠票据。各成员单位根据该票据复印件、集团文件及分割单，能否税前扣除？

企业认为，根据《国家税务总局关于发布〈企业所得税税前扣除凭证管理办法〉的公告》（国家税务总局公告2018年第28号）第十八条第二款规定："企业与其他企业、个人在境内共同接受非应税劳务发生的支出，采取分摊方式的，企业以发票外的其他外部凭证和分割单作为税前扣除凭证，共同接受非应税劳务的其他企业以企业开具的分割单作为税前扣除凭证。"因此，成员企业可以公益性捐赠票据复印件和集团公司开具的分割单作为税前扣除凭证，进行税前扣除。

这是不对的。首先，成员企业向集团公司支付分摊的捐赠款项，并未"接受非应税劳务”，不适用国家税务总局公告2018年第28号；其次，集团公司通过公益性社会团体进行捐赠，取得公益性捐赠票据，各成员企业既未通过公益性社会组织进行捐赠，也未取得公益性捐赠票据，不符合公益性捐赠税前扣除的要求，不能税前扣除，即使集团公司给各成员企业开具分割单也不能税前扣除。

有的企业这样操作：集团公司统一捐赠后，对下属成员企业上缴的捐赠金额形成捐赠明细单，并将该明细单提供至受赠方，受赠方按照明细单向具体捐赠成员企业开具捐赠票据。这样处理相当于各成员企业向受赠方进行捐赠，并分别取得公益性捐赠票据。既没有改变集团捐赠的模式，又符合公益性捐赠税前扣除条件。

7. 应取得合格的捐赠票据。

企业通过公益组织进行捐赠，应取得合规的公益事业捐赠票据。

2.9 业务招待费

《企业所得税法实施条例》第四十三条规定：“企业发生的与生产经营活动有关的业务招待费支出，按照发生额的60%扣除，但最高不得超过当年销售（营业）收入的5‰。”

业务招待费税前扣除限额，是发生额的60%与当年销售（营业）收入的5‰孰小金额。

【例2–10】甲公司发生业务招待费7万元，当年销售（营业）收入为1 000万元，则：

7×60%=4.2<5（万元）(1 000×5‰)，可以税前扣除业务招待费4.2万元，调增应纳税所得额2.8万元（7–4.2）。

若甲公司发生业务招待费10万元，当年销售（营业）收入为1 000万元，则：

10×60%=6>5（万元）(1 000×5‰)，可以税前扣除业务招待费5万元，调增应纳税所得额5万元（10–5）。

注 意

1. 销售（营业）收入包括的六项内容。

（1）营业收入。

营业收入为主营业务收入与其他业务收入之和。

（2）视同销售收入。

《国家税务总局关于企业所得税执行中若干税务处理问题的通知》（国税函〔2009〕202号）第一条规定：“企业在计算业务招待费、广告费和业务宣传费等费用扣除限额时，其销售（营业）收入额应包括《企业所得税法实施条例》第二十五条规定的视同销售（营业）收入额。”

（3）房地产开发企业预售收入。

房地产开发企业预售收入在会计上不确认收入，但在税法上视同收入实现，业务招待费计算扣除基数为《企业所得税年度纳税申报表》中的《视同销售和房地产开发企业特定业务纳税调整明细表》（A105010）第23行“销售未完工产品的收入”。

（4）从事股权投资的企业。

《国家税务总局关于贯彻落实企业所得税法若干税收问题的通知》（国税函〔2010〕79

号）第八条规定："对从事股权投资业务的企业（包括集团公司总部、创业投资企业等），其从被投资企业所分配的股息、红利以及股权转让收入，可以按规定的比例计算业务招待费扣除限额。"

由于从事股权投资业务的企业主要取得投资收益，销售（营业）收入较少，导致业务招待费无法扣除，因此对于从事股权投资业务的企业从被投资企业所分配的股息、红利以及股权转让收入，也可以作为计算业务招待费扣除限额的基数。

（5）查补收入。

企业被税务机关查补的以前年度收入也可以作为对应年度计算业务招待费扣除限额的基数。

2. 筹建期企业。

企业在筹建期销售收入虽然为零，但仍可以扣除业务招待费。《国家税务总局关于企业所得税应纳税所得额若干税务处理问题的公告》（国家税务总局公告2012年第15号）第五条规定："企业在筹建期间，发生的与筹办活动有关的业务招待费支出，可按实际发生额的60%计入企业筹办费，并按有关规定在税前扣除。"

3. 餐费不一定就是业务招待费。

有些企业，甚至一些税务人员认为，餐费一定属于业务招待费，一看是餐饮发票就需要调整，这是误解。业务招待费是指对外的招待行为发生的费用，若是员工加班用餐、出差用餐等发生的餐费，因是企业内部行为，不属于招待，因此不是业务招待费。

风险提示

1. 不能将业务招待费与其他费用混淆。

将业务招待费作为会议费列支是企业最常见的税务风险。企业往往以开会之名招待关联企业、客户、供销商等，其支出应作为业务招待费，不能全额在税前扣除。《国家税务总局关于印发〈企业所得税税前扣除办法〉的通知》（国税发〔2000〕84号，已废止）要求"会议费证明材料应包括：会议时间、地点、出席人员、内容、目的、费用标准、支付凭证等"，可供参考。

有的税务机关对此有明确要求，如《河北省国家税务局关于印发〈企业所得税若干政策问题解答〉的通知》（冀国税函〔2013〕161号）第十八条规定："会议费征明材料应包括：（1）会议名称、时间、地点、目的及参加会议人员签到的花名册；（2）会议材料（会议议程、讨论专件、领导讲话）；（3）会议召开地酒店（饭店、招待处）出具的服务业专用发票。"

因此，企业在列支会议费时，应备齐会议费证明材料，包括会议时间、地点、出席人员、内容、目的、费用标准、支付凭证等，这样才能真正作为会议费全额在税前扣除。

案 例

大型药企业G公司会议费用高达1亿元，该公司税务总监介绍，他们的医药代表经常邀请各医院医生召开小型会议，介绍公司产品的药效和临床经验等情况。但从报销凭证看，该企业小型研讨会的地点大多在餐厅包间。税务总监对此的解释是"开会时吃了个饭"，属于会议费，税务机关认为，其是"吃饭时开了个会"，属于招待费。最终，检查组对超出扣除限额的部分给出了纳税调整的处理意见。

资料来源：餐桌上“吃出”亿元会议费［N］. 中国税务报，2016-04-22（B5）.

2. 业务招待费中的不合规发票所列支出不能扣除。

业务招待费中的不合规发票所列支出不能在税前扣除，应在计算业务招待费时予以剔除。

【例2-11】企业发生业务招待费100万元，其中有不合规发票所列支出20万元，当年销售（营业）收入10 000万元。（100–20）×60%=48（万元），10 000×0.5%=50（万元），因此只能税前扣除业务招待费48万元。

争　议

国税函〔2010〕79号文件第八条规定：“对从事股权投资业务的企业（包括集团公司总部、创业投资企业等），其从被投资企业所分配的股息、红利以及股权转让收入，可以按规定的比例计算业务招待费扣除限额。”对于该政策，实务中有两种观点，一是只有专门从事股权投资业务的企业才适用该政策，其他企业不适用。如厦门市税务局2020年度企业所得税汇算清缴相关问题解答，问：“我公司是生产企业，同时投资了两家子公司，2020年的主营业务收入为销售产品收入，请问，从子公司分回的投资收益，可以计算业务招待费扣除限额吗？”在引用了国税函〔2010〕79号文件第八条后回答：“你公司不属于这类企业，从子公司分回的投资收益不能计算业务招待费扣除限额。”

二是该规定并没有限定为专门从事股权投资业务的企业，企业只要发生了股权投资业务，都可以适用。如北京市税务局《企业所得税实务操作政策指引（第一期）》指出：国税函〔2010〕79号第八条规定不应限定于专门从事股权投资业务的企业，从事股权投资业务的各类企业从被投资企业（含上市公司）所分配的股息、红利以及股权（股票）转让收入，均可以作为计算业务招待费的基数。

本书同意后一种观点。

2.10　广告费和业务宣传费

对于广告费和业务宣传费，税法上没有定义。《中华人民共和国广告法》（以下简称《广告法》）第二条规定：“在中华人民共和国境内，商品经营者或者服务提供者通过一定媒介和形式直接或者间接地介绍自己所推销的商品或者服务的商业广告活动，适用本法。”

网络时代，广告的形态多种多样，早已不限于传统的电视、广播、报纸、杂志等媒介，而是更多地利用互联网、微信等新媒体。2016年9月1日起施行的《互联网广告管理暂行办法》第三条规定：“互联网广告，是指通过网站、网页、互联网应用程序等互联网媒介，以文字、图片、音频、视频或者其他形式，直接或者间接地推销商品或者服务的商业广告。”互联网广告包括：“（一）推销商品或者服务的含有链接的文字、图片或者视频等形式的广告；（二）推销商品或者服务的电子邮件广告；（三）推销商品或者服务的付费搜索广告；（四）推销商品或者服务的商业性展示中的广告，法律、法规和规章规定经营者应当向消费者提供的信息的展示依照其规定；（五）其他通过互联网媒介推销商品或者服务的商业广告。”微信也可以视为互联网的一部分，通过微信发布广告（包括软文）也属于广告。

业务宣传费，一般是指企业开展业务宣传活动所支付的费用，主要是指未通过媒体传播的广告性支出，包括企业发放的印有企业标识的礼品、纪念品等。

2.10.1 一般规定

《企业所得税法实施条例》第四十四条规定：“企业发生的符合条件的广告费和业务宣传费支出，除国务院财政、税务主管部门另有规定外，不超过当年销售（营业）收入15%的部分，准予扣除；超过部分，准予在以后纳税年度结转扣除。”

2.10.2 特殊规定

《财政部 税务总局关于广告费和业务宣传费支出税前扣除有关事项的公告》（财政部 税务总局公告2020年第43号）第一条规定：自2021年1月1日起至2025年12月31日，“对化妆品制造或销售、医药制造和饮料制造（不含酒类制造）企业发生的广告费和业务宣传费支出，不超过当年销售（营业）收入30%的部分，准予扣除；超过部分，准予在以后纳税年度结转扣除”。这类企业广告费和业务宣传费支出较大，政策放宽。

该公告第三条规定：“烟草企业的烟草广告费和业务宣传费支出，一律不得在计算应纳税所得额时扣除。”烟草企业的烟草广告费和业务宣传费支出不得税前扣除，符合我国限制吸烟的政策。

2.10.3 关联企业的广告费和业务宣传费

财政部、税务总局公告2020年第43号第二条规定：“对签订广告费和业务宣传费分摊协议（以下简称分摊协议）的关联企业，其中一方发生的不超过当年销售（营业）收入税前扣除限额比例内的广告费和业务宣传费支出可以在本企业扣除，也可以将其中的部分或全部按照分摊协议归集至另一方扣除。另一方在计算本企业广告费和业务宣传费支出企业所得税税前扣除限额时，可将按照上述办法归集至本企业的广告费和业务宣传费不计算在内。”

【例2-12】甲公司和乙公司是关联企业，20×1年甲公司取得营业收入1 000万元，当年发生广告费300万元，甲公司和乙公司签订分摊协议，甲公司将60%的广告费分摊给乙公司。甲公司可税前扣除的广告费限额为150万元（1 000×15%），按照财政部、税务总局公告2020年第43号的规定，甲公司可将90万元（150×60%）分摊给乙公司，甲公司当年税前扣除广告费60万元。

注 意

1.计算扣除基数包括视同销售收入。

与业务招待费一样，计算广告费和业务宣传费税前扣除限额的基数也包括视同销售收入和查补收入，房地产企业包括预售收入。

2. 广告费和业务宣传费超额部分可以结转。

广告费和业务宣传费超过扣除标准的部分，可以无限期向以后年度结转。

风险提示

1. 注意广告费包括的范围。

广告费不仅限于广告发布的费用，也包括广告设计的费用等，如有的企业将户外广告租用费计入租赁费全额扣除，但从费用发生的根源和性质上讲，一般的经营租赁侧重于租赁物本身的直接使用，广告位的租赁中租赁物是广告宣传内容的载体，租赁者不直接使用租赁物本身，广告位租赁费实质是广告费，应在限额内扣除。

2. 非法广告支出不能在税前扣除。

企业发布广告的行为应遵守《广告法》。根据行业特点，有关部门又出台了特定行业广告发布的具体规定。例如，《房地产广告发布暂行规定》第五条规定："预售房地产，但未取得该项目预售许可证的"不得发布广告；《食品广告发布暂行规定》第四条规定："《食品卫生法》禁止生产经营的以及违反国家食品卫生有关规定生产经营的食品不得发布广告"；《药品广告审查发布标准》第四条规定："处方药可以在卫生部和国家食品药品监督管理局共同指定的医学、药学专业刊物上发布广告，但不得在大众传播媒介发布广告或者以其他方式进行以公众为对象的广告宣传。不得以赠送医学、药学专业刊物等形式向公众发布处方药广告"。

非法广告支出属于违法支出，我们在下面会讲到。

3. 注意业务宣传费的范围。

业务宣传费是指企业开展业务宣传、未通过媒体传播的广告性支出，包括企业发放的印有企业标识的礼品、纪念品等。有的企业将印有企业标识的礼品、纪念品的相关费用当作促销费、会议费全额扣除，这种做法是错误的。

4. 避免对广告费分摊的误解。

有的企业误读了财政部、税务总局公告2020年第43号有关广告费分摊的规定，以为在一家企业扣除不完的广告宣传费支出可以转到其他企业全额扣除，这是错误的。政策规定："也可以将其中的部分或全部按照分摊协议归集至另一方扣除"。此处"其中的部分或全部"指的是"一方发生的不超过当年销售（营业）收入税前扣除限额比例内的广告费和业务宣传费支出"。例2-12中，甲公司不超过扣除限额的广告宣传费150万元的60%可以转到乙公司扣除，乙公司可以不将该90万元的广告宣传费合并到自身的广告宣传费支出中，而不是说甲公司全部广告宣传费300万元的60%都可以转到乙公司扣除。

5. 投资收益不能作为计算广告费和业务宣传费税前扣除限额的基数。

国税函〔2010〕79号文件第八条只规定了"对从事股权投资业务的企业（包括集团公司总部、创业投资企业等），其从被投资企业所分配的股息、红利以及股权转让收入，可以按规定的比例计算业务招待费扣除限额"，并没有提及广告费和业务宣传费，因此，任何企业的股息、红利以及股权转让收入都不能作为计算广告费和业务宣传费税前扣除限额的基数。

6.“技术服务费”“信息推广费”也可能是广告费。

企业为宣传本企业的产品或服务，经常通过第三方平台进行宣传，第三方平台收取费用，开具发票。除在第三方平台直接展示自己的产品或服务，企业还会采用搜索引擎或网上商城的竞价排名，企业在支付相关费用后，消费者在网上搜索某种产品或服务时，该企业的产品或服务能够在前几位被展示，吸引消费者眼球，且企业支付的费用越高排名越靠前。第三方平台在收取此类费用后，开具的发票品目多为“技术服务费”“信息推广费”等。因为在第三方平台看来，企业的产品或服务能够在消费者搜索时靠前出现，是其通过技术手段实现的，因此是一种技术服务，而非广告投放。支付费用的企业在取得发票后，按照技术服务费据实扣除。

但依据《互联网广告管理暂行办法》规定，“推销商品或者服务的付费搜索广告”也属于互联网广告。而且企业支付高额竞价排名费用以便在消费者搜索时靠前出现，是为了宣传本企业的产品或服务，显然是为自己的产品或服务做广告。因此，虽然发票品目为技术服务费，但应作为广告费支出，在规定比例内税前扣除。

案　例

T网络科技有限公司与互联网平台合作，开展了付费“流量推广”业务，其形式包括精准为用户放送弹窗、搜索引擎竞价排名等，对方提供服务后，提供了大量技术服务费和信息服务费发票，该企业将其列入“其他销售费用”。检查人员认为，该企业开展的“流量推广”业务，其实质应为互联网广告活动，对广告及业务宣传费超出销售收入比例15%的部分做纳税调增处理，补缴企业所得税1 116万元，加收滞纳金89万元。

资料来源：“流量推广”背后的税收玄机［N］.中国税务报，2020-09-22（B2）.

7.不能将广告费和业务宣传费计入其他科目。

有的企业将广告费和业务宣传费计入其他科目，以全额税前扣除，是错误的。

案　例

杭州天畅网络科技有限公司于2016、2017年广告宣传费记入“销售费用－服务费”科目，2016、2017年分别调增应纳税所得额774 045.28元、62 400元，并处罚款104 555.66元。

资料来源：杭州天畅网络科技有限公司行政处罚公示［EB/OL］.（2021-05-24）浙江省杭州市税务局网站.

2.11　手续费及佣金支出

手续费是为代理他人办理有关事项所收取的一种劳务补偿，或对委托人来讲，属于因他人代为办理有关事项而支付的相应报酬。如保险手续费、证券交易手续费等。

佣金是指经营者在市场交易中给予为其提供服务的具有合法经营资格的中间人的劳务报酬。

手续费与佣金的相同之处在于两者都是服务性收入；不同之处在于：佣金的价值体现在中间人帮助交易双方获得了交易的商业机会，而手续费的价值更多地体现在为委托人提供了具体的服务。正因为手续费和佣金难以划分，税收政策将两者合并在一起进行税务管理，采用相同的税前扣除标准，既便于征收管理，也便于企业理解和把握。

2.11.1 基本规定

2.11.1.1 保险企业

《财政部 税务总局关于保险企业手续费及佣金支出税前扣除政策的公告》（财政部、税务总局公告2019年第72号）第一条规定，自2019年1月1日起，“保险企业发生与其经营活动有关的手续费及佣金支出，不超过当年全部保费收入扣除退保金等后余额的18%（含本数）的部分，在计算应纳税所得额时准予扣除；超过部分，允许结转以后年度扣除”。

保险企业应建立健全手续费及佣金的相关管理制度，并加强手续费及佣金结转扣除的台账管理。

2.11.1.2 其他企业

《财政部 国家税务总局关于企业手续费及佣金支出税前扣除政策的通知》（财税〔2009〕29号）第一条规定：“其他企业：按与具有合法经营资格中介服务机构或个人（不含交易双方及其雇员、代理人和代表人等）所签订服务协议或合同确认的收入金额的5%计算限额。”

2.11.2 特殊规定

2.11.2.1 从事代理服务企业

《国家税务总局关于企业所得税应纳税所得额若干税务处理问题的公告》（国家税务总局公告2012年第15号）第三条规定：“从事代理服务、主营业务收入为手续费、佣金的企业（如证券、期货、保险代理等企业），其为取得该类收入而实际发生的营业成本（包括手续费及佣金支出），准予在企业所得税前据实扣除。”

根据税前扣除原则，企业营业成本允许据实扣除，费用性质的手续费及佣金支出限额扣除。对于从事代理服务的企业来说，与该项收入相关的手续费及佣金支出究竟属于营业成本还是属于费用，存在争议。因此政策明确：从事代理服务且主营业务收入为手续费及佣金的企业，其手续费及佣金支出属于企业营业成本范畴，可以在税前据实扣除。

2.11.2.2 电信企业

国家税务总局公告2012年第15号第四条规定：“电信企业在发展客户、拓展业务等过程中（如委托销售电话入网卡、电话充值卡等），需向经纪人、代办商支付手续费及佣金的，其实际发生的相关手续费及佣金支出，不超过企业当年收入总额5%的部分，准予在企业所得税前据实扣除。”

《国家税务总局关于电信企业手续费及佣金支出税前扣除问题的公告》（国家税务总局公告2013年第59号）规定：“国家税务总局公告2012年第15号第四条所称电信企业手续费及佣金支出，仅限于电信企业在发展客户、拓展业务等过程中因委托销售电话入网卡、电话充值卡所发生的手续费及佣金支出。”

经纪人、代办商代电信企业销售电话入网卡、电话充值卡等，不是提供居间服务或咨询服务，而是直接向电信企业提供销售劳务，因此，电信企业向经纪人、代办商支付的手续费及佣金属于劳务费支出，根据企业所得税税前扣除原则，应当准予据实扣除。但是考虑到已销售的电话入网卡、电话充值卡等在当期是否形成收入具有不确定性，为了防止税收政策漏洞，其实际发生的手续费及佣金支出，不超过企业当年收入总额5%的部分，准予在税前扣除，但仅限于电信企业在发展客户、拓展业务等过程中因委托销售电话入网卡、电话充值卡所发生的手续费及佣金支出。

2.11.2.3　房地产开发企业

《国家税务总局关于印发〈房地产开发经营业务企业所得税处理办法〉的通知》（国税发〔2009〕31号）第二十条规定：“企业委托境外机构销售开发产品的，其支付境外机构的销售费用（含佣金或手续费）不超过委托销售收入10%的部分，准予据实扣除。”

风险提示

1. 注意税前扣除的基数。

保险企业手续费及佣金支出计算税前扣除的基数是“当年全部保费收入扣除退保金等后余额”；除电信外其他企业是“服务协议或合同确认的收入金额”；电信企业是“企业当年收入总额”。因此，三者计算税前扣除的基数各不相同，电信企业基数最大。

2. 正确认定合法经营资格中介服务企业或个人。

财税〔2009〕29号文件第二条规定：“企业应与具有合法经营资格中介服务企业或个人签订代办协议或合同，并按国家有关规定支付手续费及佣金。除委托个人代理外，企业以现金等非转账方式支付的手续费及佣金不得在税前扣除。企业为发行权益性证券支付给有关证券承销机构的手续费及佣金不得在税前扣除。”也就是说，签订合同或协议的单位或个人应该具有“中介服务”的经营范围以及中介服务资格证书。

例如，《中华人民共和国保险法》第一百三十条规定：“保险佣金只限于向具有合法资格的保险代理人、保险经纪人支付，不得向其他人支付”；第一百一十九条规定：“保险代理机构、保险经纪人应当具备国务院保险监督管理机构规定的条件，取得保险监督管理机构颁发的经营保险代理业务许可证、保险经纪业务许可证”。

企业对向不具有代理资格的中介机构或个人代理人支付的手续费及佣金支出不能税前扣除。

企业向个人代理人以外的中介机构支付的现金形式的手续费及佣金也不能税前扣除。

3. 证券承销手续费及佣金不能税前扣除。

财税〔2009〕29号文件第二条同时规定："企业为发行权益性证券支付给有关证券承销机构的手续费及佣金不得在税前扣除。"

企业为上市会支付给证券承销机构手续费及佣金，该手续费及佣金不能税前扣除。

4. 手续费及佣金支出不能计入回扣。

财税〔2009〕29号文件第三条规定："企业不得将手续费及佣金支出计入回扣、业务提成、返利、进场费等费用。"

企业不得将限额扣除的手续费和佣金支出混同于全额扣除的业务提成、返利、进场费等费用。同时，属于商业贿赂性质的"回扣"支出，不得在税前扣除；即使在账内支付"回扣"，只要不属于合法、正当的商业行为，也不得税前扣除。

5. 注意资本化的正确处理。

财税〔2009〕29号文件第四条规定："企业已计入固定资产、无形资产等相关资产的手续费及佣金支出，应当通过折旧、摊销等方式分期扣除，不得在发生当期直接扣除。"

企业不得将应资本化的手续费及佣金支出费用化。

6. 不得直接冲减服务协议或合同金额。

财税〔2009〕29号文件第五条规定："企业支付的手续费及佣金不得直接冲减服务协议或合同金额，并如实入账。"

企业将支付的手续费及佣金直接冲减服务协议或合同金额，会逃避限额扣除，是不允许的。

7. 其他企业超标手续费及佣金支出不得结转。

保险企业超过税前扣除限额的手续费及佣金支出可以结转以后年度扣除，其他企业超过税前扣除限额的手续费及佣金支出不能结转以后年度扣除。

案　例

F保险公司开展保险代理业务，与保险代理机构存在保费及手续费结算关系。截至2012年12月31日，F公司"应付手续费"科目余额1亿多元未结转，但是该手续费已经在税前列支。F公司在尚未收到该发票，也未将往来账"应付手续费"结转之时就进行税前扣除，是违规操作。检查人员据此向F公司追缴企业所得税250余万元，加收相应滞纳金，并处以0.5倍的罚款。

资料来源：未结转应付手续费税前扣除问题稽查案例［EB/OL］.（2014-05-04）中国税网.

争　议

如何理解手续费及佣金支出的范围？

如前面的例1-13中，甲公司委托乙公司销售商品，按售价的10%向乙公司支付手续费。如何税前扣除有三种观点：

一是该代销手续费并非财税〔2009〕29号文件规定的手续费及佣金，可以据实税前扣除。

二是财税〔2009〕29号文件第一条第二款规定："其他企业：按与具有法经营资格中

介服务机构或个人（不含交易双方及其雇员、代理人和代表人等）所签订服务协议或合同确认的收入金额的5%计算限额。”甲公司按合同金额的10%支付手续费，应当将应纳税额调增5%。

三是财税〔2009〕29号文件第二条规定：“企业应与具有合法经营资格中介服务企业或个人签订代办协议或合同，并按国家有关规定支付手续费及佣金。”乙公司不是具有合法经营资格中介服务企业，甲公司支出的手续费不能税前扣除。

笔者认为，委托代销是企业间常见的经济活动，法律并未禁止，其支付的手续费也与企业取得收入有关、合理，应允许税前扣除。从电信企业两个公告的政策解读来看，非提供中介服务支付的手续费及佣金属于劳务费支出，准予据实扣除，不受财税〔2009〕29号文件限制，但其支付的手续费及佣金应符合独立交易原则。

2.12 保险费

2.12.1 “五险”费用

《企业所得税法实施条例》第三十五条规定：“企业依照国务院有关主管部门或者省级人民政府规定的范围和标准为职工缴纳的基本养老保险费、基本医疗保险费、失业保险费、工伤保险费、生育保险费等基本社会保险费和住房公积金，准予扣除。”

企业按照标准为职工缴纳的“五险一金”的“五险”，可以在税前扣除。

2.12.2 财产保险费

《企业所得税法实施条例》第四十六条规定：“企业参加财产保险，按照规定缴纳的保险费，准予扣除。”

企业缴纳的财产保险费，可以在税前扣除。

2.12.3 商业保险费

《企业所得税法实施条例》第三十六条规定：“除企业依照国家有关规定为特殊工种职工支付的人身安全保险费和国务院财政、税务主管部门规定可以扣除的其他商业保险费外，企业为投资者或者职工支付的商业保险费，不得扣除。”

因此，企业为投资者或者职工支付的商业保险费，不得扣除。

2.12.3.1 责任保险费

雇主责任险、公众责任险等责任保险是参加责任保险的企业出现保单中所列明的事故，需对第三者如损害赔偿责任时，由承保人代其履行赔偿责任的一种保险。此前责任保险费能否税前扣除争议很大，现在《国家税务总局关于责任保险费企业所得税税前扣除有关问题的公告》（国家税务总局公告2018年第52号）明确：“企业参加雇主责任险、公众责任险等责任保险，按照规定缴纳的保险费，准予在企业所得税税前扣除”。该政策适用于2018年度及以后年度企业所得税汇算清缴。

2.12.3.2 因公出差乘坐交通工具的人身意外保险费

企业为出差员工支付的人身意外保险费，一般被视为企业为职工支付的商业保险费，不得扣除。但2016年政策得到了明确，《国家税务总局关于企业所得税有关问题的公告》（国家税务总局公告2016年第80号）第一条规定：“企业职工因公出差乘坐交通工具发生的人身意外保险费支出，准予企业在计算应纳税所得额时扣除”。此后，企业为出差员工支付的人身意外保险费，可以税前扣除。

2.12.4 银行业金融机构存款保险保费

《存款保险条例》规定，吸收存款的银行业金融机构，应当在存款保险基金管理机构规定的期限内办理投保手续，交纳保费。但是，关于存款保险保费能否税前扣除存在争议。“不能税前扣除派”认为，企业参加的财产保险可以税前扣除，而对于银行业金融机构来说，其吸收的存款属于其债务，并非财产，因此存款保险保费不得税前扣除；或者认为银行业金融机构向存款保险基金管理机构计算缴纳的“存款保险保费”，属于“未经核定的准备金支出”，不得税前扣除。“可以税前扣除派”认为，存款保险保费是依据《存款保险条例》规定计算缴纳的，属于真实的支出，不属于准备金支出，根据《企业所得税法》第八条，应可以税前扣除。现该问题已得到明确。

《财政部 国家税务总局关于银行业金融机构存款保险保费企业所得税税前扣除有关政策问题的通知》（财税〔2016〕106号）规定：

“一、银行业金融机构依据《存款保险条例》的有关规定、按照不超过万分之一点六的存款保险费率，计算交纳的存款保险保费，准予在企业所得税税前扣除。

二、准予在企业所得税税前扣除的存款保险保费计算公式如下：

准予在企业所得税税前扣除的存款保险保费=保费基数×存款保险费率

保费基数以中国人民银行核定的数额为准。

三、准予在企业所得税税前扣除的存款保险保费，不包括存款保险保费滞纳金。

四、银行业金融机构是指《存款保险条例》规定在我国境内设立的商业银行、农村合作银行、农村信用合作社等吸收存款的银行业金融机构。”

因此，银行业金融机构依据《存款保险条例》交纳的存款保险保费，不超过限额的，可以税前扣除。

风险提示

1.存款保险保费滞纳金不能税前扣除。

财税〔2016〕106号文件第三条规定：“准予在企业所得税税前扣除的存款保险保费，不包括存款保险保费滞纳金。”有不少观点认为存款保险保费滞纳金可以税前扣除，因为税法只规定了税收滞纳金不能税前扣除。但是，存款保险保费滞纳金不能税前扣除。

2. 差旅意外综合险支出不能税前扣除。

有些企业会给出差员工投保差旅意外综合险，包括乘坐交通工具和出差过程中的意外伤害等，但无法划分。国家税务总局公告2016年第80号第一条只规定了因公出差乘坐交通工具发生的人身意外保险费允许税前扣除，因此，差旅意外综合险支出属于不得税前扣除的商业保险费。

2.13 利息支出

2.13.1 一般规定

《企业所得税法实施条例》第三十八条规定："企业在生产经营活动中发生的下列利息支出，准予扣除：（一）非金融企业向金融企业借款的利息支出、金融企业的各项存款利息支出和同业拆借利息支出、企业经批准发行债券的利息支出；（二）非金融企业向非金融企业借款的利息支出，不超过按照金融企业同期同类贷款利率计算的数额的部分。"

企业向金融企业借款的利息支出，可以全额在税前扣除；企业向非金融企业借款的利息支出，不超过按照金融企业同期同类贷款利率计算的数额，可以在税前扣除，超过的部分，不能在税前扣除。

那么，"金融企业同期同类贷款利率"应如何认定？

《国家税务总局关于企业所得税若干问题的公告》（国家税务总局公告2011年第34号）第一条规定："根据《企业所得税法实施条例》第三十八条规定，非金融企业向非金融企业借款的利息支出，不超过按照金融企业同期同类贷款利率计算的数额的部分，准予税前扣除。鉴于目前我国对金融企业利率要求的具体情况，企业在按照合同要求首次支付利息并进行税前扣除时，应提供'金融企业的同期同类贷款利率情况说明'，以证明其利息支出的合理性。'金融企业的同期同类贷款利率情况说明'中，应包括在签订该借款合同当时，本省任何一家金融企业提供同期同类贷款利率情况。该金融企业应为经政府有关部门批准成立的可以从事贷款业务的企业，包括银行、财务公司、信托公司等金融机构。'同期同类贷款利率'是指在贷款期限、贷款金额、贷款担保以及企业信誉等条件基本同时，金融企业提供贷款的利率。既可以是金融企业公布的同期同类平均利率，也可以是金融企业对某些企业提供的实际贷款利率。"

企业向非金融企业借款的利息支出，只要具备"金融企业的同期同类贷款利率情况说明"，就可以在税前扣除。

2.13.2 关联企业的利息支付

企业支付关联企业之间借款利息，涉及资本弱化问题，税法对此有特殊规定。

《企业所得税法》第四十六条规定："企业从其关联方接受的债权性投资与权益性投资的比例超过规定标准而发生的利息支出，不得在计算应纳税所得额时扣除。"

《企业所得税法实施条例》第一百一十九条规定："企业所得税法第四十六条所称债权性投资，是指企业直接或者间接从关联方获得的，需要偿还本金和支付利息或者需要以其他具有支付利息性质的方式予以补偿的融资。企业间接从关联方获得的债权性投资，包括：（一）关联方通过无关联第三方提供的债权性投资；（二）无关联第三方提供的、由关联方担保且负有连带责任的债权性投资；（三）其他间接从关联方获得的具有负债实质的债权性投资。企业所得税法第四十六条所称权益性投资，是指企业接受的不需要偿还本金和支付利息，投资人对企业净资产拥有所有权的投资。”

《财政部 国家税务总局关于企业关联方利息支出税前扣除标准有关税收政策问题的通知》（财税〔2008〕121号）第一条规定：“在计算应纳税所得额时，企业实际支付给关联方的利息支出，不超过以下规定比例和税法及其实施条例有关规定计算的部分，准予扣除，超过的部分不得在发生当期和以后年度扣除。企业实际支付给关联方的利息支出，除符合本通知第二条规定外，其接受关联方债权性投资与其权益性投资比例为：（一）金融企业，为5∶1；（二）其他企业，为2∶1。”

《国家税务总局关于印发〈特别纳税调整实施办法（试行）〉的通知》（国税发〔2009〕2号）第八十五条规定：“所得税法第四十六条所称不得在计算应纳税所得额时扣除的利息支出应按以下公式计算：

不得扣除利息支出=年度实际支付的全部关联方利息×（1-标准比例/关联债资比例）”。

（1）利息支出。国税发〔2009〕2号文件第八十七条规定：“利息支出包括直接或间接关联债权投资实际支付的利息、担保费、抵押费和其他具有利息性质的费用。”

（2）关联债权投资。国税发〔2009〕2号文件第八十五条规定：“关联债权投资包括关联方以各种形式提供担保的债权性投资。”

（3）权益投资。国税发〔2009〕2号文件第八十六条规定：“权益投资为企业资产负债表所列示的所有者权益金额。如果所有者权益小于实收资本（股本）与资本公积之和，则权益投资为实收资本（股本）与资本公积之和；如果实收资本（股本）与资本公积之和小于实收资本（股本）金额，则权益投资为实收资本（股本）金额。”

第八十八条规定：“所得税法第四十六条规定不得在计算应纳税所得额时扣除的利息支出，不得结转到以后纳税年度；应按照实际支付给各关联方利息占关联方利息总额的比例，在各关联方之间进行分配，其中，分配给实际税负高于企业的境内关联方的利息准予扣除；直接或间接实际支付给境外关联方的利息应视同分配的股息，按照股息和利息分别适用的所得税税率差补征企业所得税，如已扣缴的所得税税款多于按股息计算应征所得税税款，多出的部分不予退税。”

财税〔2008〕121号文件第二条规定：“企业如果能够按照税法及其实施条例的有关规定提供相关资料，并证明相关交易活动符合独立交易原则的；或者该企业的实际税负不高于境内关联方的，其实际支付给境内关联方的利息支出，在计算应纳税所得额时准予扣除。”

支付关联企业借款利息问题比较复杂，我们举例说明。

【例2-13】甲公司、乙公司和丙公司于20×1年1月共投资1 000万元设立丁公司。甲公司权益性投资200万元，占20%的股份；乙公司权益性投资200万元，占20%的股份；丙公司权益性投资600万元，占60%的股份。

20×1年1月，丁公司以10%的年利率从甲公司借款1 000万元，以9%的年利率从乙公司借款600万元，以7%的年利率向丙公司借款600万元。假设甲、乙、丙、丁公司均为非金融企业；银行同期同类贷款利率为8%；丁公司实际税负高于甲公司，且丁公司无法提供资料证明其与甲公司的借款活动符合独立交易原则；丁公司可以提供相关材料证明其与乙公司的借贷活动符合独立交易原则；丁公司实际税负不高于丙公司（见表2–7）。计算丁公司20×1年度允许在税前扣除的利息支出金额。

表2–7

企业	借款额（万元）	利率	备　注
甲公司	1000	10%	不符合独立交易原则，实际税负低于丁
乙公司	600	9%	符合独立交易原则
丙公司	600	7%	实际税负高于丁

第一步，根据《企业所得税法实施条例》第三十八条的规定，企业在生产经营活动中发生的向非金融企业借款的利息支出，不超过按照金融企业同期同类贷款利率计算的数额的部分准予扣除。计算如下：

税法规定应付关联方利息=1 000×8%+600×8%+600×7%=170（万元）；

企业实际应付关联方利息=1 000×10%+600×9%+600×7%=196（万元）；

超过金融企业同期同类贷款利率部分的利息=196–170=26（万元）。

第二步，根据《企业所得税法》第四十六条和国税发〔2009〕2号文件的规定，计算关联方债资比例超过标准比例的利息总额。

丁公司超过关联方债资比例标准的利息总额=年度实际支付的全部关联方利息×（1–标准比例/关联债资比例）=170×［1–2/（1 000+600+600）/1 000］=15.45（万元）。

第三步，将债资比例超过标准比例的利息总额分配至各关联方。根据国税发〔2009〕2号文第八十八条的规定，"所得税法第四十六条规定不得在计算应纳税所得额时扣除的利息支出，不得结转到以后纳税年度；应按照实际支付给各关联方利息占关联方利息总额的比例，在各关联方之间进行分配，其中，分配给实际税负高于企业的境内关联方的利息准予扣除。"

甲公司应分配利息金额=15.45×（1 000×8%/170）=7.27（万元）；

乙公司应分配利息金额=15.45×（600×8%/170）=4.36（万元）；

丙公司应分配利息金额=15.45×（600×7%/170）=3.82（万元）。

第四步，按照财税〔2008〕121号文件和国税发〔2009〕2号文件的规定进行纳税调整。

（1）因为丁公司实际税负高于甲公司，且丁公司无法提供资料证明其借款活动符合独立交易原则，所以债资比例超过标准比例部分的利息，不得扣除，应该调增应纳税所得额7.27万元；

（2）因为丁公司可以提供与乙公司借贷行为符合独立交易原则，所以不受标准比例限制，可以扣除4.36万元的利息；

（3）因为丁公司实际税负不高于丙公司，所以债资比例超过标准比例部分的利息，可以扣除，即可以扣除3.82万元的利息。

当年丁公司应调增利息支出=26+7.27=33.27（万元）。

2.13.3 自然人借款利息

《国家税务总局关于企业向自然人借款的利息支出企业所得税税前扣除问题的通知》（国税函〔2009〕777号）规定："一、企业向股东或其他与企业有关联关系的自然人借款的利息支出，应根据《中华人民共和国企业所得税法》（以下简称税法）第四十六条及《财政部国家税务总局关于企业关联方利息支出税前扣除标准有关税收政策问题的通知》（财税〔2008〕121号）规定的条件，计算企业所得税扣除额。

二、企业向除第一条规定以外的内部职工或其他人员借款的利息支出，其借款情况同时符合以下条件的，其利息支出在不超过按照金融企业同期同类贷款利率计算的数额的部分，根据税法第八条和税法实施条例第二十七条规定，准予扣除。

（一）企业与个人之间的借贷是真实、合法、有效的，并且不具有非法集资目的或其他违反法律、法规的行为；

（二）企业与个人之间签订了借款合同。"

企业向自然人借款支付的利息，也不能超过按照金融企业同期同类贷款利率；如果有关联关系，还须按照财税〔2008〕121号文件的规定计算。并且要提供借款合同。

2.13.4 投资未到位情形下的利息支出

《国家税务总局关于企业投资者投资未到位而发生的利息支出企业所得税前扣除问题的批复》（国税函〔2009〕312号）规定："关于企业由于投资者投资未到位而发生的利息支出扣除问题，根据《中华人民共和国企业所得税法实施条例》第二十七条规定，凡企业投资者在规定期限内未缴足其应缴资本额的，该企业对外借款所发生的利息，相当于投资者实缴资本额与在规定期限内应缴资本额的差额应计付的利息，其不属于企业合理的支出，应由企业投资者负担，不得在计算企业应纳税所得额时扣除。

具体计算不得扣除的利息，应以企业一个年度内每一账面实收资本与借款余额保持不变的期间作为一个计算期，每一计算期内不得扣除的借款利息按该期间借款利息发生额乘以该期间企业未缴足的注册资本占借款总额的比例计算，公式为：

企业每一计算期不得扣除的借款利息=该期间借款利息额×该期间未缴足注册资本额÷该期间借款额

企业一个年度内不得扣除的借款利息总额为该年度内每一计算期不得扣除的借款利息额之和。"

【例2-14】某公司20×1年1月1日银行贷款1 000万元，年利率8%，同时接受自然人A的投资800万元，截至20×1年12月31日，A的投资只到位500万元。则：

20×1年不得税前扣除的利息=1 000×8%×（300/1 000）=24（万元）。

2.13.5 借款利息资本化

企业发生的借款利息处理分为费用化处理和资本化处理。《企业会计准则第17号——

借款费用》第四条规定："企业发生的借款费用，可直接归属于符合资本化条件的资产的购建或者生产的，应当予以资本化，计入相关资产成本；其他借款费用，应当在发生时根据其发生额确认为费用，计入当期损益。符合资本化条件的资产，是指需要经过相当长时间的购建或者生产活动才能达到预定可使用或者可销售状态的固定资产、投资性房地产和存货等资产。"

《企业所得税法实施条例》第三十七条规定："企业在生产经营活动中发生的合理的不需要资本化的借款费用，准予扣除。企业为购置、建造固定资产、无形资产和经过12个月以上的建造才能达到预定可销售状态的存货发生借款的，在有关资产购置、建造期间发生的合理的借款费用，应当作为资本性支出计入有关资产的成本，并依照本条例的规定扣除。"

企业为须经过相当长时间才能达到预定可使用或者可销售状态的固定资产等资产支付的借款利息，应当予以资本化，计入相关资产成本。

2.13.6 混合性投资的利息支出

2.13.6.1 境内混合性投资

混合性投资业务是指兼具权益性投资和债权性投资特征的投资业务。根据现行税法，对此类投资业务取得回报的税务处理是不同的。权益性投资取得回报，一般体现为股息收入，可以免征企业所得税，同时，被投资企业支付的股息不能作为费用在税前扣除；债权性投资取得回报为利息收入，按照规定应当缴纳企业所得税，同时，被投资企业支付的利息也准予在税前扣除。而混合性投资业务兼具权益性投资和债权性投资的特征，鉴于混合性投资业务的特点，税收政策将其归属于债权投资业务，并要求按照债权投资业务进行企业所得税处理。

《国家税务总局关于企业混合性投资业务企业所得税处理问题的公告》（国家税务总局公告2013年第41号）第一条规定："企业混合性投资业务，是指兼具权益和债权双重特性的投资业务。同时符合下列条件的混合性投资业务，按本公告进行企业所得税处理：

（一）被投资企业接受投资后，需要按投资合同或协议约定的利率定期支付利息（或定期支付保底利息、固定利润、固定股息，下同）；

（二）有明确的投资期限或特定的投资条件，并在投资期满或者满足特定投资条件后，被投资企业需要赎回投资或偿还本金；

（三）投资企业对被投资企业净资产不拥有所有权；

（四）投资企业不具有选举权和被选举权；

（五）投资企业不参与被投资企业日常生产经营活动。"

此五项条件必须"同时"符合，不同时符合则不能适用该政策，企业在投资时应规划好。

（1）被投资企业支付利息的处理。国家税务总局公告2013年第41号第二条第一款规定："对于被投资企业支付的利息，投资企业应于被投资企业应付利息的日期，确认收入的实现并计入当期应纳税所得额；被投资企业应于应付利息的日期，确认利息支出，并按税法和《国家税务总局关于企业所得税若干问题的公告》（2011年第34号）第一条的规定，进行税前扣除。”

被投资企业支付利息，要符合不超过按照金融企业同期同类贷款利率，关联企业不超过债资比例限制等条件，注意区分是收益性支出还是资本性支出。

（2）投资企业赎回投资的处理。国家税务总局公告2013年第41号第二条第二款规定：“对于被投资企业赎回的投资，投资双方应于赎回时将赎价与投资成本之间的差额确认为债务重组损益，分别计入当期应纳税所得额。”

投资期满或满足特定条件后，由被投资企业按投资合同或协议约定价格赎回的，应区分下列情况分别进行处理：

①当实际赎价高于投资成本时，投资企业应将赎价与投资成本之间的差额，在赎回时确认为债务重组收益，并计入当期应纳税所得额；被投资企业应将赎价与投资成本之间的差额，在赎回当期确认为债务重组损失，并准予在税前扣除。

②当实际赎价低于投资成本时，投资企业应将赎价与投资成本之间的差额，在赎回当期按规定确认为债务重组损失，并准予在税前扣除；被投资企业应将赎价与投资成本之间的差额，在赎回当期确认为债务重组收益，并计入当期应纳税所得额。

2.13.6.2 跨境混合性投资

《国家税务总局关于企业所得税若干政策征管口径问题的公告》（国家税务总局公告2021年第17号）第三条规定：“境外投资者在境内从事混合性投资业务，满足《国家税务总局关于企业混合性投资业务企业所得税处理问题的公告》（2013年第41号）第一条规定的条件的，可以按照该公告第二条第一款的规定进行企业所得税处理，但同时符合以下两种情形的除外：

（一）该境外投资者与境内被投资企业构成关联关系；

（二）境外投资者所在国家（地区）将该项投资收益认定为权益性投资收益，且不征收企业所得税。

同时符合上述第（一）项和第（二）项规定情形的，境内被投资企业向境外投资者支付的利息应视为股息，不得进行税前扣除。”

2.13.7 统借统还业务

统借统还，指企业集团或其成员企业统一向金融机构借款分摊集团内部其他成员企业使用，在使用借款的成员企业间分摊利息费用。目前国家层面仅对房地产开发企业有明确规定。《国家税务总局关于印发〈房地产开发经营业务企业所得税处理办法〉的通知》（国税发〔2009〕31号）第二十一条第二款规定：“企业集团或其成员企业统一向金融机构借款分摊集团内部其他成员企业使用的，借入方凡能出具从金融机构取得借款的证明文件，可以在使用借款的企业间合理的分摊利息费用，使用借款的企业分摊的合理利息准予在税前扣除。”

统借统还有三点需要注意：一是支付利息的合法有效凭据问题，营改增前后变化较大，将在下面的风险提示中说明。二是根据《企业集团登记管理暂行规定》规定，企业集团经登记主管机关核准登记，发给《企业集团登记证》；2018年7月，《国务院关于取消一批行政许可等事项的决定》（国发〔2018〕28号）取消企业集团核准登记，《市场监管总局关于做好取消企业集团核准登记等4项行政许可等事项衔接工作的通知》（国市监企注〔2018〕139号）规定，不再单独登记企业集团，不再核发《企业集团登记证》，集团母公司应当将企业集团名称及集团成员信息通过国家企业信用信息公示系统向社会公示，该文件下发前已经取得《企业集团登记证》的，可以不再公示。三是由于企业集团及其成员企业间是关联企业，其支付的利息还应符合财税〔2008〕121号文件规定的债资比例。

注 意

1.借款利息资本化可按会计方法计算。

《企业会计准则第17号——借款费用》对于借款利息资本化列出了详细的计算方法，但税法对此没有规定。《国家税务总局关于企业所得税年度汇算清缴有关事项的公告》（国家税务总局公告2021年第34号）规定："纳税人在计算企业所得税应纳税所得额及应纳税额时，会计处理与税收规定不一致的，应当按照税收规定计算。税收规定不明确的，在没有明确规定之前，暂按国家统一会计制度计算。"因此，企业可以按照会计方法计算借款利息资本化。

2.用于投资的借款利息不用资本化。

企业贷款进行股权投资，发生利息支出不用资本化，直接费用化。因为无论在会计上还是税收上，需要资本化的利息支出指的都是为购置、建造固定资产、无形资产和存货发生的借款利息，不包括投资资产，因此不必资本化。

3.支付关联方利息不一定必须按照债资比调整。

企业支付关联方的利息并非一定就要按照债资比调整。财税〔2008〕121号文件第一条说的是"企业实际支付给关联方的利息支出，除符合本通知第二条规定外，其接受关联方债权性投资与其权益性投资比例为……"，即若符合第二条规定，则不受债资比限制。第二条规定："企业如果能够按照税法及其实施条例的有关规定提供相关资料，并证明相关交易活动符合独立交易原则的；或者该企业的实际税负不高于境内关联方的，其实际支付给境内关联方的利息支出，在计算应纳税所得额时准予扣除。"因此，企业支付关联方的利息，若符合财税〔2008〕121号文件第二条规定，则不受债资比限制。

风险提示

1.企业向非金融企业支付的利息不能超过金融企业同期同类贷款利率。

例如，企业向非金融企业借款，利率为12%，而金融企业同期同类贷款利率为10%，则超过的部分不能在税前扣除。

2.企业向关联企业支付的利息不能超过比例限制。

企业向关联企业借款，若支付的利息超过按照财税〔2008〕121号文件规定计算的比例，则超过部分不能在税前扣除。

案　例

A企业发展集团有限公司2016年度汇算清缴列支利息收支为4 095.31万元。税务人员发现，A企业2016年度利息支出约4 010万元。其中，向B财政所借款1.5亿元，利息支出1 040万元；向关联方C公司借款1.82亿元，利息支出1 494万元；向企业股东D借款1.45亿元，利息支出1 127万元；向某农商银行E支行借款4 700万元，利息支出4 343万元。

A企业向其关联方C公司、股东D的借款，应当计算债权性投资与权益性投资的比例，超过规定标准而发生的利息支出不允许税前全额扣除。经测算，A企业关联债资比例为3.277，超过法定标准比例。税务机关根据规定，对A企业支付给C公司和股东D的利息支出做了纳税调整，调整金额约为1 021.36万元，该项支出不得税前扣除。

资料来源：关联借款：利息税前扣除有债资比例限制［N］.中国税务报，2018-03-30（B5）.

3.不可将应资本化的利息费用化。

企业发生的借款利息资本化处理应严格区分费用化和资本化，不能将应资本化的利息费用化。费用化的利息支出一次性税前扣除，而资本化的利息支出须分期扣除。

此处须注意与土地增值税政策的区别，土地增值税上要求借款利息费用化扣除。《国家税务总局关于土地增值税清算有关问题的通知》（国税函〔2010〕220号）第三条第四款规定："土地增值税清算时，已经计入房地产开发成本的利息支出，应调整至财务费用中计算扣除。"

案　例

H房地产开发有限公司2010年度的"财务费用"为1 456.42万元，主要为向银行支付的贷款利息。按照税法规定，企业未完工产品的贷款利息支出应该进行资本化处理，不能一次性税前扣除。经核实，"财务费用"中有1 437.61万元贷款利息支出属于未完工项目贷款利息，不应在当年扣除，因此该公司2010年应纳税所得额应核增1 437.61万元。

资料来源：这家房地产公司为何"赚钱不盈利"？［N］.中国税务报，2015-04-29（B6）.

4.借款无偿转贷他人利息不得扣除。

企业将银行贷款无偿转贷给其他企业，其向银行支付的贷款利息不得在税前扣除。贷款企业取得的贷款并没有用于其自身生产经营，而是将其转贷给关联企业，实际使用这笔贷款的是关联企业，相当于贷款企业在替关联企业支付利息。《企业所得税法》第八条规定："企业实际发生的与取得收入有关的、合理的支出，包括成本、费用、税金、损失和其他支出，准予在计算应纳税所得额时扣除。"贷款企业的利息支出与其取得的收入无关，不能税前扣除。

案　例

K投资公司向银行、证券公司等多家金融机构贷款并支付利息费用，但K投资公司借款并非全部用于本公司生产经营，而是被两家股东YH公司和HS公司长期占用。虽然在此过程中，两家股东公司有借有还，但K投资公司“其他应收款”科目始终保持较高余额。YH公司和HS公司2015年12月31日的资产负债表信息显示，共计占用K投资公司资金逾20亿元人民币，而K投资公司将这些借款资金产生的近2亿元利息支出全部计入当年财务费用并在税前进行了列支。

K投资公司所融资金并没有全部用于自身投资经营，而大部分被HS公司和YH公司经营占用，这些资金取得收益与K投资公司经营无关，因此这些资金的利息费用不能在K投资公司税前扣除。

资料来源：费用支出为何“越俎代庖”？原来是给成本“注水”[N].中国税务报，2018-07-31（B1）.

5.投资未到位利息不能全额扣除。

国税函〔2009〕312号文件出台之时，注册资本尚为实缴制，工商登记改革后，注册资本由实缴制改为认缴制，故有观点认为国税函〔2009〕312号文件已不适用。但即使在认缴制下，企业投资者投资未到位而发生的利息支出仍然不属于企业合理的支出，仍然适用国税函〔2009〕312号文件，不能全额税前扣除。

案 例

某2013年6月新办企业，注册资本400万元，当年到位275万元。因投资者投资未到位而向银行借款125万元，次年1月投资者投资到位，该企业因此支付2013年借款利息2.604万元，当年企业无其他借款发生。在2013企业所得税汇算清缴时，企业财务将借款利息全额在税前扣除。根据国税函〔2009〕312号文件的规定，税务人员要求调整应纳税所得额并补缴企业所得税。

资料来源：投资未到位而发生的利息支出不得税前扣除[EB/OL].（2014-05-27）原江苏省无锡地税局网站.

6.统借统还支付的利息应取得发票。

营改增之前，统借统还业务中，成员企业支付的利息不凭发票税前扣除，这是因为，企业集团或企业集团中的核心企业以及集团所属财务公司按不高于支付给金融机构的借款利率水平或者支付的债券票面利率水平，向企业集团或者集团内下属单位收取的利息，不征收营业税，因此无法取得发票。

营改增后，根据《营业税改征增值税试点过渡政策的规定》（财税〔2016〕36号文件附件3）第一条第十九款的规定，统借统还业务免征增值税，从不征收营业税改为免征增值税。收取利息的企业集团是增值税纳税人，该业务是增值税应税范围，可以开具增值税普通发票。《国家税务总局关于发布〈企业所得税税前扣除凭证管理办法〉的公告》（国家税务总局公告2018年第28号）第九条规定：“企业在境内发生的支出项目属于增值税应税项目（以下简称‘应税项目’）的，对方为已办理税务登记的增值税纳税人，其支出以发票（包括按照规定由税务机关代开的发票）作为税前扣除凭证；”统借统还业务的流转税由不征税改为免税，收取利息的企业集团由开不了发票变成可以开具发票，分摊利息的成员单位也要由不凭发票扣除改为凭发票扣除。

有的税务机关已做出明确，如《天津市税务局2018年度企业所得税汇算清缴问题解答》第29个问答明确："依据《财政部 国家税务总局关于全面推开营业税改征增值税试点的通知》（财税〔2016〕36号）对统借统还业务的规定：企业集团或企业集团中的核心企业以及集团所属财务公司按不高于支付给金融机构的借款利率水平或者支付的债券票面利率水平，向企业集团或者集团内下属单位收取的利息免征增值税；统借方向资金使用单位收取的利息，高于支付给金融机构的借款利率水平或者支付的债券票面利率水平的，应全额缴纳增值税。因此，对实行统借统还办法的企业集团，利息支付方向统借方支付的利息支出，符合《国家税务总局关于企业所得税若干问题的公告》（2011年第34号）第一条的规定，凭发票在税前扣除。"

7. 混合性投资需同时符合国家税务总局公告2013年第41号规定的五项条件。

混合性投资需同时符合国家税务总局公告2013年第41号规定的五项条件，否则企业支付的利息不能税前扣除。

案　例

某房地产企业接受某信托公司基金5亿元增资，取得该企业40%股权，该企业每年按照15%利率向信托公司支付固定利润。该笔信托公司投资虽然各项协议约定都大致符合国家税务总局公告2013年第41号规定的条件，但在赎回约定时，其约定的赎回企业为该房地产企业的股东集团公司，而不是由该房地产企业赎回，因此不符合该公告要求的第二个条件，即"被投资企业需要赎回投资或偿还本金"。因此，该房地产企业的这笔投资利息支出不能在税前扣除。

资料来源：信托投资基金利息支出需谨慎扣除［N］. 中国税务报，2017-06-09（B4）.

8. 委托贷款利息不能视同金融机构贷款利息。

委托贷款，系指由政府部门、企事业单位及个人等委托人提供资金，由贷款人（即受托人）根据委托人确定的贷款对象、用途、金额、期限、利率等代为发放、监督使用并协助收回的贷款。贷款人（受托人）只收取手续费，不承担贷款风险。

当贷款人为金融机构时，有观点认为，贷款对象支付的利息可以视为向金融机构贷款，据实税前扣除。但是，受托贷款金融机构只是代实际委托人收取利息，其本身并不收取利息，只收取手续费，不承担贷款风险。

因此，在委托贷款业务中，受托贷款的金融机构只起到中介的作用，实际贷款人是出资人，实质是企业向非金融机构贷款，应按照不超过按照金融企业同期同类贷款利率和财税〔2008〕121号文件规定的债资比执行。

9. 支付银行贷款利息应取得发票。

不少观点认为，企业向银行借款发生的利息支出，只要取得银行开具的银行利息结算单据即可，不需要取得发票。这是有风险的。营改增后，贷款利息须缴纳增值税，银行可以开具发票。《国家税务总局关于发布〈企业所得税税前扣除凭证管理办法〉的公告》（国家税务总局公告2018年第28号）第九条规定，"企业在境内发生的支出项目属于增值税应税项目（以下简称'应税项目'）的，对方为已办理税务登记的增值税纳税人，其支出以发票（包括按照规定由税务机关代开的发票）作为税前扣除凭证"，因此，企业支付银行贷款利息，必须取得增值税发票。国家税务总局所得税司副司长刘宝柱在国家税务总局

2018年第三季度政策解读会上强调："以往一些企业（如银行）用利息单代替发票给予企业，而没有按照规定开具发票，本公告发布后，必须统一按照规定开具发票。否则，相关企业发生的利息，将无法税前扣除。"

10. 特别纳税调整利息不能税前扣除。

《企业所得税法》第四十八条规定："税务机关依照本章规定作出纳税调整，需要补征税款的，应当补征税款，并按照国务院规定加收利息。"《企业所得税法实施条例》第一百二十一条规定："税务机关根据税收法律、行政法规的规定，对企业作出特别纳税调整的，应当对补征的税款，自税款所属纳税年度的次年6月1日起至补缴税款之日止的期间，按日加收利息。前款规定加收的利息，不得在计算应纳税所得额时扣除。"

税务机关对企业进行特别纳税调整，不加收滞纳金加收利息，该利息不能税前扣除。

争　议

到期一次性还本付息计提的利息能否税前扣除?

甲公司与银行签订贷款合同，贷款1 000万元，利率为10%，贷款期三年，到期一次性还本付息。甲公司第一、第二年末分别计提利息支出100万元，能否税前扣除?

持可以税前扣除观点者认为，按照权责发生制原则，甲公司第一、第二年计提的利息支出可以扣除。

持不能税前扣除观点者认为，到第三年末，银行才拥有收取利息的权利，甲公司才具有支付利息的责任；而第一、第二年末，银行和甲公司的权责均未发生，因此，按照权责发生制原则，甲公司第一、第二年末计提的利息支出不能扣除。

2.14　资产减值损失

2.14.1　会计处理

资产是企业过去的交易或者事项形成的、由企业拥有或者控制的、预期会给企业带来经济利益的资源。资产的主要特征之一是必须能够为企业带来经济利益的流入，如果资产不能为企业带来经济利益或者带来的经济利益低于其账面价值，那么，该资产就不能再予以确认，或者不能再以原账面价值予以确认，否则不符合资产的定义，也无法反映资产的实际价值，其结果会导致企业资产虚增或利润虚减。因此，当企业资产的可收回金额低于其账面价值时，即表明资产发生了减值，企业应当确认资产减值损失，并把资产的账面价值减记至可收回金额。

《企业会计准则第8号——资产减值》第五条规定："存在下列迹象的，表明资产可能发生了减值：

（一）资产的市价当期大幅度下跌，其跌幅明显高于因时间的推移或者正常使用而预计的下跌。

（二）企业经营所处的经济、技术或者法律等环境以及资产所处的市场在当期或者将在近期发生重大变化，从而对企业产生不利影响。

（三）市场利率或者其他市场投资报酬率在当期已经提高，从而影响企业计算资产预计未来现金流量现值的折现率，导致资产可收回金额大幅度降低。

（四）有证据表明资产已经陈旧过时或者其实体已经损坏。

（五）资产已经或者将被闲置、终止使用或者计划提前处置。

（六）企业内部报告的证据表明资产的经济绩效已经低于或者将低于预期，如资产所创造的净现金流量或者实现的营业利润（或者亏损）远远低于（或者高于）预计金额等。

（七）其他表明资产可能已经发生减值的迹象。”

企业的各项应收款项，可能会因购货人拒付、破产、死亡等原因而无法收回，这类无法收回的应收款项就是坏账，企业因坏账而遭受的损失为坏账损失。企业应当于资产负债表日对应收账款的账面价值进行检查，有客观证据表明应收账款发生减值的，应当将该应收账款的账面价值减记至预计未来现金流量现值，减记的金额确认为减值损失，同时计提坏账准备。

【例2-15】20×1年12月31日，甲公司对应收乙公司的账款进行减值测试。应收账款余额合计为100万元，甲公司根据乙公司资信情况确定应计提10万元坏账准备。会计处理如下：

借：资产减值损失——计提的坏账准备　　100 000

　贷：坏账准备　　100 000

企业确实无法收回的应收账款按管理权限报经批准后作为坏账转销时，应当冲减已计提的坏账准备。

20×2年，甲公司对乙公司的应收账款实际发生坏账损失3万元。会计处理如下：

借：坏账准备　　30 000

　贷：应收账款　　30 000

已确认并转销的应收账款以后又收回的，应当按照实际收到的金额增加坏账准备的账面余额。

20×3年，甲公司收回已作坏账转销的应收账款2万元，存入银行。会计处理如下：

借：应收账款　　20 000

　贷：坏账准备　　20 000

借：银行存款　　20 000

　贷：应收账款　　20 000

固定资产、投资性房地产、无形资产减值准备将在“资产”部分讲解。

2.14.2　税务处理

《企业所得税法》第十条规定：“在计算应纳税所得额时，下列支出不得扣除：……未经核定的准备金支出。”《企业所得税法实施条例》第五十五条规定：“企业所得税法第十条第（七）项所称未经核定的准备金支出，是指不符合国务院财政、税务主管部门规定的各项资产减值准备、风险准备等准备金支出。”《国家税务总局关于企业所得税执行中若干税务处理问题的通知》（国税函〔2009〕202号）第二条规定：“根据《实施条例》第五十五条规定，除财政部和国家税务总局核准计提的准备金可以税前扣除外，其他行业、企业计提的各项资产减值准备、风险准备等准备金均不得税前扣除。”

因此，企业的资产减值损失不得在税前扣除，应全额调增应纳税所得额。

2.14.3 特殊规定

《企业所得税法实施条例》第四十五条规定："企业依照法律、行政法规有关规定提取的用于环境保护、生态恢复等方面的专项资金，准予扣除。上述专项资金提取后改变用途的，不得扣除。"

企业提取的用于环境保护、生态恢复等方面的专项资金，可以在税前扣除。

《国家税务总局关于发布〈海上油气生产设施弃置费企业所得税管理办法〉的公告》(国家税务总局公告2011年第22号)第十五条规定："油(气)田企业或合作各方企业应承担或者按投资比例承担设施废弃处置的责任和义务，其按本办法计提的弃置费，应依照规定作为环境保护、生态恢复等方面专项资金，并准予在计算企业年度应纳税所得额时扣除。"

风险提示

资产减值准备不得在税前扣除。

案 例

G公司认为，对于准备金的计提和使用已经严格按照国家有关规定进行了处理，不可能存在问题。但在税务审计时，审计人员发现G公司存在将未经核准的资产减值准备、风险准备等准备金支出在税前扣除的问题。

资料来源：全面"体检"排查疑点风险管理任重道远［N］.中国税务报，2015-04-24(B1).

2.15 准备金

2.15.1 银行准备金

2.15.1.1 一般贷款损失准备金

《财政部 税务总局关于金融企业贷款损失准备金企业所得税税前扣除有关政策的公告》(财政部 税务总局公告2019年第86号)规定：

"一、准予税前提取贷款损失准备金的贷款资产范围包括：

(一)贷款(含抵押、质押、保证、信用等贷款)；

(二)银行卡透支、贴现、信用垫款(含银行承兑汇票垫款、信用证垫款、担保垫款等)、进出口押汇、同业拆出、应收融资租赁款等具有贷款特征的风险资产；

(三)由金融企业转贷并承担对外还款责任的国外贷款，包括国际金融组织贷款、外国买方信贷、外国政府贷款、日本国际协力银行不附条件贷款和外国政府混合贷款等资产。

二、金融企业准予当年税前扣除的贷款损失准备金计算公式如下：

准予当年税前扣除的贷款损失准备金=本年末准予提取贷款损失准备金的贷款资产余额×1%-截至上年末已在税前扣除的贷款损失准备金的余额

金融企业按上述公式计算的数额如为负数，应当相应调增当年应纳税所得额。

三、金融企业的委托贷款、代理贷款、国债投资、应收股利、上交央行准备金以及金融企业剥离的债权和股权、应收财政贴息、央行款项等不承担风险和损失的资产，以及除本公告第一条列举资产之外的其他风险资产，不得提取贷款损失准备金在税前扣除。

四、金融企业发生的符合条件的贷款损失，应先冲减已在税前扣除的贷款损失准备金，不足冲减部分可据实在计算当年应纳税所得额时扣除。

五、金融企业涉农贷款和中小企业贷款损失准备金的税前扣除政策，凡按照《财政部 税务总局关于金融企业涉农贷款和中小企业贷款损失准备金税前扣除有关政策的公告》（财政部 税务总局公告2019年第85号）的规定执行的，不再适用本公告第一条至第四条的规定。"

该文件的有效期为2019年1月1日至2023年12月31日，到期后继续执行。

【例2-16】某银行，20×1年末允许提取准备金的贷款资产余额为5 000万元，会计上提取贷款损失准备金90万元；20×2年末允许提取准备金的贷款资产余额为6 000万元，会计上提取贷款损失准备金30万元。则：

20×1年：

准予当年税前扣除的贷款损失准备金=5 000×1%=50（万元）；

纳税调增=90-50=40（万元）。

20×2年：

准予当年税前扣除的贷款损失准备金=6 000×1%-50=109（万元）；

纳税调增=30-10=20（万元）。

2.15.1.2 涉农贷款和中小企业贷款损失准备金

《财政部 税务总局关于金融企业涉农贷款和中小企业贷款损失准备金税前扣除有关政策的公告》（财政部 税务总局公告2019年第85号）规定：

"一、金融企业根据《贷款风险分类指引》（银监发〔2007〕54号），对其涉农贷款和中小企业贷款进行风险分类后，按照以下比例计提的贷款损失准备金，准予在计算应纳税所得额时扣除：

（一）关注类贷款，计提比例为2%；

（二）次级类贷款，计提比例为25%；

（三）可疑类贷款，计提比例为50%；

（四）损失类贷款，计提比例为100%。

二、所称涉农贷款，是指《涉农贷款专项统计制度》（银发〔2007〕246号）统计的以下贷款：

（一）农户贷款；

（二）农村企业及各类组织贷款。

本条所称农户贷款，是指金融企业发放给农户的所有贷款。农户贷款的判定应以贷款发放时的承贷主体是否属于农户为准。农户，是指长期（一年以上）居住在乡镇（不包括城关镇）行政管理区域内的住户，还包括长期居住在城关镇所辖行政村范围内的住户和户口不在本地而在本地居住一年以上的住户，国有农场的职工和农村个体工商户。位于乡镇（不包括城关镇）行政管理区域内和在城关镇所辖行政村范围内的国有经济的机关、团体、学校、企事业单位的集体户；有本地户口，但举家外出谋生一年以上的住户，无论是否保留承包耕地均不属于农户。农户以户为统计单位，既可以从事农业生产经营，也可以从事非农业生产经营。

本条所称农村企业及各类组织贷款，是指金融企业发放给注册地位于农村区域的企业及各类组织的所有贷款。农村区域，是指除地级及以上城市的城市行政区及其市辖建制镇之外的区域。

三、所称中小企业贷款，是指金融企业对年销售额和资产总额均不超过2亿元的企业的贷款。

四、金融企业发生的符合条件的涉农贷款和中小企业贷款损失，应先冲减已在税前扣除的贷款损失准备金，不足冲减部分可据实在计算应纳税所得额时扣除。”

该文件的有效期为2019年1月1日至2023年12月31日，到期后继续执行。

2.15.1.3 小额贷款公司贷款损失准备金

小额贷款公司本不能扣除贷款损失准备金，但是，《财政部 国家税务总局关于小额贷款公司有关税收政策的通知》（财税〔2017〕48号）第三条规定：“自2017年1月1日至2019年12月31日，对经省级金融管理部门（金融办、局等）批准成立的小额贷款公司按年末贷款余额的1%计提的贷款损失准备金准予在企业所得税税前扣除。具体政策口径按照《财政部 国家税务总局关于金融企业贷款损失准备金企业所得税税前扣除有关政策的通知》（财税〔2015〕9号）执行”。《财政部 税务总局关于延续实施普惠金融有关税收优惠政策的公告》（财政部 税务总局公告2020年第22号）将该政策实施期限延长至2023年12月31日。

因此，2017年1月1日至2023年12月31日，小额贷款公司可以参照金融企业按规定计算扣除贷款损失准备金。

2.15.2 保险公司准备金

《财政部 国家税务总局关于保险公司准备金支出企业所得税税前扣除有关政策问题的通知》（财税〔2016〕114号）规定：

“一、保险公司按下列规定缴纳的保险保障基金，准予据实税前扣除：

1.非投资型财产保险业务，不得超过保费收入的0.8%；投资型财产保险业务，有保证收益的，不得超过业务收入的0.08%，无保证收益的，不得超过业务收入的0.05%。

2.有保证收益的人寿保险业务，不得超过业务收入的0.15%；无保证收益的人寿保险业务，不得超过业务收入的0.05%。

3.短期健康保险业务，不得超过保费收入的0.8%；长期健康保险业务，不得超过保费收入的0.15%。

4.非投资型意外伤害保险业务，不得超过保费收入的0.8%；投资型意外伤害保险业务，有保证收益的，不得超过业务收入的0.08%，无保证收益的，不得超过业务收入的0.05%。

保险保障基金，是指按照《中华人民共和国保险法》和《保险保障基金管理办法》规定缴纳形成的，在规定情形下用于救助保单持有人、保单受让公司或者处置保险业风险的非政府性行业风险救助基金。

保费收入，是指投保人按照保险合同约定，向保险公司支付的保险费。

业务收入，是指投保人按照保险合同约定，为购买相应的保险产品支付给保险公司的全部金额。

非投资型财产保险业务，是指仅具有保险保障功能而不具有投资理财功能的财产保险业务。

投资型财产保险业务，是指兼具有保险保障与投资理财功能的财产保险业务。

有保证收益，是指保险产品在投资收益方面提供固定收益或最低收益保障。

无保证收益，是指保险产品在投资收益方面不提供收益保证，投保人承担全部投资风险。

二、保险公司有下列情形之一的，其缴纳的保险保障基金不得在税前扣除：

1.财产保险公司的保险保障基金余额达到公司总资产6%的。

2.人身保险公司的保险保障基金余额达到公司总资产1%的。

三、保险公司按国务院财政部门的相关规定提取的未到期责任准备金、寿险责任准备金、长期健康险责任准备金、已发生已报案未决赔款准备金和已发生未报案未决赔款准备金，准予在税前扣除。

1.未到期责任准备金、寿险责任准备金、长期健康险责任准备金依据经中国保监会核准任职资格的精算师或出具专项审计报告的中介机构确定的金额提取。

未到期责任准备金，是指保险人为尚未终止的非寿险保险责任提取的准备金。

寿险责任准备金，是指保险人为尚未终止的人寿保险责任提取的准备金。

长期健康险责任准备金，是指保险人为尚未终止的长期健康保险责任提取的准备金。

2.已发生已报案未决赔款准备金，按最高不超过当期已经提出的保险赔款或者给付金额的100%提取；已发生未报案未决赔款准备金按不超过当年实际赔款支出额的8%提取。

已发生已报案未决赔款准备金，是指保险人为非寿险保险事故已经发生并已向保险人提出索赔、尚未结案的赔案提取的准备金。

已发生未报案未决赔款准备金，是指保险人为非寿险保险事故已经发生、尚未向保险人提出索赔的赔案提取的准备金。

四、保险公司经营财政给予保费补贴的农业保险，按不超过财政部门规定的农业保险大灾风险准备金（简称大灾准备金）计提比例，计提的大灾准备金，准予在企业所得税前据实扣除。具体计算公式如下：

本年度扣除的大灾准备金=本年度保费收入×规定比例-上年度已在税前扣除的大灾准备金结存余额

按上述公式计算的数额如为负数，应调增当年应纳税所得额。

财政给予保费补贴的农业保险，是指各级财政按照中央财政农业保险保费补贴政策规定给予保费补贴的种植业、养殖业、林业等农业保险。

规定比例，是指按照《财政部关于印发〈农业保险大灾风险准备金管理办法〉的通知》（财金〔2013〕129号）确定的计提比例。

五、保险公司实际发生的各种保险赔款、给付，应首先冲抵按规定提取的准备金，不足冲抵部分，准予在当年税前扣除。”

财税〔2016〕114号文件的有效期为2016年1月1日至2020年12月31日，到期后继续执行。

《国家税务总局关于企业所得税应纳税所得额若干问题的公告》（国家税务总局公告2014年第29号）第二条规定：“根据《财政部 国家税务总局关于保险公司准备金支出企业所得税税前扣除有关政策问题的通知》（财税〔2012〕45号）[1]有关规定，保险企业未到期责任准备金、寿险责任准备金、长期健康险责任准备金、已发生已报告未决赔款准备金和已发生未报告未决赔款准备金应按财政部下发的企业会计有关规定计算扣除。保险企业在计算扣除上述各项准备金时，凡未执行财政部有关会计规定仍执行中国保险监督管理委员会有关监管规定的，应将两者之间的差额调整当期应纳税所得额。”

《财政部 国家税务总局关于保险企业计提准备金有关税收处理问题的通知》（财税〔2015〕115号）第一条规定：“保险企业执行财政部《保险合同相关会计处理规定》后，其提取的未到期责任准备金、寿险责任准备金、长期健康险责任准备金、已发生已报告未决赔款准备金和已发生未报告未决赔款准备金，应按照《财政部　国家税务总局关于保险公司准备金支出企业所得税税前扣除有关政策问题的通知》（财税〔2012〕45号）规定计算并准予在企业所得税税前扣除。”

第二条规定：“保险企业因执行财政部企业会计规定计提的准备金与之前执行中国保险业监督管理委员会有关监管规定计提的准备金形成的差额，应计入保险企业应纳税所得额。凡上述准备金差额尚未进行税务处理的，可分10年均匀计入2015年及以后年度应纳税所得额；已进行税务处理的不再分期计入以后年度应纳税所得额。”

2.15.3 证券行业准备金

《财政部 国家税务总局关于证券行业准备金支出企业所得税税前扣除有关政策问题的通知》（财税〔2017〕23号）对此做出了具体规定。

2.15.3.1 证券类准备金

（1）证券交易所风险基金。上海、深圳证券交易所依据《证券交易所风险基金管理暂行办法》（证监发〔2000〕22号）的有关规定，按证券交易所交易收取经手费的20%、会员年费的10%提取的证券交易所风险基金，在各基金净资产不超过10亿元的额度内，准予在企业所得税税前扣除。

[1] 财税〔2012〕45号文件已于2015年12月31日到期，现行有效政策为财税〔2016〕114号文件。

（2）证券结算风险基金。

①中国证券登记结算公司所属上海分公司、深圳分公司依据《证券结算风险基金管理办法》（证监发〔2006〕65号）的有关规定，按证券登记结算公司业务收入的20%提取的证券结算风险基金，在各基金净资产不超过30亿元的额度内，准予在企业所得税税前扣除。

②证券公司依据证监发〔2006〕65号文件的有关规定，作为结算会员按人民币普通股和基金成交金额的十万分之三、国债现货成交金额的十万分之一、1天期国债回购成交额的千万分之五、2天期国债回购成交额的千万分之十、3天期国债回购成交额的千万分之十五、4天期国债回购成交额的千万分之二十、7天期国债回购成交额的千万分之五十、14天期国债回购成交额的十万分之一、28天期国债回购成交额的十万分之二、91天期国债回购成交额的十万分之六、182天期国债回购成交额的十万分之十二逐日交纳的证券结算风险基金，准予在企业所得税税前扣除。

（3）证券投资者保护基金。

①上海、深圳证券交易所依据《证券投资者保护基金管理办法》（证监会令第27号、第124号）的有关规定，在风险基金分别达到规定的上限后，按交易经手费的20%缴纳的证券投资者保护基金，准予在企业所得税税前扣除。

②证券公司依据《证券投资者保护基金管理办法》（证监会令第27号、第124号）的有关规定，按其营业收入0.5%~5%缴纳的证券投资者保护基金，准予在企业所得税税前扣除。

2.15.3.2 期货类准备金

（1）期货交易所风险准备金。大连商品交易所、郑州商品交易所和中国金融期货交易所依据《期货交易管理条例》（国务院令第489号）、《期货交易所管理办法》（证监会令第42号）和《商品期货交易财务管理暂行规定》（财商字〔1997〕44号）的有关规定，上海期货交易所依据《期货交易管理条例》（国务院令第489号）、《期货交易所管理办法》（证监会令第42号）和《关于调整上海期货交易所风险准备金规模的批复》（证监函〔2009〕407号）的有关规定，分别按向会员收取手续费收入的20%计提的风险准备金，在风险准备金余额达到有关规定的额度内，准予在企业所得税税前扣除。

（2）期货公司风险准备金。期货公司依据《期货公司管理办法》（证监会令第43号）和《商品期货交易财务管理暂行规定》（财商字〔1997〕44号）的有关规定，从其收取的交易手续费收入减去应付期货交易所手续费后的净收入的5%提取的期货公司风险准备金，准予在企业所得税税前扣除。

（3）期货投资者保障基金。

①上海期货交易所、大连商品交易所、郑州商品交易所和中国金融期货交易所依据《期货投资者保障基金管理办法》（证监会令第38号、第129号）和《关于明确期货投资者保障基金缴纳比例有关事项的规定》（证监会财政部公告2016年第26号）的有关规定，按其向期货公司会员收取的交易手续费的2%（2016年12月8日前按3%）缴纳的期货投资者保障基金，在基金总额达到有关规定的额度内，准予在企业所得税税前扣除。

②期货公司依据《期货投资者保障基金管理办法》（证监会令第38号、第129号）和《关于明确期货投资者保障基金缴纳比例有关事项的规定》（证监会财政部公告2016年第

26号）的有关规定，从其收取的交易手续费中按照代理交易额的亿分之五至亿分之十的比例（2016年12月8日前按千万分之五至千万分之十的比例）缴纳的期货投资者保障基金，在基金总额达到有关规定的额度内，准予在企业所得税税前扣除。

上述准备金如发生清算、退还，应按规定补征企业所得税。

财税〔2017〕23号文件的有效期为2016年1月1日至2020年12月31日，到期后继续执行。

2.15.4 中小企业融资（信用）担保机构准备金

《财政部 国家税务总局关于中小企业融资（信用）担保机构有关准备金企业所得税税前扣除政策的通知》（财税〔2017〕22号）规定：

"一、符合条件的中小企业融资（信用）担保机构按照不超过当年年末担保责任余额1%的比例计提的担保赔偿准备，允许在企业所得税税前扣除，同时将上年度计提的担保赔偿准备余额转为当期收入。

二、符合条件的中小企业融资（信用）担保机构按照不超过当年担保费收入50%的比例计提的未到期责任准备，允许在企业所得税税前扣除，同时将上年度计提的未到期责任准备余额转为当期收入。

三、中小企业融资（信用）担保机构实际发生的代偿损失，符合税收法律法规关于资产损失税前扣除政策规定的，应冲减已在税前扣除的担保赔偿准备，不足冲减部分据实在企业所得税税前扣除。

四、本通知所称符合条件的中小企业融资（信用）担保机构，必须同时满足以下条件：

（一）符合《融资性担保公司管理暂行办法》（银监会等七部委令2010年第3号）相关规定，并具有融资性担保机构监管部门颁发的经营许可证；

（二）以中小企业为主要服务对象，当年中小企业信用担保业务和再担保业务发生额占当年信用担保业务发生总额的70%以上（上述收入不包括信用评级、咨询、培训等收入）；

（三）中小企业融资担保业务的平均年担保费率不超过银行同期贷款基准利率的50%；

（四）财政、税务部门规定的其他条件。

五、申请享受本通知规定的准备金税前扣除政策的中小企业融资（信用）担保机构，

在汇算清缴时，需报送法人执照副本复印件、融资性担保机构监管部门颁发的经营许可证复印件、年度会计报表和担保业务情况（包括担保业务明细和风险准备金提取等），以及财政、税务部门要求提供的其他材料。"

财税〔2017〕22号文件的有效期为2016年1月1日至2020年12月31日，到期后继续执行。

风险提示

1.不得扩大准备金提取范围。

金融企业在执行准备金税收政策时可能会任意扩大准备金提取范围，将不允许计提贷款损失准备金的贷款资产计入计提基数，多计提贷款损失准备金，少缴纳企业所得税。财政部、税务总局公告2019年第86号第三条规定："除本公告第一条列举资产之外的其他风

险资产，不得提取贷款损失准备金在税前扣除”，其他未列举的准备金不得税前扣除。如对于买入返售金融资产，《国家税务总局稽查局关于农业银行和建设银行检查工作指导意见（三）》第一条第二款规定：“银行在计算风险资产减值准备基数中包括了买入返售金融资产项目，按照财税〔2009〕64号文件[1]的规定，买入返售金融资产不属于风险资产范围，不应计入风险资产减值准备基数，应调整相应的应纳税所得额。”

案 例

检查人员发现，A银行从2014年开始，在计提贷款损失准备金时，将部分风险被划分为正常类别的涉农贷款和中小企业贷款，也列入准备金计提基数并按照1%的比例，计提了贷款损失准备金，其中2014年度多计提准备金2 805.21万元，2015年度多计提损失准备金1 803.02万元，至2015年末累计多计提损失准备金4 608.23万元，并且在当年申报缴纳所得税前全部进行了税前扣除。

A银行以2013年末准备金比例为基准，通过扩大计提准备金基数的方式，对2014年度及以后年度的贷款损失准备金比例进行“调控”，将比例控制在1.2%左右，以达到降低经营风险和让企业运营业绩指标更稳定、更好看的目的。

A银行于2014、2015两个年度，将涉农及中小企业贷款类别中属于正常类贷款共46亿多元列入计提基数，多计提贷款损失准备金4 608.23万元进行税前扣除，共少缴企业所得税1 152.06万元。

资料来源：损失准备金异常背后的税收真相［N］.中国税务报，2017-08-08（B2）.

2.涉农贷款和中小企业贷款损失准备金与贷款损失准备金政策不能叠加执行。

金融企业凡按财政部、税务总局公告2019年第85号规定执行了涉农贷款和中小企业贷款损失准备金税前扣除政策的，不再适用财政部、税务总局公告2019年第86号第一条至第四条关于贷款损失准备金扣除的规定，即不得将这两项政策叠加执行。

3.计提比例低于税法规定比例的不得调减。

有金融企业问：金融企业在会计上以低于1%的比例提取呆账准备金，在年度申报时是否可以按1%的标准进行纳税调减？《国家税务总局关于企业所得税应纳税所得额若干税务处理问题的公告》（国家税务总局公告2012年第15号）第八条规定：“《企业所得税法》第二十一条规定，对企业依据财务会计制度规定，并实际在财务会计处理上已确认的支出，凡没有超过《企业所得税法》和有关税收法规规定的税前扣除范围和标准的，可按企业实际会计处理确认的支出，在企业所得税前扣除，计算其应纳税所得额。”因此，金融企业低于1%的比例提取呆账准备金应按会计上实际提取的金额扣除，不得按1%的标准再进行调减。

4.理赔费用准备金不得在税前扣除。

理赔费用准备金，是指保险人为非寿险保险事故已发生尚未结案的赔案可能发生的律师费、诉讼费、损失检验费、相关理赔人员薪酬等费用提取的准备金。2008—2010年执行

[1] 财税〔2009〕64号文件已于2010年12月31日到期，现行有效政策为财政部、税务总局公告2019年第86号。

的《财政部 国家税务总局关于保险公司准备金支出企业所得税税前扣除有关问题的通知》（财税〔2009〕48号）仅给出了理赔费用保险金的定义，既没有说可以在税前扣除，也没有说不可以在税前扣除。以后的保险公司准备金支出税前扣除政策文件没有再提及理赔费用准备金，这相当于宣告了理赔费用准备金属于“未经核定的准备金”，不得在税前扣除。

案 例

A财产保险公司在纳税申报时，仅调增了2012年和2013年的理赔费用准备金，其2011年的理赔费用准备金仍在当年税前扣除。调增其2011年度理赔费用准备金，补缴企业所得税634万元及滞纳金381万元。

检查组对在京注册的8家财产保险公司的理赔费用准备金情况开展协查。经查，8家企业中有4家存在未调增理赔费用准备金的情况，其中2家企业2011—2014年的理赔费用准备金未做纳税调增，另2家企业2013—2014年的理赔费用准备金未做纳税调增，共涉及补缴税额1.14亿元。

资料来源：检查8家保险企业，4家违规扣除准备金［N］. 中国税务报，2016-01-15（B5）.

5. 中小企业信用担保机构上年度计提的未到期责任准备余额应转为当期收入。

财税〔2017〕22号文件第一条规定：“符合条件的中小企业融资（信用）担保机构按照不超过当年年末担保责任余额1%的比例计提的担保赔偿准备，允许在企业所得税税前扣除，同时将上年度计提的担保赔偿准备余额转为当期收入。”有的企业只关注到计提比例，忽视了将上年度计提的担保赔偿准备余额转为当期收入。

案 例

某中小企业担保公司2012年按当年年末担保责任余额1%、当年担保费收入50%分别提取担保赔偿准备金323万元、未到期责任准备金680万元，但未将2011年度提取的担保赔偿准备金余额289万元、未到期责任准备金余额630万元结转作为2012年度收入。因此，调增应纳税所得额919万元，补缴税款229.75万元，加收滞纳金10.35万元，并处50%罚款。

资料来源：担保公司以前年度提取的风险准备金余额应结转收入［EB/OL］.（2014-08-05）原江苏省宿迁地税局网站.

6. 典当公司等非税收金融企业的贷款损失准备金不得在税前扣除。

财政部税务总局公告2019年第86号对可以税前扣除贷款损失准备金的金融企业做出了正列举，为“政策性银行、商业银行、财务公司、城乡信用社和金融租赁公司等金融企业”，小额贷款公司、典当公司等虽然在行业上为金融企业，但未在列举范围内，其计提的贷款损失准备金不能税前扣除。

小额贷款公司、典当公司在《国民经济行业分类》（GB/T 4754—2017）中都属于金融业中的非货币银行服务，融资性担保公司属于金融业中的其他未包括金融业，但都不属于税收政策规定的金融企业，其计提的贷款损失准备金不得在税前扣除。

但如前所述，根据财税〔2017〕48号文件和财政部、税务总局公告2020年第22号规定，2017年1月1日至2023年12月31日，小额贷款公司可以参照金融企业按规定计算扣除贷款损失准备金。

案　例

D融资性担保公司每年计提了贷款减值准备并税前扣除，税务机关认为，融资性担保公司并不属于适用财税〔2015〕9号文件的金融企业，其计提的贷款减值准备不得在税前扣除，作纳税调增处理，并补缴相应的企业所得税。

资料来源：税务处理不合规，这笔政府补助要缴税［N］. 中国税务报，2019-12-20（B3）.

2.16　劳动保护支出

《企业所得税法实施条例》第四十八条规定："企业发生的合理的劳动保护支出，准予扣除。"

《中华人民共和国企业所得税法实施条例释义及适用指南》对此解释道："本条规定的劳动保护支出，仍然需要满足以下条件，一是必须是确因工作需要，如果企业所发生的所谓的支出，并非出于工作的需要，那么其支出就不得予以扣除；二是为其雇员配备或提供，而不是给其他与其没有任何劳动关系的人配备或提供；三是限于工作服、手套、安全保护用品、防暑降温品等，如高温冶炼企业职工、道路施工企业的防暑降温品，采煤工人的手套、头盔等用品。"

因此，关于劳动保护支出，需要注意以下两点：一是该支出是劳动保护用品的支出，不是直接给劳动者钱的支出；二是该用品确实属于工作需要，若从事该工作并不需要"保护"，则不是劳动保护支出。

风险提示

劳保用品支出不一定都是劳动保护支出。

企业发放给全体员工的洗发水、沐浴液、牙膏、香皂等用品，虽名为劳保用品，但由于并非出于工作需要，又不符合劳动保护用品要求，故其支出不应作为劳动保护支出，而应作为职工福利费，在规定限额内税前扣除。

2.17　罚　款

《企业所得税法》第十条规定："在计算应纳税所得额时，下列支出不得扣除：……（四）罚金、罚款和被没收财物的损失；……"

罚金，是刑法附加刑之一，是刑罚处罚的一种方式，属财产刑，其适用对象是触犯刑法的犯罪分子和犯罪法人。罚金，只能由人民法院依刑法的规定判决，除此之外，其他任何单位和个人都无权做出罚金的处罚。

罚款，是行政处罚手段之一，是行政执法单位对违反行政法规的个人和单位给予的行政处罚。它不需要经人民法院判决，只要行政执法单位依据行政法规的规定，做出处罚决定即可执行。

没收财物，是由行政主体实施的将行政违法行为人的部分或全部违法收入、物品或其他非法占有的财物收归国家所有的处罚方式。

注 意

罚金、罚款和没收财物的决定都是由人民法院或行政执法单位做出的，其他单位无权决定。因此，银行加收的罚息不属于罚款，可以在税前扣除。

争 议

海关滞报金能否税前扣除？

《中华人民共和国海关法》第二十四条规定：“进口货物的收货人应当自运输工具申报进境之日起十四日内，出口货物的发货人除海关特准的外应当在货物运抵海关监管区后、装货的二十四小时以前，向海关申报。进口货物的收货人超过前款规定期限向海关申报的，由海关征收滞报金。”

《中华人民共和国海关征收进口货物滞报金办法》（中华人民共和国海关总署令第82号）规定，滞报金计算公式为：进口货物完税价格 ×0.5‰ × 滞报天数。

滞报金是否属于罚款，存在争议。

《福建国税2018年3月12366咨询热点难点问题集》第7个解答认为，“海关收取的滞报金应属行政处罚行为，不可以在企业所得税税前扣除”。

《北京国税2014年度企业所得税汇算清缴实务操作政策指南》则认为，“海关征收的滞报金不属于税收滞纳金和行政罚款，与取得收入直接相关的可以从税前扣除”。

2.18 税收滞纳金

《企业所得税法》第十条规定：“在计算应纳税所得额时，下列支出不得扣除：……（三）税收滞纳金；……”

《税收征收管理法》第三十二条规定：“纳税人未按照规定期限缴纳税款的，扣缴义务人未按照规定期限解缴税款的，税务机关除责令限期缴纳外，从滞纳税款之日起，按日加收滞纳税款万分之五的滞纳金。”

注 意

此处仅指税收滞纳金，其他滞纳金不受此限制。如社保部门加收的社保滞纳金、土地部门加收的土地使用滞纳金，可以在税前扣除。

风险提示

税收滞纳金不能税前扣除。

案 例

A公司2020年汇算清缴时未对营业外支出中相应的税收罚款及滞纳金（A公司于

2019年11月被税务机关查补房产税300万元，罚款及滞纳金170万元）进行纳税调增。最终，企业调增应纳税所得额170万元，更正申报，补缴了税款及滞纳金。

资料来源：企业所得税汇算清缴你报对了吗？税收罚款及滞纳金不能税前扣除哦！［EB/OL］.（2020-10-14）深圳税务局微信公众号.

2.19 赞助支出

《企业所得税法》第十条规定："在计算应纳税所得额时，下列支出不得扣除：……（六）赞助支出"。

注 意

广告性质的赞助支出可以税前扣除。

赞助是企业一种常见行为，经常可见企业赞助体育比赛、演唱会、电视节目等，或以场边广告牌的形式出现，或以冠名的形式出现，或以官方制定产品的形式出现，等等。开具的发票品目多为"赞助费"，企业支付此类费用时也在账上计入赞助费。但并非只要是企业的赞助行为，取得的发票是赞助费发票，就一律不能税前扣除。《企业所得税法实施条例》第五十四条规定："企业所得税法第十条第（六）项所称赞助支出，是指企业发生的与生产经营活动无关的各种非广告性质支出。"因此，税法规定的不得税前扣除的赞助费是指与企业生产经营活动无关的赞助费，而上述赞助体育比赛、演唱会、电视节目等行为明显具有广告性质，其发票品目虽为"赞助费"，但实际上是广告费支出，企业应按照广告费支出税前扣除。

风险提示

企业应严格区分广告性质的赞助支出和非广告性质的赞助支出，后者不得在税前扣除。

案 例

某贸易公司2011年支付给某超市新店开业赞助费12 000元，该超市给企业开具了项目为"供应商赞助"发票。企业计入管理费用并全额税前扣除。最终，补征企业所得税2 400元，加收滞纳金1 056元，并处以50%的罚款。

资料来源：非广告性质赞助费不得税前扣除［N］.南京日报，2015-01-06（A6）.

2.20 违约金

违约金是指按照当事人的约定或者法律直接规定，一方当事人违约的，应向另一方支付的金钱。违约金的标的是金钱，但当事人也可以约定违约金的标的物为金钱以外的其他财产。

违约金是企业之间商业行为的结果，与企业取得收入相关，可以在税前扣除。

风险提示 ///

违约金税前扣除是否需要取得发票，首先要搞清楚收取违约金是否缴纳增值税。

《增值税暂行条例》第六条规定："销售额为纳税人发生应税销售行为收取的全部价款和价外费用，但是不包括收取的销项税额。"《增值税暂行条例实施细则》第十二条规定："条例第六条第一款所称价外费用，包括价外向购买方收取的手续费、补贴、基金、集资费、返还利润、奖励费、违约金、滞纳金、延期付款利息、赔偿金、代收款项、代垫款项、包装费、包装物租金、储备费、优质费、运输装卸费以及其他各种性质的价外收费。"

违约金属于价外费用，但不是所有的违约金都须缴纳增值税。

增值税的价外费用属于整个经济业务中购销环节的重要组成部分，是依附于购销业务的完成而存在的，通常表现形式有延期付款利息、赔偿金等。如果违约金依附于增值税应税业务而存在，就属于增值税的价外费用。例如，甲公司与乙公司签订商品购销合同，约定乙公司在3个月内向甲公司交付商品。3个月后乙公司未能如期交付商品，乙公司按照合同约定支付甲公司违约金10万元。又过了一个月，乙公司交付商品。甲公司在收取了违约金后商品购销合同继续履行，实际购销业务最终发生，收取的违约金依附于增值税应税行为。因此，该项违约金属于增值税价外费用中的违约金，应缴纳增值税。

如果违约金不依附于增值税应税业务而独立存在，就不属于增值税的价外费用。例如，甲公司与乙公司签订商品购销合同，约定乙公司在3个月内向甲公司交付商品。后由于各种原因，甲公司与乙公司协商取消了购销合同，甲公司按照合同约定支付乙公司违约金10万元。双方虽然签订了商品购销合同，但实际购销业务并未发生，收取的违约金并未依附于增值税应税行为。因此，该项违约金并不属于增值税价外费用中的违约金，无须缴纳增值税。

应当缴纳增值税的违约金，应开具增值税发票，支付方凭发票在税前扣除；不应当缴纳增值税的违约金，自然没有增值税发票，支付方凭合同、协议、付款凭证等资料在税前扣除。

2.21 筹建期费用

2.21.1 筹办费

《国家税务总局关于贯彻落实企业所得税法若干税收问题的通知》（国税函〔2010〕79号）第七条规定："企业自开始生产经营的年度，为开始计算企业损益的年度。企业从事生产经营之前进行筹办活动期间发生筹办费用支出，不得计算为当期的亏损，应按照《国家税务总局关于企业所得税若干税务事项衔接问题的通知》（国税函〔2009〕98号）第九条规定执行。"

《国家税务总局关于企业所得税若干税务事项衔接问题的通知》（国税函〔2009〕98号）第九条规定："新税法中开（筹）办费未明确列作长期待摊费用，企业可以在开始经营之日的当年一次性扣除，也可以按照新税法有关长期待摊费用的处理规定处理，但一经选定，不得改变。企业在新税法实施以前年度的未摊销完的开办费，也可根据上述规定处理。"

企业在筹建期也会取得非经营性收入，如存款利息、政府补助等，计入筹办费（即冲减筹办费），按照上述规定处理。若非经营性收入超过了筹办费，如北京市税务局《企业所得税热点问题（2020年6月）》第3个问题的答复指出："企业在筹办期间发生的筹办费，扣除在此期间取得的营业外收入后的余额，按照国税函〔2009〕98号文件规定处理……如果企业在筹办期间发生的营业外收入（包括政府补贴）超过筹办费的，在企业进入正常生产经营后计算纳税。"

2.21.2 业务招待费和广告费

企业在筹建期一般没有收入或收入很少，导致以收入为扣除基数的业务招待费、广告费和业务宣传费无法在税前扣除。因此税法做出特殊规定。

《国家税务总局关于企业所得税应纳税所得额若干税务处理问题的公告》（国家税务总局公告2012年第15号）第五条规定："企业在筹建期间，发生的与筹办活动有关的业务招待费支出，可按实际发生额的60%计入企业筹办费，并按有关规定在税前扣除；发生的广告费和业务宣传费，可按实际发生额计入企业筹办费，并按有关规定在税前扣除。"

注 意

1. 业务招待费和广告费的区分。

企业在筹建期间发生的业务招待费，按实际发生额的60%计入企业筹办费，在扣除时不受当年销售（营业）收入5‰的限制；筹办期间发生的广告费和业务宣传费按实际发生额计入企业筹办费，在扣除时不受当年销售（营业）收入15%的限制。

2. 扣除的选择。

筹办费可以在开始经营之日当年一次性扣除，也可以按照税法有关长期待摊费用的规定处理。

风险提示

1. 注意筹建期终点。

税法对筹建期终点没有明确规定，有的地方以开始生产经营为筹建期终点，有的地方以取得第一笔收入为筹建期终点。建议咨询主管税务机关。

2. 筹建期不作为亏损年度。

根据国税函〔2010〕79号文件第七条的规定，企业筹建期不作为亏损年度，自企业开始生产经营的年度，筹办费一次性扣除，或者作为长期待摊费用。即企业在弥补以前年度亏损时，不得弥补筹建期的年度。

3. 筹办费不包括装修费用。

企业筹建都需要装修，有的企业将装修费作为筹办费的一部分，一次性在税前扣除。

税法没有规定筹办费的范围，我们可以先来参考老税法和会计的规定。

《财政部 国家税务总局关于对中外合资经营、合作生产经营和外商独资经营企业有关征收所得税问题几项规定的通知》（〔86〕财税外字第102号，已废止）第一条第二款规定："合资经营、合作生产经营企业和外商独资经营企业筹办期间发生的费用是指与企业筹建有关的费用，其范围包括：筹建人员工资、差旅费、培训费、咨询调查费、交际应酬费、文件印刷费、通讯费、开工典礼费等。但不包括机器设备、建筑设施等固定资产的购置、建造支出；购进各项无形资产的支出；以及根据合同、协议、章程的规定应由投资者自行负担的费用。”

《企业会计准则应用指南》附录“会计科目和主要账务处理”规定：“企业在筹建期间内发生的开办费，包括人员工资、办公费、培训费、差旅费、印刷费、注册登记费以及不计入固定资产价值的借款费用等，借记‘管理费用’科目，贷记银行存款。”

可见，无论是原来的外资所得税法还是会计准则，筹办费的范围都仅是费用化的支出，而不包括资本性的支出。

企业的支出应区分收益性支出和资本性支出，收益性支出是指企业支出的效益仅及于本纳税年度的支出，资本性支出是指企业支出的效益及于本纳税年度和以后纳税年度的支出。比如人员工资、办公费、培训费、差旅费、印刷费、注册登记费等，支出的效益仅与本纳税年度有关，应作为收益性支出；企业装修和购建固定资产的支出，支出的效益会通过房屋和固定资产的不断使用逐步回收，支出的效益不仅与本纳税年度相关，也与以后纳税年度相关。因此，企业筹办期间发生的装修费用属于资本性支出，不能一次性在税前扣除。

争 议

1. 筹建期取得的收入是否单独纳税?

有观点认为，按照《企业所得税法》第六条规定，筹建期取得的收入，在税收上应当计入应税收入，缴纳企业所得税。但如2.22.1小节所述，本书认为，筹建期取得的收入，应当计入筹办费，而不单独作为应税收入。

2. 筹建期是否需要进行汇算清缴?

《国家税务总局关于印发〈企业所得税汇算清缴管理办法〉的通知》（国税发〔2009〕79号）第三条规定：“凡在纳税年度内从事生产、经营（包括试生产、试经营），或在纳税年度中间终止经营活动的纳税人，无论是否在减税、免税期间，也无论盈利或亏损，均应按照企业所得税法及其实施条例和本办法的有关规定进行企业所得税汇算清缴。”

若企业只是单纯地筹建，未试生产、试经营，自然不需要进行汇算清缴；若进行了试生产、试经营，按照上述规定，就需要进行汇算清缴，但是，一旦进行汇算清缴，就会在当年形成亏损，有悖国税函〔2010〕79号文件第七条“筹办活动期间发生筹办费用支出，不得计算为当期的亏损”之规定。

2.22 违法支出

企业发生的违法支出有多种，如上文提到的违法发布广告等。《北京市食品药品监督管理局关于发布2014年11月份药品医疗器械保健食品违法广告的公告》称：“属于严重违法违规的广告共计119条，涉及产品41个，均发布在平面媒体。”

对于违法支出能否在税前扣除，税法没有明文规定。有观点认为，即使是违法支出，也是与取得收入有关的支出，可以扣除。

《中华人民共和国企业所得税法释义及适用指南》对“合理性”的解释为：“合理性是

指可在税前扣除的支出是正常和必要的，计算和分配的方法应该符合一般的经营常规和会计管理。税前扣除的支出在真实、合法的基础上必须符合合理性的要求。”因此，合法性是税前扣除的原则之一，违法支出不能税前扣除。

需要注意的是，税务机关只能判定企业的某项行为是否违反税法，无权判定是否违反其他法律。企业某项行为是否违法，应由主管行政机关来判定。如广告支出是否违反了相关法律法规，应由市场监管部门来判定，而不是税务机关。所以，在违法支出的税前扣除上，多是企业先税前扣除，后被其他部门判定为该支出违法，再由税务机关要求其补缴税款。若主管部门尚未判定其违法，则无法要求企业补缴税款。

2.23 会计支出小于税法规定情形的处理

若某项支出税法规定不超过10万元可以在税前扣除，企业只发生了8万元的支出，企业只能据实扣除8万元，不能再调减应纳税所得额2万元。

国家税务总局公告2012年第15号第八条规定：“根据《企业所得税法》第二十一条规定，对企业依据财务会计制度规定，并实际在财务会计处理上已确认的支出，凡没有超过《企业所得税法》和有关税收法规规定的税前扣除范围和标准的，可按企业实际会计处理确认的支出，在企业所得税前扣除，计算其应纳税所得额。”

需要注意的是，对该规定不能机械理解。如企业在会计上不加速折旧但在税收上加速折旧，会计折旧额小于税收折旧额，不能要求企业必须按照会计折旧额税前扣除，而是按税收折旧额扣除。又如，某企业的机器设备会计上按照5年计提折旧，税法规定最低折旧年限为10年，乙公司在前5年每年做纳税调增，后5年每年做纳税调减。后5年每年会计折旧额为零，小于税收折旧额，但不能因此不让企业调减税收折旧额。

2.24 以前年度应扣未扣支出

国家税务总局公告2012年第15号第六条规定：“根据《中华人民共和国税收征收管理法》的有关规定，对企业发现以前年度实际发生的、按照税收规定应在企业所得税前扣除而未扣除或者少扣除的支出，企业做出专项申报及说明后，准予追补至该项目发生年度计算扣除，但追补确认期限不得超过5年。

企业由于上述原因多缴的企业所得税税款，可以在追补确认年度企业所得税应纳税款中抵扣，不足抵扣的，可以向以后年度递延抵扣或申请退税。

亏损企业追补确认以前年度未在企业所得税前扣除的支出，或盈利企业经过追补确认后出现亏损的，应首先调整该项支出所属年度的亏损额，然后再按照弥补亏损的原则计算以后年度多缴的企业所得税款，并按前款规定处理。”

风险提示

企业发生的以前年度应扣未扣的支出，追补期不得超过5年。

2.25 包税合同

一般情况下，我国境内居民企业与境外非居民企业发生业务往来并向境外支付款项，符合税法规定的，应代扣代缴相关税款，税款由非居民企业负担，非居民企业得到扣除税款之后的价款。但近年来，越来越多的非居民企业在签订合同时，要求居民企业负担税款，非居民企业得到全款，此类合同被称为“包税合同”。

《国家税务总局关于非居民企业所得税源泉扣缴有关问题的公告》（国家税务总局公告2017年第37号）第六条规定：“扣缴义务人与非居民企业签订与企业所得税法第三条第三款规定的所得有关的业务合同时，凡合同中约定由扣缴义务人实际承担应纳税款的，应将非居民企业取得的不含税所得换算为含税所得计算并解缴应扣税款。”

【例2–17】境外A非居民企业与境内甲居民企业签订特许权使用费合同，合同金额100万元人民币。合同约定，产生的税款全部由甲公司负担。则：

该合同不含税价款=100÷（1–10%）=111.11（万元）；

甲公司应代扣代缴增值税=111.11×6%=6.67（万元）；

甲公司应代扣代缴预提税=111.11×10%=11.11（万元）。

那么，甲公司可以税前扣除的金额是100万元还是111.11万元？对此问题有争议。

《国家税务总局办公厅关于沃尔玛（中国）投资有限公司有关涉税诉求问题的函》（国税办函〔2010〕615号）第二条规定：“《中华人民共和国企业所得税法》第三十七条规定，对于非居民企业取得本法第三条第三款规定的所得应缴纳的所得税，实行源泉扣缴，以支付人为扣缴义务人。如果合同约定非居民企业取得所得应纳中国税金由中国企业承担，且非居民企业出具收款发票的注明金额为包含代扣代缴税金的总金额，原则上应允许计算企业所得税税前扣除，但主管税务机关应根据有关规定审核该项支付的真实性与合理性。”

据此规定，“非居民企业出具收款发票的注明金额为包含代扣代缴税金的总金额”，则允许税前扣除。如例2–17，若非居民企业出具的形式发票金额为包含居民企业负担的预提税款的111.11万元，则居民企业可以税前扣除111.11万元，若非居民企业出具的形式发票金额为实际收到的价款100万元，则居民企业只能税前扣除100万元，其负担的预提税款11.11万元不能税前扣除。

争 议

一种观点认为，即使非居民企业出具的形式发票金额为实际收到的价款100万元，根据《国家税务总局关于发布〈企业所得税税前扣除凭证管理办法〉的公告》（国家税务总局公告2018年第28号）第十一条规定，即“企业从境外购进货物或者劳务发生的支出，以对方开具的发票或者具有发票性质的收款凭证、相关税费缴纳凭证作为税前扣除凭证”，居民企业负担的预提税款11.11万元可以以完税凭证作为税前扣除凭证，在税前扣除。

2.26 司法拍卖中买受人负担的税费

在司法拍卖中，很多法院拍卖公告规定：拍卖成交，买受人付清全部拍卖价款后，凭法院出具的执行裁决书、协助执行通知书及拍卖成交确定书，自行至相关管理部门办理标的物权变更手续。办理过程中涉及买卖双方过户所需承担的一切税费（包括但不仅限于企业所得税、增值税、土地增值税、契税、过户手续费、印花税、权证费、出证金以及房地产交易中规定缴纳的各种费用），以及有可能存在的物业费、水电费等欠费，均由买受人自行承担。

那么，买受人在办理拍卖资产过户时，替被拍卖资产的企业负担的相关税费能否税前扣除？

争 议

观点一：不能税前扣除。

虽然买受人实际负担了税费，但并未改变纳税人（被拍卖资产的企业），再者由于完税凭证上的纳税人名称是被拍卖资产的企业，因此，买受人不能税前扣除。

观点二：可以税前扣除。

福建省税务局纳税服务中心2021年5月19日答复："企业通过拍卖取得房产，替出让方企业承担的税费应留存相关票据和代缴凭证，可以作在企业所得税税前扣除。"

观点三：计入拍卖资产计税基础。

《天津市税务局2019年度企业所得税汇缴政策口径》第15个解答指出："企业在法院拍卖资产过程中竞拍购置资产，凡拍卖公告中约定由买受人承担相关税费才能办理过户手续的，买受人缴纳的税费可计入该资产计税基础，计算折旧或摊销扣除。"

观点四：作为资产损失。

《宁波国税局2016年企业所得税汇缴政策解答》指出："国家税务总局公告〔2011〕25号第四十条规定，企业债权投资损失应依据投资的原始凭证、合同或协议、会计核算资料等相关证据材料确认。下列情况债权投资损失的，还应出具相关证据材料……买方购入资产时替卖方垫付的税费，符合上述规定的，准予作为资产损失在税前扣除。"

2020年10月19日，国家税务总局在《对十三届全国人大三次会议第8471号建议的答复》中明确："最高人民法院将进一步向各级法院提出工作要求：一是要求各级法院尽最大可能完善拍卖公告内容，充分、全面向买受人披露标的物瑕疵等各方面情况，包括以显著提示方式明确税费的种类、税率、金额等；二是要求各级法院严格落实司法解释关于税费依法由相应主体承担的规定，严格禁止在拍卖公告中要求买受人概括承担全部税费，以提升拍卖实效，更好地维护各方当事人合法权益。"

2.27 其　他

2.27.1 通讯费

争 议

对于企业为职工报销手机通讯费，各地税务机关处理方式不一，大致有四种处理方式。

一是不得税前扣除。

《北京市国家税务局2008年度企业所得税汇算清缴政策问题解答》规定："按照《国家税务总局关于企业工资薪金及职工福利费扣除问题的通知》(国税函〔2009〕3号)的规定，个人报销的通讯费未列入职工福利费的范围，因此其不能计入企业发生的职工福利费支出从税前扣除。个人报销的通讯费，其通讯工具的所有者为个人，发生的通讯费无法分清是用于个人使用还是用于企业经营，不能判断其支出是否与企业的收入有关，因此应作为与企业收入无关的支出，不予从税前扣除。"这个政策至今有效。

二是据实税前扣除。

《河北省地方税务局关于企业所得税若干业务问题的公告》(河北省地方税务局公告2014年第4号)第二十五条规定："企业在依据真实、合法的凭据为本企业职工(已签订《劳动合同》)报销的与取得应税收入有关的合理的办公通讯费用，准予在税前据实扣除。"

三是作为工资薪金支出税前扣除。

《陕西省国家税务局关于职工通讯费企业所得税税前扣除问题的批复》(陕国税函〔2014〕47号)规定："企业在标准范围内据实向职工报销的通讯费，属于职工个人的货币收入，应作为职工工资薪金收入按有关规定在企业所得税税前扣除。"

四是作为职工福利费限额扣除。

《河北省国家税务局关于印发〈企业所得税若干政策问题解〉的通知》(冀国税函〔2013〕161号)第十四条规定："根据《国家税务总局关于企业工资、薪金及职工福利费扣除问题的通知》(国税函〔2009〕3号)、《财政部关于企业加强职工福利费财务管理的通知》(财企〔2009〕242号)规定，企业为职工凭票报销的通讯费，应计入职工福利费；企业以现金形式按月按标准发放或支付给全体职工的通讯补贴，应计入职工工资薪金。"

之所以会产生这种争议，原因在于企业和税务机关都难以证明和判断该通讯费是否与企业取得收入相关。深圳税务局12366于2020年11月17日答复："如果是报销与企业取得收入直接相关的通讯费支出(即因公通讯费，需要证明)，可以凭开给个人的发票税前扣除。"即企业需要自行证明该通讯费与企业取得收入直接相关。

解决该争议的方法其实很简单，企业改变报销的方式，将通讯补贴随同工资一并发放，就可以计入工资薪金支出据实扣除。

注 意

企业只需改变方式，随同工资一并发放，就可以计入工资薪金支出。

2.27.2 管理费

《企业所得税法实施条例》第四十九条规定："企业之间支付的管理费、企业内营业机构之间支付的租金和特许权使用费，以及非银行企业内营业机构之间支付的利息，不得扣除。"

《国家税务总局关于母子公司间提供服务支付费用有关企业所得税处理问题的通知》(国税发〔2008〕86号)第四条规定："母公司以管理费形式向子公司提取费用，子公司因此支付给母公司的管理费，不得在税前扣除。"

2.27.3 服务费

国税发〔2008〕86号文件规定：

“一、母公司为其子公司（以下简称子公司）提供各种服务而发生的费用，应按照独立企业之间公平交易原则确定服务的价格，作为企业正常的劳务费用进行税务处理。母子公司未按照独立企业之间的业务往来收取价款的，税务机关有权予以调整。

二、母公司向其子公司提供各项服务，双方应签订服务合同或协议，明确规定提供服务的内容、收费标准及金额等，凡按上述合同或协议规定所发生的服务费，母公司应作为营业收入申报纳税；子公司作为成本费用在税前扣除。

三、母公司向其多个子公司提供同类项服务，其收取的服务费可以采取分项签订合同或协议收取；也可以采取服务分摊协议的方式，即，由母公司与各子公司签订服务费用分摊合同或协议，以母公司为其子公司提供服务所发生的实际费用并附加一定比例利润作为向子公司收取的总服务费，在各服务受益子公司（包括盈利企业、亏损企业和享受减免税企业）之间按《中华人民共和国企业所得税法》第四十一条第二款规定合理分摊。

四、子公司申报税前扣除向母公司支付的服务费用，应向主管税务机关提供与母公司签订的服务合同或者协议等与税前扣除该项费用相关的材料。不能提供相关材料的，支付的服务费用不得税前扣除。”

风险提示

1.国税发〔2008〕86号文件适用于境内母子公司。

该文件规定：“根据《中华人民共和国企业所得税法》及其实施条例的有关规定，现就在中国境内，属于不同独立法人的母子公司之间提供服务支付费用有关企业所得税处理问题通知如下”。因此，境外母子公司之间提供服务支付费用按照特别纳税调整处理。

2.母公司不能为子公司负担费用。

在集团公司中，有时母公司会为子公司负担一些费用，这些费用本应由子公司负担，若由母公司负担，则属于与取得收入无关的支出，不能税前扣除。

案 例

V企业是实行集团统一采购的公司，并履行集团总部公司职能。税务人员发现，其在管理费用中列支关联子公司的员工宿舍费用，此为代子公司支付部分员工宿舍费用，故应做纳税调整处理；列支应由下游关联企业承担的技术服务费，按该企业的采购功能，该费用属于与其经营收入无关的支出，故应做纳税调整处理。

资料来源：忽视关联交易细节，集团企业被纳税调整［N］.中国税务报，2017-06-09（B2）.

2.27.4 咨询费

近年来，咨询费成为企业接受虚开的重灾区。企业为减少纳税，虚构咨询合同，支付巨额咨询费用，全额税前扣除。由于咨询业务存在缺乏成果物（往往是一纸咨询报告）、公允价值不好衡量等难点，因此成为企业虚增成本费用的“首选”。

案 例

2013–2015年度，为达到少缴税款的目的，Y天然气有限责任公司的股东和高管们在董事会上决定，以股东企业向Y公司提供咨询服务业务的名义，由Y公司每年按投资比例，以咨询服务费形式虚增成本。该企业利用编造的虚假关联业务，共虚增成本2 700万元。税务机关依法作出了追缴税款557.16万元，加收滞纳金144.80万元，罚款278.58万元的处理决定。

资料来源：利润变身服务费 假立名目被拆穿［N］.中国税务报，2018-05-29（B3）.

2.27.5 融资费用

《国家税务总局关于企业所得税应纳税所得额若干税务处理问题的公告》（国家税务总局公告2012年第15号）第二条规定：“企业通过发行债券、取得贷款、吸收保户储金等方式融资而发生的合理的费用支出，符合资本化条件的，应计入相关资产成本；不符合资本化条件的，应作为财务费用，准予在企业所得税前据实扣除。”

风险提示

企业融资发生的费用未资本化。

案 例

J公司2018年、2019年发行债券，合计支付给证券公司承销费504万元。该企业将发行的债券记入“应付债券”科目，承销费记入“财务费用”科目，并在汇算清缴时申报扣除。税务机关认为，该企业发行债券支付给证券公司的承销费，符合税收政策规定的资本化条件，应随着“应付债券”在各年计提利息时，转入各年财务费用，分期扣除，而不是在发行当年一次性税前扣除。经计算，该企业2018、2019年分别调增应纳税所得额115.5万元、195万元，并补缴相应企业所得税款。

资料来源：财务报表中“不明差额”哪来的［N］.中国税务报，2020-12-04（B3）.

2.27.6 服饰费

《国家税务总局关于企业所得税若干问题的公告》（国家税务总局公告2011年第34号）第二条规定：“企业根据其工作性质和特点，由企业统一制作并要求员工工作时统一着装所发生的工作服饰费用，根据《企业所得税法实施条例》第二十七条的规定，可以作为企业合理的支出给予税前扣除。”

注 意

企业统一制作并要求员工工作时统一着装所发生的工作服饰费用，不是职工福利费，可以据实扣除。

2.27.7 党组织经费

党组织经费区分非公有制企业和国有企业，具体规定有所不同。

2.27.7.1 非公有制企业

《中共中央组织部 财政部 国家税务总局关于非公有制企业党组织工作经费问题的通知》（组通字〔2014〕42号）第二条规定："根据《中华人民共和国公司法》'公司应当为党组织的活动提供必要条件'规定和中办发〔2012〕11号文件'建立并落实税前列支制度'等要求，非公有制企业党组织工作经费纳入企业管理费列支，不超过职工年度工资薪金总额1%的部分，可以据实在企业所得税前扣除。"

2.27.7.2 国有企业

《中共中央组织部 财政部 国务院国资委党委 国家税务总局关于国有企业党组织工作经费问题的通知》（组通字〔2017〕38号）第二条规定："纳入管理费用的党组织工作经费，实际支出不超过职工年度工作薪金总额1%的部分，可以据实在企业所得税前扣除。年末如有结余，结转下一年度使用。累计结转超过上一年度职工工资总额2%的，当年不再从管理费用中安排。"

2.27.8 棚户区改造支出

《财政部 国家税务总局关于企业参与政府统一组织的棚户区改造有关企业所得税政策问题的通知》（财税〔2013〕65号）第一条规定："企业参与政府统一组织的工矿（含中央下放煤矿）棚户区改造、林区棚户区改造、垦区危房改造并同时符合一定条件的棚户区改造支出，准予在企业所得税前扣除。"

同时符合一定条件的棚户区改造支出，是指同时满足以下条件的棚户区改造支出：

（1）棚户区位于远离城镇、交通不便，市政公用、教育医疗等社会公共服务缺乏城镇依托的独立矿区、林区或垦区；

（2）该独立矿区、林区或垦区不具备商业性房地产开发条件；

（3）棚户区市政排水、给水、供电、供暖、供气、垃圾处理、绿化、消防等市政服务或公共配套设施不齐全；

（4）棚户区房屋集中连片户数不低于50户，其中，实际在该棚户区居住且在本地区无其他住房的职工（含离退休职工）户数占总户数的比例不低于75%；

（5）棚户区房屋按照《房屋完损等级评定标准》和《危险房屋鉴定标准》评定属于危险房屋、严重损坏房屋的套内面积不低于该片棚户区建筑面积的25%；

（6）棚户区改造已纳入地方政府保障性安居工程建设规划和年度计划，并由地方政府牵头按照保障性住房标准组织实施；异地建设的，原棚户区土地由地方政府统一规划使用或者按规定实行土地复垦、生态恢复。

2.27.9　私车公用支出

一些中小企业将老板或职工的私车用于拉货、接人的企业事务，并支付私车车主一些费用作为补偿。这些支出与企业生产经营有关，可以租赁的形式，凭合法有效凭据在税前扣除。

广西税务局微信公众号2020年9月25日解答："企业按公允价值与车辆所有者签订租赁合同，清晰约定发生的相关费用承担归属，通过租赁关系，在取得租金发票的情况下，发生的与经营收入有关的油费、过路费、修理费等支出，可凭合法有效凭证在企业所得税税前扣除。"同时，"企业在租赁期内支付固定的租车费用之外负担用车所发生的汽油费、过路过桥费、修理费等费用支出准许在企业所得税前进行扣除，而与车辆所有权有关的固定费用包括车船税、保险费、车辆购置税和折旧费等，不论是否由承租方负担均不予税前扣除"。

2.27.10　行政和解金

《财政部 国家税务总局关于行政和解金有关税收政策问题的通知》（财税〔2016〕100号）第一条规定："行政相对人交纳的行政和解金，不得在所得税税前扣除。"

2.28　税前扣除凭据

税前扣除凭证，是指企业在计算企业所得税应纳税所得额时，证明与取得收入有关的、合理的支出实际发生，并据以税前扣除的各类凭证。政策依据为《国家税务总局关于发布〈企业所得税税前扣除凭证管理办法〉的公告》（国家税务总局公告2018年第28号）。

2.28.1　原　则

税前扣除凭证在管理中遵循真实性、合法性、关联性原则。真实性是指税前扣除凭证反映的经济业务真实，且支出已经实际发生；合法性是指税前扣除凭证的形式、来源符合国家法律、法规等相关规定；关联性是指税前扣除凭证与其反映的支出相关联且有证明力。

企业发生支出，应取得税前扣除凭证，作为计算企业所得税应纳税所得额时扣除相关支出的依据。

企业应在当年度企业所得税法规定的汇算清缴期结束前取得税前扣除凭证。

企业应将与税前扣除凭证相关的资料，包括合同协议、支出依据、付款凭证等留存备查，以证实税前扣除凭证的真实性。

2.28.2 类 型

税前扣除凭证按照来源分为内部凭证和外部凭证，其中外部凭证又可进一步细分为发票和其他外部凭证。

2.28.2.1 内部凭证

内部凭证是指企业自制用于成本、费用、损失和其他支出核算的会计原始凭证。内部凭证的填制和使用应当符合国家会计法律、法规等相关规定。包括但不限于：

（1）企业内部成本核算项目，如企业在生产经营过程中发生的材料成本、工资薪金、制造费用等的归集与分配等。

（2）企业内部自制凭证，如工资单、工资费用汇总表、材料成本核算表（入库单、领料单、耗用汇总表等）、资产折旧或摊销表、制造费用归集与分配表、产品成本计算单等。

2.28.2.2 外部凭证

外部凭证是指企业发生经营活动和其他事项时，从其他单位、个人取得的用于证明其支出发生的凭证，包括但不限于发票（包括纸质发票和电子发票）、财政票据、完税凭证、收款凭证、分割单等。

（1）发票。企业在境内发生的支出项目属于增值税应税项目（以下简称“应税项目”）的，对方为已办理税务登记的增值税纳税人，其支出以发票（包括按照规定由税务机关代开的发票）作为税前扣除凭证；对方为依法无须办理税务登记的单位或者从事小额零星经营业务的个人，其支出以税务机关代开的发票或者收款凭证及内部凭证作为税前扣除凭证，收款凭证应载明收款单位名称、个人姓名及身份证号、支出项目、收款金额等相关信息。小额零星经营业务的判断标准是个人从事应税项目经营业务的销售额不超过增值税相关政策规定的起征点。国家税务总局对应税项目开具发票另有规定的，以规定的发票或者票据作为税前扣除凭证。

对于何为“小额零星”，国家税务总局《2019年减税降费政策答复汇编》第85问解答：“考虑到小规模增值税纳税人符合条件可以享受免征增值税优惠政策，根据《中华人民共和国增值税暂行条例》及实施细则、《财政部税务总局关于实施小微企业普惠性税收减免政策的通知》（财税〔2019〕13号）规定，小额零星经营业务可按以下标准判断：按月纳税的，月销售额不超过10万元[1]；按次纳税的，每次（日）销售额不超过300~500元”。

---

[1]《财政部 税务总局关于对增值税小规模纳税人免征增值税的公告》（财政部 税务总局公告2022年第15号）规定，自2022年4月1日至2022年12月31日，增值税小规模纳税人适用3%征收率的应税销售收入，免征增值税。

《2019年减税降费政策答复汇编》第3问解答同时指出："凡办理了税务登记或临时税务登记的纳税人，均可享受月销售额10万元以下免税政策。未办理税务登记或临时税务登记的纳税人，除其他个人出租不动产等特殊规定外，则执行按次500元以下免税的政策。"

因此，"小额零星"基本上只适用于个人按次500元以下的情形。也许有人会问，增值税上的"个人"包括个体工商户和其他个人，那么，此处的个人是否也包括个体工商户？不包括个体工商户，因为个体工商户需要办理税务登记，属于已办理税务登记的增值税纳税人，以发票作为税前扣除凭证。

（2）其他外部凭证。企业在境内发生的支出项目不属于应税项目的，对方为单位的，以对方开具的发票以外的其他外部凭证作为税前扣除凭证；对方为个人的，以内部凭证作为税前扣除凭证。

企业在境内发生的支出项目虽不属于应税项目，但按税务总局规定可以开具发票的，可以发票作为税前扣除凭证。

除发票外，其他外部凭证包括但不限于：

①企业支付的政府性基金、行政事业性收费，以财政或税务机关开具的《地方性收费、基金专用缴款书》为税前扣除凭证。

②企业缴纳的可在税前扣除的各类税金，以税务机关开具的完税证明为税前扣除凭证，不能只以银行付款凭证作为扣除依据。税前可扣除的税金不包括增值税一般纳税人缴纳的增值税，代扣代缴、代收代缴的税费，以及税务罚款、税收滞纳金。

③企业拨缴的职工工会经费，以税务机关或工会组织开具的《税收通用完税证》或《税收缴款书》为税前扣除凭证。

④企业支付的土地出让金，以土地管理部门开具的财政票据为税前扣除凭证。

⑤企业缴纳的各类社会保险费，以税务机关开具的《社保费专用凭证》或《社保费专用缴款书》为税前扣除凭证。

⑥企业缴纳的残疾人保障金，以税务机关开具的《税收通用完税证》或《地方性收费、基金专用缴款书》为税前扣除凭证。

⑦企业缴纳的住房公积金，以收缴单位开具的专用票据为税前扣除凭证。

⑧企业通过公益性社会团体或者县级以上人民政府及其部门，用于公益事业的捐赠支出，以财政厅印制并加盖接受捐赠单位印章的公益性捐赠票据，或加盖接受捐赠单位印章的《非税收入一般缴款书》收据联，为税前扣除凭证。

⑨企业根据法院判决、调解、仲裁等发生的支出，以法院判决书、裁定书、调解书，以及可由人民法院执行的仲裁裁决书、公证债权文书和付款单据等为税前扣除凭证。

⑩中国铁路总公司自印铁路票据。《国家税务总局关于铁路运输和邮政业营业税改征增值税发票及税控系统使用问题的公告》（国家税务总局公告2013年第76号）第一条第二款规定："中国铁路总公司及其所属运输企业（含分支机构）可暂延用其自行印制的铁路票据，其他提供铁路运输服务的纳税人以及提供邮政服务的纳税人，其普通发票的使用由各省国税局确定。"

⑪航空票据。《国家税务总局国用空关于国际客票使用〈航空运输电子客票行程单〉有关问题的通知》（国税发〔2012〕83号）规定："为加强和规范普通发票管理，适应税收信息化发展的要求，根据《国家税务总局关于印发〈全国普通发票简并票种统一式样工作

实施方案〉的通知》（国税发〔2009〕142号）有关规定，经研究，国际客票将使用《航空运输电子客票行程单》（以下简称《行程单》），公共航空运输企业和航空运输销售代理企业销售国际航空客票时，应当按照规定开具《行程单》作为报销凭证。”该文件第七条规定：“《行程单》作为国际客票报销凭证自2013年1月1日起全面使用，届时《国际航空旅客运输专用发票》停止开具，主管税务机关应当做好《国际航空旅客运输专用发票》缴销工作。”因此企业取得的《国际航空旅客运输专用发票》不能作为税前扣除凭证，应让航空公司开具《航空运输电子客票行程单》。

2.28.3 不合规发票

2.28.3.1 定 义

企业取得私自印制、伪造、变造、作废、开票方非法取得、虚开、填写不规范等不符合规定的发票（以下简称“不合规发票”），以及取得不符合国家法律、法规等相关规定的其他外部凭证（以下简称“不合规其他外部凭证”），不得作为税前扣除凭证。

2.28.3.2 填写不规范的发票

私自印制、伪造、变造、作废、开票方非法取得、虚开的发票都好理解，填写不规范的发票包括但不限于：

（1）发票抬头不全的发票。对于企业取得发票抬头不全，如付款方是其简称的发票，《国家税务总局关于进一步加强普通发票管理工作的通知》（国税发〔2008〕80号）第八条第二款规定：“在日常检查中发现纳税人使用不符合规定发票特别是没有填开付款方全称的发票，不得允许纳税人用于税前扣除、抵扣税款、出口退税和财务报销”，对应的支出不得在税前扣除。

（2）与实际内容不符的发票。有些企业会要求卖家在发票上变更所购商品的名称。

《中华人民共和国发票管理办法》（以下简称《发票管理办法》）第二十条规定：“所有单位和从事生产、经营活动的个人在购买商品、受服务以及从事其他经营活动支付款项，应当向收款方取得发票。取得发票时，不得要求变更品名和金额。”国税发〔2008〕80号文件第四条第一款规定：“收款方在收取款项时，应如实填开发票，不得以任何理由拒开发票，不得开具与实际内容不符的发票……付款方不得要求开具与实际内容不符的发票。”

营改增后，《国家税务总局关于增值税发票开具有关问题的公告》（国家税务总局公告2017年第16号）第二条规定：“销售方开具增值税发票时，发票内容应按照实际销售情况如实开具，不得根据购买方要求填开与实际交易不符的内容。销售方开具发票时，通过销售平台系统与增值税发票税控系统后台对接，导入相关信息开票的，系统导入的开票数据内容应与实际交易相符，如不相符应及时修改完善销售平台系统。”

因此，取得与实际内容不符的发票不得税前扣除。

（3）没有填写纳税人识别号的发票。国家税务总局公告2017年第16号第一条规定：“自2017年7月1日起，购买方为企业的，索取增值税普通发票时，应向销售方提供纳税人识别号或统一社会信用代码；销售方为其开具增值税普通发票时，应在‘购买方纳税人识别号’栏填写购买方的纳税人识别号或统一社会信用代码。不符合规定的发票，不得作为税收凭证。”因此，没有填写纳税人识别号的发票属于不符合规定的发票，对应的支出不能税前扣除。

（4）备注栏填写不规范的发票。营改增后，很多发票要求填写备注栏，如《国家税务总局关于全面推开营业税改征增值税试点有关税收征收管理事项的公告》（国家税务总局公告2016年第23号）第四条规定：“（三）提供建筑服务，纳税人自行开具或者税务机关代开增值税发票时，应在发票的备注栏注明建筑服务发生地县（市、区）名称及项目名称。（四）销售不动产，纳税人自行开具或者税务机关代开增值税发票时，应在发票‘货物或应税劳务、服务名称’栏填写不动产名称及房屋产权证书号码（无房屋产权证书的可不填写），‘单位’栏填写面积单位，备注栏注明不动产的详细地址。（五）出租不动产，纳税人自行开具或者税务机关代开增值税发票时，应在备注栏注明不动产的详细地址。”

因此，备注栏填写不规范的发票不能税前扣除。

2.28.4 补救措施（第十四条）

企业应当取得而未取得发票、其他外部凭证或者取得不合规发票、不合规其他外部凭证的，若支出真实且已实际发生，应当在当年度汇算清缴期结束前，要求对方补开、换开发票或其他外部凭证。补开、换开后的发票、其他外部凭证符合规定的，可以作为税前扣除凭证。

企业在补开、换开发票或其他外部凭证过程中，因对方注销、撤销、依法被吊销营业执照、被税务机关认定为非正常户等特殊原因无法补开、换开发票或其他外部凭证的，可凭以下资料证实支出真实性后，其支出允许税前扣除：

（1）无法补开、换开发票或其他外部凭证原因的证明资料（包括工商注销、机构撤销、列入非正常经营户、破产公告等证明资料）；

（2）相关业务活动的合同或者协议；

（3）采用非现金方式支付的付款凭证；

（4）货物运输的证明资料；

（5）货物入库、出库内部凭证；

（6）企业会计核算记录以及其他资料。

上述第（1）项至第（3）项为必备资料。

2.28.5 共用支出

企业与其他企业（包括关联企业）、个人在境内共同接受应纳增值税劳务（以下简称“应税劳务”）[1]发生的支出，采取分摊方式的，应当按照独立交易原则进行分摊，企业以

[1] 国家税务总局公告2018年第28号中的“劳务”是一个相对宽泛的概念，原则上包含了所有劳务服务活动，不能等同于增值税相关规定中的“加工、修理修配劳务”。

发票和分割单作为税前扣除凭证，共同接受应税劳务的其他企业以企业开具的分割单作为税前扣除凭证。

企业与其他企业、个人在境内共同接受非应税劳务发生的支出，采取分摊方式的，企业以发票外的其他外部凭证和分割单作为税前扣除凭证，共同接受非应税劳务的其他企业以企业开具的分割单作为税前扣除凭证。

企业租用（包括企业作为单一承租方租用）办公、生产用房等资产发生的水、电、燃气、冷气、暖气、通讯线路、有线电视、网络等费用，出租方作为应税项目开具发票的，企业以发票作为税前扣除凭证；出租方采取分摊方式的，企业以出租方开具的其他外部凭证作为税前扣除凭证。

2.28.6 境外发票

企业从境外购进货物或者劳务发生的支出，以对方开具的发票或者具有发票性质的收款凭证、相关税费缴纳凭证作为税前扣除凭证。

《发票管理办法》第三十三条规定："单位和个人从中国境外取得的与纳税有关的发票或者凭证，税务机关在纳税审查时有疑义的，可以要求其提供境外公证机构或者注册会计师的确认证明，经税务机关审核认可后，方可作为记账核算的凭证。"

因此，企业在境外实际发生的与取得收入有关的、合理的支出，可以在税前扣除，若税务机关对境外单位凭证有疑义，可以要求企业提供境外公证机构或者注册会计师的确认证明。

2.28.7 管　理

汇算清缴期结束后，税务机关发现企业应当取得而未取得发票、其他外部凭证或者取得不合规发票、不合规其他外部凭证并且告知企业的，企业应当自被告知之日起60日内补开、换开符合规定的发票、其他外部凭证。其中，因对方特殊原因无法补开、换开发票或其他外部凭证的，企业应当按照第十四条的规定，自被告知之日起60日内提供可以证实其支出真实性的相关资料（第十五条）。

企业在规定的期限未能补开、换开符合规定的发票、其他外部凭证，并且未能按照该办法第十四条的规定提供相关资料证实其支出真实性的，相应支出不得在发生年度税前扣除。

除发生第十五条规定的情形外，企业以前年度应当取得而未取得发票、其他外部凭证，且相应支出在该年度没有税前扣除的，在以后年度取得符合规定的发票、其他外部凭证或者按照该办法第十四条的规定提供可以证实其支出真实性的相关资料，相应支出可以追补至该支出发生年度税前扣除，但追补年限不得超过五年。

综上所述，若企业自己发现其支出应取得而未取得发票或取得不合规发票，不能税前扣除，但企业可以在汇算清缴结束前要求对方补开、换开发票；若对方已经注销、撤销、依法被吊销营业执照、被税务机关认定为非正常户等特殊原因无法补开、换开发票，提供六项资料证实支出真实性后，可以税前扣除。若税务机关发现企业应取得而未取得发票或取得不合规发票，不得税前扣除，企业应自被告知之日起60日内补开、换开符合规定的发票；若因对方特殊原因无法补开、换开发票，企业应自被告知之日起60日内提供可以证实其支出真实性的六项资料后，可以税前扣除。若在规定期限未能补开、换开符合规定的发票，且未能提供相关资料证实其支出真实性，其支出不得税前扣除。

注 意

1.非增值税应税项目的支出可以不凭发票税前扣除。

非增值税应税项目的业务收款方自然开不出发票，付款方也就不必凭发票税前扣除。如与销售货物无关的违约金、赔偿费等，不属于增值税应税项目，不开具增值税发票，付款方凭合同、协议、付款凭证等税前扣除。

2.不征税发票可以作为税前扣除凭证。

营改增后，一些特殊业务可以开具“不征税”增值税普通发票，税率栏填写“不征税”。如销售预付卡、销售自行开发的房地产项目预收款、融资性售后回租业务中承租方出售资产等。这些不征税发票可以作为税前扣除凭证，但需要注意的是，如预付卡，购买预付卡时取得“不征税”发票，应区分不同情况税前扣除，若将预付卡发放职工福利，则作为职工福利费限额扣除；若赠送客户，则作为业务招待费限额扣除；若自己使用，则在实际持卡消费时税前扣除。

3.发票丢失的处理。

企业丢失发票，目前不少税务机关明确，可以凭开票方提供的记账联复印件作为税前扣除凭证。

风险提示

1.税前扣除的首要原则仍是真实性。

有不少企业认为，只要提供了发票，或按照国家税务总局公告2018年第28号要求提供了相关证明材料，就可以税前扣除，这是误解。税前扣除，首先仍然是真实性，真实性是基础，若企业的经济业务及支出不具备真实性，取得的凭证不得作为税前扣除凭证。发票等税前扣除凭证只是佐证税前扣除真实性的证据，即使发票真实，支出不真实，也不能税前扣除。

案 例

建筑服务企业A公司取得了大量由非正常企业开具的发票，包括增值税专用发票和增值税普通发票，且多数发票已经进行了抵扣，或已将相关支出在税前扣除，存在少缴税款的风险。由于A公司未能在国家税务总局公告2018年第28号规定的期限内提供相关证明材料，其取得的由非正常企业开具的发票，被认定为不合规发票，相关支出不能在税前扣除。最终，A公司补缴税款及滞纳金500多万元。

资料来源：有真发票，就一定能税前扣除吗［N］.中国税务报，2019-09-27（B4）.

2.不是只要有税前扣除凭证就能税前扣除。

不是说只要取得了税前扣除凭证，就都能税前扣除，还要看税前扣除条件。如该支出是否与企业取得收入有关、合理，若是应由个人负担的支出，即使取得了企业抬头的发票，也不能税前扣除。即使与企业取得收入有关、合理，还要看扣除时点和扣除金额，如企业购买预付卡，取得增值税普通发票，但不能在取得发票时税前扣除购卡支出。若企业购买的预付卡自己使用，则在持卡消费时据实扣除消费金额；若企业购买的预付卡发放给职工，则计入职工福利费，在税法规定的限额内税前扣除；若企业购买的预付卡赠送客户，则计入业务招待费，在税法规定的限额内税前扣除。

案　例

绍兴焦点网络科技有限公司2020年12月购入两个车位，支付预付款490 000元，取得不征税发票，当年产权并未发生转移；2019年至2020年度“管理费用——油费”科目中列支未使用的油卡（支付预付款，取得不征税发票，实际并未使用）合计44 085元。以上费用已于当期结转成本，补缴企业所得税26 704.24元，

资料来源：绍兴焦点网络科技有限公司行政处罚公示［EB/OL］.（2021-07-23）浙江省税务局绍兴市网站.

3. 应取得发票而未取得发票的不能税前扣除。

在国家税务总局公告2018年第28号出台之前，企业实际发生的支出，但未取得发票，能否税前扣除一直争议巨大。税法只规定了相关的、合理的支出，相关政策也未规定“合法有效凭据”必须是发票，因此，企业实际发生的支出，没有取得发票就不能税前扣除似乎政策依据不足。

但是，越来越多的法院判决表明，企业没有取得发票的支出，不能税前扣除。如2013年海南鑫海建材有限公司诉海南省国家税务局第三稽查局案，2017年吉林省丰达高速公路服务有限公司诉公主岭市国家税务局、公主岭市国家税务局稽查局案，都是税务机关因企业发生的支出未取得发票而不允许税前扣除，得到法院支持。

即使在国家税务总局公告2018年第28号出台后，仍然有企业以税法没有规定必须凭发票税前扣除为由起诉，结果败诉。[1]

因此，企业发生的业务属于增值税应税项目的，应当取得发票。

即使企业核算规范，即使取得发票确实有困难，应税项目的支出仍然必须取得发票。2020年10月19日，国家税务总局在《对十三届全国人大三次会议第8765号建议的答复》中“关于允许内控机制完善的平台经济使用内部凭证列支成本费用”问题答复：“如果允许平台企业所有经营活动均使用内部凭证列支成本费用，在企业所得税征管上会造成平台企业与非平台企业之间的差异，不利于营造公平竞争的市场环境。特别是增值税应税项目如果均使用内部凭证作为税前扣除凭证，不利于增值税发票的规范管理，破坏了增值税抵扣链条的完整性，易引发偷漏税风险。因此，建议平台企业依法依规使用内部凭证和外部凭证列支成本费用。”

［1］吉林省宜林房地产开发有限公司诉长春市国家税务局第一稽查局案二审。

案 例

青岛辉涵装饰工程有限公司2018年现金支付材料费合计85 000元未取得合法有效扣税票据，当年已结转主营业务成本，汇算清缴时未做纳税调整。结转的主营业务成本85 000元没有合法凭证不得税前扣除，应补缴企业所得税8 500元，加收滞纳金。

资料来源：青岛辉涵装饰工程有限公司送达公告［EB/OL］.（2021-06-21）青岛市税务局网站.

4. 60日后再取得税前扣除凭证的不能税前扣除。

根据国家税务总局公告2018年第28号第十五条规定，若企业在60日内没有补开、换开符合规定的发票，不能税前扣除，在60日后即使取得符合规定的发票，也不能税前扣除，即该支出永远不得税前扣除。

5. 注意提供相关资料税前扣除的条件。

企业按照国家税务总局公告2018年第28号第十四条规定提供相关资料以税前扣除的前提条件是因对方注销、撤销、依法被吊销营业执照、被税务机关认定为非正常户等特殊原因无法补开、换开发票，若对方未出现上述情况，企业应当要求对方补开、换开发票，而不能依靠提供相关资料税前扣除，若对方拒绝补开、换开发票，则企业不能税前扣除，但可向税务机关举报其拒不开具发票。

6. 所提供资料应符合国家税务总局公告2018年第28号规定的条件。

有的企业取得不合规发票，即使业务真实，但若无法提供国家税务总局公告2018年第28号第十四条规定的相关资料，也不能税前扣除。

案 例

甲工程公司2018年8月购买建筑材料获得的40万元增值税普通发票被其上游企业主管税务机关确认为虚开发票。“我们公司真的购进了40万元建筑材料，是通过包工头代购的，材料款用现金支付给了包工头，货已送到工地使用，只是仓促中没有签订合同，难道就因为无意中收到了问题发票，这些实际发生的成本就不能税前列支了？”甲工程公司负责人对税务机关的处理感到不解。

检查人员向其解释道，甲工程公司属于取得不合规发票且因上游企业失联无法补开换开合规发票的情形，要税前扣除有关成本，须按要求提供证明其支出真实性的资料。由于甲工程公司的有关交易支出是以现金支付的且未签订合同，不符合必备资料中的第二和第三项，所以不能税前扣除。

甲公司原享受小型微利企业条件，纳税调整后不再符合小型微利企业条件，需补缴税款22万元。

资料来源：接受问题发票税收优惠泡汤［N］.中国税务报，2019-10-15（B3）.

7. 注意非现金支付凭证的相关规定。

企业取得不合规发票，应换开发票，若对方因特殊原因不能换开发票，企业应提供国家税务总局公告2018年第28号第十四条规定的相关资料证实支出真实性，其中“采用非现金方式支付的付款凭证”为必备资料。即企业该支出必须已经实际支付，且为非现金支付。

目前很多税务机关采用严格口径，即必须全部非现金已支付，若企业部分现金支付部分非现金支付、部分非现金支付部分未付等情况，都不得税前扣除。

8. 注意分割单使用的条件。

企业间共同发生的支出不是都能使用分割单作为税前扣除凭证。

根据国家税务总局公告2018年第28号第十八条规定，当企业与其他企业共同接受应税劳务、非应税劳务时，共同接受应税劳务、非应税劳务的其他企业以企业开具的分割单作为税前扣除凭证。若其他企业非上述两种情形，则不能以分割单作为税前扣除凭证。如集团公司召开集团会议，住宿费、会议费发票开给集团公司，款项分摊给各成员单位，各成员单位可以集团公司开具的分割单作为税前扣除凭证；若集团公司统一购买办公用品，各成员单位领用集团公司统一购买的办公用品，发票开给集团公司，款项分摊给各成员单位，由于购买办公用品是货物，各成员单位不能以集团公司开具的分割单作为税前扣除凭证。如2.8节“捐赠支出”中的风险提示所述，集团公司每年按比例向各成员企业收取一定费用，以集团的名义进行公益性捐赠，取得集团为捐赠人的公益性捐赠票据，各成员单位由于并未接受非应税劳务，不能以集团公司开具的分割单作为税前扣除凭证。

9. 增值税免税项目对应的支出也需要发票。

企业发生的支出项目属于增值税应税项目以发票作为税前扣除凭证，增值税免税项目也属于应税项目，只是免征增值税，因此，企业发生的支出项目属于增值税免税项目的，也以发票作为税前扣除凭证。如统借统还业务支付的利息。

10. 注意跨年取得发票的处理。

企业支出未取得发票未扣除的，以后年度取得发票，应按照权责发生制原则在支出发生年度扣除，但不得超过5年。

第3章

资　产

Enterprise Income Tax

Practice and Risk

Prevention and Control

TAXING

3.1 存　货

《企业会计准则第1号——存货》第三条规定："存货，是指企业在日常活动中持有以备出售的产成品或商品、处在生产过程中的在产品、在生产过程或提供劳务过程中耗用的材料和物料等。"

企业的存货通常包括原材料、在产品、半成品、产成品、商品和周转材料。

该准则第四条规定："存货同时满足下列条件的，才能予以确认：（一）与该存货有关的经济利益很可能流入企业；（二）该存货的成本能够可靠地计量。"

3.1.1 存货成本

3.1.1.1 会计成本

企业取得存货应当按照成本进行计量。存货成本包括采购成本、加工成本和使存货达到目前场所和状态所发生的其他成本三个组成部分。企业存货的取得主要是通过外购和自制两个途径。

（1）外购存货的成本。企业外购存货主要包括原材料和商品。外购存货的成本即存货的采购成本，指企业物资从采购到入库前所发生的全部支出，包括购买价款、相关税费、运输费、装卸费、保险费以及其他可归属于存货采购成本的费用。

商品流通企业在采购商品过程中发生的运输费、装卸费、保险费以及其他可归属于存货采购成本的费用等进货费用，应计入所购商品成本。在实务中，企业也可以将发生的运输费、装卸费、保险费以及其他可归属于存货采购成本的费用等进货费用先进行归集，期末按照所购商品的存销情况进行分摊。对于已销售商品的进货费用，计入主营业务成本；对于未售商品的进货费用，计入期末存货成本。商品流通企业采购商品的进货费用金额较小的，可以在发生时直接计入当期销售费用。

（2）加工取得存货的成本。企业通过进一步加工取得的存货，主要包括产成品、在产品、半成品、委托加工物资等，其成本由采购成本、加工成本构成。某些存货还包括使存货达到目前场所和状态所发生的其他成本，如可直接认定的产品设计费用等。通过进一步加工取得的存货的成本中采购成本是由所使用或消耗的原材料采购成本转移而来的，因此，计量加工取得的存货成本，重点是要确定存货的加工成本。

存货加工成本由直接人工和制造费用构成，其实质是企业在进一步加工存货的过程中追加发生的生产成本，因此，不包括直接由材料存货转移来的价值。其中，直接人工是指企业在生产产品过程中，直接从事产品生产的工人的职工薪酬。直接人工和间接人工的划分依据通常是生产工人是否与所生产的产品直接相关（即可否直接确定其服务的产品对象）。制造费用是指企业为生产产品和提供劳务而发生的各项间接费用。制造费用是一项间接生产成本，包括企业生产部门（如生产车间）管理人员的职工薪酬、折旧费、办公费、水电费、机物料消耗、劳动保护费、季节性和修理期间的停工损失等。

（3）其他方式取得存货的成本。企业取得存货的其他方式主要包括接受投资者投资、非货币性资产交换、债务重组、企业合并以及存货盘盈等。

3.1.1.2 计税基础

《企业所得税法实施条例》第七十二条规定："企业所得税法第十五条所称存货，是指企业持有以备出售的产品或者商品、处在生产过程中的在产品、在生产或者提供劳务过程中耗用的材料和物料等。

存货按照以下方法确定成本：

（一）通过支付现金方式取得的存货，以购买价款和支付的相关税费为成本；

（二）通过支付现金以外的方式取得的存货，以该存货的公允价值和支付的相关税费为成本；

（三）生产性生物资产收获的农产品，以产出或者采收过程中发生的材料费、人工费和分摊的间接费用等必要支出为成本。"

外购存货的成本，会计上包括购买价款、相关税费、运输费、装卸费、保险费以及其他可归属于存货采购成本的费用；税收上包括购买价款和支付的相关税费，似乎不包括运输费、装卸费、保险费以及其他可归属于存货采购成本的费用，是否产生税会差异？

《中华人民共和国企业所得税法实施条例释义及适用指南》指出：相关税费，是指企业购买、自制或者委托加工存货发生的进口关税、消费税、资源税和不能抵扣的增值税进项税额等应计入存货采购成本的税费，以及其他可归属于存货成本的费用，如在存货采购过程中发生的运输费、装卸费、保险费等。

因此，存货成本处理，企业所得税与会计准则没有差异。但税法与《小企业会计准则》有差异。

《小企业会计准则》第六十五条规定："……小企业（批发业、零售业）在购买商品过程中发生的费用（包括：运输费、装卸费、包装费、保险费、运输途中的合理损耗和入库前的挑选整理费等）也构成销售费用。"

【例3-1】零售企业甲公司20×1年12月1日购入一批商品，购买价款100万元，相关费用5万元，20×2年2月1日该批商品售出。

（1）若甲公司适用《企业会计准则》，则会计处理如下（单位：万元）：

20×1年12月1日购入时：

借：库存商品	105	
贷：银行存款		105

20×2年2月1日售出时：

借：主营业务成本	105	
贷：库存商品		105

（2）若甲公司适用《小企业会计准则》，则会计处理如下：

20×1年12月1日购入时：

借：库存商品	100	
销售费用	5	
贷：银行存款		105

20×2年2月1日售出时：

借：主营业务成本 100

贷：库存商品 100

由此可见，《小企业会计准则》与税法存在差异。在例3-1中，甲公司在20×1年度应调增应纳税所得额5万元，但在20×2年度结转成本时应再调减应纳税所得额5万元，加大了小企业纳税调整的工作量。需要注意的是，该处理仅适用于批发业、零售业的小企业。

3.1.2 发出存货的计价方法

3.1.2.1 会计处理

日常工作中，企业发出的存货，可以按实际成本核算，也可以按计划成本核算。如采用计划成本核算，会计期末应调整为实际成本。在实际成本核算方式下，企业可以采用的发出存货成本的计价方法包括个别计价法、先进先出法、月末一次加权平均法和移动加权平均法等。

【例3-2】甲公司3月份某存货期初余额为2 000件，金额为2 000元，1日购进5 000件，金额6 000元；3日购进6 000件，金额7 000元；7日发出8 000件；10日购进10 000件，金额12 000元；12日发出5 000件。计算本月发出存货成本。

先进先出法：

2 000+6 000+7 000/6 000×1 000+7 000/6 000×5 000=15 000（元）；

月末一次加权平均法：

（2 000+6 000+12 000）/（2 000+5 000+6 000+10 000）×（8 000+5 000）=15 260.87（元）；

移动加权平均法：

（2 000+6 000+7 000）/（2 000+5 000+6 000）×8 000=9 230.77（元）；

（2 000+6 000+7 000−9 230.77+12 000）/（2 000+5 000+6 000−8 000+10 000）×5 000=5 923.08（元）；

9 230.77+5 923.08=15 153.85（元）。

三种方法计算出来的存货成本各不相同，略有差异。

商品流通企业的库存商品还可以采用毛利率法和售价金额核算法进行日常核算。

（1）毛利率法。毛利率法是指根据本期销售净额乘以上期实际（或本期计划）毛利率匡算本期销售毛利，并据以计算发出存货和期末存货成本的一种方法。

这是商品流通企业（尤其是商业批发企业）常用的计算本期商品销售成本和期末库存商品成本的方法。商品流通企业由于经营商品的品种繁多，如果分品种计算商品成本，工作量将大大增加，而且，一般来讲，商品流通企业同类商品的毛利率大致相同，采用这种存货计价方法既能减轻工作量，也能满足存货管理的需要。

【例3-3】某商场4月1日针织品存货1 800万元，本月购进3 000万元。本月销售收入3 400万元，上季度该类商品毛利率为25%。本月已销商品和月末库存商品的成本计算如下：

销售毛利=3 400×25%=850（万元）；

本月销售成本=3 400–850=2 550（万元）；

月末库存商品成本=1 800+3 000–2 550=2 250（万元）。

（2）售价金额核算法。售价金额核算法是指平时商品的购入、加工收回、销售均按售价记账、售价与进价的差额通过“商品进销差价”科目核算，期末计算进销差价率和本期已销商品应分摊的进销差价，并据以调整本期销售成本的一种方法。

对于从事商业零售业务的企业（如百货公司、超市等），由于经营商品种类、品种、规格等繁多，而且要求按商品零售价格标价，采用其他成本计算结转方法均较困难，因此广泛采用这一方法。

【例3–4】某商场7月期初库存商品的进价成本为100万元，售价总额为110万元，本月购进该商品的进价成本为75万元，售价总额为90万元，本月销售收入为120万元。相关计算如下：

商品进销差价率=（10+15）/（110+90）×100%=12.5%；

已销商品应分摊的商品进销差价=120×12.5%=15（万元）；

本期销售商品的实际成本=120–15=105（万元）；

期末结存商品的实际成本=100+75–105=70（万元）。

3.1.2.2　税务处理

《企业所得税法》第十五条规定：“企业使用或者销售存货，按照规定计算的存货成本，准予在计算应纳税所得额时扣除。”

《企业所得税法实施条例》第七十三条规定：“企业使用或者销售的存货的成本计算方法，可以在先进先出法、加权平均法、个别计价法中选用一种。计价方法一经选用，不得随意变更。”

3.1.3　存货减值

3.1.3.1　会计处理

资产负债表日，存货应当按照成本与可变现净值孰低计量。存货成本高于其可变现净值的，应当计提存货跌价准备，计入当期损益。可变现净值，是指在日常活动中，存货的估计售价减去至完工时估计将要发生的成本、估计的销售费用以及相关税费后的金额。

当存货成本低于可变现净值时，存货按成本计价；当存货成本高于可变现净值时，存货按可变现净值计价。当存货成本高于其可变现净值时，表明存货可能发生损失，应在存货销售之前确认这一因素，计入当期损益，并相应减少存货的账面价值。以前减记存货价值的影响因素已经消失的，减记的金额应当予以恢复，并在原已计提的存货跌价准备金额内转回，转回的金额计入当期损益。

【例3–5】20×1年12月31日，甲公司某材料账面价值为100万元，由于市场价格下跌，预计可变现净值为80万元，应计提存货跌价准备20万元。会计处理如下：

借：资产减值损失——计提的存货跌价准备　　200 000

贷：存货跌价准备 200 000

20×2年，由于市场价格有所上升，使得该材料的预计可变现净值为95万元，应转回存货跌价准备15万元。会计处理如下：

借：存货跌价准备 150 000

贷：资产减值损失——计提的存货跌价准备 150 000

3.1.3.2 税务处理

《企业所得税法实施条例》第五十六条第三款规定："企业持有各项资产期间资产增值或者减值，除国务院财政、税务主管部门规定可以确认损益外，不得调整该资产的计税基础。"

在例3–5中，甲公司应于20×1年度调增应纳税所得额20万元，20×2年度调减应纳税所得额15万元。

3.1.4 存货处置

3.1.4.1 会计处理

【例3–6】（承例3–5）20×3年初，甲公司以90万元（不含税）的价格出售了该批存货。会计处理如下：

借：银行存款 1 017 000

贷：主营业务收入 900 000

应交税费——应交增值税（销项税额） 117 000

借：主营业务成本 950 000

存货跌价准备 50 000

贷：库存商品 1 000 000

3.1.4.2 税务处理

在例3–6中，甲公司处置该存货会计利润=90–95=–5（万元），税收所得=90–100=–10（万元），纳税调减5万元，之前调增的资产减值损失在此时弥合。

3.1.5 存货清查

存货清查是指通过对存货的实地盘点，确定存货的实有数量，并与账面结存数核对，从而确定存货实存数与账面结存数是否相符的一种专门方法。

由于存货种类繁多、收发频繁，在日常收发过程中可能发生计量错误、计算错误、自然损耗，还可能发生损坏变质以及贪污、盗窃等情况，造成账实不符，形成存货的盘盈盘亏。对于存货的盘盈盘亏，应填写存货盘点报告（如实存账存对比表），及时查明原因，按照规定程序报批处理。

为了反映企业在财产清查中查明的各种存货的盘盈、盘亏和毁损情况，企业应当设置“待处理财产损溢”科目，借方登记存货的盘亏、毁损金额及盘盈的转销金额，贷方登记存货的盘盈金额及盘亏的转销金额。企业清查的各种存货损益，应在期末结账前处理完毕，期末处理后，该科目应无余额。

3.1.6 存货盘盈

3.1.6.1 会计处理

存货盘盈的核算企业发生存货盘盈时，借记“原材料”“库存商品”等科目，贷记“待处理财产损溢”科目；在按管理权限报经批准后，借记“待处理财产损溢”科目，贷记“管理费用”科目。

【例3-7】甲公司在财产清查中盘盈某材料1 000公斤，实际单位成本60元，经查属于材料收发计量方面的错误。会计处理如下：

（1）批准处理前：

借：原材料	60 000	
贷：待处理财产损溢		60 000

（2）批准处理后：

借：待处理财产损溢	60 000	
贷：管理费用		60 000

3.1.6.2 税务处理

《企业所得税法实施条例》第二十二条规定：“企业所得税法第六条第（九）项所称其他收入，是指企业取得的除企业所得税法第六条第（一）项至第（八）项规定的收入外的其他收入，包括企业资产溢余收入……”该存货盘盈在会计上冲减了管理费用，税会无差异。

3.1.7 存货盘亏及毁损

企业发生存货盘亏及损毁时，借记“待处理财产损溢”科目，贷记“原材料”“库存商品”等科目。在按管理权限报经批准后应做如下会计处理：对于入库的残料价值，记入“原材料”等科目；对于应由保险公司和过失人的赔款，记入“其他应收款”科目；扣除残料价值和应由保险公司、过失人赔款后的净损失，属于一般经营损失的部分，记入、“管理费用”科目，属于非常损失的部分，记入“营业外支出”科目。

【例3-8】甲公司在财产清查中发现盘亏某材料500公斤，实际单位成本200元，经查属于一般经营损失。会计处理如下：

（1）批准处理前：

借：待处理财产损溢 100 000
　贷：原材料 100 000

（2）批准处理后：

借：管理费用 100 000
　贷：待处理财产损溢 100 000

【例3–9】甲公司因自然灾害造成一批库存材料毁损，实际成本70 000元，根据保险责任范围及保险合同规定，应由保险公司赔偿50 000元。会计处理如下：

（1）批准处理前：

借：待处理财产损溢 70 000
　贷：原材料 70 000

（2）批准处理后：

借：其他应收款 50 000
　　营业外支出——非常损失 20 000
　贷：待处理财产损溢 70 000

存货盘亏及毁损按照资产损失的有关规定处理，我们将在“资产损失”部分讲解。

风险提示

1. 不可按收付实现制计成本。

对非工业企业来说，主营业务成本是产品领用形成的成本，一般为期初库存加本期购进减期末库存。有的企业以发票确认成本，企业每月末将发票交给财务人员，财务人员在收到发票时计算营业成本。企业与供货商的结账周期为一到三个月不等，年末购进的原材料次年初才能收到发票，会计人员根据发票来记账，把本应计入本年的营业成本计入次年。这种做法违反了权责发生制原则，可能导致少缴税。

2. 不可将成本计入费用。

营业成本和期间费用都是税前扣除项目，计在哪里不都一样吗？又不影响应纳税所得额，有什么可关注的？其实不然。

企业的成本和费用扣除时间不同，存货成本在存货发出确认收入同时结转成本，而费用是在当期扣除。将成本计入费用，使本应在产品销售后扣除的成本提前税前扣除，未销售的产品不能扣除成本。

3. 不可随意变更发出存货的计价方法。

发出存货的计价方法不同则存货的发出成本也不相同，企业不得通过变更计价方法调节成本。计价方法一经选用，不得随意变更。

3.2 固定资产

《企业会计准则第4号——固定资产》第三条规定：“固定资产，是指同时具有下列特征的有形资产：（一）为生产商品、提供劳务、出租或经营管理而持有的；（二）使用寿命超过一个会计年度。使用寿命，是指企业使用固定资产的预计期间，或者该固定资产所能生产产品或提供劳务的数量。”

该准则第四条规定："固定资产同时满足下列条件的，才能予以确认：（一）与该固定资产有关的经济利益很可能流入企业；（二）该固定资产的成本能够可靠地计量。"

3.2.1 固定资产成本

3.2.1.1 外购的固定资产

（1）会计处理。《企业会计准则第4号——固定资产》第八条规定："外购固定资产的成本，包括购买价款、相关税费、使固定资产达到预定可使用状态前所发生的可归属于该项资产的运输费、装卸费、安装费和专业人员服务费等。"

（2）税务处理。《企业所得税法实施条例》第五十八条第一款规定："外购的固定资产，以购买价款和支付的相关税费以及直接归属于使该资产达到预定用途发生的其他支出为计税基础；"

外购的固定资产处理无税会差异。

3.2.1.2 自行建造的固定资产

（1）会计处理。《企业会计准则第4号——固定资产》第九条规定："自行建造固定资产的成本，由建造该项资产达到预定可使用状态前所发生的必要支出构成。"

《小企业会计准则》第二十八条第二款规定："自行建造固定资产的成本，由建造该项资产在竣工决算前发生的支出（含相关的借款费用）构成。"

（2）税务处理。《企业所得税法实施条例》第五十八条第二款规定，"自行建造的固定资产，以竣工结算前发生的支出为计税基础"。

①与《企业会计准则》对比。会计上自行建造的固定资产以"达到预定可使用状态"为结转时点，税收上自行建造的固定资产以"竣工结算"为结转时点。

此处存在税会差异。《企业会计准则》并没有将预定可使用状态等同于工程的竣工结算，有可能存在已达到预定可使用状态但并未办理竣工结算的固定资产。对此，《企业会计准则第4号——固定资产应用指南》第一条第二款规定："已达到预定可使用状态但尚未办理竣工决算的固定资产，应当按照估计价值确定其成本，并计提折旧；待办理竣工决算后，再按实际成本调整原来的暂估价值，但不需要调整原已计提的折旧额"。

《国家税务总局关于贯彻落实企业所得税法若干税收问题的通知》（国税函〔2010〕79号）第五条规定："企业固定资产投入使用后，由于工程款项尚未结清未取得全额发票的，可暂按合同规定的金额计入固定资产计税基础计提折旧，待发票取得后进行调整。但该项调整应在固定资产投入使用后12个月内进行。"

会计和税收上在固定资产成本不甚明确之前都可暂估成本入账，在明确之后会计上不调整原已计提的折旧额，但税收上需要调整已计提的折旧。

【例3-10】甲公司自行建造了一固定资产，20×1年11月达到预定可使用状态并投入使用，但尚未办理竣工决算，合同约定固定资产造价为100万元，并按照10年计提折旧，但其中有20万元没有取得发票；20×2年3月办理竣工决算，期间又发生相关支出10万元，并取得20万元和10万元发票。

税务处理如下：

20×1年，甲公司该固定资产账面价值为100万元，计提折旧为：100÷10×1/12=0.83（万元），税收与会计一致。

20×2年，该固定资产账面价值增加10万元，为110万元，等于计税基础；20×2年1—2月月计提折旧为0.83万元，3—12月月计提折旧为：（110−0.83×3）÷（12×10−2）=0.91（万元），20×2年折旧额为：0.83×2+0.91×10=10.76（万元）。

税法上的月折旧额为：110÷10÷12=0.92（万元），调减20×1年度应纳税所得额：0.92−0.83=0.09（万元）。20×2年度折旧额为：110÷10=11（万元），调减：11−10.76=0.24（万元）。

争 议

若在固定资产投入使用的12个月以后取得发票，如何调整存在争议。争议的焦点在于国税函〔2010〕79号文件第五条只规定了发票在固定资产投入使用后12个月内取得，调整固定资产的计税基础和折旧。若发票在固定资产投入使用后的12个月后取得，还能否调整固定资产的计税基础和折旧？目前存在四种观点：调折旧、调计税基础，调折旧、不调计税基础，不调折旧、调计税基础，不调折旧、不调计税基础。

笔者比较认同"不调（12个月内的）折旧，调（12个月后的）计税基础"的观点。国税函〔2010〕79号文件第五条是对未取得发票固定资产的特殊规定，若12个月后取得发票，不能追溯调整折旧，对"该项调整应在固定资产投入使用后12个月内进行"可理解为不能调整12个月后取得发票对应所属期的计税基础，但可以调整12个月后取得发票当年及以后的计税基础，与会计账面价值形成的差异在固定资产处置时弥合。

②与《小企业会计准则》对比。《小企业会计准则》的规定与税法规定一致。

3.2.1.3 投资者投入的固定资产

（1）会计处理。《企业会计准则第4号——固定资产》第十一条规定："投资者投入固定资产的成本，应当按照投资合同或协议约定的价值确定，但合同或协议约定价值不公允的除外。"

（2）税务处理。《企业所得税法实施条例》第五十八条第五款规定："通过捐赠、投资、非货币性资产交换、债务重组等方式取得的固定资产，以该资产的公允价值和支付的相关税费为计税基础；"

投资者投入的固定资产处理无税会差异。

3.2.1.4 试运行收入

（1）会计处理。《企业会计准则应用指南》附录"会计科目和主要账务处理"中的"在建工程"规定："试车形成的产品对外销售或转为库存商品的，借记'银行存款'、'库存商品'等科目，贷记本科目（待摊支出）。"《小企业会计准则》第二十八条第二款规定：

“小企业在建工程在试运转过程中形成的产品、副产品或试车收入冲减在建工程成本。”

因此，企业建造固定资产取得的试运行收入应冲减在建工程成本。

【例3-11】企业在建工程成本100万元，试运行取得收入10万元。会计上，固定资产入账面成本为100-10=90万元。税收上，企业应调增收入10万元，调增在建工程成本10万元，该固定资产计税基础为100万元。假设折旧期为5年，会计上的年折旧额为18万元，税法上的折旧额为20万元，以后每年纳税调减2万元。

（2）税务处理。2021年12月底，财政部发布《企业会计准则解释第15号》（财会〔2021〕35号），第一条规定：“企业将固定资产达到预定可使用状态前或者研发过程中产出的产品或副产品对外销售（以下统称试运行销售）的，应当按照《企业会计准则第14号——收入》、《企业会计准则第1号——存货》等规定，对试运行销售相关的收入和成本分别进行会计处理，计入当期损益，不应将试运行销售相关收入抵销相关成本后的净额冲减固定资产成本或者研发支出。”改变了原有试运行销售收入冲减固定资产成本的做法，要求按相关准则确认试运行销售相关收入和成本，税会无差异。

3.2.1.5 借款利息资本化

（1）会计处理。《企业会计准则第17号——借款费用》第四条规定：“企业发生的借款费用，可直接归属于符合资本化条件的资产的购建或者生产的，应当予以资本化，计入相关资产成本；其他借款费用，应当在发生时根据其发生额确认为费用，计入当期损益。”

（2）税务处理。《企业所得税法实施条例》第三十七条第二款规定：“企业为购置、建造固定资产、无形资产和经过12个月以上的建造才能达到预定可销售状态的存货发生借款的，在有关资产购置、建造期间发生的合理的借款费用，应当作为资本性支出计入有关资产的成本，并依照本条例的规定扣除。”

在建造固定资产借款利息资本化上，无税会差异。但是，若企业借款利息超过金融企业同期同类贷款利率，则需要调整。

【例3-12】某非金融企业向另一非金融企业借款100万元用于建造固定资产，符合资本化条件，年利率为10%，金融企业同期同类贷款利率为5%，一年后达到预定可使用状态并竣工，折旧期10年。

会计处理：该固定资产建成后入账成本为110万元，每年计提折旧11万元。

税务处理：在税收上，超额的利息支出不能计入固定资产成本，该固定资产计税基础为105万元，每年计提折旧10.5万元，每年调增0.5万元。或者，在支付利息时即调增5万元，该固定资产的计税基础为110万元，与会计一致。

3.2.2 经营租赁

2018年底修订的《企业会计准则第21号——租赁》（财会〔2018〕35号），在境内外同时上市的企业以及在境外上市并采用国际财务报告准则或企业会计准则的编制财务报表的企业，自2019年1月1日起施行；其他执行企业会计准则的企业自2021年1月1日起施行。

3.2.2.1 承租人的处理

（1）会计处理。新准则的重大变化之一是：在承租人会计处理方面，承租人不再将租赁区分为经营租赁或融资租赁，而是采用统一的会计处理模型，对短期租赁和低价值资产租赁以外的其他所有租赁均确认使用权资产和租赁负债，并分别计提折旧和利息费用。这一变化的实质是将原在表外反映的经营租赁统一纳入表内核算，也将对企业的多项报表数据和财务指标造成影响。

即旧租赁准则下，经营租入的固定资产不纳入承租人的表内资产，不计提折旧，在新租赁准则下，经营租入的固定资产纳入承租人的表内资产，计提折旧。

【例3-13】甲公司（承租人）与乙公司（出租人）签订经营租赁协议，租入乙公司一台机器设备，租赁期5年，为20×1年1月1日至20×5年12月31日，每年末支付租赁20万元（不含税）。20×1年1月甲公司发生初始交易费用1万元（取得普通发票）。甲公司无法取得租赁内含利率，其增量借款利率为6%[1]。（本题计算取整数）

租赁付款额=200 000×5=1 000 000（元）

使用权资产初始价值=200 000×（P/A，6%，5）=842 473（元）

未确认融资费用=1 000 000-842 473=157 527（元）

甲公司各年度租赁负债摊销表见表3-1。

表3-1 甲公司各年度租赁负债摊销表 单位：元

年度	租赁负债年初金额	利息	租赁付款额	租赁负债年末余额
	1	2=1×6%	3	4=1+2-3
20×1	842 473	50 548	200 000	693 021
20×2	693 021	41 581	200 000	534 602
20×3	534 602	32 076	200 000	366 679
20×4	366 679	22 001	200 000	188 679
20×5	188 679	11 321	200 000	0
合计		157 527	1 000 000	

甲公司会计处理如下：

20×1初确认使用权资产和租赁负债：

借：使用权资产 852 473（842 473+10 000）

　　租赁负债——未确认融资费用 157 527

　贷：租赁负债——租赁付款额 1 000 000

　　　银行存款 10 000

20×1年末支付租金：

---

[1] 为简化计算，经营租赁、融资租赁、售后回租例题均假设折旧年限符合税法规定。

借：租赁负债——租赁付款额　　200 000
　　应交税费——应交增值税（进项税额）　　26 000
　贷：银行存款　　226 000
借：财务费用　　50 548
　贷：租赁负债——未确认融资费用　　50 548
借：管理费用　　170 495（852 473 ÷ 5）
　贷：累计折旧　　170 495

20×2年末支付租金：
借：租赁负债——租赁付款额　　200 000
　　应交税费——应交增值税（进项税额）　　26 000
　贷：银行存款　　226 000
借：财务费用　　41 581
　贷：租赁负债——未确认融资费用　　41 581
借：管理费用　　170 495（852 473 ÷ 5）
　贷：累计折旧　　170 495

20×3—20×5年会计处理相同，只是每年的财务费用不同。

（2）税务处理。《企业所得税法》第十一条规定："下列固定资产不得计算折旧扣除：……（二）以经营租赁方式租入的固定资产；"旧租赁准则下，无税会差异；新租赁准则下，经营租赁的承租人产生税会差异，每年计提的财务费用和管理费用不能税前扣除，做纳税调增；每年支付的租金和租赁开始日支付的交易费用可以税前扣除，做纳税调减。上例中，每年纳税调整如下（见表3-2）：

表3-2　甲公司各年度纳税调整明细表　　单位：元

年度	纳税调增		纳税调减		合计
	财务费用	折旧	租金	交易费用	
	1	2	3	4	5=1+2-3-4
20×1	50 548	170 495	200 000	1 0000	11 043
20×2	41 581	170 495	200 000		12 076
20×3	32 076	170 495	200 000		2 571
20×4	22 001	170 495	200 000		-7 504
20×5	11 321	170 495	200 000		-18 184
合计	157 527	852 473	1 000 000	1 0000	0

3.2.2.2　出租人的处理

（1）会计处理。在经营租赁中，出租人在租赁期内各个期间，出租人应当采用直线法或其他系统合理的方法，将经营租赁的租赁收款额确认为租金收入。其他系统合理的方法能够更好地反映因使用租赁资产所产生经济利益的消耗模式的，出租人应当采用该方法。

出租人发生的与经营租赁有关的初始直接费用应当资本化，在租赁期内按照与租金收入确认相同的基础进行分摊，分期计入当期损益。

对于经营租赁资产中的固定资产，出租人应当采用类似资产的折旧政策计提折旧；对于其他经营租赁资产，应当根据该资产适用的企业会计准则，采用系统合理的方法进行摊销。

出租人应当按照《企业会计准则第8号——资产减值》的规定，确定经营租赁资产是否发生减值，并进行相应会计处理。

在例3-13中，假设该机器设备账面原值（与计税基础相同）200万元，按8年计提折旧。则乙公司会计处理如下：

借：银行存款 226 000

　贷：租赁收入 200 000

　　　应交税费——应交增值税（销项税额） 26 000

借：管理费用 250 000

　贷：累计折旧 250 000

（2）税务处理。税会无差异。

3.2.3 融资租赁

3.2.3.1 承租人的处理

（1）会计处理。新租赁准则与旧准则相比，承租人会计处理不再区分经营租赁和融资租赁，而是采用单一的会计处理模型。

【例3-14】甲公司（承租人）与乙公司（出租人）签订经营租赁协议，租入乙公司一台机器设备，租赁期5年，为20×1年1月1日至20×5年12月31日，每年末支付租赁20万元（不含税）。20×1年1月甲公司发生初始交易费用1万元（取得普通发票）。甲公司无法取得租赁内含利率，其增量借款利率为6%。租赁开始日该设备的账面价值为70万元（与计税基础相同），公允价值86万元，该全新设备的使用寿命为7年。租赁期满时，甲公司享受优惠购买该设备的选择权，购买价为3万元，估计该日租赁资产的公允价值的为6万元。乙公司发生初始交易费用1万元（取得普通发票）。内含利率为6%。

甲公司会计处理同例3-13。

（2）税务处理。《企业所得税法实施条例》第五十八条第三款规定："融资租入的固定资产，以租赁合同约定的付款总额和承租人在签订租赁合同过程中发生的相关费用为计税基础，租赁合同未约定付款总额的，以该资产的公允价值和承租人在签订租赁合同过程中发生的相关费用为计税基础"，因此，该融资租入的固定资产计税基础为101万元（20×5+1）；第四十七条第二款规定："以融资租赁方式租入固定资产发生的租赁费支出，按照规定构成融资租入固定资产价值的部分应当提取折旧费用，分期扣除"，因此，税收上每年计算折旧：101÷5=20.2（万元）。

甲公司各年度纳税调整明细表见表3-3。

表3–3　甲公司各年度纳税调整明细表

单位：元

年度	纳税调增		纳税调减	合计
	财务费用	会计折旧	税收折旧	
	1	2	3	5=1+2–3
20×1	50 548	170 495	202 000	19 043
20×2	41 581	170 495	202 000	10 076
20×3	32 076	170 495	202 000	571
20×4	22 001	170 495	202 000	–9 504
20×5	11 321	170 495	202 000	–20 184
合计	157 527	852 473	1 010 000	0

3.2.3.2　出租人的处理

（1）会计处理。与承租人不同的是，出租人应当在租赁开始日将租赁分为融资租赁和经营租赁。

融资租赁，是指实质上转移了与租赁资产所有权有关的几乎全部风险和报酬的租赁。其所有权最终可能转移，也可能不转移。

在例3–14中，乙公司会计处理如下[1]：

租赁收款额=200 000×5+30 000=1 030 000（元）；

租赁投资净额=860 000+10 000=870 000（元）；

未确认融资收益=1 030 000–870 000=160 000（元）。

乙公司各年度租赁收入明细表见表3–4。

表3–4　乙公司各年度租赁收入明细表

单位：元

日期	租金	确认的利息收入	租赁投资净额余额
1	2	3=期初4×6%	期末4=期初4–2+3
20×1年1月1日		0	870 000
20×1年12月31日	200 000	52 200	722 200
20×2年12月31日	200 000	43 332	565 532
20×3年12月31日	200 000	33 932	399 464
20×4年12月31日	200 000	23 968	223 432
20×5年12月31日	200 000	6 568*	30 000
20×5年12月31日	30 000		
合计	1 030 000	160 000	

*尾数调整：6 568=200 000+30 000–223 432。

[1] 本题计算取整数。

20×1年：

租赁开始日终止确认租赁资产：

借：应收融资租赁款——租赁收款额 1 030 000

贷：融资租赁资产 700 000

资产处置收益 160 000（860 000–700 000）

应收融资租赁款——未实现融资收益 160 000

银行存款 10 000

20×1年末收到租金：

借：银行存款 226 000

贷：应收融资租赁款——租赁收款额 200 000

应交税费——应交增值税（销项税额） 26 000

借：应收融资租赁款——未实现融资收益 52 200

贷：租赁收入——利息收入 52 200

20×2年末收到租金：

借：银行存款 226 000

贷：应收融资租赁款——租赁收款额 200 000

应交税费——应交增值税（销项税额） 26 000

借：应收融资租赁款——未实现融资收益 43 332

贷：租赁收入——利息收入 43 332

20×3—20×5年会计处理相同，只是每年的租赁收入不同。

租赁期届满时承租人行使选择权：

借：银行存款 33 900

贷：应收融资租赁款——租赁收款额 30 000

应交税费——应交增值税（销项税额） 3 900

（2）税务处理。乙公司每年在税收上确认租金收入20万元，做纳税调增，不确认会计上的租赁收入，做纳税调减。租赁开始日会计上确认的交易费用和资产处置收益在税收上可以在当期税前扣除，做纳税调减。租赁期届满时承租人行使选择权确认资产处置损失670 000元（30 000–700 000），做纳税调增。详见表3–5。

表3–5 乙公司各年度纳税调整明细表 单位：元

年度	纳税调增		纳税调减			合计
	租金收入	资产处置收益	租赁收入	交易费用	资产处置收益	
	1	2	3	4	5	5=1+2–3–4–5
20×1	200 000		52 200	10 000	160 000	11 043
20×2	200 000		43 332			12 076
20×3	200 000		33 932			2 571
20×4	200 000		23 968			–7 504
20×5	200 000	–670 000	6 568			–18 184
合计	1 000 000	–670 000	160 000	10 000	160 000	0

3.2.4 售后回租

融资性售后回租是指承租方以融资为目的将资产出售给经批准从事融资租赁业务的企业后，又将该项资产从该融资租赁企业租回的行为。融资性售后回租业务中承租方出售资产时，资产所有权以及与资产所有权有关的全部报酬和风险并未完全转移。

若企业（卖方兼承租人）将资产转让给其他企业（买方兼出租人），并从买方兼出租人租回该资产，则卖方兼承租人和买方兼出租人均应按照售后回租交易的规定进行会计处理。企业应当按照新收入准则的规定，评估确定售后租回交易中的资产转让是否属于销售，并区别进行会计处理。

3.2.4.1 售后回租中的资产转让属于销售

售后租回交易中的资产转让属于销售的，卖方兼承租人应当按原资产账面价值中与租回获得的使用权有关的部分，计量售后租回所形成的使用权资产，并仅就转让至买方兼出租人的权利确认相关利得或损失。出租人应当根据其他适用的会计准则对资产购买进行会计处理，并根据租赁准则对资产出租进行会计处理。

（1）承租人的处理。

①会计处理。

【例3–15】甲公司（卖方兼承租人）以货币资金4 000万元的价格向乙公司（买方兼出租人）出售一栋建筑物，交易前该建筑物的账面原值是2 400万元，累计折旧是400万元。与此同时，甲公司与乙公司签订了合同，取得了该建筑物5年的使用权（全部剩余使用年限为40年），为20×1年1月1日至20×5年12月31日，年租金为860万元（不含税），于每年年末支付。根据交易的条款和条件，甲公司转让建筑物符合新收入准则中关于销售成立的条件。该建筑物在销售当日的公允价值为3 600万元。该建筑物在销售当日的甲、乙公司均确定租赁内含年利率为6%。（本题计算取整数。）

《国家税务总局关于融资性售后回租业务中承租方出售资产行为有关税收问题的公告》（国家税务总局公告2010年第13号）第一条规定："根据现行增值税和营业税有关规定，融资性售后回租业务中承租方出售资产的行为，不属于增值税和营业税征收范围，不征收增值税和营业税。"

乙公司向甲公司提供的额外融资为40 000 000–36 000 000=4 000 000（元）

年付款额现值=8 600 000×（P/A，6%，5）=36 226 329（元）

其中：4 000 000元与额外融资相关，32 226 329元与租赁相关。

额外融资年付款额=4 000 000/36 226 329×8 600 000=949 586（元）

租赁相关年付款额=8 600 000–949 586=7 650 414（元）

租赁付款额合计=7 650 414×5=38 252 070（元）

未确认融资费用=38 252 070–32 226 329=6 025 741（元）

使用权资产=（24 000 000–4 000 000）×（32 226 329/36 000 000）=17 903 516（元）

出售该建筑物的全部利得=36 000 000–（24 000 000–4 000 000）=16 000 000（元）

其中：与该建筑物使用权相关利得=16 000 000×（32 226 329/36 000 000）=14 322 813（元），与转让至乙公司的权利相关利得=16 000 000−14 322 813=1 677 187（元）

甲公司各年度租赁负债摊销表见表3−6。

表3−6 甲公司各年度租赁负债摊销表 单位：元

年度	租赁负债年初金额	利息	租赁付款额	租赁负债年末余额
	1	2=1×6%	3	4=1+2−3
20×1	36 226 329	2 173 580	8 600 000	29 799 908
20×2	29 799 908	1 787 994	8 600 000	22 987 903
20×3	22 987 903	1 379 274	8 600 000	15 767 177
20×4	15 767 177	946 031	8 600 000	8 113 208
20×5	8 113 208	486 792	8 600 000	0
合计		6 773 671	43 000 000	

甲公司会计处理如下：

租赁开始日：

借：银行存款 4 000 000
　贷：长期应付款 4 000 000

借：银行存款 36 000 000
　　使用权资产 17 903 516
　　累计折旧 4 000 000
　　租赁负债——未确认融资费用 6 025 741
　贷：固定资产 24 000 000
　　　租赁负债——租赁付款额 38 252 070
　　　资产处置损益 1 677 187

20×1年末支付租金时：

利息费用=2 173 580元

长期应付款减少额=949 586−4 000 000×6%=709 586（元）

未确认融资费用=32 226 329×6%=1 933 580元

借：租赁负债——租赁付款额 7 650 414
　　长期应付款 709 586
　　利息费用 2 173 580
　　应交税费——应交增值税（进项税额） 774 000
　贷：租赁负债——未确认融资费用 1 933 580
　　　银行存款 9 374 000

借：管理费用 3 580 703（17 903 516/5）
　贷：累计折旧 3 580 703

20×2年末支付租金时：

年付款额现值=29 799 908元

其中：4 000 000元与额外融资相关，25 799 902元与租赁相关。

额外融资年付款额=4 000 000/29 799 908×8 600 000=1 154 366（元）

租赁相关年付款额=8 600 000−1 154 366=7 445 634（元）

利息费用=1 787 994元

长期应付款减少额=1 154 366−4 000 000×6%=914 366（元）

未确认融资费用=25 799 902×6%=1 547 994（元）[1]

借：租赁负债——租赁付款额 7 445 634
　　长期应付款 914 366
　　利息费用 1 787 994
　　应交税费——应交增值税（进项税额） 774 000
　贷：租赁负债——未确认融资费用 1 547 994
　　　银行存款 9 374 000

借：管理费用 3 580 703（17 903 516/5）
　贷：累计折旧 3 580 703

20×3—20×5年会计处理相同，只是每年的相关数据不同。

②税务处理。国家税务总局公告2010年第13号第二条规定："根据现行企业所得税法及有关收入确定规定，融资性售后回租业务中，承租人出售资产的行为，不确认为销售收入，对融资性租赁的资产，仍按承租人出售前原账面价值作为计税基础计提折旧。租赁期间，承租人支付的属于融资利息的部分，作为企业财务费用在税前扣除。"甲公司售后回租的固定资产计税基础=24 000 000−4 000 000=20 000 000（元），每年扣除折旧=2 000 000/5=4 000 000（元），每年支付的属于融资利息的部分=（8 600 000×5−40 000 000）/5=600 000（元），可以税前扣除。

在例3-15中，甲公司各年度纳税调整明细表如表3-7所示。

表3-7 甲公司各年度纳税调整明细表 单位：元

年度	纳税调增		纳税调减			合计
	利息费用	会计折旧	融资利息	税收折旧	资产处置收益	
	1	2	3	4	5	6=1+2−3−4−5
20×1	2 173 580	3 580 703	600 000	4 000 000	1 677 187	−522 904
20×2	1 787 994	3 580 703	600 000	4 000 000		768 697
20×3	1 379 274	3 580 703	600 000	4 000 000		359 977
20×4	946 031	3 580 703	600 000	4 000 000		−73 266
20×5	486 792	3 580 703	600 000	4 000 000		−532 505
合计	6 773 671	17 903 516	3 000 000	20 000 000	1 677 187	0

[1] 本题取整数。

（2）出租人的处理。

①会计处理。在例3-15中，综合考虑相关因素，乙公司将该租赁分类为经营租赁。

租赁开始日：

借：固定资产 36 000 000

　　长期应收款 4 000 000

　贷：银行存款 4 000 000

20×1年末收到租金时：

乙公司将从甲公司处收取的3 600 000元中的7 650 414元作为租赁收款额进行会计处理。从甲公司处年收款额中的其余949 586作为两项进行处理处理：①结算金融资产4 000 000元而收到的款项为949 586-240 000=709 586（元），②利息收入4 000 000×6%=240 000（元）。

增值税方面，《财政部 国家税务总局关于全面推开营业税改征增值税试点的通知》（财税〔2016〕36号）附件2《营业税改征增值税试点有关事项的规定》规定，经人民银行、银监会或者商务部批准从事融资租赁业务的试点纳税人，提供融资性售后回租服务，以取得的全部价款和价外费用（不含本金），扣除对外支付的借款利息（包括外汇借款和人民币借款利息）、发行债券利息后的余额作为销售额。乙公司销项税额为：600 000×6%=36 000（元）。

乙公司各年度利息收入摊销表如表3-8所示。

表3-8 乙公司各年度利息收入摊销表 单位：元

年度	额外融资年付款额	租赁收入	额外融资	利息收入	长期应付款
	1	2	3	4=（3-前期5合计数）×6%	5=1-4
20×1	949586	7650414	4000000	240000	709586
20×2	949586	7650414	4000000	197425	752161
20×3	949586	7650414	4000000	152295	797291
20×4	949586	7650414	4000000	104458	845128
20×5	949586	7650414	4000000	53750	895836
合计		38252070		747930	

借：银行存款 8 636 000

　贷：租赁收入 7 650 414

　　　利息收入 240 000

　　　长期应收款 709 586

　　　应交税费——应交增值税（销项税额） 36 000

借：管理费用 7 200 000

　贷：累计折旧 7 200 000

20×2年末收到租金时：

借：银行存款 8 636 000

贷：租赁收入　7 650 414
　　利息收入　197 425
　　长期应收款　752 161
　　应交税费——应交增值税（销项税额）　36 000
借：管理费用　7 200 000
　贷：累计折旧　7 200 000

20×3—20×5年会计处理相同，只是每年的相关数据不同。

②税务处理。乙公司每年收取的属于融资利息的部分=（8 600 000×5-40 000 000）/5 =600 000（元），作为收入，做纳税调整。其在会计上确认的租赁收入和利息收入做纳税调减，计提的折旧不能税前扣除，做纳税调增。详见表3-9。

表3-9　乙公司各年度纳税调整明细表　单位：元

年度	纳税调增		纳税调减		合计
	融资利息	会计折旧	租赁收入	利息收入	
	1	2	3	4	5=1+2-3-4
20×1	600 000	7 200 000	7 650 414	240 000	-90 414
20×2	600 000	7 200 000	7 650 414	197 425	-47 839
20×3	600 000	7 200 000	7 650 414	152 295	-2 709
20×4	600 000	7 200 000	7 650 414	104 458	45 128
20×5	600 000	7 200 000	7 650 414	53 750	95 836
合计	3 000 000	36 000 000	38 252 070	747 930	0

3.2.4.2　售后回租中的资产转让不属于销售

售后租回交易中的资产转让不属于销售的，卖方兼承租人应当继续确认被转让资产，同时确认一项与转让收入等额的金融负债，并按照《企业会计准则第22号——金融工具确认和计量》对该金融负债进行会计处理。买方兼出租人不确认被转让资产，但应当确认一项与转让收入等额的金融资产，并按照《企业会计准则第22号——金融工具确认和计量》对该金融资产进行会计处理。

根据国家税务总局公告2010年第13号第二条规定，售后回租业务中，出售资产时不确认为销售收入，此处无税会差异；回租期间，企业按实际利率计算的利息与属于融资利息的部分，做纳税调整。

3.2.5　固定资产盘盈

《〈企业会计准则第28号——会计政策、会计估计变更和差错更正〉应用指南》第十一条规定："……前期差错通常包括计算错误、应用会计政策错误、疏忽或曲解事实以及舞弊产生的影响以及存货、固定资产盘盈等。"

【例3-16】甲公司在年末财产清查中盘盈设备一台，同类设备市场价格为5万元，估计设备6成新。会计处理如下：

借：固定资产　　30 000

　贷：以前年度损益调整　　30 000

借：以前年度损益调整　　30 000

　贷：利润分配——未分配利润　　30 000

《企业所得税法实施条例》第五十八条第四项规定，“盘盈的固定资产，以同类固定资产的重置完全价值为计税基础”，在计税基础方面无税会差异。但根据《企业所得税法实施条例》第二十二条规定，资产溢余收入应作为其他收入，调增应纳税所得额3万元。

3.2.6 固定资产折旧

3.2.6.1 会计处理

（1）折旧范围。《企业会计准则第4号——固定资产》第十四条规定：“企业应当对所有固定资产计提折旧。但是，已提足折旧仍继续使用的固定资产和单独计价入账的土地除外。折旧，是指在固定资产使用寿命内，按照确定的方法对应计折旧额进行系统分摊。应计折旧额，是指应当计提折旧的固定资产的原价扣除其预计净残值后的金额。已计提减值准备的固定资产，还应当扣除已计提的固定资产减值准备累计金额。”

影响固定资产折旧的因素：

①固定资产原价，指固定资产的成本。

②预计净残值。指假定固定资产预计使用寿命已满并处于使用寿命终了时的预期状态，企业目前从该项资产处置中获得的扣除预计处置费用后的金额。

③固定资产减值准备，指固定资产已计提的固定资产减值准备累计金额。固定资产计提减值准备后，应当在剩余使用寿命内根据调整后的固定资产账面价值（固定资产账面余额扣减累计折旧和累计减值准备后的金额）和预计净残值重新计算确定折旧率和折旧额。

④固定资产的使用寿命，指企业使用固定资产的预计期间，或者该固定资产所能生产产品或提供劳务的数量。企业确定固定资产使用寿命时，应当考虑下列因素：

一是该项资产预计生产能力或实物产量；

二是该项资产预计有形损耗，指固定资产在使用过程中，由于正常使用和自然力的作用而引起的使用价值和价值的损失，如设备使用中发生磨损、房屋建筑物受到自然侵蚀等；

三是该项资产预计无形损耗，指由于科学技术的进步和劳动生产率的提高而带来的固定资产价值上的损失，如因新技术的出现而使现有的资产技术水平相对陈旧、市场需求变化使其所生产的产品过时等；

四是法律或者类似规定对该项资产使用的限制。某些固定资产的使用寿命可能受法律或类似规定的约束。

（2）折旧年限。会计没有规定具体的折旧年限。《企业会计准则第4号——固定资产》第十六条规定：“企业确定固定资产使用寿命，应当考虑下列因素：（一）预计生产能力或实物产量；（二）预计有形损耗和无形损耗；（三）法律或者类似规定对资产使用的限制。”

（3）折旧方法。

第一，企业应当对所有的固定资产计提折旧，但是，已提足折旧仍继续使用的固定资产和单独计价入账的土地除外。

①固定资产应当按月计提折旧，并根据用途计入相关资产的成本或者当期损益。固定资产应自达到预定可使用状态时开始计提折旧，终止确认时或划分为持有待售非流动资产时停止计提折旧。为了简化核算，当月增加的固定资产，当月不计提折旧，从下月起计提折旧；当月减少的固定资产，当月仍计提折旧，从下月起不计提折旧。

②固定资产提足折旧后，不论能否继续使用，均不再计提折旧，提前报废的固定资产也不再补提折旧。提足折旧，是指已经提足该项固定资产的应计折旧额。

③已达到预定可使用状态但尚未办理竣工决算的固定资产，应当按照估计价值确定其成本，并计提折旧；待办理竣工决算后再按实际成本调整原来的暂估价值，但不需要调整原已计提的折旧额。

第二，《企业会计准则第4号——固定资产》第十七条规定：“企业应当根据与固定资产有关的经济利益的预期实现方式，合理选择固定资产折旧方法。可选用的折旧方法包括年限平均法、工作量法、双倍余额递减法和年数总和法等。固定资产的折旧方法一经确定，不得随意变更。但是，符合本准则第十九条规定的除外。”

该准则第十八条规定：“固定资产应当按月计提折旧，并根据用途计入相关资产的成本或者当期损益。”

固定资产应当按月计提折旧，计提的折旧应通过“累计折旧”科目核算，并根据用途计入相关资产的成本或者当期损益。

①企业基本生产车间所使用的固定资产，其折旧应计入制造费用。

②管理部门所使用的固定资产，其计提的折旧应计入管理费用。

③销售部门所使用的固定资产，其计提的折旧应计入销售费用。

④自行建造固定资产过程中使用的固定资产，其计提的折旧应计入在建工程成本。

⑤经营租出的固定资产，其计提的折旧额应计入其他业务成本。

⑥未使用的固定资产，其计提的折旧应计入管理费用。

3.2.6.2 税务处理

（1）折旧范围。《企业所得税法》第十一条规定：“在计算应纳税所得额时，企业按照规定计算的固定资产折旧，准予扣除。

下列固定资产不得计算折旧扣除：

（一）房屋、建筑物以外未投入使用的固定资产；

（二）以经营租赁方式租入的固定资产；

（三）以融资租赁方式租出的固定资产；

（四）已足额提取折旧仍继续使用的固定资产；

（五）与经营活动无关的固定资产；

（六）单独估价作为固定资产入账的土地；

（七）其他不得计算折旧扣除的固定资产。"

在会计上，企业应当对所有固定资产计提折旧；但税法规定"房屋、建筑物以外未投入使用的固定资产"不得计算折旧。

（2）折旧年限。《企业所得税法实施条例》第六十条规定："除国务院财政、税务主管部门另有规定外，固定资产计算折旧的最低年限如下：

（一）房屋、建筑物，为20年；

（二）飞机、火车、轮船、机器、机械和其他生产设备，为10年；

（三）与生产经营活动有关的器具、工具、家具等，为5年；

（四）飞机、火车、轮船以外的运输工具，为4年；

（五）电子设备，为3年。"

会计上对固定资产折旧年限没有具体规定，若会计折旧年限短于税法规定的折旧年限，需要进行纳税调整。

【例3-17】甲公司外购一台生产设备，购入价200万元，会计上按5年计提折旧，每年计提折旧额40万元。税法规定生产设备最低年限为10年，每年可扣除折旧额20万元。

前5年：《国家税务总局关于企业所得税应纳税所得额若干问题的公告》（国家税务总局公告2014年第29号）第五条第一款规定："企业固定资产会计折旧年限如果短于税法规定的最低折旧年限，其按会计折旧年限计提的折旧高于按税法规定的最低折旧年限计提的折旧部分，应调增当期应纳税所得额；"前5年每年调增应纳税所得额20万元。

后5年：5年后，会计的折旧年限已期满，而税收的折旧年限还有5年。该条款同时规定："企业固定资产会计折旧年限已期满且会计折旧已提足，但税法规定的最低折旧年限尚未到期且税收折旧尚未足额扣除，其未足额扣除的部分准予在剩余的税收折旧年限继续按规定扣除。"后5年每年调减应纳税所得额20万元。

若会计折旧年限长于税法规定的折旧年限，根据国家税务总局公告2014年第29号第五条第二款"企业固定资产会计折旧年限如果长于税法规定的最低折旧年限，其折旧应按会计折旧年限计算扣除，税法另有规定除外"的规定，不需要进行纳税调整。

【例3-18】甲公司外购一栋办公楼，购入价8 000万元，按40年计提折旧，每年计提折旧额200万元。税法规定房屋、建筑物最低年限为20年，若按20年计算，每年可扣除折旧额400万元。企业会计折旧年限长于税法规定的最低折旧年限，不得因此调增税前扣除的折旧额。

（3）折旧方法。《企业所得税法实施条例》第五十九条规定："固定资产按照直线法计算的折旧，准予扣除。企业应当自固定资产投入使用月份的次月起计算折旧；停止使用的固定资产，应当自停止使用月份的次月起停止计算折旧。"

折旧的起始期和终止期都存在税会差异，折旧的起期会计上是当月增加的固定资产的次月，税收上是固定资产投入使用的次月，折旧的止期会计上是固定资产减少的次月，税收上是固定资产停止使用的次月；若当月增加的固定资产已经投入使用，当月停止使用的固定资产已经处置，则税会无差异，否则将产生税会差异。

【例3-19】甲公司于20×1年11月新购进一台机器设备，不含税金额为600万元，并于当年12月投入使用。采用直线法计提折旧，折旧年限为10年，预计净残值为0。20×8年9月停止使用该设备，同年11月处置该设备，取得不含税金额10万元。则：

会计处理：

20×1年计提折旧=600÷（10×12）×1=5（万元）；

20×2—20×7年每年计提折旧=600÷10=60（万元）；

20×8年计提折旧=600÷（10×12）×11=55（万元）；

此时该固定资产账面价值=600−5−60×6−55=180（万元）；

处置损益=10−180=−170（万元）。

税务处理：

20×1年不计算折旧，纳税调增5万元。

20×2—20×7年每年计算折旧=600÷10=60（万元），无税会差异。

20×8年计算折旧=600÷（10×12）×9=45（万元）；

此时该固定资产净值=600−60×6−45=195（万元）；

处置所得=10−195=−185（万元），纳税调减15万元。

《企业会计准则》规定，企业可以采用加速折旧，税法规定加速折旧属于税收优惠，我们将在“税收优惠”部分讲解。

3.2.7 预计净残值

《企业会计准则第4号——固定资产》第十四条第二款规定：“预计净残值，是指假定固定资产预计使用寿命已满并处于使用寿命终了时的预期状态，企业目前从该项资产处置中获得的扣除预计处置费用后的金额。”

《企业所得税法实施条例》第五十九条第三款规定：“企业应当根据固定资产的性质和使用情况，合理确定固定资产的预计净残值。固定资产的预计净残值一经确定，不得变更。”

税法没有规定预计净残值的具体比例，只要求“合理”。

3.2.8 固定资产减值

固定资产的初始入账价值是历史成本，由于固定资产使用年限较长，市场条件和经营环境发生变化、科学技术进步以及企业经营管理不善等原因，都可能导致固定资产创造未来经济利益的能力大大下降。因此，固定资产的真实价值有可能低于账面价值，在期末必须对固定资产减值损失进行确认。

如果固定资产在资产负债表日存在可能发生减值的迹象，其可收回金额低于账面价值，企业应当将该固定资产的账面价值减记至可收回金额，减记的金额确认为减值损失，计入当期损益，同时计提相应的资产减值准备。

3.2.8.1 会计处理

《企业会计准则第8号——资产减值》第四条规定：“企业应当在资产负债表日判断资产是否存在可能发生减值的迹象。”

【例3-20】企业20×1年末外购一固定资产，成本100万元，折旧期为10年，20×4年末发现该设备可能发生减值，估计可回收金额为50万元。会计处理如下：

20×2年末：

借：管理费用 100 000

贷：累计折旧 100 000

20×3年末：

借：管理费用 100 000

贷：累计折旧 100 000

20×4年末：

借：管理费用 100 000

贷：累计折旧 100 000

借：资产减值损失 200 000

贷：固定资产减值准备 200 000

20×5年末：

借：管理费用 71 428.57（500 000 ÷ 7）

贷：累计折旧 71 428.57

固定资产减值损失一经确认，以后会计期间不得转回。

3.2.8.2 税务处理

国家税务总局公告2014年第29号第五条第三款规定："企业按会计规定提取的固定资产减值准备，不得税前扣除，其折旧仍按税法确定的固定资产计税基础计算扣除。"

在例3-20中，企业计提的资产减值损失不得扣除，20×4年度调增应纳税所得额20万元；20×5年度税收上计提的折旧额仍然是10万元，调减应纳税所得额2.86万元。

3.2.9 固定资产处置

3.2.9.1 会计处理

《企业会计准则第4号——固定资产》第二十一条规定："固定资产满足下列条件之一的，应当予以终止确认：（一）该固定资产处于处置状态。（二）该固定资产预期通过使用或处置不能产生经济利益。"

该准则第二十三条规定："企业出售、转让、报废固定资产或发生固定资产毁损，应当将处置收入扣除账面价值和相关税费后的金额计入当期损益。固定资产的账面价值是固定资产成本扣减累计折旧和累计减值准备后的金额。固定资产盘亏造成的损失，应当计入当期损益。"

【例3-21】甲公司有一台设备，因使用期满经批准报废。该设备原价为20万元，累计已计提折旧15万元，减值准备4万元。在清理过程中，以银行存款支付清理费用5 000元，收到残料变卖收入6 000元（该设备购进时已抵扣过进项税额）。会计处理如下：

（1）固定资产转入清理：

借：固定资产清理　　10 000

　　累计折旧　　150 000

　　固定资产减值准备　　40 000

　贷：固定资产　　200 000

（2）发生清理费用和相关税费：

借：固定资产清理　　5 000

　贷：银行存款　　5 000

（3）收到残料变价收入：

借：银行存款　　6 000

　贷：固定资产清理　　5 309.73

　　应交税费——应交增值税（销项税额）　　690.27

（4）结转固定资产净损益：

借：营业外支出——非流动资产报废　　9 690.27

　贷：固定资产清理　　9 690.27

3.2.9.2　税务处理

《企业所得税法》第十六条规定："企业转让资产，该项资产的净值，准予在计算应纳税所得额时扣除。"《企业所得税法实施条例》第七十四条规定："企业所得税法第十六条所称资产的净值和第十九条所称财产净值，是指有关资产、财产的计税基础减除已经按照规定扣除的折旧、折耗、摊销、准备金等后的余额。"例3-15中，在企业所得税上，资产减值损失不得税前扣除，该固定资产的净值为：20-15=5（万元），税收上的处置损失为：5 309.73-50 000-5 000=-49 690.27（元），比会计上的处置损失多扣的4万元（49 690.27-9 690.27）就是以前不能扣除的资产减值损失4万元，当初的税会差异在此弥合。

3.2.10　固定资产后续支出

很多企业在生产经营一段时间以后都会出于需要对房屋或建筑物进行改建或装修，改建或装修费用的税前扣除需要区分不同情况。

3.2.10.1　基本规定

（1）会计上的规定。《〈企业会计准则第4号——固定资产〉应用指南》第二条规定："固定资产的后续支出的指固定资产在使用过程中发生的更新改造支出、修理费用等。固定资产的更新改造等后续支出，满足本准则第四条规定确认条件的，应当计入固定资产成本。如有被替换的部分，应扣除其账面价值；不满足本准则第四条规定确认条件的固定资产修理费用等，应当在发生时计入当期损益。"

《企业会计准则第4号——固定资产》第四条规定："固定资产同时满足下列条件的，才能予以确认：（一）与该固定资产有关的经济利益很可能流入企业；（二）该固定资产的成本能够可靠地计量。"

《企业会计准则实施问答》（2021年11月2日）指出："符合固定资产资本化后续支出条件的固定资产日常修理费用，在发生时应当按照受益对象计入当期损益或计入相关资产的成本。与存货的生产和加工相关的固定资产日常修理费用按照存货成本确定原则进行处理，行政管理部门、企业专设的销售机构等发生的固定资产日常修理费用按照功能分类计入管理费用或销售费用。"

因此，在会计上，固定资产后续支出如果满足与该固定资产有关的经济利益很可能流入企业以及该固定资产成本能可靠地计量这两个条件，应计入固定资产成本（资本化），否则应在发生时计入当期损益（费用化）。

（2）税收上的规定。《企业所得税法实施条例》第二十八条第一款规定："企业发生的支出应当区分收益性支出和资本性支出。收益性支出在发生当期直接扣除；资本性支出应当分期扣除或者计入有关资产成本，不得在发生当期直接扣除。"

因此，在税法上，符合资本性支出条件的固定资产后续支出应计入固定资产成本（资本化），否则应在发生当期直接扣除（费用化），与会计上没有区别。

3.2.10.2 改建费用

（1）提足折旧固定资产和租入固定资产的改建费用。《企业所得税法》第十三条规定："在计算应纳税所得额时，企业发生的下列支出作为长期待摊费用，按照规定摊销的，准予扣除：（一）已足额提取折旧的固定资产的改建支出；（二）租入固定资产的改建支出"。《企业所得税法实施条例》第六十八条规定："企业所得税法第十三条第（一）项和第（二）项所称固定资产的改建支出，是指改变房屋或者建筑物结构、延长使用年限等发生的支出。企业所得税法第十三条第（一）项规定的支出，按照固定资产预计尚可使用年限分期摊销；第（二）项规定的支出，按照合同约定的剩余租赁期限分期摊销。改建的固定资产延长使用年限的，除企业所得税法第十三条第（一）项和第（二）项规定外，应当适当延长折旧年限。"

①已足额提取折旧的固定资产的改建支出。对于已足额提取折旧的固定资产来说，账面价值仅剩下净残值，也就是说，该项固定资产的可利用价值已全部转移，这时候在这些资产上发生的改建支出是不能计入固定资产成本的，因为此时固定资产的价值形式已经消失，后续支出也已失去可以附着的载体，所以，应将其作为长期待摊费用，在固定资产的受益期限内平均摊销。

②租入固定资产的改建支出。以经营租赁方式租入的固定资产，与该资产相关的风险和报酬并没有转移给承租方，因而资产的所有权仍属于出租方，承租方只在协议规定的期限内拥有对该资产的使用权。因而，对以经营租赁方式租入的固定资产发生的改建支出，不能计入固定资产成本，只能计入长期待摊费用，在协议约定的租赁期内平均分摊。

对租入的房屋或建筑物进行装修，如果改变了房屋或者建筑物结构、延长使用年限等，则该装修支出属于改建支出，按照合同约定的剩余租赁期限分期摊销；如果没有改变房屋或者建筑物结构、延长使用年限等，则该装修支出不属于改建支出，在合理的受益期内分期摊销。

（2）其他改建支出。《企业所得税法实施条例》第五十八条规定：“固定资产按照以下方法确定计税基础：……（六）改建的固定资产，除企业所得税法第十三条第（一）项和第（二）项规定支出外，以改建过程中发生的改建支出增加计税基础。”

《国家税务总局关于企业所得税若干问题的公告》（国家税务总局公告2011年第34号）第四条规定：“企业对房屋、建筑物固定资产在未足额提取折旧前进行改扩建的……如属于提升功能、增加面积的，该固定资产的改扩建支出，并入该固定资产计税基础，并从改扩建完工投入使用后的次月起，重新按税法规定的该固定资产折旧年限计提折旧，如该改扩建后的固定资产尚可使用的年限低于税法规定的最低年限的，可以按尚可使用的年限计提折旧。”

综上，企业发生的房屋、建筑物改建支出，增加该房屋、建筑物的计税基础。

3.2.10.3 推倒重置

对于企业自有未提足折旧房屋、建筑物，推倒重置的情形，国家税务总局公告2011年第34号第四条规定：“企业对房屋、建筑物固定资产在未足额提取折旧前进行改扩建的，如属于推倒重置的，该资产原值减除提取折旧后的净值，应并入重置后的固定资产计税成本，并在该固定资产投入使用后的次月起，按照税法规定的折旧年限，一并计提折旧”。未提足折旧固定资产的净值不是资产损失，而是并入重置后的固定资产计税成本，一并计提折旧。

3.2.10.4 固定资产大修理支出

固定资产改建支出特指房屋、建筑物，固定资产大修理支出不特指房屋、建筑物。

《企业所得税法》第十三条规定：“在计算应纳税所得额时，企业发生的下列支出作为长期待摊费用，按照规定摊销的，准予扣除：……（三）固定资产的大修理支出”；《企业所得税法实施条例》第六十九条规定：“企业所得税法第十三条第（三）项所称固定资产的大修理支出，是指同时符合下列条件的支出：（一）修理支出达到取得固定资产时的计税基础50%以上；（二）修理后固定资产的使用年限延长2年以上。企业所得税法第十三条第（三）项规定的支出，按照固定资产尚可使用年限分期摊销”。

因此，企业达到取得固定资产时的计税基础50%以上，且使用年限延长2年以上的为大修理支出，按照固定资产尚可使用年限分期摊销。

3.2.11 购入旧固定资产

企业购入旧固定资产，若该旧固定资产已提足折旧，根据《企业所得税法》第十一条第四款的规定，“已足额提取折旧仍继续使用的固定资产”不得再计算折旧；若未提足折旧，按不低于税法规定的最低折旧年限减去已经使用年限计算折旧。

这个规定可以从《国家税务总局关于固定资产加速折旧税收政策有关问题的公告》（国家税务总局公告2014年第64号）第四条中一见端倪，其规定："企业购置已使用过的固定资产，其最低折旧年限不得低于实施条例规定的最低折旧年限减去已使用年限后剩余年限的60%"。由此可以推断，在非加速折旧的情况下，企业购置已使用过的固定资产，其最低折旧年限不得低于《企业所得税法实施条例》规定的最低折旧年限减去已使用年限后的剩余年限。

注 意

1.会计折旧年限短于税法的，后期税收折旧额允许调减。

在例3-17中，5年后，会计的折旧年限已期满，会计上的折旧额为0，而税收的折旧年限还有5年，每年税收上的折旧额为20万元。《国家税务总局关于企业所得税应纳税所得额若干税务处理问题的公告》（国家税务总局公告2012年第15号）第八条规定："根据《企业所得税法》第二十一条规定，对企业依据财务会计制度规定，并实际在财务会计处理上已确认的支出，凡没有超过《企业所得税法》和有关税收法规规定的税前扣除范围和标准的，可按企业实际会计处理确认的支出，在企业所得税前扣除，计算其应纳税所得额。"那么，该企业会计上的折旧额（0）没有超过税收上的折旧金（20万元），是否按照会计上的折旧额计算？

显然，这是对该规定的误解。对于税会差异，前期已经调增，后期就应当调减。因此，国家税务总局公告2014年第29号第五条第一款规定："企业固定资产会计折旧年限已期满且会计折旧已提足，但税法规定的最低折旧年限尚未到期且税收折旧尚未足额扣除，其未足额扣除的部分准予在剩余的税收折旧年限继续按规定扣除。"

2.提前解除租赁合同，尚未摊销完的装修费可一次性扣除。

企业租赁一底商经营餐馆，租赁期为5年，装修费用也按照5年摊销。3年后，由于经营不善，企业与出租方提前解约。那么，尚未摊销完毕的装修费是继续摊销，还是在当年一次性税前扣除？

由于装修的承载体——房屋已经不复存在，没有必要继续摊销，在当年一次性税前扣除即可。如《北京市税务局企业所得税实务操作政策指引（第一期）》解答："企业尚未摊销的装修费用与以后各期的收入无关，因此不需继续按照合同约定的剩余租赁期限分期摊销。考虑到《国家税务总局关于发布〈企业资产损失所得税税前扣除管理办法〉的公告》（国家税务总局公告2011年第25号）未明确尚未摊销的装修费属于资产损失，因此该部分支出可以一次性税前扣除，不按资产损失进行税务处理。"

风险提示

1.固定资产不能一次性扣除。

除非符合一次性扣除条件，否则固定资产必须按年折旧，不得一次性扣除。

2.房屋、建筑物以外未投入使用的固定资产不得扣除折旧。

《企业会计准则》规定，企业应当对所有的固定资产计提折旧，《企业所得税法》则规定"房屋、建筑物以外未投入使用的固定资产"不得计算折旧扣除。此处存在税会差异。企业未投入使用的机器设备在会计上应计提折旧，但在汇算清缴时应做纳税调增。

3.经营租入的固定资产不能扣除折旧。

新租赁准则要求承租人对经营租入的固定资产也要计提折旧和确认利息费用，但税法不允许对经营租入的固定资产扣除折旧，因此，企业计提的折旧和利息费用应做纳税调增，支付的租金可以税前扣除，这是新租赁准则导致的新税会差异。

4.税收上的预计净残值一经确定，不得变更。

《企业会计准则第4号——固定资产》第十九条规定："企业至少应当于每年年度终了，对固定资产的使用寿命、预计净残值和折旧方法进行复核。使用寿命预计数与原先估计数有差异的，应当调整固定资产使用寿命。预计净残值预计数与原先估计数有差异的，应当调整预计净残值。与固定资产有关的经济利益预期实现方式有重大改变的，应当改变固定资产折旧方法。固定资产使用寿命、预计净残值和折旧方法的改变应当作为会计估计变更。"

税法规定，固定资产的使用寿命、预计净残值和折旧方法，一经确定，不得变更。

5.非直线法计算折旧须调整。

在不加速折旧的情况下，会计上除了年限平均法，还可以采用工作量法，但税法上只能使用直线法，会计上使用了工作量法的需要按照直线法进行纳税调整。

案 例

某矿业有限公司2014年固定资产折旧采取按矿石产量提取的方法，共计入成本费用3 809万元。税务机关认为，企业在税收上应按照直线法计算折旧，多提折旧935万元，应补缴企业所得税234万元，并加收滞纳金2.3万元。

资料来源：违规提折旧：虚增开采成本900万元［N］.中国税务报，2015-07-29（B6）.

6.会计折旧年限短于税法折旧年限的须进行纳税调增。

税法规定了固定资产的最低折旧年限，若会计折旧年限短于税法规定的最低折旧年限，须进行纳税调增。

案 例

杭州桐庐中加加油站有限公司对于加油站房屋于2019年6月启用之日起到2020年3月按照10年计提折旧，于2020年4月之后，改回按20年计提折旧。该单位2019年6月至2020年3月应对加油站房屋按20年计提折旧，2019年多计提折旧140 000元，2020年1–3月多计提折旧60 000元，罚款0.19万元。

资料来源：杭州桐庐中加加油站有限公司行政处罚公示［EB/OL］.（2021-07-23）浙江省杭州市税务局网站.

7.会计折旧年限长于税法折旧年限的不得进行纳税调减。

税法只规定了固定资产的最低折旧年限，在政策不明确时，一些上市公司利用这一点，做高利润总额，做低应纳税所得额。比如，在前面的例3-18中，企业按照税法规定的最低折旧年限计算税前扣除的折旧额，每年调减应纳税所得额200万元。但现在政策已明确。根据国家税务总局公告2014年第29号第五条第二款规定，若企业会计折旧年限长于税法规定的最低折旧年限，不得调增税前扣除的折旧额。

8. 固定资产折旧起止期有税会差异。

会计与税收计提折旧的起始期和终止期是对应的。会计上当月增加的固定资产次月开始计提折旧，当月减少的固定资产次月开始停止计提折旧；税收上当月投入使用的固定资产次月开始计提折旧，当月停止使用的固定资产次月开始停止计算折旧。会计上强调的是物理上的“新增”“减少”，税收上强调的是实质上的“投入使用”“停止使用”。当二者时间不一致时，产生税会差异，须做纳税调整。

9. 古董字画不得计提折旧。

《国家税务总局关于企业所得税若干政策征管口径问题的公告》（国家税务总局公告2021年第17号）第五条规定：“企业购买的文物、艺术品用于收藏、展示、保值增值的，作为投资资产进行税务处理。文物、艺术品资产在持有期间，计提的折旧、摊销费用，不得税前扣除。”企业购买的文物、艺术品，作为投资资产处理，不能计提折旧、摊销，其购买的成本，待再次转让时扣除。

10. 改建支出不得一次性扣除。

案 例

A公司2019年1月账册中有“房屋建筑物维修费”663 875.66元，“设备改造费”207 115.61元。企业目前办公房屋为从母公司租赁而来，A公司在2019年初对其进行了一定程度的更新改造。设备改造费为企业自有设备的大修理支出，本次修理支出达到取得固定资产时的计税基础50%以上，且企业自有设备修理后尚可使用3年，可进行分期摊销。企业将上述870 991.27元在2019年一次性税前扣除。

根据税法规定，对于房屋建筑物维修费部分，由于房屋租赁期尚有12年，摊销期限为2019年1月至2030年12月。因此A企业2019年纳税调增608 552.69元（663 875.66÷12×11）；设备大修部分，由于设备尚可使用3年，摊销年限为2019年1月至2021年12月，因此纳税调增138 077.07元（207 115.61÷3×2）。

综上，A企业2019年纳税调增总额为746 629.76元，合计补缴企业所得税186 657.44元并缴纳相应滞纳金。

资料来源：固定资产维修支出可以在企业所得税税前一次扣除？不一定哦！［EB/OL］.（2021-05-11）深圳市税务局微信公众号.

11. 推倒重置的固定资产净值不是资产损失。

有的企业推倒重置产生的损失按照资产损失进行申报扣除，这是不对的，企业推倒重置产生的损失不属于税法上的资产损失，应按照国家税务总局公告2011年第34号第四条的规定，将该固定资产净值并入重置后的固定资产计税成本，并依此计算折旧，每年进行纳税调整。详见第6章“资产损失”。

12. 房地产开发企业开发产品转自用未超过12个月又销售的，计提的折旧不能税前扣除。

《国家税务总局关于印发〈房地产开发经营业务企业所得税处理办法〉的通知》（国税发〔2009〕31号）第二十四条规定：“企业开发产品转为自用的，其实际使用时间累计未超过12个月又销售的，不得在税前扣除折旧费用。”房地产开发企业将开发产品转为自用，实际使用时间累计未超过12个月又销售的，其计提的折旧不能税前扣除。

争　议

停用的固定资产计提的折旧能否税前扣除？

《企业会计制度》第三十四条第三款明确规定，“季节性停用、大修理停用的固定资产”应当计提折旧。《企业会计准则第4号——固定资产》虽没有如此明确，但其第十四条规定：“企业应当对所有固定资产计提折旧。但是，已提足折旧仍继续使用的固定资产和单独计价入账的土地除外”。显然，排除项中没有“停用的固定资产”，因此，停用的固定资产在会计上也应当计提折旧。那么，企业季节性停用的固定资产，或停工停产期间的固定资产，其计提的折旧能否税前扣除？

持可以税前扣除观点者认为，《企业所得税法》第十一条规定，“在计算应纳税所得额时，企业按照规定计算的固定资产折旧，准予扣除。下列固定资产不得计算折旧扣除：（一）房屋、建筑物以外未投入使用的固定资产”；停用的固定资产不属于“未投入使用的固定资产”，可以扣除折旧。

持不能税前扣除观点者认为，《企业所得税法实施条例》第五十九条第二款规定：“企业应当自固定资产投入使用月份的次月起计算折旧；停止使用的固定资产，应当自停止使用月份的次月起停止计算折旧”。因此，停用的固定资产应当自停止计算折旧，会计上计提的折旧不能税前扣除。

3.3 投资性房地产

《企业会计准则第3号——投资性房地产》第二条规定：“投资性房地产，是指为赚取租金或资本增值，或两者兼有而持有的房地产。投资性房地产应当能够单独计量和出售。”

该准则第六条规定：“投资性房地产同时满足下列条件的，才能予以确认：（一）与该投资性房地产有关的经济利益很可能流入企业；（二）该投资性房地产的成本能够可靠地计量。”

3.3.1 范　围

3.3.1.1 投资性房地产的范围

（1）已出租的土地使用权。已出租的土地使用权，是指企业通过出让或转让方式取得的、以经营租赁方式出租的土地使用权。企业取得的土地使用权通常既包括在一级市场上以交纳土地出让金的方式取得的土地使用权，也包括在二级市场上接受其他单位转让的土地使用权。

（2）持有并准备增值后转让的土地使用权。持有并准备增值后转让的土地使用权，是指企业取得的、准备增值后转让的土地使用权。这类土地使用权很可能给企业带来资本增值收益，符合投资性房地产的定义。

（3）已出租的建筑物。已出租的建筑物是指企业拥有产权的、以经营租赁方式出租的建筑物，包括自行建造或开发活动完成后用于出租的建筑物。

3.3.1.2 不属于投资性房地产的房地产

（1）自用房地产。自用房地产是指为生产商品、提供劳务或者经营管理而持有的房地产。如企业生产经营用的厂房和办公楼属于固定资产；企业生产经营用的土地使用权属于无形资产。自用房地产的特征是：服务于企业自身的生产经营活动，其价值将随着房地产的使用而逐渐转移到企业的产品或服务中去，通过销售商品或提供服务为企业带来经济利益，在产生现金流量的过程中与企业持有的其他资产密切相关。

（2）作为存货的房地产。作为存货的房地产通常是指房地产开发企业在正常经营过程中销售的或为销售而正在开发的商品房和土地。这部分房地产属于房地产开发企业的存货，其生产、销售构成企业的主营业务活动，产生的现金流量也与企业的其他资产密切相关。因此，具有存货性质的房地产不属于投资性房地产。

从事房地产经营开发的企业依法取得的、用于开发后出售的土地使用权，属于房地产开发企业的存货，即使房地产开发企业决定待增值后再转让其开发的土地，也不得将其确认为投资性房地产。

实务中，存在某项房地产部分自用或作为存货出售、部分用于赚取租金或资本增值的情形。如果某项投资性房地产不同用途的部分能够单独计量和出售，应当分别确认为固定资产、无形资产、存货和投资性房地产。例如，甲房地产开发商建造了一栋商住两用楼，一层出租给一家大型超市，已签订经营租赁合同；其余楼层均为普通住宅，正在公开销售。在这种情况下，如果一层商铺能够单独计量和出售，应当确认为甲企业的投资性房地产，其余楼层为甲企业的存货，即开发产品。

3.3.2 采用成本模式进行后续计量的投资性房地产

3.3.2.1 会计处理

投资性房地产的后续计量，有成本模式和公允价值模式两种，通常应当采用成本模式，只有在满足特定条件的情况下才可以采用公允价值模式。但是，同一企业只能采用一种模式对所有投资性房地产进行后续计量，不得同时采用两种计量模式。

采用成本模式进行后续计量的投资性房地产，应当按照《企业会计准则第4号——固定资产》或《企业会计准则第6号——无形资产》的有关规定，按期（月）计提折旧或摊销，借记“其他业务成本”等科目，贷记“投资性房地产累计折旧（摊销）”科目。取得的租金收入，借记“银行存款”等科目，贷记“其他业务收入”等科目。

投资性房地产存在减值迹象的，还应当适用资产减值的有关规定。经减值测试后确定发生减值的，应当计提减值准备，借记“资产减值损失”科目，贷记“投资性房地产减值准备”科目。如果已经计提减值准备的投资性房地产的价值又得以恢复，不得转回。

【例3-22】甲企业的一栋办公楼出租给乙企业使用，已确认为投资性房地产，采用成本模式进行后续计量。假设这栋办公楼的成本为1 800万元，按照直线法计提折旧，使用寿命为20年，预计净残值为零。按照经营租赁合同的约定，乙企业每月支付甲企业租金

8万元。当年12月，这栋办公楼发生减值迹象，经减值测试，其可收回金额为1 200万元，此时办公楼的账面价值为1 500万元，以前未计提减值准备。会计处理如下：

（1）计提折旧时：

每月计提的折旧=1 800÷20÷12=7.5（万元）

借：其他业务成本　　75 000

　贷：投资性房地产累计折旧　　75 000

（2）确认租金时：

借：银行存款（或其他应收款）　　80 000

　贷：其他业务收入　　80 000

（3）计提减值准备时：

借：资产减值损失　　3 000 000

　贷：投资性房地产减值准备　　3 000 000

3.3.2.2　税务处理

《企业所得税法》中没有投资性房地产的概念，采用成本模式进行后续计量的投资性房地产比照固定资产处理，资产减值损失不得在税前扣除。

3.3.3　采用公允价值模式进行后续计量的投资性房地产

3.3.3.1　会计处理

《企业会计准则第3号——投资性房地产》第十条规定："有确凿证据表明投资性房地产的公允价值能够持续可靠取得的，可以对投资性房地产采用公允价值模式进行后续计量。采用公允价值模式计量的，应当同时满足下列条件：（一）投资性房地产所在地有活跃的房地产交易市场；（二）企业能够从房地产交易市场上取得同类或类似房地产的市场价格及其他相关信息，从而对投资性房地产的公允价值做出合理的估计。"

该规则第十一条规定："采用公允价值模式计量的，不对投资性房地产计提折旧或进行摊销，应当以资产负债表日投资性房地产的公允价值为基础调整其账面价值，公允价值与原账面价值之间的差额计入当期损益。"

【例3-23】甲企业20×1年初将自建的一栋办公楼出租给乙企业使用，已确认为投资性房地产，采用公允价值模式进行后续计量。假设这栋办公楼的造价为8 000万元，租赁期为20年。年末该办公楼公允价值为9 000万元，20×2年末公允价值为11 000万元。会计处理如下：

（1）甲企业开发完成并出租时：

借：投资性房地产——成本　　80 000 000

　贷：开发成本　　80 000 000

（2）20×1年末：

借：投资性房地产——公允价值变动　　1 000 000

贷：公允价值变动损益 1 000 000

（3）20×2年末：

借：投资性房地产——公允价值变动 2 000 000

贷：公允价值变动损益 2 000 000

3.3.3.2 税务处理

《企业所得税法实施条例》第五十六条第三款规定："企业持有各项资产期间资产增值或者减值，除国务院财政、税务主管部门规定可以确认损益外，不得调整该资产的计税基础。"

税收上不确认公允价值变动损益，例3-23中，20×1年度调减应纳税所得额1 000万元，20×2年度调减应纳税所得额2 000万元。

争 议

以公允价值计量的投资性房地产在会计上不能计提折旧，在税收上能否计算扣除折旧，是个争议很大的问题。

"能扣除派"认为：税法中没有投资性房地产的概念，《企业所得税法实施条例》第五十七条规定，"企业所得税法第十一条所称固定资产，是指企业为生产产品、提供劳务、出租或者经营管理而持有的、使用时间超过12个月的非货币性资产，包括房屋、建筑物、机器、机械、运输工具以及其他与生产经营活动有关的设备、器具、工具等"，投资性房地产符合税法关于固定资产的定义，应按照房屋、建筑物类固定资产处理，并按照不低于《企业所得税法实施条例》第六十条规定的房屋、建筑物类固定资产最低折旧年限计提折旧。

"不能扣除派"认为：《企业所得税法》第八条规定，"企业实际发生的与取得收入有关的、合理的支出，包括成本、费用、税金、损失和其他支出，准予在计算应纳税所得额时扣除"。企业并没有"实际发生"以公允价值模式计量的投资性房地产折旧，未真实发生的支出不得在税前扣除。另外，企业的固定资产账簿中根本没有投资性房地产，若在税收上计提折旧属于无源之水。纳税调整来源于会计处理，会计上都没有的支出，税收上怎么可能"凭空"支出呢？因此，以公允价值模式计量的投资性房地产在税收上不得计提折旧，否则就违反了税前扣除的真实性原则。

另外，按照《国家税务总局关于企业所得税应纳税所得额若干税务处理问题的公告》（国家税务总局公告2012年第15号）第八条"根据《企业所得税法》第二十一条规定，对企业依据财务会计制度规定，并实际在财务会计处理上已确认的支出，凡没有超过《企业所得税法》和有关税收法规规定的税前扣除范围和标准的，可按企业实际会计处理确认的支出，在企业所得税前扣除，计算其应纳税所得额"的规定，以公允价值计量的投资性房地产在财务会计处理上已确认的支出为零，没有超过税法规定的税前扣除范围和标准，因此，按企业实际会计处理确认的支出在企业所得税税前扣除。

目前有的税务机关已明确，如《北京市税务局企业所得税实务操作政策指引（第一期）》规定："考虑到以公允价值模式计量的投资性房地产是企业的投资资产，不属于消耗性资产，不需要通过折旧或摊销的方式予以补偿，因此会计核算不计算折旧或摊销。在税务处理时遵从会计处理方式，按照15号公告第八条的规定，以公允价值模式计量的投资性房地产不得计算折旧或摊销从税前扣除。”

本书采用不能扣除的观点。

3.4 无形资产

3.4.1 范围

3.4.1.1 会计上的规定

《企业会计准则第6号——无形资产》第三条规定：“无形资产，是指企业拥有或者控制的没有实物形态的可辨认非货币性资产。”

资产满足下列条件之一的，符合无形资产定义中的可辨认标准：（1）能够从企业中分离或者划分出来，并能单独或者与相关合同、资产或负债一起，用于出售、转移、授予许可、租赁或者交换；（2）源自合同性权利或其他法定权利，无论这些权利是否可以从企业或其他权利和义务中转移或者分离。

《企业会计准则第6号——无形资产》第四条规定：“无形资产同时满足下列条件的，才能予以确认：（一）与该无形资产有关的经济利益很可能流入企业；（二）该无形资产的成本能够可靠地计量。”

无形资产具有以下特征：

（1）是由企业拥有或者控制并能为其带来未来经济利益的资源。预计能为企业带来未来经济利益是一项资产的本质特征，无形资产也不例外。通常情况下，企业拥有或者控制的无形资产应当拥有其所有权并且能够为企业带来未来经济利益。

（2）不具有实物形态。无形资产通常表现为某种权利、某项技术或者某种获取超额利润的综合能力。它们不具有实物形态，看不见，摸不着，比如，土地使用权、非专利技术等。无形资产为企业带来经济利益的方式与固定资产不同，固定资产是通过实物价值的磨损和转移来为企业带来未来经济利益，而无形资产很大程度上是通过自身所具有的技术等优势为企业带来未来经济利益。不具有实物形态是无形资产区别于其他资产的特征之一。

（3）具有可辨认性。要作为无形资产进行核算，该资产必须是能够区别于其他资产、可单独辨认的，如企业持有的专利权、非专利技术、商标权、土地使用权、特许权等。商誉由于不具有可辨认性，因此虽然也是没有实物形态的非货币性资产，但不构成无形资产。

（4）属于非货币性资产。非货币性资产，是指企业持有的货币资金和将以固定或可确定的金额收取的资产以外的其他资产。无形资产由于没有发达的交易市场，一般不容易转化成现金，在持有过程中为企业带来未来经济利益的情况不确定，不属于以固定或可确定的金额收取的资产，而属于非货币性资产。

无形资产通常包括专利权、非专利技术、商标权、著作权、特许权、土地使用权等。

（1）专利权。专利权，是指国家专利主管机关依法授予发明创造专利申请人，对其发明创造在法定期限内所享有的专有权利，包括发明专利权、实用新型专利权和外观设计专利权。

（2）非专利技术。非专利技术，也称专有技术，是指不为外界所知、在生产经营活动中已采用的、不受法律保护的、可以带来经济效益的各种技术和诀窍。

（3）商标权。商标是用来辨认特定的商品或劳务的标记。商标权指专门在某类指定的商品或产品上使用特定的名称或图案的权利。经商标局核准注册的商标为注册商标，包括商品商标、服务商标和集体商标、证明商标。商标注册人享有商标专用权，受法律保护。

（4）著作权。著作权又称版权，指作者对其创作的文学、科学和艺术作品依法享有的某些特殊权利。著作权包括作品署名权、发表权、修改权和保护作品完整权，还包括复制权、发行权、出租权、展览权、表演权、放映权、广播权、信息网络传播权、摄制权、改编权、翻译权、汇编权以及应当由著作权人享有的其他权利。

（5）特许权。特许权，又称经营特许权、专营权，指企业在某一地区经营或销售某种特定商品的权利或者一家企业接受另一家企业使用其商标、商号、技术秘密等的权利。特许权业务涉及特许权受让人和转让人两个方面。通常在特许权转让合同中规定了特许权转让的期限、转让人和受让人的权利和义务。转让人一般要向受让人提供商标、商号等使用权，传授专有技术，并负责培训营业人员，提供经营所必需的设备和特殊原料。受让人则需要向转让人支付取得特许权的费用，并在开业后按营业收入的一定比例或其他计算方法支付特许权使用费。

（6）土地使用权。土地使用权，指国家准许某企业在一定期间内对国有土地享有开发、利用、经营的权利。根据我国土地管理法的规定，我国土地实行公有制，任何单位和个人不得侵占、买卖或者以其他形式非法转让。企业取得土地使用权的方式大致有行政划拨取得、外购取得（例如以缴纳土地出让金方式取得）及投资者投资取得等几种。

3.4.1.2 税法上的规定

《企业所得税法实施条例》第六十五条规定："企业所得税法第十二条所称无形资产，是指企业为生产产品、提供劳务、出租或者经营管理而持有的、没有实物形态的非货币性长期资产，包括专利权、商标权、著作权、土地使用权、非专利技术、商誉等。"

在无形资产的确认上，存在税会差异：（1）税法中的无形资产包括商誉，而在会计上，由于商誉不具有可辨认性，因此不能确认为无形资产。（2）已出租的土地使用权和持有并准备增值后转让的土地使用权，会计上作为投资性房地产，不属于无形资产，而税法上认为土地使用权属于无形资产。

3.4.2 外部取得无形资产的成本

3.4.2.1 外购的无形资产

（1）会计处理。外购的无形资产，其成本包括购买价款、相关税费以及直接归属于使该项资产达到预定用途所发生的其他支出。其中，直接归属于使该项资产达到预定用途所发生的其他支出包括使无形资产达到预定用途所发生的专业服务费用、测试无形资产是否能够正常发挥作用的费用等。下列各项不包括在无形资产的初始成本中：

①为引入新产品进行宣传发生的广告费、管理费用及其他间接费用。

②无形资产已经达到预定用途以后发生的费用。例如，在形成预定经济规模之前发生的初始运作损失，以及在无形资产达到预定用途之前发生的其他经营活动的支出，如果该经营活动并非无形资产达到预定用途必不可少的，则有关经营活动的损益应于发生时计入当期损益，而不构成无形资产的成本。

（2）税务处理。《企业所得税法实施条例》第六十六条第一款规定：“外购的无形资产，以购买价款和支付的相关税费以及直接归属于使该资产达到预定用途发生的其他支出为计税基础”。

外购的无形资产成本确认，无税会差异。

3.4.2.2 以其他方式取得的无形资产

（1）会计处理。投资者投入的无形资产，应当按照投资合同或协议约定的价值确定无形资产的取得成本。如果投资合同或协议约定价值不公允，则应按无形资产的公允价值作为无形资产初始成本入账。

通过非货币性资产交换取得的无形资产，包括以投资、存货、固定资产或无形资产换入的无形资产等。非货币性资产交换具有商业实质且公允价值能够可靠计量的，在发生补价的情况下，支付补价方应当以换出资产的公允价值加上支付的补价（即换入无形资产的公允价值）和应支付的相关税费，作为换入无形资产的成本；收到补价方应当以换入无形资产的公允价值（或换出资产的公允价值减去补价）和应支付的相关税费，作为换入无形资产的成本。

通过债务重组取得的无形资产，是指企业作为债权人取得的债务人用于偿还债务的非现金资产，且企业作为无形资产管理的资产。通过债务重组取得的无形资产成本，应当以其公允价值入账。

通过政府补助取得的无形资产，应当按照公允价值计量；公允价值不能可靠取得的，按照名义金额计量。

企业取得的土地使用权，通常应当按照取得时所支付的价款及相关税费确认为无形资产。土地使用权用于自行开发建造厂房等地上建筑物时，土地使用权的账面价值不与地上建筑物合并计算其成本，而仍作为无形资产进行核算，土地使用权与地上建筑物分别进行摊销和提取折旧。但下列情况除外：

①房地产开发企业取得的土地使用权用于建造对外出售的房屋建筑物，相关的土地使用权应当计入所建造的房屋建筑物成本。

②企业外购的房屋建筑物，实际支付的价款中包括土地以及建筑物的价值，则应当对支付的价款按照合理的方法（例如，按公允价值比例）在土地和地上建筑物之间进行分配；确实无法在地上建筑物与土地使用权之间进行合理分配的，应当全部作为固定资产，按照固定资产确认和计量的规定进行处理。企业改变土地使用权的用途，将其用于出租或增值目的时，应将其转为投资性房地产。

（2）税务处理。《企业所得税法实施条例》第六十六条第三款规定：“通过捐赠、投资、非货币性资产交换、债务重组等方式取得的无形资产，以该资产的公允价值和支付的相关税费为计税基础。”

此处无税会差异。

3.4.3 内部研发取得的无形资产

3.4.3.1 会计处理

《企业会计准则第6号——无形资产》第七条规定：“企业内部研究开发项目的支出，应当区分研究阶段支出与开发阶段支出。研究是指为获取并理解新的科学或技术知识而进行的独创性的有计划调查。开发是指在进行商业性生产或使用前，将研究成果或其他知识应用于某项计划或设计，以生产出新的或具有实质性改进的材料、装置、产品等。”

（1）研究阶段。研究阶段，是指为获取新的技术和知识等进行的有计划的调查，有关研究活动的例子包括：意于获取知识而进行的活动；研究成果或其他知识的应用研究、评价和最终选择；材料、设备、产品、工序、系统或服务替代品的研究；新的或经改进的材料、设备、产品、工序、系统或服务的可能替代品的配制、设计、评价和最终选择等。

从研究活动的特点看，其研究能否在未来形成成果，即开发后是否会形成无形资产，具有很大的不确定性，企业也无法证明其能够带来未来经济利益的无形资产的存在，因此，对于研究阶段的有关支出，应当予以费用化，计入当期损益。

（2）开发阶段。开发阶段是指在进行商业性生产或使用前，将研究成果或其他知识应用于某项计划或设计，以生产出新的或具有实质性改进的材料、装置、产品等。有关开发活动的例子包括：生产前或使用前的原型和模型的设计、建造和测试；含新技术的工具、夹具、模具和冲模的设计；不具有商业性生产经济规模的试生产设施的设计、建造和运营；新的或经改造的材料、设备、产品、工序、系统或服务所选定的替代品的设计、建造和测试等。

由于开发阶段相对于研究阶段更进一步，因此，相对于研究阶段而言，进入开发阶段后，从很大程度上讲，形成一项新产品或新技术的基本条件已经具备，此时如果企业能够证明满足无形资产的定义及相关确认条件，所发生的开发支出可予以资本化，确认为无形资产的成本。

《企业会计准则第6号——无形资产》第九条规定，在开发阶段，判断可以将有关支出资本化计入无形资产成本的条件包括：

①完成该无形资产以使其能够使用或出售在技术上具有可行性；

②具有完成该无形资产并使用或出售的意图；

③无形资产产生经济利益的方式，包括能够证明运用该无形资产生产的产品存在市场或无形资产自身存在市场，无形资产将在内部使用的，应当证明其有用性；

④有足够的技术、财务资源和其他资源支持，以完成该无形资产的开发，并有能力使用或出售该无形资产；

⑤归属于该无形资产开发阶段的支出能够可靠地计量。

（3）处理原则。企业内部研究和开发无形资产，其在研究阶段的支出全部予以费用化，计入当期损益（管理费用）；开发阶段的支出符合条件的予以资本化，不符合资本化条件的计入当期损益（管理费用）。如果确实无法区分研究阶段的支出和开发阶段的支出，应将其所发生的研发支出全部予以费用化，计入当期损益。

3.4.3.2 税务处理

《企业所得税法实施条例》第六十六条第二款规定："自行开发的无形资产，以开发过程中该资产符合资本化条件后至达到预定用途前发生的支出为计税基础。"

企业内部研发的无形资产处理，税会差异在于研发费用加计扣除，详见第4章的例4–5。

3.4.4 无形资产摊销

《企业会计准则第6号——无形资产》第十六条规定："企业应当于取得无形资产时分析判断其使用寿命。无形资产的使用寿命为有限的，应当估计该使用寿命的年限或者构成使用寿命的产量等类似计量单位数量；无法预见无形资产为企业带来经济利益期限的，当视为使用寿命不确定的无形资产。"

估计无形资产使用寿命应考虑的主要因素包括：

（1）该资产通常的产品寿命周期，以及可获得的类似资产使用寿命的信息；

（2）技术、工艺等方面的现实情况及对未来发展的估计；

（3）该资产在该行业运用的稳定性和生产的产品或服务的市场需求情况；

（4）现在或潜在的竞争者预期采取的行动；

（5）为维持该资产产生未来经济利益的能力所需要的维护支出，以及企业预计支付有关支出的能力；

（6）对该资产的控制期限，以及对该资产使用的法律或类似限制，如特许权使用期间、租赁期间等；

（7）与企业持有的其他资产使用寿命的关联性等。

某些无形资产的取得源自合同性权利或其他法定权利，其使用寿命不应超过合同性权利或其他法定权利的期限。但如果企业使用资产的预期的期限短于合同性权利或其他法定权利规定的期限，则应当按照企业预期使用的期限确定其使用寿命。

企业至少应当于每年年度终了，对无形资产的使用寿命及摊销方法进行复核，如果有证据表明无形资产的使用寿命及摊销方法不同于以前的估计（如由于合同的续约或无形资产应用条件的改善，延长了无形资产的使用寿命），则对于使用寿命有限的无形资产，应改变其摊销年限及摊销方法，并按照会计估计变更进行处理。

3.4.4.1 使用寿命有限的无形资产

（1）会计处理。《企业会计准则第6号——无形资产》第十八条规定："无形资产的应摊销金额为其成本扣除预计残值后的金额。已计提减值准备的无形资产，还应扣除已计提的无形资产减值准备累计金额。"

无形资产的摊销期自其可供使用（即其达到预定用途）时起至终止确认时止，即无形资产摊销的起始和停止日期为：当月增加的无形资产，当月开始摊销；当月减少的无形资产，当月不再摊销。

在无形资产的使用寿命内系统地分摊其应摊销金额，存在多种方法，包括直线法、产量法等。企业选择的无形资产摊销方法，应当能够反映与该项无形资产有关的经济利益的预期实现方式，并一致地运用于不同会计期间。例如，受技术陈旧因素影响较大的专利权和专有技术等无形资产，可采用类似固定资产加速折旧的方法进行摊销；有特定产量限制的特许经营权或专利权，应采用产量法进行摊销。无法可靠确定其预期实现方式的，应当采用直线法进行摊销。

无形资产的摊销一般应计入当期损益，但如果某项无形资产专门用于生产某种产品或者其他资产，其所包含的经济利益是通过转入所生产的产品或其他资产中实现的，则无形资产的摊销费用应当计入相关资产的成本。例如，某项专门用于生产过程中的专利技术，其摊销费用应构成所生产产品成本的一部分，计入制造该产品的制造费用。

使用寿命有限的无形资产，其残值应当视为零，但下列情况除外：①有第三方承诺在无形资产使用寿命结束时购买该无形资产。②可以根据活跃市场得到预计残值信息，并且该市场在无形资产使用寿命结束时很可能存在。

（2）税务处理。《企业所得税法》第十二条规定："在计算应纳税所得额时，企业按照规定计算的无形资产摊销费用，准予扣除。

下列无形资产不得计算摊销费用扣除：

（一）自行开发的支出已在计算应纳税所得额时扣除的无形资产；

（二）自创商誉；

（三）与经营活动无关的无形资产；

（四）其他不得计算摊销费用扣除的无形资产。"

《企业所得税法实施条例》第六十七条规定："无形资产按照直线法计算的摊销费用，准予扣除。无形资产的摊销年限不得低于10年。作为投资或者受让的无形资产，有关法律规定或者合同约定了使用年限的，可以按照规定或者约定的使用年限分期摊销。外购商誉的支出，在企业整体转让或者清算时，准予扣除。"

（3）税会差异。

①税法只允许按照直线法计算摊销，而会计可根据与无形资产有关的经济利益预期实现方式选择摊销方法。

②会计没有规定无形资产摊销期限，税法规定无形资产的摊销期限一般不低于10年，企业会计上的摊销期限短于10年的，应按10年调整；长于10年的，不用调整。③会计要求在特殊情况下可以考虑残值，但税法不考虑残值。

3.4.4.2 使用寿命不确定的无形资产

（1）会计处理。

①《企业会计准则》的规定。《企业会计准则第6号——无形资产》第十九条规定："使用寿命不确定的无形资产不应摊销。"

根据可获得的相关信息判断，如果无法合理估计某项无形资产的使用寿命，应作为使用寿命不确定的无形资产进行核算。对于使用寿命不确定的无形资产，在持有期间内不需要摊销，但应当在每个会计期间进行减值测试。其减值测试的方法按照资产减值的原则进行处理，如经减值测试表明已发生减值，则需要计提相应的减值准备。

②《小企业会计准则》的规定。《小企业会计准则》第四十一条规定："小企业不能可靠估计无形资产使用寿命的，摊销期不得低于10年。"

（2）税务处理。

①与《企业会计准则》对比。《企业会计准则》规定使用寿命不确定的无形资产不应摊销，但按照税法规定不低于10年摊销，短于10年的应于摊销年限内调整。

②与《小企业会计准则》对比。税法与《小企业会计准则》没有差异。

3.4.5 无形资产减值

3.4.5.1 会计处理

无形资产在资产负债表日存在可能发生减值的迹象时，其可收回金额低于账面价值的，企业应当将该无形资产的账面价值减记至可收回金额，减记的金额确认为减值损失，计入当期损益，同时计提相应的资产减值准备。

【例3-24】 20×1年12月31日，市场上新技术的出现，对甲公司外购的类似专利技术产生重大不利影响。甲公司外购的类似专利技术账面价值为100万元，经减值测试，可收回金额为80万元，以前年度未对其计提过减值准备，按照20万元计提无形资产减值准备。会计处理如下：

借：资产减值准备——计提的无形资产减值准备　　200 000

　贷：无形资产减值准备　　200 000

无形资产减值损失一经确认，以后会计期间不得转回。

3.4.5.2 税务处理

《企业所得税法实施条例》第五十六条第三款规定："企业持有各项资产期间资产增值或减值，除国务院财政、税务主管部门规定可以确认损益外，不得调整该资产的计税基础。"

在例3-24中，企业计提的资产减值损失不得扣除，20×1年度调增20万元，该无形资产的计税基础仍为100万元。

3.4.6 无形资产处置

3.4.6.1 会计处理

《企业会计准则第6号——无形资产》第二十二条规定："企业出售无形资产，应当将取得的价款与该无形资产账面价值的差额计入当期损益。”

【例3-25】20×1年1月1日，甲公司拥有某项专利技术的成本为1 000万元。已摊销金额为500万元，已计提的减值准备为20万元。该公司于20×1年将该项专利技术出售给C公司，取得出售收入600万元。会计处理如下：

借：银行存款	6 000 000
累计摊销	5 000 000
无形资产减值准备	200 000
贷：无形资产	10 000 000
应交税费——应交增值税（销项税额）	339 622.64
资产处置损益	860 377.36

3.4.6.2 税务处理

《企业所得税法》第十六条规定：“企业转让资产，该项资产的净值，准予在计算应纳税所得额时扣除。”《企业所得税法实施条例》第七十四条规定：“企业所得税法第十六条所称资产的净值和第十九条所称财产净值，是指有关资产、财产的计税基础减除已经按照规定扣除的折旧、折耗、摊销、准备金等后的余额。”例3-25中，在企业所得税上，资产减值损失不得税前扣除，该无形资产的净值为：1 000-500=500（万元），税收上的处置收益为：5 660 377.36-5 000 000=660 377.36（元），少于会计上处置收益的20万元（860 377.36-660 377.36）就是以前不能扣除的资产减值损失20万元，当初的税会差异在此弥合。

风险提示

1.企业外购的无形资产不得一次性税前扣除。

由于无形资产没有实物形态，企业很容易在当期扣除。

案 例

M银行2011年度采购一批电脑软件共计2 700万余元。财务人员将该笔支出记入“营业费用——电子设备运转费”科目核算，并在企业所得税税前扣除。

稽查人员指出，该笔支出应计入无形资产，不能直接税前扣除。M银行认为，购买的软件只是为了维护原有软件的正常运行，因此不属于无形资产，应计入当期损益。检查员认为，该批购买的电脑软件是企业为了提供劳务而长期持有的非实务形态资产，符合无形资产定义，应当计入开形资产，在受益期内摊销。调增M银行2011年度应纳税所得额2 160万余元，追缴企业所得税540万余元。

资料来源：无形资产记入费用问题的税务稽查案例［EB/OL］.（2014-11-06）中国税网.

2.无形资产符合条件的应资本化。

企业自行研发的无形资产符合《企业会计准则》规定的五项条件，应当资本化，以每年摊销的形式税前扣除。但有的企业故意推迟资本化，全部费用化在当期税前扣除。

3.5 生物资产

3.5.1 范 围

《企业会计准则第5号——生物资产》第二条规定："生物资产，是指有生命的动物和植物。"

生物资产分为消耗性生物资产、生产性生物资产和公益性生物资产。

消耗性生物资产，是指为出售而持有的，或在将来收获为农产品的生物资产，包括生长中的大田作物、蔬菜、用材林以及存栏待售的牲畜等。

生产性生物资产，是指为产出农产品、提供劳务或出租等目的而持有的生物资产，包括经济林、薪炭林、产畜和役畜等。

公益性生物资产，是指以防护、环境保护为主要目的的生物资产，包括防风固沙林、水土保持林和水源涵养林等。

生物资产同时满足下列条件的，才能予以确认：（1）企业因过去的交易或者事项而拥有或者控制该生物资产；（2）与该生物资产有关的经济利益或服务潜能很可能流入企业；（3）该生物资产的成本能够可靠地计量。

3.5.2 生物资产成本

3.5.2.1 会计处理

外购生物资产的成本，包括购买价款、相关税费、运输费、保险费以及可直接归属于购买该资产的其他支出。

自行栽培、营造、繁殖或养殖的消耗性生物资产的成本，应当按照下列规定确定：自行栽培的大田作物和蔬菜的成本，包括在收获前耗用的种子、肥料、农药等材料费、人工费和应分摊的间接费用等必要支出。自行营造的林木类消耗性生物资产的成本，包括郁闭前发生的造林费、抚育费、营林设施费、良种试验费、调查设计费和应分摊的间接费用等必要支出。自行繁殖的育肥畜的成本，包括出售前发生的饲料费、人工费和应分摊的间接费用等必要支出。水产养殖的动物和植物的成本，包括在出售或入库前耗用的苗种、饲料、肥料等材料费、人工费和应分摊的间接费用等必要支出。

自行营造或繁殖的生产性生物资产的成本，应当按照下列规定确定：自行营造的林木类生产性生物资产的成本，包括达到预定生产经营目的前发生的造林费、抚育费、营林设施费、良种试验费、调查设计费和应分摊的间接费用等必要支出。自行繁殖的产畜和役畜的成本，包括达到预定生产经营目的（成龄）前发生的饲料费、人工费和应分摊的间接费用等必要支出。达到预定生产经营目的，是指生产性生物资产进入正常生产期，可以多年连续稳定产出农产品、提供劳务或出租。

自行营造的公益性生物资产的成本，应当按照郁闭前发生的造林费、抚育费、森林保护费、营林设施费、良种试验费、调查设计费和应分摊的间接费用等必要支出确定。

投资者投入生物资产的成本，应当按照投资合同或协议约定的价值确定，但合同或协议约定价值不公允的除外。

天然起源的生物资产的成本，应当按照名义金额确定。

非货币性资产交换、债务重组和企业合并取得的生物资产的成本，应当分别按照《企业会计准则第7号——非货币性资产交换》、《企业会计准则第12号——债务重组》和《企业会计准则第20号——企业合并》确定。

因择伐、间伐或抚育更新性质采伐而补植林木类生物资产发生的后续支出，应当计入林木类生物资产的成本。生物资产在郁闭或达到预定生产经营目的后发生的管护、饲养费用等后续支出，应当计入当期损益。

3.5.2.2 税务处理

《企业所得税法实施条例》第六十二条规定："生产性生物资产按照以下方法确定计税基础：（一）外购的生产性生物资产，以购买价款和支付的相关税费为计税基础；（二）通过捐赠、投资、非货币性资产交换、债务重组等方式取得的生产性生物资产，以该资产的公允价值和支付的相关税费为计税基础。前款所称生产性生物资产，是指企业为生产农产品、提供劳务或者出租等而持有的生物资产，包括经济林、薪炭林、产畜和役畜等。"

税法并没有对企业自行繁殖、营造的生物资产计税基础做出明确规定。《国家税务总局关于企业所得税年度汇算清缴有关事项的公告》（国家税务总局公告2021年第34号）规定，"纳税人在计算企业所得税应纳税所得额及应纳税额时，会计处理与税收规定不一致的，应当按照税收规定计算。税收规定不明确的，在没有明确规定之前，暂按国家统一会计制度计算"，因此，对于企业自行繁殖、营造的生物资产计税基础应按照会计准则的要求进行确认。

3.5.3 生物资产折旧

3.5.3.1 会计处理

企业对达到预定生产经营目的的生产性生物资产，应当按期计提折旧，并根据用途分别计入相关资产的成本或当期损益。

企业应当根据生产性生物资产的性质、使用情况和有关经济利益的预期实现方式，合理确定其使用寿命、预计净残值和折旧方法。可选用的折旧方法包括年限平均法、工作量法、产量法等。

生产性生物资产的使用寿命、预计净残值和折旧方法一经确定，不得随意变更。

企业确定生产性生物资产的使用寿命，应当考虑下列因素：（1）该资产的预计产出能力或实物产量；（2）该资产的预计有形损耗，如产畜和役畜衰老、经济林老化等；（3）该资产的预计无形损耗，如因新品种的出现而使现有的生产性生物资产的产出能力和产出农产品的质量等方面相对下降、市场需求的变化使生产性生物资产产出的农产品相对过时等。

企业至少应当于每年年度终了对生产性生物资产的使用寿命、预计净残值和折旧方法进行复核。

使用寿命或预计净残值的预期数与原先估计数有差异的，或者有关经济利益预期实现方式有重大改变的，应当作为会计估计变更，按照《企业会计准则第28号——会计政策、会计估计变更和差错更正》处理，调整生产性生物资产的使用寿命或预计净残值或者改变折旧方法。

3.5.3.2 税务处理

《企业所得税法实施条例》第六十三条规定："生产性生物资产按照直线法计算的折旧，准予扣除。企业应当自生产性生物资产投入使用月份的次月起计算折旧；停止使用的生产性生物资产，应当自停止使用月份的次月起停止计算折旧。企业应当根据生产性生物资产的性质和使用情况，合理确定生产性生物资产的预计净残值。生产性生物资产的预计净残值一经确定，不得变更。"

该条例第六十四条规定："生产性生物资产计算折旧的最低年限如下：（一）林木类生产性生物资产，为10年；（二）畜类生产性生物资产，为3年。"

税会差异：①税法只允许按照直线法计算折旧，而会计上可根据与生物资产有关的经济利益预期实现方式选择折旧方法。②会计上没有规定生物资产的折旧期限，税法规定林木类生产性生物资产的折旧期限不低于10年，畜类生产性生物资产的折旧期限不低于3年。企业会计上的折旧期限短于税法规定最低折旧年限的，应按税法规定的最低折旧年限予以调整；长于税法规定最低折旧年限的，不用调整。

3.5.4 生物资产减值

3.5.4.1 会计处理

《企业会计准则第5号——生物资产》第二十一条规定："企业至少应当于每年年度终了对消耗性生物资产和生产性生物资产进行检查，有确凿证据表明由于遭受自然灾害、病虫害、动物疫病侵袭或市场需求变化等原因，使消耗性生物资产的可变现净值或生产性生物资产的可收回金额低于其账面价值的，应当按照可变现净值或可收回金额低于账面价值的差额，计提生物资产跌价准备或减值准备，并计入当期损益。"

消耗性生物资产减值的影响因素已经消失的，减记金额应当予以恢复，并在原已计提的跌价准备金额内转回，转回的金额计入当期损益。

生产性生物资产减值准备一经计提，不得转回。公益性生物资产不计提减值准备。

3.5.4.2 税务处理

《企业所得税法实施条例》第五十六条第三款规定："企业持有各项资产期间资产增值或者减值，除国务院财政、税务主管部门规定可以确认损益外，不得调整该资产的计税基础。"

因此，企业计提的生物资产减值损失不得扣除。

3.5.5 生物资产公允价值计量

3.5.5.1 会计处理

《企业会计准则第5号——生物资产》第二十二条规定："有确凿证据表明生物资产的公允价值能够持续可靠取得的，应当对生物资产采用公允价值计量。采用公允价值计量的，应当同时满足下列条件：（一）生物资产有活跃的交易市场；（二）能够从交易市场上取得同类或类似生物资产的市场价格及其他相关信息，从而对生物资产的公允价值做出合理估计。"

3.5.5.2 税务处理

《企业所得税法实施条例》第五十六条规定："企业的各项资产，包括固定资产、生物资产、无形资产、长期待摊费用、投资资产、存货等，以历史成本为计税基础。"

企业在会计上计入损益的公允价值税法不予确认，税法按照历史成本确认，做相应纳税调整。

3.5.6 生物资产处置

3.5.6.1 会计处理

对于消耗性生物资产，应当在收获或出售时，按照其账面价值结转成本。结转成本的方法包括加权平均法、个别计价法、蓄积量比例法、轮伐期年限法等。

生产性生物资产收获的农产品成本，按照产出或采收过程中发生的材料费、人工费和应分摊的间接费用等必要支出计算确定，并采用加权平均法、个别计价法、蓄积量比例法、轮伐期年限法等方法，将其账面价值结转为农产品成本。收获之后的农产品，应当按照《企业会计准则第1号——存货》处理。

生物资产改变用途后的成本，应当按照改变用途时的账面价值确定。

生物资产出售、盘亏或死亡、毁损时，应当将处置收入扣除其账面价值和相关税费后的余额计入当期损益。

3.5.6.2 税务处理

生物资产处置时在税收上仍按照生物资产的历史成本计算处置成本。

3.6 其 他

3.6.1 资产评估增值的处理

企业的资产发生评估增值，增值部分是否缴纳企业所得税，以及应按照原值还是评估价值计提折旧或摊销，需分不同情形来处理。

3.6.1.1 国有企业改制上市

《财政部 国家税务总局关于企业改制上市资产评估增值企业所得税处理政策的通知》（财税〔2015〕65号）规定，国有企业改制上市过程中发生的资产评估增值，应缴纳的企业所得税可以不征收入库，作为国家投资直接转增该企业国有资本金（含资本公积，下同），同时，经确认的评估增值资产，可按评估价值入账并按有关规定计提折旧或摊销，在计算应纳税所得额时允许扣除。即评估增值不缴税，按评估增值后的价值计提折旧或摊销。

3.6.1.2 全民所有制企业公司制改制

《国家税务总局关于全民所有制企业公司制改制企业所得税处理问题的公告》（国家税务总局公告2017年第34号）规定，全民所有制企业改制为国有独资公司或者国有全资子公司，改制中资产评估增值不计入应纳税所得额；资产的计税基础按其原有计税基础确定；资产增值部分的折旧或者摊销不得在税前扣除。即评估增值不交税，但按原计税基础计提折旧或摊销。

3.6.1.3 其他企业的情形

《企业所得税法实施条例》第五十六条规定："企业的各项资产，包括固定资产、生物资产、无形资产、长期待摊费用、投资资产、存货等，以历史成本为计税基础。前款所称历史成本，是指企业取得该项资产时实际发生的支出。"

因此，企业的资产应以历史成本法核算，即增值部分不缴纳企业所得税，但须按照资产原值计提折旧或摊销。

【例3-26】 甲公司上市过程中发生固定资产评估增值，固定资产计税基础为1 000万元，评估价值为2 000万元，尚可使用年限为10年，以后每年会计上计提的折旧额为200万元（2 000/10），可以税前扣除的折旧额为100万元（1 000/10），每年纳税调增100万元。

没有特殊规定的，资产评估增值部分不缴纳企业所得税，按照资产原值计提折旧或摊销。

风险提示

企业资产评估增值，增值部分不缴税，但仍须按照资产原值计算折旧或摊销，而不能按照增值后的资产价值计算折旧或摊销。

案 例

某实业公司2012年为贷款需要，请第三方对名下房产进行了评估，评估后房产有较大规模的增值，公司按照评估价计提了折旧，且在纳税申报时没有进行纳税调整。多列支197万元折旧费用，查补税款53万元、罚款27万元，加收滞纳金16万元。

资料来源：固定资产评估增值折旧未调整被查补税［EB/OL］.（2019-08-23）中国税网.

3.6.2 小企业的处理

《小企业会计准则》第六条规定："小企业的资产应当按照成本计量，不计提资产减值准备。"

因此，适用《小企业会计准则》的企业的资产不计提资产减值准备，与《企业所得税法》规定一致。

第 4 章

税收优惠

TAXING

Enterprise Income Tax

Practice and Risk

Prevention and Control

4.1　基本规定

企业享受企业所得税税收优惠，应按照修订后的《国家税务总局关于发布〈企业所得税优惠政策事项办理办法〉的公告》（国家税务总局公告2018年第23号）规定执行。国家税务总局公告2018年第23号附件《企业所得税优惠事项管理目录（2017年版）》列举了69个企业所得税优惠项目。

4.1.1　资料留存备查

自2017年度汇算清缴起，企业享受税收优惠不再需要备案，采取“自行判别、申报享受、相关资料留存备查”的办理方式。企业应当根据经营情况以及相关税收规定自行判断是否符合优惠事项规定的条件，符合条件的可以按照《企业所得税优惠事项管理目录》（以下简称《目录》）列示的时间自行计算减免税额，并通过填报企业所得税纳税申报表享受税收优惠。同时，按照上述办法的规定归集和留存相关资料备查。

留存备查资料是指与企业享受优惠事项有关的合同、协议、凭证、证书、文件、账册、说明等资料。留存备查资料分为主要留存备查资料和其他留存备查资料两类。主要留存备查资料由企业按照《目录》列示的资料清单准备，其他留存备查资料由企业根据享受优惠事项情况自行补充准备。

企业享受优惠事项的，应当在完成年度汇算清缴后，将留存备查资料归集齐全并整理完成，以备税务机关核查。

企业同时享受多项优惠事项或者享受的优惠事项按照规定分项目进行核算的，应当按照优惠事项或者项目分别归集留存备查资料。

企业留存备查资料应从企业享受优惠事项当年的企业所得税汇算清缴期结束次日起保留10年。

4.1.2　后续管理

企业享受优惠事项后，税务机关将适时开展后续管理。在后续管理时，企业应当根据税务机关管理服务的需要，按照规定的期限和方式提供留存备查资料，以证实享受优惠事项符合条件。

企业享受优惠事项后发现其不符合优惠事项规定条件的，应当依法及时自行调整并补缴税款及滞纳金。

企业未能按照税务机关要求提供留存备查资料，或者提供的留存备查资料与实际生产经营情况、财务核算情况、相关技术领域、产业、目录、资格证书等不符，无法证实符合优惠事项规定条件的，或者存在弄虚作假情况的，税务机关将依法追缴其已享受的企业所得税优惠，并按照《税收征收管理法》等相关规定处理。

4.1.3 需要提交资料的项目

绝大多数优惠项目要求资料留存备查，但享受集成电路生产企业、集成电路设计企业、软件企业、国家规划布局内的重点软件企业和集成电路设计企业等优惠事项的企业，应当在完成年度汇算清缴后，按照《目录》“后续管理要求”项目中列示的清单向税务机关提交资料。

假设某企业20×1年度享受集成电路生产企业优惠，同时还取得有国债利息。那么，若该企业20×2年4月30日完成20×1年度申报纳税，其应在4月30日同步将集成电路生产企业和国债利息的留存备查资料归集并整理完毕，然后，在20×2年5月31日前按照集成电路生产企业“后续管理要求”项目中列示的资料清单向税务机关提交相关资料。

4.1.4 总分机构汇总纳税的处理

设有非法人分支机构的居民企业以及实行汇总纳税的非居民企业机构、场所享受优惠事项的，由居民企业的总机构以及汇总纳税的主要机构、场所负责统一归集并留存备查资料。分支机构以及被汇总纳税的非居民企业机构、场所按照规定可独立享受优惠事项的，由分支机构以及被汇总纳税的非居民企业机构、场所负责归集并留存备查资料，同时分支机构以及被汇总纳税的非居民企业机构、场所应在当完成年度汇算清缴后将留存的备查资料清单送总机构以及汇总纳税的主要机构、场所汇总。

风险提示

企业自行判断是否能够享受税收优惠，不需要备案，简化了办税流程，减轻了企业办税负担，但国家税务总局公告2018年第23号同时规定，“企业对优惠事项留存备查资料的真实性、合法性承担法律责任”。税务机关将加强后续管理，若发现企业不符合优惠条件，将追缴其已被减免的税款。

4.2 免税收入

4.2.1 国债利息收入

国债，又称国家公债，是国家以其信用为基础，按照债的一般原则，通过向社会筹集资金所形成的债权债务关系。国债是由国家发行的债券，是中央政府为筹集财政资金而发行的一种政府债券，是中央政府向投资者出具的、承诺在一定时期支付利息和到期偿还本金的债权债务凭证。因为国债的发行主体是国家，所以它具有最高的信用度，被公认为最安全的投资工具。

企业投资国债存在四种交易情况：一是从一级市场购买并持有到期兑付；二是从一级市场购买，未到期转让；三是从二级市场购买并持有到期兑付；四是从二级市场购买，未到期转让。除从一级市场购买并持有到期兑付外，其他几种情况都涉及国债在二级市场的转让交易，因此，税收政策按一级市场购买并持有到期兑付及国债转让交易两种情况分别规定了不同的纳税处理方法。

4.2.1.1 一级市场购买并持有到期兑付国债利息收入的税务处理

《企业所得税法》第二十六条第一款规定："国债利息收入"为免税收入。《企业所得税法实施条例》第八十二条规定："企业所得税法第二十六条第（一）项所称国债利息收入，是指企业持有国务院财政部门发行的国债取得的利息收入。"

企业取得一级市场购买并持有到期兑付的国债利息收入为免税收入。

4.2.1.2 国债转让交易的相关税务处理

《企业所得税法实施条例》第十八条第二款规定："利息收入，按照合同约定的债务人应付利息的日期确认收入的实现。"由于购买国债合同约定的债务人应付利息日期是国债到期日，因此，企业在到期前转让国债所包含的利息不符合《企业所得税法实施条例》规定的利息收入确认条件，自然不能免税。这是不合理的，因此《国家税务总局关于企业国债投资业务企业所得税处理问题的公告》（国家税务总局公告2011年第36号）做出了特殊规定：

其一，关于国债利息收入税务处理问题。

（1）国债利息收入时间确认。

①根据《企业所得税法实施条例》第十八条的规定，企业投资国债从国务院财政部门（以下简称发行者）取得的国债利息收入，应以国债发行时约定应付利息的日期，确认利息收入的实现。

②企业转让国债，应在国债转让收入确认时确认利息收入的实现。

（2）国债利息收入计算。企业到期前转让国债、或者从非发行者投资购买的国债，其持有期间尚未兑付的国债利息收入，按以下公式计算确定：

国债利息收入=国债金额×（适用年利率÷365）×持有天数

上述公式中的"国债金额"，按国债发行面值或发行价格确定；"适用年利率"按国债票面年利率或折合年收益率确定；如企业不同时间多次购买同一品种国债的，"持有天数"可按平均持有天数计算确定。

（3）国债利息收入免税问题。根据《企业所得税法》第二十六条的规定，企业取得的国债利息收入，免征企业所得税。具体按以下规定执行：

①企业从发行者直接投资购买的国债持有至到期，其从发行者取得的国债利息收入，全额免征企业所得税。

②企业到期前转让国债、或者从非发行者投资购买的国债，其按该公告第一条第（二）项计算的国债利息收入，免征企业所得税。

其二，关于国债转让收入税务处理问题。

（1）国债转让收入时间确认。

①企业转让国债应在转让国债合同、协议生效的日期，或者国债移交时确认转让收入的实现。

②企业投资购买国债，到期兑付的，应在国债发行时约定的应付利息的日期，确认国债转让收入的实现。

（2）国债转让收益（损失）计算。企业转让或到期兑付国债取得的价款，减除其购买国债成本，并扣除其持有期间按照该公告第一条计算的国债利息收入以及交易过程中相关税费后的余额，为企业转让国债收益（损失）。

（3）国债转让收益（损失）征税问题。根据企业所得税法实施条例第十六条规定，企业转让国债，应作为转让财产，其取得的收益（损失）应作为企业应纳税所得额计算纳税。

其三，关于国债成本确定问题。

（1）通过支付现金方式取得的国债，以买入价和支付的相关税费为成本；

（2）通过支付现金以外的方式取得的国债，以该资产的公允价值和支付的相关税费为成本。

其四，关于国债成本计算方法问题。

企业在不同时间购买同一品种国债的，其转让时的成本计算方法，可在先进先出法、加权平均法、个别计价法中选用一种。计价方法一经选用，不得随意改变。

【例4-1】甲公司多次购买同一品种国债，20×1年1月1日购买面值1 000万元，2月1日购买面值300万元，3月1日购买面值2 000万元。20×1年5月1日转让面值1 500万元的国债，取得转让收入2 000万元，发生手续费支出50万元；6月1日转让剩余的1 800万元的国债，取得转让收入2 000万元，发生手续费支出50万元。该国债票面利率4%，到期日为20×3年10月31日。采用先进先出法核算转让成本。会计处理如下：

1月1日购买时：

借：交易性金融资产——成本	10 000 000	
贷：银行存款		10 000 000

2月1日购买时：

借：交易性金融资产——成本	3 000 000	
贷：银行存款		3 000 000

3月1日购买时：

借：交易性金融资产——成本	20 000 000	
贷：银行存款		20 000 000

5月1日转让时：

借：银行存款	20 000 000	
贷：交易性金融资产——成本		15 000 000
投资收益		5 000 000
借：投资收益	500 000	
贷：银行存款		500 000

6月1日转让时：

借：银行存款	20 000 000	
贷：交易性金融资产——成本		18 000 000
投资收益		2 000 000
借：投资收益	500 000	

贷：银行存款 500 000

甲公司会计上的国债转让收益为：500+200−50−50=600（万元）。

税务处理如下：

5月1日转让时：

持有天数＝（120+90+60）÷3=90（天）

转让成本=1 000+300+200=1 500（万元）

国债利息收入=1 500×4%×90/365=14.79（万元）

国债转让收益=2 000−1 500−50−14.79=435.21（万元）

6月1日转让时：

持有天数=90天

转让成本=1 800万元

国债利息收入=1 800×4%×90/365=17.75（万元）

国债转让收益=2 000−1 800−50−17.75=132.25（万元）

甲公司国债利息收入32.54万元（14.79+17.75）为免税收入。

甲公司国债转让收益567.46万元（435.21+132.25）为应税收入。

4.2.1.3 主要留存备查资料

（1）国债净价交易交割单；

（2）购买、转让国债的证明，包括持有时间、票面金额、利率等相关材料；

（3）应收利息（投资收益）科目明细账或按月汇总表；

（4）减免税计算过程的说明。

风险提示

1. 国债转让收益不免税。

国债利息收入的风险在于只有利息收入为免税收入，国债转让收益为应税收入，不能混同于免税收入。

2. 利息收入免税仅限于中央政府发行的国债。

享受免税待遇的国债利息收入，不包括持有外国国债取得的利息收入，也不包括持有企业发行的债券取得的利息收入，而仅限于持有我国中央政府发行的国债（即国务院财政部门发行的国债）取得的利息收入。

4.2.2 股息、红利收入

《企业所得税法》第二十六条第二款规定，“符合条件的居民企业之间的股息、红利等权益性投资收益”为免税收入。

《企业所得税法实施条例》第八十三条规定：“企业所得税法第二十六条第（二）项所称符合条件的居民企业之间的股息、红利等权益性投资收益，是指居民企业直接投资于其他居民企业取得的投资收益。企业所得税法第二十六条第（二）项和第（三）项所称股息、红利等权益性投资收益，不包括连续持有居民企业公开发行并上市流通的股票不足12个月取得的投资收益。”

一个企业对另一企业进行权益性投资时，投资企业要从被投资企业取得股息、红利等权益性投资收益。由于股息、红利是从被投资企业税后利润中分配的，如果将股息、红利全额并入投资企业的应税收入中征收企业所得税，就会造成对同一经济来源所得的重复征税。因此，对股息、红利免税是各国的普遍做法。

关于股息、红利收入确认的时间，《国家税务总局关于贯彻落实企业所得税法若干税收问题的通知》（国税函〔2010〕79号）第四条规定：“企业权益性投资取得股息、红利等收入，应以被投资企业股东会或股东大会做出利润分配或转股决定的日期，确定收入的实现”。

【例4-2】甲公司投资乙公司，占乙公司股份的10%，采用成本法核算。20×1年，乙公司宣告发放现金股利，甲公司应分得现金股利5万元。会计处理如下：

（1）乙公司宣告发放现金股利时：

借：应收股利　　50 000

　贷：投资收益　　50 000

（2）收到现金股利时：

借：银行存款　　50 000

　贷：应收股利　　50 000

甲公司确认的投资收益5万元属于免税收入。

【例4-3】甲公司投资乙公司，占乙公司股份的30%，采用权益法核算。20×1年，乙公司宣告发放现金股利100万元，甲公司按比例应分得现金股利30万元。会计处理如下：

（1）乙公司宣告发放现金股利时：

借：应收股利　　300 000

　贷：长期股权投资——损益调整　　300 000

（2）收到现金股利时：

借：银行存款　　300 000

　贷：应收股利　　300 000

甲公司分得的投资收益3万元为免税收入。需要注意的是，从会计处理上可以看出，甲公司并没有确认投资收益3万元，也未影响到利润总额，无从作为免税收入调减，因此容易产生风险，详见下面的风险提示1。

主要留存备查资料：

（1）被投资企业的最新公司章程（企业在证券交易市场购买上市公司股票获得股权的，提供相关记账凭证、本公司持股比例以及持股时间超过12个月情况说明）；

（2）被投资企业股东会（或股东大会）利润分配决议或公告、分配表；

（3）被投资企业进行清算所得税处理的，留存被投资企业填报的加盖主管税务机关受理章的《中华人民共和国清算所得税申报表》及附表三《剩余财产计算和分配明细表》复印件；

（4）投资收益、应收股利科目明细账或按月汇总表。

注 意

1.超出出资投资比例的分红也属于免税收入。

投资企业未按投资比例取得分红的是否属于免税收入？例如，甲公司占乙公司30%股份，乙公司净利润为100万元，但甲公司可以分得现金股利50万元，超出出资比例的20万元是否属于免税收入？《中华人民共和国公司法》（以下简称《公司法》）第三十五条规定："股东按照实缴的出资比例分取红利；公司新增资本时，股东有权优先按照实缴的出资比例认缴出资。但是，全体股东约定不按照出资比例分取红利或者不按照出资比例优先认缴出资的除外。"《公司法》认同股东约定不按照出资比例分取红利，超出出资比例的分红也属于《企业所得税法实施条例》规定的居民企业直接投资于其他居民企业取得的投资收益，因此也是免税收入。

《国家税务总局关于发布〈中华人民共和国企业所得税年度纳税申报表（A类，2014年版）〉的公告》（国家税务总局公告2014年第63号）中，A107011《符合条件的居民企业之间的股息、红利等权益性投资收益优惠明细表》第6列"依决定归属于本公司的股息、红利等权益性投资收益金额"填报说明："填报纳税人按照投资比例计算的归属于本公司的股息、红利等权益性投资收益金额。若被投资企业将股权（票）溢价所形成的资本公积转为股本的，不作为投资方企业的股息、红利收入，投资方企业也不得增加该项长期投资的计税基础。"若按照此说明，超出出资比例的分红将不能免税。后来，《国家税务总局所得税司关于企业所得税年度纳税申报表部分填报口径的通知》（税总所便函〔2015〕21号）第八条将其修改为"填报纳税人按照投资比例或者其他方法计算的，实际归属于本公司的股息、红利等权益性投资收益金额。"也就是说，按照其他方法计算分红的，也属于免税收入。现行纳税申报表如是。

2.取得低税率企业的分红无须补缴税率差。

执行25%税率的企业取得的来自享受低税率的被投资企业分配的股息、红利也为免税收入，不用补缴税率差。

3.持有非上市公司股权没有12个月的限制。

企业持有上市公司公开发行的股票不足12个月取得的投资收益不能免税，但持有非上市公司股权不足12个月取得的投资收益可以免税，没有时间限制。

4. 2008年以后分配2008年以前的未分配利润按规定处理。

《财政部 国家税务总局关于执行企业所得税优惠政策若干问题的通知》（财税〔2009〕69号）第四条规定："2008年1月1日以后，居民企业之间分配属于2007年度及以前年度的累积未分配利润而形成的股息、红利等权益性投资收益，均应按照企业所得税法第二十六条及实施条例第十七条、第八十三条的规定处理。"也就是说，企业在2008年以后分配2008年以前的未分配利润，也不用补缴税率差。

5.股权（票）溢价形成的资本公积转增股本不作为股息、红利收入。

国税函〔2010〕79号文件第四条规定："被投资企业将股权（票）溢价所形成的资本公积转为股本的，不作为投资方企业的股息、红利收入，投资方企业也不得增加该项长期投资的计税基础。"因此，被投资企业将股权（票）溢价形成的资本公积转增股本，投资企业不作为股息、红利收入，更不能作为免税收入。

6. 从非境内注册居民企业取得的分红。

境外注册的中资控股企业，按照《国家税务总局关于境外注册中资控股企业依据实际管理机构标准认定为居民企业有关问题的通知》（国税发〔2009〕82号）被认定为非境内注册居民企业，其境内居民企业投资方从其取得的分红，是免税收入。

风险提示

1. 对免税收入切勿只调减不调增。

按权益法核算的长期股权投资，投资企业确认的股息、红利计入应收股利，冲减长期股权投资成本，对利润总额没有影响。在例4-3中，应先在A105030《投资收益纳税调整明细表》中调增3万元，再在A107011《符合条件的居民企业之间的股息、红利等权益性投资收益优惠明细表》中调减3万元。切不可只在A107011中调减，这样会造成少缴税款。有人问了，既然不影响利润总额，为何还要做相同的纳税调整，这不是增加工作量吗？这是因为，根据国税函〔2010〕79号文件第四条规定，投资企业应确认股息、红利收入，此时存在税会差异，所以要进行纳税调整。

2. 非直接投资取得的收益不免税。

根据《企业所得税法实施条例》第八十三条的规定，符合条件的免税收入是居民企业直接投资于其他居民企业取得的投资收益，间接投资取得的投资收益不属于免税收入。如代持股，隐名股东通过显名股东投资，取得被投资企业分配的股息、红利不作为免税收入。

直接投资一般是指投资者将货币资金直接投入投资项目，形成实物资产或者购买现有企业的投资。通过直接投资，投资者便可以拥有全部或一定数量的被投资企业的资产及经营所有权，直接进行或参与对被投资企业的经营管理。直接投资的主要形式包括：（1）投资者开办独资企业，并独自经营；（2）与其他企业合作开办合资企业或合作企业，从而取得各种直接经营企业的权利，并派人员进行管理或参与管理；（3）投资者投入资本，不参与经营，必要时可派人员任顾问或指导；（4）投资者在股票市场上买入现有企业一定数量的股票，通过股权获得全部或相当部分的经营权，从而达到收购该企业的目的。

案　例

某金融企业来源于委外投资方式（委托人将资金委托给外部机构代为管理投资）所获收益——通过资产管理人间接投资居民企业，取得连续持有居民企业公开发行并上市流通的股票超过12个月的股息、红利9 200多万元，做了免税优惠处理。税务机关认为，该企业通过间接投资方式所获得的9 200多万元投资收益，不属于免税优惠范围，进行纳税调增，补缴税款约2 300万元。

资料来源：直接投资：股息红利免税的关键前提［N］. 中国税务报，2019-03-01（B4）.

3. 非投资于居民企业取得的收益不免税。

根据《企业所得税法实施条例》第八十三条的规定，符合条件的免税收入是居民企业直接投资于其他居民企业取得的投资收益。《企业所得税法》第二条第二款规定："本法所称居民企业，是指依法在中国境内成立，或者依照外国（地区）法律成立但实际管理机构在中国境内的企业。”该法第一条第二款规定：“个人独资企业、合伙企业不适用本法。”因此，投资于个人独资企业、合伙企业、外国企业获得的股息、红利不是免税收入。

需要注意的是，投资于境外非居民企业取得的股息、红利，不是免税收入，但从被认定为非境内注册居民企业的境外注册的中资控股企业取得的股息、红利，是免税收入。

案 例

2010年陈先生成立了一家科技企业，近年来，他和一些朋友成立了一家B有限合伙企业，同时让自己的科技企业以法人合伙人的身份来参与合伙企业的投资，他的朋友则直接以自然人合伙人的身份来参与合伙企业经营。2014年，该合伙企业投资了一项新兴产业研发项目，并于2018年取得了项目分红。合伙企业将这笔投资收益打到了科技公司账上，陈先生作为免税收入处理。

税务机关告诉陈先生，科技企业以法人合伙人身份通过合伙企业对其他居民企业进行投资所取得的股息、红利不能享受企业所得税优惠政策，而是应该将该项投资收益计入当年应纳税所得中计算缴纳企业所得税。

资料来源：通过合伙企业投资，这些事项得注意！［EB/OL］.（2021-05-14）深圳市税务局微信公众号.

4.持有上市流通股票不足12个月，取得的股息、红利不免税。

根据《企业所得税法实施条例》第八十三条规定，免税的股息、红利等权益性投资收益，不包括连续持有居民企业公开发行并上市流通的股票不足12个月取得的投资收益。连续持有被投资企业公开发行并上市流通的股票的时间不足12个月的投资，具有较大的投机成分，因而不在优惠范围之内。

若不是“公开发行并上市流通的股票”，则不受12个月期限的限制。

5.分配固定利润不属于免税收入。

例如，甲公司是乙公司股东，双方约定，甲公司不承担经营风险，无论乙公司是盈是亏，甲公司每年固定取得20万元股息、红利，这是否属于免税收入？若符合《国家税务总局关于企业混合性投资业务企业所得税处理问题的公告》（国家税务总局公告2013年第41号）规定的混合性投资条件，则投资方（甲公司）取得的收益应确认为利息收入，不能免税。但若既收取固定收益，又不符合混合性投资条件，应如何处理？

首先要判断这种行为是否属于投资。《最高人民法院关于审理涉及国有土地使用权合同纠纷案件适用法律问题的解释》（法释〔2005〕5号）第二十六条规定：“合作开发房地产合同约定提供资金的当事人不承担经营风险，只收取固定数额货币的，应当认定为借款合同。”《最高人民法院关于审理联营合同纠纷案件若干问题的解答》（法（经）发〔1990〕27号）第四条规定：“企业法人、事业法人作为联营一方向联营体投资，但不参加共同经营，也不承担联营的风险责任，不论盈亏均按期收回本息，或者按期收取固定利润的，是明为联营，实为借贷，违反了有关金融法规，应当确认合同无效。除本金可以返还外，对出资方已经取得或者约定取得的利息应予收缴，对另一方则应处以相当于银行利息的罚款。”

因此，在法律上，不承担经营风险，不论盈亏均按期收取固定利润的，属于借贷，不属于投资，投资企业取得的是应税的利息收入，不是免税的投资收益。

6.留存收益、非股权（票）溢价形成的资本公积转增股本作为股息、红利收入。

根据国税函〔2010〕79号文件第四条规定，股权（票）溢价形成的资本公积转增股本不作为投资方企业的股息、红利收入，投资方企业也不得增加该项长期投资的计税基础。但是，若被投资企业用未分配利润、盈余公积或非股权（票）溢价形成的资本公积转增股本，投资企业应作为股息、红利收入，符合条件的作为免税收入，同时增加该项长期投资的计税基础。

7.不具有合理商业目的的超出投资比例分红不免税。

前文说过，取得超出投资比例分红也属于免税收入，但不具有合理商业目的的超出投资比例分红，以减少纳税为目的，则不属于免税收入。如甲公司和乙公司同为A公司股东，分别持股30%和70%，乙公司将其持有的A公司40%的股份低价转让给甲公司，持股比例变为70%和30%，然后A公司以超过30%的比例向乙公司分红。在该交易行为中，乙公司以免税的分红替代应税的股权转让款，造成减少股权转让收入，减少缴纳股权转让所得税，其取得的超出投资比例分红实质上为股权转让收入，应缴纳企业所得税。

争 议

企业持有股票超过12个月，之前缴纳的税款能否退税？

企业持有上市公司公开发行的股票不足12个月取得的股息、红利不能免税，若企业持有期间超过了12个月，之前取得的股息、红利是否可以免税？已缴纳的税款能否申请退税？

如企业20×1年10月开始持有某上市公司公开发行的股票，12月取得股息收入，截至20×2年5月底汇算清缴时持有期间不足12个月，不能免税；20×2年底企业仍持有该股票，已超过12个月，那么，其20×1年12月底取得的股息收入能否免税并申请退税？

又如，企业20×1年4月开始持有某上市公司公开发行的股票，12月取得股息收入，取得股息收入时尚不足12个月，但20×2年5月底前汇算清缴时该股票持有期间已超过12个月，能否免税？

目前各地税务机关处理不一。有的按照实际持有股票期间，超过12个月后，之前取得的股息收入也可以免税，缴纳的税款予以退还。如2021年5月27日安徽市税务局12366在回答"2020年4月份投资一家上市公司，并于2020年12月份取得了股息红利。截至2020年12月31日，我司持有该家上市公司的股票是不足12个月的，但截止到2021年4月，我司持有该家上市公司的股票已经满12个月。我司2020年12月份取得的股息红利是否可以享受上述免税政策"时表示，"只要企业持有上市公司股票满12个月，无论是不足12个月取得的股息红利还是持满12个月取得的股息红利均可以作为免税的股息红利"。

有的按照实际取得股息收入的时间，若在此时点尚不足12个月，则不能免税。如2019年12月16日厦门市税务局12366在回答"公司在取得股票分红时，因未连续持有12个月而缴纳了企业所得税。缴税后，公司一直持有该股票至超过12个月。请问在超过12个月后，公司能否就之前因未满12个月已缴税的股票分红申请退税"时表示，"贵司在取得股票分红时，连续持有居民企业公开发行并上市流通的股票不足12个月，因此，不适用免税规定，不可办理退税"。

4.2.3 非营利组织收入

目前国际上最流行的对非营利组织的定义认为，只有符合组织性、非政府性、非营利性、自治性和志愿性五个特征的组织，才可被视为非营利组织，其中非政府性和非营利性是非营利组织的基本特征。我国目前已经公布施行的一些有关非营利组织登记管理方面的法律、行政法规中，也对非营利组织做出了法律界定。一般认为，非营利组织主要包括社会团体、基金会、民办非企业单位等。《社会团体登记管理条例》规定，社会团体是指“中国公民自愿组成，为实现会员共同意愿，按照其章程开展其活动的非营利性社会组织”。《基金会管理条例》规定，基金会是指“利用自然人、法人或者其他组织捐赠的财产，以从事公益事业为目的的非营利性法人”。《民办非企业单位登记管理暂行条例》规定，民办非企业单位是指“企业事业单位社会团体和其他社会力量以及公民个人利用非国有资产举办的，从事非营利性社会服务活动的社会组织”。非营利组织在弥补政府在公共管理领域中的不足、帮助救助弱势群体、促进经济社会发展等方面，发挥着越来越重要的作用。

4.2.3.1 税收优惠方式

《企业所得税法》第二十六条第四款规定：“符合条件的非营利组织的收入”为免税收入。

《财政部 国家税务总局关于非营利组织企业所得税免税收入问题的通知》（财税〔2009〕122号）规定，非营利组织的下列收入为免税收入：

（1）接受其他单位或者个人捐赠的收入；

（2）除《企业所得税法》第七条规定的财政拨款以外的其他政府补助收入，但不包括因政府购买服务取得的收入；

（3）按照省级以上民政、财政部门规定收取的会费；

（4）不征税收入和免税收入孳生的银行存款利息收入；

（5）财政部、国家税务总局规定的其他收入。

4.2.3.2 非营利组织条件

《企业所得税法实施条例》第八十四条规定：“企业所得税法第二十六条第（四）项所称符合条件的非营利组织，是指同时符合下列条件的组织：

（一）依法履行非营利组织登记手续；

（二）从事公益性或者非营利性活动；

（三）取得的收入除用于与该组织有关的、合理的支出外，全部用于登记核定或者章程规定的公益性或者非营利性事业；

（四）财产及其孳息不用于分配；

（五）按照登记核定或者章程规定，该组织注销后的剩余财产用于公益性或者非营利性目的，或者由登记管理机关转赠给与该组织性质、宗旨相同的组织，并向社会公告；

（六）投入人对投入该组织的财产不保留或者享有任何财产权利；

（七）工作人员工资福利开支控制在规定的比例内，不变相分配该组织的财产。

前款规定的非营利组织的认定管理办法由国务院财政、税务主管部门会同国务院有关部门制定。”

《财政部 税务总局关于非营利组织免税资格认定管理有关问题的通知》（财税〔2018〕13号）规定：

“一、依据本通知认定的符合条件的非营利组织，必须同时满足以下条件：

（一）依照国家有关法律法规设立或登记的事业单位、社会团体、基金会、社会服务机构、宗教活动场所、宗教院校以及财政部、税务总局认定的其他非营利组织；

（二）从事公益性或者非营利性活动；

（三）取得的收入除用于与该组织有关的、合理的支出外，全部用于登记核定或者章程规定的公益性或者非营利性事业；

（四）财产及其孳息不用于分配，但不包括合理的工资薪金支出；

（五）按照登记核定或者章程规定，该组织注销后的剩余财产用于公益性或者非营利性目的，或者由登记管理机关采取转赠给与该组织性质、宗旨相同的组织等处置方式，并向社会公告；

（六）投入人对投入该组织的财产不保留或者享有任何财产权利，本款所称投入人是指除各级人民政府及其部门外的法人、自然人和其他组织；

（七）工作人员工资福利开支控制在规定的比例内，不变相分配该组织的财产，其中：工作人员平均工资薪金水平不得超过税务登记所在地的地市级（含地市级）以上地区的同行业同类组织平均工资水平的两倍，工作人员福利按照国家有关规定执行；

（八）对取得的应纳税收入及其有关的成本、费用、损失应与免税收入及其有关的成本、费用、损失分别核算。

二、经省级（含省级）以上登记管理机关批准设立或登记的非营利组织，凡符合规定条件的，应向其所在地省级税务主管机关提出免税资格申请，并提供本通知规定的相关材料；经地市级或县级登记管理机关批准设立或登记的非营利组织，凡符合规定条件的，分别向其所在地的地市级或县级税务主管机关提出免税资格申请，并提供本通知规定的相关材料。

财政、税务部门按照上述管理权限，对非营利组织享受免税的资格联合进行审核确认，并定期予以公布。”

4.2.3.3 管理要求

申请享受免税资格的非营利组织，需报送以下材料：

（1）申请报告；

（2）事业单位、社会团体、基金会、社会服务机构的组织章程或宗教活动场所、宗教院校的管理制度；

（3）非营利组织注册登记证件的复印件；

（4）上一年度的资金来源及使用情况、公益活动和非营利活动的明细情况；

（5）上一年度的工资薪金情况专项报告，包括薪酬制度、工作人员整体平均工资薪金水平、工资福利占总支出比例、重要人员工资薪金信息（至少包括工资薪金水平排名前10的人员）；

（6）具有资质的中介机构鉴证的上一年度财务报表和审计报告；

（7）登记管理机关出具的事业单位、社会团体、基金会、社会服务机构、宗教活动场所、宗教院校上一年度符合相关法律法规和国家政策的事业发展情况或非营利活动的材料；

（8）财政、税务部门要求提供的其他材料。

当年新设立或登记的非营利组织需提供上述第（1）项至第（3）项规定的材料及第（4）项、第（5）项规定的申请当年的材料，不需要提供第（6）项、第（7）项规定的材料。

非营利组织免税优惠资格的有效期为五年。非营利组织应在免税优惠资格期满后六个月内提出复审申请，不提出复审申请或复审不合格的，其享受免税优惠的资格到期自动失效。

非营利组织免税资格复审，按照初次申请免税优惠资格的规定办理。

非营利组织必须按照《税收征收管理法》及其实施细则等有关规定，办理税务登记，按期进行纳税申报。取得免税资格的非营利组织应按照规定向主管税务机关办理免税手续，免税条件发生变化的，应当自发生变化之日起15日内向主管税务机关报告；不再符合免税条件的，应当依法履行纳税义务；未依法纳税的，主管税务机关应当予以追缴。取得免税资格的非营利组织注销时，剩余财产处置违反财税〔2018〕13号文件规定的非营利组织条件第五项的，主管税务机关应追缴其应纳企业所得税款。

有关部门在日常管理过程中，发现非营利组织享受优惠年度不符合规定的免税条件的，应提请核准该非营利组织免税资格的财政、税务部门，由其进行复核。

核准非营利组织免税资格的财政、税务部门根据规定的管理权限，对非营利组织的免税优惠资格进行复核，复核不合格的，相应年度不得享受税收优惠政策。

4.2.3.4　非营利组织资格的取消

已认定的享受免税优惠政策的非营利组织有下述情形之一的，应自该情形发生年度起取消其资格：

（1）登记管理机关在后续管理中发现非营利组织不符合相关法律法规和国家政策的；

（2）在申请认定过程中提供虚假信息的；

（3）纳税信用等级为税务部门评定的C级或D级的；

（4）通过关联交易或非关联交易和服务活动，变相转移、隐匿、分配该组织财产的；

（5）被登记管理机关列入严重违法失信名单的；

（6）从事非法政治活动的。

因上述第（1）项至第（5）项规定的情形被取消免税优惠资格的非营利组织，财政、税务部门自其被取消资格的次年起一年内不再受理该组织的认定申请；因上述第（6）项规定的情形被取消免税优惠资格的非营利组织，财政、税务部门将不再受理该组织的认定申请。

被取消免税优惠资格的非营利组织，应当依法履行纳税义务；未依法纳税的，主管税务机关应当自其存在取消免税优惠资格情形的当年起予以追缴。

4.2.3.5 主要留存备查资料

（1）非营利组织免税资格有效认定文件或其他相关证明；

（2）非营利组织认定资料；

（3）当年资金来源及使用情况、公益活动和非营利活动的明细情况；

（4）当年工资薪金情况专项报告，包括薪酬制度、工作人员整体平均工资薪金水平、工资福利占总支出比例、重要人员工资薪金信息（至少包括工资薪金水平排名前10的人员）；

（5）当年财务报表；

（6）登记管理机关出具的事业单位、社会团体、基金会、社会服务机构、宗教活动场所、宗教院校当年符合相关法律法规和国家政策的事业发展情况或非营利活动的材料；

（7）应纳税收入及其有关的成本、费用、损失，与免税收入及其有关的成本、费用、损失分别核算的情况说明；

（8）取得各类免税收入的情况说明；

（9）各类免税收入的凭证。

注 意

本书第1章讲到，一般企业不征税收入滋生的利息不属于不征税收入，但非营利组织取得的不征税收入和免税收入孳生的银行存款利息收入都是免税收入。

风险提示

1. 应税收入和免税收入应分别核算。

非营利组织取得的应纳税收入及其有关的成本、费用、损失应与免税收入及其有关的成本、费用、损失应分别核算。

2. 非营利组织应注意平均工资薪金水平。

非营利组织近年来负面新闻很多，其工作人员的薪金福利水平是社会关注重点之一，因此税收政策规定，其工作人员平均工资薪金水平不得超过税务登记所在地的地市级（含地市级）以上地区的同行业同类组织平均工资水平的两倍。

4.2.4 沪港通的相关规定

沪港通，即沪港股票市场交易互联互通机制，指两地投资者委托上交所会员或者联交所参与者，通过上交所或者联交所在对方所在地设立的证券交易服务公司，买卖规定范围内的对方交易所上市股票。沪港通包括沪股通和港股通两部分。

沪股通，是指投资者委托联交所参与者，通过联交所证券交易服务公司，向上交所进行申报，买卖规定范围内的上交所上市股票。

港股通，是指投资者委托上交所会员，通过上交所证券交易服务公司，向联交所进行申报，买卖规定范围内的联交所上市股票。

中国结算、香港结算相互成为对方的结算参与人，为沪港通提供相应的结算服务。

沪港通由中国证监会在2014年4月10日正式批复开展互联互通机制试点，正式启动时间为2014年11月17日。试点初期，香港证监会要求参与港股通的境内投资者仅限于机构投资者以及证券账户及资金账户余额合计不低于人民币50万元的个人投资者。

《财政部 国家税务总局 证监会关于沪港股票市场交易互联互通机制试点有关税收政策的通知》（财税〔2014〕81号）第一条第二款规定："对内地企业投资者通过沪港通投资香港联交所上市股票取得的转让差价所得，计入其收入总额，依法征收企业所得税。"

该文件第一条第四款第一项规定："对内地企业投资者通过沪港通投资香港联交所上市股票取得的股息红利所得，计入其收入总额，依法计征企业所得税。其中，内地居民企业连续持有H股满12个月取得的股息红利所得，依法免征企业所得税。"

主要留存备查资料：

（1）相关记账凭证、本公司持股比例以及持股时间超过12个月的情况说明；

（2）被投资企业股东会（或股东大会）利润分配决议或公告、分配表；

（3）投资收益、应收股利科目明细账或按月汇总表。

4.2.5 深港通的相关规定

深港通，即深港股票市场交易互联互通机制，指深圳证券交易所和香港联合交易所有限公司建立技术连接，使内地和香港投资者可以通过当地证券公司或经纪商买卖规定范围内的对方交易所上市的股票。2016年12月5日，深港通正式启动。

《财政部 国家税务总局 证监会关于深港股票市场交易互联互通机制试点有关税收政策的通知》（财税〔2016〕127号）第一条第二款规定："对内地企业投资者通过深港通投资香港联交所上市股票取得的转让差价所得，计入其收入总额，依法征收企业所得税。"

该文件第一条第四款第一项规定："对内地企业投资者通过深港通投资香港联交所上市股票取得的股息红利所得，计入其收入总额，依法计征企业所得税。其中，内地居民企业连续持有H股满12个月取得的股息红利所得，依法免征企业所得税。"

主要留存备查资料：

（1）相关记账凭证、本公司持股比例以及持股时间超过12个月的情况说明；

（2）被投资企业股东会（或股东大会）利润分配决议或公告、分配表；

（3）投资收益、应收股利科目明细账或按月汇总表。

4.2.6 CDR试点阶段的相关规定

创新企业境内发行存托凭证（创新企业CDR），是指符合《国务院办公厅转发证监会关于开展创新企业境内发行股票或存托凭证试点若干意见的通知》（国办发〔2018〕21号）规定的试点企业，以境外股票为基础证券，由存托人签发并在中国境内发行，代表境外基础证券权益的证券。

《财政部 税务总局 证监会关于创新企业境内发行存托凭证试点阶段有关税收政策的公告》（财政部 税务总局 证监会公告2019年第52号）第二条规定：

对企业投资者转让创新企业CDR取得的差价所得和持有创新企业CDR取得的股息红利所得，按转让股票差价所得和持有股票的股息红利所得政策规定征免企业所得税。

对公募证券投资基金（封闭式证券投资基金、开放式证券投资基金）转让创新企业CDR取得的差价所得和持有创新企业CDR取得的股息红利所得，按公募证券投资基金税收政策规定暂不征收企业所得税（如表4-1所示）。

表4-1 CDR税收优惠表

投资者类型及所得	税收规定
1.居民企业投资者	
转让创新企业CDR取得的差价所得	按规定征税
持有创新企业CDR取得的股息红利所得	连续持有12个月及以上免征企业所得税
2.公募证券投资基金	
转让创新企业CDR取得的差价所得	暂不征收企业所得税
居民企业投资者	

4.2.7 其他专项优惠

4.2.7.1 证券投资基金收入

《财政部 国家税务总局关于企业所得税若干优惠政策的通知》（财税〔2008〕1号）第二条规定：“（一）对证券投资基金从证券市场中取得的收入，包括买卖股票、债券的差价收入，股权的股息、红利收入，债券的利息收入及其他收入，暂不征收企业所得税。（二）对投资者从证券投资基金分配中取得的收入，暂不征收企业所得税。（三）对证券投资基金管理人运用基金买卖股票、债券的差价收入，暂不征收企业所得税。”

主要留存备查资料：

（1）购买证券投资基金记账凭证；

（2）证券投资基金分配公告；

（3）免税的分配收入明细账及按月汇总表。

4.2.7.2 地方政府债券利息收入

地方政府债券是指经国务院批准，以省、自治区、直辖市和计划单列市政府为发行和偿还主体的债券。

《财政部 国家税务总局关于地方政府债券利息所得免征所得税问题的通知》（财税〔2011〕76号）第一条规定：“对企业和个人取得的2009年、2010年和2011年发行的地方政府债券利息所得，免征企业所得税和个人所得税。”

《财政部 国家税务总局关于地方政府债券利息免征所得税问题的通知》（财税〔2013〕5号）第一条规定："对企业和个人取得的2012年及以后年度发行的地方政府债券利息收入，免征企业所得税和个人所得税。"

主要留存备查资料：

（1）购买地方政府债券证明，包括持有时间、票面金额、利率等相关材料；

（2）应收利息（投资收益）科目明细账或按月汇总表；

（3）减免税计算过程的说明。

4.2.7.3　中国保险保障基金有限责任公司收入

《财政部 税务总局关于保险保障基金有关税收政策问题的通知》（财税〔2018〕41号）第一条规定："对中国保险保障基金有限责任公司（以下简称保险保障基金公司）根据《保险保障基金管理办法》取得的下列收入，免征企业所得税：1.境内保险公司依法缴纳的保险保障基金；2.依法从撤销或破产保险公司清算财产中获得的受偿收入和向有关责任方追偿所得，以及依法从保险公司风险处置中获得的财产转让所得；3.接受捐赠收入；4.银行存款利息收入；5.购买政府债券、中央银行、中央企业和中央级金融机构发行债券的利息收入；6.国务院批准的其他资金运用取得的收入。"

4.2.7.4　中国清洁发展机制基金收入

《财政部 国家税务总局关于中国清洁发展机制基金及清洁发展机制项目实施企业有关企业所得税政策问题的通知》（财税〔2009〕30号）第一条规定："对清洁基金取得的下列收入，免征企业所得税：（一）CDM项目温室气体减排量转让收入上缴国家的部分；（二）国际金融组织赠款收入；（三）基金资金的存款利息收入、购买国债的利息收入；（四）国内外机构、组织和个人的捐赠收入。"

注　意

免税收入对应的各项成本费用可以在税前扣除。

国税函〔2010〕79号文件第六条规定："根据《企业所得税法实施条例》第二十七条、第二十八条的规定，企业取得的各项免税收入所对应的各项成本费用，除另有规定者外，可以在计算企业应纳税所得额时扣除。"

这是免税收入和不征税收入的一大区别，即：免税收入免税，对应的各项成本费用可以在税前扣除；不征税收入不征税，对应的各项成本费用也不能在税前扣除。

风险提示

投资者从私募基金分配中取得的收入不属于免税收入。

根据《中华人民共和国证券投资基金法》，通过公开募集方式设立的基金为公募基金，通过非公开募集方式设立的基金为私募基金，法律对后者有严格的限制。投资者从私募基金分配中取得的收入不属于免税收入，不适用于财税〔2008〕1号文件第二条第二款"对投资者从证券投资基金分配中取得的收入，暂不征收企业所得税”之规定。

《北京市税务局企业所得税实务操作政策指引（第一期）》解答：“考虑到一是财税〔2008〕1号出台时，是针对原《证券投资基金法》中规定的公募基金给予免税，政策出台时不包括私募基金；二是私募基金操作方式灵活，受监管程度低，且其投资者多为高净值人群，不适用于社会普通大众，大众参与度低，因此从优惠取向和维护社会公平的角度，不应对投资者从私募基金取得的分红适用免税政策。因此，对投资者从私募基金取得的分红暂不享受免税政策。”

4.3 减计收入

4.3.1 资源综合利用收入

资源综合利用是我国经济和社会发展中一项长远的战略方针，也是一项重大的技术经济政策，对提高资源利用效率，保护环境，促进经济增长方式由粗放型向集约型转变，实现资源优化配置和可持续发展都具有十分重要的意义。资源综合利用的方式主要包括：在矿产资源开采过程中对共生、伴生矿进行综合开发与合理利用；对生产过程中产生的废渣、废液（水）、废气、余热、余压等进行回收和合理利用；对社会生产和消费过程中产生的各种废旧物资进行回收和再生利用。

4.3.1.1 税收优惠方式

《企业所得税法》第三十三条规定：“企业综合利用资源，生产符合国家产业政策规定的产品所取得的收入，可以在计算应纳税所得额时减计收入。”

《企业所得税法实施条例》第九十九条规定：“企业所得税法第三十三条所称减计收入，是指企业以《资源综合利用企业所得税优惠目录》规定的资源作为主要原材料，生产国家非限制和禁止并符合国家和行业相关标准的产品取得的收入，减按90%计入收入总额。前款所称原材料占生产产品材料的比例不得低于《资源综合利用企业所得税优惠目录》规定的标准。”

2008年，《财政部 国家税务总局 国家发展改革委关于公布资源综合利用企业所得税优惠目录（2008年版）的通知》（财税〔2008〕117号）发布了《资源综合利用企业所得税优惠目录（2008年版）》，自2008年1月1日起施行。

2021年，《财政部 税务总局 发展改革委 生态环境部关于公布〈环境保护、节能节水项目企业所得税优惠目录（2021年版）〉以及〈资源综合利用企业所得税优惠目录（2021年版）〉的公告》（财政部 税务总局 发展改革委 生态环境部公告2021年第36号）发布了《资源综合利用企业所得税优惠目录（2021年版）》，自2021年1月1日起施行。

2008版目录自2022年1月1日起废止，企业从事资源综合利用属于2008版目录规定范围，但不属于2021版目录规定范围的，可按政策规定继续享受优惠至2021年12月31日止。

企业以目录中所列资源为主要原材料，生产该目录内符合国家或行业相关标准的产品取得的收入，在计算应纳税所得额时，减按90%计入当年收入总额。享受上述税收优惠时，目录内所列资源占产品原料的比例应符合该目录规定的技术标准。

4.3.1.2　管理要求

《国家税务总局关于资源综合利用企业所得税优惠管理问题的通知》（国税函〔2009〕185号）规定：

“企业从事非资源综合利用项目取得的收入与生产资源综合利用产品取得的收入没有分开核算的，不得享受资源综合利用企业所得税优惠。

享受资源综合利用企业所得税优惠的企业因经营状况发生变化而不符合《目录》规定的条件的，应自发生变化之日起15个工作日内向主管税务机关报告，并停止享受资源综合利用企业所得税优惠。

企业实际经营情况不符合《目录》规定条件，采用欺骗等手段获取企业所得税优惠，或者因经营状况发生变化而不符合享受优惠条件，但未及时向主管税务机关报告的，按照税收征管法及其实施细则的有关规定进行处理。

税务机关应对企业的实际经营情况进行监督检查。税务机关发现资源综合利用主管部门认定有误的，应停止企业享受资源综合利用企业所得税优惠，并及时与有关认定部门协调沟通，提请纠正，已经享受的优惠税额应予追缴。”

4.3.1.3　主要留存备查资料

（1）企业实际资源综合利用情况（包括综合利用的资源、技术标准、产品名称等）的说明；

（2）综合利用资源生产产品取得的收入核算情况说明。

风险提示

1.两税优惠不能混淆。

资源综合利用，企业所得税和增值税都有税收优惠政策，各自按照各自的政策执行，不能混淆。

2.注意分别核算。

企业同时从事其他项目而取得的非资源综合利用收入，应与资源综合利用收入分开核算，没有分开核算的，不得享受优惠政策。

3.注意综合利用资源比例。

企业实际综合利用的资源占生产产品材料的比例应符合《资源综合利用企业所得税优惠目录》的规定。

4.其他。

国税函〔2009〕185号文件规定：“江西泰和玉华水泥有限公司旋窑余热利用电厂利用该公司旋窑水泥生产过程中产生的余热发电，其生产活动虽符合《资源综合利用企业所得税优惠目录（2008年版）》的规定范围，但由于旋窑余热利用电厂属于江西泰和玉华水泥有限公司的内设非法人分支机构，不构成企业所得税纳税人，且其余热发电产品直接供给所属公司使用，不计入企业收入，因此，旋窑余热利用电厂利用该公司旋窑水泥生产过程中产生的余热发电业务不能享受资源综合利用减计收入的企业所得税优惠政策。”

4.3.2 利息收入和保费收入

4.3.2.1 农村金融

《财政部 税务总局关于延续支持农村金融发展有关税收政策》（财税〔2017〕44号）规定：“自2017年1月1日至2019年12月31日，对金融机构农户小额贷款的利息收入，在计算应纳税所得额时，按90%计入收入总额。

自2017年1月1日至2019年12月31日，对保险公司为种植业、养殖业提供保险业务取得的保费收入，在计算应纳税所得额时，按90%计入收入总额。

所称农户，是指长期（一年以上）居住在乡镇（不包括城关镇）行政管理区域内的住户，还包括长期居住在城关镇所辖行政村范围内的住户和户口不在本地而在本地居住一年以上的住户，国有农场的职工和农村个体工商户。位于乡镇（不包括城关镇）行政管理区域内和在城关镇所辖行政村范围内的国有经济的机关、团体、学校、企事业单位的集体户；有本地户口，但举家外出谋生一年以上的住户，无论是否保留承包耕地均不属于农户。农户以户为统计单位，既可以从事农业生产经营，也可以从事非农业生产经营。农户贷款的判定应以贷款发放时的承贷主体是否属于农户为准。

小额贷款，是指单笔且该农户贷款余额总额在10万元（含本数）以下的贷款。

所称保费收入，是指原保险保费收入加上分保费收入减去分出保费后的余额。

金融机构应对符合条件的农户小额贷款利息收入进行单独核算，不能单独核算的不得适用优惠政策。”

《财政部 税务总局关于延续实施普惠金融有关税收优惠政策的公告》（财政部 税务总局公告2020年第22号）将该政策实施期限延长至2023年12月31日。

4.3.2.2 小额贷款

《财政部 税务总局关于小额贷款公司有关税收政策的通知》（财税〔2017〕48号）规定：“自2017年1月1日至2019年12月31日，对经省级金融管理部门（金融办、局等）批准成立的小额贷款公司取得的农户小额贷款利息收入，在计算应纳税所得额时，按90%计入收入总额。”

《财政部 税务总局关于延续实施普惠金融有关税收优惠政策的公告》（财政部 税务总局公告2020年第22号）将该政策实施期限延长至2023年12月31日。

4.3.2.3 主要留存备查资料

（1）相关利息收入的核算情况说明；

（2）相关贷款合同。

4.3.3 铁路建设债券利息收入

铁路债券是指以中国铁路总公司为发行和偿还主体的债券，包括中国铁路建设债券、中期票据、短期融资券等债务融资工具。

《财政部 国家税务总局关于铁路建设债券利息收入企业所得税政策的通知》（财税〔2011〕99号）、《财政部 国家税务总局关于2014—2015年铁路建设债券利息收入企业所得税政策的通知》（财税〔2014〕2号）、《财政部 国家税务总局关于铁路债券利息收入所得税政策问题的通知》（财税〔2016〕30号）和《财政部 税务总局关于铁路债券利息收入所得税政策的公告》（财政部 税务总局公告2019年第57号）规定：对企业持有2011—2023年发行的中国铁路建设债券取得的利息收入，减半征收企业所得税。

主要留存备查资料：

（1）购买铁路债券证明资料，包括持有时间、票面金额、利率等相关资料；

（2）应收利息（投资收益）科目明细账或按月汇总表；

（3）减免税计算过程的说明。

4.3.4 社区养老、托育、家政服务收入

《财政部 税务总局 发展改革委 民政部 商务部 卫生健康委关于养老、托育、家政等社区家庭服务业税费优惠政策的公告》（财政部 税务总局 发展改革委 民政部 商务部 卫生健康委公告2019年第76号）第一条第二款规定，2019年6月1日至2025年12月31日，为社区提供养老、托育、家政等服务的机构“提供社区养老、托育、家政服务取得的收入，在计算应纳税所得额时，减按90%计入收入总额”。

该公告所称社区，是指聚居在一定地域范围内的人们所组成的社会生活共同体，包括城市社区和农村社区。

为社区提供养老服务的机构，是指在社区依托固定场所设施，采取全托、日托、上门等方式，为社区居民提供养老服务的企业、事业单位和社会组织。社区养老服务是指为老年人提供的生活照料、康复护理、助餐助行、紧急救援、精神慰藉等服务。

为社区提供托育服务的机构，是指在社区依托固定场所设施，采取全日托、半日托、计时托、临时托等方式，为社区居民提供托育服务的企业、事业单位和社会组织。社区托育服务是指为3周岁（含）以下婴幼儿提供的照料、看护、膳食、保育等服务。

为社区提供家政服务的机构，是指以家庭为服务对象，为社区居民提供家政服务的企业、事业单位和社会组织。社区家政服务是指进入家庭成员住所或医疗机构为孕产妇、婴幼儿、老人、病人、残疾人提供的照护服务，以及进入家庭成员住所提供的保洁、烹饪等服务。

4.4 所得减免

4.4.1 农、林、牧、渔业项目

4.4.1.1 税收优惠方式

《企业所得税法》第二十七条第一款规定，“从事农、林、牧、渔业项目的所得”可以免征、减征企业所得税。

《企业所得税法实施条例》第八十六条规定：“企业所得税法第二十七条第（一）项规定的企业从事农、林、牧、渔业项目的所得，可以免征、减征企业所得税，是指：

（一）企业从事下列项目的所得，免征企业所得税：

1.蔬菜、谷物、薯类、油料、豆类、棉花、麻类、糖料、水果、坚果的种植；

2.农作物新品种的选育；

3.中药材的种植；

4.林木的培育和种植；

5.牲畜、家禽的饲养；

6.林产品的采集；

7.灌溉、农产品初加工、兽医、农技推广、农机作业和维修等农、林、牧、渔服务业项目；

8.远洋捕捞。

（二）企业从事下列项目的所得，减半征收企业所得税：

1.花卉、茶以及其他饮料作物和香料作物的种植；

2.海水养殖、内陆养殖。

企业从事国家限制和禁止发展的项目，不得享受本条规定的企业所得税优惠。”

4.4.1.2 优惠条件

《国家税务总局关于实施农、林、牧、渔业项目企业所得税优惠问题的公告》（国家税务总局公告2011年第48号）规定：

（1）企业从事《企业所得税法实施条例》第八十六条规定的享受税收优惠的农、林、牧、渔业项目，除另有规定外，参照《国民经济行业分类》（GB/T 4754—2002）[1]的规定标准执行。

企业从事农、林、牧、渔业项目，凡属于《产业结构调整指导目录（2011年版）》（国家发展和改革委员会令第9号）中限制和淘汰类的项目，不得享受《企业所得税法实施条例》第八十六条规定的优惠政策。

（2）企业从事农作物新品种选育的免税所得，是指企业对农作物进行品种和育种材料选育形成的成果，以及由这些成果形成的种子（苗）等繁殖材料的生产、初加工、销售一

[1] 现为《国民经济行业分类（GB/T 4754—2017）》。

体化取得的所得。

（3）企业从事林木的培育和种植的免税所得，是指企业对树木、竹子的育种和育苗、抚育和管理以及规模造林活动取得的所得，包括企业通过拍卖或收购方式取得林木所有权并经过一定的生长周期，对林木进行再培育取得的所得。

（4）企业从事下列项目所得的税务处理：

①猪、兔的饲养，按“牲畜、家禽的饲养”项目处理；

②饲养牲畜、家禽产生的分泌物、排泄物，按“牲畜、家禽的饲养”项目处理；

③观赏性作物的种植，按“花卉、茶及其他饮料作物和香料作物的种植”项目处理；

④“牲畜、家禽的饲养”以外的生物养殖项目，按“海水养殖、内陆养殖”项目处理。

（5）农产品初加工相关事项的税务处理。

①企业根据委托合同，受托对符合《财政部 国家税务总局关于发布享受企业所得税优惠政策的农产品初加工范围（试行）的通知》（财税〔2008〕149号）和《财政部 国家税务总局关于享受企业所得税优惠的农产品初加工有关范围的补充通知》（财税〔2011〕26号）规定的农产品进行初加工服务，其所收取的加工费，可以按照农产品初加工的免税项目处理。

②财税〔2008〕149号文件规定的“油料植物初加工”工序包括“冷却、过滤”等；“糖料植物初加工”工序包括“过滤、吸附、解析、碳脱、浓缩、干燥”等，其适用时间按照财税〔2011〕26号文件规定执行。

③企业从事《企业所得税法实施条例》第八十六条第（二）项适用企业所得税减半优惠的种植、养殖项目，并直接进行初加工且符合农产品初加工目录范围的，应合理划分不同项目的各项成本、费用支出，分别核算种植、养殖项目和初加工项目的所得，并各按适用的政策享受税收优惠。

④企业对外购茶叶进行筛选、分装、包装后进行销售的所得，不享受农产品初加工的优惠政策。

（6）对取得农业部[1]颁发的“远洋渔业企业资格证书”并在有效期内的远洋渔业企业，从事远洋捕捞业务取得的所得免征企业所得税。

（7）购入农产品进行再种植、养殖的税务处理。

企业将购入的农、林、牧、渔产品，在自有或租用的场地进行育肥、育秧等再种植、养殖，经过一定的生长周期，使其生物形态发生变化，且并非由于本环节对农产品进行加工而明显增加了产品的使用价值的，可视为农产品的种植、养殖项目享受相应的税收优惠。

主管税务机关对企业进行农产品的再种植、养殖是否符合上述条件难以确定的，可要求企业提供县级以上农、林、牧、渔业政府主管部门的确认意见。

（8）企业同时从事适用不同企业所得税政策规定项目的，应分别核算，单独计算优惠项目的计税依据及优惠数额；分别核算不清的，可由主管税务机关按照比例分摊法或其他合理方法进行核定。

（9）企业委托其他企业或个人从事《企业所得税法实施条例》第八十六条规定的农、林、牧、渔业项目取得的所得，可享受相应的税收优惠政策。

[1] 现为农业农村部。

企业受托从事《企业所得税法实施条例》第八十六条规定的农、林、牧、渔业项目取得的收入，比照委托方享受相应的税收优惠政策。

（10）企业购买农产品后直接进行销售的贸易活动产生的所得，不能享受农、林、牧、渔业项目的税收优惠政策。

4.4.1.3 关于农产品初加工范围的规定

财税〔2008〕149号文件和财税〔2011〕26号文件发布了《享受企业所得税优惠政策的农产品初加工范围（试行）》。企业应按照规定范围享受优惠政策。

4.4.1.4 “公司+农户”模式的税收优惠

《国家税务总局关于“公司+农户”经营模式企业所得税优惠问题的通知》（国家税务总局公告2010年第2号）规定：“目前，一些企业采取‘公司+农户’经营模式从事牲畜、家禽的饲养，即公司与农户签订委托养殖合同，向农户提供畜禽苗、饲料、兽药及疫苗等（所有权〈产权〉仍属于公司），农户将畜禽养大成为成品后交付公司回收。鉴于采取‘公司+农户’经营模式的企业，虽不直接从事畜禽的养殖，但系委托农户饲养，并承担诸如市场、管理、采购、销售等经营职责及绝大部分经营管理风险，公司和农户是劳务外包关系。为此，对此类以‘公司+农户’经营模式从事农、林、牧、渔业项目生产的企业，可以按照《中华人民共和国企业所得税法实施条例》第八十六条的有关规定，享受减免企业所得税优惠政策。”

4.4.1.5 其　他

《国家税务总局关于黑龙江垦区国有农场土地承包费缴纳企业所得税问题的批复》（国税函〔2009〕779号）规定：“黑龙江垦区国有农场实行以家庭承包经营为基础、统分结合的双层经营体制。国有农场作为法人单位，将所拥有的土地发包给农场职工经营，农场职工以家庭为单位成为家庭承包户，属于农场内部非法人组织。农场对家庭承包户实施农业生产经营和企业行政的统一管理，统一为农场职工上交养老、医疗、失业、工伤、生育五项社会保险和农业保险费；家庭承包户按内部合同规定承包，就其农、林、牧、渔业生产取得的收入，以土地承包费名义向农场上缴。

上述承包形式属于农场内部承包经营的形式，黑龙江垦区国有农场从家庭农场承包户以‘土地承包费’形式取得的从事农、林、牧、渔业生产的收入，属于农场‘从事农、林、牧、渔业项目’的所得，可以适用《中华人民共和国企业所得税法》第二十七条及《中华人民共和国企业所得税法实施细则》第八十六条规定的企业所得税优惠政策。”

4.4.1.6 主要留存备查资料

（1）企业从事相关业务取得的资格证书或证明资料，包括有效期内的远洋渔业企业资格证书、从事农作物新品种选育的认定证书、动物防疫条件合格证、林木种子生产经营许可证、兽医的资格证明等；

（2）与农户签订的委托养殖合同（“公司+农户”经营模式的企业）；

（3）与家庭承包户签订的内部承包合同（国有农场实行内部家庭承包经营）；

（4）农产品初加工项目及工艺流程说明（两个或两个以上的分项目说明）；

（5）同时从事适用不同企业所得税待遇项目的，每年度单独计算减免税项目所得的计算过程及其相关账册，期间费用合理分摊的依据和标准；

（6）生产场地证明资料，包括土地使用权证、租用合同等；

（7）企业委托或受托其他企业或个人从事符合规定的农林牧渔业项目的委托合同、受托合同、支出明细等证明材料。

注 意

根据国家税务总局公告2011年第48号第九条规定，企业委托其他企业或个人从事农、林、牧、渔业项目取得的所得，企业受托从事农、林、牧、渔业项目取得的收入，均可享受税收优惠政策。

风险提示

1.不同项目需要分别核算。

企业同时从事适用不同企业所得税政策规定项目的，应分别核算，单独计算优惠项目的计税依据及优惠数额。

2.所从事项目应符合《国民经济行业分类》的规定。

国家税务总局公告2011年第48号第一条规定，企业从事农、林、牧、渔业项目，应参照《国民经济行业分类》（GB/T 4754—2002）的规定标准执行。需要注意的是，《国民经济行业分类》是在不断更新的，如2011年，《国民经济行业分类》（GB/T 4754—2011）出台，取代了《国民经济行业分类》（GB/T 4754—2002）；如今适用的是《国民经济行业分类》（GB/T 4754—2017），我们在判断企业从事的农、林、牧、渔业项目能否享受免税优惠时，应依据最新的《国民经济行业分类》（GB/T 4754—2017）。

3.以“公司+农户”模式从事农、林、渔业不免增值税。

采取“公司+农户”模式，企业所得税和增值税都有优惠政策，但略有不同。

国家税务总局公告2010年第2号规定，“公司+农户”经营模式从事农、林、牧、渔业项目生产的企业，可以按照《企业所得税法实施条例》第八十六条的有关规定，享受减免企业所得税优惠政策。

《国家税务总局关于纳税人采取“公司+农户”经营模式销售畜禽有关增值税问题的公告》（国家税务总局公告2013年第8号）规定：“目前，一些纳税人采取‘公司+农户’经营模式从事畜禽饲养，即公司与农户签订委托养殖合同，向农户提供畜禽苗、饲料、兽药及疫苗等（所有权属于公司），农户饲养畜禽苗至成品后交付公司回收，公司将回收的成品畜禽用于销售。在上述经营模式下，纳税人回收再销售畜禽，属于农业生产者销售自产农产品，应根据《中华人民共和国增值税暂行条例》的有关规定免征增值税。”该公告中的畜禽是指属于《财政部 国家税务总局关于印发〈农业产品征税范围注释〉的通知》

（财税字〔1995〕52号）中规定的农业产品。

经比对可以发现，增值税政策规定采用“公司+农户”模式销售畜禽可以免征增值税，没有提及农、林、渔业，因此采用“公司+农户”模式从事农、林、渔业不能免征增值税。

4.4.2 国家重点扶持的公共基础设施项目

4.4.2.1 公共基础设施项目

（1）税收优惠方式。《企业所得税法》第二十七条第二款规定，“从事国家重点扶持的公共基础设施项目投资经营的所得”可以免征、减征企业所得税。

《企业所得税法实施条例》第八十七条规定：“企业所得税法第二十七条第（二）项所称国家重点扶持的公共基础设施项目，是指《公共基础设施项目企业所得税优惠目录》规定的港口码头、机场、铁路、公路、城市公共交通、电力、水利等项目。企业从事前款规定的国家重点扶持的公共基础设施项目的投资经营的所得，自项目取得第一笔生产经营收入所属纳税年度起，第一年至第三年免征企业所得税，第四年至第六年减半征收企业所得税。企业承包经营、承包建设和内部自建自用本条规定的项目，不得享受本条规定的企业所得税优惠。”

《财政部 国家税务总局关于公布公共基础设施项目企业所得税优惠目录（2008年版）的通知》（财税〔2008〕116号）发布了《公共基础设施项目企业所得税优惠目录（2008年版）》。

（2）关于几个重点问题的规定。

①对第一笔生产经营收入的具体规定如下：

《国家税务总局关于实施国家重点扶持的公共基础设施项目企业所得税优惠问题的通知》（国税发〔2009〕80号）第二条规定：“本通知所称第一笔生产经营收入，是指公共基础设施项目建成并投入运营（包括试运营）后所取得的第一笔主营业务收入。”

②对承包经营的具体规定如下：

国税发〔2009〕80号文件第一条第二款规定：“企业从事承包经营、承包建设和内部自建自用《目录》规定项目的所得，不得享受前款规定的企业所得税优惠。”

承包经营，是指与从事该项目经营的法人主体相独立的另一法人经营主体，通过承包该项目的经营管理而取得劳务性收益的经营活动。承包建设，是指与从事该项目经营的法人主体相独立的另一法人经营主体，通过承包该项目的工程建设而取得建筑劳务收益的经营活动。内部自建自用，是指项目的建设仅作为本企业主体经营业务的设施，满足本企业自身的生产经营活动需要，而不属于向他人提供公共服务业务的公共基础设施建设项目。

③对分摊费用的具体规定如下：

国税发〔2009〕80号文件第六条规定：“企业同时从事不在《目录》范围的生产经营项目取得的所得，应与享受优惠的公共基础设施项目经营所得分开核算，并合理分摊企业的期间共同费用；没有单独核算的，不得享受上述企业所得税优惠。期间共同费用的合理分摊比例可以按照投资额、销售收入、资产额、人员工资等参数确定。上述比例一经确定，不得随意变更。凡特殊情况需要改变的，需报主管税务机关核准。”

（3）一次核准、分批次建设的公共基础设施项目的税收优惠。对于一次核准、分批次建设的公共基础设施项目，《财政部 国家税务总局关于公共基础设施项目享受企业所得税优惠政策问题的补充通知》（财税〔2014〕55号）规定："企业投资经营符合《公共基础设施项目企业所得税优惠目录》规定条件和标准的公共基础设施项目，采用一次核准、分批次（如码头、泊位、航站楼、跑道、路段、发电机组等）建设的，凡同时符合以下条件的，可按每一批次为单位计算所得，并享受企业所得税'三免三减半'优惠：

（一）不同批次在空间上相互独立；（二）每一批次自身具备取得收入的功能；（三）以每一批次为单位进行会计核算，单独计算所得，并合理分摊期间费用。"

（4）管理要求。企业因生产经营发生变化或因目录调整，不再符合国税发〔2009〕80号文件规定减免税条件的，企业应当自发生变化15日内向主管税务机关提交书面报告并停止享受优惠，依法缴纳企业所得税。

企业在减免税期限内转让所享受减免税优惠的项目，受让方承续经营该项目的，可自受让之日起，在剩余优惠期限内享受规定的减免税优惠；减免税期限届满后转让的，受让方不得就该项目重复享受减免税优惠。

税务机关应结合纳税检查、执法检查或其他专项检查，每年定期对企业享受公共基础设施项目企业所得税减免税款事项进行核查，核查的主要内容包括：

①企业是否继续符合减免所得税的资格条件，所提供的有关情况证明材料是否真实。

②企业享受减免企业所得税的条件发生变化时，是否及时将变化情况报送税务机关，并对适用优惠进行了调整。

企业实际经营情况不符合企业所得税减免税规定条件的或采取虚假申报等手段获取减免税的、享受减免税条件发生变化未及时向税务机关报告的，企业主管税务机关应按照《税收征收管理法》有关规定进行处理。

4.4.2.2 电网企业电网新建项目

《国家税务总局关于电网企业电网新建项目享受所得税优惠政策问题的公告》（国家税务总局公告2013年第26号）规定：

（1）根据《企业所得税法》及其实施条例的有关规定，居民企业从事符合《公共基础设施项目企业所得税优惠目录（2008年版）》规定条件和标准的电网（输变电设施）的新建项目，可依法享受"三免三减半"的企业所得税优惠政策。基于企业电网新建项目的核算特点，暂以资产比例法，即以企业新增输变电固定资产原值占企业总输变电固定资产原值的比例，合理计算电网新建项目的应纳税所得额，并据此享受"三免三减半"的企业所得税优惠政策。电网企业新建项目享受优惠的具体计算方法如下：

①对于企业能独立核算收入的330KV以上跨省及长度超过200KM的交流输变电新建项目和500KV以上直流输变电新建项目，应在项目投运后，按该项目营业收入、营业成本等单独计算其应纳税所得额；该项目应分摊的期间费用，可按照企业期间费用与分摊比例计算确定，计算公式为：

应分摊的期间费用＝企业期间费用×分摊比例

第一年分摊比例＝该项目输变电资产原值/［（当年企业期初总输变电资产原值＋当年

企业期末总输变电资产原值）/2］×（当年取得第一笔生产经营收入至当年底的月份数/12）

第二年及以后年度分摊比例=该项目输变电资产原值/［（当年企业期初总输变电资产原值+当年企业期末总输变电资产原值）/2］

②对于企业符合优惠条件但不能独立核算收入的其他新建输变电项目，可先依照企业所得税法及相关规定计算出企业的应纳税所得额，再按照项目投运后的新增输变电固定资产原值占企业总输变电固定资产原值的比例，计算得出该新建项目减免的应纳税所得额。

享受减免的应纳税所得额计算公式为：

当年减免的应纳税所得额=当年企业应纳税所得额×减免比例

减免比例=［当年新增输变电资产原值/（当年企业期初总输变电资产原值+当年企业期末总输变电资产原值）/2］×1/2+（符合税法规定、享受到第二年和第三年输变电资产原值之和）/［（当年企业期初总输变电资产原值+当年企业期末总输变电资产原值）/2］+［（符合税法规定、享受到第四年至第六年输变电资产原值之和）/（当年企业期初总输变电资产原值+当年企业期末总输变电资产原值）/2］×1/2

（2）该公告自2013年1月1日起施行。居民企业符合条件的2013年1月1日前的电网新建项目，已经享受企业所得税优惠的不再调整；未享受企业所得税优惠的可依照该公告的规定享受剩余年限的企业所得税优惠政策。

4.4.2.3 农村饮水安全工程

《财政部 税务总局关于继续实行农村饮水安全工程税收优惠政策的公告》（财政部 税务总局公告2019年第67号）第五条规定："对饮水工程运营管理单位从事《公共基础设施项目企业所得税优惠目录》规定的饮水工程新建项目投资经营的所得，自项目取得第一笔生产经营收入所属纳税年度起，第一年至第三年免征企业所得税，第四年至第六年减半征收企业所得税。"

饮水工程，是指为农村居民提供生活用水而建设的供水工程设施。上述公告所称饮水工程运营管理单位，是指负责饮水工程运营管理的自来水公司、供水公司、供水（总）站（厂、中心）、村集体、农民用水合作组织等单位。

4.4.2.4 主要留存备查资料

（1）有关部门批准该项目文件；

（2）公共基础设施项目建成并投入运行后取得的第一笔生产经营收入凭证（原始凭证及账务处理凭证）；

（3）公共基础设施项目完工验收报告；

（4）项目权属变动情况及转让方已享受优惠情况的说明及证明资料（优惠期间项目权属发生变动的）；

（5）公共基础设施项目所得分项目核算资料，以及合理分摊期间共同费用的核算资料；

（6）符合《公共基础设施项目企业所得税优惠目录》规定范围、条件和标准的情况说明及证据资料。

风险提示

1.不同的所得应分别核算。

企业同时从事不在目录范围内的项目取得的所得，应与享受优惠的公共基础设施项目所得分开核算，并合理分摊期间费用，没有分开核算的，不得享受上述企业所得税优惠政策。

2.确认第一笔收入的取得时间。

企业从事国家重点扶持的公共基础设施项目的投资经营所得，享受税收优惠的起始点是自项目取得第一笔生产经营收入所属纳税年度起“三免三减半”。第一笔生产经营收入，是指公共基础设施项目建成并投入运营（包括试运营）后所取得的第一笔主营业务收入。

3.明确承包经营、承包建设和内部自建自用部分。

企业从事承包经营、承包建设和内部自建自用目录规定项目的所得，不能享受税收优惠。承包经营，是指与从事该项目经营的法人主体相独立的另一法人经营主体，通过承包该项目的经营管理而取得劳务性收益的经营活动；承包建设，是指与从事该项目经营的法人主体相独立的另一法人经营主体，通过承包该项目的工程建设而取得建筑劳务收益的经营活动；内部自建自用，是指项目的建设仅作为本企业主体经营业务的设施，满足本企业自身的生产经营活动需要，而不属于向他人提供公共服务业务的公共基础设施建设项目。

4.4.3 环境保护、节能节水项目

4.4.3.1 税收优惠方式

《企业所得税法》第二十七条第三款规定，“从事符合条件的环境保护、节能节水项目的所得”可以免征、减征企业所得税。

《企业所得税法实施条例》第八十八条规定：“企业所得税法第二十七条第（三）项所称符合条件的环境保护、节能节水项目，包括公共污水处理、公共垃圾处理、沼气综合开发利用、节能减排技术改造、海水淡化等。项目的具体条件和范围由国务院财政、税务主管部门商国务院有关部门制订，报国务院批准后公布施行。企业从事前款规定的符合条件的环境保护、节能节水项目的所得，自项目取得第一笔生产经营收入所属纳税年度起，第一年至第三年免征企业所得税，第四年至第六年减半征收企业所得税。”

2009年，《财政部 国家税务总局 国家发展改革委关于公布环境保护节能节水项目企业所得税优惠目录（试行）的通知》（财税〔2009〕166号）发布了《环境保护、节能节水项目企业所得税优惠目录（试行）》，自2008年1月1日起施行。

2016年，《财政部 国家税务总局 国家发展改革委关于垃圾填埋沼气发电列入〈环境保护、节能节水项目企业所得税优惠目录（试行）〉的通知》（财税〔2016〕131号）规定，自2016年1月1日起将垃圾填埋沼气发电项目列入2008版目录。

2021年，《财政部 税务总局 发展改革委 生态环境部关于公布〈环境保护、节能节水项目企业所得税优惠目录（2021年版）〉以及〈资源综合利用企业所得税优惠目录（2021年版）〉的公告》（财政部 税务总局 发展改革委 生态环境部公告2021年第36号）发布

了《环境保护、节能节水项目企业所得税优惠目录（2021年版）》，自2021年1月1日起施行。

2008版目录自2022年1月1日起废止，企业从事属于2008版目录规定范围的项目，2021年12月31日前已进入优惠期的，可按政策规定继续享受至期满为止；企业从事属于2021版目录规定范围的项目，若2020年12月31日前已取得第一笔生产经营收入，可在剩余期限享受政策优惠至期满为止。

4.4.3.2 关于减免税期限内转让享受减免税优惠项目的规定

享受国家重点扶持的公共基础设施项目和环境保护、节能节水项目税收优惠的，作为投资主体的企业，在这些项目的优惠期内，出于某种商业目的等考虑，将其转让给其他企业，这时就涉及这些项目能否继续享受优惠、受让方享受优惠的时限等问题。《企业所得税法实施条例》第八十九条规定："依照本条例第八十七条和第八十八条规定享受减免税优惠的项目，在减免税期限内转让的，受让方自受让之日起，可以在剩余期限内享受规定的减免税优惠；减免税期限届满后转让的，受让方不得就该项目重复享受减免税优惠。"

由于税法所确定的此类优惠政策支持的往往只是其中某些项目的所得而非企业的全部所得，即减免税的对象定位于企业从事某些项目的所得，而不是企业，不管企业的主营业务是什么，只要其从事的是受鼓励的项目，都享受相应的企业所得税优惠。所以，从其他企业中受让原来享受税收优惠的项目，并没有改变这些项目的性质，税收优惠政策鼓励的对象仍然存在，只要该项目仍然处在税收优惠期内，则受让企业可以就该项目继续享受优惠，但是有一个限制，就是只能从受让方受让之日起，在剩余期限内享受优惠。

4.4.3.3 主要留存备查资料

（1）符合《环境保护、节能节水项目企业所得税优惠目录》规定范围、条件和标准的情况说明及证据资料；

（2）环境保护、节能节水项目取得的第一笔生产经营收入凭证（原始凭证及账务处理凭证）；

（3）环境保护、节能节水项目所得分项目核算资料，以及合理分摊期间共同费用的核算资料；

（4）项目权属变动情况及转让方已享受优惠情况的说明及证明资料（优惠期间项目权属发生变动的）。

风险提示

1.不同的所得应分别核算。

企业同时从事不在目录范围内的项目取得的所得，应与享受优惠的环境保护、节能节水项目所得分开核算，并合理分摊期间费用，没有分开核算的，不得享受上述企业所得税优惠政策。

2.确认第一笔收入的取得时间。

企业从事环境保护、节能节水项目所得，享受税收优惠的起始点是自项目取得第一笔生产经营收入所属纳税年度起“三免三减半”。

4.4.4 技术转让所得

4.4.4.1 优惠方式

《企业所得税法》第二十七条第四款规定，“符合条件的技术转让所得”可以免征、减征企业所得税。

《企业所得税法实施条例》第九十条规定：“企业所得税法第二十七条第（四）项所称符合条件的技术转让所得免征、减征企业所得税，是指一个纳税年度内，居民企业技术转让所得不超过500万元的部分，免征企业所得税；超过500万元的部分，减半征收企业所得税。”

4.4.4.2 优惠条件

技术转让所得减免税主要涉及五个文件，即：《国家税务总局关于技术转让所得减免企业所得税有关问题的通知》（国税函〔2009〕212号）、《财政部 国家税务总局关于居民企业技术转让有关企业所得税政策问题的通知》（财税〔2010〕111号）、《国家税务总局关于技术转让所得减免企业所得税有关问题的公告》（国家税务总局公告2013年第62号）、《财政部 国家税务总局关于将国家自主创新示范区有关税收试点政策推广到全国范围实施的通知》（财税〔2015〕116号）和《国家税务总局关于许可使用权技术转让所得企业所得税有关问题的公告》（国家税务总局公告2015年第82号）。

（1）基本条件。国税函〔2009〕212号文件规定，根据《企业所得税法》第二十七条第（四）项的规定，享受减免企业所得税优惠的技术转让应符合以下条件：

①享受优惠的技术转让主体是企业所得税法规定的居民企业；

②技术转让属于财政部、国家税务总局规定的范围；

③境内技术转让经省级以上科技部门认定；

④向境外转让技术经省级以上商务部门认定；

⑤国务院税务主管部门规定的其他条件。

（2）技术的范围。财税〔2010〕111号文件规定，技术转让的范围，包括居民企业转让专利技术、计算机软件著作权、集成电路布图设计权、植物新品种、生物医药新品种，以及财政部和国家税务总局确定的其他技术。其中：专利技术，是指法律授予独占权的发明、实用新型和非简单改变产品图案的外观设计。

财税〔2015〕116号文件规定，技术，包括专利（含国防专利）、计算机软件著作权、集成电路布图设计专有权、植物新品种权、生物医药新品种，以及财政部和国家税务总局确定的其他技术。其中，专利是指法律授予独占权的发明、实用新型以及非简单改变产品图案和形状的外观设计。

（3）技术转让的范围。

①技术的所有权。

②5年以上（含）全球独占许可使用权。

③全国范围内的居民企业转让5年（含）以上非独占许可使用权（自2015年10月1日起）。

国家税务总局公告2015年第82号规定，企业转让符合条件的5年以上非独占许可使用权的技术，限于其拥有所有权的技术。技术所有权的权属由国务院行政主管部门确定。其中，专利由国家知识产权局确定权属；国防专利由总装备部确定权属；计算机软件著作权由国家版权局确定权属；集成电路布图设计专有权由国家知识产权局确定权属；植物新品种权由农业部[1]确定权属；生物医药新品种由国家食品药品监督管理总局[2]确定权属。

（4）登记与审批。财税〔2010〕111号文件规定，技术转让应签订技术转让合同。其中，境内的技术转让须经省级以上（含省级）科技部门认定登记，跨境的技术转让须经省级以上（含省级）商务部门认定登记，涉及财政经费支持产生技术的转让，需省级以上（含省级）科技部门审批。

居民企业技术出口应由有关部门按照商务部、科技部发布的《中国禁止出口限制出口技术目录》进行审查。居民企业取得禁止出口和限制出口技术转让所得，不享受技术转让减免企业所得税优惠政策。

（5）100%关联方。财税〔2010〕111号文件规定，居民企业从直接或间接持有股权之和达到100%的关联方取得的技术转让所得，不享受技术转让减免企业所得税优惠政策。

4.4.4.3 技术转让所得的计算

（1）5年以上（含5年）全球独占许可使用权的技术转让所得计算方法。国税函〔2009〕212号文件规定：

技术转让所得=技术转让收入－技术转让成本－相关税费

技术转让收入是指当事人履行技术转让合同后获得的价款，不包括销售或转让设备、仪器、零部件、原材料等非技术性收入。不属于与技术转让项目密不可分的技术咨询、技术服务、技术培训等收入，不得计入技术转让收入。

技术转让成本是指转让的无形资产的净值，即该无形资产的计税基础减除在资产使用期间按照规定计算的摊销扣除额后的余额。

相关税费是指技术转让过程中实际发生的有关税费，包括除企业所得税和允许抵扣的增值税以外的各项税金及其附加、合同签订费用、律师费等相关费用及其他支出。

享受技术转让所得减免企业所得税优惠的企业，应单独计算技术转让所得，并合理分摊企业的期间费用；没有单独计算的，不得享受技术转让所得企业所得税优惠。

国家税务总局公告2013年第62号补充规定："可以计入技术转让收入的技术咨询、技术服务、技术培训收入，是指转让方为使受让方掌握所转让的技术投入使用、实现产业

[1] 现为农业农村部。

[2] 现为市场监督管理总局。

化而提供的必要的技术咨询、技术服务、技术培训所产生的收入，并应同时符合以下条件：（1）在技术转让合同中约定的与该技术转让相关的技术咨询、技术服务、技术培训；（2）技术咨询、技术服务、技术培训收入与该技术转让项目收入一并收取价款。”

【例4-4】甲公司与乙公司签订新型生物技术转让合同1 650万元，其中转让设备、仪器等非技术性收入200万元，甲公司此项技术的转让成本为1 000万元，其中转让设备、仪器净值120万元，技术转让过程中发生相关税费及应分摊的期间费用20万元。则：

甲公司技术转让所得=（1 650–200）–（1 000–120）–20=550（万元）

免征技术转让所得=500万元

减征技术转让所得=（550–500）×50%=25（万元）

（2）5年以上非独占许可使用权的技术转让所得计算方法。国家税务总局公告2015年第82号规定：

技术转让所得=技术转让收入–无形资产摊销费用–相关税费–应分摊期间费用

技术转让收入是指转让方履行技术转让合同后获得的价款，不包括销售或转让设备、仪器、零部件、原材料等非技术性收入。不属于与技术转让项目密不可分的技术咨询、服务、培训等收入，不得计入技术转让收入。技术许可使用权转让收入，应按转让协议约定的许可使用权人应付许可使用权使用费的日期确认收入的实现。

无形资产摊销费用是指该无形资产按税法规定当年计算摊销的费用。涉及自用和对外许可使用的，应按照受益原则合理划分。

相关税费是指技术转让过程中实际发生的有关税费，包括除企业所得税和允许抵扣的增值税以外的各项税金及其附加、合同签订费用、律师费等相关费用。

应分摊期间费用（不含无形资产摊销费用和相关税费）是指技术转让按照当年销售收入占比分摊的期间费用。

4.4.4.4 中关村国家自主创新示范区特定区域技术转让

《财政部、国家税务总局、科技部、知识产权局关于中关村国家自主创新示范区特定区域技术转让企业所得税试点政策的通知》（财税〔2020〕61号）规定，在中关村国家自主创新示范区特定区域内注册的居民企业，符合条件的技术转让所得，在一个纳税年度内不超过2 000万元的部分，免征企业所得税；超过2 000万元部分，减半征收企业所得税。

该通知所称技术，是指专利（含国防专利）、计算机软件著作权、集成电路布图设计专有权、植物新品种权、生物医药新品种以及财政部和国家税务总局确定的其他技术。其中，专利是权利人依法就发明创造、包括发明、实用新型、外观设计享有的专有的权利。

所称技术转让，是指居民企业转让符合该通知第二条规定技术的所有权，或3年以上（含3年）非独占许可使用权和全球独占许可使用权的行为。

相关管理事项按照财税〔2010〕111号文件第三条规定执行。

居民企业从直接或间接持有股权之和达到100%的关联方取得的技术转让所得，可享受该通知规定的优惠政策。

与现行政策相比，该政策主要变化有三点：

一是将免征企业所得税额度从500万元提高到2 000万元；

二是将转让5年以上（含）全球独占许可使用权和非独占许可使用权缩短至3年（含）以上；

三是从100%关联方取得的技术转让所得也可以享受优惠。

中关村国家自主创新示范区特定区域包括：朝阳园、海淀园、丰台园、顺义园、大兴-亦庄园、昌平园。

该政策自2020年1月1日起执行。

4.4.4.5　主要留存备查资料

（1）所转让的技术产权证明。

（2）企业发生境内技术转让：

①技术转让合同（副本）；

②技术合同登记证明；

③技术转让所得归集、分摊、计算的相关资料；

④实际缴纳相关税费的证明资料。

（3）企业向境外转让技术：

①技术出口合同（副本）。

②技术出口合同登记证书或技术出口许可证；

③技术出口合同数据表；

④技术转让所得归集、分摊、计算的相关资料；

⑤实际缴纳相关税费的证明资料；

⑥有关部门按照商务部、科技部发布的《中国禁止出口限制出口技术目录》出具的审查意见。

（4）转让技术所有权的，其成本费用情况；转让使用权的，其无形资产费用摊销情况。

（5）技术转让年度，转让双方股权关联情况。

风险提示

1. 技术转让优惠仅限于居民企业技术转让。

技术转让税收优惠仅限于居民，这主要是考虑到非居民企业在中国只负有限的纳税义务，而且可以享受预提税优惠政策，甚至可以通过国家之间的税收协定享受更多的优惠，若再给予非居民企业特定的优惠，将可能加大居民企业与非居民企业在税收待遇上的差别。

2. 转让的技术范围有限制。

并非所有技术转让收入都可享受税收优惠，转让范围是专利技术、计算机软件著作权、集成电路布图设计权、植物新品种、生物医药新品种，以及财政部和国家税务总局确定的其他技术。其中，专利技术，是指法律授予独占权的发明、实用新型和非简单改变产品图案的外观设计。

3. 注意技术转让收入的范围。

技术转让收入不包括销售或转让设备、仪器、零部件、原材料等非技术性收入，单纯的技术咨询、技术服务、技术培训等收入，也不属于技术转让收入。

案 例

某企业2012年度申报的技术转让免税所得中包括了销售配套设备的收入，不符合减免规定，税务机关做出了补税、加收滞纳金并罚款的决定。

资料来源：免税的技术转让所得不包括配套设备销售收入［EB/OL］.（2014-01-24）江苏省苏州工业园区地税局网站.

4. 注意可以计入技术转让收入的技术咨询、技术服务、技术培训收入范围。

根据国家税务总局公告2013年第62号规定，可以计入技术转让收入的技术咨询、技术服务、技术培训收入，是指与该技术转让密不可分的技术咨询、技术服务、技术培训，并要在技术转让合同中约定的与该技术转让相关的技术咨询、技术服务、技术培训；技术咨询、技术服务、技术培训收入与该技术转让项目收入一并收取价款。

有的企业在技术转让后，仍要定期向使用单位提供技术服务，并收取技术服务费，该收入不属于技术转让收入，不能享受技术转让税收优惠。

5. 注意100%关联方的限制。

居民企业从直接或间接持有股权之和达到100%的关联方取得的技术转让所得，不享受技术转让减免企业所得税优惠政策。其实这条规定相对宽松，仅限于100%的关联方不能享受税收优惠，99%的关联方都可以享受税收优惠。

4.4.5 清洁发展机制项目

《财政部 国家税务总局关于中国清洁发展机制基金及清洁发展机制项目实施企业有关企业所得税政策问题的通知》（财税〔2009〕30号）第二条第二款规定："对企业实施的将温室气体减排量转让收入的65%上缴给国家的HFC和PFC类CDM项目，以及将温室气体减排量转让收入的30%上缴给国家的N2O类CDM项目，其实施该类CDM项目的所得，自项目取得第一笔减排量转让收入所属纳税年度起，第一年至第三年免征企业所得税，第四年至第六年减半征收企业所得税。企业实施CDM项目的所得，是指企业实施CDM项目取得的温室气体减排量转让收入扣除上缴国家的部分，再扣除企业实施CDM项目发生的相关成本、费用后的净所得。企业应单独核算其享受优惠的CDM项目的所得，并合理分摊有关期间费用，没有单独核算的，不得享受上述企业所得税优惠政策。"

主要留存备查资料：

（1）清洁发展机制项目立项有关文件；

（2）企业将温室气体减排量转让的HFC和PFC类CDM项目，及将温室气体减排量转让的N20类CDM项目的证明材料；

（3）将温室气体减排量转让收入上缴给国家的证明资料；

（4）清洁发展机制项目第一笔减排量转让收入凭证（原始凭证及账务处理凭证）；

（5）清洁发展机制项目所得单独核算资料，以及合理分摊期间共同费用的核算资料。

4.4.6 合同能源管理项目

《财政部 国家税务总局关于促进节能服务产业发展增值税、营业税和企业所得税政策问题的通知》（财税〔2010〕110号）第二条规定：

（1）对符合条件的节能服务公司实施合同能源管理项目，符合企业所得税税法有关规定的，自项目取得第一笔生产经营收入所属纳税年度起，第一年至第三年免征企业所得税，第四年至第六年按照25%的法定税率减半征收企业所得税。

（2）对符合条件的节能服务公司，以及与其签订节能效益分享型合同的用能企业，实施合同能源管理项目有关资产的企业所得税税务处理按以下规定执行：

①用能企业按照能源管理合同实际支付给节能服务公司的合理支出，均可以在计算当期应纳税所得额时扣除，不再区分服务费用和资产价款进行税务处理；

②能源管理合同期满后，节能服务公司转让给用能企业的因实施合同能源管理项目形成的资产，按折旧或摊销期满的资产进行税务处理，用能企业从节能服务公司接受有关资产的计税基础也应按折旧或摊销期满的资产进行税务处理；

③能源管理合同期满后，节能服务公司与用能企业办理有关资产的权属转移时，用能企业已支付的资产价款，不再另行计入节能服务公司的收入。

（3）该条所称“符合条件”是指同时满足以下条件：

①具有独立法人资格，注册资金不低于100万元，且能够单独提供用能状况诊断、节能项目设计、融资、改造（包括施工、设备安装、调试、验收等）、运行管理、人员培训等服务的专业化节能服务公司；

②节能服务公司实施合同能源管理项目相关技术应符合国家质量监督检验检疫总局和国家标准化管理委员会发布的《合同能源管理技术通则》（GB/T 24915—2010）规定的技术要求；

③节能服务公司与用能企业签订《节能效益分享型》合同，其合同格式和内容，符合《中华人民共和国合同法》及国家质量监督检验检疫总局和国家标准化管理委员会发布的《合同能源管理技术通则》（GB/T 24915—2010）等规定；

④节能服务公司实施合同能源管理的项目符合《财政部 国家税务总局 国家发展改革委关于公布环境保护节能节水项目企业所得税优惠目录（试行）的通知》（财税〔2009〕166号）“4、节能减排技术改造”类中第一项至第八项规定的项目和条件；

⑤节能服务公司投资额不低于实施合同能源管理项目投资总额的70%；

⑥节能服务公司拥有匹配的专职技术人员和合同能源管理人才，具有保障项目顺利实施和稳定运行的能力。

（4）节能服务公司与用能企业之间的业务往来，应当按照独立企业之间的业务往来收取或者支付价款、费用。不按照独立企业之间的业务往来收取或者支付价款、费用，而减少其应纳税所得额的，税务机关有权进行合理调整。

（5）用能企业对从节能服务公司取得的与实施合同能源管理项目有关的资产，应与企业其他资产分开核算，并建立辅助账或明细账。

（6）节能服务公司同时从事适用不同税收政策待遇项目的，其享受税收优惠项目应当单独计算收入、扣除，并合理分摊企业的期间费用；没有单独计算的，不得享受税收优惠政策。

《国家税务总局 国家发展改革委关于落实节能服务企业合同能源管理项目企业所得税优惠政策有关征收管理问题的公告》（国家税务总局 国家发展改革委公告2013年第77号）规定：

（1）对实施节能效益分享型合同能源管理项目（以下简称项目）的节能服务企业，凡实行查账征收所得税的居民企业并符合《企业所得税法》和该公告有关规定的，该项目可享受财税〔2010〕110号文件规定的企业所得税“三免三减半”优惠政策。如节能服务企业的分享型合同约定的效益分享期短于6年的，按实际分享期享受优惠。

（2）节能服务企业享受“三免三减半”项目的优惠期限，应连续计算。对在优惠期限内转让所享受优惠的项目给其他符合条件的节能服务企业，受让企业承续经营该项目的，可自项目受让之日起，在剩余期限内享受规定的优惠；优惠期限届满后转让的，受让企业不得就该项目重复享受优惠。

（3）节能服务企业投资项目所发生的支出，应按税法规定做资本化或费用化处理。形成的固定资产或无形资产，应按合同约定的效益分享期计提折旧或摊销。

节能服务企业应分别核算各项目的成本费用支出额。对在合同约定的效益分享期内发生的期间费用划分不清的，应合理进行分摊，期间费用的分摊应按照项目投资额和销售（营业）收入额两个因素计算分摊比例，两个因素的权重各为50%。

（4）节能服务企业、节能效益分享型能源管理合同和合同能源管理项目应符合财税〔2010〕110号文件第二条第（三）项规定的条件。

（5）享受企业所得税优惠政策的项目应属于《财政部 国家税务总局 国家发展改革委关于公布环境保护节能节水项目企业所得税优惠目录（试行）的通知》（财税〔2009〕166号）规定[1]的节能减排技术改造项目，包括余热余压利用、绿色照明等节能效益分享型合同能源管理项目。

（6）企业享受优惠条件发生变化的，应当自发生变化之日起15日内向主管税务机关书面报告。如不再符合享受优惠条件的，应停止享受优惠，并依法缴纳企业所得税。对节能服务企业采取虚假手段获取税收优惠的、享受优惠条件发生变化而未及时向主管税务机关报告的以及未按本公告规定报送备案资料而自行减免税的，主管税务机关应按照税收征管法等有关规定进行处理。税务部门应设立节能服务企业项目管理台账和统计制度，并会同节能主管部门建立监管机制。

主要留存备查资料：

（1）能源管理合同；

（2）国家发展改革委、财政部公布的第三方机构出具的合同能源管理项目情况确认表，或者政府节能主管部门出具的合同能源管理项目确认意见；

（3）项目转让合同、项目原享受优惠的备案文件（项目发生转让的，受让节能服务企业）；

（4）合同能源管理项目取得第一笔生产经营收入凭证（原始凭证及账务处理凭证）；

（5）合同能源管理项目应纳税所得额计算表；

（6）合同能源管理项目所得单独核算资料，以及合理分摊期间共同费用的核算资料。

[1] 现应符合《环境保护、节能节水目录（2021年版）》的规定。

4.4.7 生产和装配伤残人员专门用品企业

4.4.7.1 优惠方式

《财政部 税务总局 民政部关于生产和装配伤残人员专门用品企业免征企业所得税的公告》（财政部 税务总局 民政部公告2021年第14号）规定，自2021年1月1日至2023年12月31日期间，对符合下列条件的居民企业，免征企业所得税：

（1）生产和装配伤残人员专门用品，且在民政部发布的《中国伤残人员专门用品目录》范围之内。

（2）以销售本企业生产或者装配的伤残人员专门用品为主，其所取得的年度伤残人员专门用品销售收入（不含出口取得的收入）占企业收入总额60%以上。

收入总额，是指《企业所得税法》第六条规定的收入总额。

（3）企业账证健全，能够准确、完整地向主管税务机关提供纳税资料，且本企业生产或者装配的伤残人员专门用品所取得的收入能够单独、准确核算。

（4）企业拥有假肢制作师、矫形器制作师资格证书的专业技术人员不得少于1人；其企业生产人员如超过20人，则其拥有假肢制作师、矫形器制作师资格证书的专业技术人员不得少于全部生产人员的1/6。

（5）具有与业务相适应的测量取型、模型加工、接受腔成型、打磨、对线组装、功能训练等生产装配专用设备和工具。

（6）具有独立的接待室、假肢或者矫形器（辅助器具）制作室和假肢功能训练室，使用面积不少于115平方米。

4.4.7.2 主要留存备查资料

（1）生产和装配伤残人员专门用品，在民政部《中国伤残人员专门用品目录》范围之内的说明；

（2）伤残人员专门用品制作师名册、《执业资格证书》（假肢制作师、矫形器制作师）；

（3）企业的生产和装配条件以及帮助伤残人员康复的其他辅助条件的说明材料。

4.5 加计扣除

4.5.1 研发费用加计扣除

4.5.1.1 税收优惠方式

《企业所得税法》第三十条第一款规定，“开发新技术、新产品、新工艺发生的研究开发费用”可以在计算应纳税所得额时加计扣除。

《企业所得税法实施条例》第九十五条规定：“企业所得税法第三十条第（一）项所称研究开发费用的加计扣除，是指企业为开发新技术、新产品、新工艺发生的研究开发费用，未形成无形资产计入当期损益的，在按照规定据实扣除的基础上，按照研究开发费用的50%加计扣除；形成无形资产的，按照无形资产成本的150%摊销。”

《财政部 税务总局 科技部关于提高研究开发费用税前加计扣除比例的通知》（财税〔2018〕99号）第一条规定：“企业开展研发活动中实际发生的研发费用，未形成无形资产计入当期损益的，在按规定据实扣除的基础上，在2018年1月1日至2020年12月31日期间，再按照实际发生额的75%在税前加计扣除；形成无形资产的，在上述期间按照无形资产成本的175%在税前摊销。”将研发费用加计扣除比例提高到75%的政策由科技型中小企业扩大至所有企业。《财政部 税务总局关于延长部分税收优惠政策执行期限的公告》（财政部 税务总局公告2021年第6号）将该政策执行期限延长至2023年12月31日。

《财政部 税务总局关于进一步完善研发费用税前加计扣除政策的公告》（财政部 税务总局公告2021年第13号）第一条规定：“制造业企业开展研发活动中实际发生的研发费用，未形成无形资产计入当期损益的，在按规定据实扣除的基础上，自2021年1月1日起，再按照实际发生额的100%在税前加计扣除；形成无形资产的，自2021年1月1日起，按照无形资产成本的200%在税前摊销。

所称制造业企业，是指以制造业业务为主营业务，享受优惠当年主营业务收入占收入总额的比例达到50%以上的企业。制造业的范围按照《国民经济行业分类》（GB/T 4574—2017）确定，如国家有关部门更新《国民经济行业分类》，从其规定。收入总额按照企业所得税法第六条规定执行。”

《财政部 税务总局 科技部关于进一步提高科技型中小企业研发费用税前加计扣除比例的公告》（财政部 税务总局 科技部公告2022年第16号）第一条规定：“科技型中小企业开展研发活动中实际发生的研发费用，未形成无形资产计入当期损益的，在按规定据实扣除的基础上，自2022年1月1日起，再按照实际发生额的100%在税前加计扣除；形成无形资产的，自2022年1月1日起，按照无形资产成本的200%在税前摊销。”

科技型中小企业条件和管理办法按照《科技部 财政部 国家税务总局关于印发〈科技型中小企业评价办法〉的通知》（国科发政〔2017〕115号）执行。

研发费用加计扣除比例沿革见表4–2。

表4–2 研发费用加计扣除比例沿革一览表

年度	比例	适用范围	文件
2008—2015	50%	全部	《国家税务总局关于印发〈企业研究开发费用税前扣除管理办法（试行）〉的通知》（国税发〔2008〕116号） 《财政部 国家税务总局关于研究开发费用税前加计扣除有关政策问题的通知》（财税〔2013〕70号）
2016—2017	50%	非负面清单行业	《财政部 国家税务总局 科技部关于完善研究开发费用税前加计扣除政策的通知》（财税〔2015〕119号） 《国家税务总局关于企业研究开发费用税前加计扣除政策有关问题的公告》（国家税务总局公告2015年第97号） 《国家税务总局关于研发费用税前加计扣除归集范围有关问题的公告》（国家税务总局公告2017年第40号）

续表

年度	比例	适用范围	文　　件
2017—2019	75%	科技型中小企业	《财政部 税务总局 科技部关于提高科技型中小企业研究开发费用税前加计扣除比例的通知》（财税〔2017〕34号）
2018—2023	75%	非负面清单行业	《财政部 税务总局 科技部关于提高研究开发费用税前加计扣除比例的通知》（财税〔2018〕99号）、《财政部 税务总局关于延长部分税收优惠政策执行期限的公告》（财政部 税务总局公告2021年第6号）
2021—	100%	制造业	《财政部 税务总局关于进一步完善研发费用税前加计扣除政策的公告》（财政部 税务总局公告2021年第13号）
2022—	100%	科技型中小企业	《财政部 税务总局 科技部关于进一步提高科技型中小企业研发费用税前加计扣除比例的公告》（财政部 税务总局 科技部公告2022年第16号）

4.5.1.2　会计处理

企业内部研究开发项目的支出，应当区分研究阶段支出与开发阶段支出。企业内部研究和开发无形资产，其在研究阶段的支出全部予以费用化，计入当期损益（管理费用）；开发阶段的支出符合条件的予以资本化，不符合资本化条件的计入当期损益（管理费用）。如果确实无法区分研究阶段的支出和开发阶段的支出，应将其所发生的研发支出全部予以费用化，计入当期损益。

在开发阶段，判断可以将有关支出资本化计入无形资产成本的条件包括：①完成该无形资产以使其能够使用或出售在技术上具有可行性；②具有完成该无形资产并使用或出售的意图；③无形资产产生经济利益的方式，包括能够证明运用该无形资产生产的产品存在市场或无形资产自身存在市场，无形资产将在内部使用的，应当证明其有用性；④有足够的技术、财务资源和其他资源支持，以完成该无形资产的开发，并有能力使用或出售该无形资产；⑤归属于该无形资产开发阶段的支出能够可靠地计量。

【例4-5】20×1年1月1日，甲公司经董事会批准研发某项新产品专利技术，该公司董事会认为，研发该项目具有可靠的技术和财务等资源的支持，并且一旦研发成功将降低该公司生产产品的生产成本。该公司在研究开发过程中发生材料费5 000万元、人工工资1 000万元，以及其他费用4 000万元，总计10 000万元，其中，符合资本化条件的支出为6 000万元。20×1年12月31日，该专利技术已经达到预定用途。会计处理如下：

（1）发生研发支出：

借：研发支出——费用化支出	40 000 000	
——资本化支出	60 000 000	
贷：原材料		50 000 000
应付职工薪酬		10 000 000
银行存款		40 000 000

（2）20×1年12月31日，该专利技术已经达到预定用途：

借：管理费用	40 000 000	

无形资产　　　　　　　　　　　　　　　　　　　　　　　　60 000 000

贷：研发支出——费用化支出　　　　　　　　　　　　　　　　40 000 000

——资本化支出　　　　　　　　　　　　　　　　　　　　　60 000 000

税务处理：费用化支出4 000万元可以加计75%税前扣除，即会计上扣除费用4 000万元，税收上扣除费用7 000万元（4 000×175%）。

企业在会计上确认的无形资产账面价值为6 000万元，税收上可以加计75%摊销，即该无形资产的计税基础为：6 000×175%=10 500（万元）；假设按10年摊销，企业每年在会计上计提摊销额600万元，税收上可扣除的摊销额为1 050万元。

研发费用加计扣除依据的主要政策为《财政部 国家税务总局科技部关于完善研究开发费用税前加计扣除政策的通知》（财税〔2015〕119号）、《国家税务总局关于企业研究开发费用税前加计扣除政策有关问题的公告》（国家税务总局公告2015年第97号）和《国家税务总局关于研发费用税前加计扣除归集范围有关问题的公告》（国家税务总局公告2017年第40号）、《国家税务总局关于进一步落实研发费用加计扣除政策有关问题的公告》（国家税务总局公告2021年第28号）等。2018年，国家税务总局所得税司发布《研发费用加计扣除政策执行指引（1.0版）》。

4.5.1.3　可加计扣除的研发费用范围

（1）研发费用归集。研发活动，是指企业为获得科学与技术新知识，创造性运用科学技术新知识，或实质性改进技术、产品（服务）、工艺而持续进行的具有明确目标的系统性活动。研发费用的具体范围包括：

一是人员人工费用。指直接从事研发活动人员的工资薪金、基本养老保险费、基本医疗保险费、失业保险费、工伤保险费、生育保险费和住房公积金，以及外聘研发人员的劳务费用。

直接从事研发活动人员包括研究人员、技术人员、辅助人员。研究人员是指主要从事研究开发项目的专业人员；技术人员是指具有工程技术、自然科学和生命科学中一个或一个以上领域的技术知识和经验，在研究人员指导下参与研发工作的人员；辅助人员是指参与研究开发活动的技工。外聘研发人员是指与本企业或劳务派遣企业签订劳务用工协议（合同）和临时聘用的研究人员、技术人员、辅助人员。

接受劳务派遣的企业按照协议（合同）约定支付给劳务派遣企业，且由劳务派遣企业实际支付给外聘研发人员的工资薪金等费用，属于外聘研发人员的劳务费用。

工资薪金包括按规定可以在税前扣除的对研发人员股权激励的支出。

二是直接投入费用。指研发活动直接消耗的材料、燃料和动力费用；用于中间试验和产品试制的模具、工艺装备开发及制造费，不构成固定资产的样品、样机及一般测试手段购置费，试制产品的检验费；用于研发活动的仪器、设备的运行维护、调整、检验、维修等费用，以及通过经营租赁方式租入的用于研发活动的仪器、设备租赁费。

三是折旧费用。指用于研发活动的仪器、设备的折旧费。

企业用于研发活动的仪器、设备，符合税法规定且选择加速折旧优惠政策的，在享受研发费用税前加计扣除政策时，就税前扣除的折旧部分计算加计扣除。

四是无形资产摊销费用。指用于研发活动的软件、专利权、非专利技术（包括许可证、专有技术、设计和计算方法等）的摊销费用。

用于研发活动的无形资产，符合税法规定且选择缩短摊销年限的，在享受研发费用税前加计扣除政策时，就税前扣除的摊销部分计算加计扣除。

五是新产品设计费、新工艺规程制定费、新药研制的临床试验费、勘探开发技术的现场试验费。指企业在新产品设计、新工艺规程制定、新药研制的临床试验、勘探开发技术的现场试验过程中发生的与开展该项活动有关的各类费用。

六是其他相关费用。指与研发活动直接相关的其他费用，如技术图书资料费、资料翻译费、专家咨询费、高新科技研发保险费，研发成果的检索、分析、评议、论证、鉴定、评审、评估、验收费用，知识产权的申请费、注册费、代理费，差旅费、会议费，职工福利费、补充养老保险费、补充医疗保险费。此类费用总额不得超过可加计扣除研发费用总额的10%。

①其他相关费用限额的计算。国家税务总局公告2021年第28号第三条规定，企业按照以下公式计算其他相关费用限额，其中资本化项目发生的费用在形成无形资产的年度统一纳入计算：

全部研发项目的其他相关费用限额=全部研发项目的人员人工等五项费用之和 ×10%/（1–10%）

当其他相关费用实际发生数小于限额时，按实际发生数计算税前加计扣除额；当其他相关费用实际发生数大于限额时，按限额计算税前加计扣除额。

【例4–6】某企业20×1年度有A和B两个研发项目。项目A人员人工等五项费用之和为90万元，其他相关费用为12万元；项目B人员人工等五项费用之和为100万元，其他相关费用为8万元。则：

其他相关费用限额=（90+100）×10%/（1–10%）=21.11（万元），大于实际发生金额20万元（12+8），则允许加计扣除的其他相关费用为20万元。

②资本化项目发生的“其他相关费用”限额的计算。国家税务总局公告2021年第28号公告在第三条“关于其他相关费用限额计算的问题”中规定：“其中资本化项目发生的费用在形成无形资产的年度统一纳入计算”。比如某资本化项目在20×1、20×2、20×3年均发生了研发费用，20×3年形成无形资产，20×1、20×2年的研发费用在当年暂不参与其他相关费用计算，在20×3年该研发项目结束后结转无形资产的年度，将上述三年发生的研发费用统一纳入其他相关费用，按照“四步法”进行限额计算。

【例4–7】甲公司（非制造业）20×1年的研发项目中，费用化项目和资本化项目各有2个，2个资本化项目均在20×1年7月形成无形资产，按照10年摊销。则：

情况一：其他相关费用实际发生额超过限额的情况，见表4–3。

表4–3 单位：万元

项　　目	人员人工等五项费用	其他相关费用
费用化项目1	100	10
费用化项目2	200	20
资本化项目1	300	30

续表

项　目	人员人工等五项费用	其他相关费用
资本化项目2	400	40
合计	1 000	100

第一步，按当年全部费用化项目和当年已结束的资本化项目统一计算出当年全部项目“其他相关费用”限额。

其他相关费用限额=1 000×0.1/（1-10%）=111.11（万元）

第二步，比较“其他相关费用”限额及其实际发生数的大小，确定可加计扣除的“其他相关费用”金额。

其他相关费用限额111.11万元>实际发生数100万元，则可加计扣除的其他相关费用=100万元。

第三步，用可加计扣除的“其他相关费用”金额除以全部项目实际发生的“其他相关费用”，得出可加计扣除比例。

可加计扣除比例=100/100=100%

第四步，用可加计扣除比例乘以每个资本化项目实际发生的“其他相关费用”，得出单个资本化项目可加计扣除的“其他相关费用”，与该项目其他可加计扣除的研发费用一并在以后年度摊销。

资本化1可加计扣除的“其他相关费用”=30×100%=30（万元）

资本化2可加计扣除的“其他相关费用”=40×100%=40（万元）

费用化1和2可加计扣除的“其他相关费用”=100-30-40=30（万元）

则：

无形资产可加计扣除的成本=300+30+400+40=770（万元），加计摊销金额=770/10/2×75%=28.88（万元）

费用化项目可加计扣除的金额=100+200+30=330（万元），加计扣除金额=330×75%=247.5（万元）

20×1年研发费用加计扣除金额合计=28.88+247.5=276.38（万元）。

情况二：其他相关费用实际发生额超过限额的情况，见表4-4。

表4-4

项　目	人员人工等五项费用	其他相关费用
费用化项目1	100	15
费用化项目2	200	25
资本化项目1	300	35
资本化项目2	400	45
合计	1 000	120

第一步，按当年全部费用化项目和当年已结束的资本化项目统一计算出当年全部项目“其他相关费用”限额。

其他相关费限额=1 000×0.1/（1-10%）=111.11（万元）

第二步，比较“其他相关费用”限额及其实际发生数的大小，确定可加计扣除的“其他相关费用”金额。

其他相关费用限额111.11万元<实际发生数120万元，则可加计扣除的其他相关费用=111.11万元。

第三步，用可加计扣除的“其他相关费用”金额除以全部项目实际发生的“其他相关费用”，得出可加计扣除比例。

可加计扣除比例=111.11/120=92.59%

第四步，用可加计扣除比例乘以每个资本化项目实际发生的“其他相关费用”，得出单个资本化项目可加计扣除的“其他相关费用”，与该项目其他可加计扣除的研发费用一并在以后年度摊销。

资本化1可加计扣除的“其他相关费用”=35×92.59%=32.41（万元）

资本化2可加计扣除的“其他相关费用”=45×92.59%=41.67（万元）

费用化1和2可加计扣除的“其他相关费用”=111.11-32.41-41.67=37.03（万元）

则：

无形资产可加计扣除的成本=300+32.41+400+41.67=774.08（万元），加计摊销金额=774.08/10/2×75%=29.03（万元）

费用化项目可加计扣除的金额=100+200+37.03=337.03（万元），加计扣除金额=337.03×75%=252.77（万元）

20×1年研发费用加计扣除金额合计=29.03+252.77=281.8（万元）

（2）特殊费用和收入的处理。

①对外销售产品所对应的直接材料费用。企业研发活动直接形成产品或作为组成部分形成的产品对外销售的，研发费用中对应的材料费用不得加计扣除。

产品销售与对应的材料费用发生在不同纳税年度且材料费用已计入研发费用的，可在销售当年以对应的材料费用发生额直接冲减当年的研发费用，不足冲减的，结转以后年度继续冲减。

如何理解企业研发活动直接形成产品或作为组成部分形成的产品对外销售的，研发费用中对应的材料费用不得加计扣除？研发费用加计扣除政策的本意是鼓励企业开展研究开发活动，享受加计扣除的研发费用应当是研发活动形成的成本，而直接形成产品或产品组成部分的材料，在新产品中其性质和使用价值没有发生改变，所以，这部分成本不能构成研究开发活动的内容。

一项研发最终形成成品必然要有材料的投入，如果投入的材料经过研发活动的实质性加工后，产生的新产品或新产品的任何组成部分，都与所耗用材料的物理性质和使用价值有显著不同，则投入的材料就不属于不得加计扣除的情形，比如居里夫人从数吨沥青残渣中提取出十分之一克纯镭，沥青残渣已经发生了化学变化；如果投入的材料未经实质性加工，直接成为新产品的组成部分，则投入的材料就属于不得加计扣除的情形，比如企业修建铁路桥，其消耗的钢材作为组成部分形成的产品对外销售的，其钢材材料费不能加计扣除。

【例4-8】某企业20×1年研发项目共确认可加计扣除的研发费用5 000万元，其中直接材料费用1 500万元。20×2年发生研发费用4 500万元，其中直接材料费用500万元，当年完成研发并取得收入。则在计算20×2年可加计扣除的研发费用时，需将20×1年研发所发生的材料费用1 500万元冲减。即20×2年可加计扣除的研发费用为2 500万元（4 500–500–1 500）。

②下脚料、残次品、中间试制品收入。企业取得研发过程中形成的下脚料、残次品、中间试制品等特殊收入，在计算确认收入当年的加计扣除研发费用时，应从已归集研发费用中扣减该特殊收入，不足扣减的，加计扣除研发费用按零计算。

③政府补助。企业取得的政府补助，会计处理时采用直接冲减研发费用方法且税务处理时未将其确认为应税收入的，应按冲减后的余额计算加计扣除金额。

新修订的《企业会计准则第16号——政府补助》增加了净额法，将政府补助作为相关成本费用扣减。按照税法的规定，企业取得的政府补助应确认为收入，计入收入总额。净额法产生了税会差异。企业在税收上将政府补助确认为应税收入，同时增加研发费用，加计扣除应以税前扣除的研发费用为基数。但企业未进行相应调整的，税前扣除的研发费用与会计的扣除金额相同，应以会计上冲减后的余额计算加计扣除金额。比如，某企业当年发生研发支出200万元，取得政府补助50万元，当年会计上的研发费用为150万元，未进行相应的纳税调整，则税前加计扣除金额为125万元（150×75%）。

（3）下列活动不适用税前加计扣除政策：

①企业产品（服务）的常规性升级；

②对某项科研成果的直接应用，如直接采用公开的新工艺、材料、装置、产品、服务或知识等；

③企业在商品化后为顾客提供的技术支持活动；

④对现存产品、服务、技术、材料或工艺流程进行的重复或简单改变；

⑤市场调查研究、效率调查或管理研究；

⑥作为工业（服务）流程环节或常规的质量控制、测试分析、维修维护；

⑦社会科学、艺术或人文学方面的研究。

（4）下列行业不适用税前加计扣除政策：

①烟草制造业；

②住宿和餐饮业；

③批发和零售业；

④房地产业；

⑤租赁和商务服务业；

⑥娱乐业；

⑦财政部和国家税务总局规定的其他行业。

上述行业以《国民经济行业分类与代码（GB/T 4754—2017）》为准，并随之更新。

不适用税前加计扣除政策行业的企业，是指以所列行业业务为主营业务，其研发费用发生当年的主营业务收入占企业按《企业所得税法》第六条规定计算的收入总额减除不征税收入和投资收益的余额50%（不含）以上的企业。

需要注意的是，此处的投资收益，并不是会计上的投资收益，是指计入税法总收入的投资收益。《研发费用加计扣除政策执行指引（1.0版）》指出："从收入总额中减除的投资收益包括税法规定的股息、红利等权益性投资收益以及股权转让所得。”若企业在分母中减除的投资收益使用会计上的投资收益，会产生风险。该投资收益与会计上的投资收益有所差异。

【例4-9】某批发零售企业，20×2年取得主营业务收入1 000万元，其他业务收入200万元，投资收益570万元，包括成本法下确认的投资收益100万元，权益法下确认的投资收益50万元，股权转让收益420万元（股权转让收入1 200万元）。权益法下确认的应收股利150万元，企业已做纳税调增。

该企业自行计算的比例=1 000/（1 000+200+100+150+1 200–570）×100%=48.08%<50%，可以享受研发费用加计扣优惠。

由于税法上没有投资收益的概念，因此不少企业以为计算比例时减除的投资收益就是会计上的投资收益，上例中的企业就犯了这样的错误。

企业会计上的投资收益主要由三部分组成，一是成本法下，被投资单位宣告发放现金股利确认的投资收益；二是权益法下，投资企业按照应享有或应分担被投资单位实现净利润或发生净亏损的份额确认的投资收益；三是转让投资资产产生的投资收益。

根据《研发费用加计扣除政策执行指引（1.0版）》规定，计算比例减除的投资收益也包括三部分内容：一是成本法下，被投资单位宣告发放现金股利确认的股息、红利收入；二是转让投资资产产生的投资收益，这两部分与会计一致。但权益法下的投资收益与会计不一致，主要差异有两点：

一是会计上已确认为投资收益但税法上不确认。投资企业按照应享有或应分担被投资单位实现净利润或发生净亏损的份额确认的投资收益，计入企业利润总额，但不属于税法上的收入，应做纳税调减。可以减除的投资收益应当是已计入收入总额的投资收益，这部分投资收益未计入收入总额，自然也不能减除。二是会计不确认为投资收益但税法上确认。当被投资企业股东会或股东大会做出利润分配决定时，投资企业在会计上计入应收股利，但在税法上作为股息、红利收入，应做纳税调增，符合免税收入条件的，再做纳税调减。

因此，该企业计算比例时可以减除的投资收益=100+150+420=670（万元）。

修正后的比例=1 000/（1 000+200+100+150+1 200–670）×100%=50.51%>50%，不能享受研发费用加计扣除优惠。

（5）不能加计扣除的项目。

①企业取得作为不征税收入处理的财政性资金用于研发活动所形成的费用或无形资产，不得计算加计扣除或摊销。

②法律、行政法规和国务院财税主管部门规定不允许企业所得税税前扣除的费用和支出项目不得计算加计扣除。

4.5.1.4 加计扣除、会计和高新技术企业认定的研发费用三者差异

研发费用会计处理适用的规范性文件是《财政部关于企业加强研发费用财务管理的若干意见》（财企〔2007〕194号）第一条，高新技术企业认定的研发费用适用的规范性文件是《高新技术企业认定管理工作指引》（国科发火〔2016〕195号）第三条第六款第二项。三者差异如表4-5所示。

表4-5 研发费用归集口径比较表

费用项目	研发费用加计扣除	高新技术企业认定	会计规定	差异
人员人工费用	直接从事研发活动人员的工资薪金、基本养老保险费、基本医疗保险费、失业保险费、工伤保险费、生育保险费和住房公积金，以及外聘研发人员的劳务费用。	企业科技人员的工资薪金、基本养老保险费、基本医疗保险费、失业保险费、工伤保险费、生育保险费和住房公积金，以及外聘科技人员的劳务费用。	企业在职研发人员的工资、奖金、津贴、补贴、社会保险费、住房公积金等人工费用以及外聘研发人员的劳务费用。	会计核算范围大于税收范围。高新技术企业人员人工费用归集对象是科技人员。
直接投入费用	（1）研发活动直接消耗的材料、燃料和动力费用。	（1）直接消耗的材料、燃料和动力费用。	（1）研发活动直接消耗的材料、燃料和动力费用。	
	（2）用于中间试验和产品试制的模具、工艺装备开发及制造费，不构成固定资产的样品、样机及一般测试手段购置费，试制产品的检验费。	（2）用于中间试验和产品试制的模具、工艺装备开发及制造费，不构成固定资产的样品、样机及一般测试手段购置费，试制产品的检验费。	（2）用于中间试验和产品试制的模具、工艺装备开发及制造费，样品、样机及一般测试手段购置费，试制产品的检验费等。	
	（3）用于研发活动的仪器、设备的运行维护、调整、检验、维修等费用，以及通过经营租赁方式租入的用于研发活动的仪器、设备租赁费。	（3）用于研究开发活动的仪器、设备的运行维护、调整、检验、检测、维修等费用，以及通过经营租赁方式租入的用于研发活动的固定资产租赁费。	（3）用于研发活动的仪器、设备、房屋等固定资产的租赁费，设备调整及检验费，以及相关固定资产的运行维护、维修等费用。	房屋租赁费不计入加计扣除范围。
折旧费用与长期待摊费用	用于研发活动的仪器、设备的折旧费。	用于研究开发活动的仪器、设备和在用建筑物的折旧费。 研发设施的改建、改装、装修和修理过程中发生的长期待摊费用。	用于研发活动的仪器、设备、房屋等固定资产的折旧费。	房屋折旧费不计入加计扣除范围。
无形资产摊销	用于研发活动的软件、专利权、非专利技术（包括许可证、专有技术、设计和计算方法等）的摊销费用。	用于研究开发活动的软件、知识产权、非专利技术（专有技术、许可证、设计和计算方法等）的摊销费用。	用于研发活动的软件、专利权、非专利技术等无形资产的摊销费用。	
设计试验等费用	新产品设计费、新工艺规程制定费、新药研制的临床试验费、勘探开发技术的现场试验费。	符合条件的设计费用、装备调试费用、试验费用（包括新药研制的临床试验费、勘探开发技术的现场试验费、田间试验费等）。		

续表

费用项目	研发费用加计扣除	高新技术企业认定	会计规定	差异
其他相关费用	与研发活动直接相关的其他费用，如技术图书资料费、资料翻译费、专家咨询费、高新科技研发保险费，研发成果的检索、分析、评议、论证、鉴定、评审、评估、验收费用，知识产权的申请费、注册费、代理费，差旅费、会议费，职工福利费、补充养老保险费、补充医疗保险费。此项费用总额不得超过可加计扣除研发费用总额的10%。	与研究开发活动直接相关的其他费用，包括技术图书资料费、资料翻译费、专家咨询费、高新科技研发保险费，研发成果的检索、论证、评审、鉴定、验收费用，知识产权的申请费、注册费、代理费，会议费、差旅费、通讯费等。此项费用一般不得超过研究开发总费用的20%，另有规定的除外。	与研发活动直接相关的其他费用，包括技术图书资料费、资料翻译费、会议费、差旅费、办公费、外事费、研发人员培训费、培养费、专家咨询费、高新科技研发保险费用等。研发成果的论证、评审、验收、评估以及知识产权的申请费、注册费、代理费等费用。	加计扣除政策及高新研发费用范围中对其他相关费用总额有比例限制。

4.5.1.5 委托研发

（1）委托境内研发。企业委托外部机构或个人进行研发活动所发生的费用，按照费用实际发生额的80%计入委托方研发费用并计算加计扣除，受托方不得再进行加计扣除。委托外部研究开发费用实际发生额应按照独立交易原则确定。委托个人研发的，应凭个人出具的发票等合法有效凭证在税前加计扣除。

委托方与受托方存在关联关系的，受托方应向委托方提供研发项目费用支出明细情况。

（2）委托境外研发。委托境外研发费用加计扣除的政策依据为《财政部 税务总局关于企业委托境外研究开发费用税前加计扣除有关政策问题的通知》（财税〔2018〕64号）。

自2018年1月1日起，委托境外进行研发活动所发生的费用，按照费用实际发生额的80%计入委托方的委托境外研发费用。委托境外研发费用不超过境内符合条件的研发费用2/3的部分，可以按规定在企业所得税前加计扣除。上述费用实际发生额应按照独立交易原则确定。委托方与受托方存在关联关系的，受托方应向委托方提供研发项目费用支出明细情况。

与委托境内研发不同的是，委托境外研发按照实际发生额的80%与境内符合条件的研发费用的2/3的孰小值作为可加计扣除的委托境外研发费用。

【例4-10】某企业20×1年发生委托境外研发费用100万元，当年境内符合条件的研发费用为110万元。按照政策规定，委托境外发生研发费用100万元的80%，即80万元计入委托境外研发费用。当年境内符合条件的研发费用110万元的三分之二的部分为73.33万元。委托境外研发费用不超过境内符合条件的研发费用三分之二的部分即为73.33万元。该企业委托境外研发费用加计扣除额为：73.33×75%=55（万元）。

委托境外进行研发活动应签订技术开发合同，并由委托方到科技行政主管部门进行登记。相关事项按技术合同认定登记管理办法及技术合同认定规则执行。

按照委托境内研发费用加计扣除政策的管理要求，委托合同需经科技行政主管部门登记。对于委托境外研发的，财税〔2018〕64号文件也要求签订技术开发合同并到科技行政主管部门登记。所不同的是，委托境内研发由受托方登记，但考虑到委托境外的受托方在国外，要求受托方登记不具有操作性，因此财税〔2018〕64号文件对此进行了调整，由委托方登记即可。

需要注意的是，委托境外个人进行的研发活动不能加计扣除。

留存备查资料：

①企业委托研发项目计划书和企业有权部门立项的决议文件；

②委托研究开发专门机构或项目组的编制情况和研发人员名单；

③经科技行政主管部门登记的委托境外研发合同；

④“研发支出”辅助账及汇总表；

⑤委托境外研发银行支付凭证和受托方开具的收款凭据；

⑥当年委托研发项目的进展情况等资料。

企业如果已取得地市级（含）以上科技行政主管部门出具的鉴定意见，应作为资料留存备查。

4.5.1.6　其他规定

（1）合作研发。企业共同合作开发的项目，由合作各方就自身实际承担的研发费用分别计算加计扣除。

（2）企业集团。企业集团根据生产经营和科技开发的实际情况，对技术要求高、投资数额大，需要集中研发的项目，其实际发生的研发费用，可以按照权利和义务相一致、费用支出和收益分享相配比的原则，合理确定研发费用的分摊方法，在受益成员企业间进行分摊，由相关成员企业分别计算加计扣除。

4.5.1.7　管理要求

（1）企业应按照国家财务会计制度要求，对研发支出进行会计处理；同时，对享受加计扣除的研发费用按研发项目设置辅助账，准确归集核算当年可加计扣除的各项研发费用实际发生额。企业在一个纳税年度内进行多项研发活动的，应按照不同研发项目分别归集可加计扣除的研发费用。

年末汇总分析填报研发支出辅助账汇总表，由企业留存备查。

（2）企业应对研发费用和生产经营费用分别核算，准确、合理归集各项费用支出，对划分不清的，不得实行加计扣除。

企业从事研发活动的人员和用于研发活动的仪器、设备、无形资产，同时从事或用于非研发活动的，应对其人员活动及仪器设备、无形资产使用情况做必要记录，并将其实际发生的相关费用按实际工时占比等合理方法在研发费用和生产经营费用间分配，未分配的不得加计扣除。

（3）企业研发费用各项目的实际发生额归集不准确、汇总额计算不准确的，税务机关有权对其税前扣除额或加计扣除额进行合理调整。

（4）税务机关对企业享受加计扣除优惠的研发项目有异议的，可以转请地市级（含）以上科技行政主管部门出具鉴定意见，科技部门应及时回复意见。企业承担省部级（含）以上科研项目的，以及以前年度已鉴定的跨年度研发项目，不再需要鉴定。

（5）税务部门应加强研发费用加计扣除优惠政策的后续管理，定期开展核查，年度核查面不得低于20%。

4.5.1.8 主要留存备查资料

（1）自主、委托、合作研究开发项目计划书和企业有权部门关于自主、委托、合作研究开发项目立项的决议文件；

（2）自主、委托、合作研究开发专门机构或项目组的编制情况和研发人员名单；

（3）经科技行政主管部门登记的委托、合作研究开发项目的合同；

（4）从事研发活动的人员（包括外聘人员）和用于研发活动的仪器、设备、无形资产的费用分配说明（包括工作使用情况记录及费用分配计算证据材料）；

（5）集中研发项目研发费决算表、集中研发项目费用分摊明细情况表和实际分享收益比例等资料；

（6）“研发支出”辅助账及汇总表；

（7）企业如果已取得地市级（含）以上科技行政主管部门出具的鉴定意见，应作为资料留存备查。

4.5.1.9 创意设计活动

无论是2017版年度申报表A107010《免税、减计收入及加计扣除优惠明细表》第28行，还是《企业所得税优惠事项管理目录（2017年版）》，创意设计活动相关费用加计扣除都被单独列示出来。

财税〔2015〕119号文件第二条第四款规定：“企业为获得创新性、创意性、突破性的产品进行创意设计活动而发生的相关费用，可按照本通知规定进行税前加计扣除。创意设计活动是指多媒体软件、动漫游戏软件开发，数字动漫、游戏设计制作；房屋建筑工程设计（绿色建筑评价标准为三星）、风景园林工程专项设计；工业设计、多媒体设计、动漫及衍生产品设计、模型设计等。”

主要留存备查资料：

（1）创意设计活动相关合同；

（2）创意设计活动相关费用核算情况的说明。

注 意

1.追溯期为三年。

财税〔2015〕119号文件第五条第四款规定：“企业符合本通知规定的研发费用加计扣除条件而在2016年1月1日以后未及时享受该项税收优惠的，可以追溯享受并履行备案手续，追溯期限最长为3年。”由于该文件自2016年1月1日起执行，因此企业在2016年

1月1日以后未享受研发费用加计扣除的，可以追溯3年享受。如企业2018年度发现自己2016年度应享受研发费用加计扣除但未享受，可追溯到2016年度享受，而不是在2018年度享受。

2. 外聘研发人员的劳务费用可以加计扣除。

原研发费用加计扣除政策[1]只能加计扣除本企业研发人员的工资薪金，财税〔2015〕119号文件规定外聘研发人员的劳务费用也可以加计扣除。

2016年11月7日，中共中央办公厅、国务院办公厅印发的《关于实行以增加知识价值为导向分配政策的若干意见》（以下简称《意见》）指出，允许科研人员和教师依法依规适度兼职兼薪，包括允许科研人员从事兼职工作获得合法收入和允许高校教师从事多点教学获得合法收入。《意见》明确，科研人员在履行好岗位职责、完成本职工作的前提下，经所在单位同意，可以到企业和其他科研机构、高校、社会组织等兼职并取得合法报酬。

企业聘用兼职的研发人员从事研发，支付的劳务费用，可以加计扣除。

3. 直接支付给劳务派遣公司的研发人员的工资薪金可以加计扣除。

直接支付给员工个人的工资薪金属于人员人工费用范围，可以加计扣除，而直接支付给劳务派遣公司的费用，各地理解和执行不一。国家税务总局公告2017年第40号明确外聘研发人员包括与劳务派遣公司签订劳务用工协议（合同）的形式，将按照协议（合同）约定直接支付给劳务派遣公司，且由劳务派遣公司实际支付给研发人员的工资薪金等，纳入加计扣除范围。

接受劳务派遣的企业按照协议（合同）约定支付给劳务派遣企业，且由劳务派遣企业实际支付给外聘研发人员的工资薪金等费用，属于外聘研发人员的劳务费用。

4. 残疾研发人员的工资薪金可以同时加计扣除。

若研发人员同时是残疾人，其工资薪金既可享受研发费用加计扣除，又可享受残疾人员工资加计扣除。

5. 委托非关联方研发不用提供研发项目费用支出明细。

在现行研发费用加计扣除政策下，企业委托非关联方研发的，不必提供研发项目费用支出明细；只有委托关联方研发的，才须提供研发项目费用支出明细。

这是因为，委托研发费用中既包括研发支出，也包括受托方的利润，受托方的利润不应享受加计扣除，但受托研发利润属于受托方的商业机密，受托方多不会如实告知委托方。因此，新政策规定委托研发只能按照80%加计扣除，且不再提供研发项目费用支出明细。

需要注意的是，虽然不再提供研发项目费用支出明细，但委托研发费用实际发生额应符合独立交易原则。

6. 委托境外研发的费用可以加计扣除。

财税〔2015〕119号文件规定："企业委托境外机构或个人进行研发活动所发生的费用，不得加计扣除。"财税〔2018〕64号文件废止了该条款，规定自2018年1月1日起，委托境外进行研发活动所发生的费用也可以按照该文件规定的比例加计扣除。

---

[1] 指《国家税务总局关于印发〈企业研究开发费用税前扣除管理办法（试行）〉的通知》（国税发〔2008〕116号）和《财政部 国家税务总局关于研究开发费用税前加计扣除有关政策问题的通知》（财税〔2013〕70号），被财税〔2015〕119号文件废止。

7.委托境内个人研发的费用可以加计扣除。

原研发费用加计扣除政策规定企业委托个人研发不能加计扣除。财税〔2015〕119号文件规定企业委托个人研发的费用也可以加计扣除，符合当前鼓励科研人员创业创新的政策导向。需要注意的是，国家税务总局公告2015年第97号第三条规定："委托个人研发的，应凭个人出具的发票等合法有效凭证在税前加计扣除"。企业委托个人研发，应取得发票，且仅限于委托境内个人。

8.委托研发加计扣除的基数为委托方实际支付给受托方的费用。

财税〔2015〕119号文件第二条第一款规定："企业委托外部机构或个人进行研发活动所发生的费用，按照费用实际发生额的80%计入委托方研发费用并计算加计扣除，受托方不得再进行加计扣除。委托外部研究开发费用实际发生额应按照独立交易原则确定。"关于什么是"费用实际发生额"容易引发争议，尤其是在委托关联企业研发中。

例如，甲公司委托其关联企业乙公司研发，甲公司支付给乙公司100万元。乙公司实际发生费用90万元，其中按可加计扣除口径归集的费用为85万元。那么，甲公司可加计扣除的研发费用是100万元，90万元，还是80万元？国家税务总局公告2017年第40号第七条第五款规定："国家税务总局公告2015年第97号第三条所称'研发活动发生费用'是指委托方实际支付给受托方的费用。无论委托方是否享受研发费用税前加计扣除政策，受托方均不得加计扣除。"因此，甲公司可加计扣除的研发费用为100万元。

9.加速折旧、加速摊销的金额加计扣除。

国家税务总局公告2015年第97号规定，加速折旧费用享受加计扣除政策的原则为会计、税收折旧孰小。该计算方法较为复杂，不易准确掌握。国家税务总局公告2017年第40号将固定资产加速折旧费用与无形资产加速摊销的归集方法调整为就税前扣除的折旧部分计算加计扣除。不需要比较会计、税收折旧孰小，也不需要根据会计折旧年限的变化而调整享受加计扣除的金额，计算方法大为简化。

10.税收遵循会计的资本化时点。

《企业会计准则》规定了无形资产资本化的五个条件，但税法上一直没有规定，容易引发争议。国家税务总局公告2017年第40号第七条第三款规定："企业开展研发活动中实际发生的研发费用形成无形资产的，其资本化的时点与会计处理保持一致。"

11.研发失败的研发费用也可以加计扣除。

企业研发活动具有一定风险和不可预测性，既可能成功也可能失败，政策是对研发活动予以鼓励，并非单纯强调结果。国家税务总局公告2017年第40号第七条第四款规定："失败的研发活动所发生的研发费用可享受税前加计扣除政策。"

12.加计扣除形成的亏损可弥补。

研发费用加计扣除可扣至亏损。《国家税务总局关于企业所得税若干税务事项衔接问题的通知》（国税函〔2009〕98号）第八条规定："企业技术开发费加计扣除部分已形成企业年度亏损，可以用以后年度所得弥补，但结转年限最长不得超过5年。"

13.鉴定无须企业来做。

原研发费用加计扣除政策规定，税务机关对企业研发项目有异议的，企业要提供政府科技部门的鉴定意见书。财税〔2015〕119号文件第五条第三款规定："税务机关对企业享受加计扣除优惠的研发项目有异议的，可以转请地市级（含）以上科技行政主管部门出具鉴定意见，科技部门应及时回复意见。企业承担省部级（含）以上科研项目的，以及以前年度已鉴定的跨年度研发项目，不再需要鉴定。”《科技部 财政部 国家税务总局关于进一步做好企业研发费用加计扣除政策落实工作的通知》（国科发政〔2017〕211号）对全国范围内科技部门与税务部门的协同工作机制做出了详细规定。当税务机关对企业研发项目有异议时，鉴定义务交给科技部门，明确了各部门责任，避免了企业多头跑路，减轻了企业负担。

14.制造业企业当年未达到比例，仍可按75%加计扣除。

若制造业企业某年度制造业主营业务收入占比不到50%，则当年不能按照100%加计扣除，但仍能按照75%加计扣除；若次年制造业主营业务收入占比达到50%以上，则在次年可以按照100%加计扣除。

15.预缴时可以按半年加计扣除。

原研发费用加计扣除政策规定，企业实际发生的研究开发费，在预缴时据实计算扣除，在汇算清缴时加计扣除。财税〔2015〕119号文件对此没有涉及。《国家税务总局关于发布修订后的〈企业所得税优惠政策事项办理办法〉的公告》（国家税务总局公告2018年第23号）附件《企业所得税优惠事项管理目录（2017年版）》第20项“开发新技术、新产品、新工艺发生的研究开发费用加计扣除”明确“汇缴享受”。企业实际发生的研究开发费，应在汇算清缴时加计扣除，预缴时不能加计扣除。

财政部、税务总局公告2021年第13号第二条规定：“企业预缴申报当年第3季度（按季预缴）或9月份（按月预缴）企业所得税时，可以自行选择就当年上半年研发费用享受加计扣除优惠政策，采取‘自行判别、申报享受、相关资料留存备查’办理方式。”

新政策改变了研发费用不能在预缴时加计扣除的规定，但需要注意的是，在10月份进行第三季度预缴时，只能就当年上半年实际发生的研发费用加计扣除，而非前三季度的研发费用。另外，企业预缴时应按照税收口径归集研发费用，而不是会计口径。

16.其他相关费用不再分项目计算。

国家税务总局公告2015年第97号第二条第三款规定：“企业在一个纳税年度内进行多项研发活动的，应按照不同研发项目分别归集可加计扣除的研发费用。在计算每个项目其他相关费用的限额时应当按照以下公式计算：

其他相关费用限额=上述第1项至第5项的费用之和×10%/（1−10%）

当其他相关费用实际发生数小于限额时，按实际发生数计算税前加计扣除数额；当其他相关费用实际发生数大于限额时，按限额计算税前加计扣除数额。”

国家税务总局公告2021年第28号废止了上述规定，自2021年起改为统一计算全部研发项目其他相关费用限额，不再分项目计算。

如在前面的例4-6中，按照老政策，A项目其他相关费用限额=90×10%/（1−10%）=10（万元），小于实际发生数12万元，则A项目允许加计扣除的其他相关费用为10万元。B项目其他相关费用限额=100×10%/（1−10%）=10.22（万元），大于实际发生数8万元，则B项目允许加计扣除的其他相关费用为8万元。该企业20×1年允许加计扣除的其他相关费用为18万元，比新政策少加计扣除2万元（20−18）。

17.简化研发支出辅助账样式。

国家税务总局公告2015年第97号所附的研发支出辅助账样式包括自主研发、委托研发、合作研发、集中研发等4类辅助账和辅助账汇总表，共“4张辅助账＋1张汇总表”（以下简称“2015版辅助账”）。

国家税务总局公告2021年第28号增设简化版研发支出辅助账和研发支出辅助账汇总表样式（以下简称“2021版辅助账”），相比2015版辅助账，具体有以下三大变化：一是简并辅助账。将2015版辅助账4类合并为一类，共“1张辅助账＋1张汇总表”，减少了辅助账数量。二是精简辅助账信息。2021版辅助账仅要求填报人员人工等六大类费用合计，不再要求填报明细数据，同时删除了部分会计信息，减轻企业填写工作量，降低了填报难度。三是调整填报口径。2021版辅助账增加了2015年之后的政策，如委托境外研发的相关列次等，并对部分填报口径进行了修改。

需要注意的是，2021版辅助账并非废止了2015版辅助账，企业可以自主选择使用2015版辅助账或2021版辅助账，也可以自行设计辅助账，自行设计的辅助账应当包括2021版辅助账所列数据项，且逻辑关系一致，能准确归集允许加计扣除的研发费用。

风险提示

1.不属于研发活动的费用不能加计扣除。

《企业所得税法》第三十条第一款规定“开发新技术、新产品、新工艺发生的研究开发费用”可以在计算应纳税所得额时加计扣除。那么，何为新技术、新产品、新工艺（以下简称“三新”），就成为判断研发费用能否加计扣除的首要条件，只有首先符合“三新”，才能再看研发费用归集是否准确，若不符合“三新”，也就一概不能加计扣除了。举个例子，一家生产桌椅的企业改生产铁皮柜，也是新技术、新产品、新工艺，但显然不能加计扣除。

财税〔2015〕119号文件对“研发活动”的定义是“指企业为获得科学与技术新知识，创造性运用科学技术新知识，或实质性改进技术、产品（服务）、工艺而持续进行的具有明确目标的系统性活动”，并规定了“企业产品（服务）的常规性升级”等7项活动不适用税前加计扣除政策。若企业的研发活动不符合相关条件，不能加计扣除。

案　例

某韩资汽车部件生产企业，所从事的研发活动是将韩国母公司的专利技术运用于新产品，每推出一款新车型，在形成产品之前都单独做一定的研发和测试。税务机关认为，企业所谓的研发活动其实只是对专利技术的直接应用，虽然专利技术应用到新产品确实需要一定的研发，但并不符合研发加计扣除文件中所定义的研发活动。企业申请加计扣除的研发项目均属于对科研成果的直接应用，不适用研发费用加计扣除政策。

资料来源：莫把“假研发”同“真研发”混淆［N］.中国税务报，2018-01-10（B3）.

2.超范围的费用不能加计扣除。

实务中研发费用加计扣除最大的风险就是超过税收政策规定的范围加计扣除，尽管财税〔2015〕119号文件扩大了加计扣除范围，但仍然有费用不能扣除。比如质检人员就不属于直接从事研发活动人员，其工资不能加计扣除；融资租赁方式租入的设备租赁费不能加计扣除；房屋租金、房屋的折旧费不能加计扣除，一般房屋租金、折旧金额都比较大，因此风险也比较大。

需要注意的是，国家税务总局公告2017年第40号增加了职工福利费、补充养老保险费、补充医疗保险费，但并非增加在人员人工费用中，而是增加在其他相关费用中，不能全额加计扣除，要计算限额。

案 例

M科技有限公司存在将非项目开发人员费用合计46.1万元计入研发费用加计扣除；将与研发无关的会务费、房租费等费用35.7万余元计入研发成本；将与研发活动无关的56.1万余元固定资产折旧成本，列入研发成本等多项问题。税务机关依法对企业做出研发费用加计扣除调减313.3万余元，补缴企业所得税23.5万余元、加收滞纳金3.4万余元的处理决定。

资料来源：异常申报暴露科技公司虚增成本［N］.中国税务报，2017-05-23（B2）.

3.其他相关费用注意事项。

一是其他相关费用范围。国家税务总局公告2017年第40号第六条对与研发活动直接相关的其他费用采用了正列举方式，没有“等”字，不在列举范围之内的费用不能加计扣除，如水电费、通讯费、快递费等。二是计算方法。其他相关费用不能全额加计扣除，应按照公式计算可加计扣除的限额。

案 例

一家环保企业加计扣除的研发费用中包括研发活动直接消耗的材料费用30万元，直接从事研发活动的本企业在职人员费用40万元，勘探开发技术的现场试验费20万元，专家咨询费及研发成果评审鉴定费用15万元。

该企业发生的专家咨询费及研发成果评审鉴定费用的限额应为：（30万元+40万元+20万元）×10%÷（1-10%）=10万元，而不是实际发生的15万元。

资料来源：注意扣除限额，准确处理研发费用［N］.中国税务报，2017-06-09（B2）.

4.属于负面清单中行业的不能加计扣除。

财税〔2015〕119号文件规定了“烟草制造业”等六个行业的研发费用不能加计扣除。此处存在三个风险点：

一是行业界定错误。一些集团公司从事研发，成员企业利用研发成果生产出产品，集团公司购进产品再出售。该类型企业一般不提供原料和辅料，也不支付加工费，不属于委托加工。其从生产企业购进货物直接销售，进销一致，在行业上属于“批发业”，虽然其真正从事了研发，但也不能享受加计扣除。

二是收入总额计算错误。与其他行业性税收优惠主营业务收入必须超过一定比例才能享受相反，负面清单行业是主营业务收入必须低于50%才能享受。因此，必须关注分母的计算，分母越大，比例越小。该比例的分母是收入总额减除不征税收入和投资收益的余额，范围远大于企业会计收入。

三是投资收益计算错误。若企业在分母中减除的投资收益使用会计上的投资收益，会产生风险，该投资收益与会计上的投资收益有所差异。详见前面的例4-8。

案 例

H公司2017年度申报研发费用624万元，享受加计扣除312万元。H公司拥有丙烯提纯等多项专利技术，但由于场地有限，仅在本地进行项目研发与小批量试制，形成专利技术后，“委托”外省T公司进行生产，原料由T公司直接采购入库，T公司利用H公司提供的专利技术对丙烯进行提纯后，销售给H公司，再由H公司通过关联外贸公司销售给国内外下游客户，货物从T公司仓库直接发货。对H公司而言，属于“两头在外”的经营模式。

在本案例中，原料由“受托方”T公司自行采购，提纯后销售给“委托方”H公司，T公司按照全额确认销售收入，H公司作为库存商品入库后再行销售，并向T公司收取专利使用费125万元。H公司既没有提供原料和主要材料，也没有支付加工费，更没有通过“委托加工物资”科目进行会计核算。税务人员据此判断，H公司所谓的“委托加工”，实际为“采购销售”。

因此，H公司实际上以“批发和零售”为主营业务，且主营业务收入占比超过了50%，不能适用税前加计扣除政策。

资料来源：只研发不生产，费用不能加计扣除［N］.中国税务报，2018-09-07（B5）.

5.共用人员、设备等划分不清不能加计扣除。

原研发费用加计扣除政策的研发费用范围中强调了“专门”二字，如“专门用于研发活动的”“专门用于中间试验和产品试制的”等，财税〔2015〕119号文件删除了“专门”二字，也就是说，企业生产经营和研发共用的设备、软件、模具等也可以加计扣除。但是这不是敞开加计扣除的口子，该文件第三条第二款规定：“企业应对研发费用和生产经营费用分别核算，准确、合理归集各项费用支出，对划分不清的，不得实行加计扣除”。

国家税务总局公告2017年第40号规定：“直接从事研发活动的人员、外聘研发人员同时从事非研发活动的，企业应对其人员活动情况做必要记录，并将其实际发生的相关费用按实际工时占比等合理方法在研发费用和生产经营费用间分配，未分配的不得加计扣除。”“以经营租赁方式租入的用于研发活动的仪器、设备，同时用于非研发活动的，企业应对其仪器设备使用情况做必要记录，并将其实际发生的租赁费按实际工时占比等合理方法在研发费用和生产经营费用间分配，未分配的不得加计扣除。”“用于研发活动的仪器、设备，同时用于非研发活动的，企业应对其仪器设备使用情况做必要记录，并将其实际发生的折旧费按实际工时占比等合理方法在研发费用和生产经营费用间分配，未分配的不得加计扣除。”“用于研发活动的无形资产，同时用于非研发活动的，企业应对其无形资产使用情况做必要记录，并将其实际发生的摊销费按实际工时占比等合理方法在研发费用和生产经营费用间分配，未分配的不得加计扣除。”因此，企业既从事研发活动，又从事非研发活动的人员、设备、无形资产等，按实际工时占比等合理方法在研发费用和生产经营费用间分配，未分配的不得加计扣除。

案 例

税务机关发现，A公司有2名员工既是研发项目辅助人员又是营销人员，且2人的工资、薪金及五险一金全部计入研发费用。同时，A公司没有专门的研发车间，研发项目在生产车间做测试试验，且部分研发材料的领用清单显示，相关费用用途不明，仪器设备研发与生产共用，也没有建立相关台账，缺少相关凭证，日常生产发生的上述折旧费用也列支在研发费用中。经查证，A公司也没有准确核算从事研发项目与非研发项目发生的材料费、检测费和设备使用费等。

A公司直接从事研发活动的人员，同时开展非研发活动发生的工资、薪金及五险一金，用于研发活动的仪器设备，同时用于非研发活动产生的折旧费，均未按规定合理分配，不得加计扣除。也就是说，A公司用途不明的那部分材料费、检测费不得随意加计扣除。税务机关对其做了相应的税务处理。

资料来源：用途不明，研发费用加计扣除被调整［N］.中国税务报，2018-06-08（B5）.

6.委托研发的加计扣除须符合规定。

企业委托外部机构或个人进行研发活动所发生的费用，只能按照费用实际发生额的80%计算加计扣除。委托境外研发的，只能按照实际发生额的80%与境内符合条件的研发费用的2/3的孰小值计算加计扣除。

只能在委托方加计扣除，受托方不能加计扣除。即使委托方不享受加计扣除，受托方也不能加计扣除。

委托方与受托方存在关联关系的，受托方应向委托方提供研发项目费用支出明细。

委托研发合同须经科技行政主管部门登记。

委托个人研发的，应凭个人出具的发票等合法有效凭证在税前加计扣除。委托境外个人研发，不能加计扣除。

委托研发成果的知识产权有三种归属：知识产权归委托方所有、知识产权归受托方所有、知识产权归双方共有。《研发费用加计扣除政策执行指引（1.0版）》规定，只有委托方部分或全部拥有时知识产权时，才可按照委托研发享受加计扣除政策。若知识产权最后属于受托方，则不能按照委托研发享受加计扣除政策。

案 例

国鸿科技（股票代码：834568）2016年研发费用中有3 160 835.65元为委托外部机构进行研发活动而发生的费用，应按实际发生额的80%计入研发费用并计算加计扣除，公司多扣除了316 083.57元；上述研发费用中有932 470.22元为项目工程款、项目维护费、产品服务费等，不适用税前加计扣除。

公司调增应纳税所得额782 318.68元，补缴企业所得税117 347.80元，加收滞纳金。

资料来源：国鸿科技股份有限公司关于公司收到税务处理决定书的公告［EB/OL］.（2018-09-18）东方财富网.

7. 注意区分委托研发与合作研发。

有些大型的研究开发项目，往往不是企业自身独立完成，需要与其他单位进行合作。由于委托研发和合作研发适用的加计扣除不一致，企业需要明确研发项目是委托开发，还是合作开发。

委托研发指被委托人基于他人委托而开发的项目。委托人以支付报酬的形式获得被委托人的研发成果的所有权。委托项目的特点是研发经费受委托人支配，项目成果必须体现委托人的意志和实现委托人的使用目的。

合作研发是指研发立项企业通过契约形式与其他企业共同对项目的某一个关键领域分别投入资金、技术、人力，共同参与产生智力成果的创作活动，共同完成研发项目。合作研发共同完成的知识产权，其归属由合同约定，如果合同没有约定的，由合作各方共同所有。可以享受研发费用加计扣除优惠政策的合作方应该拥有合作研发项目成果的所有权。合作各方应直接参与研发活动，而非仅提供咨询、物质条件或其他辅助性活动。

除了委托指向的具体技术指标、研发时间和合同的常规条款外，最后还有一条是关于知识产权的归属问题的，或规定双方共有，或规定一方拥有。

合作开发在合同中应注明，双方分别投入、各自承担费用、知识产权双方共有或各自拥有自己的研究成果的知识产权。

案　例

A高新技术企业支付给与其合作的新材料企业B公司约1 673.16万元。A公司主要负责人认为，其与B公司的合作项目属于“委托研发”，项目成果不转售给第三方，仅供A公司使用，所以应该按费用实际发生额的80%，即1 338.53万元加计扣除。

从A公司情况来看，其项目合同并未在科技行政主管部门进行登记。从双方项目合同约定内容及业务实质来看，这一项目应属于合作研发的范畴。合作研发项目，由合作各方就自身实际承担的研发费用分别计算加计扣除。

据此，A公司支付的1 673.16万元，是给B公司的成果产品购买费用，不是研发费用，所以不能计算加计扣除。A公司累计多列支研发费用1 673.16万元，需调减亏损1 012.26万元。最终，A公司补缴税款并滞纳金共计40万余元。

资料来源：判定企业研发形式不能“想当然”[N]. 中国税务报，2020-11-20（B3）.

8. 不征税收入用于研发的不能加计扣除。

不征税收入用于支出所形成的费用不能税前扣除，用于支出所形成的资产，折旧、摊销不能税前扣除，即使用于研发也不能加计扣除。

案　例

某企业2012年度取得的一笔政府部门拨付的财政资金，已作为不征税收入进行核算，并对该部分收入用于研究支出所形成的费用加计扣除。对此，税务机关作出了调增应纳税所得额，补交税款、加收滞纳金和处以罚款的决定。

资料来源：不征税收入用于研究产生的费用不能加计扣除[EB/OL].（2015-01-20）原江苏省南京地税局网站.

9.形成无形资产的不能直接加计扣除。

研发形成无形资产的，按照无形资产成本的150%每年加计摊销。实务中发现，有企业将应资本化的支出费用化一次性加计扣除，提前扣除。

10.特殊收入须扣减研发费用。

对于特殊收入，一是企业在计算加计扣除的研发费用时，应扣减已按财税〔2015〕119号文件规定归集计入研发费用，但在当期取得的研发过程中形成的下脚料、残次品、中间试制品等特殊收入；不足扣减的，允许加计扣除的研发费用按零计算；二是企业研发活动直接形成产品或作为组成部分形成的产品对外销售的，研发费用中对应的材料费用不得加计扣除。

案　例

某公司2016年研发一设备，发生研发费200万元，出售下脚料和残次品取得收入7万元，销售研制成功的设备取得收入120万元（其中耗用材料75万元）。该公司所得税汇缴时将研发费用全部加计扣除，税务机关认为其计算错误，将不能计入加计扣除的部分予以剔除。

资料来源：研发费加计扣除应避免“六不”[N].中国税务报，2017-05-19（B2）.

11.非居民企业和核定征收企业不能享受加计扣除的优惠政策。

财税〔2015〕119号文件第五条第一款规定：“本通知适用于会计核算健全、实行查账征收并能够准确归集研发费用的居民企业。”因此，核定征收企业和非居民企业不能享受研发费用加计扣除优惠。

4.5.2　安置残疾人员工资加计扣除

4.5.2.1　优惠方式

《企业所得税法》第三十条第二款规定，“安置残疾人员及国家鼓励安置的其他就业人员所支付的工资”可以在计算应纳税所得额时加计扣除。

《企业所得税法实施条例》第九十六条规定：“企业所得税法第三十条第（二）项所称企业安置残疾人员所支付的工资的加计扣除，是指企业安置残疾人员的，在按照支付给残疾职工工资据实扣除的基础上，按照支付给残疾职工工资的100%加计扣除。残疾人员的范围适用《中华人民共和国残疾人保障法》的有关规定。企业所得税法第三十条第（二）项所称企业安置国家鼓励安置的其他就业人员所支付的工资的加计扣除办法，由国务院另行规定。”

4.5.2.2　优惠条件

《财政部 国家税务总局关于安置残疾人员就业有关企业所得税优惠政策问题的通知》（财税〔2009〕70号）规定：

（1）企业安置残疾人员的，在按照支付给残疾职工工资据实扣除的基础上，可以在计算应纳税所得额时按照支付给残疾职工工资的100%加计扣除。

企业就支付给残疾职工的工资，在进行企业所得税预缴申报时，允许据实计算扣除；在年度终了进行企业所得税年度申报和汇算清缴时，再依照该条第一款的规定计算加计扣除。

（2）残疾人员的范围适用《中华人民共和国残疾人保障法》的有关规定。

（3）企业享受安置残疾职工工资100%加计扣除应同时具备如下条件：

①依法与安置的每位残疾人签订了1年以上（含1年）的劳动合同或服务协议，并且安置的每位残疾人在企业实际上岗工作。

②为安置的每位残疾人按月足额缴纳了企业所在区县人民政府根据国家政策规定的基本养老保险、基本医疗保险、失业保险和工伤保险等社会保险。

③定期通过银行等金融机构向安置的每位残疾人实际支付了不低于企业所在区县适用的经省级人民政府批准的最低工资标准的工资。

④具备安置残疾人上岗工作的基本设施。

（4）企业应在年度终了进行企业所得税年度申报和汇算清缴时，向主管税务机关报送本通知第四条规定的相关资料、已安置残疾职工名单及其《中华人民共和国残疾人证》或《中华人民共和国残疾军人证（1至8级）》复印件和主管税务机关要求提供的其他资料，办理享受企业所得税加计扣除优惠的备案手续。

（5）在企业汇算清缴结束后，主管税务机关在对企业进行日常管理、纳税评估和纳税检查时，应对安置残疾人员企业所得税加计扣除优惠的情况进行核实。

4.5.2.3 主要留存备查资料

（1）为安置的每位残疾人按月足额缴纳了企业所在区县人民政府根据国家政策规定的基本养老保险、基本医疗保险、失业保险和工伤保险等社会保险证明资料；

（2）通过非现金方式支付工资薪酬的证明；

（3）安置残疾职工名单及其《残疾人证》或《残疾军人证》；

（4）与残疾人员签订的劳动合同或服务协议。

注 意

1.加计扣除可扣至亏损。

安置残疾人员工资加计扣除能否扣至亏损，虽不像研发费用加计扣除有明确的规定，但税收政策并未禁止这一行为，因此也可扣至亏损。

2.精神残疾也属于残疾人员。

《中华人民共和国残疾人保障法》第二条规定："残疾人是指在心理、生理、人体结构上，某种组织、功能丧失或者不正常，全部或者部分丧失以正常方式从事某种活动能力的人。残疾人包括视力残疾、听力残疾、言语残疾、肢体残疾、智力残疾、精神残疾、多重残疾和其他残疾的人。残疾标准由国务院规定。"因此，患有精神疾病的人员也属于残疾人员，支付其的工资也可以加计扣除。

3. 残疾人员没有人数限制。

增值税虽也有对福利企业的优惠，但对企业雇佣残疾人员人数有限制，达到一定比例才能享受优惠。企业所得税可以加计扣除的残疾人员没有人数限制，有一个算一个。

风险提示

1. 可以加计扣除的仅限于工资。

可以加计扣除的仅限于支付给残疾人员的工资，福利费、“五险一金”等不能加计扣除。

案　例

某企业进行了安置残疾人工资加计扣除。经资料核对，发现该企业有的员工部分月份的工资是以现金形式发放并对公司承担的“五险一金”进行了加计扣除。以现金形式支付的残疾职工工资、企业承担的“五险一金”不能享受加计扣除的税收优惠，应调增该企业应纳税所得额，补缴企业所得税。

资料来源：残疾人工资如何加计有规定 扣除需谨慎［EB/OL］.（2018-03-12）原江苏省地税局网站.

2. 需要签订1年以上的劳动合同。

企业未与残疾人员签订1年以上（含1年）的劳动合同或服务协议，并在实际上岗工作的，不能加计扣除。

3. 需要缴足社会保险。

企业未按规定为每位残疾人员按月足额缴纳基本养老保险、基本医疗保险、失业保险和工伤保险等社会保险的，不能加计扣除。

案　例

某盲人按摩院申报安置的19名残疾人职工，虽然都签订了劳动协议，但其中1名未实际上岗工作，另有7名职工属兼职人员，未缴纳社会保险，上述8人均不符合加计扣除条件，调增2012年度应纳税所得213 646.48元，并缴纳了相应的税款。

资料来源：安置残疾人的工资加计扣除有条件［EB/OL］.（2013-05-03）原江苏省南京地税局网站.

4. 需要通过银行等金融机构支付工资。

企业应当通过银行等金融机构向残疾人员支付工资，工资通过银行支付更能够保障残疾人的权益，如果直接支付现金，不能加计扣除。

案例同风险提示1。

5. 所付工资不能低于最低工资标准。

企业支付的工资低于企业所在区县适用的经省级人民政府批准的最低工资标准的，本身就违反了劳动法，自然不能加计扣除。

6. 预缴时不能加计扣除。

财税〔2009〕70号文件第一条规定：“企业就支付给残疾职工的工资，在进行企业所得税预缴申报时，允许据实计算扣除；在年度终了进行企业所得税年度申报和汇算清缴时，再依照本条第一款的规定计算加计扣除。”因此，企业在预缴时不能加计扣除。

4.6 所得税减免

4.6.1 小型微利企业

4.6.1.1 小型微利企业优惠方式

现行小型微利企业优惠政策为：

《财政部 税务总局关于实施小微企业和个体工商户所得税优惠政策的公告》（财政部 税务总局公告2021年第12号）和《国家税务总局关于落实支持小型微利企业和个体工商户发展所得税优惠政策有关事项的公告》（国家税务总局公告2021年第8号）规定，2021年1月1日至2022年12月31日，对小型微利企业年应纳税所得额不超过100万元的部分，减按12.5%计入应纳税所得额，按20%的税率缴纳企业所得税。

《财政部 税务总局关于进一步实施小微企业所得税优惠政策的公告》（财政部 税务总局公告2022年第13号）和《国家税务总局关于小型微利企业所得税优惠政策征管问题的公告》（国家税务总局公告2022年第5号）规定，2022年1月1日至2024年12月31日，对小型微利企业年应纳税所得额超过100万元但不超过300万元的部分，减按25%计入应纳税所得额，按20%的税率缴纳企业所得税。

即小型微利企业年应纳税所得额不超过100万元的部分，按照相当于2.5%的税率缴纳企业所得税；超过100万元但不超过300万元的部分，按照相当于5%的税率缴纳企业所得税。

【例4–11】某小型微利企业2022年度应纳税所得额为300万元，应纳企业所得税额=100×2.5%+（300–100）×5%=12.5（万元），比原来的应纳企业所得税额75万元（300×25%）减少62.5万元，减税效果显著。

4.6.1.2 小型微利企业条件

小型微利企业是指从事国家非限制和禁止行业，且同时符合年度应纳税所得额不超过300万元、从业人数不超过300人、资产总额不超过5 000万元等三个条件的企业。

从业人数，包括与企业建立劳动关系的职工人数和企业接受的劳务派遣用工人数。所称从业人数和资产总额指标，应按企业全年的季度平均值确定。具体计算公式如下：

季度平均值=（季初值+季末值）÷2

全年季度平均值=全年各季度平均值之和 ÷4

年度中间开业或者终止经营活动的，以其实际经营期作为一个纳税年度确定上述相关指标。

4.6.1.3 小型微利企业优惠历史沿革

《企业所得税法实施条例》第九十二条规定：“企业所得税法第二十八条第一款所称符合条件的小型微利企业，是指从事国家非限制和禁止行业，并符合下列条件的企业：（一）工业企业，年度应纳税所得额不超过30万元，从业人数不超过100人，资产总额不超过3 000万元；（二）其他企业，年度应纳税所得额不超过30万元，从业人数不超过80人，资产总额不超过1 000万元。”后来，小型微利企业应纳税所得额符合一定金额要求的，可以减半征收，直至2019年不再区分工业企业和其他企业。

小型微利企业减半征收政策沿革情况见表4-6。

表4-6　小型微利企业减半征收政策沿革一览表

减半征收起止时间	年应纳税所得额不超过	从业人数不超过	资产总额不超过	政策依据
2008—2010年	无减半征收	100人/80人	3 000万元/1 000万元	
2010—2011年	3万元	同上	同上	《财政部 国家税务总局关于小型微利企业有关企业所得税政策的通知》（财税〔2009〕133号）、《财政部、国家税务总局关于继续实施小型微利企业所得税优惠政策的通》（财税〔2011〕4号）
2012—2013年	6万元	同上	同上	《财政部 国家税务总局关于小型微利企业所得税优惠政策有关问题的通知》（财税〔2011〕117号）
2014年	10万元	同上	同上	《财政部 国家税务总局关于小型微利企业所得税优惠政策有关问题的通知》（财税〔2014〕34号）
2015年1月1日—2015年9月30日	20万元	同上	同上	《财政部 国家税务总局关于小型微利企业所得税优惠政策的通知》（财税〔2015〕34号）
2015年10月1日—2016年12月31日	30万元	同上	同上	《财政部 国家税务总局关于进一步扩大小型微利企业所得税优惠政策范围的通知》（财税〔2015〕99号）
2017年	50万元	同上	同上	《财政部 税务总局关于扩大小型微利企业所得税优惠政策范围的通知》（财税〔2017〕43号）
2018年	100万元	同上	同上	《财政部 税务总局关于进一步扩大小型微利企业所得税优惠政策范围的通知》（财税〔2018〕77号）
2019—2021年	不超过100万元，减按25%，超过100万元不超过300万元，减按50%	300人	5 000万元	《财政部 税务总局关于实施小微企业普惠性税收减免政策的通知》（财税〔2019〕13号）
2021—2022年	不超过100万元，减按12.5%	同上	同上	《财政部 税务总局关于实施小微企业和个体工商户所得税优惠政策的公告》（财政部 税务总局公告2021年第12号）
2022—2024年	超过100万元不超过300万元，减按25%	同上	同上	《财政部 税务总局关于进一步实施小微企业所得税优惠政策的公告》（财政部 税务总局公告2022年第13号）

4.6.1.4 三种小微企业的区分

综合现行税收政策，小微企业大致可以分为三种：统计上的小微企业、增值税上的小微企业和企业所得税上的小微企业。

（1）统计上的小微企业。小微企业，是指符合工业和信息化部、国家统计局、发展改革委、财政部制定的《中小企业划型标准规定》（工信部联企业〔2011〕300号）标准的企业，2017年，国家统计局印发《统计上大中小微型企业划分办法（2017）》，明确了大中小微型企业的划分标准（见表4-7）。

表4-7 统计上大中小微型企业划分标准

行业名称	指标名称	计量单位	大型	中型	小型	微型
农、林、牧、渔业	营业收入（Y）	万元	Y≥20 000	500≤Y<20 000	50≤Y<500	Y<50
工业 *	从业人员（X）	人	X≥1 000	300≤X<1 000	20≤X<300	X<20
	营业收入（Y）	万元	Y≥40 000	2 000≤Y<40 000	300≤Y<2 000	Y<300
建筑业	营业收入（Y）	万元	Y≥80 000	6 000≤Y<80 000	300≤Y<6 000	Y<300
	资产总额（Z）	万元	Z≥80 000	5 000≤Z<80 000	300≤Z<5 000	Z<300
批发业	从业人员（X）	人	X≥200	20≤X<200	5≤X<20	X<5
	营业收入（Y）	万元	Y≥40 000	5 000≤Y<40 000	1 000≤Y<5 000	Y<1 000
零售业	从业人员（X）	人	X≥300	50≤X<300	10≤X<50	X<10
	营业收入（Y）	万元	Y≥20 000	500≤Y<20 000	100≤Y<500	Y<100
交通运输业 *	从业人员（X）	人	X≥1000	300≤X<1 000	20≤X<300	X<20
	营业收入（Y）	万元	Y≥30 000	3 000≤Y<30 000	200≤Y<3 000	Y<200
仓储业 *	从业人员（X）	人	X≥200	100≤X<200	20≤X<100	X<20
	营业收入（Y）	万元	Y≥30 000	1 000≤Y<30 000	100≤Y<1 000	Y<100
邮政业	从业人员（X）	人	X≥1000	300≤X<1000	20≤X<300	X<20
	营业收入（Y）	万元	Y≥30 000	2000≤Y<30 000	100≤Y<2 000	Y<100
住宿业	从业人员（X）	人	X≥300	100≤X<300	10≤X<100	X<10
	营业收入（Y）	万元	Y≥10 000	2000≤Y<10 000	100≤Y<2 000	Y<100
餐饮业	从业人员（X）	人	X≥300	100≤X<300	10≤X<100	X<10
	营业收入（Y）	万元	Y≥10 000	2000≤Y<10 000	100≤Y<2 000	Y<100
信息传输业 *	从业人员（X）	人	X≥2000	100≤X<2 000	10≤X<100	X<10
	营业收入（Y）	万元	Y≥100 000	1000≤Y<100 000	100≤Y<1 000	Y<100
软件和信息技术服务业	从业人员（X）	人	X≥300	100≤X<300	10≤X<100	X<10
	营业收入（Y）	万元	Y≥10 000	1 000≤Y<10 000	50≤Y<1 000	Y<50

续表

行业名称	指标名称	计量单位	大型	中型	小型	微型
房地产开发经营	营业收入（Y）	万元	Y≥200 000	1 000≤Y＜200 000	100≤Y＜1 000	Y＜100
	资产总额（Z）	万元	Z≥10 000	5 000≤Z＜10 000	2 000≤Z＜5 000	Z＜2 000
物业管理	从业人员（X）	人	X≥1 000	300≤X＜1 000	100≤X＜300	X＜100
	营业收入（Y）	万元	Y≥5 000	1 000≤Y＜5 000	500≤Y＜1 000	Y＜500
租赁和商务服务业	从业人员（X）	人	X≥300	100≤X＜300	10≤X＜100	X＜10
	资产总额（Z）	万元	Z≥120 000	8 000≤Z＜120 000	100≤Z＜8 000	Z＜100
其他未列明行业*	从业人员（X）	人	X≥300	100≤X＜300	10≤X＜100	X＜10

说明：

1. 大型、中型和小型企业须同时满足所列指标的下限，否则下划一档；微型企业只须满足所列指标中的一项即可。
2. 表中各行业的范围以《国民经济行业分类》（GB/T 4754—2017）为准。带*的项为行业组合类别，其中，工业包括采矿业，制造业，电力、热力、燃气及水生产和供应业；交通运输业包括道路运输业，水上运输业，航空运输业，管道运输业，多式联运和运输代理业、装卸搬运，不包括铁路运输业；仓储业包括通用仓储，低温仓储，危险品仓储，谷物、棉花等农产品仓储，中药材仓储和其他仓储业；信息传输业包括电信、广播电视和卫星传输服务，互联网和相关服务；其他未列明行业包括科学研究和技术服务业，水利、环境和公共设施管理业，居民服务、修理和其他服务业，社会工作，文化、体育和娱乐业，以及房地产中介服务，其他房地产业等，不包括自有房地产经营活动。
3. 企业划分指标以现行统计制度为准。（1）从业人员，是指期末从业人员数，没有期末从业人员数的，采用全年平均人员数代替。（2）营业收入，工业、建筑业、限额以上批发和零售业、限额以上住宿和餐饮业以及其他设置主营业务收入指标的行业，采用主营业务收入；限额以下批发与零售业企业采用商品销售额代替；限额以下住宿与餐饮业企业采用营业额代替；农、林、牧、渔业企业采用营业总收入代替；其他未设置主营业务收入的行业，采用营业收入指标。（3）资产总额，采用资产总计代替。

（2）增值税上的小微企业。《财政部 税务总局关于对增值税小规模纳税人免征增值税的公告》（财政部 税务总局公告2022年第15号）规定，自2022年4月1日至2022年12月31日，增值税小规模纳税人适用3%征收率的应税销售收入，免征增值税。

（3）企业所得税上的小微企业。企业年应纳税所得额、从业人数和资产总额三项都符合条件，才可以享受小型微利企业税收优惠。

（4）小微企业可以享受的税费优惠。符合工信部标准的小微企业若不符合上述条件，不能享受增值税和企业所得税优惠，但可以享受其他税费优惠。

《国家税务总局关于免收小型微型企业发票工本费有关问题的通知》（国税函〔2011〕759号）第一条规定："各地税务机关要按照工业和信息化部、国家统计局、发展改革委和财政部联合下发的《关于印发中小企业划型标准规定的通知》（工信部联企业〔2011〕300号）的有关规定，在小型微型企业领购发票时免收发票工本费。"

《财政部 国家发展改革委关于免征小型微型企业部分行政事业性收费的通知》（财综

〔2011〕104号）第一条规定："对依照工业和信息化部、国家统计局、国家发展改革委、财政部《关于印发中小企业划型标准规定的通知》（工信部联企业〔2011〕300号）认定的小型和微型企业，免征管理类、登记类和证照类等有关行政事业性收费。"

上述优惠只要是符合工信部联企业〔2011〕300号文件规定的小型小微企业就可以享受，而不是《企业所得税法》规定的小型微利企业和增值税上的小微企业才可享受，小微企业应特别注意。

（5）不同小微企业的区别。通过对比可以看出，工信部规定的小微企业是以营业收入和（或）从业人员（如工业、零售业）、营业收入和（或）资产总额（如房地产开发经营业）、从业人员和（或）资产总额（如租赁和商务服务业）为标准划分的；增值税上的小微企业是以小规模纳税人和月（季）销售额划分的；企业所得税上的小微企业是以年应纳税所得额、从业人员和资产总额划分的。

因此，并不是企业只要符合小微企业的条件，就一定符合税法规定的小微企业条件，不符合税法规定小微企业条件的不能享受税收优惠。

4.6.1.5 小型微利企业的所得税预缴

小型微利企业所得税统一实行按季度预缴。预缴企业所得税时，小型微利企业的资产总额、从业人数、年度应纳税所得额指标，暂按当年度截至本期申报所属期末的情况进行判断。其中，资产总额、从业人数指标比照"全年季度平均值"的计算公式，计算截至本期申报所属期末的季度平均值；年度应纳税所得额指标暂按截至本期申报所属期末不超过300万元的标准判断。

企业预缴企业所得税时已享受小型微利企业所得税减免政策，汇算清缴企业所得税时不符合小型微利企业条件的，应当按照规定补缴企业所得税税款。

4.6.1.6 小型微利企业的汇算清缴

《国家税务总局关于简化小型微利企业所得税年度纳税申报有关措施的公告》（国家税务总局公告2018年第58号）规定：A100000《企业所得税年度纳税申报表（A类）》为小型微利企业必填表单。

A000000《企业所得税年度纳税申报基础信息表》中的"基本经营情况"为小型微利企业必填项目；"有关涉税事项情况"为选填项目，存在或者发生相关事项时小型微利企业必须填报；"主要股东及分红情况"为小型微利企业免填项目。

小型微利企业免于填报A101010《一般企业收入明细表》、A101020《金融企业收入明细表》、A102010《一般企业成本支出明细表》、A102020《金融企业支出明细表》、A103000《事业单位、民间非营利组织收入、支出明细表》、A104000《期间费用明细表》。上述表单相关数据应当在A100000《企业所得税年度纳税申报表（A类）》中直接填写。

除上述规定的表单、项目外，小型微利企业可结合自身经营情况，选择表单填报。未发生表单中规定的事项，无须填报。

4.6.1.7　主要留存备查资料

（1）所从事行业不属于限制和禁止行业的说明；
（2）从业人数的计算过程；
（3）资产总额的计算过程。

注　意

1.核定征收企业可以享受小型微利企业优惠。

原来核定征收企业不能享受小型微利企业优惠。《财政部 国家税务总局关于执行企业所得税优惠政策若干问题的通知》（财税〔2009〕69号）第八条规定："企业所得税法第二十八条规定的小型微利企业待遇，应适用于具备建账核算自身应纳税所得额条件的企业，按照《企业所得税核定征收办法》（国税发〔2008〕30号）缴纳企业所得税的企业，在不具备准确核算应纳税所得额条件前，暂不适用小型微利企业适用税率。"

早在2014年，财税〔2009〕69号文件第八条就被废止了，无论采取查账征收方式还是核定征收方式，只要符合小型微利企业条件，就可以享受小型微利企业优惠政策。

2.劳务派遣人员不计入劳务派遣公司从业人数。

自2009年起，小型微利企业的从业人数都是指包括与企业建立劳动关系的职工人数和企业接受的劳务派遣用工人数。据此规定，小型微利企业的从业人数包括两部分：一是与企业建立劳动关系的职工人数；二是企业接受的劳务派遣用工人数。若为一般企业，没有疑义，但劳务派遣公司的从业人数是否包括劳务派遣人员一直存在争议。

根据《中华人民共和国劳动合同法》，劳务派遣公司与劳务派遣人员签订劳动合同，劳务派遣公司与劳务派遣人员形成劳动关系，符合"与企业建立劳动关系的职工人数"之规定，应作为劳务派遣公司的从业人数，但由于接受劳务派遣人员的用工企业的从业人数应包括"企业接受的劳务派遣用工人数"，导致劳务派遣人员既包括在劳务派遣公司的从业人数中，又包括在用工企业的从业人数中，重复计算。

国家税务总局《2019年减税降费政策答复汇编》第112问解答："鉴于劳务派遣用工人数已经计入了用人单位的从业人数，本着合理性原则，劳务派遣公司可不再将劳务派出人员重复计入本公司的从业人数。"

因此，劳务派遣人员只计入用人单位的从业人数，不再计入劳务派遣公司的从业人数。

风险提示

1.小型微利企业条件须符合条件。

媒体经常将国家扶持的小微企业与税法中的小微企业混为一谈，宣传小微企业都可以享受减半征收优惠，这是不对的。小微企业除了应纳税所得额符合条件外，资产总额和从业人数还要符合相关规定。

2.应纳税所得额超过300万元全额按25%税率征税。

小型微利企业优惠并不是应纳税所得额不超过100万元的按2.5%税率征税，超过100万元不超过300万元的按10%税率征税，超过300万元的按25%税率征税，而是应纳税所得额超过300万元的全额按25%税率征税。

【例4-12】（承例4-11）若该企业2022年度应纳税所得额为3 000 001元，不能享受小型微利企业优惠，应纳企业所得税额=3 000 001×25%=750 000.25（元）。可见，应纳税所得额增加1元，应纳税额增加625 000.25元（750 000.25-125 000），明显得不偿失。

3. 注意增值税加计抵减额计入应纳税所得额是否会导致超标。

如1.8节“不征税收入”中的风险提示5所述，增值税加计抵减额须计入企业所得税应纳税所得额。若企业处于小型微利企业临界点，须慎重考虑是享受增值税加计抵减，还是享受企业所得税小型微利企业优惠。

【例4-13】某企业2021年度应纳税所得额为290万元，可享受加计抵减20万元。

情况一：若享受加计抵减，则：

应缴纳企业所得税=（290+20）×25%=77.5（万元）

情况二：若不享受加计抵减，则：

应缴纳企业所得税=100×2.5%+（290-100）×10%=21.5（万元）

综上，若享受加计抵减，企业少缴纳增值税20万元，多缴纳企业所得税56万元（77.5-21.5），合计多缴纳税款36万元（56-20）；若不享受加计抵减，企业多缴纳增值税20万元，少缴纳企业所得税56万元，合计少缴纳税款36万元。显然不享受加计抵减更为合适。

相关案例见1.8节“不征税收入”中的风险提示5。

4. 劳务派遣人员也属于用工单位的从业人数。

财税〔2019〕13号文件第二条规定：“从业人数，包括与企业建立劳动关系的职工人数和企业接受的劳务派遣用工人数。”因此，劳务派遣人员也属于用工单位的从业人数。

5. 非居民企业不享受小型微利企业优惠。

《企业所得税法》实施之初，大量外国企业常驻代表机构符合小型微利企业三项条件，欲享受小型微利企业优惠。《国家税务总局关于非居民企业不享受小型微利企业所得税优惠政策问题的通知》（国税函〔2008〕650号）规定：“企业所得税法第二十八条规定的小型微利企业是指企业的全部生产经营活动产生的所得均负有我国企业所得税纳税义务的企业。因此，仅就来源于我国所得负有我国纳税义务的非居民企业，不适用该条规定的对符合条件的小型微利企业减按20%税率征收企业所得税的政策。”

6.《企业基础信息表》“103资产总额”的填报单位是“万元”。

A000000《企业基础信息表》中的“104从业人数”和“103资产总额”是判断是否属于小型微利企业的依据，企业填报的数据符合小型微利企业条件，即可享受小型微利企业优惠，无须备案。但必须注意的是，“103资产总额”的单位是“万元”，企业应填报××万元。如某企业资产总额为500万元，若填成5 000 000，则被系统认为资产总额为500亿元，不能享受小型微利企业优惠。年度申报表仅此一处填报“万元”，企业须倍加注意。

7. 查补所得也应计入小型微利企业应纳税所得额。

《国家税务总局关于查增应纳税所得额弥补以前年度亏损处理问题的公告》（国家税务总局公告2010年第20号）规定：“根据《中华人民共和国企业所得税法》（以下简称企业所得税法）第五条的规定，税务机关对企业以前年度纳税情况进行检查时调增的应纳税所得额，凡企业以前年度发生亏损、且该亏损属于企业所得税法规定允许弥补的，应允许调增的应纳税所得额弥补该亏损。弥补该亏损后仍有余额的，按照企业所得税法规定计算缴纳企业所得税。对检查调增的应纳税所得额应根据其情节，依照《中华人民共和国税收征收管理法》有关规定进行处理或处罚。”因此，税务机关检查的查补所得应计入查补年度的应纳税所得额，若超过小型微利企业标准，不得享受小型微利企业优惠，须补缴相关税款。

4.6.2 高新技术企业

《企业所得税法》第二十八条第二款规定：“国家需要重点扶持的高新技术企业，减按15%的税率征收企业所得税。”

4.6.2.1 高新技术企业认定标准

《企业所得税法实施条例》第九十三条规定：“企业所得税法第二十八条第二款所称国家需要重点扶持的高新技术企业，是指拥有核心自主知识产权，并同时符合下列条件的企业：

（一）产品（服务）属于《国家重点支持的高新技术领域》规定的范围；

（二）研究开发费用占销售收入的比例不低于规定比例；

（三）高新技术产品（服务）收入占企业总收入的比例不低于规定比例；

（四）科技人员占企业职工总数的比例不低于规定比例；

（五）高新技术企业认定管理办法规定的其他条件。

《国家重点支持的高新技术领域》和高新技术企业认定管理办法由国务院科技、财政、税务主管部门商国务院有关部门制订，报国务院批准后公布施行。”

《科技部 财政部 国家税务总局关于修订印发〈高新技术企业认定管理办法〉的通知》（国科发火〔2016〕32号，以下简称《管理办法》）规定了高新技术企业须同时满足的条件；《科技部 财政部 国家税务总局关于修订印发〈高新技术企业认定管理工作指引〉的通知》（国科发火〔2016〕195号，以下简称《工作指引》）规定了相关指标标准。

（1）企业申请认定时须注册成立一年以上。“注册成立一年以上”是指企业须注册成立365个日历天数以上；“当年”、“最近一年”和“近一年”都是指企业申报前1个会计年度；“近三个会计年度”是指企业申报前的连续3个会计年度（不含申报年）；“申请认定前一年内”是指申请前的365天之内（含申报年）。

（2）企业通过自主研发、受让、受赠、并购等方式，获得对其主要产品（服务）在技术上发挥核心支持作用的知识产权的所有权。

①高新技术企业认定所指的知识产权须在中国境内授权或审批审定，并在中国法律的有效保护期内。知识产权权属人应为申请企业。

②不具备知识产权的企业不能认定为高新技术企业。

③高新技术企业认定中，对企业知识产权情况采用分类评价方式，其中：发明专利（含国防专利）、植物新品种、国家级农作物品种、国家新药、国家一级中药保护品种、集成电路布图设计专有权等按Ⅰ类评价；实用新型专利、外观设计专利、软件著作权等（不含商标）按Ⅱ类评价。

④按Ⅱ类评价的知识产权在申请高新技术企业时，仅限使用一次。

⑤在申请高新技术企业及高新技术企业资格存续期内，知识产权有多个权属人时，只能由一个权属人在申请时使用。

⑥申请认定时专利的有效性以企业申请认定前获得授权证书或授权通知书并能提供缴费收据为准。

⑦发明、实用新型、外观设计、集成电路布图设计专有权可在国家知识产权局网站（http://www.sipo.gov.cn）查询专利标记和专利号；国防专利须提供国家知识产权局授予的国防专利证书；植物新品种可在农业部植物新品种保护办公室网站（http://www.cnpvp.cn）和国家林业局植物新品种保护办公室网站（http://www.cnpvp.net）查询；国家级农作物品种是指农业部国家农作物品种审定委员会审定公告的农作物品种；国家新药须提供国家食品药品监督管理局签发的新药证书；国家一级中药保护品种须提供国家食品药品监督管理局签发的中药保护品种证书；软件著作权可在国家版权局中国版权保护中心网站（http://www.ccopyright.com.cn）查询软件著作权标记（亦称版权标记）。

（3）对企业主要产品（服务）发挥核心支持作用的技术属于《国家重点支持的高新技术领域》规定的范围。

高新技术产品（服务）是指对其发挥核心支持作用的技术属于《国家重点支持的高新技术领域》规定范围的产品（服务）。主要产品（服务）是指高新技术产品（服务）中，拥有在技术上发挥核心支持作用的知识产权的所有权，且收入之和在企业同期高新技术产品（服务）收入中超过50%的产品（服务）。

（4）企业从事研发和相关技术创新活动的科技人员占企业当年职工总数的比例不低于10%。

企业科技人员占比是企业科技人员数与职工总数的比值。

①科技人员。企业科技人员是指直接从事研发和相关技术创新活动，以及专门从事上述活动的管理和提供直接技术服务的，累计实际工作时间在183天以上的人员，包括在职、兼职和临时聘用人员。

②职工总数。企业职工总数包括企业在职、兼职和临时聘用人员。在职人员可以通过企业是否签订了劳动合同或缴纳社会保险费来鉴别；兼职、临时聘用人员全年须在企业累计工作183天以上。

③统计方法。企业当年职工总数、科技人员数均按照全年月平均数计算。

月平均数=（月初数+月末数）÷2

全年月平均数=全年各月平均数之和 ÷12

年度中间开业或者终止经营活动的，以其实际经营期作为一个纳税年度确定上述相关指标。

（5）企业近三个会计年度（实际经营期不满三年的按实际经营时间计算，下同）的研究开发费用总额占同期销售收入总额的比例符合下列要求之一：

一是最近一年销售收入小于5 000万元（含）的企业，比例不低于5%；

二是最近一年销售收入在5 000万元至2亿元（含）的企业，比例不低于4%；

三是最近一年销售收入在2亿元以上的企业，比例不低于3%。

同时，企业在中国境内发生的研究开发费用总额占全部研究开发费用总额的比例不低于60%。

①企业研究开发活动确定。研究开发活动是指，为获得科学与技术（不包括社会科学、艺术或人文学）新知识，创造性运用科学技术新知识，或实质性改进技术、产品（服务）、工艺而持续进行的具有明确目标的活动。不包括企业对产品（服务）的常规性升级或对某项科研成果直接应用等活动（如直接采用新的材料、装置、产品、服务、工艺或知识等）。

②研究开发费用的归集范围。详见4.5.1.4小节。

③企业在中国境内发生的研究开发费用。企业在中国境内发生的研究开发费用，是指企业内部研究开发活动实际支出的全部费用与委托境内其他机构或个人进行的研究开发活动所支出的费用之和，不包括委托境外机构或个人完成的研究开发活动所发生的费用。受托研发的境外机构是指依照外国和地区（含港澳台）法律成立的企业和其他取得收入的组织；受托研发的境外个人是指外籍（含港澳台）个人。

④企业研究开发费用归集办法。企业应正确归集研发费用，由具有资质并符合《工作指引》相关条件的中介机构进行专项审计或鉴证。

企业的研究开发费用是以单个研发活动为基本单位分别进行测度并加总计算的。企业应对包括直接研究开发活动和可以计入的间接研究开发活动所发生的费用进行归集，并填写《高新技术企业认定申请书》中的"企业年度研究开发费用结构明细表"。

企业应按照"企业年度研究开发费用结构明细表"设置高新技术企业认定专用研究开发费用辅助核算账目，提供相关凭证及明细表，并按《工作指引》要求进行核算。

⑤销售收入。销售收入为主营业务收入与其他业务收入之和。

主营业务收入与其他业务收入按照企业所得税年度纳税申报表的口径计算。

（6）近一年高新技术产品（服务）收入占企业同期总收入的比例不低于60%。高新技术产品（服务）收入占比是指高新技术产品（服务）收入与同期总收入的比值。

①高新技术产品（服务）收入。高新技术产品（服务）收入是指企业通过研发和相关技术创新活动，取得的产品（服务）收入与技术性收入的总和。对企业取得上述收入发挥核心支持作用的技术应属于《国家重点支持的高新技术领域》规定的范围。其中，技术性收入包括：

技术转让收入：指企业技术创新成果通过技术贸易、技术转让所获得的收入；

技术服务收入：指企业利用自己的人力、物力和数据系统等为社会和本企业外的用户提供技术资料、技术咨询与市场评估、工程技术项目设计、数据处理、测试分析及其他类型的服务所获得的收入；

接受委托研究开发收入：指企业承担社会各方面委托研究开发、中间试验及新产品开发所获得的收入。

企业应正确计算高新技术产品（服务）收入，由具有资质并符合本《工作指引》相关条件的中介机构进行专项审计或鉴证。

②总收入。总收入是指收入总额减去不征税收入。

收入总额与不征税收入按照《企业所得税法》及其实施条例的规定计算。

（7）企业创新能力评价应达到相应要求。企业创新能力主要从知识产权、科技成果转化能力、研究开发组织管理水平、企业成长性等四项指标进行评价。各级指标均按整数打分，满分为100分，综合得分达到70分以上（不含70分）为符合认定要求。

（8）企业申请认定前一年内未发生重大安全、重大质量事故或严重环境违法行为。

4.6.2.2　高新技术企业申请

企业对照《管理办法》进行自我评价。认为符合认定条件的在“高新技术企业认定管理工作网”注册登记，向认定机构提出认定申请。申请时提交下列材料：

（1）高新技术企业认定申请书；

（2）证明企业依法成立的相关注册登记证件；

（3）知识产权相关材料、科研项目立项证明、科技成果转化、研究开发的组织管理等相关材料；

（4）企业高新技术产品（服务）的关键技术和技术指标、生产批文、认证认可和相关资质证书、产品质量检验报告等相关材料；

（5）企业职工和科技人员情况说明材料；

（6）经具有资质的中介机构出具的企业近三个会计年度研究开发费用和近一个会计年度高新技术产品（服务）收入专项审计或鉴证报告，并附研究开发活动说明材料；

（7）经具有资质的中介机构鉴证的企业近三个会计年度的财务会计报告（包括会计报表、会计报表附注和财务情况说明书）；

（8）近三个会计年度企业所得税年度纳税申报表。

认定企业由领导小组办公室在“高新技术企业认定管理工作网”公示10个工作日，无异议的，予以备案，并在“高新技术企业认定管理工作网”公告，由认定机构向企业颁发统一印制的《高新技术企业证书》；有异议的，由认定机构进行核实处理。

4.6.2.3　高新技术企业后续管理

（1）每年填报情况。《管理办法》第十三条规定：“企业获得高新技术企业资格后，应每年5月底前在‘高新技术企业认定管理工作网’填报上一年度知识产权、科技人员、研发费用、经营收入等年度发展情况报表。”企业自己填报相关情况，有关部门实行随机抽查和重点检查。

（2）企业发生变化要报告。《管理办法》第十三条规定：“高新技术企业发生更名或与认定条件有关的重大变化（如分立、合并、重组以及经营业务发生变化等）应在三个月内向认定机构报告。经认定机构审核符合认定条件的，其高新技术企业资格不变，对于企业更名的，重新核发认定证书，编号与有效期不变；不符合认定条件的，自更名或条件变化年度起取消其高新技术企业资格。”因此，高新技术企业条件发生变化的，应在规定时间内向认定机构报告。

《管理办法》第十九条第一款规定：“已认定的高新技术企业有下列行为之一的，由认定机构取消其高新技术企业资格：

（一）在申请认定过程中存在严重弄虚作假行为的；

（二）发生重大安全、重大质量事故或有严重环境违法行为的；

（三）未按期报告与认定条件有关重大变化情况，或累计两年未填报年度发展情况报表的。”

企业发生以上三种行为的，会被取消高新技术企业资格，并被追缴税款。

该办法第十六条规定："对已认定的高新技术企业，有关部门在日常管理过程中发现其不符合认定条件的，应提请认定机构复核。复核后确认不符合认定条件的，由认定机构取消其高新技术企业资格，并通知税务机关追缴其不符合认定条件年度起已享受的税收优惠。"若税务机关在日常管理中发现高新技术企业不符合相关条件，应提请认定机构复核，由认定机构取消其高新技术企业资格，并通知税务机关追缴。

关于追缴税款的起点，该办法第十九条第二款规定："对被取消高新技术企业资格的企业，由认定机构通知税务机关按《税收征管法》及有关规定，追缴其自发生上述行为之日所属年度起已享受的高新技术企业税收优惠。"

《国家税务总局关于实施高新技术企业所得税优惠政策有关问题的公告》（国家税务总局公告2017年第24号）第二条规定："对取得高新技术企业资格且享受税收优惠的高新技术企业，税务部门如在日常管理过程中发现其在高新技术企业认定过程中或享受优惠期间不符合《认定办法》第十一条规定的认定条件的，应提请认定机构复核。复核后确认不符合认定条件的，由认定机构取消其高新技术企业资格，并通知税务机关追缴其证书有效期内自不符合认定条件年度起已享受的税收优惠。"

国家税务总局公告2017年第24号第二条解决了高新技术企业在享受优惠期间是否需要符合认定条件的争议。《管理办法》第十六条中所称"认定条件"，既包括高新技术企业认定时的条件，也包括享受税收优惠期间的条件。因此，税务机关后续管理的范围为高新技术企业认定过程中和享受优惠期间。

4.6.2.4 高新技术企业境外税收抵免

居民企业境外所得税收抵免，计算中国境内、外所得依照中国税法计算的应纳税总额时适用法定25%税率，但高新技术企业可以享受优惠税率抵免。《财政部 国家税务总局关于高新技术企业境外所得适用税率及税收抵免问题的通知》（财税〔2011〕47号）第一条规定："以境内、境外全部生产经营活动有关的研究开发费用总额、总收入、销售收入总额、高新技术产品（服务）收入等指标申请并经认定的高新技术企业，其来源于境外的所得可以享受高新技术企业所得税优惠政策，即对其来源于境外所得可以按照15%的优惠税率缴纳企业所得税，在计算境外抵免限额时，可按照15%的优惠税率计算境内外应纳税总额。"

4.6.2.5 主要留存备查资料

（1）高新技术企业资格证书；

（2）高新技术企业认定资料；

（3）知识产权相关材料；

（4）年度主要产品（服务）发挥核心支持作用的技术属于《国家重点支持的高新技术领域》规定范围的说明，高新技术产品（服务）及对应收入资料；

（5）年度职工和科技人员情况证明材料；

（6）当年和前两个会计年度研发费用总额及占同期销售收入比例、研发费用管理资料以及研发费用辅助账，研发费用结构明细表。

4.6.2.6 最长10年弥补亏损

自2018年1月1日起，当年具备高新技术企业或科技型中小企业资格（以下统称“资格”）的企业，其具备资格年度之前5个年度发生的尚未弥补完的亏损，准予结转以后年度弥补，最长结转年限由5年延长至10年。政策依据为《财政部 税务总局关于延长高新技术企业和科技型中小企业亏损结转年限的通知》（财税〔2018〕76号）和《国家税务总局关于延长高新技术企业和科技型中小企业亏损结转弥补年限有关企业所得税处理问题的公告》（国家税务总局公告2018年第45号）。

（1）一般规定。具备资格的企业，其具备资格年度之前5个年度发生的尚未弥补完的亏损，是指当年具备资格的企业，其前5个年度无论是否具备资格，所发生的尚未弥补完的亏损。

2018年具备资格的企业，无论2013年至2017年是否具备资格，其2013年至2017年发生的尚未弥补完的亏损，均准予结转以后年度弥补，最长结转年限为10年。2018年以后年度具备资格的企业，依此类推，进行亏损结转弥补税务处理。

【例4–14】某公司2018年具备资格，2013年亏损300万元，2014年亏损200万元，2015年亏损100万元，2016年所得为0，2017年所得200万元，2018年所得50万元。按照政策规定，无论该企业在2013年至2017年期间是否具备资格，2013年亏损300万元，用2017年所得200万元、2018年所得50万元弥补后，如果2019年至2023年有所得仍可继续弥补；2014年企业亏损200万元，依次用2019年至2024年所得弥补；2015年企业亏损100万元，依次用2019年至2025年所得弥补。

【例4–15】（承上例）该企业2019年起不具备资格，2019年亏损100万元。其之前2013年至2015年尚未弥补完的亏损的最长结转年限为10年并不受影响。如果该企业在2024年之前任一年度重新具备资格，按照政策规定，2019年亏损100万元准予向以后10年结转弥补，即准予依次用2020年至2029年所得弥补。如果到2024年还不具备资格，按照政策规定，2019年亏损100万元只准予向以后5年结转弥补，即依次用2020年至2024年所得弥补，尚未弥补完的亏损，不允许用2025年至2029年所得弥补。

（2）重组。企业发生符合特殊性税务处理规定的合并或分立重组事项的，其尚未弥补完的亏损，按照《财政部 国家税务总局关于企业重组业务企业所得税处理若干问题的通知》（财税〔2009〕59号）和国家税务总局公告2018年第45号有关规定进行税务处理：

①合并企业承继被合并企业尚未弥补完的亏损的结转年限，按照被合并企业的亏损结转年限确定；

②分立企业承继被分立企业尚未弥补完的亏损的结转年限，按照被分立企业的亏损结转年限确定；

③合并企业或分立企业具备资格的，其承继被合并企业或被分立企业尚未弥补完的亏损的结转年限，按照财税〔2018〕76号文件和国家税务总局公告2018年第45号规定处理。

【例4–16】2018年甲公司吸收合并乙公司，适用特殊性税务处理规定。其中，甲公司不具备资格，其尚未弥补完的2016年亏损，准予向以后5年结转弥补。乙公司具备资格，其尚未弥补完的2016年亏损，准予向以后10年结转弥补。吸收合并后甲公司尚未弥补完的2016年亏损，包括合并前甲公司尚未弥补完的亏损和乙公司尚未弥补完的亏损，按照政策规定应当分别处理，即合并后甲公司尚未弥补完的2016年亏损，其中合并前甲公司尚未弥补完的亏损，只准予用2018年至2021年的所得弥补；合并前乙公司尚未弥补完的亏损，按照财税〔2009〕59号文件第六条第（四）项有关规定计算后，准予用2018年至2026年的所得弥补。如合并后甲公司2018年具备资格，合并后甲公司尚未弥补完的2016年亏损，包括合并前甲公司尚未弥补完的亏损和乙公司尚未弥补完的亏损，均准予用2018年至2026年的所得弥补。

【例4-17】2018年甲公司分立新设乙公司和丙公司，适用特殊性税务处理规定。其中，甲公司具备资格，其尚未弥补完的2016年亏损，准予向以后10年结转弥补。分立新设的乙公司和丙公司分别承继甲公司尚未弥补完的2016年亏损。按照政策规定，分立后乙公司和丙公司分别承继甲公司尚未弥补完的2016年亏损，按照财税〔2009〕59号文件第六条第（五）项有关规定计算后，无论分立后乙公司和丙公司是否具备资格，均准予用2018年至2026年的所得弥补。

注 意

1.享受优惠时间为证书有效期内。

国家税务总局公告2017年第24号第一条第一款规定：“企业获得高新技术企业资格后，自高新技术企业证书注明的发证时间所在年度起申报享受税收优惠，并按规定向主管税务机关办理备案手续。”即使企业取得的高新技术企业证书上注明的发证时间为2019年12月31日，企业2019年也享受高新技术企业优惠，其享受高新技术企业优惠的期间为2019年至2021年。

2.重新认定前可暂按15%的税率预缴。

国家税务总局公告2017年第24号第一条第二款规定：“企业的高新技术企业资格期满当年，在通过重新认定前，其企业所得税暂按15%的税率预缴，在年底前仍未取得高新技术企业资格的，应按规定补缴相应期间的税款。”例如，企业的高新技术企业证书在2019年4月20日到期，在2019年季度预缴时企业仍可按高新技术企业15%税率预缴。如果企业在2019年年底前重新获得高新技术企业证书，其2019年度可继续享受税收优惠；如未重新获得高新技术企业证书，则应按25%的税率补缴少缴的税款。

3.高新技术企业认定条件放宽。

现行《管理办法》将老办法[1]中的“近三年内通过自主研发、受让、受赠、并购等方式，或通过5年以上的独占许可方式，对其主要产品（服务）的核心技术拥有自主知识产权”修改为“企业通过自主研发、受让、受赠、并购等方式，获得对其主要产品（服务）在技术上发挥核心支持作用的知识产权的所有权”；取消了老办法中的“具有大学专科以上学历的科技人员占企业当年职工总数的30%以上”的规定；将最近一年销售收入小于5 000万元（含）的企业研发费用比例由6%降至5%。这些都有助于企业申请高新技术企

[1] 指《高新技术企业认定管理办法》（国科发火〔2008〕172号文件印发），被国科发火〔2016〕32号文件废止。

业认定。

但是增加了“企业申请认定前一年内未发生重大安全、重大质量事故或严重环境违法行为”的规定，企业应当注意。

4. 申请手续简化。

现行《管理办法》将高新技术企业认定的公示期由15个工作日缩短为10个工作日，并取消了高新技术企业资格证书到期前的复审要求。

5. 跨地区迁移企业资格继续有效。

《管理办法》第十八条规定：“跨认定机构管理区域整体迁移的高新技术企业，在其高新技术企业资格有效期内完成迁移的，其资格继续有效；跨认定机构管理区域部分搬迁的，由迁入地认定机构按照本办法重新认定。”这一规定减轻了跨认定机构管理区域迁移的高新技术企业重复认定的负担。

6. 偷税不再是取消高新技术企业资格的必要条件。

《管理办法》取消了老办法中“有偷、骗税等行为的”应当取消高新技术企业资格的规定。也就是说，高新技术企业不会因有偷、骗税等违法行为被取消资格。

7. 追缴期限为“证书有效期内自不符合认定条件年度起”。

国家税务总局公告2017年第24号第二条规定，高新技术企业优惠追缴期限为“证书有效期内自不符合认定条件年度起已享受的税收优惠”，即企业在证书有效期内被认定机构取消高新技术企业资格，并不是追缴3年内的所有税款。

8. 研发费用比例为三年平均值。

高新技术企业条件中的研发费用比例是企业近三个会计年度研发费用总额占同期销售收入总额的比例，只要这个比例不低于规定比例，就符合高新技术企业条件，其中某一年低于规定比例不影响高新技术企业资格。例如某高新技术企业，20×3年销售收入超过2亿元，20×3年研发费用占销售收入比例为2.6%，20×1—20×3年研发费用合计数占销售收入合计数的比例为4.2%。虽然20×3年比例未达到3%，但仍然符合高新技术企业认定条件。

9. 可弥补亏损的“10年”是指具备高新技术企业资格年度。

高新技术企业资格年度与高新技术企业税收优惠有效期是不一样的。例如某高新技术企业，证书注明发证时间为2018年9月17日，有效期三年。其高新技术企业税收优惠有效期为2018年至2020年，为期三年；具备高新技术企业资格年度为2018年9月17日至2021年9月17日，即2018年至2021年，为期四年。10年弥补亏损是在具备高新技术企业资格年度，这四年之前5个年度发生的尚未弥补完的亏损可以结转10年弥补，对企业更有利。

10. 符合小型微利企业条件的高新技术企业择需享受。

高新技术企业适用税率为15%，小型微利企业年应纳税所得额100万元以下的，实际税率2.5%，年应纳税所得额100万元到300万元的，实际税率10%，明显比高新技术企业更优惠。若高新技术企业同时符合小型微利企业条件，可以择优享受。但是，有些高新技术企业出于自身需要，更愿意享受高新技术企业优惠。因此，对于同时符合小型微利企业条件的高新技术企业，择其需要选择享受优惠政策。

风险提示

2011年6月，审计署发布了《国家税务局系统税收征管情况审计结果》，其中专门提到“高新技术企业税收优惠政策执行不严的现象仍然存在，造成税款流失26.66亿元”。

2015年9月，《科技部 财政部 国家税务总局关于高新技术企业认定管理工作重点检查有关情况及处理意见的通知》（国科发火〔2015〕299号）对1 723家高新技术企业进行了检查，发现企业存在的问题“主要在核心自主知识产权、研发费用归集、高新技术产品（服务）收入核算方面不达标；个别企业申报材料造假”。

2021年9月，科技部火炬中心印发《关于开展高新技术企业认定管理工作检查的通知》（国科火字〔2021〕133号），要求全国36个高新技术企业认定管理机对本地区高新技术企业认定、监督管理和享受税收落实情况开展自查。

因此，高新技术企业是风险管理的重中之重。

1.不拥有知识产权的所有权。

现行《管理办法》虽然取消了老办法“近三年内”获得知识产权的限制，同时取消了原有“5年以上独占许可”获得知识产权的方式，但仍然规定企业应当拥有发挥核心支持作用的知识产权的所有权。

现在很多跨国公司都将研发活动放在中国境内，但所有权仍然属于跨国公司，中国公司只获得了使用权，因此不能享受高新技术企业税收优惠。由于知识产权事关企业机密，又是境内外母子公司间进行操作，有时难以调查，但故意隐瞒知识产权所有权的真实性，无疑是极大的税收风险。

2.产品不属于《国家重点支持的高新技术领域》规定的范围。

有些企业在报送的情况说明中表示其主要产品属于《国家重点支持的高新技术领域》规定的范围，且从名称上来看确实很像，但经仔细检查发现并非如此，因此不能享受高新技术企业税收优惠。

3.高新技术产品（服务）收入占企业当年总收入的比例未达到国家规定标准。

这里有两个收入比例：一是高新技术产品（服务）收入占企业同期总收入的比例不低于60%；二是在高新技术产品（服务）中，拥有在技术上发挥核心支持作用的知识产权的产品（服务）收入，超过同期高新技术产品（服务）收入的50%。

该高新技术产品（服务）收入应与企业的核心技术有相关性，企业即使取得了核心自主知识产权，若所从事的活动与该核心自主知识产权无关，取得的收入也不能作为高新技术产品（服务）收入。

现在很多企业都从事多种经营，既生产高新技术产品，也生产一般产品，为了达到收入比例的及格线，往往将不同收入混淆，这是极大的风险。

关于何为高新技术企业认定标准的“总收入”，政策之前一直没有明确，争议较大。

中国注册会计师协会发布的《高新技术企业认定专项审计指引》（会协〔2008〕83号）规定：“复算最近一个会计年度高新技术产品（服务）收入占申报企业当年总收入（主营业务收入与其他业务收入之和）的比例，与申报企业计算的结果核对是否一致。”规定总收入为主营业务收入与其他业务收入之和。

实务中“总收入”一直是个有争议的问题。有人认为还应包括营业外收入，有人认为应为《企业所得税法》第六条规定的所有收入，也有人认为高新技术企业认定应依据企业财务会计数据，只有会计准则规定的收入才是总收入。

《国家税务总局关于发布〈中华人民共和国企业所得税年度纳税申报表（A类，2014

年版）〉的公告》（国家税务总局公告2014年第63号）中，A107041《高新技术企业优惠情况及明细表》第8行“本年企业总收入”，填报说明对此行解释道：“本年企业总收入：填报纳税人本年以货币形式和非货币形式从各种来源取得的收入，为税法第六条规定的收入总额。”明确了高新技术企业的“总收入”为《企业所得税法》第六条规定的全部收入，即企业的高新技术产品（服务）收入须占到《企业所得税法》第六条规定的收入总额的60%以上才符合条件。

但是，能否以申报表填报说明的解释作为政策依据仍然存在争议。

《工作指引》第三条第四款第二项规定：“总收入是指收入总额减去不征税收入。收入总额与不征税收入按照《中华人民共和国企业所得税法》（以下称《企业所得税法》）及《中华人民共和国企业所得税法实施条例》（以下称《实施条例》）的规定计算。”即高新技术企业的总收入为《企业所得税法》第六条规定的收入总额减去不征税收入。

至此，关于高新技术企业总收入的争议可以尘埃落定。

这个条件很苛刻，我们将在本章最后部分一并阐述。

案　例

中国重汽集团济南复强动力有限公司2019年高新技术产品（服务）收入占企业同期总收入的比例达不到60%。决定自2019年度起取消中国重汽集团济南复强动力有限公司高新技术企业资格。

资料来源：关于取消中国重汽集团济南复强动力有限公司高新技术企业资格的通知［EB/OL］.（2020-06-22）高新技术企业认定管理工作网.

4. 研发费用占销售收入的比例低于规定比例。

有的企业研发费用没有达标。还有的企业为了达标，将其他与研发无关的费用计入研发费用，比如将管理人员的工资计入研发费用等，以增加研发费用总额。

案　例

上海华尔派建筑装饰工程有限公司2017年度研发投入不符合标准，决定自2017年起取消其高新技术企业资格。

资料来源：关于取消上海华尔派建筑装饰工程有限公司高新技术企业资格的通知［EB/OL］.（2020-04-09）高新技术企业认定管理工作网.

5. 科技人员比例不符合规定要求。

企业从事研发和相关技术创新活动的科技人员不足企业当年职工总数的10%，有的企业把其他人员混同于研发人员，以提高比例。

案　例

精艺股份子公司精艺万希由于研发人员占公司员工比例未达高新技术企业认定标准规定的“研发人员占企业当年职工总数的10%以上”，税务机关要求精艺万希2009年度由15%提高回25%税率计缴企业所得税，因税率差应补缴所得税为579.02万元。

资料来源：“伪高新”大检查考验上市公司高科技“李鬼”或近期集中曝光［N］.证券时报，2013-01-28（C1）.

6. 发生重大安全事故。

企业发生重大安全事故，会被取消高新技术企业资格。

案 例

西乌珠穆沁旗银漫矿业有限责任公司由于发生重大安全事故，决定自2019年起取消其高新技术企业资格。

资料来源：关于取消银漫矿业有限责任公司高企资格的通知［EB/OL］.（2019-06-13）高新技术企业认定管理工作网.

7. 发生重大质量事故。

企业发生重大质量事故，会被取消高新技术企业资格。

案 例

根据《管理办法》第十九条的有关规定，经吉林省高新技术企业认定管理机构研究，决定从2017年度起取消长春长生生物科技有限责任公司高新技术企业资格。[1]

资料来源：关于取消长春长生生物科技有限责任公司高新技术企业资格的公告［EB/OL］.（2019-09-13）高新技术企业认定管理工作网.

8. 有严重环境违法行为。

企业有严重环境违法行为的，会被取消高新技术企业资格。

案 例

江苏皇马农化有限公司等4家企业于2018年度发生严重环境违法行为，决定自2018年度起取消江苏皇马农化有限公司等4家企业高新技术企业资格。

资料来源：关于取消江苏皇马农化有限公司等4家企业高新技术企业资格的通知［EB/OL］.（2018-12-26）高新技术企业认定管理工作网.

9. 累计两年未填报年度发展情况报表。

企业未按期报告与认定条件有关重大变化情况，或累计两年未填报年度发展情况报表的，会被取消高新技术企业资格。

[1] 2018年7月，国家药品监督管理局发布通告称，国家药监局在对长春长生生物科技有限责任公司开展检查中，发现该企业冻干人用狂犬病疫苗生产存在记录造假等情况，严重违反了《药品生产质量管理规范》，对此责令吉林食药监局收回该企业《药品GMP证书》，并责令狂犬疫苗停产。

案　例

云南巴赫科技有限公司等3家企业，已累计两年未填报年度发展情况报表，决定自2021年度起取消云南巴赫科技有限公司等3家企业高新技术企业资格。

资料来源：关于取消巴赫科技有限公司等3家企业高新技术企业资格的公告［EB/OL］.（2021-12-15）高新技术企业认定管理工作网.

10.境外所得错误适用优惠税率。

财税〔2011〕47号文件规定，规定，以境内、境外全部生产经营活动有关的研究开发费用总额、总收入、销售收入总额、高新技术产品（服务）收入等指标申请并经认定的高新技术企业，其来源于境外的所得可以享受高新技术企业所得税优惠政策。但有的企业在进行高新技术企业资格申请时，仅以境内的研发费用总额、销售收入总额、高新技术产品（服务）收入等指标进行申请，不包括境外的相关数据。但在获得高新技术企业资格后，其却将境外所得适用15%优惠税率，导致涉税风险。

4.6.3　软件企业和集成电路企业

本节软件企业和集成电路企业优惠政策依据为《财政部 税务总局 发展改革委 工业和信息化部关于促进集成电路产业和软件产业高质量发展企业所得税政策的公告》（财政部 税务总局 发展改革委 工业和信息化部公告2020年第45号），优惠方式见表4-8。

表4-8　软件和集成电路企业优惠方式表

<table>
<tr><th>软件、集成电路企业类型</th><th>减免方式类型</th><th>备注</th></tr>
<tr><td>软件企业</td><td>企业二免三减半</td><td rowspan="16">企业减免自获利年度起，项目减免自项目取得第一笔生产经营收入所属纳税年度起</td></tr>
<tr><td rowspan="2">重点软件企业</td><td>企业五免</td></tr>
<tr><td>接续年度减按10%的税率征收企业所得税</td></tr>
<tr><td rowspan="2">集成电路生产企业（线宽小于28纳米的企业），且经营期在15年以上</td><td>企业十免</td></tr>
<tr><td>项目所得十免</td></tr>
<tr><td rowspan="2">集成电路生产企业（线宽小于65纳米的企业），且经营期在15年以上</td><td>企业五免五减半</td></tr>
<tr><td>项目所得五免五减半</td></tr>
<tr><td rowspan="2">集成电路生产企业（线宽小于130纳米的企业），且经营期在10年以上</td><td>企业二免三减半</td></tr>
<tr><td>项目所得二免三减半</td></tr>
<tr><td>集成电路设计企业</td><td>企业二免三减半</td></tr>
<tr><td rowspan="2">重点集成电路设计企业</td><td>企业五免</td></tr>
<tr><td>接续年度减按10%的税率征收企业所得税</td></tr>
<tr><td>集成电路封装、测试（含封装测试）企业</td><td rowspan="3">企业二免三减半</td></tr>
<tr><td>集成电路材料（含关键专用材料）企业</td></tr>
<tr><td>集成电路装备（含专用设备）企业</td></tr>
</table>

4.6.3.1 软件企业

第一，一般软件企业。

（1）税收优惠方式。详见表4-8。

（2）优惠条件。中华人民共和国工业和信息化部 国家发展改革委 财政部 国家税务总局公告2021年第10号规定了国家鼓励的软件企业条件，是指同时符合下列条件的企业：

①在中国境内（不包括港、澳、台地区）依法设立，以软件产品开发及相关信息技术服务为主营业务并具有独立法人资格的企业；该企业的设立具有合理商业目的，且不以减少、免除或推迟缴纳税款为主要目的；

②汇算清缴年度具有劳动合同关系或劳务派遣、聘用关系，其中具有本科及以上学历的月平均职工人数占企业月平均职工总人数的比例不低于40%，研究开发人员月平均数占企业月平均职工总数的比例不低于25%；

③拥有核心关键技术，并以此为基础开展经营活动，汇算清缴年度研究开发费用总额占企业销售（营业）收入总额的比例不低于7%，企业在中国境内发生的研究开发费用金额占研究开发费用总额的比例不低于60%；

④汇算清缴年度软件产品开发销售及相关信息技术服务（营业）收入占企业收入总额的比例不低于55%［嵌入式软件产品开发销售（营业）收入占企业收入总额的比例不低于45%］，其中软件产品自主开发销售及相关信息技术服务（营业）收入占企业收入总额的比例不低于45%［嵌入式软件产品开发销售（营业）收入占企业收入总额的比例不低于40%］；

⑤主营业务或主要产品具有专利或计算机软件著作权等属于本企业的知识产权；

⑥具有与软件开发相适应的生产经营场所、软硬件设施等开发环境（如合法的开发工具等），建立符合软件工程要求的质量管理体系并持续有效运行；

⑦汇算清缴年度未发生重大安全事故、重大质量事故、知识产权侵权等行为，企业合法经营。

以上所称研究开发费用政策口径，按照《财政部 国家税务总局 科技部关于完善研究开发费用税前加计扣除政策的通知》（财税〔2015〕119号）和《国家税务总局关于研发费用税前加计扣除归集范围有关问题的公告》（国家税务总局公告2017年第40号）等规定执行。

（3）提交资料。在汇算清缴期结束前向税务机关提交以下资料：

①企业开发销售的主要软件产品列表或技术服务列表；

②主营业务为软件产品开发的企业，提供至少1个主要产品的软件著作权或专利权等自主知识产权的有效证明文件，以及第三方检测机构提供的软件产品测试报告；主营业务仅为技术服务的企业提供核心技术说明；

③企业职工人数、学历结构、研究开发人员及其占企业职工总数的比例说明，以及汇算清缴年度最后一个月社会保险缴纳证明等相关证明材料；

④经具有资质的中介机构鉴证的企业财务会计报告（包括会计报表、会计报表附注和

财务情况说明书）以及软件产品开发销售（营业）收入、软件产品自主开发销售（营业）收入、研究开发费用、境内研究开发费用等情况说明；

⑤与主要客户签订的一至两份代表性的软件产品销售合同或技术服务合同复印件；

⑥企业开发环境相关证明材料。

第二，重点软件企业。

（1）优惠方式。详见表4-8。

相比于原国家规划布局内的重点软件企业减按10%税率，新政策给予了五年免税期，然后再减按10%税率征收企业所得税。

（2）优惠条件。

《国家发展改革委等5个部门关于做好2022年享受税收优惠政策的集成电路企业或项目、软件企业清单制定工作有关要求的通知》（发改高技〔2022〕390号）规定：

除符合国家鼓励的软件企业条件外，还应至少符合下列条件中的一项：

①专业开发基础软件、研发设计类工业软件的企业，汇算清缴年度软件产品开发销售及相关信息技术服务（营业）收入（其中相关信息技术服务是指实现软件产品功能直接相关的咨询设计、软件运维、数据服务，下同）不低于5 000万元；汇算清缴年度研究开发费用总额占企业销售（营业）收入总额的比例不低于7%；

②专业开发生产控制类工业软件、新兴技术软件、信息安全软件的企业，汇算清缴年度软件产品开发销售及相关信息技术服务（营业）收入不低于1亿元；应纳税所得额不低于500万元；研究开发人员月平均数占企业月平均职工总数的比例不低于30%；汇算清缴年度研究开发费用总额占企业销售（营业）收入总额的比例不低于8%；

③专业开发重点领域应用软件、经营管理类工业软件、公有云服务软件、嵌入式软件的企业，汇算清缴年度软件产品开发销售及相关信息技术服务（营业）收入不低于5亿元，应纳税所得额不低于2500万元；研究开发人员月平均数占企业月平均职工总数的比例不低于30%；汇算清缴年度研究开发费用总额占企业销售（营业）收入总额的比例不低于7%。

（3）提交资料。

①企业法人营业执照副本、企业取得的其他相关资质证书等；（可提供相应查询网址）

②企业职工人数、学历结构、研究开发人员情况及其占职工总数的比例说明，企业研究开发人员名单，以及汇算清缴年度最后一个月的企业职工社会保险缴纳证明（包括劳务派遣人员代缴社保付款凭证）等相关证明材料；

③企业开发销售的主要软件产品列表［名称/重点领域/对应销售（营业）收入规模］；其中申报公有云服务软件企业应明确区分列明企业公有云、私有云、混合云收入；

④企业具有所申报领域相应的已授权发明专利不少于2项（企业为第一权利人），相应领域计算机软件著作权登记证书不少于2项（均应具备对应的测试报告）的证明材料；

⑤经具有资质的中介机构鉴证的汇算清缴年度企业会计报告（包括会计报表、会计报表附注和财务情况说明书等）和软件产品开发销售及相关信息技术服务（营业）收入、软件产品自主开发销售（营业）收入、研究开发费用、境内研究开发费用等情况表；研究开发费用应按财税〔2015〕119号文及国家税务总局2017年第40号公告要求的口径归集后，在会计报告中单独说明，不能说明的需提供按照上述口径的研究开发费用专项审计报告或

税务鉴证报告；其中申报嵌入式软件企业应明确企业软硬件收入情况，并提供合同、发票等软件收入比例不低于50%的证明材料（不要求提供全部合同，仅需提供能证明符合申报条件的大额合同及合同中的必要内容）；

⑥汇算清缴年度与申报领域相关的合同列表（包含甲乙方、单价、总金额、交易内容、签约和付款时间等信息），及发票等销售凭证；

⑦与主要客户签订的两份代表性销售合同复印件；

⑧税务鉴证报告等可说明企业符合应纳税所得额条件的证明材料；

⑨企业具有与软件开发相适应软硬件设施等开发环境（如合法的开发工具等）的证明材料；

⑩省级发展改革委（工业和信息化主管部门）要求出具的其他材料。

4.6.3.2 集成电路生产企业

（1）税收优惠方式。详见表4–8。

（2）优惠条件。

国家鼓励的集成电路线宽小于28纳米（含）、线宽小于65纳米（含）、线宽小于130纳米（含）的集成电路生产企业或项目，发改高技〔2022〕390号文件规定：

①在中国境内（不包括港、澳、台地区）依法注册并具有独立法人资格的企业；

②符合国家布局规划和产业政策；

③汇算清缴年度，具有劳动合同关系或劳务派遣、聘用关系，其中具有本科及以上学历月平均职工人数占企业月平均职工总人数的比例不低于30%，研究开发人员月平均数占企业月平均职工总数的比例不低于20%（从事8英寸及以下集成电路生产的不低于15%）；

④企业拥有关键核心技术和属于本企业的知识产权，并以此为基础开展经营活动，且汇算清缴年度研究开发费用总额占企业销售（营业）收入（主营业务收入与其他业务收入之和）总额的比例不低于2%（本条及下述研究开发费用政策口径，按照财税〔2015〕119号文件和国家税务总局公告2017年第40号规定执行）；

⑤汇算清缴年度集成电路制造销售（营业）收入占企业收入总额的比例不低于60%；

⑥具有保证相关工艺线宽产品生产的手段和能力；

⑦汇算清缴年度未发生重大安全、重大质量事故或严重环境违法行为；

⑧对于按照集成电路生产项目享受税收优惠政策的，项目主体企业应符合相应的集成电路生产企业条件，且能够对该项目单独进行会计核算、计算所得，并合理分摊期间费用。

（3）提交资料。

①企业法人营业执照副本、企业取得的其他相关资质证书等；（可提供相应查询网址）

②项目备案文件（备案表）；（可提供相应查询网址）

③企业职工人数、学历结构、研究开发人员情况及其占职工总数的比例说明，企业研究开发人员名单，以及汇算清缴年度最后一个月的企业职工社会保险缴纳证明（包括劳务派遣人员代缴社保付款凭证）等相关证明材料；

④企业主要工艺、产品列表（名称/规格）；

⑤企业拥有与主营产品相关的发明专利等证明材料；

⑥经具有资质的中介机构鉴证的汇算清缴年度企业会计报告（包括会计报表、会计报表附注和财务情况说明书等）和集成电路制造销售（营业）收入、自有集成电路产品制造销售（营业）收入、研究开发费用等情况表；研究开发费用应按财税〔2015〕119号文及国家税务总局2017年第40号公告要求的口径归集后，在会计报告中单独说明，不能说明的需提供按照上述口径的研究开发费用专项审计报告或税务鉴证报告；

⑦与主要客户签订的两份代表性销售合同复印件；

⑧企业具有保证产品生产的手段和能力的证明材料（包括采购设备清单等）；

⑨省级发展改革委（工业和信息化主管部门）要求出具的其他材料。

4.6.3.3 集成电路设计、装备、材料、封装、测试企业

（1）税收优惠方式。详见表4-8。

（2）优惠条件。

中华人民共和国工业和信息化部 国家发展改革委 财政部 国家税务总局公告2021年第9号规定了集成电路设计、装备、材料、封装、测试企业的条件。

第一，国家鼓励的集成电路设计企业，必须同时满足以下条件：

①在中国境内（不包括港、澳、台地区）依法设立，从事集成电路设计、电子设计自动化（EDA）工具开发或知识产权（IP）核设计并具有独立法人资格的企业；

②汇算清缴年度具有劳动合同关系或劳务派遣、聘用关系的月平均职工人数不少于20人，其中具有本科及以上学历月平均职工人数占企业月平均职工总人数的比例不低于50%，研究开发人员月平均数占企业月平均职工总数的比例不低于40%；

③汇算清缴年度研究开发费用总额占企业销售（营业）收入（主营业务收入与其他业务收入之和，下同）总额的比例不低于6%；

④汇算清缴年度集成电路设计（含EDA工具、IP和设计服务，下同）销售（营业）收入占企业收入总额的比例不低于60%，其中自主设计销售（营业）收入占企业收入总额的比例不低于50%，且企业收入总额不低于（含）1 500万元；

⑤拥有核心关键技术和属于本企业的知识产权，企业拥有与集成电路产品设计相关的已授权发明专利、布图设计登记、计算机软件著作权合计不少于8个；

⑥具有与集成电路设计相适应的软硬件设施等开发环境和经营场所，且必须使用正版的EDA等软硬件工具；

⑦汇算清缴年度未发生严重失信行为，重大安全、重大质量事故或严重环境违法行为。

第二，国家鼓励的集成电路装备企业，必须同时满足以下条件：

①在中国境内（不包括港、澳、台地区）依法设立，从事集成电路专用装备或关键零部件研发、制造并具有独立法人资格的企业；

②汇算清缴年度具有劳动合同关系或劳务派遣、聘用关系且具有大学专科及以上学历月平均职工人数占企业当年月平均职工总人数的比例不低于40%，研究开发人员月平均数占企业当年月平均职工总数的比例不低于20%；

③汇算清缴年度用于集成电路装备或关键零部件研究开发费用总额占企业销售（营

业）收入总额的比例不低于5%；

④汇算清缴年度集成电路装备或关键零部件销售收入占企业销售（营业）收入总额的比例不低于30%，且企业销售（营业）收入总额不低于（含）1 500万元；

⑤拥有核心关键技术和属于本企业的知识产权，企业拥有与集成电路装备或关键零部件研发、制造相关的已授权发明专利数量不少于5个；

⑥具有与集成电路装备或关键零部件生产相适应的经营场所、软硬件设施等基本条件；

⑦汇算清缴年度未发生严重失信行为，重大安全、重大质量事故或严重环境违法行为。

第三，国家鼓励的集成电路材料企业，必须同时满足以下条件：

①在中国境内（不包括港、澳、台地区）依法设立，从事集成电路专用材料研发、生产并具有独立法人资格的企业；

②汇算清缴年度具有劳动合同关系或劳务派遣、聘用关系且具有大学专科及以上学历月平均职工人数占企业当年月平均职工总人数的比例不低于40%，研究开发人员月平均数占企业当年月平均职工总数的比例不低于15%；

③汇算清缴年度用于集成电路材料研究开发费用总额占企业销售（营业）收入总额的比例不低于5%；

④汇算清缴年度集成电路材料销售收入占企业销售（营业）收入总额的比例不低于30%，且企业销售（营业）收入总额不低于（含）1 000万元；

⑤拥有核心关键技术和属于本企业的知识产权，且企业拥有与集成电路材料研发、生产相关的已授权发明专利数量不少于5个；

⑥具有与集成电路材料生产相适应的经营场所、软硬件设施等基本条件；

⑦汇算清缴年度未发生严重失信行为，重大安全、重大质量事故或严重环境违法行为。

第四，国家鼓励的集成电路封装、测试企业，必须同时满足以下条件：

①在中国境内（不包括港、澳、台地区）依法设立，从事集成电路封装、测试并具有独立法人资格的企业；

②汇算清缴年度具有劳动合同关系或劳务派遣、聘用关系且具有大学专科以上学历月平均职工人数占企业当年月平均职工总人数的比例不低于40%，研究开发人员月平均数占企业当年月平均职工总数的比例不低于15%；

③汇算清缴年度研究开发费用总额占企业销售（营业）收入总额的比例不低于3%；

④汇算清缴年度集成电路封装、测试销售（营收）收入占企业收入总额的比例不低于60%，且企业收入总额不低于（含）2 000万元；

⑤拥有核心关键技术和属于本企业的知识产权，且企业拥有与集成电路封装、测试相关的已授权发明专利、计算机软件著作权合计不少于5个；

⑥具有与集成电路芯片封装、测试相适应的经营场所、软硬件设施等基本条件；

⑦汇算清缴年度未发生严重失信行为，重大安全、重大质量事故或严重环境违法行为。

以上研究开发费用政策口径，按照财税〔2015〕119号文件和国家税务总局公告2017年第40号等规定执行。

（3）留存备查资料。

第一，集成电路设计企业。

①企业法人营业执照副本、企业取得的其他相关资质证书等；

②企业职工人数、学历结构、研究开发人员情况及其占企业职工总数的比例说明，企业研究开发人员名单，以及汇算清缴年度最后一个月的企业职工社会保险缴纳证明（包括劳务派遣人员代缴社保付款凭证）等相关材料；

③企业开发销售的主要产品和服务列表［名称/领域/对应销售（营业）收入规模］；

④企业拥有与主营产品相关的不少于8项的已授权发明专利、布图设计登记、计算机软件著作权登记证书的材料；

⑤经具有资质的中介机构鉴证的汇算清缴年度企业会计报告（包括会计报表、会计报表附注和财务情况说明书等），以及集成电路设计销售（营业）收入、集成电路自主设计销售（营业）收入、研究开发费用等情况表；

⑥第三方检测机构提供的集成电路主要产品测试报告或用户报告，以及与主要客户签订的一至两份代表性销售合同复印件；

⑦企业具有与集成电路设计相适应的软硬件设施等开发环境的材料。

第二，集成电路装备企业。

①企业法人营业执照副本、企业取得的其他相关资质证书等；

②企业职工人数、学历结构、研究开发人员情况及其占企业职工总数的比例说明，企业研究开发人员名单，以及汇算清缴年度最后一个月的企业职工社会保险缴纳证明（包括劳务派遣人员代缴社保付款凭证）等相关材料；

③企业开发销售的主要产品列表（名称/规格）；

④企业拥有与主营产品相关的不少于5项的已授权发明专利材料；

⑤经具有资质的中介机构鉴证的汇算清缴年度企业会计报告（包括会计报表、会计报表附注和财务情况说明书等），以及集成电路装备销售（营业）收入、研究开发费用等情况表；

⑥与主要客户签订的一至两份代表性销售合同复印件；

⑦企业具有与集成电路装备生产相适应的经营场所、软硬件设施等材料。

第三，集成电路材料企业。

①企业法人营业执照副本、企业取得的其他相关资质证书等；

②企业职工人数、学历结构、研究开发人员情况及其占企业职工总数的比例说明，企业研究开发人员名单，以及汇算清缴年度最后一个月的企业职工社会保险缴纳证明（包括劳务派遣人员代缴社保付款凭证）等相关材料；

③企业开发销售的主要产品列表（名称/规格）；

④企业拥有与主营产品相关的不少于5项的已授权发明专利材料；

⑤经具有资质的中介机构鉴证的汇算清缴年度企业会计报告（包括会计报表、会计报表附注和财务情况说明书等），以及集成电路材料销售（营业）收入、研究开发费用等情况表；

⑥与主要客户签订的一至两份代表性销售合同复印件；

⑦企业具有与集成电路材料生产相适应的经营场所、软硬件设施等材料。

第四，集成电路封装、测试企业。

①企业法人营业执照副本、企业取得的其他相关资质证书等；

②企业职工人数、学历结构、研究开发人员情况及其占企业职工总数的比例说明，企

业研究开发人员名单，以及汇算清缴年度最后一个月的企业职工社会保险缴纳证明（包括劳务派遣人员代缴社保付款凭证）等相关材料；

③企业开发销售的主要产品列表（名称/规格）；

④企业拥有与主营产品相关的不少于5项的已授权发明专利、计算机软件著作权登记证书的材料；

⑤经具有资质的中介机构鉴证的汇算清缴年度企业会计报告（包括会计报表、会计报表附注和财务情况说明书等），以及集成电路封装、测试销售（营业）收入、研究开发费用等情况表；

⑥与主要客户签订的一至两份代表性销售合同复印件；

⑦企业具有与集成电路封装、测试相适应的经营场所、软硬件设施等材料。

4.6.3.4　重点集成电路设计企业

（1）税收优惠方式。详见表4–8。

相比于原国家规划布局内的集成电路设计企业减按10%税率，新政策给予了五年免税期，然后再减按10%税率征收企业所得税。

（2）优惠条件。

发改高技〔2022〕390号文件规定，除符合国家鼓励的集成电路设计企业条件外，还应符合以下条件：

①汇算清缴年度具有劳动合同关系或劳务派遣、聘用关系，其中具有本科及以上学历月平均职工人数占企业月平均职工总人数的比例不低于50%，研究开发人员月平均数占企业月平均职工总数的比例不低于40%；

②拥有关键核心技术，并以此为基础开展经营活动，且汇算清缴年度研究开发费用总额占企业销售（营业）收入（主营业务收入与其他业务收入之和）总额的比例不低于6%；

③汇算清缴年度集成电路设计（含EDA工具、IP和设计服务，下同）销售（营业）收入占企业收入总额的比例不低于70%，其中集成电路自主设计销售（营业）收入占企业收入总额的比例不低于60%；对于集成电路设计销售（营业）收入超过50亿元的企业，汇算清缴年度集成电路设计销售（营业）收入占企业收入总额的比例不低于60%，其中集成电路自主设计销售（营业）收入占企业收入总额的比例不低于50%；

④企业拥有核心关键技术和属于本企业的知识产权，企业拥有与集成电路产品设计相关的已授权发明专利（企业为第一权利人）、布图设计登记、计算机软件著作权合计不少于8个。

除以上条件外，还应至少符合下列条件中的一项：

①汇算清缴年度，集成电路设计销售（营业）收入不低于5亿元，应纳税所得额不低于3000万元；对于集成电路设计销售（营业）收入不低于50亿元的企业，可不要求应纳税所得额，但研究开发费用总额占企业销售（营业）收入（主营业务收入与其他业务收入之和）总额的比例不低于8%。

②在国家鼓励的重点集成电路设计领域内，汇算清缴年度集成电路设计销售（营业）收入不低于3000万元，应纳税所得额不低于350万元。

（3）提交资料。

①企业法人营业执照副本、企业取得的其他相关资质证书等；（可提供相应查询网址）

②企业职工人数、学历结构、研究开发人员情况及其占职工总数的比例说明，企业研究开发人员名单，以及汇算清缴年度最后一个月的企业职工社会保险缴纳证明（包括劳务派遣人员代缴社保付款凭证）等相关证明材料；

③企业开发销售的主要产品和服务列表［名称/重点领域/对应销售（营业）收入规模］；

④企业拥有与主营产品相关的不少于8项的已授权发明专利（企业为第一权利人）、布图设计登记、计算机软件著作权登记证书的证明材料；

⑤经具有资质的中介机构鉴证的汇算清缴年度企业会计报告（包括会计报表、会计报表附注和财务情况说明书等）和集成电路设计销售（营业）收入、集成电路自主设计销售（营业）收入、研究开发费用等情况表；研究开发费用应按财税〔2015〕119号文及国家税务总局2017年第40号公告要求的口径归集后，在会计报告中单独说明，不能说明的需提供按照上述口径的研究开发费用专项审计报告或税务鉴证报告；

⑥第三方检测机构提供的集成电路产品测试报告或用户报告，以及与主要客户签订的两份代表性销售合同复印件；

⑦税务鉴证报告等可说明企业符合应纳税所得额条件的证明材料；

⑧企业具有与集成电路设计相适应的软硬件设施等开发环境的证明材料；

⑨省级发展改革委（工业和信息化主管部门）要求出具的其他材料。

4.6.3.5 最长10年弥补亏损

财政部、税务总局、发展改革委、工业和信息化部公告2020年第45号第二条规定："国家鼓励的线宽小于130纳米（含）的集成电路生产企业，属于国家鼓励的集成电路生产企业清单年度之前5个纳税年度发生的尚未弥补完的亏损，准予向以后年度结转，总结转年限最长不得超过10年。"

4.6.3.6 税务管理

（1）优惠衔接。2012年以来，国家陆续出台多项集成电路企业或项目税收优惠，新旧优惠政策衔接如下：

自财政部、税务总局、发展改革委、工业和信息化部公告2020年第45号于2020年1月1日起执行后，符合原有政策条件且在2019年（含）之前已经进入优惠期的企业或项目，2020年（含）起可按原有政策规定继续享受至期满为止，如也符合该公告第一条至第四条规定，可按该公告规定享受相关优惠，其中定期减免税优惠，可按该公告规定计算优惠期，并就剩余期限享受优惠至期满为止。符合原有政策条件，2019年（含）之前尚未进入优惠期的企业或项目，2020年（含）起不再执行原有政策。

旧政策包括：财税〔2012〕27号，财税〔2015〕6号，财税〔2016〕49号，财税〔2018〕27号，财政部、税务总局公告2019年第68号，财政部、税务总局公告2020年第29号文件。

财政部、税务总局、发展改革委、工业和信息化部公告2020年第45号第一条至第四条的规定为线宽小于28纳米、65纳米、130纳米的集成电路设计、装备、材料、封装、测试企业和软件企业、重点集成电路设计企业和软件企业优惠及最长10年弥补亏损。

（2）择优享受优惠。集成电路企业或项目、软件企业按照财政部、税务总局、发展改革委、工业和信息化部公告2020年第45号规定同时符合多项定期减免税优惠政策条件的，由企业选择其中一项政策享受相关优惠。其中，已经进入优惠期的，可由企业在剩余期限内选择其中一项政策享受相关优惠。

（3）清单管理和提交资料。财政部、税务总局、发展改革委、工业和信息化部公告2020年第45号对政策管理方式做出了原则性的规定：一是采取清单管理的。如线宽小于28纳米、65纳米、130纳米的集成电路生产企业，重点集成电路设计企业和软件企业，由国家发展改革委、工业和信息化部于每年3月底前按规定向财政部、税务总局提供上一年度可享受优惠的企业和项目清单。对采取清单管理的，企业后续可确认是否已被列入清单，被列入清单且处于有效期内的，即可按规定在相应年度享受相应的优惠。

二是不采取清单管理的。如软件企业，集成电路设计、装备、材料、封装、测试企业等，税务机关按财税〔2016〕49号文件规定转请发展改革、工业和信息化部门进行核查。在享受优惠环节上，企业可对照相关条件，按照“自行判断，申报享受，相关资料留存备查”的方式办理优惠。

风险提示

1.核定征收的软件企业不能享受税收优惠。

《国家税务总局关于执行软件企业所得税优惠政策有关问题的公告》（国家税务总局公告2013年第43号）第一条规定：“软件企业所得税优惠政策适用于经认定并实行查账征收方式的软件企业。”第三条规定：“软件企业的获利年度，是指软件企业开始生产经营后，第一个应纳税所得额大于零的纳税年度，包括对企业所得税实行核定征收方式的纳税年度。”

有人认为，原则上只有实行查账征收方式的软件企业才能自获利年度起享受“二免三减半”优惠，但由于获利年度是指包括实行核定征收方式的纳税年度，而核定征收方式的纳税年度肯定是“应纳税所得额大于零的纳税年度”，因此实行核定征收方式的软件企业也可以从实行核定征收方式的纳税年度开始享受“二免三减半”优惠，即实行核定征收方式的软件企业也可以享受税收优惠。

这种观点是错误的。国家税务总局公告2013年第43号政策解读第二条第一款明确：“由于核定征收企业不能享受相关税收优惠，企业所得税实行核定征收方式的年度，由于存在事实上的应纳税额，因此，视为企业获利年度的开始，此时由于企业不是查账征收企业，不能享受软件企业优惠。对于这种情况，五年减免税的优惠期起始应从核定征收的年度计算。”因此，实行核定征收方式的软件企业不能享受税收优惠，但优惠期自实行核定征收方式的纳税年度算起，待改为实行查账征收方式后按照剩余年度继续享受税收优惠。

例如，某经认定的软件企业20×1年实行核定征收，20×2年改为查账征收，假设该软件企业的获利年度为20×1年，由于20×1年实行核定征收，不能享受优惠，但五年优惠期应自20×1年算起，所以其享受税收优惠的年度为20×2年免征企业所得税，20×3年至20×5年减半征收企业所得税。

2.关于总收入。

国家税务总局公告2013年第43号第三条明确规定，软件企业的收入总额，是指《企业所得税法》第六条规定的收入总额。

3.关于获利年度。

《财政部 国家税务总局 发展改革委 工业和信息化部关于软件和集成电路产业企业所得税优惠政策有关问题的通知》（财税〔2016〕49号）第九条规定："软件、集成电路企业应从企业的获利年度起计算定期减免税优惠期。如获利年度不符合优惠条件的，应自首次符合软件、集成电路企业条件的年度起，在其优惠期的剩余年限内享受相应的减免税优惠。"

软件、集成电路企业定期减免税是自获利年度开始，而不是自符合条件年度开始，即使企业获利在先，符合条件在后，在符合条件后，减免税期限应从获利年度开始的剩余年度。

例如，某软件企业20×1年度获利，但当年不符合条件，不能享受减免税，其20×2年度符合条件，则该企业20×2年度免征企业所得税，20×3至20×5年度减半征收企业所得税。

案 例

广东安居宝数码科技股份有限公司（证券代码：300155）2007年为第一个获利年度，2008年取得《软件企业认定证书》，属于新办软件生产企业，公司申报2008年至2009年免征企业所得税，2010年至2012年减半征收企业所得税的税收优惠。经核查，公司2007年未取得《软件企业认定证书》，公司应从获利年度起计算优惠期的剩余年限享受相应的定期减免优惠，即2008年免征企业所得税，2009年至2011年按照25%的法定税率减半征收企业所得税。因此，公司少计2009年和2012年的应纳税所得额。

资料来源：安居宝：收到广州市国家税务局东区稽查局税务处理决定书［EB/OL］.（2014-06-17）证券时报网.

4.区分企业和项目的减免税起算期。

集成电路生产企业和项目享受减免税起算期不一样。集成电路生产企业减免税起算期为自企业获利年度起计算，集成电路生产项目享受减免税起算期为自项目取得第一笔生产经营收入所属纳税年度起计算。应注意区分。

5.集成电路生产项目应单独核算。

集成电路生产项目享受减免税优惠的，需单独进行会计核算、计算所得，并合理分摊期间费用。

4.6.4 技术先进型服务企业

4.6.4.1 技术先进型服务企业（服务外包类）

《财政部 税务总局 商务部 科技部 国家发展改革委关于将技术先进型服务企业所得

税政策推广至全国实施的通知》（财税〔2017〕79号）第一条第一款规定：“对经认定的技术先进型服务企业，减按15%的税率征收企业所得税。”

技术先进型服务企业必须同时符合以下条件：

（1）在中国境内（不包括港、澳、台地区）注册的法人企业；

（2）从事《技术先进型服务业务认定范围（试行）》中的一种或多种技术先进型服务业务，采用先进技术或具备较强的研发能力；

（3）具有大专以上学历的员工占企业职工总数的50%以上；

（4）从事《技术先进型服务业务认定范围（试行）》中的技术先进型服务业务取得的收入占企业当年总收入的50%以上；

（5）从事离岸服务外包业务取得的收入不低于企业当年总收入的35%。

从事离岸服务外包业务取得的收入，是指企业根据境外单位与其签订的委托合同，由本企业或其直接转包的企业为境外单位提供《技术先进型服务业务认定范围（试行）》中所规定的信息技术外包服务（ITO）、技术性业务流程外包服务（BPO）和技术性知识流程外包服务（KPO），而从上述境外单位取得的收入。

主要留存备查资料：

（1）技术先进型服务企业认定文件；

（2）技术先进型服务企业认定资料；

（3）优惠年度技术先进型服务业务收入总额、离岸服务外包业务收入总额占本企业当年收入总额比例情况说明；

（4）企业具有大专以上学历的员工占企业总职工总数比例情况说明。

4.6.4.2 技术先进型服务企业（服务贸易类）

《财政部 税务总局 商务部 科技部 国家发展改革委关于将服务贸易创新发展试点地区技术先进型服务企业所得税政策推广至全国实施的通知》（财税〔2018〕44号）第一条规定：“自2018年1月1日起，对经认定的技术先进型服务企业（服务贸易类），减按15%的税率征收企业所得税。”

所称技术先进型服务企业（服务贸易类）须符合的条件及认定管理事项，按照财税〔2017〕79号文件相关规定执行。其中，企业须满足的技术先进型服务业务领域范围按照财税〔2018〕44号文件所附《技术先进型服务业务领域范围（服务贸易类）》执行。

主要留存备查资料：

（1）技术先进型服务企业认定文件；

（2）技术先进型服务企业认定资料；

（3）优惠年度技术先进型服务业务收入总额、离岸服务外包业务收入总额占本企业当年收入总额比例情况说明；

（4）企业具有大专以上学历的员工占企业总职工总数比例情况说明。

4.6.5 文化事业单位转制企业

4.6.5.1 税收优惠方式

《财政部 税务总局 中央宣传部关于继续实施文化体制改革中经营性文化事业单位转制为企业若干税收政策的通知》（财税〔2019〕16号）第一条第一款规定："经营性文化事业单位转制为企业，自转制注册之日起五年内免征企业所得税。2018年12月31日之前已完成转制的企业，自2019年1月1日起可继续免征五年企业所得税。"

上述所称"经营性文化事业单位"，是指从事新闻出版、广播影视和文化艺术的事业单位。转制包括整体转制和剥离转制。其中，整体转制包括：（图书、音像、电子）出版社、非时政类报刊出版单位、新华书店、艺术院团、电影制片厂、电影（发行放映）公司、影剧院、重点新闻网站等整体转制为企业；剥离转制包括：新闻媒体中的广告、印刷、发行、传输网络等部分，以及影视剧等节目制作与销售机构，从事业体制中剥离出来转制为企业。

上述所称"转制注册之日"，是指经营性文化事业单位转制为企业并进行企业法人登记之日。对于经营性文化事业单位转制前已进行企业法人登记，则按注销事业单位法人登记之日，或核销事业编制的批复之日（转制前未进行事业单位法人登记的）确定转制完成并享受该文件所规定的税收优惠政策。

4.6.5.2 优惠条件

享受税收优惠政策的转制文化企业应同时符合以下条件：

（1）根据相关部门的批复进行转制。

（2）转制文化企业已进行企业法人登记。

（3）整体转制前已进行事业单位法人登记的，转制后已核销事业编制、注销事业单位法人；整体转制前未进行事业单位法人登记的，转制后已核销事业编制。

（4）已同在职职工全部签订劳动合同，按企业办法参加社会保险。

（5）转制文化企业引入非公有资本和境外资本的，须符合国家法律法规和政策规定；变更资本结构依法应经批准的，需经行业主管部门和国有文化资产监管部门批准。

4.6.5.3 主要留存备查资料

（1）企业转制方案文件；

（2）有关部门对转制方案的批复文件；

（3）整体转制前已进行事业单位法人登记的，同级机构编制管理机关核销事业编制的证明，以及注销事业单位法人的证明；

（4）企业转制的工商登记情况；

（5）企业与职工签订的劳动合同；

（6）企业缴纳社会保险费记录；
（7）有关部门批准引入非公有资本、境外资本和变更资本结构的批准函；
（8）同级文化体制改革和发展工作领导小组办公室出具的同意变更函（已认定发布的转制文化企业名称发生变更，且主营业务未发生变化的）。

4.6.6 动漫企业

4.6.6.1 税收优惠方式

《财政部 国家税务总局关于扶持动漫产业发展有关税收政策问题的通知》（财税〔2009〕65号）第二条规定："经认定的动漫企业自主开发、生产动漫产品，可申请享受国家现行鼓励软件产业发展的所得税优惠政策。"

4.6.6.2 优惠条件

《文化部 财政部 国家税务总局关于印发〈动漫企业认定管理办法（试行）〉的通知》（文市发〔2008〕51号）规定：
（1）动漫企业。包括：
①漫画创作企业；
②动画创作、制作企业；
③网络动漫（含手机动漫）创作、制作企业；
④动漫舞台剧（节）目制作、演出企业；
⑤动漫软件开发企业；
⑥动漫衍生产品研发、设计企业。
（2）动漫产品。包括：
①漫画：单幅和多格漫画、插画、漫画图书、动画抓帧图书、漫画报刊、漫画原画等；
②动画：动画电影、动画电视剧、动画短片、动画音像制品，影视特效中的动画片段，科教、军事、气象、医疗等影视节目中的动画片段等；
③网络动漫（含手机动漫）：以计算机互联网和移动通信网等信息网络为主要传播平台，以电脑、手机及各种手持电子设备为接受终端的动画、漫画作品，包括FLASH动画、网络表情、手机动漫等；
④动漫舞台剧（节）目：改编自动漫平面与影视等形式作品的舞台演出剧（节）目、采用动漫造型或含有动漫形象的舞台演出剧（节）目等；
⑤动漫软件：漫画平面设计软件、动画制作专用软件、动画后期音视频制作工具软件等；
⑥动漫衍生产品：与动漫形象有关的服装、玩具、文具、电子游戏等。
（3）认定标准。申请认定为动漫企业的应同时符合以下标准：
①在我国境内依法设立的企业；
②动漫企业经营动漫产品的主营收入占企业当年总收入的60%以上；

③自主开发生产的动漫产品收入占主营收入的50%以上；

④具有大学专科以上学历的或通过国家动漫人才专业认证的、从事动漫产品开发或技术服务的专业人员占企业当年职工总数的30%以上，其中研发人员占企业当年职工总数的10%以上；

⑤具有从事动漫产品开发或相应服务等业务所需的技术装备和工作场所；

⑥动漫产品的研究开发经费占企业当年营业收入8%以上；

⑦动漫产品内容积极健康，无法律法规禁止的内容；

⑧企业产权明晰，管理规范，守法经营。

自主开发、生产的动漫产品，是指动漫企业自主创作、研发、设计、生产、制作、表演的符合该办法第五条规定的动漫产品（不含动漫衍生产品）；仅对国外动漫创意进行简单外包、简单模仿或简单离岸制造，既无自主知识产权，也无核心竞争力的除外。

4.6.6.3 主要留存备查资料

（1）动漫企业认定证明；

（2）动漫企业认定资料；

（3）动漫企业年审通过名单；

（4）获利年度情况说明。

4.6.7 鼓励就业

4.6.7.1 重点群体创业就业

《财政部 税务总局 人力资源社会保障部 国务院扶贫办关于进一步支持和促进重点群体创业就业有关税收政策的通知》（财税〔2019〕22号）规定：

企业招用建档立卡贫困人口，以及在人力资源社会保障部门公共就业服务机构登记失业半年以上且持《就业创业证》或《就业失业登记证》（注明“企业吸纳税收政策”）的人员，与其签订1年以上期限劳动合同并依法缴纳社会保险费的，自签订劳动合同并缴纳社会保险当月起，在3年内按实际招用人数予以定额依次扣减增值税、城市维护建设税、教育费附加、地方教育附加和企业所得税优惠。定额标准为每人每年6 000元，最高可上浮30%，各省、自治区、直辖市人民政府可根据本地区实际情况在此幅度内确定具体定额标准。城市维护建设税、教育费附加、地方教育附加的计税依据是享受本项税收优惠政策前的增值税应纳税额。

按上述标准计算的税收扣减额应在企业当年实际应缴纳的增值税、城市维护建设税、教育费附加、地方教育附加和企业所得税税额中扣减，当年扣减不完的，不得结转下年使用。

所称企业是指属于增值税纳税人或企业所得税纳税人的企业等单位。

企业招用就业人员既可以适用财税〔2019〕22号文件规定的税收优惠政策，又可以适用其他扶持就业专项税收优惠政策的，可以选择适用最优惠的政策，但不得重复享受。

该文件执行期限为2019年1月1日至2021年12月31日。《财政部 税务总局 人力资源社会保障部 国家乡村振兴局关于延长部分扶贫税收优惠政策执行期限的公告》（财政部 税务总局 人力资源社会保障部 国家乡村振兴局公告2021年第18号）将其执行期限延长至2025年12月31日。

主要留存备查资料：

（1）享受税收优惠政策的登记失业半年以上的人员，零就业家庭、城市低保家庭的登记失业人员，以及毕业年度内高校毕业生的《就业创业证》（注明“企业吸纳税收政策”）；

（2）县以上人力资源社会保障部门核发的《企业吸纳重点群体就业认定证明》；

（3）《重点群体人员本年度实际工作时间表》。

4.6.7.2　自主就业退役士兵创业就业

《财政部 税务总局 退役军人部关于进一步扶持自主就业退役士兵创业就业有关税收政策的通知》（财税〔2019〕21号）规定：

企业招用自主就业退役士兵，与其签订1年以上期限劳动合同并依法缴纳社会保险费的，自签订劳动合同并缴纳社会保险当月起，在3年内按实际招用人数予以定额依次扣减增值税、城市维护建设税、教育费附加、地方教育附加和企业所得税优惠。定额标准为每人每年6 000元，最高可上浮50%，各省、自治区、直辖市人民政府可根据本地区实际情况在此幅度内确定具体定额标准。

企业按招用人数和签订的劳动合同时间核算企业减免税总额，在核算减免税总额内每月依次扣减增值税、城市维护建设税、教育费附加和地方教育附加。企业实际应缴纳的增值税、城市维护建设税、教育费附加和地方教育附加小于核算减免税总额的，以实际应缴纳的增值税、城市维护建设税、教育费附加和地方教育附加为限；实际应缴纳的增值税、城市维护建设税、教育费附加和地方教育附加大于核算减免税总额的，以核算减免税总额为限。

纳税年度终了，如果企业实际减免的增值税、城市维护建设税、教育费附加和地方教育附加小于核算减免税总额，企业在企业所得税汇算清缴时以差额部分扣减企业所得税。

当年扣减不完的，不再结转以后年度扣减。

自主就业退役士兵在企业工作不满1年的，应当按月换算减免税限额。计算公式为：

企业核算减免税总额＝∑每名自主就业退役士兵本年度在本单位工作月份÷12×具体定额标准

城市维护建设税、教育费附加、地方教育附加的计税依据是享受本项税收优惠政策前的增值税应纳税额。

所称自主就业退役士兵是指依照《退役士兵安置条例》（国务院中央军委令第608号）的规定退出现役并按自主就业方式安置的退役士兵。所称企业是指属于增值税纳税人或企业所得税纳税人的企业等单位。

企业招用自主就业退役士兵既可以适用财税〔2019〕21号文件规定的税收优惠政策，又可以适用其他扶持就业专项税收优惠政策的，可以选择适用最优惠的政策，但不得重复享受。

该文件执行时间为2019年1月1日至2021年12月31日。《财政部 税务总局关于延长部分税收优惠政策执行期限的公告》（财政部 税务总局公告2022年第4号）将其执行期限延长至2023年12月31日。

主要留存备查资料：

（1）招用自主就业退役士兵的《中国人民解放军义务兵退出现役证》《中国人民解放军士官退出现役证》或《中国人民武装警察部队义务兵退出现役证》《中国人民武装警察部队士官退出现役证》；

（2）企业与招用自主就业退役士兵签订的劳动合同（副本），为职工缴纳的社会保险费记录；

（3）自主就业退役士兵本年度在企业工作时间表。

4.6.8 从事污染防治的第三方企业

4.6.8.1 税收优惠方式

《财政部 税务总局 国家发展改革委 生态环境部关于从事污染防治的第三方企业所得税政策问题的公告》（财政部 税务总局 国家发展改革委 生态环境部公告2019年第60号）规定，2019年1月1日至2021年12月31日，对符合条件的从事污染防治的第三方企业减按15%的税率征收企业所得税。

第三方防治企业是指受排污企业或政府委托，负责环境污染治理设施（包括自动连续监测设施，下同）运营维护的企业。

第三方防治企业应当同时符合以下条件：

（1）在中国境内（不包括港、澳、台地区）依法注册的居民企业；

（2）具有1年以上连续从事环境污染治理设施运营实践，且能够保证设施正常运行；

（3）具有至少5名从事本领域工作且具有环保相关专业中级及以上技术职称的技术人员，或者至少2名从事本领域工作且具有环保相关专业高级及以上技术职称的技术人员；

（4）从事环境保护设施运营服务的年度营业收入占总收入的比例不低于60%；

（5）具备检验能力，拥有自有实验室，仪器配置可满足运行服务范围内常规污染物指标的检测需求；

（6）保证其运营的环境保护设施正常运行，使污染物排放指标能够连续稳定达到国家或者地方规定的排放标准要求；

（7）具有良好的纳税信用，近三年内纳税信用等级未被评定为C级或D级。

《财政部 税务总局关于延长部分税收优惠政策执行期限的公告》（财政部 税务总局公告2022年第4号）将该政策执行期限延长至2023年12月31日。

4.6.8.2 主要留存备查资料

《国家税务总局 国家发展改革委 生态环境部关于落实从事污染防治的第三方企业所

得税政策有关问题的公告》（国家税务总局 国家发展改革委 生态环境部公告2021年第11号）规定，第三方防治企业依照上述政策享受优惠政策的，主要留存备查资料为：

（1）连续从事环境污染治理设施运营实践一年以上的情况说明，与环境污染治理设施运营有关的合同、收入凭证。

（2）当年有效的技术人员的职称证书或执（职）业资格证书、劳动合同及工资发放记录等材料。

（3）从事环境保护设施运营服务的年度营业收入、总收入及其占比等情况说明。

（4）可说明当年企业具备检验能力，拥有自有实验室，仪器配置可满足运行服务范围内常规污染物指标的检测需求的有关材料：

①污染物检测仪器清单，其中列入《实施强制管理计量器具目录》的检测仪器需同时留存备查相关检定证书；

②当年常规理化指标的化验检测全部原始记录，其中污染治理类别为危险废物的利用与处置的，还需留存备查危险废物转移联单。

（5）可说明当年企业能保证其运营的环境保护设施正常运行，使污染物排放指标能够连续稳定达到国家或者地方规定的排放标准要求的有关材料：

①环境污染治理运营项目清单、项目简介。

②反映污染治理设施运营期间主要污染物排放连续稳定达标的所有自动监测日均值等记录，由具备资质的生态环境监测机构出具的全部检测报告。从事机动车船、非道路移动机械、餐饮油烟治理的，如未进行在线数据监测，也可不留存备查在线监测数据记录。

③运营期内能够反映环境污染治理设施日常运行情况的全部记录、能够说明自动监测仪器设备符合生态环境保护相关标准规范要求的材料。

（6）仅从事自动连续监测运营服务的第三方企业，提供反映运营服务期间自动监测故障后及时修复、监测数据“真、准、全”等相关证明材料，无须提供反映污染物排放连续稳定达标相关材料。

4.6.9　叠加享受税收优惠

《国家税务总局关于进一步明确企业所得税过渡期优惠政策执行口径问题的通知》（国税函〔2010〕157号）第一条第三款规定：“居民企业取得中华人民共和国企业所得税法实施条例第八十六条、第八十七条、第八十八条和第九十条规定可减半征收企业所得税的所得，是指居民企业应就该部分所得单独核算并依照25%的法定税率减半缴纳企业所得税。”

企业同时享受所得减半优惠和优惠税率，减半部分按照25%法定税率减半。可按以下步骤计算实际应纳税额：

第一步：用法定税率计算应纳税额；

第二步：用优惠税率计算应纳税额；

第三步：得出减免税额；

第四步：计算叠加享受减免税额=减免税额×［（减半项目所得×50%）÷（纳税调整

后所得－所得减免）]；

第五步：实际应纳税额=法定应纳税额－（减免税额－减免税额与叠加享受减免税额的孰小值）。

【例4-18】某高新技术企业纳税调整后所得为2 000万元，其中700万元为技术转让所得。则：

所得减免=500+200×50%=600（万元）；

应纳税所得额=2 000-600=1 400（万元）；

法定应纳税额=1 400×25%=350（万元）；

优惠应纳税额=1 400×15%=210（万元）；

减免税额=350-210=140（万元）；

计算叠加享受减免税额=140×[（200×50%）÷（2 000-600）]=10（万元）<140万元，取10万元；

实际应纳税额=350-（140-10）=220（万元）。

【例4-19】某高新技术企业纳税调整后所得为2 000万元，其中700万元为技术转让所得；弥补以前年度亏损200万元。则：

所得减免=500+200×50%=600（万元）；

应纳税所得额=2 000-600-200=1 200（万元）；

法定应纳税额=1 200×25%=300（万元）；

优惠应纳税额=1 200×15%=180（万元）；

减免税额=300-180=120（万元）；

计算叠加享受减免税额=120×[（200×50%）÷（2 000-600）]=8.57（万元）<120万元，取8.57万元；

实际应纳税额=300-（120-8.57）=188.57（万元）。

【例4-20】甲公司为小型微利企业，纳税调整后所得400万元，其中300万元是所得减半征收的花卉种植项目所得。则：

所得减免=300×50%=150（万元）；

应纳税所得额=400-150=250（万元）；

法定应纳税额=250×25%=62.5（万元）；

优惠应纳税额=100×2.5%+（250-100）×10%=17.5（万元）；

减免税额=62.5-17.5=45（万元）；

计算叠加享受减免税额=45×[（300×50%）÷（400-150）]=27（万元）<45万元，取27万元；

实际应纳税额=62.5-（45-27）=44.5（万元）。

【例4-21】乙公司为小型微利企业，纳税调整后所得1 000万元，其中所得减半征收的花卉养殖项目所得1 200万元，所得免税的林木种植项目所得100万元；弥补以前年度亏损200万元。则：

所得减免=100+1 200×50%=700（万元）；

应纳税所得额=1 000-700-200=100（万元）；

法定应纳税额=100×25%=25（万元）；

优惠应纳税额=100×2.5%=2.5（万元）；

减免税额=25−2.5=22.5（万元）；

计算叠加享受减免税额=22.5×［（1 200×50%）÷（1 000−700）］=45（万元）>22.5万元，取22.5万元；

实际应纳税额=25−（22.5−22.5）=25（万元）。

【例4−22】 丙公司为小型微利企业，纳税调整后所得500万元，其中所得减半征收的花卉养殖项目所得150万元，所得免税的林木种植项目所得300万元；弥补以前年度亏损20万元。则：

情况一：选择享受所得减半。

所得减免=300+150×50%=375（万元）；

应纳税所得额=500−375−20=105（万元）；

法定应纳税额=105×25%=26.25（万元）；

优惠应纳税额=100×2.5%+（105−100）×10%=3（万元）；

减免税额=26.25−3=23.25（万元）；

计算叠加享受减免税额=23.25×［（150×50%）÷（500−375）］=13.95（万元）<23.25万元，取13.95万元；

实际应纳税额=26.25−（23.25−13.95）=16.95（万元）。

情况二：选择不享受所得减半，即不叠加享受。

应纳税所得额=500−300−20=180（万元）；

实际应纳税额=100×2.5%+（180−100）×10%=10.5（万元）。

因此，选择不享受所得减半更合适。

注　意

当企业既有所得免税项目又有所得减半项目，还享受优惠税率时，并非所有优惠都享受才能实现利益最大化，可根据自身实际情况综合分析。

风险提示

企业既享受所得减半优惠，又享受优惠税率的，减半部分只能按照25%法定税率减半，不能按照优惠税率减半。

4.7　加速折旧

4.7.1　会计处理

大多数固定资产应按照年限平价法计提折旧，将固定资产应计折旧额均衡地分摊到固定资产预计使用寿命内。

加速折旧，顾名思义，就是加快折旧的速度，其特点是在固定资产使用早期多提折旧，后期少提折旧。其递减的速度逐年加快，从而相对加快折旧的速度，目的是使固定资产成本在估计使用寿命内加快得到补偿。目前加速折旧的主要方法有双倍余额递减法和年数总和法。

4.7.1.1 双倍余额递减法

双倍余额递减法，是指在不考虑固定资产预计净残值的情况下，根据每期期初固定资产原值减去累计折旧后的金额和双倍的直线法折旧率计算固定资产折旧的一种方法。应用这种方法计算折旧额时，因为每年年初固定资产净值没有减去预计净残值，所以在计算固定资产折旧额时，应在其折旧年限到期前的两年期间，将固定资产净值减去预计净残值后的余额平均摊销。根据《国家税务总局关于企业固定资产加速折旧所得税处理有关问题的通知》（国税发〔2009〕81号）规定，计算公式如下：

年折旧率=2÷预计使用寿命（年）×100%

月折旧率=年折旧率÷12

月折旧额=月初固定资产账面净值×月折旧率

【例4-23】某设备原值120万元，预计净残值率4%，预计使用年限5年，按双倍余额递减法计算，每年折旧额如下：

年折旧率=2/5=40%；

第一年应提折旧=120×40%=48（万元）；

第二年应提折旧=（120–48）×40%=28.8（万元）；

第三年应提折旧=（120–48–28.8）×40%=17.28（万元）；

从第四年起改按直线法。

第四、第五年应提折旧=（120–48–28.8–17.28–120×4%）/2=10.56（万元）。

4.7.1.2 年数总和法

计算公式如下：

年折旧率=尚可使用年限÷预计使用寿命的年数总和×100%

月折旧率=年折旧率÷12

月折旧额=（固定资产原值–预计净残值）×月折旧率

【例4-24】某设备原值120万元，预计净残值率4%，预计使用年限5年，按年数总和法计算，每年折旧额如下：

第一年应提折旧=（120–120×4%）×5/15=38.4（万元）；

第二年应提折旧=（120–120×4%）×4/15=30.72（万元）；

第三年应提折旧=（120–120×4%）×3/15=23.04（万元）；

第四年应提折旧=（120–120×4%）×2/15=15.36（万元）；

第五年应提折旧=（120–120×4%）×1/15=7.68（万元）。

4.7.2 税务处理

4.7.2.1 会计上加速折旧而税收上不加速折旧

《企业所得税法实施条例》第五十九条规定："固定资产按照直线法计算的折旧，准予扣除。"若企业在会计上将固定资产加速折旧但不符合税法要求，在汇算清缴时应进行纳税调整。

例4–23中的处理见表4–9。

表4–9 单位：万元

年份	会计计提折旧额	税前扣除折旧额	纳税调整额
1	2	3	4=2–3
第一年	48	23.04*	24.96
第二年	28.8	23.04	5.76
第三年	17.28	23.04	–5.76
第四年	10.56	23.04	–12.48
第五年	10.56	23.04	–12.48

*（120–120×4%）/5=23.04。

例4–24中的处理见表4–10。

表4–10 单位：万元

年份	会计计提折旧额	税前扣除折旧额	纳税调整额
1	2	3	4=2–3
第一年	38.4	23.04	15.36
第二年	30.72	23.04	7.68
第三年	23.04	23.04	0
第四年	15.36	23.04	–7.68
第五年	7.68	23.04	–15.36

4.7.2.2 税收上加速折旧而会计上不加速折旧

企业也可以税收上加速折旧而会计上不加速折旧。《国家税务总局关于企业所得税应纳税所得额若干问题的公告》（国家税务总局公告2014年第29号）第五条第四款规定："企业按税法规定实行加速折旧的，其按加速折旧办法计算的折旧额可全额在税前扣除。"

《国家税务总局所得税司有关负责人就完善固定资产加速折旧企业所得税政策答记者问》第12问也指出："企业会计处理上是否采取加速折旧方法，不影响企业享受加速折旧税收优惠政策，企业在享受加速折旧税收优惠政策时，不需要会计上也同时采取与税收上相同的折旧方法。”

例4–23中的处理见表4–11。

表4–11

单位：万元

年份	会计计提折旧额	税前扣除折旧额	纳税调整额
1	2	3	4=2–3
第一年	23.04	48	–24.96
第二年	23.04	28.8	–5.76
第三年	23.04	17.28	5.76
第四年	23.04	10.56	12.48
第五年	23.04	10.56	12.48

例4–24中的处理见表4–12。

表4–12

单位：万元

年份	会计计提折旧额	税前扣除折旧额	纳税调整额
1	2	3	4=2–3
第一年	23.04	38.4	–15.36
第二年	23.04	30.72	–7.68
第三年	23.04	23.04	0
第四年	23.04	15.36	7.68
第五年	23.04	7.68	15.36

这种方法可以帮助企业在折旧前期做高会计利润、做低应纳税所得额。

关于缩短折旧年限，《企业所得税法实施条例》第九十八条第二款规定，“采取缩短折旧年限方法的，最低折旧年限不得低于本条例第六十条规定折旧年限的60%”。

《国家税务总局关于固定资产加速折旧税收政策有关问题的公告》（国家税务总局公告2014年第64号）第四条规定：“企业采取缩短折旧年限方法的，对其购置的新固定资产，最低折旧年限不得低于企业所得税法实施条例第六十条规定的折旧年限的60%；企业购置已使用过的固定资产，其最低折旧年限不得低于实施条例规定的最低折旧年限减去已使用年限后剩余年限的60%。最低折旧年限一经确定，一般不得变更。”

因此，企业若采用缩短折旧年限的方法，须注意60%的限制。

4.7.3 一般加速折旧办法

4.7.3.1 加速折旧政策

《企业所得税法》第三十二条规定：“企业的固定资产由于技术进步等原因，确需加速折旧的，可以缩短折旧年限或者采取加速折旧的方法。”

《企业所得税法实施条例》第九十八条规定："企业所得税法第三十二条所称可以采取缩短折旧年限或者采取加速折旧的方法的固定资产，包括：（一）由于技术进步，产品更新换代较快的固定资产；（二）常年处于强震动、高腐蚀状态的固定资产。采取缩短折旧年限方法的，最低折旧年限不得低于本条例第六十条规定折旧年限的60%；采取加速折旧方法的，可以采取双倍余额递减法或者年数总和法。"

《国家税务总局关于企业固定资产加速折旧所得税处理有关问题的通知》（国税发〔2009〕81号）规定，企业拥有并使用符合《企业所得税法实施条例》第九十八条规定的固定资产"可以采用双倍余额递减法或者年数总和法。加速折旧方法一经确定，一般不得变更"。

4.7.3.2 主要留存备查资料

（1）固定资产的功能、预计使用年限短于规定计算折旧的最低年限的理由、证明资料及有关情况的说明；

（2）被替代的旧固定资产的功能、使用及处置等情况的说明；

（3）固定资产加速折旧拟采用的方法和折旧额的说明，外购软件拟缩短折旧或摊销年限情况的说明；

（4）集成电路生产企业证明材料；

（5）购入固定资产或软件的发票、记账凭证。

4.7.4 特殊加速折旧办法

4.7.4.1 重要行业加速折旧

《财政部 国家税务总局关于完善固定资产加速折旧企业所得税政策的通知》（财税〔2014〕75号）和《国家税务总局关于固定资产加速折旧税收政策有关问题的公告》（国家税务总局公告2014年第64号）规定了六大行业加速折旧办法；《财政部 国家税务总局关于进一步完善固定资产加速折旧企业所得税政策的通知》（财税〔2015〕106号）和《国家税务总局关于进一步完善固定资产加速折旧企业所得税政策有关问题的公告》（国家税务总局公告2015年第68号）规定了四个领域重点行业加速折旧办法；《财政部 税务总局关于扩大固定资产加速折旧优惠政策适用范围的公告》（财政部 税务总局公告2019年第66号）将固定资产加速折旧优惠的行业范围，扩大至全部制造业领域。

（1）行业范围。

①六大行业，是指生物药品制造业，专用设备制造业，铁路、船舶、航空航天和其他运输设备制造业，计算机、通信和其他电子设备制造业，仪器仪表制造业，信息传输、软件和信息技术服务业等六个行业。

②四个领域重点行业，是指轻工、纺织、机械、汽车等四个领域重点行业。

③其他制造业。

需要注意的是，在《国民经济行业分类与代码（GB/4754—2017）》中，信息传输、软件和信息技术服务业不属于制造业，而是与制造业同级的单独行业。因此，加速折旧扩围后，其范围应是制造业和信息传输、软件和信息技术服务业。本书按照申报表的表述，统称重要行业。

④行业界定。重要行业按照国家统计局《国民经济行业分类与代码（GB/4754—2017）》并且以上述行业业务为主营业务，其固定资产投入使用当年主营业务收入占企业收入总额50%（不含）以上的企业。所称收入总额，是指《企业所得税法》第六条规定的收入总额。

《企业所得税法》第六条规定："企业以货币形式和非货币形式从各种来源取得的收入，为收入总额。"该法规还列明了销售货物收入等九项收入。因此，企业不但要按照《国民经济行业分类与代码（GB/4754—2017）》确定行业，而且其固定资产投入使用当年主营业务收入须占到企业税法规定收入总额的50%（不含）以上，才可以享受固定资产加速折旧政策。

（2）优惠形式。重要行业企业2014年1月1日（其中六大行业为2014年1月1日，四个领域重点行业为2015年1月1日，制造业为2019年1月1日，下同）后新购进的固定资产，可由企业选择缩短折旧年限或采取加速折旧的方法。

重要行业企业的小型微利企业2014年1月1日后新购进的研发和生产经营共用的仪器、设备，单位价值不超过100万元的，允许一次性计入当期成本费用在计算应纳税所得额时扣除，不再分年度计算折旧；单位价值超过100万元的，可缩短折旧年限或采取加速折旧的方法。

（3）新购进的固定资产。购进时点按以下原则掌握：以货币形式购进的固定资产，除采取分期付款或赊销方式购进外，按发票开具时间确认。以分期付款或赊销方式购进的固定资产，按固定资产到货时间确认。自行建造的固定资产，按竣工结算时间确认。

4.7.4.2 所有行业加速折旧

优惠形式如下：

（1）对所有行业企业2014年1月1日后新购进的专门用于研发的仪器、设备，单位价值不超过100万元的，允许一次性计入当期成本费用在计算应纳税所得额时扣除，不再分年度计算折旧；单位价值超过100万元的，可缩短折旧年限或采取加速折旧的方法。

（2）对所有行业企业持有的单位价值不超过5 000元的固定资产，允许一次性计入当期成本费用在计算应纳税所得额时扣除，不再分年度计算折旧。

这是对税法的一大突破。之前税法规定购进固定资产支出必须予以资本化，不允许一次性计入当期成本费用在税前扣除，但现在规定符合条件的固定资产可以一次性税前扣除。

该政策还解决了小额资产是否属于固定资产的问题。《企业所得税法实施条例》第五十七条规定："企业所得税法第十一条所称固定资产，是指企业为生产产品、提供劳务、出租或者经营管理而持有的、使用时间超过12个月的非货币性资产，包括房屋、建筑物、机器、机械、运输工具以及其他与生产经营活动有关的设备、器具、工具等。"因此一些金额较小，但使用时间超过12个月的资产（如订书器、计算器、改锥、钳子等）是否属于固定资产一直有争议。现在5 000元以下的固定资产都可以一次性在税前扣除，一下子解决了争议。

需要注意的是，该政策虽然惠及所有行业企业，但对可以一次性在税前扣除的固定资产是有要求的：一是金额限制，单位价值不超过5 000元的固定资产才可以一次性在税前扣除；二是用途加金额限制，仅限于“专门”用于研发的仪器、设备，且单位价值不超过100万元的固定资产才可以一次性在税前扣除。

用于研发活动的仪器、设备范围口径，按照《财政部 国家税务总局 科技部关于完善研究开发费用税前加计扣除政策的通知》（财税〔2015〕119号）和《高新技术企业认定管理工作指引》（国科发火〔2016〕195号文件）规定执行。企业可以参照文件判断自己的固定资产是否符合规定。

该变化不会减少企业应纳税总额，但会让企业延迟纳税，在购进固定资产当年可以减少应纳税额，缓解企业资金压力。

4.7.4.3 重要行业与所有行业加速折旧的异同

第一，重要行业企业新购进的固定资产允许加速折旧，但未允许一次性在税前扣除；所有行业新购进的专门用于研发的仪器、设备，单位价值不超过100万元的，允许一次性在税前扣除。而“所有行业”包括重要行业，那么重要行业企业也只有新购进的专门用于研发的仪器、设备，单位价值不超过100万元的，才允许一次性在税前扣除，其他的只能按照加速折旧处理。

第二，重要行业的小型微利企业2014年1月1日后新购进的研发和生产经营共用的仪器、设备，单位价值不超过100万元的，允许一次性计入当期成本费用在计算应纳税所得额时扣除，不再分年度计算折旧；单位价值超过100万元的，可缩短折旧年限或采取加速折旧的方法。

与其他行业和重要行业的非小型微利企业相比，重要行业的小型微利企业的税收政策更加优惠。如上所述，所有行业新购进的“专门”用于研发的仪器、设备，单位价值不超过100万元的，才允许一次性在税前扣除；而重要行业小型微利企业新购进的“研发和生产经营共用”的仪器、设备，单位价值不超过100万元的，就允许一次性在税前扣除。前者是“专门”，后者是“共用”，显然小型微利企业的条件更宽松。

第三，现行加速折旧政策与老政策的差异。

（1）取消了固定资产加速折旧的前提条件。《企业所得税法实施条例》规定固定资产加速折旧的前提条件是“由于技术进步，产品更新换代较快的固定资产”和“常年处于强震动、高腐蚀状态的固定资产”。很多企业达不到这样的要求，只能放弃加速折旧。新加速折旧政策规定，只要是专门用于研发的仪器、设备，便可加速折旧；重要行业购进的固定资产，均可加速折旧。前者是所有行业用于研发的固定资产，后者是特定行业的所有固定资产，力度更大。

（2）对新购进和持有的固定资产做出了规定。新加速折旧政策仅限于企业在2014年1月1日后新购进的固定资产，而老加速折旧政策对固定资产的购进时间没有限制。

4.7.4.4 主要留存备查资料

（1）企业属于重点行业、领域企业的说明材料［以某重点行业业务为主营业务，固定资产投入使用当年主营业务收入占企业收入总额50%（不含）以上］；

（2）购进固定资产的发票、记账凭证（购入已使用过的固定资产，应提供已使用年限的相关说明）；

（3）核算有关资产税法与会计差异的台账。

4.7.5 一次性税前扣除

4.7.5.1 政策规定

（1）500万元以下的固定资产。

《财政部 税务总局关于设备器具扣除有关企业所得税政策的通知》（财税〔2018〕54号）和《国家税务总局关于设备器具扣除有关企业所得税政策执行问题的公告》（国家税务总局公告2018年第46号）对房屋、建筑物以外的设备、器具（本节简称固定资产）一次性税前扣除做出规定。

企业在2018年1月1日至2020年12月31日期间新购进的固定资产，单位价值不超过500万元的，允许一次性计入当期成本费用在计算应纳税所得额时扣除，不再分年度计算折旧；单位价值超过500万元的，仍按《企业所得税法实施条例》、财税〔2014〕75号文件、财税〔2015〕106号文件等相关规定执行。

（2）500万元以上的固定资产。

①一次性税前扣除或50%一次性税前扣除。《财政部 税务总局关于中小微企业设备器具所得税税前扣除有关政策的公告》（财政部 税务总局公告2022年第12号）规定，中小微企业在2022年1月1日至2022年12月31日期间新购置的固定资产，单位价值在500万元以上的，按照单位价值的一定比例自愿选择在企业所得税税前扣除。其中，企业所得税法实施条例规定最低折旧年限为3年的设备器具，单位价值的100%可在当年一次性税前扣除；最低折旧年限为4年、5年、10年的，单位价值的50%可在当年一次性税前扣除，其余50%按规定在剩余年度计算折旧进行税前扣除。

【例4–25】某中小微企业于2022年6月购进一台电子设备并投入使用，不含税金额600万元，按直线法计提折旧，最低折旧年限为3年。则2022年度：

会计上计提折旧金额：600 ÷ 3 × 6/12=100（万元）；

税收上计算折旧金额：600万元。

2023年度：

会计上计提折旧金额：600 ÷ 3=200（万元）；

税收上计算折旧金额0万元。

该企业历年折旧纳税调整表见表4–13。

表4–13　历年折旧纳税调整表　单位：万元

年度	会计折旧	税收折旧	纳税调整
2022	100	600	–500
2023	200	0	200
2024	200	0	200
2025	100	0	100
合计	600	600	0

【例4–26】某中小微企业于2022年6月购进一台固定资产并投入使用，不含税金额600万元，按直线法计提折旧，最低折旧年限为5年。则2022年度：

会计上计提折旧金额=600 ÷ 5 × 6/12=60（万元）；

税收上计算折旧金额=600 × 50%=300（万元）。

2023年度：

会计上计提折旧金额=600 ÷ 5=120（万元）；

税收上计算折旧金额=600 × 50% ÷ 4=75（万元）。

该企业历年折旧纳税调整表见表4–14。

表4–14　历年折旧纳税调整表　单位：万元

年度	会计折旧	税收折旧	纳税调整
2022	60	300	–240
2023	120	75	45
2024	120	75	45
2025	120	75	45
2026	120	75	45
2027	60	0	60
合计	600	600	0

②中小微企业。该政策首次提出中小微企业的概念，其既不是统计上的中小微企业，也不是小型微利企业。具体条件为从事国家非限制和禁止行业，且符合以下条件的企业：

信息传输业、建筑业、租赁和商务服务业：从业人员2000人以下，或营业收入10亿元以下或资产总额12亿元以下；

房地产开发经营：营业收入20亿元以下或资产总额1亿元以下；

其他行业：从业人员1000人以下或营业收入4亿元以下。

从业人数，包括与企业建立劳动关系的职工人数和企业接受的劳务派遣用工人数。

从业人数和资产总额指标，应按企业全年的季度平均值确定。具体计算公式如下：

季度平均值=（季初值+季末值）÷2

全年季度平均值=全年各季度平均值之和 ÷4

年度中间开业或者终止经营活动的，以其实际经营期作为一个纳税年度确定上述相关指标。

上述是“或”的关系，只有符合一个条件即可。

③折旧年限。500万元以上固定资产折旧年限按照税法规定的最低折旧年限分为两种。

一是最低折旧年限为3年的，单位价值的100%可在当年一次性税前扣除，包括电子设备。二是最低折旧年限为4年、5年、10年的，单位价值的50%可在当年一次性税前扣除，其余50%在剩余年度计算折旧税前扣除。包括飞机、火车、轮船以外的运输工具（4年），与生产经营活动有关的器具、工具、家具等（5年），飞机、火车、轮船、机器、机械和其他生产设备（10年）。

（3）管理要求。

购进，包括以货币形式购进或自行建造，其中以货币形式购进的固定资产包括购进的使用过的固定资产；以货币形式购进的固定资产，以购买价款和支付的相关税费以及直接归属于使该资产达到预定用途发生的其他支出确定单位价值，自行建造的固定资产，以竣工结算前发生的支出确定单位价值。

固定资产购进时点按以下原则确认：以货币形式购进的固定资产，除采取分期付款或赊销方式购进外，按发票开具时间确认；以分期付款或赊销方式购进的固定资产，按固定资产到货时间确认；自行建造的固定资产，按竣工结算时间确认。

固定资产在投入使用月份的次月所属年度一次性税前扣除。

企业选择享受一次性税前扣除政策的，其资产的税务处理可与会计处理不一致。

企业根据自身生产经营核算需要，可自行选择享受一次性税前扣除政策。未选择享受一次性税前扣除政策的，以后年度不得再变更。

（4）500万元以下和500万元以上政策区别。

500万元以下固定资产政策适用于所有企业，500万元以上固定资产政策只适用于中小微企业。

500万元以下固定资产政策是一次性税前扣除，不区分固定资产类型；500万元以上固定资产政策只有税法规定最低折旧年限为3年的固定资产，才能一次性税前扣除，为4年、5年、10年的，50%一次性税前扣除，其余50%按规定在剩余年度计算折旧税前扣除。一次性税前扣除政策对比见表4-15。

表4-15　一次性税前扣除政策对比

<table>
<tr><th rowspan="2">行业</th><th rowspan="2">企业类型</th><th>500万元以下</th><th colspan="2">500万元以上</th></tr>
<tr><th>一次性税前扣除</th><th>一次性税前扣除或50%一次性税前扣除</th><th>缩短折旧年限、双倍余额递减法或年数总和法</th></tr>
<tr><td rowspan="2">重要行业</td><td>中小微企业</td><td rowspan="4">除房屋、建筑物以外的固定资产</td><td>除房屋、建筑物以外的固定资产</td><td rowspan="2">所有固定资产</td></tr>
<tr><td>非中小微企业</td><td>×</td></tr>
<tr><td rowspan="2">其他行业</td><td>中小微企业</td><td>除房屋、建筑物以外的固定资产</td><td rowspan="2">专门用于研发的仪器、设备</td></tr>
<tr><td>非中小微企业</td><td>×</td></tr>
</table>

4.7.5.2 主要留存备查资料

（1）有关固定资产购进时点的资料（如以货币形式购进固定资产的发票，以分期付款或赊销方式购进固定资产的到货时间说明，自行建造固定资产的竣工决算情况说明等）；

（2）固定资产记账凭证；

（3）核算有关资产税务处理与会计处理差异的台账。

4.7.6 集成电路生产企业加速折旧

《财政部 国家税务总局关于进一步鼓励软件产业和集成电路产业发展企业所得税政策的通知》（财税〔2012〕27号）第八条规定："集成电路生产企业的生产设备，其折旧年限可以适当缩短，最短可为3年（含）。"

4.7.7 海南自由贸易港加速折旧

《财政部 税务总局关于海南自由贸易港企业所得税优惠政策的通知》（财税〔2020〕31号）第三条规定，对在海南自由贸易港设立的企业，新购置（含自建、自行开发）固定资产，单位价值不超过500万元（含）的，允许一次性计入当期成本费用在计算应纳税所得额时扣除，不再分年度计算折旧；新购置（含自建、自行开发）固定资产，单位价值超过500万元的，可以缩短折旧年限或采取加速折旧的方法。所称固定资产，是指除房屋、建筑物以外的固定资产。

比对现行政策，重要行业新购进的固定资产，可缩短折旧年限或加速折旧。也就是说，重要行业企业新购进的固定资产，单位价值不超过500万元的，可一次性扣除，超过500万元的，可缩短折旧年限或加速折旧。需要注意的是，这里的固定资产指的是包括房屋、建筑物在内的所有固定资产。而海南自由贸易港的政策将房屋、建筑物排除在固定资产之外，缩小了优惠的范围。即若同时新购置的单位价值超过500万元的房屋、建筑物，其他地方的重要行业企业可缩短折旧年限或加速折旧，而海南自由贸易港的重要行业企业则只能按照不低于税法规定的最低折旧年限计提折旧额。

但是，除重要行业以外的企业，按照现行政策规定，非中小微企业新购进的500万元以上专门用于研发的仪器、设备，才允许缩短折旧年限或加速折旧。海南自由贸易港的加速折旧政策没有固定资产类型的限制，企业新购进的任何除房屋、建筑物以外的固定资产，都可以缩短折旧年限或加速折旧，更加优惠。

4.7.8 无形资产加速摊销

4.7.8.1 外购软件的无形资产加速摊销

《财政部 国家税务总局关于进一步鼓励软件产业和集成电路产业发展所得税政策的通

知》（财税〔2012〕27号）第七条规定：“企业外购的软件，凡符合固定资产或无形资产确认条件的，可以按照固定资产或无形资产进行核算，其折旧或摊销年限可以适当缩短，最短可为2年（含）。”

4.7.8.2 海南自由贸易港的无形资产加速摊销

财税〔2020〕31号文件第三条规定，设立在海南自由贸易港的企业，新购置（含自建、自行开发）无形资产，单位价值不超过500万元（含）的，允许一次性计入当期成本费用在计算应纳税所得额时扣除，不再分年度计算摊销；新购置（含自建、自行开发）无形资产，单位价值超过500万元的，可以缩短摊销年限或采取加速摊销的方法。

海南自由贸易港首次规定了无形资产也可以缩短摊销年限或加速摊销，而其他地方只能将外购的软件按照财税〔2012〕27号文件规定缩短摊销年限，

《国家税务总局海南省税务局关于海南自由贸易港企业所得税优惠政策有关问题的公告》（国家税务总局海南省税务局公告2020年第4号）第三条规定：“（一）自行开发的无形资产，按达到预定用途的时间确认购置时点。（二）无形资产在可供使用的当年一次性扣除或开始加速摊销。（三）企业购置的无形资产按通知第三条规定缩短摊销年限或采取加速摊销方法的，可比照《国家税务总局关于企业固定资产加速折旧所得税处理有关问题的通知》（国税发〔2009〕81号）相关规定执行。”

注 意

1. 加速折旧可能多缴税。

很多企业认为，加速折旧是一项税收优惠政策，因此一定要利用。其实不然，应具体情况具体分析。

加速折旧虽然是一种税收优惠，但仅形成暂时性差异，只能延迟纳税，不能减少纳税。前期税前扣除的折旧额多，纳税少；后期税前扣除的折旧额少，纳税多，但纳税总额不变。因此，企业在使用加速折旧方法时还要综合考虑。比如，企业正处于“三免三减半”的免税期，若使用固定资产加速折旧，前期少缴的税款都被免掉了，等过了减免税期又要多缴税款，显然是不合适的。

2. 重要行业的房屋、建筑物也能加速折旧。

重要行业的固定资产与《企业所得税法实施条例》规定的范围一致，包括房屋、建筑物、机器、机械、运输工具等。

3. 一次性扣除的设备、器具不指定用途。

固定资产一次性税前扣除政策中所称设备、器具，是指除房屋、建筑物以外的固定资产，不指定用途，没有规定用于研发等，也就是说，汽车、家具等固定资产也可以一次性扣除。

4. 加速折旧与加计扣除可叠加享受。

企业用于研发的仪器、设备，无论是一次性扣除还是加速折旧，均可以享受加计扣除，企业可以叠加享受两种优惠。

5. 新旧加速折旧方法可以择优选择。

国家税务总局公告2014年第64号第六条规定："企业的固定资产既符合本公告优惠政策条件，同时又符合《国家税务总局关于企业固定资产加速折旧所得税处理有关问题的通知》（国税发〔2009〕81号）、《财政部 国家税务总局关于进一步鼓励软件产业和集成电路产业发展企业所得税政策的通知》（财税〔2012〕27号）中相关加速折旧政策条件的，可由企业选择其中最优惠的政策执行，且一经选择，不得改变。"

6. 以后年度即使主营业务收入占企业收入总额的比例不足50%也可以加速折旧。

国家税务总局公告2014年第64号和公告2015年第68号规定：六大行业和四个领域重点行业企业以上述行业业务为主营业务，其固定资产投入使用当年主营业务收入占企业收入总额50%（不含）以上的企业。所称收入总额，是指企业所得税法第六条规定的收入总额。企业固定资产投入使用当年主营业务收入占企业收入总额50%（不含）以上的企业可以加速折旧，以后年度即使主营业务收入占企业收入总额的比例不足50%也可以继续加速折旧。

7. 企业可以会计上不加速折旧税收上加速折旧。

无论加速折旧还是一次性扣除，企业都可以选择在会计上不加速折旧或一次性扣除，而在税收上加速折旧或一次性扣除。此时，会计上的折旧额小于税收上的折旧额，不应按照《国家税务总局关于企业所得税应纳税所得额若干税务处理问题的公告》（国家税务总局公告2012年第15号）第八条"根据《企业所得税法》第二十一条规定，对企业依据财务会计制度规定，并实际在财务会计处理上已确认的支出，凡没有超过《企业所得税法》和有关税收法规规定的税前扣除范围和标准的，可按企业实际会计处理确认的支出，在企业所得税前扣除，计算其应纳税所得额"的规定做纳税调增，而是按照《国家税务总局关于企业所得税应纳税所得额若干问题的公告》（国家税务总局公告2014年第29号）第五条第四款"企业按税法规定实行加速折旧的，其按加速折旧办法计算的折旧额可全额在税前扣除"的规定执行。

8. 购进的旧固定资产也可以加速折旧。

"新购进"中的"新"字，只是区别于原已购进的固定资产，不是指全新的固定资产，因此企业购进的使用过的固定资产也可适用加速折旧政策。

风险提示

1. 注意关于总收入的规定。

重要行业企业是指以上述行业业务为主营业务，其固定资产投入使用当年主营业务收入占企业收入总额50%（不含）以上的企业。所称收入总额，是指《企业所得税法》第六条规定的收入总额。

此处不是会计上的收入概念，而是《企业所得税法》第六条规定的九项收入。

2. 固定资产投入使用当年收入比例须达标。

重要行业企业固定资产投入使用当年主营业务收入占企业收入总额的比例须达到50%以上才可以加速折旧，若当年没有达到50%以上，即使以后年度达到了，也不能加速折旧。

3. 融资租入固定资产不能加速折旧。

国家税务总局公告2014年第64号规定，2014年1月1日后新购进的固定资产允许按不低于企业所得税法规定折旧年限的60%缩短折旧年限，或选择采取双倍余额递减法或年数总和法进行加速折旧；其他企业在2014年1月1日后购进并专门用于研发活动的仪器、设备，单位价值不超过100万元的，可以一次性在计算应纳税所得额时扣除；单位价值超过100万元的，允许按不低于企业所得税法规定折旧年限的60%缩短折旧年限，或选择采取双倍余额递减法或年数总和法进行加速折旧。

请注意，此处是“购进”，即购买，不是租赁。即使融资租入固定资产最后一般所有权都会转移到承租方，也是租赁而不是“购进”，不能加速折旧。

2015年11月11日，国家税务总局所得税司副司长刘宝柱在税务总局网站“固定资产加速折旧政策”在线访谈中明确指出：“购进是指以货币购进的固定资产和自行建造的固定资产。融资租赁的固定资产不属于购进的范畴，因此，不能适用本次加速折旧政策”。

4. 未选择一次性税前扣除的，以后年度不得再变更。

国家税务总局公告2018年第46号第四条规定：“企业根据自身生产经营核算需要，可自行选择享受一次性税前扣除政策。未选择享受一次性税前扣除政策的，以后年度不得再变更。”企业在购入固定资产时未选择一次性扣除的，以后年度不能再享受。

5. 注意一次性税前扣除的时点。

企业新购进的非房屋、建筑物的固定资产，并非一购进就可以一次性税前扣除。国家税务总局公告2018年第46号第二条规定：“固定资产在投入使用月份的次月所属年度一次性税前扣除。”若企业新购进的固定资产尚未投入使用，则不能一次性税前扣除。

6. 不能随意加速折旧。

加速折旧只有四种方法：按不低于企业所得税法规定折旧年限的60%缩短折旧年限，选择采取双倍余额递减法或年数总和法进行加速折旧，一次性在税前扣除。但都有相关条件，企业不可随意加速折旧。

案 例

某箱包厂老板许某决定把厂里一些固定资产按照税法规定的最低折旧年限缩短50%计提折旧。如此一来，该厂自2009年以来多计提折旧近30万元，少缴企业所得税7万多元。后被税务机关发现，该厂合计补缴税款、滞纳金及罚款13万多元。

资料来源：违规计提折旧逃税受到处罚［N］. 中国税务报，2011-09-23（7）.

7. 专门用于研发的仪器、设备才能加速折旧。

非重要行业购入的专门用于研发的仪器、设备，允许加速折旧。此处须区分与加计扣除的区别，加计扣除要求用于研发的仪器、设备，未强调“专门”，而加速折旧强调“专门”。因此，非重要行业购入的研发与生产经营共用的仪器、设备，不能加速折旧。

8. 加速折旧先调减再调增。

无论加速折旧还是一次性扣除，在会计上分期计提折旧的情况下，税收上都是先调减再调增。有些企业在前期调减后，后期忘记调增，导致少缴税款。

案 例

甲企业于2018年11月购入一台机器设备并于当月投入使用，固定资产原值为30万元，残值率为5%，预计使用年限5年。2018年度，甲企业会计上计提折旧4 750元。税务上选择固定资产一次性税前扣除政策，汇算清缴时纳税调减295 250元。2019年度和2020年度，甲企业在会计上分别计提了折旧57 000元，但在汇算清缴时并未作相应纳税调增处理。税务机关最终作出决定，甲企业2019年度和2020年度应分别调增应纳税所得额57 000元，分别补缴企业所得税14 250（元），并缴纳相应滞纳金。

资料来源：增强风控意识，对税会差异“多一份小心”[N].中国税务报，2021-07-23（B3）.

争 议

固定资产一次性税前扣除后发生的大修理支出如何处理？

企业购进固定资产并一次性税前扣除，若干年后对该固定资产进行了升级改造，符合大修理支出条件。该大修理支出是一次性税前扣除，还是分期摊销？

《企业所得税法实施条例》第六十九条规定：“企业所得税法第十三条第（三）项所称固定资产的大修理支出……按照固定资产尚可使用年限分期摊销。”

争议焦点在于如何理解“尚可使用年限”。

持可以一次性税前扣除观点者认为，由于该固定资产已经一次性税前扣除，在税收上已无尚可使用年限，因此，该大修理支出也可以一次性税前扣除。

持不能一次性税前扣除观点者认为，该固定资产只是税收上一次性税前扣除，其在会计上仍然分期计提折旧，即实际上该固定资产仍然在使用，仍然有尚可使用年限，应按其尚可使用年限分期摊销。

本书认为可以一次性税前扣除。

4.8 抵扣应纳税所得额

创业投资企业是我国的新型企业，为了促进创业投资企业发展，规范其投资运作，鼓励其投资中小企业特别是中小高新技术企业，国家发展改革委等十部委于2005年制定了《创业投资企业管理暂行办法》。按照该办法的规定，创业投资企业是指在中国境内注册设立的主要从事创业投资的企业组织，而创业投资是指向在中华人民共和国境内注册设立的处于创建或重建过程中的成长性企业，但不含已经在公开市场上市的企业进行股权投资，以期所投资的企业发育成熟或相对成熟后主要通过股权上市转让、股权协议转让、被投资企业回购等途径获得资本增值收益的投资方式。同时规定，国家运用税收优惠政策扶持创业投资企业发展并引导其增加对中小企业特别是中小高新技术企业的投资。

4.8.1 投资于未上市的中小高新技术企业的创业投资企业

4.8.1.1 税收优惠方式

《企业所得税法》第三十一条规定：“创业投资企业从事国家需要重点扶持和鼓励的创业投资，可以按投资额的一定比例抵扣应纳税所得额。”

《企业所得税法实施条例》第九十七条规定：“企业所得税法第三十一条所称抵扣应纳税所得额，是指创业投资企业采取股权投资方式投资于未上市的中小高新技术企业2年以上的，可以按照其投资额的70%在股权持有满2年的当年抵扣该创业投资企业的应纳税所得额；当年不足抵扣的，可以在以后纳税年度结转抵扣。”

《国家税务总局关于实施创业投资企业所得税优惠问题的通知》（国税发〔2009〕87号）第一条规定：“创业投资企业是指依照《创业投资企业管理暂行办法》（国家发展和改革委员会等10部委令2005年第39号，以下简称《暂行办法》）和《外商投资创业投资企业管理规定》（商务部等5部委令2003年第2号）在中华人民共和国境内设立的专门从事创业投资活动的企业或其他经济组织。”

4.8.1.2 优惠条件

创业投资企业税收优惠应按照国税发〔2009〕87号文件规定执行。

（1）经营范围符合要求。经营范围符合《暂行办法》规定，且工商登记为“创业投资有限责任公司”“创业投资股份有限公司”等专业性法人创业投资企业。

（2）完成备案。按照《暂行办法》规定的条件和程序完成备案，经备案管理部门年度检查核实，投资运作符合《暂行办法》的有关规定。

（3）采取股权投资方式投资。享受税收优惠的创业投资的业务范围限于股权投资方式。根据《暂行办法》的规定，创业投资企业的经营范围包括：①创业投资业务。②代理其他创业投资企业等机构或个人的创业投资业务。③创业投资咨询业务。④为创业企业提供创业管理服务业务。⑤参与设立创业投资企业与创业投资管理顾问机构。对于创业投资企业其他业务范围的所得，不得享受此处规定的抵扣应纳税所得额的优惠。

（4）创业投资于未上市的中小高新技术企业2年以上。需要符合以下要求：

①未上市。

②中小高新技术企业。

创业投资企业投资的中小高新技术企业，除应按照《高新技术企业认定管理办法》（国科发火〔2016〕32号）和《高新技术企业认定管理工作指引》（国科发火〔2016〕195号）的规定，通过高新技术企业认定以外，还应符合职工人数不超过500人，年销售（营业）额不超过2亿元，资产总额不超过2亿元的条件。中小企业接受创业投资之后，经认定符合高新技术企业标准的，应自其被认定为高新技术企业的年度起，计算创业投资企业的投资期限。该期限内中小企业接受创业投资后，企业规模超过中小企业标准，但仍符合高新技术企业标准的，不影响创业投资企业享受有关税收优惠。

③投资时间在两年以上。

【例4-27】甲创业投资公司，20×1年利润总额500万元，投资于一个未上市的中小高新技术企业，投资额400万元。没有其他纳税调整项目，满2年的当年：

甲公司应纳税所得额=500万元；

甲公司可抵扣的应纳税所得额=400×70%=280（万元）；

甲公司本年度应纳税所得额=500-280=220（万元）；

甲公司本年度应纳所得税额=220×25%=55（万元）。

4.8.1.3　主要留存备查资料

（1）发展改革或证监部门出具的符合创业投资企业条件的年度证明材料；

（2）中小高新技术企业投资合同（协议）、章程、实际出资等相关材料；

（3）由省、自治区、直辖市和计划单列市高新技术企业认定管理机构出具的中小高新技术企业有效的高新技术企业证书复印件（注明“与原件一致”，并加盖公章）；

（4）中小高新技术企业基本情况［包括企业职工人数、年销售（营业）额、资产总额、未上市等］说明。

4.8.2　投资于初创科技型企业的创业投资企业

4.8.2.1　税收优惠方式

《财政部 税务总局关于创业投资企业和天使投资个人有关税收政策的通知》（财税〔2018〕55号）第一条规定：“公司制创业投资企业采取股权投资方式直接投资于种子期、初创期科技型企业（以下简称初创科技型企业）满2年（24个月，下同）的，可以按照投资额的70%在股权持有满2年的当年抵扣该公司制创业投资企业的应纳税所得额；当年不足抵扣的，可以在以后纳税年度结转抵扣。”

4.8.2.2　优惠条件

公司制创业投资企业税收优惠应按照财税〔2018〕55号文件和《国家税务总局关于创业投资企业和天使投资个人税收政策有关问题的公告》（国家税务总局公告2018年第43号）规定执行。

（1）初创科技型企业应同时符合以下条件：

①在中国境内（不包括港、澳、台地区）注册成立、实行查账征收的居民企业；

②接受投资时，从业人数不超过200人，其中具有大学本科以上学历的从业人数不低于30%；资产总额和年销售收入均不超过3 000万元；

根据《财政部 税务总局关于实施小微企业普惠性税收减免政策的通知》（财税〔2019〕13号）第五条规定，自2019年1月1日至2021年12月31日，将初创科技型企业条件中的从业人数调整为不超过300人，资产总额和年销售收入调整为均不超过5 000万元。《财政部 税务总局关于延续执行创业投资企业和天使投资个人投资初创科技型企业有关政策条件的公告》（财政部 税务总局公告2022年第6号）将该政策延期至2023年12月31日。

从业人数，包括与企业建立劳动关系的职工人员及企业接受的劳务派遣人员。从业人数及资产总额指标，按照初创科技型企业接受投资前连续12个月的平均数计算，不足12个月的，按实际月数平均计算。具体计算公式如下：

月平均数=（月初数+月末数）÷2

接受投资前连续12个月平均数=接受投资前连续12个月平均数之和 ÷12

销售收入，包括主营业务收入与其他业务收入；年销售收入指标，按照企业接受投资前连续12个月的累计数计算，不足12个月的，按实际月数累计计算。

③接受投资时设立时间不超过5年（60个月，下同）；

④接受投资时以及接受投资后2年内未在境内外证券交易所上市；

⑤接受投资当年及下一纳税年度，研发费用总额占成本费用支出的比例不低于20%。

研发费用总额占成本费用支出的比例，是指企业接受投资当年及下一纳税年度的研发费用总额合计占同期成本费用总额合计的比例。研发费用口径，按照《财政部 国家税务总局 科技部关于完善研究开发费用税前加计扣除政策的通知》（财税〔2015〕119号）规定执行；成本费用，包括主营业务成本、其他业务成本、销售费用、管理费用、财务费用。

（2）创业投资企业，应同时符合以下条件：

①在中国境内（不含港、澳、台地区）注册成立、实行查账征收的居民企业或合伙创投企业，且不属于被投资初创科技型企业的发起人；

②符合《创业投资企业管理暂行办法》规定或者《私募投资基金监督管理暂行办法》关于创业投资基金的特别规定，按照上述规定完成备案且规范运作；

③投资后2年内，创业投资企业及其关联方持有被投资初创科技型企业的股权比例合计应低于50%。

（3）投资时间应满两年。公司制创业投资企业投资于初创科技型企业的实缴投资满2年，投资时间从初创科技型企业接受投资并完成工商变更登记的日期算起。

4.8.2.3 主要留存备查资料

（1）发展改革或证监部门出具的符合创业投资企业条件的年度证明材料；

（2）初创科技型企业接受现金投资时的投资合同（协议）、章程、实际出资的相关证明材料；

（3）创业投资企业与其关联方持有初创科技型企业的股权比例的说明；

（4）被投资企业符合初创科技型企业条件的有关资料：

①接受投资时从业人数、资产总额、年销售收入和大学本科以上学历的从业人数比例的情况说明；

②接受投资时设立时间不超过5年的证明材料；

③接受投资时以及接受投资后2年内未在境内外证券交易所上市情况说明；

④研发费用总额占成本费用总额比例的情况说明。

4.8.3 投资于未上市的中小高新技术企业的有限合伙制创业投资企业的法人合伙人

投资于未上市的中小高新技术企业的有限合伙制创业投资企业的法人合伙人税收优惠应按照《财政部 国家税务总局关于将国家自主创新示范区有关税收试点政策推广到全国范围实施的通知》（财税〔2015〕116号）和《国家税务总局关于有限合伙制创业投资企业法人合伙人企业所得税有关问题的公告》（国家税务总局公告2015年第81号）规定执行。

4.8.3.1 税收优惠方式

自2015年10月1日起，全国范围内的有限合伙制创业投资企业采取股权投资方式投资于未上市的中小高新技术企业满2年（24个月）的，该有限合伙制创业投资企业的法人合伙人可按照其对未上市中小高新技术企业投资额的70%抵扣该法人合伙人从该有限合伙制创业投资企业分得的应纳税所得额，当年不足抵扣的，可以在以后纳税年度结转抵扣。

4.8.3.2 优惠条件

有限合伙制创业投资企业是指依照《中华人民共和国合伙企业法》、《创业投资企业管理暂行办法》和《外商投资创业投资企业管理规定》设立的专门从事创业投资活动的有限合伙企业。

有限合伙制创业投资企业的法人合伙人，是指依照《企业所得税法》及其实施条例以及相关规定，实行查账征收企业所得税的居民企业。

这里所称满2年是指2015年10月1日起，有限合伙制创业投资企业投资于未上市中小高新技术企业的实缴投资满2年，同时，法人合伙人对该有限合伙制创业投资企业的实缴出资也应满2年。

4.8.3.3 优惠计算

有限合伙制创业投资企业的法人合伙人对未上市中小高新技术企业的投资额，按照有限合伙制创业投资企业对中小高新技术企业的投资额和合伙协议约定的法人合伙人占有限合伙制创业投资企业的出资比例计算确定。

其中，有限合伙制创业投资企业对中小高新技术企业的投资额按实缴投资额计算；法人合伙人占有限合伙制创业投资企业的出资比例按法人合伙人对有限合伙制创业投资企业的实缴出资额占该有限合伙制创业投资企业的全部实缴出资额的比例计算。

如果法人合伙人投资于多个符合条件的有限合伙制创业投资企业，可合并计算其可抵扣的投资额和应分得的应纳税所得额。当年不足抵扣的，可结转以后纳税年度继续抵扣；当年抵扣后有结余的，应按照企业所得税法的规定计算缴纳企业所得税。

【例4-28】甲公司占有限合伙制创业投资企业乙出资比例为60%，乙投资于未上市中小高新技术企业满2年，投资额1 000万元。20×1年甲企业应纳税所得额为300万元，其中来源于乙的应纳税所得额为180万元。

甲公司可以抵扣的投资额=1 000×60%×70%=420（万元）；

甲公司只能抵扣从乙分得的部分180万元。

甲公司20×1年度应纳税所得额=300−180=120（万元）；

结转以后年度抵扣的投资额=420−180=240（万元）。

4.8.3.4 主要留存备查资料

（1）发展改革或证监部门出具的符合创业投资企业条件的年度证明材料；

（2）中小高新技术企业投资合同（协议）、章程、实际出资等相关材料；

（3）省、自治区、直辖市和计划单列市高新技术企业认定管理机构出具的中小高新技术企业有效的高新技术企业证书复印件（注明“与原件一致”，并加盖公章）；

（4）中小高新技术企业基本情况［包括企业职工人数、年销售（营业）额、资产总额、未上市等］说明；

（5）法人合伙人应纳税所得额抵扣情况明细表；

（6）有限合伙制创业投资企业法人合伙人应纳税所得额分配情况明细表。

4.8.4 投资于初创科技型企业的有限合伙制创业投资企业的法人合伙人

投资于初创科技型企业的有限合伙制创业投资企业的法人合伙人税收优惠应按照财税〔2018〕55号文件和国家税务总局公告2018年第43号规定执行。

4.8.4.1 税收优惠方式

有限合伙制创业投资企业采取股权投资方式直接投资于初创科技型企业满2年的，该合伙创投企业的法人合伙人可以按照对初创科技型企业投资额的70%抵扣法人合伙人从合伙创投企业分得的所得；当年不足抵扣的，可以在以后纳税年度结转抵扣。

4.8.4.2 优惠条件

初创科技型企业条件、满2年等条件同投资于初创科技型企业的公司制创业投资企业。

4.8.4.3 优惠计算

有限合伙制创业投资企业的法人合伙人对初创科技型企业的投资额，按照创业投资企业或天使投资个人对初创科技型企业的实缴投资额确定。合伙创投企业的合伙人对初创科技型企业的投资额，按照合伙创投企业对初创科技型企业的实缴投资额和合伙协议约定的合伙人占合伙创投企业的出资比例计算确定。合伙人从合伙创投企业分得的所得，按照《财政部 国家税务总局关于合伙企业合伙人所得税问题的通知》（财税〔2008〕159号）规定计算。出资比例，按投资满2年当年年末各合伙人对合伙创投企业的实缴出资额占所有合伙人全部实缴出资额的比例计算。

法人合伙人投资于多个符合条件的合伙创投企业，可合并计算其可抵扣的投资额和分得的所得。当年不足抵扣的，可结转以后纳税年度继续抵扣；当年抵扣后有结余的，应按照企业所得税法的规定计算缴纳企业所得税。

4.8.4.4 管理措施

税务机关在公司制创业投资企业、合伙创业投资企业合伙人享受优惠政策后续管理中，对初创科技型企业是否符合规定条件有异议的，可以转请初创科技型企业主管税务机关提供相关资料，主管税务机关应积极配合。

创业投资企业、合伙创投企业合伙人、初创科技型企业提供虚假情况、故意隐瞒已投资抵扣情况或采取其他手段骗取投资抵扣，不缴或者少缴应纳税款的，按《税收征收管理法》有关规定处理。

投资于初创科技型企业的投资企业，包括公司制创业投资企业和合伙创业投资企业的法人合伙人企业所得税优惠政策自2017年1月1日起在试点地区执行，试点地区包括京津冀、上海、广东、安徽、四川、武汉、西安、沈阳8个全面创新改革试验区域和苏州工业园区；自2018年1月1日起，优惠政策推广到全国。

4.8.4.5 主要留存备查资料

（1）发展改革或证监部门出具的符合创业投资企业条件的年度证明材料。

（2）初创科技型企业接受现金投资时的投资合同（协议）、章程、实际出资的相关证明材料。

（3）创业投资企业与其关联方持有初创科技型企业的股权比例的说明。

（4）被投资企业符合初创科技型企业条件的有关资料。

①接受投资时从业人数、资产总额、年销售收入和大学本科以上学历的从业人数比例的情况说明；

②接受投资时设立时间不超过5年的证明材料；

③接受投资时以及接受投资后2年内未在境内外证券交易所上市情况说明；

④接受投资当年及下一纳税年度研发费用总额占成本费用总额比例的情况说明。

（5）法人合伙人投资于合伙创投企业的出资时间、出资金额、出资比例及分配比例的相关证明材料、合伙创投企业主管税务机关受理后的《合伙创投企业法人合伙人所得分配情况明细表》。

注 意

1.注意有限合伙制创业投资企业投资于未上市的中小高新技术企业满2年与投资于初创科技型企业满2年的区别。

前者是指有限合伙制创业投资企业投资于未上市中小高新技术企业的实缴投资满2年，同时，法人合伙人对该有限合伙制创业投资企业的实缴出资也应满2年。后者是指投资时间从初创科技型企业接受投资并完成工商变更登记的日期算起满2年。

二者区别在于，前者须满足两个“2年”要求，既要有限合伙制创业投资企业投资于未上市中小高新技术企业满2年，又要法人合伙人对该有限合伙制创业投资企业的投资满2年，缺一即不能享受优惠。比如，某法人合伙人于20×1年10月2日投资于某有限合伙制创业投资企业，该有限合伙制创业投资企业又于20×2年10月2日投资于中小高新技术企业，至20×4年10月2日该投资满2年，该法人合伙人满足优惠政策条件。

后者只须满足一个“2年”要求，即仅需要有限合伙制创业投资企业投资于初创科技型企业满2年，不要求其合伙人对该有限合伙制创业投资企业也满2年。比如，某有限合伙制创业投资企业于20×1年12月投资初创科技型企业，假设其他条件均符合文件规定。某法人合伙人于20×2年1月对该有限合伙制创业投资企业出资。20×3年12月，有限合伙制创业投资企业投资初创科技型企业满2年时，该法人合伙人同样可享受税收试点政策。

2.研发费用比例是企业接受投资当年及下一个纳税年度的数据合计数。

研发费用总额占成本费用支出的比例，指企业接受投资当年及下一个纳税年度的研发费用总额合计占同期成本费用总额合计的比例。比如，某公司制创投企业于20×1年5月投资初创科技型企业，假设其他条件均符合文件规定。初创科技型企业20×1年发生研发费用100万元，成本费用1 000万元，20×1年研发费用占比10%，低于20%；20×2年发生研发费用500万元，成本费用1 000万元，20×2年研发费用占比50%，高于20%。如要求投资当年及下一年分别满足研发费用占比高于20%的条件，则该公司制创投企业不能享受税收试点政策。但按照政策，其投资当年及下一年初创科技型企业研发费用平均占比为30%［（100+500）/（1 000+1 000）］，因此该公司制创投企业可以享受税收试点政策。

3.满2年的起期。

财税〔2015〕116号文件自2015年10月1日起在全国执行，财税〔2017〕38号文件[1]自2017年1月1日起在试点地区执行，财税〔2018〕55号文件自2018年1月1日起在全国执行，在文件中的“满2年”并不是自2015年10月1日、2017年1月1日、2018年1月1日起满2年，而是自2015年10月1日、2017年1月1日、2018年1月1日后满2年，即执行日期前2年内发生的投资，在执行日期后投资满2年，且符合政策规定的其他条件的，可以适用税收优惠政策。

财税〔2019〕13号文件和财政部、税务总局公告2022年第6号自2019年1月1日至2023年12月31日调整初创科技型企业条件，2019年1月1日至2023年12月31日期间发生的投资，投资满2年且符合该两个文件和财税〔2018〕55号文件规定的其他条件的，可以适用财税〔2018〕55号文件规定的税收政策。

2019年1月1日前2年内发生的投资，自2019年1月1日起投资满2年且符合上述两个文件和财税〔2018〕55号文件规定的其他条件的，可以适用财税〔2018〕55号文件规定的税收政策。

风险提示

仅限于直接支付现金方式取得的股权投资。

财税〔2018〕55号文件第二条第四款规定：“享受本通知规定的税收政策的投资，仅限于通过向被投资初创科技型企业直接支付现金方式取得的股权投资，不包括受让其他股东的存量股权。”也就是说，向其他股东购买初创科技型企业的股权不能享受税收优惠。

［1］《财政部 税务总局关于创业投资企业和天使投资个人有关税收试点政策的通知》（财税〔2017〕38号，被财税〔2018〕55号文件废止）。

4.9 税额抵免

4.9.1 税收优惠方式

《企业所得税法》第三十四条规定:“企业购置用于环境保护、节能节水、安全生产等专用设备的投资额,可以按一定比例实行税额抵免。”

《企业所得税法实施条例》第一百条规定:“企业所得税法第三十四条所称税额抵免,指企业购置并实际使用《环境保护专用设备企业所得税优惠目录》、《节能节水专用设备企业所得税优惠目录》和《安全生产专用设备企业所得税优惠目录》规定的环境保护、节能节水、安全生产等专用设备的,该专用设备的投资额的10%可以从企业当年的应纳税额中抵免;当年不足抵免的,可以在以后5个纳税年度结转抵免。享受前款规定的企业所得税优惠的企业,应当实际购置并自身实际投入使用前款规定的专用设备;企业购置上述专用设备在5年内转让、出租的,应当停止享受企业所得税优惠,并补缴已经抵免的企业所得税税款。”

2008年,《财政部 国家税务总局 国家发展改革委关于公布〈节能节水专用设备企业所得税优惠目录(2008年版)〉和〈环境保护专用设备企业所得税优惠目录(2008年版)〉的通知》(财税〔2008〕115号)和《财政部 国家税务总局安全监管总局关于公布〈安全生产专用设备企业所得税优惠目录(2008年版)〉的通知》(财税〔2008〕118号)发布了《节能节水专用设备企业所得税优惠目录(2008年版)》、《环境保护专用设备企业所得税优惠目录(2008年版)》和《安全生产专用设备企业所得税优惠目录(2008年版)》,自2008年1月1日起施行。

2017年,《财政部 国家税务总局 国家发展改革委 工业和信息化部 环境保护部关于印发节能节水和环境保护专用设备企业所得税优惠目录(2017年版)的通知》(财税〔2017〕71号)发布了《节能节水专用设备企业所得税优惠目录(2017年版)》和《环境保护专用设备企业所得税优惠目录(2017年版)》,自2017年1月1日起施行。2008版目录自2017年10月1日起废止,企业在2017年1月1日至2017年9月30日期间购置的专用设备符合2008版目录规定的,也可享受税收优惠。

2018年,《财政部 税务总局 应急管理部关于印发〈安全生产专用设备企业所得税优惠目录(2018年版)〉的通知》(财税〔2018〕84号)发布了《安全生产专用设备企业所得税优惠目录(2018年版)》,自2018年1月1日起施行。2008版目录同时废止,企业在2018年1月1日至2018年8月31日期间购置的安全生产专用设备,符合2008版目录规定的,仍可享受税收优惠。

4.9.2 优惠条件

《财政部 国家税务总局关于执行环境保护专用设备企业所得税优惠目录、节能节水专用设备企业所得税优惠目录和安全生产专用设备企业所得税优惠目录有关问题的通知》(财税〔2008〕48号)做出了具体规定。

4.9.2.1 可抵免的固定资产类型

企业自2008年1月1日起购置并实际使用列入目录范围内的环境保护、节能节水和安全生产专用设备，可以按专用设备投资额的10%抵免当年企业所得税应纳税额；企业当年应纳税额不足抵免的，可以向以后年度结转，但结转期不得超过5个纳税年度。

《财政部 国家税务总局关于执行企业所得税优惠政策若干问题的通知》（财税〔2009〕69号）第十条规定："实施条例第一百条规定的购置并实际使用的环境保护、节能节水和安全生产专用设备，包括承租方企业以融资租赁方式租入的、并在融资租赁合同中约定租赁期届满时租赁设备所有权转移给承租方企业，且符合规定条件的上述专用设备。凡融资租赁期届满后租赁设备所有权未转移至承租方企业的，承租方企业应停止享受抵免企业所得税优惠，并补缴已经抵免的企业所得税税款。"

4.9.2.2 抵免额的计算

财税〔2008〕48号文件第二条规定："专用设备投资额，是指购买专用设备发票价税合计价格，但不包括按有关规定退还的增值税税款以及设备运输、安装和调试等费用。"

在增值税尚未转型时，购进固定资产不能抵扣进项税额，因此固定资产成本是价税合计价格；2009年增值税转型后，购进生产用动产可以抵扣进项税额，因此固定资产成本不含增值税，只能抵免固定资产的不含税价格。

《国家税务总局关于环境保护节能节水、安全生产等专用设备投资抵免企业所得税有关问题的通知》（国税函〔2010〕256号）规定："根据《财政部 国家税务总局关于全国实施增值税转型改革若干问题的通知》（财税〔2008〕170号）规定，自2009年1月1日起，增值税一般纳税人购进固定资产发生的进项税额可从其销项税额中抵扣，因此，自2009年1月1日起，纳税人购进并实际使用《环境保护专用设备企业所得税优惠目录》、《节能节水专用设备企业所得税优惠目录》和《安全生产专用设备企业所得税优惠目录》范围内的专用设备并取得增值税专用发票的，在按照《财政部国家税务总局关于执行环境保护专用设备企业所得税优惠目录节能节水专用设备企业所得税优惠目录和安全生产专用设备企业所得税优惠目录有关问题的通知》（财税〔2008〕48号）第二条规定进行税额抵免时，如增值税进项税额允许抵扣，其专用设备投资额不再包括增值税进项税额；如增值税进项税额不允许抵扣，其专用设备投资额应为增值税专用发票上注明的价税合计金额。企业购买专用设备取得普通发票的，其专用设备投资额为普通发票上注明的金额。"

当年应纳税额，是指企业当年的应纳税所得额乘以适用税率，扣除依照《企业所得税法》和国务院有关税收优惠规定以及税收过渡优惠规定减征、免征税额后的余额。

企业利用自筹资金和银行贷款购置专用设备的投资额，可以按《企业所得税法》的规定抵免企业应纳所得税额；企业利用财政拨款购置专用设备的投资额，不得抵免企业应纳所得税额。

企业购置并实际投入适用、已开始享受税收优惠的专用设备，如自购置之日起5个纳税年度内发生转让、出租，应在该专用设备停止使用当月停止享受企业所得税优惠，并补缴已经抵免的企业所得税税款。转让的受让方可以按照该专用设备投资额的10%抵免当年企业所得税应纳税额；当年应纳税额不足抵免的，可以在以后5个纳税年度结转抵免。

4.9.3 主要留存备查资料

（1）购买并自身投入使用的专用设备清单及发票；

（2）以融资租赁方式取得的专用设备的合同或协议；

（3）专用设备属于《环境保护专用设备企业所得税优惠目录》、《节能节水专用设备企业所得税优惠目录》或《安全生产专用设备企业所得税优惠目录》中的具体项目的说明；

（4）专用设备实际投入使用时间的说明。

风险提示

1.财政拨款购置专用设备的投资额不能抵免。

企业利用财政拨款购置专用设备，无论是否作为不征税收入，其投资额都不能抵免企业所得税。

2.五年内转让出租的应补缴已抵免税款。

企业购置的专用设备自购置之日起五个纳税年度内转让、出租的，应在该专用设备停止使用当月停止享受企业所得税优惠，并补缴已经抵免的企业所得税税款。

3.未实际使用的专用设备投资额不能抵免。

企业购置并实际使用符合条件的专用设备投资额的10%可以抵免应纳税额，若企业只是购进了专用设备但尚未实际使用，则不能抵免税额。

4.超范围的支出不能抵免。

企业购置专用设备已经抵扣进项税额的增值税，设备运输、安装、调试、咨询、服务等费用，超过目录范围的附着物等，不能抵免企业所得税。

案　例

某发电公司存在三个方面的税收问题：一是购进专用设备投资额包括已抵扣的进项税额，审减设备不含税购置价格6 116万元；二是在企业申报抵免项目中，有技术服务费160万元，运杂费1 100万元，还包括锅炉钢结构支出6 230万元、备品备件支出239万元、专用工具支出75万元，根据《目录》规定，审减锅炉设备不含税价格6 670万元；三是该公司申请抵免的税额中，包括部分水泵87万元、空气压缩机641万元、布袋除尘器1 084万元、烟气连续监测系统85万元，均不得申报抵免，合计金额1 897万元。三项合计审减抵免企业所得税1 468万元。

资料来源：新办企业筹建期注意涉税风险［N］.中国税务报，2013-10-21（B8）.

4.10 区域性税收优惠

4.10.1 西部大开发

4.10.1.1 税收优惠方式

《财政部 税务总局 国家发展改革委关于延续西部大开发企业所得税政策的公告》（财政部 税务总局 国家发展改革委公告2020年第23号）第一条规定："自2021年1月1日至2030年12月31日，对设在西部地区的鼓励类产业企业减按15%的税率征收企业所得税。本条所称鼓励类产业企业是指以《西部地区鼓励类产业目录》中规定的产业项目为主营业务，且其主营业务收入占企业收入总额60%以上的企业。"

新西部大开发政策将收入比例由70%降低至60%。

《西部地区鼓励类产业目录》由发展改革委牵头制定。该目录在新西部大开发政策执行期限内修订的，自修订版实施之日起按新版本执行。现行《西部地区鼓励类产业目录（2020年本）》（国家发展和改革委员会令第40号）自2021年3月1日起施行。

税务机关在后续管理中，不能准确判定企业主营业务是否属于国家鼓励类产业项目时，可提请发展改革等相关部门出具意见。对不符合税收优惠政策规定条件的，由税务机关按税收征收管理法及有关规定进行相应处理。具体办法由省级发展改革、税务部门另行制定。

所称西部地区包括内蒙古自治区、广西壮族自治区、重庆市、四川省、贵州省、云南省、西藏自治区、陕西省、甘肃省、青海省、宁夏回族自治区、新疆维吾尔自治区和新疆生产建设兵团。湖南省湘西土家族苗族自治州、湖北省恩施土家族苗族自治州、吉林省延边朝鲜族自治州和江西省赣州市，可以比照西部地区的企业所得税政策执行。

4.10.1.2 主要留存备查资料

（1）主营业务属于《西部地区鼓励类产业目录》中的具体项目的相关证明材料；

（2）符合目录的主营业务收入占企业收入总额60%以上的说明。

4.10.2 海南自由贸易港

根据《财政部 税务总局关于海南自由贸易港企业所得税优惠政策的通知》（财税〔2020〕31号）规定，2020年1月1日至2024年12月31日，海南自由贸易港企业有三种优惠形式：税率优惠、新增境外直接投资所得免征企业所得税和加速折旧。《国家税务总局海南省税务局关于海南自由贸易港企业所得税优惠政策有关问题的公告》（国家税务总局海南省税务局公告2020年第4号）又加以细化。

4.10.2.1 税率优惠

对注册在海南自由贸易港并实质性运营的鼓励类产业企业，减按15%的税率征收企业所得税。

所称鼓励类产业企业，是指以海南自由贸易港鼓励类产业目录中规定的产业项目为主营业务，且其主营业务收入占企业收入总额60%以上的企业。所称实质性运营，是指企业的实际管理机构设在海南自由贸易港，并对企业生产经营、人员、账务、财产等实施实质性全面管理和控制。对不符合实质性运营的企业，不得享受优惠。

这是税收优惠政策首次提出实质性运营的概念，《国家税务总局海南省税务局 海南省财政厅 海南省市场监督管理局关于海南自由贸易港鼓励类产业企业实质性运营有关问题的公告》（2021年第1号）对实质性运营做出详细解释。

海南自由贸易港鼓励类产业目录包括《产业结构调整指导目录（2019年版）》、《鼓励外商投资产业目录（2019年版）》和海南自由贸易港新增鼓励类产业目录。上述目录在财税〔2020〕31号文件执行期限内修订的，自修订版实施之日起按新版本执行。

对总机构设在海南自由贸易港的符合条件的企业，仅就其设在海南自由贸易港的总机构和分支机构的所得，适用15%税率；对总机构设在海南自由贸易港以外的企业，仅就其设在海南自由贸易港内的符合条件的分支机构的所得，适用15%税率。

关于总、分支机构企业享受优惠的判断原则。总机构设在海南自由贸易港的企业，在确定该企业是否符合优惠条件时，以该企业设在海南自由贸易港的总机构和分支机构（不含在海南自由贸易港以外设立的二级及以下分支机构在海南自由贸易港设立的三级及以下分支机构）的主营业务是否符合海南自由贸易港鼓励类产业目录及其主营业务收入占其收入总额的比重加以确定，不考虑该企业设在海南自由贸易港以外分支机构因素；总机构设在海南自由贸易港以外的企业，在确定该企业是否符合优惠条件时，以该企业设在海南自由贸易港的分支机构（不含在海南自由贸易港以外设立的二级及以下分支机构在海南自由贸易港设立的三级及以下分支机构）的主营业务是否符合海南自由贸易港鼓励类产业目录及其主营业务收入占其收入总额的比重加以确定。

4.10.2.2 新增境外直接投资所得免征企业所得税

对在海南自由贸易港设立的旅游业、现代服务业、高新技术产业企业新增境外直接投资取得的所得，免征企业所得税。

所称新增境外直接投资所得应当符合以下条件：

（1）从境外新设分支机构取得的营业利润；或从持股比例超过20%（含）的境外子公司分回的，与新增境外直接投资相对应的股息所得。

（2）被投资国（地区）的企业所得税法定税率不低于5%。

所称旅游业、现代服务业、高新技术产业，按照海南自由贸易港鼓励类产业目录执行。

新增境外直接投资是指企业在2020年1月1日至2024年12月31日期间新增的境外直接投资，包括在境外投资新设分支机构、境外投资新设企业、对已设立的境外企业增资扩股以及收购境外企业股权。

4.10.2.3 加速折旧（摊销）

对在海南自由贸易港设立的企业，新购置（含自建、自行开发）固定资产或无形资产，单位价值不超过500万元（含）的，允许一次性计入当期成本费用在计算应纳税所得额时扣除，不再分年度计算折旧和摊销；新购置（含自建、自行开发）固定资产或无形资产，单位价值超过500万元的，可以缩短折旧、摊销年限或采取加速折旧、摊销的方法。所称固定资产，是指除房屋、建筑物以外的固定资产。

详见“4.7.7 海南自由贸易港加速折旧”小节。

4.10.3 中国（上海）自贸试验区临港新片区

根据《财政部 税务总局关于中国（上海）自贸试验区临港新片区重点产业企业所得税政策的通知》（财税〔2020〕38号）规定，自2020年1月1日起，对新片区内从事集成电路、人工智能、生物医药、民用航空等关键领域核心环节相关产品（技术）业务，并开展实质性生产或研发活动的符合条件的法人企业，自设立之日起5年内减按15%的税率征收企业所得税。

上述“符合条件的法人企业”必须同时满足以下第（1）、（2）项条件，以及第（3）项或第（4）项条件中任一子条件：

（1）自2020年1月1日起在新片区内注册登记（不包括从外区域迁入新片区的企业），主营业务为从事《新片区集成电路、人工智能、生物医药、民用航空关键领域核心环节目录》中相关领域环节实质性生产或研发活动的法人企业。

实质性生产或研发活动是指，企业拥有固定生产经营场所、固定工作人员，具备与生产或研发活动相匹配的软硬件支撑条件，并在此基础上开展相关业务。

（2）企业主要研发或销售产品中至少包含1项关键产品（技术）。

关键产品（技术）是指在集成电路、人工智能、生物医药、民用航空等重点领域产业链中起到重要作用或不可或缺的产品（技术）。

（3）企业投资主体条件：

①企业投资主体在国际细分市场影响力排名前列，技术实力居于业内前列；

②企业投资主体在国内细分市场居于领先地位，技术实力在业内领先。

（4）企业研发生产条件：

①企业拥有领军人才及核心团队骨干，在国内外相关领域长期从事科研生产工作；

②企业拥有核心关键技术，对其主要产品具备建立自主知识产权体系的能力；

③企业具备推进产业链核心供应商多元化，牵引国内产业升级能力；

④企业具备高端供给能力，核心技术指标达到国际前列或国内领先；

⑤企业研发成果（技术或产品）已被国际国内一线终端设备制造商采用或已经开展紧密实质性合作（包括资本、科研、项目等领域）；

⑥企业获得国家或省级政府科技或产业化专项资金、政府性投资基金或取得知名投融

资机构投资。

4.10.4 中关村国家自主创新示范区

4.10.4.1 公司型创业投资企业

该优惠政策首次规定企业可以按照个人股东持股比例免征企业所得税。

《财政部 国家税务总局 发展和改革委员会 证监会关于中关村国家自主创新示范区公司型创业投资企业有关企业所得税试点政策的通知》（财税〔2020〕63号）规定了享受优惠的公司型创投企业的条件：

对示范区内符合条件的公司型创业投资企业，转让持有3年以上股权的所得占年度股权转让所得总额的比例超过50%的，按照年末个人股东持股比例减半征收当年企业所得税；转让持有5年以上股权的所得占年度股权转让所得总额的比例超过50%的，按照年末个人股东持股比例免征当年企业所得税。

对于上述两种情形，分别适用计算企业所得税免征额的计算公式：

（1）转让持有3年以上股权的所得占年度股权转让所得总额的比例超过50%的。

企业所得税免征额=年末个人股东持股比例 × 本年度企业所得税应纳税额 ×50%

（2）转让持有5年以上股权的所得占年度股权转让所得总额的比例超过50%的。

企业所得税免征额=年末个人股东持股比例 × 本年度企业所得税应纳税额

【例4–29】甲公司是试点区域内的公司型创投企业，20×1年末个人股东持股比例为60%，当年应纳企业所得税额为1 000万元。20×1年发生股权转让6笔，股权转让所得合计210万元。其中，转让3年以下股权的所得为60万元，转让3年以上5年以下股权的所得为90万元，转让5年以上股权的所得为60万元。则：

转让持有3年以上股权的所得占年度股权转让所得总额的比例=（90+60）/210×100%=71.43%

转让持有5年以上股权的所得占年度股权转让所得总额的比例=60/210×100%=28.57%

企业所得税免征额=60%×1 000×50%=300（万元）

20×1年甲公司应纳企业所得税额=1 000–300=700（万元）

【例4–30】乙公司是试点区域内的公司型创投企业，20×1年末个人股东持股比例为60%，当年应纳企业所得税额为1 000万元。20×1年发生股权转让6笔，股权转让所得合计110万元。其中，转让3年以下股权的所得为30万元，转让3年以上5年以下股权的所得为20万元，转让5年以上股权的所得为60万元。则：

转让持有3年以上股权的所得占年度股权转让所得总额的比例=（20+60）/110×100%=72.73%

转让持有5年以上股权的所得占年度股权转让所得总额的比例=60/110×100%=54.55%

企业所得税免征额=60%×1 000=600（万元）

20×1年乙公司应纳企业所得税额=1 000–600=400（万元）

需要注意的是，例4–30中，乙公司既符合转让持有3年以上股权的所得占年度股权转让所得总额的比例超过50%的要求，又符合转让持有5年以上股权的所得占年度股权转让所得总额的比例超过50%的要求，但不能同时享受税收优惠，只能择优享受。

公司型创业投资企业，应同时符合以下条件：

（1）在示范区内注册成立，实行查账征收的居民企业。

（2）符合《创业投资企业管理暂行办法》（发展改革委等10部门令第39号）或者《私募投资基金监督管理暂行办法》（证监会令第105号）要求，并按照规定完成备案且规范运作。

财税〔2020〕63号文件自2020年1月1日起实施。2020年1月1日前发生的股权投资，在2020年1月1日后转让股权取得的所得符合上述规定的，适用免征企业所得税政策。

4.10.4.2 技术转让所得

《财政部 国家税务总局 科技部 知识产权局关于中关村国家自主创新示范区特定区域技术转让企业所得税试点政策的通知》（财税〔2020〕61号）规定，在中关村国家自主创新示范区特定区域内注册的居民企业，符合条件的技术转让所得，在一个纳税年度内不超过2 000万元的部分，免征企业所得税；超过2 000万元部分，减半征收企业所得税。详见4.4.4.4小节。

4.10.5 上海市浦东新区特定区域

《财政部 税务总局 发展改革委 证监会关于上海市浦东新区特定区域公司型创业投资企业有关企业所得税试点政策的通知》（财税〔2021〕53号）规定，自2021年1月1日起，对上海市浦东新区特定区域内公司型创业投资企业，转让持有3年以上股权的所得占年度股权转让所得总额的比例超过50%的，按照年末个人股东持股比例减半征收当年企业所得税；转让持有5年以上股权的所得占年度股权转让所得总额的比例超过50%的，按照年末个人股东持股比例免征当年企业所得税。该政策与中关村国家自主创新示范区政策相同。

所称上海市浦东新区特定区域是指中国（上海）自由贸易试验区、中国（上海）自由贸易试验区临港新片区浦东部分和张江科学城。其中：中国（上海）自由贸易试验区，按照《国务院关于印发进一步深化中国（上海）自由贸易试验区改革开放方案的通知》（国发〔2015〕21号）规定的地理范围执行；中国（上海）自由贸易试验区临港新片区浦东部分，按照《国务院关于印发中国（上海）自由贸易试验区临港新片区总体方案的通知》（国发〔2019〕15号）规定的地理范围中位于浦东的部分执行；张江科学城，按照《上海市人民政府关于印发〈上海市张江科学城发展"十四五"规划〉的通知》（沪府发〔2021〕11号）规定的地理范围执行。

4.10.6 横琴粤澳深度合作区

2021年9月，中共中央、国务院印发《横琴粤澳深度合作区建设总体方案》，其第十项规定："对合作区符合条件的产业企业减按15%的税率征收企业所得税，将有利于澳门经济适度多元发展的产业全部纳入政策范围。对企业符合条件的资本性支出，允许在支出发生当期一次性税前扣除或加速折旧和摊销。对在合作区设立的旅游业、现代服务业、高新技术产业企业新增境外直接投资取得的所得，免征企业所得税。”

目前，财政部、税务总局相关文件尚未出台。

4.10.7 深圳前海深港现代服务业合作区

《财政部 税务总局关于延续深圳前海深港现代服务业合作区企业所得税优惠政策的通知》(财税〔2021〕30号)规定，2021年1月1日至2025年12月31日，对设在前海深港现代服务业合作区的符合条件的企业减按15%的税率征收企业所得税。

享受上述优惠政策的企业需符合的条件，是指以《前海深港现代服务业合作区企业所得税优惠目录(2021版)》中规定的产业项目为主营业务，且其主营业务收入占收入总额60%以上。收入总额按照《企业所得税法》第六条规定执行。

所称前海深港现代服务业合作区的范围，按照国务院2010年8月批复的《前海深港现代服务业合作区总体发展规划》执行。

对总机构设在前海深港现代服务业合作区的企业，仅就其设在合作区内符合优惠条件的总机构和分支机构的所得适用15%税率；对总机构设在合作区以外的企业，仅就其设在合作区内符合优惠条件的分支机构所得适用15%税率。具体征管办法按照税务总局有关规定执行。

4.10.8 平潭综合实验区

《财政部 税务总局关于延续福建平潭综合实验区企业所得税优惠政策的通知》(财税〔2021〕29号)规定，2021年1月1日至2025年12月31日，对设在平潭综合实验区的符合条件的企业减按15%的税率征收企业所得税。

享受上述优惠政策的企业需符合的条件，是指以《平潭综合实验区企业所得税优惠目录(2021版)》中规定的产业项目为主营业务，且其主营业务收入占收入总额60%以上。收入总额按照《企业所得税法》第六条规定执行。

所称平潭综合实验区的范围，按照国务院2011年11月批复的《平潭综合实验区总体发展规划》执行。

对总机构设在平潭综合实验区的企业，仅就其设在实验区内符合优惠条件的总机构和分支机构的所得适用15%税率；对总机构设在实验区以外的企业，仅就其设在实验区内符合本通知优惠条件的分支机构所得适用15%税率。具体征管办法按照税务总局有关规定执行。

4.10.9 新疆困难地区及喀什、霍尔果斯两个特殊经济开发区

《财政部 税务总局关于新疆困难地区及喀什、霍尔果斯两个特殊经济开发区新办企业所得税优惠政策的通知》(财税〔2021〕27号)规定，2021年1月1日至2030年12月31日，对在新疆困难地区新办的属于《新疆困难地区重点鼓励发展产业企业所得税优惠目录》

（以下简称《目录》）范围内的企业，自取得第一笔生产经营收入所属纳税年度起，第一年至第二年免征企业所得税，第三年至第五年减半征收企业所得税。享受，上述企业所得税定期减免税政策的企业，在减半期内，按照企业所得税25%的法定税率计算的应纳税额减半征税。

新疆困难地区包括南疆三地州、其他脱贫县（原国家扶贫开发重点县）和边境县市。

2021年1月1日至2030年12月31日，对在新疆喀什、霍尔果斯两个特殊经济开发区内新办的属于《目录》范围内的企业，自取得第一笔生产经营收入所属纳税年度起，五年内免征企业所得税。

属于《目录》范围内的企业是指以《目录》中规定的产业项目为主营业务，其主营业务收入占企业收入总额60%以上的企业。

第一笔生产经营收入，是指产业项目已建成并投入运营后所取得的第一笔收入。

《财政部 税务总局 发展改革委 工业和信息化部关于印发〈新疆困难地区重点鼓励发展产业企业所得税优惠目录〉的通知》（财税〔2021〕42号）发布了《目录》，并规定享受新疆困难地区及喀什、霍尔果斯两个特殊经济开发区企业所得税优惠政策的企业，需注册在新疆困难地区和喀什、霍尔果斯两个特殊经济开发区并实质性运营。所称实质性运营，是指企业的实际管理机构设在当地，并对企业生产经营、人员、账务、财产等实施实质性全面管理和控制。

4.11 其 他

4.11.1 期间费用的分摊

《企业所得税法实施条例》第一百零二条规定："企业同时从事适用不同企业所得税待遇的项目的，其优惠项目应当单独计算所得，并合理分摊企业的期间费用；没有单独计算的，不得享受企业所得税优惠。"

所得减免类项目都要求企业从事不同税收待遇项目时，应单独核算，并应合理分摊期间费用。很多项目在单行文件中又进行了强调。比如：

农、林、牧、渔业项目减免税：《国家税务总局关于实施农、林、牧、渔业项目企业所得税优惠问题的公告》（国家税务总局公告2011年第48号）第八条规定："企业同时从事适用不同企业所得税政策规定项目的，应分别核算，单独计算优惠项目的计税依据及优惠数额；分别核算不清的，可由主管税务机关按照比例分摊法或其他合理方法进行核定。"

公共基础设施项目减免税：《财政部 国家税务总局关于执行公共基础设施项目企业所得税优惠目录有关问题的通知》（财税〔2008〕46号）第二条规定："企业同时从事不在《目录》范围内的项目取得的所得，应与享受优惠的公共基础设施项目所得分开核算，并合理分摊期间费用，没有分开核算的，不得享受上述企业所得税优惠政策。"

技术转让所得减免税：《国家税务总局关于技术转让所得减免企业所得税有关问题的通知》（国税函〔2009〕212号）第三条规定："享受技术转让所得减免企业所得税优惠的企业，应单独计算技术转让所得，并合理分摊企业的期间费用；没有单独计算的，不得享受技术转让所得企业所得税优惠。"

清洁发展机制项目减免税：《财政部 国家税务总局关于中国清洁发展机制基金及清洁发展机制项目实施企业有关企业所得税政策问题的通知》（财税〔2009〕30号）第二条第二款规定："企业应单独核算其享受优惠的CDM项目的所得，并合理分摊有关期间费用，没有单独核算的，不得享受上述企业所得税优惠政策。"

节能服务项目减免税：《财政部 国家税务总局关于促进节能服务产业发展增值税、营业税和企业所得税政策问题的通知》（财税〔2010〕110号）第二条第六款规定："节能服务公司同时从事适用不同税收政策待遇项目的，其享受税收优惠项目应当单独计算收入、扣除，并合理分摊企业的期间费用；没有单独计算的，不得享受税收优惠政策。"

集成电路生产项目减免税：《财政部 税务总局关于集成电路生产企业有关企业所得税政策问题的通知》（财税〔2018〕27号）第四条规定："享受本通知第一条、第二条税收优惠政策的集成电路生产项目，其主体企业应符合集成电路生产企业条件，且能够对该项目单独进行会计核算、计算所得，并合理分摊期间费用。"

由此可见所得减免类项目对合理分摊期间费用之重视，但这也是最棘手的问题。期间费用（销售费用、管理费用和财务费用）是指不能直接归属于某个特定产品成本的费用，与产品的产量、产品的制造过程无直接关系，很难归集到具体的产品，比如广告费、业务招待费等。为了防止企业借分摊期间费用之名，行逃避税负之实，需要明确规定可以在税前扣除的期间费用必须是合理分摊的费用。但何为"合理"没有明确，见仁见智，有的按照收入比例进行分摊，有的按照资产比例进行分摊，有的索性由税企双方商定一个比例进行分摊，因此容易产生争议。

2008版《企业所得税年度纳税申报表》附表五《税收优惠明细表》只需填写所得减免金额，看不出所得减免项目的收入、成本以及费用是如何分摊的，企业一般需要另附说明。2014版《企业所得税年度纳税申报表》中的《所得减免优惠明细表》（A107020）不但增加了"项目收入""项目成本"，还加入了"应分摊期间费用"（第4列），填报说明规定："第4列'应分摊期间费用'：填报享受所得减免企业所得税优惠的企业，该项目合理分摊的期间费用。合理分摊比例可以按照投资额、销售收入、资产额、人员工资等参数确定。上述比例一经确定，不得随意变更"。2017版申报表没有变化。

填报说明给出了"投资额、销售收入、资产额、人员工资等"合理计算分摊比例的方法，可供参考。每一种方法都是合理的，应根据企业实际情况进行选择。总之，税企双方应充分协商，选择合适的分摊方法，避免争议。同时须注意，分摊比例一经确定，不得随意变更。

若企业的期间费用中包括纳税调整项目，该纳税调整项目也应分摊。

需要注意的是，有的所得减免政策规定了分摊方法，如《国家税务总局关于许可使用权技术转让所得企业所得税有关问题的公告》（国家税务总局公告2015年第82号）第三条规定："应分摊期间费用（不含无形资产摊销费用和相关税费）是指技术转让按照当年销售收入占比分摊的期间费用。"有单独规定的，依其规定。

【例4-31】 甲公司既有免税项目又有应税项目，能够分别核算。20×1年，其免税项目取得收入2 800万元，发生成本1 600万元；应税项目取得收入700万元，发生成本400万元。甲公司发生期间费用900万元，其中业务招待费为60万元。假设无其他纳税调整项目，期间费用按照销售收入比例分摊。

免税项目分摊比例=2 800/（2 800+700）×100%=80%；

调增的业务招待费=60-（2 800+700）×0.5%（<60×60%）=42.5（万元）；

甲公司纳税调整后所得=2 800+700-1 600-400-900+42.5=642.5（万元）；

甲公司免税项目所得=2 800-1 600-900×80%+42.5×80%=514（万元）；

甲公司应纳税所得额=642.5-514=128.5（万元）；

甲公司应纳所得税额=128.5×25%=32.13（万元）。

风险提示

有些企业的减免税项目和应税项目分别核算且核算清晰，便认为只有期间费用无法划分清楚的才需要分摊，自己能够划分清楚，不应分摊。

企业只有单独核算，才能享受税收优惠，但并不是说只要单独核算就可以不分摊期间费用。《企业所得税法实施条例》第一百零二条规定的是“优惠项目应当单独计算所得，并合理分摊企业的期间费用”，单独计算所得与合理分摊期间费用是“并”的关系，二者缺一不可。因为企业不可能做到所有期间费用都能够准确划分。比如企业发生的广告费，就无法归集到某个具体项目中去；又如企业总部管理人员管理整个企业、销售人员销售各项目的产品，也无法归集到某个具体项目中去，企业只能通过合理的方法来分摊这些费用。因此，若企业因单独核算就不分摊期间费用，则会造成多享受税收优惠。

案　例

某企业为总公司，下属有6家分公司，其中总公司和3家分公司为负责管理的公司，不从事具体生产；另外3家分公司从事风力及太阳能发电业务，共有8个项目，其中3个项目已过减免税期，5个项目处于减免税期，各项目单独核算，能够准确划分用于发电项目上的费用。该企业负责人认为，无法划分清楚的期间费用才需要分摊，能够划分清楚的则不需分摊，否则将用于非减免税项目上的期间费用分摊到减免税项目里，是不合理的。

税务人员表示，并不是说只要单独核算就可以不分摊期间费用，这是因为企业不可能做到所有期间费用都能够准确划分。比如企业发生的广告费，无法归集到某个具体项目中；又如企业总部的管理费用，总部管理人员负责管理所有总分公司以及各项目产品，也无法归集到某个具体项目中去。因此，企业只能通过合理的方法来分摊这些费用。最终，该企业按照减免税项目销售收入占营业收入比例分摊期间费用，重新计算了减免所得额。补缴企业所得税156万元，并补缴了相应的滞纳金。

资料来源：减免税项目须合理分摊期间费用［N］.中国税务报，2017-07-12（B4）.

4.11.2 关于总收入的规定

不少税收优惠中都有一个“总收入”（或“收入总额”）的概念，即某项产品（业务）的收入占“总收入”达到规定比例才能享受税收优惠，否则不能享受。那么何为“总收入”？有人认为是主营业务收入与其他业务收入之和，有人认为还应包括营业外收入；有人认为应为《企业所得税法》第六条规定的所有收入，有人认为会计准则规定的收入才是总收入，在没有明确之前争议很大。

现在，“总收入”得到明确，即为《企业所得税法》第六条规定的所有收入。《企业所得税法》第六条规定：“企业以货币形式和非货币形式从各种来源取得的收入，为收入总额。包括：（一）销售货物收入；（二）提供劳务收入；（三）转让财产收入；（四）股息、红利等权益性投资收益；（五）利息收入；（六）租金收入；（七）特许权使用费收入；（八）接受捐赠收入；（九）其他收入。”

《企业所得税法》第六条规定了九项收入，不仅包括营业外收入，还包括企业在会计上不计入收入的“股息、红利等权益性投资收益”（会计上计入投资收益或冲减长期股权投资成本）、“利息收入”（会计上计入财务费用贷方）等，因此范围远大于企业会计收入，分母收入总额越大，分子收入占比越小，因此企业须倍加注意。

这里面最关键的是“转让财产收入”。转让财产可能没有收益，但收入可能很大，尤其是股权转让，由于股权转让收入金额一般都较大，很多有股权转让收入的企业“总收入”都被扩大了，导致某项产品的收入达不到规定比例。

下面总结一下有“总收入”规定的税收优惠。

4.11.2.1　关于《企业所得税法》第六条规定的九项收入

（1）关于固定资产加速折旧。六大行业、四个领域重点行业和制造业企业2014年1月1日、2015年1月1日和2019年1月1日后购进的固定资产（包括自行建造），允许按不低于企业所得税法规定折旧年限的60%缩短折旧年限，或选择采取双倍余额递减法或年数总和法进行加速折旧。

《国家税务总局关于固定资产加速折旧税收政策有关问题的公告》（国家税务总局公告2014年第64号）和《国家税务总局关于进一步完善固定资产加速折旧企业所得税政策有关问题的公告》（国家税务总局公告2015年第68号）规定，六大行业和四个领域重点行业企业是指以上述行业业务为主营业务，其固定资产投入使用当年主营业务收入占企业收入总额50%（不含）以上的企业。所称收入总额，是指《企业所得税法》第六条规定的收入总额。

（2）软件和集成电路企业。《国家税务总局关于执行软件企业所得税优惠政策有关问题的公告》（国家税务总局公告2013年第43号）第二条规定：“软件企业的收入总额，是指《企业所得税法》第六条规定的收入总额。”集成电路企业亦然。

（3）区域性优惠企业。西部大开发、海南自由贸易港、横琴、平潭、前海、新疆困难地区新办企业、新疆喀什、霍尔果斯等区域性优惠政策均要求其主营业务收入占企业收入总额一定比例以上。

（4）技术先进型服务企业。《财政部 国家税务总局 商务部 科技部 国家发展改革委关于完善技术先进型服务企业有关企业所得税政策问题的通知》（财税〔2014〕59号）第二条第五款规定：“从事《技术先进型服务业务认定范围（试行）》中的技术先进型服务业务取得的收入占企业当年总收入的50%以上”；第六款规定：“从事离岸服务外包业务取得的收入不低于企业当年总收入的35%”。

（5）动漫企业。《文化部 财政部国家税务总局关于印发〈动漫企业认定管理办法（试行）〉的通知》（文市发〔2008〕51号）第十条第二款规定："动漫企业经营动漫产品的主营收入占企业当年总收入的60%以上"；申请认定重点可以动漫企业的，还应符合该办法第十三条第三款的规定，即："动漫企业的动漫产品版权出口和对外贸易年收入200万元人民币以上，且自主知识产权动漫产品出口收入占总收入30%以上的"。

（6）生产和装配伤残人员专门用品企业。《财政部 国家税务总局民政部关于生产和装配伤残人员专门用品企业免征企业所得税的通知》（财税〔2016〕111号）第一条第二款规定："以销售本企业生产或者装配的伤残人员专门用品为主，其所取得的年度伤残人员专门用品销售收入（不含出口取得的收入）占企业收入总额60%以上。收入总额，是指《中华人民共和国企业所得税法》第六条规定的收入总额。"

（7）制造业研发费用加计扣除。《财政部 税务总局关于进一步完善研发费用税前加计扣除政策的公告》（财政部 税务总局公告2021年第13号）第一条第二款规定："所称制造业企业，是指以制造业业务为主营业务，享受优惠当年主营业务收入占收入总额的比例达到50%以上的企业。制造业的范围按照《国民经济行业分类》（GB/T 4574—2017）确定，如国家有关部门更新《国民经济行业分类》，从其规定。收入总额按照企业所得税法第六条规定执行。"

4.11.2.2 关于《企业所得税法》第六条规定的九项收入减不征税收入

高新技术企业"总收入"是最早、最重要、最不明确、最有争议的。老的《高新技术企业认定管理办法》（国科发火〔2008〕172号）对"总收入"没有解释，因为涉及企业能否享受到15%税率优惠，这个"总收入"一直以来争议很大。

《高新技术企业认定管理工作指引》（国科发火〔2016〕195号）对此解释道："总收入是指收入总额减去不征税收入。收入总额与不征税收入按照《中华人民共和国企业所得税法》及《中华人民共和国企业所得税法实施条例》的规定计算。"即高新技术企业的总收入为《企业所得税法》第六条规定的收入总额减去不征税收入。

4.11.2.3 关于《企业所得税法》第六条规定的九项收入减不征税收入和投资收益

（1）研发费用加计扣除。新的研发费用加计扣除首次以负面清单的形式规定了哪些行业不能加计扣除。《财政部 国家税务总局 科技部关于完善研究开发费用税前加计扣除政策的通知》（财税〔2015〕119号）第四条规定了烟草制造业等六个不适用加计扣除政策的行业。《国家税务总局关于企业研究开发费用税前加计扣除政策有关问题的公告》（国家税务总局公告2015年第97号）第四条规定："《通知》中不适用税前加计扣除政策行业的企业，是指以《通知》所列行业业务为主营业务，其研发费用发生当年的主营业务收入占企业按税法第六条规定计算的收入总额减除不征税收入和投资收益的余额50%（不含）以上的企业。"

因此，研发费用加计扣除负面清单中的总收入指《企业所得税法》第六条规定的收入总额减去不征税收入和投资收益。分母缩小，比例扩大。

需要注意的是，此处的投资收益，并不是会计上的投资收益，是指计入税法总收入的投资收益。《研发费用加计扣除政策执行指引（1.0版）》指出："从收入总额中减除的投资收益包括税法规定的股息、红利等权益性投资收益以及股权转让所得。"

（2）困难企业8年弥补亏损。《财政部 税务总局关于支持新型冠状病毒感染的肺炎疫情防控有关税收政策的公告》（财政部 税务总局公告2020年第8号）第四条规定，交通运输、餐饮、住宿、旅游（指旅行社及相关服务、游览景区管理两类）四大类困难行业企业2020年度发生的亏损，最长结转年限由5年延长至8年。困难行业企业2020年度主营业务收入须占收入总额（剔除不征税收入和投资收益）的50%以上。

【例4-32】某生物药品制造企业被认定为高新技术企业，其20×1年取得高新技术产品收入1 000万元（假设全部为生物药品制造收入），租金收入200万元，取得政府补助500万元，符合不征税收入条件，按照不征税收入处理，取得股息、红利100万元，取得股权转让收入300万元（股权转让成本200万元）。当年购进一台单价500万元以上设备并投入使用。

高新技术企业方面：按照国科发火〔2016〕195号文件规定计算，高新技术产品收入比例=1 000/（1 000+200+500+100+300−500）×100%=62.5%>60%，符合高新技术企业条件，可以享受15%优惠税率。

固定资产加速折旧方面：按照国家税务总局公告2014年第64号规定计算，主营业务收入比例=1 000/（1 000+200+500+100+300）×100%=47.62%<50%，不符合固定资产加速折旧条件，不能享受固定资产加速折旧优惠。

【例4-33】（承例4-32）该生物药品制造企业20×2年取得高新技术产品收入1 200万元（假设全部为生物药品制造收入），租金收入200万元，取得政府补助400万元，符合不征税收入条件，按照不征税收入处理，取得股息、红利300万元，取得股权转让收入500万元（股权转让成本600万元）。当年又购进一台单价500万元以上设备并投入使用。

高新技术企业方面：高新技术产品收入比例=1 200/（1 200+200+400+300+500−400）×100%=54.55%<60%，不符合高新技术企业条件，不能享受15%优惠税率。

固定资产加速折旧方面：主营业务收入比例=1 200/（1 200+200+400+300+500）×100%=46.15%<50%，不符合固定资产加速折旧条件，不能享受固定资产加速折旧优惠。

【例4-34】某烟草制造企业，20×1年取得烟草销售收入1 000万元，租金收入200万元，取得政府补助500万元，符合不征税收入条件，按照不征税收入处理，取得股息、红利100万元，取得股权转让收入300万元（股权转让成本200万元），可以减除的投资收益200万元（100+300−200）。当年又购进一台单价500万元以上设备并投入使用。

研发费用加计扣除方面：按照国家税务总局公告2015年第97号规定计算，主营业务收入比例=1 000/（1 000+200+500+100+300−500−200）=71.43%>50%，不能享受研发费用加计扣除优惠。

固定资产加速折旧方面：按照财政部税务总局公告2019年第66号规定计算，主营业务收入比例=1 000/（1 000+200+500+100+300）=47.62%<50%，不符合固定资产加速折旧条件，不能享受固定资产加速折旧优惠。

【例4-35】（承例4-34）该烟草制造企业20×2年取得烟草销售收入1 200万元，租金收入200万元，取得政府补助400万元，符合不征税收入条件，按照不征税收入处理，取得股息、红利300万元，取得股权转让收入1 500万元（股权转让成本1 600万元），可以减除的投资收益200万元（300+1 500−1 600）。当年又购进一台单价500万元以上设备并投入使用。

研发费用加计扣除方面：主营业务收入比例=1 200/（1 200+200+400+300+1 500−400−200）× 100%=40%<50%，可以享受研发费用加计扣除优惠。

固定资产加速折旧方面：主营业务收入比例=1 200/(1 200+200+400+300+1 500）× 100%=33.33%<50%，不符合固定资产加速折旧条件，不能享受固定资产加速折旧优惠。

表4–16　税收优惠中的"总收入"一览表

<table>
<tr><th>优惠项目</th><th>优惠方式</th><th>分子</th><th>分母</th><th>比例</th></tr>
<tr><td>固定资产加速折旧</td><td>缩短折旧年限、双倍余额递减法或年数总和法进行加速折旧</td><td>固定资产投入使用当年主营业务收入</td><td rowspan="7">收入总额</td><td>50%（不含）以上</td></tr>
<tr><td>软件和集成电路企业</td><td>二免三减半等</td><td>软件和集成电路销售（营业）收入</td><td>不低于30%~60%</td></tr>
<tr><td>区域性优惠</td><td>15%优惠税率/二免三减半</td><td>鼓励产业主营业务收入</td><td>60%或70%以上</td></tr>
<tr><td>技术先进型服务企业</td><td>15%优惠税率</td><td>技术先进型服务业务取得的收入</td><td>50%以上</td></tr>
<tr><td>动漫企业</td><td>二免三减半</td><td>动漫产品的主营收入</td><td>60%以上</td></tr>
<tr><td>生产和装配伤残人员专门用品企业</td><td>免征企业所得税</td><td>伤残人员专门用品销售收入（不含出口取得的收入）</td><td>60%以上</td></tr>
<tr><td>制造业研发费用</td><td>100%加计扣除</td><td>制造业主营业务收入</td><td>50%以上</td></tr>
<tr><td>高新技术企业</td><td>15%优惠税率</td><td>高新技术产品（服务）收入</td><td>收入总额－不征税收入</td><td>不低于60%</td></tr>
<tr><td>六个负面清单行业研发费用</td><td>加计扣除</td><td>主营业务收入</td><td rowspan="2">收入总额－(不征税收入＋投资收益）</td><td>50%以下</td></tr>
<tr><td>四类困难企业</td><td>8年弥补亏损</td><td>主营业务收入</td><td>50%以上</td></tr>
</table>

4.11.3　环保因素

环境保护已经成为当前越来越重要的话题，得到各方面的重视。发展不能牺牲环境，税收作为调节经济的杠杆，也越来越向环保产业倾斜，从事节能环保的企业可以享受一定税收优惠。但是，如果企业污染环境，也会受到税收上的惩罚。下面总结一下哪些税收优惠须考虑环保因素。

（1）高新技术企业。《高新技术企业认定管理办法》（国科发火〔2016〕32号）将没有环境违法行为作为高新技术企业认定的条件，其第十一条规定："认定为高新技术企业须同时满足以下条件：……企业申请认定前一年内未发生重大安全、重大质量事故或严重环境违法行为。"因此，企业有环境违法行为的，不能被认定为高新技术企业。

同时，其第十九条规定："已认定的高新技术企业有下列行为之一的，由认定机构取消其高新技术企业资格：……（二）发生重大安全、重大质量事故或有严重环境违法行为的"。因此，高新技术企业如有环境违法行为，其资格将被取消，不能享受税收优惠。

（2）软件和集成电路企业。《财政部 国家税务总局 发展改革委 工业和信息化部关于软件和集成电路产业企业所得税优惠政策有关问题的通知》（财税〔2016〕49号）规定，软件和集成电路产业企业的条件之一为"汇算清缴年度未发生重大安全、重大质量事故或严重环境违法行为"。因此，软件和集成电路产业企业如有环境等违法行为，不能享受税收优惠。

（3）科技型中小企业。《科技型中小企业评价办法》（国科发政〔2017〕115号）第六条规定："科技型中小企业须同时满足以下条件：……（四）企业在填报上一年及当年内未发生重大安全、重大质量事故和严重环境违法、科研严重失信行为，且企业未列入经营异常名录和严重违法失信企业名单。"因此，企业有环境违法行为的，不能被认定为科技型中小企业。

同时，其第十四条规定："已入库企业有下列行为之一的，由省级科技管理部门撤销其行为发生年度登记编号并在服务平台上公告：……（四）发生重大安全、重大质量事故或有严重环境违法行为"。因此，科技型中小企业如有环境违法行为，其资格将被取消，不能享受税收优惠。

4.11.4　应税项目和减免税项目可以盈亏互补

《国家税务总局关于做好2009年度企业所得税汇算清缴工作的通知》（国税函〔2010〕148号）第三条第六款规定："税收优惠填报口径。对企业取得的免税收入、减计收入以及减征、免征所得额项目，不得弥补当期及以前年度应税项目亏损；当期形成亏损的减征、免征所得额项目，也不得用当期和以后纳税年度应税项目所得抵补。"

国税函〔2010〕148号文件被2014版纳税申报表废止，按照2014版申报表填报规则，应税项目所得与减免税项目所得盈亏不能互相弥补；但是，按照2017版纳税申报表填报规则，应税项目所得与减免税项目所得盈亏可以互相弥补。

第5章
投资业务

5.1　金融资产

2017年修订的《企业会计准则第22号——金融工具确认和计量》（财会〔2017〕7号）规定，在境内外同时上市的企业以及在境外上市并采用国际财务报告准则或企业会计准则编制财务报告的企业，自2018年1月1日起施行；其他境内上市企业自2019年1月1日起施行；执行企业会计准则的非上市企业自2021年1月1日起施行。旧金融工具准则按照持有金融资产的意图和目的分为以公允价值计量且其变动计入当期损益的金融资产、持有至到期投资、贷款和应收款项、可供出售金融资产。而新金融工具准则规定以企业持有金融资产的业务模式和金融资产的合同现金流量特征作为金融资产分类依据，将金融资产分类为以摊余成本计量的金融资产、以公允价值计量且其变动计入其他综合收益的金融资产、以公允价值计量且其变动计入当期损益的金融资产三类。

5.1.1　以摊余成本计量的金融资产

金融资产同时符合下列条件的，应当分类为以摊余成本计量的金融资产：（1）企业管理该金融资产的业务模式是以收取合同现金流量为目标。（2）该金融资产的合同条款规定，在特定日期产生的现金流量，仅为对本金和以未偿付本金金额为基础的利息的支付。

5.1.1.1　购　入

（1）会计处理。

【例5-1】20×1年1月1日，甲公司支付价款1 000万元（含交易费用）从活跃市场上购入某公司发行的5年期债券，面值1 250万元，票面年利率4.72%，按年支付利息（即每年59万元），本金在最后一次偿还。合同约定，该债券的发行方在遇到特定情况时可以将债券赎回，且不需要为提前赎回支付额外款项。甲公司在购买该债券时，预计发行方不会提前赎回。甲公司将该债券划分为以摊余成本计量的金融资产。假设不考虑所得税、减值损失等因素。该债券实际利率为10%。甲公司会计处理如下：

20×1年1月1日，购入债券时：

借：债权投资——成本	12 500 000	
贷：银行存款		10 000 000
债权投资——利息调整		2 500 000

【例5-2】（承例5-1）假定甲公司购买的债券不是分次付息，而是到期一次还本付息，且利息不是以复利计算。此时甲公司所购买债券的实际利率为9.05%。甲公司会计处理如下：

20×1年1月1日，购入债券时：

借：债权投资——成本	12 500 000	
贷：银行存款		10 000 000
债权投资——利息调整		2 500 000

（2）税务处理。《企业所得税法实施条例》第七十一条规定："企业所得税法第十四条

所称投资资产，是指企业对外进行权益性投资和债权性投资形成的资产。企业在转让或者处置投资资产时，投资资产的成本，准予扣除。投资资产按照以下方法确定成本：1.通过支付现金方式取得的投资资产，以购买价款为成本；2.通过支付现金以外的方式取得的投资资产，以该资产的公允价值和支付的相关税费为成本。”

此处不存在税会差异。

5.1.1.2　持有期间

（1）会计处理。

【例5–3】（承例5–1）甲公司各年度利息调整表见表5–1。

表5–1　甲公司各年度利息调整表　　单位：万元

年度	期初摊余成本	实际利息收入	现金流入	期末摊余成本
	1	2=1×10%	3	4=1+2–3
20×1年	1 000	100	59	1 041
20×2年	1 041	104	59	1 086
20×3年	1 086	109	59	1 136
20×4年	1 136	114	59	1 191
20×5年	1 191	118*	59	0

*尾数调整：1 250+59–1 191=118。

①20×1年12月31日，确认实际利息收入、收到票面利息等。甲公司会计处理如下：

借：应收利息　590 000

　　债权投资——利息调整　410 000

　贷：投资收益　1 000 000

借：银行存款　590 000

　贷：应收利息　590 000

②20×2年12月31日，确认实际利息收入、收到票面利息等时：

借：应收利息　590 000

　　债权投资——利息调整　450 000

　贷：投资收益　1 040 000

借：银行存款　590 000

　贷：应收利息　590 000

③20×3年12月31日，确认实际利息收入、收到票面利息等时：

借：应收利息　590 000

　　债权投资——利息调整　500 000

　贷：投资收益　1 090 000

借：银行存款　590 000

　贷：应收利息　590 000

④20×4年12月31日，确认实际利息、收到票面利息等时：

借：应收利息 590 000

　　债权投资——利息调整 550 000

　贷：投资收益 1 140 000

借：银行存款 590 000

　贷：应收利息 590 000

【例5-4】(承例5-2)甲公司各年度利息调整表见表5-2。

表5-2 甲公司各年度利息调整表 单位：万元

年度	期初摊余成本	实际利息收入	现金流入	期末摊余成本
	1	2=1×9.05%	3	4=1+2−3
20×1年	1 000	90.5	0	1 090.5
20×2年	1 090.5	98.69	0	1 189.19
20×3年	1 189.19	107.62	0	1 296.81
20×4年	1 296.81	117.36	0	1 414.17
20×5年	1 417.17	130.83*	1545	0

*尾数调整：1 250+295−1 414.17=130.83。

①20×1年12月31日，确认实际利息收入时：

借：债权投资——应计利息 590 000

　　　　　——利息调整 315 000

　贷：投资收益 905 000

②20×2年12月31日，确认实际利息收入时：

借：债权投资——应计利息 590 000

　　　　　——利息调整 396 900

　贷：投资收益 986 900

③20×3年12月31日确认实际利息收入时：

借：债权投资——应计利息 590 000

　　　　　——利息调整 486 200

　贷：投资收益 1 076 200

④20×4年12月31日，确认实际利息收入时：

借：债权投资——应计利息 590 000

　　　　　——利息调整 583 600

　贷：投资收益 1 173 600

(2)税务处理。《企业所得税法实施条例》第十八条第二款规定："利息收入，按照合同约定的债务人应付利息的日期确认收入的实现。"因此，对于分期付息、一次还本的债券投资，不存在税会差异；对于一次还本付息的债券投资，会计上在资产负债表日确认利息收入，计入投资收益，而税收上按照合同约定的债务人应付利息的日期确认收入的实现。此处存在税会差异。会计上与税收上确认利息收入的时间不同，企业应于每年做纳税调减，在合同约定的付息日做纳税调增处理。

在利息收入金额确认上，有两种方法。

《企业所得税法实施条例》第十八条第一款规定："企业所得税法第六条第（五）项所称利息收入，是指企业将资金提供他人使用但不构成权益性投资，或者因他人占用本企业资金取得的收入，包括存款利息、贷款利息、债券利息、欠款利息等收入。"

《企业所得税法实施条例释义及适用指南》对此解释道，一般而言，企业利息收入金额，应当按照有关借款合同或协议约定的金额确定。对于企业持有到期的长期债券或发放长期贷款取得的利息收入，可按照实际利率法确认收入的实现。关于持有至到期投资（主要是债权性投资）、贷款等的利息收入或某些金融负债的利息费用的确认，新会计准则规定采用实际利率法进行计算确定。实际利率法，是指将金融资产或金融负债在预期存续期间或适用的更短期间内的未来现金流量，折现为该金融资产或金融负债当前账面价值，从而得出该金融资产或金融负债的实际利率（折现率），并按实际利率计算各期利息收入或利息费用的方法。考虑到实际利率法的处理结果与现行税法规定的名义利率法（合同利率法）差异较小，且能够反映有关资产的真实报酬率。所以，税法也认同企业采用实际利率法来确认利息收入的金额。

也就是说，利息收入既可以按照票面利率确认，也可以按照实际利率确认。前者存在税会差异，后者不存在税会差异。

例5-3中，对于分期付息、一次还本的债券投资，若按实际利率确认，则不存在税会差异，若按票面利率确认，则存在税会差异，纳税调整见表5-3。

例5-4中，税法要求按照合同约定的付息日确认利息收入，即20×1年至20×4年会计上确认的利息收入不计入当期应纳税所得额，分别调减90.5万元、98.69万元、107.62万元和117.36万元。

5.1.1.3 处　置

（1）会计处理。

【例5-5】（承例5-3）20×5年12月31日，确认实际利息、收到票面利息和本金等时：

借：应收利息　　590 000
　　债权投资——利息调整　　590 000
　贷：投资收益　　1 180 000

借：银行存款　　590 000
　贷：应收利息　　590 000

借：银行存款等　　12 500 000
　贷：债权投资——成本　　12 500 000

【例5-6】（承例5-4）20×5年12月31日，确认实际利息、收到本金和名义利息等时：

借：债权投资——应计利息　　590 000
　　　　　　——利息调整　　718 300
　贷：投资收益　　1 308 300

借：银行存款 15 450 000

贷：债权投资——成本 12 500 000

——应计利息 2 950 000

（2）税务处理。例5–5中，对于分期付息、一次还本的债券投资，若按实际利率确认，则不存在税会差异，若按票面利率确认，则存在税会差异，处置时会产生处置收益：1 250–1 000=250（万元），做纳税调增（见表5–3）。

表5–3 甲公司各年度纳税调整明细表

单位：万元

年度	纳税调减	纳税调增		合计
	投资收益	票面利息	处置收益	
	1	2	3	4=2+3–1
20×1年	100	59		–41
20×2年	104	59		–45
20×3年	109	59		–50
20×4年	114	59		–55
20×5年	118	59	250	191
合计	545	295	250	0

例5–6中，税收上20×5年确认利息收入295万元，处置时会产生处置收益：1 250–1 000=250（万元），做纳税调增（见表5–4）。

表5–4 甲公司各年度纳税调整明细表

单位：万元

年度	纳税调减	纳税调增		合计
	投资收益	票面利息	处置收益	
	1	2	3	4=2+3–1
20×1年	90.5			–90.5
20×2年	98.69			–98.69
20×3年	107.62			–107.62
20×4年	117.36			–117.36
20×5年	130.83	295	250	414.17
合计	545	295	250	0

5.1.2 以公允价值计量且其变动计入其他综合收益的金融资产

金融资产同时符合下列条件的，应当分类为以公允价值计量且其变动计入其他综合收益的金融资产：（1）企业管理该金融资产的业务模式既以收取合同现金流量为目标又以出售该金融资产为目标。（2）该金融资产的合同条款规定，在特定日期产生的现金流量，仅为对本金和以未偿付本金金额为基础的利息的支付。

指定为以公允价值计量且其变动计入其他综合收益的非交易性权益工具投资，除了获取的股利（明确代表投资成本部分收回的股利除外）计入当期损益外，其他相关利得和损失（包括汇兑损益）均应当计入其他综合收益，且后续不得转入当期损益。当其终止确认时，之前计入其他综合收益的累计利得或损失应当从其他综合收益中转出，计入留存收益。

5.1.2.1 购　入

（1）会计处理。

【例5–7】20×1年5月13日，甲公司支付价款106万元从二级市场购入乙公司发行的股票10万股，每股价格10.60元（含已宣告但尚未发放的现金股利0.60元），另支付交易费用1 000元。甲公司将其指定为以公允价值计量且其变动计入其他综合收益的非交易性权益工具投资，且持有乙公司股权后对其无重大影响。甲公司会计处理如下：

借：其他权益工具投资——成本　　1 001 000
　　应收股利　　60 000
　贷：银行存款　　1 061 000

（2）税务处理。根据《企业所得税法实施条例》第七十一条第一款规定，此处不存在税会差异。

5.1.2.2 持有期间

（1）会计处理。

【例5–8】（承例5–7）5月23日，收到乙公司发放的现金股利。甲公司会计处理如下：

借：银行存款　　60 000
　贷：应收股利　　60 000

12月31日，乙公司股票价格涨到每股13元。会计处理如下：

借：其他权益工具投资——公允价值变动　　300 000
　贷：其他综合收益——其他权益工具投资公允价值变动　　300 000

20×2年2月15日，乙公司宣告发放现金股利，甲公司按投资比例可分得5万元。

借：应收股利　　50 000
　贷：投资收益　　50 000

20×2年2月20日，甲公司收到现金股利5万元。

借：银行存款　　50 000
　贷：应收股利　　50 000

（2）税务处理。《企业所得税法实施条例》第八十三条规定："企业所得税法第二十六条第（二）项和第（三）项所称股息、红利等权益性投资收益，不包括连续持有居民企业公开发行并上市流通的股票不足12个月取得的投资收益。"例5–8中，若乙公司的股票是公开发行并上市流通的股票，由于甲公司持有该股票不足12个月，因此其分得的投资收益5万元不能免税。

5.1.2.3　处　置

（1）会计处理。

【例5-9】（承例5-8）20×2年4月1日，将持有的乙公司股票全部售出，每股售价15元。甲公司会计处理如下：

借：银行存款　1 500 000

　　其他综合收益——其他权益工具投资公允价值变动　300 000

　贷：其他权益工具投资——成本　1 001 000

　　　　　　　　　　——其他权益工具投资公允价值变动　300 000

　　　盈余公积——法定盈余公积　49 900

　　　利润分配——未分配利润　449 100

（2）税务处理。《企业所得税法》第十六条规定："企业转让资产，该项资产的净值，准予在计算应纳税所得额时扣除。"《企业所得税法实施条例》第七十四条规定："企业所得税法第十六条所称资产的净值和第十九条所称财产净值，是指有关资产、财产的计税基础减除已经按照规定扣除的折旧、折耗、摊销、准备金等后的余额。"

例5-9中，税收上的金融资产处置损益=150-100.1=49.9（万元），会计上确认的处置损益计入了留存收益，应调增49.9万元。

5.1.3　以公允价值计量且其变动计入当期损益的金融资产

按照会计准则分类为以摊余成本计量的金融资产和分类为以公允价值计量且其变动计入其他综合收益的金融资产之外的金融资产，应当分类为以公允价值计量且其变动计入当期损益的金融资产。

5.1.3.1　购　入

（1）会计处理。

【例5-10】（承例5-7）甲公司将其指定为以公允价值计量且其变动计入当期损益的金融资产。甲公司会计处理如下：

借：交易性金融资产——成本　1 000 000

　　应收股利　60 000

　　投资收益　1 000

　贷：银行存款　1 061 000

（2）税务处理。

争　议

会计上要求相关交易费用不计入以公允价值计量且其变动计入当期损益的金融资产的初始成本，作为投资收益的借方；根据《企业所得税法实施条例》第七十一条第一款规定，对于此处是否存在税会差异目前有不同观点。一种观点认为，交易费用不属于投资资产的购买价款，不计入投资资产计税基础，此处不存在税会差异；另一种观点认为，交易费用也属于投资资产的购买价款，应计入投资资产计税基础，调增应纳税所得额1 000元，填入A105000《纳税调整项目明细表》第6行“交易性金融资产初始投资调整”第3列“调增金额”。本书采用不存在税会差异的观点。

5.1.3.2 持有期间

（1）会计处理。

【例5-11】（承例5-10）5月23日，收到乙公司发放的现金股利。甲公司会计处理如下：

借：银行存款　60 000

　贷：应收股利　60 000

12月31日，乙公司股票价格涨到每股13元。会计处理如下：

借：交易性金融资产——公允价值变动　300 000

　贷：公允价值变动损益　300 000

20×2年2月15日，乙公司宣告发放现金股利，甲公司按投资比例可分得5万元。

借：应收股利　50 000

　贷：投资收益　50 000

20×2年2月20日，甲公司收到现金股利5万元。

借：银行存款　50 000

　贷：应收股利　50 000

（2）税务处理。会计上要求将公允价值变动损益计入当期损益，《企业所得税法实施条例》第五十六条规定按照历史成本计量，此处存在税会差异。例5-11中，调减应纳税所得额30万元。

根据《企业所得税法实施条例》第八十三条规定，若乙公司的股票是公开发行并上市流通的股票，由于甲公司持有该股票不足12个月，因此其分得的投资收益5万元不能免税。

5.1.3.3 处　置

（1）会计处理。

【例5-12】（承例5-11）20×2年4月1日，将持有的乙公司股票全部售出，每股售价15元。甲公司会计处理如下：

借：银行存款　1 500 000

　　公允价值变动损益　300 000

　贷：交易性金融资产——成本　1 000 000

　　　　　　　　　　——公允价值变动　300 000

　　投资收益　500 000

（2）税务处理。根据《企业所得税法》第十六条和《企业所得税法实施条例》第七十四条规定，例5-12中，税收上的金融资产处置损益为50万元（150-100），会计上确认的处置损益为20万元（50–30），调增30万元。

5.1.3.4 转让不同批次购进的金融资产

企业不同时间购进的股票，每股价值不同，转让时，如何确认成本。

增值税方面。《财政部 国家税务总局关于全面推开营业税改征增值税试点的通知》（财税〔2016〕36号）附件2《营业税改征增值税试点有关事项的规定》明确："金融商品的买入价，可以选择按照加权平均法或者移动加权平均法进行核算，选择后36个月内不得变更。"

企业所得税方面。仅对不同时间购买同一品种国债的成本有明确规定。《国家税务总局关于企业国债投资业务企业所得税处理问题的公告》（国家税务总局公告2011年第36号）第四条规定："企业在不同时间购买同一品种国债的，其转让时的成本计算方法，可在先进先出法、加权平均法、个别计价法中选用一种。计价方法一经选用，不得随意改变。"对于其他金融资产没有规定，实务中，一般采用加权平均法。

【例5–13】20×1年2月，甲公司购入A股票30万股，市价为每股30元；5月，又购入A股票20万股，市价为每股40元。10月，甲公司转让A股票35万股，市价为每股50元。采用加权平均法，则：

每股成本=（30×30+40×20）÷（30+20）=34（元/股）；

增值税=（50–34）×35×6%=33.6（万元）；

企业所得税=（50–34）×35×25%=140（万元）。

风险提示

已宣告但尚未发放的应收股利不计入金融资产的计税基础。

无论会计上还是税收上，在购入金融资产时，购入价格中包含的已宣告但尚未发放的应收股利都不计入金融资产的成本或计税基础。但容易引起歧义的是，根据《企业所得税法实施条例》第七十一条规定，"投资资产按照以下方法确定成本：（一）通过支付现金方式取得的投资资产，以购买价款为成本"；而购买价款中包括已宣告但尚未发放的应收股利，如在例5–7中，企业就是支付了106万元的购买价款，那么，按照上述规定，其会计成本为100万元，计税基础为106万元似乎符合税法规定。

此处可如此理解：不能把106万元都看成购买价款，因为其中有6万元是已宣告未发放的股利，所以企业是用100万元购买投资资产，6万元购买应收股利。因此，按照《企业所得税法实施条例》第七十一条规定，该投资资产的购买价款是100万元，计税基础也是100万元。此处不存在税会差异。

案 例

A公司大部分基金投资都是在基金公告后买入，在基金分红权益登记日之后很快卖出，并且将全部购买金额都计入了投资成本。税务机关认为在分红公告后买入基金时，应将购买金额减掉待分配的红利部分作为投资成本，于是要求A公司调减成本。最终，该企业补缴企业所得税税款及滞纳金共计约3.7亿元。

资料来源：分红公告前后买基金 计税成本不一样［N］.中国税务报，2019–07–26（B4）.

5.2 长期股权投资

5.2.1 初始计量

5.2.1.1 企业合并形成的长期股权投资

企业合并形成的长期股权投资，应分别同一控制下控股合并与非同一控制下控股合并确定其初始投资成本。

情形一：同一控制下企业合并形成的长期股权投资。

（1）会计处理。

①合并方以支付现金、转让非现金资产或承担债务方式作为合并对价的，应当在合并日按照取得被合并方所有者权益在最终控制方合并财务报表中的账面价值的份额作为长期股权投资的初始投资成本。长期股权投资的初始投资成本与支付的现金、转让的非现金资产及所承担债务账面价值之间的差额，应当调整资本公积（资本溢价或股本溢价）；资本公积（资本溢价或股本溢价）的余额不足冲减的，调整留存收益。

②合并方以发行权益性证券作为合并对价的，应按合并日取得被合并方所有者权益在最终控制方合并财务报表中的账面价值的份额确认长期股权投资，按发行权益性证券的面值总额作为股本，长期股权投资初始投资成本与所发行权益性证券面值总额之间的差额，应当调整资本公积（资本溢价或股本溢价）；资本公积（资本溢价或股本溢价）不足冲减的，调整留存收益。

③形成同一控制下控股合并的长期股权投资，如果子公司按照改制时确定的资产、负债经评估确认的价值调整资产、负债账面价值的，合并方应当按照取得子公司经评估确认的净资产的份额，作为长期股权投资的初始投资成本。

④通过多次交易，分步取得股权最终形成同一控制下控股合并的，在个别财务报表中，应当以持股比例计算的合并日应享有被合并方所有者权益在最终控制方合并财务报表中的账面价值份额，作为该项投资的初始投资成本。初始投资成本与其原长期股权投资账面价值加上合并日为取得新的股份所支付对价的现金、转让的非现金资产及所承担的债务账面价值之和的差额，调整资本公积（资本溢价或股本溢价）；资本公积（资本溢价或股本溢价）不足冲减的，调整留存收益。

⑤在企业合并中，合并方发生的审计、法律服务、评估咨询等中介费用以及其他相关管理费用，应当于发生时计入当期损益（管理费用）。

【例5-14】甲、乙两家公司同属丙公司的子公司，20×1年7月1日，甲公司以银行存款1 000万元向乙公司投资，取得乙公司60%的股份。乙公司所有者权益总额为2 000万元。会计处理如下：

借：长期股权投资	12 000 000	
贷：银行存款		10 000 000
资本公积——股本溢价		2 000 000

（2）税务处理。《企业所得税法实施条例》第七十一条规定：“企业所得税法第十四

条所称投资资产，是指企业对外进行权益性投资和债权性投资形成的资产。企业在转让或者处置投资资产时，投资资产的成本，准予扣除。投资资产按照以下方法确定成本：（一）通过支付现金方式取得的投资资产，以购买价款为成本；（二）通过支付现金以外的方式取得的投资资产，以该资产的公允价值和支付的相关税费为成本。”

例5-14中，该长期股权投资会计成本为1 200万元，计税基础为甲公司实际支付的价款1 000万元，此处存在税会差异。

情形二：非同一控制下企业合并形成的长期股权投资。

（1）会计处理。

①非同一控制下的控股合并中，购买方应当按照取得的企业合并成本作为长期股权投资的初始投资成本。企业合并成本包括购买方付出的资产、发生或承担的负债、发行的权益性证券的公允价值之和。

②通过多次交易，分步取得股权最终形成非同一控制下控股合并的，购买方在个别财务报表中，应当以购买日之前所持被购买方的股权投资的账面价值与购买日新增投资成本之和，作为该项长期股权投资的初始投资成本。

【例5-15】甲公司于20×1年3月以1 000万元取得乙公司70%的股权，取得该部分股权后能够对乙公司实施控制。甲公司与乙公司不存在任何关联关系。购买日会计处理如下：

借：长期股权投资　　10 000 000

　贷：银行存款　　10 000 000

（2）税务处理。根据《企业所得税法实施条例》第七十一条第一款规定，此处不存在税会差异。

5.2.1.2　企业合并以外的其他方式取得的长期股权投资

长期股权投资可以通过不同的方式取得，除企业合并形成的长期股权投资外，通过其他方式取得的长期股权投资，应当按照以下要求确定初始投资成本。

（1）会计处理。

①以支付现金取得长期股权投资，应当按照实际应支付的购买价款作为长期股权投资的初始投资成本，包括与取得长期股权投资直接相关的费用、税金及其他必要支出，但所支付价款中包含的被投资单位已宣告但尚未发放的现金股利或利润作为应收项目核算，不构成取得长期股权投资的成本。

【例5-16】20×1年9月1日，甲公司从公开市场买入乙公司20%的股份，实际支付价款1 600万元。甲公司取得该部分股权后能够对乙公司施加重大影响。不考虑相关税费等其他因素影响。会计处理如下：

借：长期股权投资——投资成本　　16 000 000

　贷：银行存款　　16 000 000

②以发行权益性证券取得的长期股权投资，其成本为所发行权益性证券的公允价值，但不包括被投资单位已宣告但尚未发放的现金股利或利润。

为发行权益性工具支付给有关证券承销机构等的手续费、佣金等与权益性证券发行直接相关的费用，不构成取得长期股权投资的成本。按照《企业会计准则第37号——金融工具列报》的规定，该部分费用应自权益性证券的溢价发行收入中扣除，权益性证券的溢价收入不足冲减的，应依次冲减盈余公积和未分配利润。

【例5-17】20×1年9月，甲公司通过增发6 000万股普通股（面值1元/股），从非关联方处取得乙公司20%的股权，所增发股份的公允价值为10 000万元。假定甲公司取得该部分股权后能够对乙公司施加重大影响。会计处理如下：

借：长期股权投资——投资成本　　100 000 000
　贷：股本　　60 000 000
　　资本公积——股本溢价　　40 000 000

（2）税务处理。根据《企业所得税法实施条例》第七十一条规定，例5-16、例5-17不存在税会差异。

5.2.1.3　初始投资成本中包含的已宣告尚未发放现金股利或利润的处理

（1）会计处理。企业无论以何种方式取得长期股权投资，取得投资时，对于支付的对价中包含的应享有被投资单位已经宣告但尚未发放的现金股利或利润应确认为应收项目，不构成取得长期股权投资的初始投资成本。

【例5-18】甲公司于20×1年7月1日从公开市场买入乙公司20%的股份，实际支付价款8 000万元。甲公司取得该项投资时，乙公司已经宣告但尚未发放现金股利，甲公司按其持股比例计算确定可分得30万元。甲公司取得该部分股权后，能够对乙公司的生产经营决策施加重大影响。会计处理如下：

借：长期股权投资　　79 700 000
　　应收股利　　300 000
　贷：银行存款　　80 000 000

（2）税务处理。会计上要求应收股利不计入长期股权投资的初始成本，根据《企业所得税法实施条例》第七十一条第一款规定，对于此处是否存在税会差异目前有不同观点。一种观点认为，投资资产的购买价款为其实际支付的价款，包括应收股利，因此该长期股权投资计税基础为8 000万元，存在税会差异；另一种观点认为，应收股利不应计入投资资产成本，此处不存在税会差异。本书采用不存在税会差异的观点。

5.2.2　后续计量

长期股权投资在持有期间，根据投资企业对被投资单位的影响程度进行划分，应当分别采用成本法及权益法进行核算。

5.2.2.1　成本法

（1）定义及适用范围。成本法，是指投资按成本计价的方法。长期股权投资的成本法适用于企业持有的、能够对被投资单位实施控制的长期股权投资。

2014年修订的《企业会计准则第33号——合并财务报表》规定：控制，是指投资方拥有对被投资方的权力，通过参与被投资方的相关活动而享有可变回报，并且有能力运用对被投资方的权力影响其回报金额。因此，投资方要实现控制，必须具备两个基本要素，一是因涉入被投资方而享有可变回报；二是拥有对被投资方的权力，并且有能力运用对被投资方的权力影响其回报金额。

投资方只有在同时具备上述两个要素时，才能控制被投资方。

实务中，投资方在判断其能否控制被投资方时，应综合考虑所有相关事实和情况，以判断是否同时满足控制的这两个要素。相关事实和情况主要包括：被投资方的设立目的；被投资方的相关活动以及如何对相关活动做出决策；投资方享有的权利是否使其目前有能力主导被投资方的相关活动；投资方是否通过参与被投资方的相关活动而享有可变回报；投资方是否有能力运用对被投资方的权力影响其回报金额；投资方与其他方的关系。其中，被投资方的设立目的和设计的分析贯穿判断控制的始终，也是分析上述其他事实和情况的基础。如果事实和情况表明上述控制要素中的一个或多个发生变化，投资方应当重新判断其还能否控制被投资方。

（2）成本法的核算。

①成本确认。

第一，会计处理。企业取得长期股权投资时，应按照初始投资成本确认长期股权投资账面价值，借记“长期股权投资”科目，贷记“银行存款”等科目。如果实际支付价款中包含有已宣告但尚未发放的现金股利或利润，借记“应收股利”科目，贷记“银行存款”等科目。除取得投资时实际支付的价款或对价中包含的已宣告但尚未发放的现金股利或利润外，投资企业应当按照享有被投资单位宣告发放的现金股利或利润确认投资收益，不管有关利润分配是属于对取得投资前还是取得投资后被投资单位实现净利润的分配，均借记“应收股利”科目，贷记“投资收益”科目。

【例5-19】20×1年6月20日，甲公司以银行存款购买购入乙公司（非上市公司）股票150万股，每股买入价为10元，每股价格中包含0.2元已宣告但尚未发放的现金股利。甲公司取得该部分股权后，未派出人员参与乙公司的财务和生产经营决策，也未以任何其他方式对乙公司施加控制、共同控制或重大影响。同时，该股权不存在活跃市场，其公允价值不能可靠计量。6月30日，甲公司收到现金股利。会计处理如下：

6月20日：

借：长期股权投资	14 700 000	
应收股利	300 000	
贷：银行存款		15 000 000

6月30日：

借：银行存款	300 000	
贷：应收股利		300 000

第二，税务处理。根据《企业所得税法实施条例》第七十一条的规定，通过支付现金方式取得的投资资产，以购买价款为成本，本例无税会差异。

②被投资单位宣告发放现金股利或利润。

第一，会计处理。长期股权投资持有期间被投资单位宣告发放现金股利或利润时，对采用成本法核算的，企业按应享有的份额确认为投资收益，借记“应收股利”科目，贷记

“投资收益”科目。

【例5–20】（承例5–19）20×2年6月1日，乙公司宣告分派现金股利，甲公司按照其持有比例确定可分回50万元。7月1日收到。会计处理如下：

6月1日：

借：应收股利　500 000

　贷：投资收益　500 000

7月1日：

借：银行存款　500 000

　贷：应收股利　500 000

第二，税务处理。《企业所得税法实施条例》第八十三条规定：“企业所得税法第二十六条第（二）项所称符合条件的居民企业之间的股息、红利等权益性投资收益，是指居民企业直接投资于其他居民企业取得的投资收益。企业所得税法第二十六条第（二）项和第（三）项所称股息、红利等权益性投资收益，不包括连续持有居民企业公开发行并上市流通的股票不足12个月取得的投资收益。”因此，甲公司取得的50万元投资收益为免税收入。

③减值。

第一，会计处理。资产负债表日，长期股权投资的账面价值高于可收回金额的，企业应当将长期股权投资的账面价值减记至预计可收回金额，将减记的金额作为资产减值损失进行会计处理，计入当期损益，同时计提相应的资产减值准备。按照持长期股权投资的账面价值高于可收回金额的差额，借记“资产减值损失”科目，贷记“长期股权投资减值准备”科目。长期股权投资减值准备一经计提减值准备，在以后期间不得转回。

第二，税务处理。《企业所得税法实施条例》第五十六条规定：“企业的各项资产，包括固定资产、生物资产、无形资产、长期待摊费用、投资资产、存货等，以历史成本为计税基础。前款所称历史成本，是指企业取得该项资产时实际发生的支出。企业持有各项资产期间资产增值或者减值，除国务院财政、税务主管部门规定可以确认损益外，不得调整该资产的计税基础。”资产减值准备不得在税前扣除，应做纳税调增处理。

5.2.2.2　权益法

第一，定义及适用范围。

权益法，是指投资以初始投资成本计量后，在投资持有期间，根据被投资单位所有者权益的变动，投资企业按应享有（或应分担）被投资单位所有者权益的份额调整其账面价值的方法。

投资企业对被投资单位具有共同控制或重大影响的长期股权投资，即对合营企业投资及联营企业投资，应当采用权益法核算。

所称重大影响，是指投资方对被投资方的财务和经营政策有参与决策的权力，但并不能够控制或者与其他方一起共同控制这些政策的制定。

企业通常可以通过以下一种或几种情形来判断是否对被投资单位具有重大影响：

（1）在被投资单位的董事会或类似权力机构中派有代表。这种情况下，由于在被投资单位的董事会或类似权力机构中派有代表，并享有相应的实质性的参与决策权，投资企业可以通过该代表参与被投资单位经营政策的制定，达到对被投资单位施加重大影响。

（2）参与被投资单位的政策制定过程，包括股利分配政策等的制定。这种情况下，因可以参与被投资单位的政策制定过程，在制定政策过程中可以为其自身利益提出建议和意见，从而可以对被投资单位施加重大影响。

（3）与被投资单位之间发生重要交易。有关的交易因对被投资单位的日常经营具有重要性，进而一定程度上可以影响到被投资单位的生产经营决策。

（4）向被投资单位派出管理人员。这种情况下，通过投资企业对被投资单位派出管理人员，管理人员有权力负责被投资单位的财务和经营活动，从而能够对被投资单位施加重大影响。

（5）向被投资单位提供关键技术资料。因被投资单位的生产经营需要依赖投资企业的技术或技术资料，表明投资企业对被投资单位具有重大影响。

第二，权益法的核算。

（1）成本确认。

①会计处理。投资企业取得对联营企业或合营企业的投资以后，对于取得投资时投资成本与应享有被投资单位可辨认净资产公允价值份额之间的差额，应区别情况分别处理。

一是，初始投资成本大于取得投资时应享有被投资单位可辨认净资产公允价值份额的，该部分差额从本质上是投资企业在取得投资过程中通过购买作价体现出的与所取得股权份额相对应的商誉及被投资单位不符合确认条件的资产价值。初始投资成本大于投资时应享有被投资单位可辨认净资产公允价值的份额时，两者之间的差额不要求对长期股权投资的成本进行调整。借记“长期股权投资——成本”科目，贷记“银行存款”等科目。

二是，初始投资成本小于取得投资时应享有被投资单位可辨认净资产公允价值份额的，两者之间的差额体现为双方在交易作价过程中转让方的让步，该部分经济利益流入应作为收益处理，计入取得投资当期的营业外收入，同时调整增加长期股权投资的账面价值。借记“长期股权投资——成本”科目，贷记“银行存款”等科目，按照其差额，贷记“营业外收入”科目。

【例5-21】甲公司于20×1年1月取得乙公司30%的股权，支付价款9 000万元。取得投资时被投资单位可辨认净资产的公允价值为22 500万元。在乙公司的生产经营决策过程中，所有股东均按持股比例行使表决权。甲公司在取得乙公司的股权后，派人参与了乙公司的生产经营决策。因能够对乙公司施加重大影响，甲公司对该投资应当采用权益法核算。取得投资时，甲公司会计处理如下：

借：长期股权投资——成本　　90 000 000

　贷：银行存款　　90 000 000

长期股权投资的初始投资成本9 000万元大于取得投资时应享有被投资单位可辨认净资产公允价值的份额6 750万元（22 500×30%），两者之间的差额不调整长期股权投资的账面价值。

【例5-22】甲公司于20×1年1月取得乙公司30%的股权，支付价款9 000万元。取得投资时被投资单位可辨认净资产的公允价值为36 000万元。在乙公司的生产经营决策过程中，所有股东均按持股比例行使表决权。甲公司在取得乙公司的股权后，派人参与了乙公司的生产经营决策。因能够对乙公司施加重大影响，甲公司对该投资应当采用权益法核算。取得投资时，甲公司会计处理如下：

借：长期股权投资——成本　108 000 000

　贷：银行存款　90 000 000

　　营业外收入　18 000 000

甲公司按持股比例30%计算确定应享有10 800万元，则初始投资成本与应享有被投资单位可辨认净资产公允价值份额之间的差额1 800万元应计入取得投资当期的营业外收入。

②税务处理。根据《企业所得税法实施条例》第七十一条的规定，通过支付现金方式取得的投资资产，以购买价款为成本。例5–21中，不存在税会差异；例5–22中，购买日该长期股权投资计税基础为9 000万元，会计上计入损益的营业外收入1 800万元不予确认，调减1 800万元。在企业所得税年度申报表中专门有此行次，在《纳税调整项目明细表》（A105 000）第5行"按权益法核算长期股权投资对初始投资成本调整确认收益"第4列调减。

（2）投资损益的确认。

①会计处理。投资企业取得长期股权投资后，应当按照应享有或应分担被投资单位实现净利润或发生净亏损的份额，调整长期股权投资的账面价值，并确认为当期投资损益。借记"长期股权投资——损益调整"科目，贷记"投资收益"科目。

【例5–23】（承例5–22）取得投资当年被投资单位实现净利润2 400万元。甲公司会计处理如下：

借：长期股权投资——损益调整　7 200 000

　贷：投资收益　7 200 000

②税务处理。根据《企业所得税法实施条例》第五十六条的规定，企业持有的长期股权投资以历史成本为计税基础，投资期间按照应享有或应分担被投资单位实现净利润或发生净亏损的份额，不调整长期股权投资的计税基础，会计上确认的投资收益不予承认，做纳税调减（被投资单位实现净利润）或纳税调增（投资单位发生净亏损）处理。在例5–23中，应调减720万元。

对于企业持有长期股权投资期间产生的投资收益，如被投资单位实现净利润、未实现内部交易损益、成本法转权益法、权益法转成本法等，税收上一概不予确认，作纳税调减。

（3）取得现金股利或利润的处理。

①会计处理。按照权益法核算的长期股权投资，投资企业自被投资单位取得的现金股利或利润，应抵减长期股权投资的账面价值。在被投资单位宣告分派现金股利或利润时，借记"应收股利"科目，贷记"长期股权投资（损益调整）"科目；自被投资单位取得的现金股利或利润超过已确认损益调整的部分应视同投资成本的收回，冲减长期股权投资的账面价值。

【例5–24】（承例5–22）20×2年6月1日，乙公司宣告分派现金股利1 000万元，甲公司按照投资比例可分得300万元，7月1日收到。甲公司会计处理如下：

6月1日：

借：应收股利　3 000 000

贷：长期股权投资——损益调整 3 000 000

7月1日：

借：银行存款 3 000 000

贷：应收股利 3 000 000

②税务处理。根据《企业所得税法实施条例》第五十六条的规定，企业持有的长期股权投资以历史成本为计税基础，而会计上投资企业自被投资单位取得的现金股利或利润抵减长期股权投资账面价值，此处存在税会差异。根据《国家税务总局关于贯彻落实企业所得税法若干税收问题的通知》（国税函〔2010〕79号）第四条的规定，例5–24中，甲公司应于乙公司股东会或股东大会做出利润分配或转股决定的日期确定股息、红利收入的实现，因此甲公司须确认股息、红利收入300万元；根据《企业所得税法实施条例》第八十三条的规定，该300万元为免税收入。

需要注意的是，由于该300万元在会计上并未计入投资收益，不能直接调减300万元免税收入，应先调增300万元，再调减300万元。详见“4.2.2 股息、红利收入”小节的风险提示1。

（4）被投资企业亏损的确认。

①会计处理。按照权益法核算的长期股权投资，投资企业确认应分担被投资单位发生的损失，原则上应以长期股权投资及其他实质上构成对被投资单位净投资的长期权益减记至零为限，投资企业负有承担额外损失义务的除外。这里所称“其他实质上构成对被投资单位净投资的长期权益”通常是指长期应收项目，比如，企业对被投资单位的长期债权，该债权没有明确的清收计划、且在可预见的未来期间不准备收回的，实质上构成对被投资单位的净投资，但不包括投资企业与被投资单位之间因销售商品、提供劳务等日常活动所产生的长期债权。

投资企业在确认应分担被投资单位发生的亏损时，具体应按照以下顺序处理：

首先，减记长期股权投资的账面价值。

其次，在长期股权投资的账面价值减记至零的情况下，对于未确认的投资损失，考虑除长期股权投资以外，账面上是否有其他实质上构成对被投资单位净投资的长期权益项目，如果有，则应以其他长期权益的账面价值为限，继续确认投资损失，冲减长期应收项目等的账面价值。

最后，经过上述处理，按照投资合同或协议约定，投资企业仍需要承担额外损失弥补等义务的，应按预计将承担的义务金额确认预计负债，计入当期投资损失。

实务中，企业在发生投资损失时，应借记“投资收益”科目，贷记“长期股权投资——损益调整”科目。在长期股权投资的账面价值减记至零以后，考虑其他实质上构成对被投资单位净投资的长期权益，继续确认的投资损失，应借记“投资收益”科目，贷记“长期应收款”等科目；因投资合同或协议约定导致投资企业需要承担额外义务的，按照或有事项准则的规定，对于符合确认条件的义务，应确认为当期损失，同时确认预计负债，借记“投资收益”科目，贷记“预计负债”科目。除上述情况外仍未确认的应分担被投资单位的损失，应在账外备查登记。

在确认了有关的投资损失以后，被投资单位于以后期间实现盈利的，应按以上相反顺序分别减记账外备查登记的金额、已确认的预计负债、恢复其他长期权益及长期股权投资的账面价值，同时确认投资收益。即应当按顺序分别借记“预计负债”“长期应收款”“长期股权投资”等科目，贷记“投资收益”科目。

【例5-25】甲公司持有乙公司40%的股权，能够对乙公司施加重大影响。20×1年12月31日，该项长期股权投资的账面价值为6 000万元。乙公司20×2年由于一项主营业务市场条件发生变化，当年度亏损9 000万元。假定甲公司在取得该投资时，乙公司各项可辨认资产、负债的公允价值与其账面价值相等，双方所采用的会计政策及会计期间也相同。甲公司会计处理如下：

借：投资收益　　36 000 000

　贷：长期股权投资——损益调整　　36 000 000

【例5-26】甲公司持有乙公司40%的股权，能够对乙公司施加重大影响。20×1年12月31日，该项长期股权投资的账面价值为6 000万元。乙公司20×2年由于一项主营业务市场条件发生变化，当年度亏损18 000万元。甲公司按其持股比例确认应分担的损失为7 200万元，但长期股权投资的账面价值仅为6 000万元，超额损失在账外进行备查登记；在确认了6 000万元的投资损失，长期股权投资的账面价值减记至零以后，如果甲公司账上仍有应收乙公司长期应收款2 400万元，该款项从目前情况看，没有明确的清偿计划（并非产生于商品购销等日常活动），则在长期应收款的账面价值大于1 200万元的情况下，应以长期应收款的账面价值为限进一步确认投资损失1 200万元。甲公司会计处理如下：

借：投资收益　　60 000 000

　贷：长期股权投资——损益调整　　60 000 000

借：投资收益　　12 000 000

　贷：长期应收款　　12 000 000

②税务处理。《国家税务总局关于企业所得税若干问题的公告》（国家税务总局公告2011年第34号）第五条第二款规定：“被投资企业发生的经营亏损，由被投资企业按规定结转弥补；投资企业不得调整减低其投资成本，也不得将其确认为投资损失。”在例5-25中，应调增3 600万元；在例5-26中，应调增7 200万元。

（5）其他综合收益的处理。

①会计处理。采用权益法核算时，被投资单位确认的其他综合收益及其变动，也会影响被投资单位所有者权益总额，进而影响投资企业应享有被投资单位所有者权益的份额。

因此，当被投资单位其他综合收益发生变动时，投资企业应当按照归属于本企业的部分，相应调整长期股权投资的账面价值，同时增加或减少其他综合收益。

【例5-27】（承例5-22）当期乙公司因持有的可供出售金融资产公允价值的变动计入其他综合收益的金额为1 800万元。甲公司会计处理如下：

借：长期股权投资——损益调整　　5 400 000

　贷：其他综合收益　　5 400 000

②税务处理。根据《企业所得税法实施条例》第五十六条的规定，企业持有的长期股权投资按照历史成本为计税基础，而会计上投资企业按照被投资单位其他综合收益发生变动调整长期股权投资账面价值，此处存在税会差异。

（6）被投资单位所有者权益其他变动的处理。

①会计处理。采用权益法核算时，投资企业对于被投资单位除净损益、其他综合收益

以及利润分配以外所有者权益的其他变动，应按照持股比例与被投资单位所有者权益的其他变动计算归属于本企业的部分，相应调整长期股权投资的账面价值，同时增加或减少资本公积（其他资本公积）。被投资单位除净损益、其他综合收益以及利润分配以外所有者权益的其他变动，主要包括：被投资单位接受其他股东的资本性投入、被投资单位发行可分离交易的可转换公司债券中包括的权益成分、以权益结算的股份支付等。

【例5-28】（承例5-22）当期乙公司的母公司给予乙公司捐赠1 000万元，该捐赠实质上属于资本性投资，乙公司将其计入资本公积（股本溢价）。不考虑其他因素，甲公司会计处理如下：

借：长期股权投资——其他权益变动　　3 000 000

　贷：资本公积——其他资本公积　　3 000 000

②税务处理。根据《企业所得税法实施条例》第五十六条的规定，企业持有的长期股权投资按照历史成本为计税基础，而会计上投资企业按照被投资单位所有者权益其他变动调整长期股权投资账面价值，此处存在税会差异。

风险提示

1. 税收上以历史成本计量。

在权益法下，长期股权投资的成本是不断变动的，而税收上是以历史成本计量，这一点在股权转让时十分重要，我们将在下节阐述。

2. 不得确认被投资企业的亏损。

权益法下，被投资企业发生亏损，那是被投资企业的事，投资企业不得调整减低其投资成本，也不得将其确认为投资损失。

案　例

F公司有多处投资，税务机关发现其将对外投资按投资比例确认的亏损抵减当年度应纳税所得额160万元，追缴企业所得税40万元，并加收滞纳金、处0.5倍罚款。

资料来源：税法规定与会计核算差异问题的税务稽查案例［EB/OL］.（2014-01-20）中国税网.

5.3 股权转让

5.3.1 基本规定

5.3.1.1 股权转让收入确认时点

《国家税务总局关于贯彻落实企业所得税法若干税收问题的通知》（国税函〔2010〕79号）第三条规定："企业转让股权收入，应于转让协议生效、且完成股权变更手续时，确认收入的实现。转让股权收入扣除为取得该股权所发生的成本后，为股权转让所得。企业在计算股权转让所得时，不得扣除被投资企业未分配利润等股东留存收益中按该项股权所可能分配的金额。"

因此，股权转让收入确认的时点为股权转让协议生效，且完成股权变更手续时。

5.3.1.2 一次性确认损益

企业发生股权转让取得的收入、产生的损失，均须一次性确认、扣除。

《国家税务总局关于企业股权投资损失所得税处理问题的公告》（国家税务总局公告2010年第6号）第一条规定："企业对外进行权益性（以下简称股权）投资所发生的损失，在经确认的损失发生年度，作为企业损失在计算企业应纳税所得额时一次性扣除。"《国家税务总局关于企业取得财产转让等所得企业所得税处理问题的公告》（国家税务总局公告2010年第19号）第一条规定："企业取得财产（包括各类资产、股权、债权等）转让收入、债务重组收入、接受捐赠收入、无法偿付的应付款收入等，不论是以货币形式、还是非货币形式体现，除另有规定外，均应一次性计入确认收入的年度计算缴纳企业所得税。"

5.3.2 一般股权转让

5.3.2.1 会计处理

企业处置长期股权投资时，应相应结转与所售股权相对应的长期股权投资的账面价值，出售所得价款与处置长期股权投资账面价值之间的差额，应确认为处置损益。

采用权益法核算的长期股权投资，原计入其他综合收益（不能结转损益的除外）或资本公积（其他资本公积）中的金额，在处置时亦应进行结转，将与所出售股权相对应的部分在处置时自其他综合收益或资本公积转入当期损益。

【例5-29】（承例5-19、例5-20）甲公司将持有乙公司的150万股全部出售，每股15元。会计处理如下：

借：银行存款	22 500 000	
贷：长期股权投资		14 700 000
投资收益		7 800 000

【例5-30】（承例5-22、23、24、27、28）20×2年12月31日，甲公司将持有乙公司的全部股权出售，价款13 000万元。甲公司会计处理如下：

借：银行存款	130 000 000	
贷：长期股权投资——成本		108 000 000
——损益调整		9 600 000
——其他权益变动		3 000 000
投资收益		9 400 000
借：其他综合收益	5 400 000	
资本公积——其他资本公积	3 000 000	
贷：投资收益		8 400 000

5.3.2.2 税务处理

《企业所得税法》第十四条规定："企业对外投资期间，投资资产的成本在计算应纳税所得额时不得扣除。"

《企业所得税法实施条例》第七十一条规定："企业所得税法第十四条所称投资资产，是指企业对外进行权益性投资和债权性投资形成的资产。企业在转让或者处置投资资产时，投资资产的成本，准予扣除。投资资产按照以下方法确定成本：（一）通过支付现金方式取得的投资资产，以购买价款为成本；（二）通过支付现金以外的方式取得的投资资产，以该资产的公允价值和支付的相关税费为成本。"

在例5–29中，会计上的股权转让损益为780万元，税收上的股权转让损益为780万元（2 250–1 470），不存在税会差异。

在例5–30中，会计上的股权转让损益为1 780万元，税收上的股权转让损益为4 000万元（13 000–9 000），调增2 220万元。

5.3.2.3 其　他

国税函〔2010〕79号文件第三条规定："企业转让股权收入，应于转让协议生效、且完成股权变更手续时，确认收入的实现。转让股权收入扣除为取得该股权所发生的成本后，为股权转让所得。企业在计算股权转让所得时，不得扣除被投资企业未分配利润等股东留存收益中按该项股权所可能分配的金额。"

【例5–31】20×1年，甲公司用现金出资1 200万元，乙企业用现金出资800万元，共同设立丙公司，丙公司注册资本2 000万元。20×4年12月，丙公司所有者权益总额为2 500万元，其中实收资本2 000万元、未分配利润500万元。丙公司成立后一直未进行利润分配。20×4年12月，甲企业将持有的丙公司股权以1 600万元的价格全部转让给丁公司，并与丁公司签订转让协议，20×5年1月完成股权的变更手续。

根据国税函〔2010〕79号文件的规定，甲公司在计算股权转让所得时，不得扣除被投资企业未分配利润等股东留存收益中按该项股权所可能分配的金额。

甲企业股权转让应纳税所得额为400万元（1 600–1 200），股权转让应纳所得税额为100万元（400×25%）。

我们可以做一下改变。在例5–31中，假设其他条件不变，20×4年12月，丙公司将未分配利润500万元向股东进行分配，甲公司获得300万元（500×60%），为免税收入。利润分配后甲公司再将股权转让给丁公司，股权转让价格为1 300万元（1 600–300），应纳税所得额为100万元（1 300–1 200），股权转让应纳所得税额为25万元（100×25%）。甲公司可以少缴企业所得税75万元。

5.3.3 非正常转让

非正常转让包括无偿转让、平价转让、低价转让等不符合独立交易原则的转让。需要确定：首先，转让双方是否属于关联企业；其次，转让价格是否公允。《企业所得税法》第四十一条规定："企业与其关联方之间的业务往来，不符合独立交易原则而减少企业或者其关联方应纳税收入或者所得额的，税务机关有权按照合理方法调整。"《企业所得税法实施条例》第一百一十条规定："企业所得税法第四十一条所称独立交易原则，是指没有关联关系的交易各方，按照公平成交价格和营业常规进行业务往来遵循的原则。"

5.3.4 核定征收企业股权转让

《国家税务总局关于企业所得税核定征收有关问题的公告》（国家税务总局公告2012年第27号）第二条规定："依法按核定应税所得率方式核定征收企业所得税的企业，取得的转让股权（股票）收入等转让财产收入，应全额计入应税收入额，按照主营项目（业务）确定适用的应税所得率计算征税；若主营项目（业务）发生变化，应在当年汇算清缴时，按照变化后的主营项目（业务）重新确定适用的应税所得率计算征税。"

5.3.5 被投资企业转增股本

在会计上，被投资企业转增股本，投资方不用做会计处理，在备查簿中登记。

在税收上，被投资企业以未分配利润、盈余公积转增股本，相当于是先分配给股东，股东再投资。投资方作为股息、红利收入，符合条件的作为免税收入，同时增加该项长期投资的计税基础。国税函〔2010〕79号文件第四条第一款规定："企业权益性投资取得股息、红利等收入，应以被投资企业股东会或股东大会作出利润分配或转股决定的日期，确定收入的实现。"被投资企业转增股本，投资企业作为股息、红利等收入；以股权（票）溢价所形成的资本公积转增股本，第二款规定："被投资企业将股权（票）溢价所形成的资本公积转为股本的，不作为投资方企业的股息、红利收入，投资方企业也不得增加该项长期投资的计税基础。"

被投资企业转增股本，投资方增加该项投资的计税基础，日后转让时，股权转让所得减少，做纳税调减。

【例5-32】A公司注册资本10 000万元，甲公司持有其30%股权。20×1年，A公司以未分配利润转增股本2 000万元。则甲公司按照投资比例获得的600万元作为股息、红利收入，符合免税收入条件，该项投资的税收成本为3 000+2 000×30%=3 600（万元）。后甲公司以4 000万元的价格将股权全部转让，则：

会计上的股权转让所得=4 000−3 000=1 000（万元）

税收上的股权转让所得=4 000−3 600=400（万元），做纳税调减600万元。

争 议

有观点认为，由于会计上并未增加投资方投资成本，且《企业所得税法实施条例》第七十一条规定，"投资资产按照以下方法确定成本：（一）通过支付现金方式取得的投资资产，以购买价款为成本"，因此，被投资企业转增资本时，不调整投资方的计税基础。

5.3.6 对赌协议

对赌协议，即估值调整协议，是投资方与融资方在达成协议时双方对于未来不确定情况的一种约定。如果约定的条件出现，投资方可以行使一种估值调整权利；如果约定的条件不出现，则由融资方行使一种权利。其核心规定是，对于目标公司是否可以实现某种业绩目标，做出正反两种或然性的约定。就股权转让而言，当协议目标实现时，受让方将继续持有股份，转让方分得投资带来的高额回报；相反，若协议目标没有实现，则转让方需对受让方做出补偿。

争议

关于对赌协议的争议在于后期支付业绩补偿与前期股权转让是一个行为还是两个行为。

（1）一个行为观。

原海南省地方税务局对对赌协议有明确规定。《海南省地方税务局关于对赌协议利润补偿企业所得税相关问题的复函》（琼地税函〔2014〕198号）对海南航空股份有限公司的答复是："依据《中华人民共和国企业所得税法》及《中华人民共和国企业所得税法实施条例》关于投资资产的相关规定，你公司在该对赌协议中取得的利润补偿可以视为对最初受让股权的定价调整，即收到利润补偿当年调整相应长期股权投资的初始投资成本。"即将后期支付业绩补偿与前期股权转让视为一个行为，在后期支付业绩补偿，可以调整前期股权转让的成本。

【例5-33】甲公司收购乙公司持有的A公司80%股权。双方约定，在外部环境和企业内部经营管理方式等与收购前基本一致的情况下，如果收购的A公司在未来三年后，扣除非经常性损益后的净利润达不到5 000万元，乙公司需要按实际净利润额与5 000万元之间的差额对甲公司进行业绩补偿。

第三年，外部环境和企业内部经营管理方式未发生重大变化，A公司扣除非经常性损益后的净利润只有4 000万元，乙公司按照对赌协议约定，向甲企业支付了1 000万元补偿款。

甲公司取得的1 000万元补偿款，是对原有投资成本的调整，不需要缴纳税款，应计入投资计税基础，即该投资计税基础减少1 000万元；乙公司支付的补偿款，是对原有股权价格高估确认转让财产所得的调整，应调减相关损益。因此，在乙公司支付1 000万元的补偿款时，应认为是其股权转让收入减少1 000万元，调减股权转让年度应纳税所得额1 000万元，多缴纳了企业所得税，可申请退税或结转以后年度予以抵扣。

但是，若对赌期限超过《税收征收管理法》规定的申请退税三年期限，将不能退税。

【例5-34】（承例5-33）假设对赌协议中约定，如果A公司在未来三年后，扣除非经常性损益后的净利润超过5 000万元，甲公司应将实际净利润额超过5 000万元部分中的30%向乙公司返还。假设第三年，外部环境和企业内部经营管理方式未发生重大变化，A公司扣除非经常性损益后的净利润达到6 000万元，甲公司按照对赌协议的约定，向乙公司支付了300万元返还款。

甲公司支付的300万元返还款，是对原有投资成本的调整，不能在当期税前扣除，应计入投资计税基础，即该投资计税基础增加300万元；乙公司收到的返还款，是对原有股权价格低估确认转让财产所得的调整，应调增相关损益。因此，在乙公司收到300万元的补偿款时，应认为是其股权转让收入增加300万元。但此处存在一个问题，调增股权转让年度应纳税所得额300万元，补缴企业所得税，这样会相应产生滞纳金，但该补缴税款并非企业延迟申报导致，加收滞纳金很可能会引发争议。

（2）两个行为观。

该观点认为，后期支付业绩补偿与前期股权转让是两个行为，支付业绩补偿方在当期税前扣除，取得业绩补偿方在当期缴税，不改变已转让股权的成本。

2020年3月，宁波市税务局12366在答复对赌协议问题时引用了《企业所得税法实施条例》第五十六条："企业的各项资产，包括固定资产、生物资产、无形资产、长期待摊费用、投资资产、存货等，以历史成本为计税基础。前款所称历史成本，是指企业取得该项资产时实际发生的支出。"如此，取得业绩补偿方不能改变取得股权时的成本。

2018年，上海市税务局在答复对赌协议问题时引用了国税函〔2010〕79号文件第三条："企业转让股权收入，应于转让协议生效、且完成股权变更手续时，确认收入的实现。转让股权收入扣除为取得该股权所发生的成本后，为股权转让所得。"明确"甲公司因A公司盈利目标未实现按补偿协议约定向乙公司支付的补偿款，可在实际发生补偿支出的当年在税前扣除。乙公司取得的补偿款应在取得当年确认收入或冲减相应的股权投资计税成本。"

5.3.7 代持股

有些实际投资方出于种种原因，自己不方便持股，让其他人或组织代其持有股权，是为显名股东，实际投资方为隐名股东。

在取得股息、红利收入方面，按照"居民企业直接投资于其他居民企业取得的投资收益"为免税收入原则，隐名股东取得的股息、红利收入不能作为免税收入，没有争议。在股权转让方面，根据国税函〔2010〕79号文件第三条规定："企业转让股权收入，应于转让协议生效、且完成股权变更手续时，确认收入的实现。"对显名股东征收股权转让企业所得税，争议较小。

争议较大的有两点：一是显名股东把缴完税后的股权转让款转付给隐名股东时，隐名股东是否还要缴税；二是代持股还原时是否对显名股东按照股权转让征税企业所得税。

争　议 ///

1. 当显名股东把交完税后的股权转让款转付给隐名股东时，隐名股东是否还要缴税？

一是单重征税派。主要理由就是避免重复征税。

《国家税务总局稽查局关于2017年股权转让检查工作的指导意见》（税总稽便函〔2017〕165号）第五条第二款规定："对代持股票转让的营业税征收以及企业之间代持股票转让的企业所得税征收，应按其法定形式确认纳税主体，以代持方为纳税人征收营业税及所得税，如委托方已将收到的转让款缴纳了营业税及所得税，且两方所得税又无实际税负差别的，可以不再向代持方追征税款。"照此观点，应当由显名股东缴税，但若隐名股东已经缴了，显名股东就不用缴了。总之，无论谁缴，有人缴就行。

也有观点认为，对显名股东征税，显名股东缴完税后将股权转让款转付给隐名股东，后者不再缴税。

二是双重征税派。

首先，当隐名股东收到显名股东转付的缴完税的股权转让款给时，按照《企业所得税法》第六条，隐名股东应当作为应税收入；

其次，若隐名股东不缴税，于法无据，重复征税是理论，不是政策依据。

最后，《国家税务总局厦门市税务局关于市十三届政协四次会议第1112号提案办理情况答复的函》（厦税函〔2020〕125号）指出："显名股东作为登记在股东名册上的股东，可以依股东名册主张行使股东权利，依据《中华人民共和国企业所得税法》《中华人民共和国个人所得税法》，是符合税法规定的转让股权和取得投资收益的纳税人，其取得股息红利所得、股权转让所得，应当依法履行纳税义务。"应对显名股东征收股权转让所得税。

"隐名股东为企业的情形。《中华人民共和国企业所得税法》第六条规定，企业以货币形式和非货币形式从各种来源取得的收入，为收入总额，包括其他收入；第七条、第二十六条，分别列明了法定的不征税收入和免税收入。据此，隐名股东（企业）从显名股东取得基于代持合同关系产生的所得，不属于法定的不征税收入和免税收入，应当按照企业所得税法规定缴纳企业所得税。"隐名股东从显名股东取得的股权转让款属于"基于代持合同关系产生的所得"，也应缴纳企业所得税。

2.代持股还原时是否对显名股东按照股权转让征税企业所得税?

当隐名股东想公开时，代持股还原，股权登记上的股东由显名股东变为隐名股东，此时，视为显名股东将所持有的股权转让给隐名股东，按照国税函〔2010〕79号文件第三条规定，应缴纳企业所得税。但代持股还原时显名股东没有取得任何经济利益，是否对其进行纳税调整，争议较大。

若双方存在关联关系，能否对其进行特别纳税调整?《企业所得税法》第四十一条股东："企业与其关联方之间的业务往来，不符合独立交易原则而减少企业或者其关联方应纳税收入或者所得额的，税务机关有权按照合理方法调整。"这种情况下是否减少了显名股东或隐名股东应纳税收入或者所得额?

若双方不存在关联关系，能否适用《征管法》第三十五条"纳税人申报的计税依据明显偏低，又无正当理由的"的规定?代持股还原是否属于正当理由?

风险提示

1.应准确计算股权转让成本。

从上述例题可以看出，股权转让损益计算的关键在于股权成本，尤其是权益法下，股权成本一直在变动，而税法要求以历史成本为计税基础，因此存在税会差异。

案 例

甲公司出资设立L公司，持股23%，最近甲公司将所持L公司全部股权转让给丙公司，该长期股权投资账面价值168万元，其中成本139万元，损益调整39万元，取得转让收入180万元。甲公司按股权转让所得12万元缴纳企业所得税。依据税法规定，甲公司股权转让所得应为：180−139=41（万元）。

资料来源：股权转让，准确计算投资成本［N］.中国税务报，2010-07-05（12）.

2. 不得扣除被投资企业未分配利润等股东留存收益中按该项股权所可能分配的金额。

按照国税函〔2010〕79号文件第三条的规定，企业在计算股权转让所得时，不得扣除被投资企业未分配利润等股东留存收益中按该项股权所可能分配的金额。

案 例

税务机关发现B公司转让其在A公司所拥有的30%股份时，将应分配而未分配的4 756万元留存收益作为股权成本进行了扣除，从而少缴纳企业所得税。

资料来源：大数据时代：税务风控重在“治未病”[N].中国税务报，2019-06-28（B1）.

3. 股权转让收入应当一次性确认。

企业转让股权，转让协议约定分期收款，但根据国税函〔2010〕79号文件第三条规定，应当全额确认股权转让收入申报纳税。

企业转让股权，附有对赌条款，企业不能以对赌能否实现尚不确定为由而待日后对赌确定后再确认收入，应在股权转让时即全额确认股权转让收入申报纳税。

4. 股权转让价格应公允。

若关联企业之间股权转让价格不公允，可能会被税务机关调整。

税务机关需要注意的是，《国家税务总局关于关联股权债权交易适用特别纳税调整法律法规及有关规定的批复》（国税函〔2012〕262号）规定：“根据《中华人民共和国企业所得税法》及其实施条例、《中华人民共和国税收征收管理法》及其实施细则的有关规定，股权或债权的关联交易属于关联业务往来的内容，应当适用特别纳税调整的法律法规及有关规定”。因此，股权关联交易应适用特别纳税调整，而不是税务稽查；补缴税款后加收的是利息，而不是滞纳金。

案 例

2001—2015年，F集团某下属公司的股权共转让了15次，股权受让方大部分是F集团原主要负责人或者F集团的关联方，并且转让价格均为初始出资股权价格，其关联方之间股权转让价格的公允性存疑。

F集团改制时，F集团账面净资产约10亿元，但是评估价值却只有1.5亿元左右，其65%的股权价值仅为1亿元左右，F集团管理层更是仅用4 400多万元的对价就获得了公司30%的股权。改制结束的几个月后，F集团账面净资产就增加到40亿元。F集团改制时确定的股权价值明显不公允。F集团改制时少确认股权转让所得约2.55亿元，涉及所得税金额6 000多万元。

资料来源：关联交易形式多 税务风险别放过[N].中国税务报，2021-08-20（B4）.

5. 注意对赌协议税收风险。

企业往往认为，在股权转让签订对赌协议之时，对赌条款能否触发尚不确定，因此，股权转让收入不能确定，从而不申报纳税。这是错误的，其在股权转让时，符合国税函〔2010〕79号文件第三条规定，应当就股权转让收入申报纳税。还有的企业认为，“转让协议生效、且完成股权变更手续”才能确认股权转让收入，由于转让协议附有对赌条款，对赌时间未到，因此转让协议尚未生效，不能确认股权转让收入。这也是错误的，对赌时间未到不影响转让协议生效，且企业已经完成股权变更手续，说明转让协议已经生效，应当就股权转让收入申报纳税。

5.3.6小节所述对赌协议是业绩补偿式对赌协议，实务中还有一种股权回购式对赌协议，即股权转让后，若被转让企业没有达到相关目标（如上市），转让方原价回购该股权。企业往往认为，从整个过程来看，相当于平价买卖，没有产生收益，不用纳税。但如上所述，在股权转让时即应就股权转让收入申报纳税。当企业日后未达到相关目标原价回购该股权时，作为投资处理，不减少以前年度损益，没有产生多缴税款。

【例5–35】甲公司将持有的A公司股权转让给乙公司，转让价格为1亿元，对赌协议约定，A公司三年内上市，否则甲公司原价回购A公司股权。该股权成本为2 000万元（与计税基础一致）。则甲公司会计处理为：

股权转让时：

借：银行存款	100 000 000	
贷：长期股权投资		20 000 000
投资收益		80 000 000

三年后A公司未上市，原价回购时：

借：长期股权投资	100 000 000	
贷：银行存款		100 000 000

从上述会计处理可以看出，股权转让时，甲公司产生8 000万元股权转让收益，应缴纳企业所得税2 000万元；三年后甲公司原价回购时，A公司股权成本变为1亿元，并未产生损失，也未产生多缴税款。

因此，企业在签订对赌协议时，应当考虑税收因素。

案 例

G投资公司在新疆成立了一家大型化工企业，又于2011年成立了全资子公司A公司，并将自己持有的新疆化工企业17.5%的股权转入A公司名下。2013年6月G投资公司将A公司的全部股权转让给了天津的两家投资企业，双方约定转让价款为10.15亿元，并签署了股权转让及其补充协议。双方在补充协议中约定了对赌条款：如果该化工企业在股权转让交易完成后的36个月内完成上市，则G投资公司可享有此次股权交易的全部利得；如果未上市成功，则G投资公司须以10.15亿元的价格将A公司的股权回购；如果该化工企业虽上市成功但股价未达到预定价格，则由G投资公司以现金支付差价。转让协议于2013年5月21日签订生效。

通过调查取证，发现G投资公司收到了股权转让交易的全部款项，且交易双方已经在工商行政管理部门进行了股权变更登记，股权交易合同生效、事实成立，但G投资公司未就该笔股权转让所得申报缴纳企业所得税，应补缴相关年度企业所得税。但G投资公司认为，双方在股权转让过程中签署了对赌协议，在未到达约定的期限及条件之前，合同属于未履行完毕的状态，极有可能需要回购股权或赔偿差价，看似是股权转让所得，实际上是企业的一种变相负债，不应该就该笔股权转让所得缴纳企业所得税。

本案中，股权转让合同及补充协议的签订时间为2013年5月，交易双方于2013年6

月在工商行政管理局完成股权变更登记手续，截至2013年10月，天津的两家投资企业分5笔款项分别支付了共10.15亿元股权转让款。同时，A公司于2013年6月召开股东会，通过了股东变更相关事项的决定及新的公司章程，公司章程中明确列示股东为天津的两家投资企业。而G投资公司将收到的股权转让款全部计入了“长期负债”，在企业所得税汇算清缴的时候并未申报该项收入。

综上，检查人员认为：虽然交易双方签署了对赌协议，但该协议既不影响股权转让合同的效力，也不能改变股权交易的实质，企业不能以此为由否认转让股权的事实。G投资公司应以收到的全部股权转让收入10.15亿元，扣除A公司的初始投资成本1 000万元，为应税所得，补缴2013年度的企业所得税并加收滞纳金。

资料来源：“对赌协议”不是股权交易的“挡税牌”［N］. 中国税务报，2017-09-08（B5）.

5.4 永续债

永续债是近年来出现的新兴事物。2013年末，武汉地铁集团发行我国债券市场首单永续债。2013年以来我国永续债市场呈现快速增长的态势，发行金额、发行主体范围、二级市场流动性等都有较快增长。2017年上半年，恒大地产集团筹资偿还1 129亿元永续债，引发市场关注。

永续债既有“债”的性质，又有“股”的性质，其税务处理一度引发争议。2019年1月，财政部下发《关于印发〈永续债相关会计处理的规定〉的通知》（财会〔2019〕2号）；5月，财政部、税务总局联合发布《关于永续债企业所得税政策问题的公告》（财政部 税务总局公告2019年第64号）。至此，永续债的会计和税务处理得以明确。

5.4.1 永续债的定义

按照《中国证监会有关部门负责人就优先股试点答记者问》（以下简称《答记者问》）中给出的定义，永续债券（perpetual bond）是没有到期日的债券，一般由主权国家、大型企业发行，持有人不能要求清偿本金，但可以按期取得利息。永续债是偏好超长期高回报的投资者青睐的投资工具，其特点体现为高票息、长久期、附加赎回条款并伴随利率调整条款。

企业借款，按期还本付息，债权方不参与经营决策；企业募股，无须还本付息，但要按期分配股息红利，股东参与经营决策。永续债既有“债”的性质，按期支付利息，但投资方不能要求偿还本金；又有“股”的性质，利息从发行方税后利润中支付，但投资方不参与经营决策。

按照财政部、税务总局公告2019年第64号的解释，永续债是指经国家发展改革委员会、中国人民银行、中国银行保险监督管理委员会、中国证券监督管理委员会核准，或经中国银行间市场交易商协会注册、中国证券监督管理委员会授权的证券自律组织备案，依照法定程序发行、附赎回（续期）选择权或无明确到期日的债券，包括可续期企业债、可续期公司债、永续债务融资工具（含永续票据）、无固定期限资本债券等。

在税务管理方面，强调永续债须经国家有关部门或行业监管部门核准发行。

5.4.2 会计处理

5.4.2.1 发行方的处理

财会〔2019〕2号文件规定，发行方应根据2014年6月修订的《企业会计准则第37号——金融工具列报》（以下简称金融工具列报准则）对金融工具进行划分。金融工具列报准则将金融工具分类为金融资产、金融负债或权益工具。若永续债的合同条款使得发行方承担了交付现金或其他金融资产的合同义务，或在潜在不利条件下，与其他方交换金融资产或金融负债的合同义务，则划分为金融负债；反之，若发行方不承担此项义务，则划分为权益工具。

财会〔2019〕2号文件还规定，发行方在划分时，应同时考虑到期日、清偿顺序、利率跳升和间接义务三项因素。

财政部2014年3月发布的《金融负债与权益工具的区分及相关会计处理规定》（财会〔2014〕13号）第六条第一款规定："对于归类为权益工具的金融工具，无论其名称中是否包含'债'，其利息支出或股利分配都应当作为发行企业的利润分配，其回购、注销等作为权益的变动处理；对于归类为金融负债的金融工具，无论其名称中是否包含'股'，其利息支出或股利分配原则上按照借款费用进行处理，其回购或赎回产生的利得或损失等计入当期损益。"

通常而言，如果永续债不符合金融负债的定义，但满足金融工具计入权益的条件，永续债的发行方可以将其分类为权益工具。总而言之，永续债是债券之名，权益之实。从实务来看，除少数几家发行方将永续债确认为金融负债外，绝大部分发行方将永续债确认为权益工具。

5.4.2.2 持有方的处理

对于持有方来说，财会〔2019〕2号文件规定，其按照《企业会计准则第22号——金融工具确认和计量》和金融工具列报准则划分。对于划分为权益工具投资的永续债，持有方应当将其分类为以公允价值计量且其变动计入当期损益的金融资产，或在符合条件时分类为以公允价值计量且其变动计入其他综合收益；对于不属于权益工具投资的永续债，持有方应将其分类为以摊余成本计量的金融资产，以公允价值计量且其变动计入其他综合收益的金融资产，或以公允价值计量且其变动计入当期损益的金融资产。

财会〔2014〕13号文件第五条规定，金融工具投资方（持有人）考虑持有的金融工具或其组成部分是权益工具还是债务工具投资时，应当遵循《企业会计准则第22号——金融工具确认和计量》和该规定的相关要求，通常应当与发行方对金融工具的权益或负债属性的分类保持一致。

5.4.3 税务处理

5.4.3.1 争议的由来

中国证监会在《答记者问》中表示："与永续债相比，优先股投资者具有在一定条件下恢复表决权的权利，而永续债一般不具有这一特点；从破产清算时剩余财产的清偿顺序来看，永续债券的偿还顺序先于优先股；从发行人角度，支付的永续债利息可在税前扣除，而优先股股息不能在税前扣除。"此种说法导致发行永续债的企业产生永续债利息可在税前扣除的理解，但税法上对永续债没有规定，使永续债的税务处理存在争议。

税务机关普遍认为，对于发行方来说，若永续债被划分为权益工具，其利息从发行方税后利润中支付，不能税前扣除；若被划分为金融负债，则其支付的利息可以税前扣除。

即便如此，仍然存在争议，由于永续债不能同时符合《国家税务总局关于企业混合性投资业务企业所得税处理问题的公告》（国家税务总局公告2013年第41号）规定的五个条件，即使划分为金融负债，利息也无法税前扣除。

财政部、税务总局公告2019年第64号的发布，彻底解决了永续债税务处理的问题。

5.4.3.2 作为股息、红利处理

企业发行的永续债，可以适用股息、红利企业所得税政策，即：投资方取得的永续债利息收入属于股息、红利性质，按照现行企业所得税政策相关规定进行处理，其中，发行方和投资方均为居民企业的，永续债利息收入可以适用企业所得税法规定的居民企业之间的股息、红利等权益性投资收益免征企业所得税规定；同时，发行方支付的永续债利息支出不得在企业所得税税前扣除。

5.4.3.3 作为债券利息处理

企业发行符合规定条件的永续债，也可以按照债券利息适用企业所得税政策，即：发行方支付的永续债利息支出准予在其企业所得税税前扣除；投资方取得的永续债利息收入应当依法纳税。

符合规定条件的永续债，是指符合下列9个条件中5条（含）以上的永续债：

（1）被投资企业对该项投资具有还本义务；

（2）有明确约定的利率和付息频率；

（3）有一定的投资期限；

（4）投资方对被投资企业净资产不拥有所有权；

（5）投资方不参与被投资企业日常生产经营活动；

（6）被投资企业可以赎回，或满足特定条件后可以赎回；

（7）被投资企业将该项投资计入负债；

（8）该项投资不承担被投资企业股东同等的经营风险；

（9）该项投资的清偿顺序位于被投资企业股东持有的股份之前。

若企业发行的永续债符合上述5个及以上条件，可按照债券利息处理。

5.4.3.4 政策要点

（1）对等原则。财政部、税务总局公告2019年第64号突出对等原则，即永续债的发行方和投资方企业所得税定性应保持一致，若作为股息、红利则都作为股息、红利，发行方不能税前扣除，投资方符合条件的可作为免税收入；若作为债权利息则都作为债券利息，发行方可以税前扣除，投资方计入应税收入。不允许发行方选择一种方式，而投资方选择另一种方式。

（2）发行方的权利义务。发行方具有主导权、选择权。发行方可以选择其发行的永续债在税收上作为股息、红利，还是债券利息处理，企业对永续债采取的税收处理办法与会计核算方式不一致的，发行方、投资方在进行处理时须做出相应纳税调整。但是，当发行方在会计上划分为权益工具时，符合“9选5”条件的，可在税收上按照债券利息处理，此次，允许会计与税收处理不一致，在申报时做纳税调整。但是，当发行方在会计上划分为金融负债时，税收处理必须与会计处理一致。

发行方具有披露义务。企业发行永续债，应当将其适用的税收处理方法在证券交易所、银行间债券市场等发行市场的发行文件中向投资方披露。发行永续债的企业对每一永续债产品的税收处理方法一经确定，不得变更。

5.4.4 应注意的问题

（1）满足条件。由于绝大部分发行方将永续债确认为权益工具，因此，若其要在税收上适用债券利息的处理，须满足“9选5”的条件。

（2）股息、红利或利息符合现行政策。无论作为股息、红利还是利息，均须符合现行税收政策。若作为股息、红利，则投资方符合条件的可以作为免税收入，如投资方持有的永续债不足12个月，其取得的永续债不能作为免税收入；若作为利息，则发行方在税前扣除时要考虑不超过金融机构同期同类贷款利率、关联方债资比、资本化等问题。

（3）执行时间。财政部、税务总局公告2019年第64号自2019年1月1日起施行，2019年1月1日后发行的永续债自然按照该公告规定执行。2019年1月1日前发行的永续债，若派息日在2019年1月1日后，也按照该公告规定执行。

5.5 可转换债券

可转换债券是一种新型融资工具，也是一种金融衍生工具，是指持券人在持有债券一定时间后，可以按照发行时的约定时间、约定价格将债券转换成公司普通股。如债券持有人不想转换，可以继续持有债券，期满收取本金和利息，或者在流通市场交易；如持有人看好发债公司的预期发展，也可以行使转股权，按照预定转换价格将债券转换成为股票。可转换债券增加了债券持有人的选择权，有利于降低发债公司的筹资成本。

5.5.1 发行方的处理

5.5.1.1 发行可转换债券时

（1）会计处理。《企业会计准则解释第2号》第四条规定："企业发行认股权和债券分离交易的可转换公司债券（以下简称分离交易可转换公司债券），其认股权符合《企业会计准则第22号——金融工具确认和计量》和《企业会计准则第37号——金融工具列报》有关权益工具定义的，应当按照分离交易可转换公司债券发行价格，减去不附认股权且其他条件相同的公司债券公允价值后的差额，确认一项权益工具（资本公积）。"

【例5-36】甲公司20×1年1月1日按每份面值1 000元发行可转换债券2 000份，取得总收入2 000 000元。该债券期限为3年，票面利息为6%，利息按年支付，实际付息日为次年1月10日；每份债券均可在发行1年后任何时间转换为250股普通股。甲公司发行该债券时，实际利率为9%。假设20×2年1月15日全部购买方均将可转换债券转为股票。甲公司将发行的债券划分为以摊余成本计量的金融负债。

甲公司可转换债券负债成分计量表见表5-5。

表5-5 可转换债券负债成分计量表　　　　单位：元

本金的现值： 2 000 000×（P/F，9%，3）	1 544 367
利息的现值： 120 000×（P/A，9%，3）	303 755
负债成分总额	1 848 122
权益成分金额	151 878
债券发行总收入	2 000 000

甲公司会计处理如下：

20×1年1月1日：

借：银行存款　　200 000

　　应付债券——利息调整　　151 878

　贷：应付债券——面值　　2 000 000

　　　其他权益工具　　151 878

（2）税务处理。发行可转换债券时无税会差异。

5.5.1.2 计提和实际支付利息时

（1）会计处理。上例中，20×1年12月31日：

借：财务费用　　166 331（1 848 122×9%）

　贷：应付利息　　120 000

　　　应付债券——利息调整　　46 331

20×2年1月10日：

借：应付利息　　120 000

　贷：银行存款　　120 000

（2）税务处理。《国家税务总局关于企业所得税若干政策征管口径问题的公告》（国家税务总局公告2021年第17号）第二条第二款第一项规定："发行方企业发生的可转换债券的利息，按照规定在税前扣除。"甲公司可税前扣除的利息为120 000元，纳税调增166 331−120 000=46 331（元）。

5.5.1.3 转换为股权时

假设至20×1年12月31日，甲公司股价上涨幅度较大，可转换债券持有方均将于当日持有的可转换债券转为甲公司股份。在转换日，转换前应付债券的摊余成本为1 848 122+46 331=1 894 453（元），而权益成分的账面价值仍为151 878元。转换日，甲公司发行股票500 000股。

（1）会计处理。20×2年1月15日：

借：应付债券——面值　　2 000 000

　贷：应付债券——利息调整　　105 547（151 878−46 331）

　　股本　　500 000

　　资本公积——股本溢价　　1 394 453

借：其他权益工具　　151 878

　贷：资本公积——股本溢价　　151 878

（2）税务处理。无税会差异。

【例5-37】假设20×2年1月3日所有购买方公司将可转换债券和应收未收利息一并转为股票，其他条件同例5-36。则：

（1）会计处理。

发行可转换债券时会计处理不变。

20×1年12月31日计提利息时：

借：财务费用　　166 331（1 848 122×9%）

　贷：应付利息　　120 000

　　应付债券——利息调整　　46 331

20×2年1月3日转换为股权时：

借：应付债券——面值　　2 000 000

　应付利息　　120 000

　贷：应付债券——利息调整　　105 547（151 878−46 331）

　　股本　　500 000

　　资本公积——股本溢价　　1 514 453

借：其他权益工具　　151 878

　贷：资本公积——股本溢价　　151 878

（2）税务处理。国家税务总局公告2021年第17号第二条第二款第二项规定："发行方企业按照约定将购买方持有的可转换债券和应付未付利息一并转为股票的，其应付未付利息视同已支付，按照规定在税前扣除。”甲公司应付未付利息12万元做纳税调减。

5.5.2 购买方的处理

5.5.2.1 可转换债券发行时

（1）会计处理。

在例5–36中，乙公司购买了甲公司发行的可转换债券500份。会计处理如下：

借：交易性金融资产　　500 000

　贷：银行存款　　500 000

（2）税务处理。无税会差异。

5.5.1.2 持有期间

（1）会计处理。20×1年12月31日：

借：应收利息　　30 000

　贷：投资收益　　30 000

20×2年1月10日：

借：银行存款　　30 000

　贷：应收利息　　30 000

（2）税务处理。国家税务总局公告2021年第17号第二条第一款第一项规定：“购买方企业购买可转换债券，在其持有期间按照约定利率取得的利息收入，应当依法申报缴纳企业所得税。”无税会差异。

5.5.2.3 转换为股权时

（1）会计处理。20×2年1月3日：

借：交易性金融资产——股票　　500 000

　贷：交易性金融资产——可转换债券　　500 000

（2）税务处理。无税会差异。

在例5–37中，乙公司的处理如下：

（1）会计处理。

20×1年12月31日：

借：应收利息　　30 000

　贷：投资收益　　30 000

20×2年1月3日转换为股权时：

借：交易性金融资产——股票　　530 000

　贷：交易性金融资产——可转换债券　　500 000

应收利息　　30 000

（2）税务处理。国家税务总局公告2021年第17号第二条第一款第二项规定："购买方企业可转换债券转换为股票时，将应收未收利息一并转为股票的，该应收未收利息即使会计上未确认收入，税收上也应当作为当期利息收入申报纳税；转换后以该债券购买价、应收未收利息和支付的相关税费为该股票投资成本。"乙公司应收未收利息3万元做纳税调增，转股后的股票计税基础为530 000元，无税会差异。

5.6　限售股

在2005年之前，中国股市处于股权分置状态，上市公司股票分为流通股和非流通股，非流通股不允许上市交易，但可以协议转让。2005年4月，中国证监会正式启动股权分置改革试点，即通过非流通股股东向流通股股东支付对价的方式，购买"流通权"，非流通股就变成了流通股，这些非流通股转化的流通股均有一定的限售期，被称为股权分置改革限售股。

《国家税务总局关于企业转让上市公司限售股有关所得税问题的公告》（国家税务总局公告2011年第39号）就以下问题做出了规定：

（1）纳税义务人的范围界定问题。根据《企业所得税法》第一条及《企业所得税法实施条例》第三条的规定，转让限售股取得收入的企业（包括事业单位、社会团体、民办非企业单位等），为企业所得税的纳税义务人。

（2）企业转让代个人持有的限售股征税问题。因股权分置改革造成原由个人出资而由企业代持有的限售股，企业在转让时按以下规定处理：

①企业转让上述限售股取得的收入，应作为企业应税收入计算纳税。

上述限售股转让收入扣除限售股原值和合理税费后的余额为该限售股转让所得。企业未能提供完整、真实的限售股原值凭证，不能准确计算该限售股原值的，主管税务机关一律按该限售股转让收入的15%，核定为该限售股原值和合理税费。

依照本条规定完成纳税义务后的限售股转让收入余额转付给实际所有人时不再纳税。

②基于法院判决、裁定等原因，通过证券登记结算公司，企业将其代持的个人限售股直接变更到实际所有人名下的，不视同转让限售股。

【例5-38】张先生2004年将100万元交给甲公司（代持股公司）用以购买非流通股，后来通过股权分置改革成为限售股。2013年，甲公司将限售股转让，取得收入1 000万元，但是不能准确计算限售股原值。

甲公司缴纳企业所得税=1 000×（1–15%）×25%=212.5（万元）

甲公司将剩余的787.5万元交付给实际出资人张先生。张先生以原来的100万元获得787.5万元收入，不再缴纳个人所得税。

（3）企业在限售股解禁前转让限售股征税问题。企业在限售股解禁前将其持有的限售股转让给其他企业或个人（以下简称受让方），其企业所得税问题按以下规定处理：

①企业应按减持在证券登记结算机构登记的限售股取得的全部收入，计入企业当年度应税收入计算纳税。

②企业持有的限售股在解禁前已签订协议转让给受让方，但未进行股权变更登记、仍

由企业持有的，企业实际减持该限售股取得的收入，依照上述①规定纳税后，其余额转付给受让方的，受让方不再纳税。

【例5-39】甲公司持有乙公司限售股10万股，购买成本为10万元，因资金需要协议转让给丙公司，作价150万元，丙公司又作价400万元转让给丁公司，两次转让均未在证券登记结算机构过户。限售股解禁后，甲公司将限售股抛售，取得收入600万元。

甲公司转让限售股缴纳企业所得税=（600-10）×25%=147.5（万元）

甲公司将纳税后的余额转付给丙公司和丁公司时，由于甲公司已经就590万元所得全部纳税，因此丙公司和丁公司不再纳税。

风险提示

国家税务总局公告2011年第39号仅适用于“因股权分置改革造成原由个人出资而由企业代持有的限售股”，其他股权代持行为不适用该政策。

5.7 撤 资

《国家税务总局关于企业所得税若干问题的公告》（国家税务总局公告2011年第34号）第五条规定：“投资企业从被投资企业撤回或减少投资，其取得的资产中，相当于初始出资的部分，应确认为投资收回；相当于被投资企业累计未分配利润和累计盈余公积按减少实收资本比例计算的部分，应确认为股息所得；其余部分确认为投资资产转让所得。”

【例5-40】甲公司20×1年投资乙公司800万元，占15%股份，20×3年撤资。撤资时乙公司账面累计未分配利润1 500万元，累计盈余公积600万元，甲公司分回现金1 200万元。

税务处理：

（1）800万元属于投资收回。

（2）股息所得：（1 500+600）×15%=315（万元），为免税收入。

（3）投资资产转让所得：1 200-800-315=85（万元），为应税收入。

撤资与股权转让的区别在于：

撤资是股东（投资方）撤回投资，被投资企业股本减少。被投资企业累计未分配利润和累计盈余公积按减少实收资本比例计算的部分，应确认为投资方的股息所得，符合条件的是免税收入。

股权转让是股东（投资方）将自己所持有的股权转让给他人，被投资企业股本不变。

被投资企业累计未分配利润和累计盈余公积按照转让股权的比例计算的部分，不是投资方的股息所得，不是免税收入。

5.8 清 算

《企业所得税法》第五十三条第三款规定：“企业依法清算时，应当以清算期间作为一个纳税年度。”第五十五条规定：“企业在年度中间终止经营活动的，应当自实际经营终止之日起六十日内，向税务机关办理当期企业所得税汇算清缴。企业应当在办理注销登记前，就其清算所得向税务机关申报并依法缴纳企业所得税。”

《企业所得税法实施条例》第十一条规定：“企业所得税法第五十五条所称清算所得，是指企业的全部资产可变现价值或者交易价格减除资产净值、清算费用以及相关税费等后的余额。投资方企业从被清算企业分得的剩余资产，其中相当于从被清算企业累计未分配利润和累计盈余公积中应当分得的部分，应当确认为股息所得；剩余资产减除上述股息所得后的余额，超过或者低于投资成本的部分，应当确认为投资资产转让所得或者损失。”

《财政部 国家税务总局关于企业清算业务企业所得税处理若干问题的通知》（财税〔2009〕60号）规定：

“一、企业清算的所得税处理，是指企业在不再持续经营，发生结束自身业务、处置资产、偿还债务以及向所有者分配剩余财产等经济行为时，对清算所得、清算所得税、股息分配。

二、下列企业应进行清算的所得税处理：

（一）按《公司法》、《企业破产法》等规定需要进行清算的企业；

（二）企业重组中需要按清算处理的企业。

三、企业清算的所得税处理包括以下内容：

（一）全部资产均应按可变现价值或交易价格，确认资产转让所得或损失；

（二）确认债权清理、债务清偿的所得或损失；

（三）改变持续经营核算原则，对预提或待摊性质的费用进行处理；

（四）依法弥补亏损，确定清算所得；

（五）计算并缴纳清算所得税；

（六）确定可向股东分配的剩余财产、应付股息等。

四、企业的全部资产可变现价值或交易价格，减除资产的计税基础、清算费用、相关税费，加上债务清偿损益等后的余额，为清算所得。

企业应将整个清算期作为一个独立的纳税年度计算清算所得。

五、企业全部资产的可变现价值或交易价格减除清算费用，职工的工资、社会保险费用和法定补偿金，结清清算所得税、以前年度欠税等税款，清偿企业债务，按规定计算可以向所有者分配的剩余资产。

被清算企业的股东分得的剩余资产的金额，其中相当于被清算企业累计未分配利润和累计盈余公积中按该股东所占股份比例计算的部分，应确认为股息所得；剩余资产减除股息所得后的余额，超过或低于股东投资成本的部分，应确认为股东的投资转让所得或损失。

被清算企业的股东从被清算企业分得的资产应按可变现价值或实际交易价格确定计税基础。”

清算申报表按照《国家税务总局关于印发〈中华人民共和国企业清算所得税申报表〉的通知》（国税函〔2009〕388号）要求填报。

【例5-41】甲公司向乙公司投资20万元，占乙公司30%的股权。20×1年乙公司经营不善进行清算，注销之日的资产负债表显示：现有资产的账面价值3 000万元（资产的计税基础相同）、资产的可变现净值4 230万元，负债3 700万元、最终清偿额3 590万元，企业清算期内支付清算费用70万元，支付职工安置费、法定补偿金100万元，清算过程中发生的相关税费为20万元，以前年度可以弥补的亏损100万元。清算时乙公司未分配利润和盈余公积为100万元。

乙公司税务处理如下：

清算所得=4 230–3 000–70–100–20+（3 700–3 590）–100=1 050（万元）

缴纳企业所得税=1 050×25%=262.5（万元）

剩余资产=4 230–3 590–70–100–20–262.5=187.5（万元）

甲公司税务处理如下：

分得乙公司清算剩余财产=187.5×30%=56.25（万元）

股息所得30万元（100×30%），为免税收入。

投资转让所得6.25万元（56.25–30–20），为应税收入。

第6章

资产损失

Enterprise Income Tax

Practice and Risk

Prevention and Control

TAXING

6.1 资产损失税前扣除政策

6.1.1 资产损失的定义

资产损失，是指企业在生产经营活动中实际发生的、与取得应税收入有关的资产损失，包括现金损失，存款损失，坏账损失，贷款损失，股权投资损失，固定资产和存货的盘亏、毁损、报废、被盗损失，自然灾害等不可抗力因素造成的损失以及其他损失。

上述资产是指企业拥有或者控制的、用于经营管理活动相关的资产，包括现金、银行存款、应收及预付款项（包括应收票据、各类垫款、企业之间往来款项）等货币性资产，存货、固定资产、无形资产、在建工程、生产性生物资产等非货币性资产，以及债权性投资和股权（权益）性投资。

6.1.2 资产损失税前扣除基本政策

《企业所得税法》第八条规定："企业实际发生的与取得收入有关的、合理的支出，包括成本、费用、税金、损失和其他支出，准予在计算应纳税所得额时扣除。"

《企业所得税法实施条例》第三十二条规定："企业所得税法第八条所称损失，是指企业在生产经营活动中发生的固定资产和存货的盘亏、毁损、报废损失，转让财产损失，呆账损失，坏账损失，自然灾害等不可抗力因素造成的损失以及其他损失。企业发生的损失，减除责任人赔偿和保险赔款后的余额，依照国务院财政、税务主管部门的规定扣除。

企业已经作为损失处理的资产，在以后纳税年度又全部收回或者部分收回时，应当计入当期收入。"

资产损失处理的基础性政策依据为《财政部 国家税务总局关于企业资产损失税前扣除政策的通知》（财税〔2009〕57号）和《国家税务总局关于印发〈企业资产损失所得税税前扣除管理办法〉的公告》（国家税务总局公告2011年第25号）。

6.2 资产损失证据

企业对其扣除的各项资产损失，应当提供能够证明资产损失确属已实际发生的合法证据，包括具有法律效力的外部证据、具有法定资质的中介机构的经济鉴证证明、具有法定资质的专业机构的技术鉴定证明等。

企业资产损失相关的证据包括具有法律效力的外部证据和特定事项的企业内部证据。

《国家税务总局关于取消20项税务证明事项的公告》（国家税务总局公告2018年第65号）规定，将企业向税务机关申报扣除特定损失时，需留存备查专业技术鉴定意见（报告）或法定资质中介机构出具的专项报告，改为纳税人留存备查自行出具的有法定代表人、主要负责人和财务负责人签章证实有关损失的书面申明。

6.2.1 外部证据

具有法律效力的外部证据，是指司法机关、行政机关、专业技术鉴定部门等依法出具的与本企业资产损失相关的具有法律效力的书面文件，主要包括：

（1）司法机关的判决或者裁定；

（2）公安机关的立案结案证明、回复；

（3）工商部门出具的注销、吊销及停业证明；

（4）企业的破产清算公告或清偿文件；

（5）行政机关的公文；

（6）专业技术部门的鉴定报告；

（7）具有法定资质的中介机构的经济鉴定证明；

（8）仲裁机构的仲裁文书；

（9）保险公司对投保资产出具的出险调查单、理赔计算单等保险单据；

（10）符合法律规定的其他证据。

6.2.2 内部证据

特定事项的企业内部证据，是指会计核算制度健全、内部控制制度完善的企业，对各项资产发生毁损、报废、盘亏、死亡、变质等内部证明或承担责任的声明，主要包括：

（1）有关会计核算资料和原始凭证；

（2）资产盘点表；

（3）相关经济行为的业务合同；

（4）企业内部技术鉴定部门的鉴定文件或资料；

（5）企业内部核批文件及有关情况说明；

（6）对责任人由于经营管理责任造成损失的责任认定及赔偿情况说明；

（7）法定代表人、企业负责人和企业财务负责人对特定事项真实性承担法律责任的声明。

6.3 货币资产损失处理

6.3.1 现金损失

6.3.1.1 会计处理

库存现金盘亏时，应及时办理盘亏确认手续，调整库存现金账簿记录，即按盘亏的金额借记“待处理财产损溢——待处理流动资产损溢”科目，贷记“库存现金”科目。

对于盘亏的库存现金，应及时查明原因，依据管理权限报经批准后，按可收回的保险赔偿和过失人赔偿的金额借记“其他应收款”科目，按管理不善等原因造成净损失的金额借记“管理费用”科目，按自然灾害等原因造成净损失的金额借记“营业外支出”科目，按原记入“待处理财产损溢——待处理流动资产损溢”科目借方的金额贷记本科目。

【例6-1】甲公司在现金清查中发现现金短缺500元，后查明是管理不善造成的。会计处理如下：

（1）盘亏时：

借：待处理财产损溢——待处理流动资产损溢 500

贷：库存现金 500

（2）批准后：

借：管理费用 500

贷：待处理财产损溢——待处理流动资产损溢 500

6.3.1.2 税务处理

（1）政策。企业清查出的现金短缺减除责任人赔偿后的余额，作为现金损失在计算应纳税所得额时扣除。

（2）证据。现金损失应依据以下证据材料确认：

①现金保管人确认的现金盘点表（包括倒推至基准日的记录）；

②现金保管人对于短缺的说明及相关核准文件；

③对责任人由于管理责任造成损失的责任认定及赔偿情况的说明；

④涉及刑事犯罪的，应有司法机关出具的相关材料；

⑤金融机构出具的假币收缴证明。

6.3.2 银行存款损失

6.3.2.1 政 策

企业将货币性资金存入法定具有吸收存款职能的机构，因该机构依法破产、清算，或者政府责令停业、关闭等原因，确实不能收回的部分，作为存款损失在计算应纳税所得额时扣除。

6.3.2.2 证 据

企业因金融机构清算而发生的存款类资产损失应依据以下证据材料确认：

（1）企业存款类资产的原始凭据；

（2）金融机构破产、清算的法律文件；

（3）金融机构清算后的剩余资产分配情况资料。

金融机构应清算而未清算超过三年的，企业可将该款项确认为资产损失，但应有法院或破产清算管理人出具的未完成清算证明。

6.3.3 应收及预付款项坏账损失

6.3.3.1 会计处理

企业确实无法收回的应收款项按管理权限报经批准后作为坏账转销时，应当冲减已计提的坏账准备。已确认并转销的应收款项以后又收回的，应当按照实际收到的金额增加坏账准备的账面余额。企业发生坏账损失时，借记“坏账准备”科目，贷记“应收账款”“其他应收款”等科目。

【例6-2】甲公司20×1年对丙公司的应收账款实际发生坏账损失50 000元。确认坏账损失时，甲公司应做如下会计处理：

借：坏账准备	50 000	
贷：应收账款		50 000

6.3.3.2 税务处理

（1）政策。

①企业除贷款类债权外的应收、预付账款符合下列条件之一的，减除可收回金额后确认的无法收回的应收、预付款项，可以作为坏账损失在计算应纳税所得额时扣除：

其一，债务人依法宣告破产、关闭、解散、被撤销，或者被依法注销、吊销营业执照，其清算财产不足清偿的；

其二，债务人死亡，或者依法被宣告失踪、死亡，其财产或者遗产不足清偿的；

其三，债务人逾期3年以上未清偿，且有确凿证据证明已无力清偿债务的；

其四，与债务人达成债务重组协议或法院批准破产重整计划后，无法追偿的；

其五，因自然灾害、战争等不可抗力导致无法收回的；

其六，国务院财政、税务主管部门规定的其他条件。

②企业经采取所有可能的措施和实施必要的程序之后，符合下列条件之一的贷款类债权，可以作为贷款损失在计算应纳税所得额时扣除：

其一，借款人和担保人依法宣告破产、关闭、解散、被撤销，并终止法人资格，或者已完全停止经营活动，被依法注销、吊销营业执照，对借款人和担保人进行追偿后，未能收回的债权；

其二，借款人死亡，或者依法被宣告失踪、死亡，依法对其财产或者遗产进行清偿，并对担保人进行追偿后，未能收回的债权；

其三，借款人遭受重大自然灾害或者意外事故，损失巨大且不能获得保险补偿，或者以保险赔偿后，确实无力偿还部分或者全部债务，对借款人财产进行清偿和对担保人进行追偿后，未能收回的债权；

其四，借款人触犯刑律，依法受到制裁，其财产不足归还所借债务，又无其他债务承担者，经追偿后确实无法收回的债权；

其五，由于借款人和担保人不能偿还到期债务，企业诉诸法律，经法院对借款人和担保人强制执行，借款人和担保人均无财产可执行，法院裁定执行程序终结或终止（中止）后，仍无法收回的债权；

其六，由于借款人和担保人不能偿还到期债务，企业诉诸法律后，经法院调解或经债权人会议通过，与借款人和担保人达成和解协议或重整协议，在借款人和担保人履行完还款义务后，无法追偿的剩余债权；

其七，由于上述一至六项原因借款人不能偿还到期债务，企业依法取得抵债资产，抵债金额小于贷款本息的差额，经追偿后仍无法收回的债权；

其八，开立信用证、办理承兑汇票、开具保函等发生垫款时，开证申请人和保证人由于上一至七项原因，无法偿还垫款，金融企业经追偿后仍无法收回的垫款；

其九，银行卡持卡人和担保人由于上述一至七项原因，未能还清透支款项，金融企业经追偿后仍无法收回的透支款项；

其十，助学贷款逾期后，在金融企业确定的有效追索期限内，依法处置助学贷款抵押物（质押物），并向担保人追索连带责任后，仍无法收回的贷款；

其十一，经国务院专案批准核销的贷款类债权；

其十二，国务院财政、税务主管部门规定的其他条件。

（2）证据。

企业应收及预付款项坏账损失应依据以下相关证据材料确认：

①相关事项合同、协议或说明；

②属于债务人破产清算的，应有人民法院的破产、清算公告；

③属于诉讼案件的，应出具人民法院的判决书或裁决书或仲裁机构的仲裁书，或者被法院裁定终（中）止执行的法律文书；

④属于债务人停止营业的，应有工商部门注销、吊销营业执照证明；

⑤属于债务人死亡、失踪的，应有公安机关等有关部门对债务人个人的死亡、失踪证明；

⑥属于债务重组的，应有债务重组协议及其债务人重组收益纳税情况说明；

⑦属于自然灾害、战争等不可抗力而无法收回的，应有债务人受灾情况说明以及放弃债权申明。

企业逾期三年以上的应收款项在会计上已作为损失处理的，可以作为坏账损失，但应说明情况，并出具专项报告。

企业逾期一年以上，单笔数额不超过五万元或者不超过企业年度收入总额万分之一的应收款项，会计上已经作为损失处理的，可以作为坏账损失，但应说明情况，并出具专项报告。

6.4　非货币资产损失处理

企业非货币资产损失包括存货损失、固定资产损失、无形资产损失、在建工程损失、生产性生物资产损失等。

6.4.1 存货损失

6.4.1.1 会计处理

企业发生存货盘亏及损毁时，借记“待处理财产损溢”科目，贷记“原材料”“库存商品”等科目。在按管理权限报经批准后应做如下会计处理：对于入库的残料价值，记入“原材料”等科目；对于应由保险公司和过失人的赔款，记入“其他应收款”科目；扣除残料价值和应由保险公司、过失人赔款后的净损失，属于一般经营损失的部分，记入“管理费用”科目，属于非常损失的部分，记入“营业外支出”科目。

【例6-3】甲公司在财产清查中发现盘亏A材料500千克，实际单位成本200元，经查属于一般经营损失。会计处理如下：

（1）批准处理前：

借：待处理财产损溢　　100 000

　贷：原材料　　100 000

（2）批准处理后：

借：管理费用　　100 000

　贷：待处理财产损溢　　100 000

【例6-4】甲公司在财产清查中发现毁损B材料300千克，实际单位成本100元，经查属于材料保管员的过失造成，按规定由其个人赔偿20 000元，残料已办理入库手续，价值2 000元。会计处理如下：

（1）批准处理前：

借：待处理财产损溢　　30 000

　贷：原材料　　30 000

（2）批准处理后：

①由过失人赔款部分：

借：其他应收款　　20 000

　贷：待处理财产损溢　　20 000

②残料入库：

借：原材料　　20 000

　贷：待处理财产损溢　　20 000

③材料毁损净损失：

借：管理费用　　8 000

　贷：待处理财产损溢　　8 000

【例6-5】甲公司因台风造成一批库存C材料毁损，实际成本70 000元，根据保险责任范围及保险合同规定，应由保险公司赔偿50 000元。会计处理如下：

（1）批准处理前：

借：待处理财产损溢　　70 000

　贷：原材料　　70 000

（2）批准处理后：

借：其他应收款 50 000

　　营业外支出——非常损失 20 000

　贷：待处理财产损溢 70 000

6.4.1.2 税务处理

（1）政策。

①对企业盘亏的存货，以该固定资产的账面净值或存货的成本减除责任人赔偿后的余额，作为固定资产或存货盘亏损失在计算应纳税所得额时扣除。

②对企业毁损、报废的存货，以该存货的成本减除残值、保险赔款和责任人赔偿后的余额，作为存货毁损、报废损失在计算应纳税所得额时扣除。

③对企业被盗存货，以存货的成本减除保险赔款和责任人赔偿后的余额，作为存货被盗损失在计算应纳税所得额时扣除。

企业因存货盘亏、毁损、报废、被盗等原因不得从增值税销项税额中抵扣的进项税额，可以与存货损失一起在计算应纳税所得额时扣除。

（2）证据。

①存货盘亏损失。存货盘亏损失，为其盘亏金额扣除责任人赔偿后的余额，应依据以下证据材料确认：

- 存货计税成本确定依据；
- 企业内部有关责任认定、责任人赔偿说明和内部核批文件；
- 存货盘点表；
- 存货保管人对于盘亏的情况说明。

②存货报废、毁损或变质损失。存货报废、毁损或变质损失，为其计税成本扣除残值及责任人赔偿后的余额，应依据以下证据材料确认：

- 存货计税成本的确定依据；
- 企业内部关于存货报废、毁损、变质、残值情况说明及核销资料；
- 涉及责任人赔偿的，应当有赔偿情况说明；
- 该项损失数额较大的（指占企业该类资产计税成本10%以上，或减少当年应纳税所得、增加亏损10%以上，下同），应留存备查自行出具的有法定代表人、主要负责人和财务负责人签章证实有关损失的书面申明。

③存货被盗损失。存货被盗损失，为其计税成本扣除保险理赔以及责任人赔偿后的余额，应依据以下证据材料确认：

- 存货计税成本的确定依据；
- 向公安机关的报案记录；
- 涉及责任人和保险公司赔偿的，应有赔偿情况说明等。

6.4.1.3 商业零售企业存货损失

《国家税务总局关于商业零售企业存货损失税前扣除问题的公告》（国家税务总局公告2014年第3号）规定：

（1）商业零售企业存货因零星失窃、报废、废弃、过期、破损、腐败、鼠咬、顾客退换货等正常因素形成的损失，为存货正常损失，准予按会计科目进行归类、汇总，然后再将汇总数据以清单的形式进行企业所得税纳税申报，同时出具损失情况分析报告。

（2）商业零售企业存货因风、火、雷、震等自然灾害，仓储、运输失事，重大案件等非正常因素形成的损失，为存货非正常损失，应当以专项申报形式进行企业所得税纳税申报。

（3）存货单笔（单项）损失超过500万元的，无论何种因素形成的，均应以专项申报方式进行企业所得税纳税申报。

6.4.1.4 房地产企业开发产品损失

国税发〔2009〕31号文件第二十三条规定："企业开发产品（以成本对象为计量单位）整体报废或毁损，其净损失按有关规定审核确认后准予在税前扣除。"

6.4.2 固定资产损失

6.4.2.1 会计处理

（1）固定资产盘亏。企业在财产清查中盘亏的固定资产，按盘亏固定资产的账而价值，借记"待处理财产损溢"科目；按已计提的累计折旧，借记"累计折旧"科目；按已计提的减值准备，借记"固定资产减值准备"科目；按固定资产的原价，贷记"固定资产"科目。依据管理权限报经批准后处理时，按可收回的保险赔偿或过失人赔偿，借记"其他应收款"科目；按应计入营业外支出的金额，借记"营业外支出——盘亏损失"科目，贷记"待处理财产损溢"科目。

【例6-6】甲公司进行财产清查时发现短缺一台笔记本电脑，原价为10 000元，已计提折旧7 000元。会计处理如下：

（1）盘亏固定资产时：

借：待处理财产损溢	3 000	
累计折旧	7 000	
贷：固定资产		10 000

（2）报经批准转销时：

借：营业外支出——盘亏损失	3 000	
贷：待处理财产损溢		3 000

（2）固定资产毁损。企业因报废、毁损转出的固定资产，按该项固定资产的账面价值，

借记“固定资产清理”科目；按已计提的累计折旧，借记“累计折旧”科目；按已计提的减值准备，借记“固定资产减值准备”科目；按其账面原价，贷记“固定资产”科目。发生的清理费用等固定资产清理过程中应支付的相关税费及其他费用，借记“固定资产清理”科目，贷记“银行存款”“应交税费——应交营业税”等科目。收回出售固定资产的价款、残料价值和变价收入等，借记“银行存款”“原材料”等科目，贷记“固定资产清理”科目。

保险赔偿等的处理：应由保险公司或过失人赔偿的损失，借记“其他应收款”等科目，贷记“固定资产清理”科目。

固定资产清理完成后，属于生产经营期间正常的处理损失，借记“营业外支出——处置非流动资产损失”科目，贷记“固定资产清理”科目；属于自然灾害等非正常原因造成的损失，借记“营业外支出——非常损失”科目，贷记“固定资产清理”科目。

【例6–7】甲公司现有一台设备由于性能等原因决定提前报废，原价为500 000元，已计提折旧450 000元，未计提减值准备。报废时的残值变价收入为23 200元，报废清理过程中发生清理费用3 500元。有关收入、支出均通过银行办理结算（该设备购进时已抵扣过进项税额）。会计处理如下：

（1）将报废固定资产转入清理时：

借：固定资产清理	50 000	
累计折旧	450 000	
贷：固定资产		500 000

（2）收回残料变价收入时：

借：银行存款	23 200	
贷：固定资产清理		20 000
应交税费——应交增值税（销项税额）		3 200

（3）支付清理费用时：

借：固定资产清理	3 500	
贷：银行存款		3 500

（4）结转报废固定资产发生的净损失时：

借：营业外支出——非流动资产处置损失	33 500	
贷：固定资产清理		33 500

【例6–8】公司因遭受水灾而毁损一座仓库，该仓库原价4 000 000元，已计提折旧1 000 000元，未计提减值准备。其残料估计价值50 000元，残料已办理入库。发生的清理费用20 000元，以现金支付。经保险公司核定应赔偿损失1 500 000元，尚未收到赔款。

会计处理如下：

（1）将毁损的仓库转入清理时：

借：固定资产清理	3 000 000	
累计折旧	1 000 000	
贷：固定资产		4 000 000

（2）残料入库时：

借：原材料	50 000	

贷：固定资产清理　　50 000

（3）支付清理费用时：

借：固定资产清理　　20 000

贷：库存现金　　20 000

（4）确定应由保险公司理赔的损失时：

借：其他应收款　　1 500 000

贷：固定资产清理　　1 500 000

（5）结转毁损固定资产发生的损失时：

借：营业外支出——非常损失　　1 470 000

贷：固定资产清理　　1 470 000

6.4.2.2　税务处理

（1）政策。

①对企业盘亏的固定资产，以该固定资产的账面净值减除责任人赔偿后的余额，作为固定资产损失在计算应纳税所得额时扣除。

②对企业毁损、报废的固定资产，以该固定资产的账面净值减除残值、保险赔款和责任人赔偿后的余额，作为固定资产毁损、报废损失在计算应纳税所得额时扣除。

③对企业被盗的固定资产，以该固定资产的账面净值减除保险赔款和责任人赔偿后的余额，作为固定资产被盗损失在计算应纳税所得额时扣除。

（2）证据。

①固定资产盘亏、丢失损失。固定资产盘亏、丢失损失，为其账面净值扣除责任人赔偿后的余额，应依据以下证据材料确认：

- 企业内部有关责任认定和核销资料；
- 固定资产盘点表；
- 固定资产的计税基础相关资料；
- 固定资产盘亏、丢失情况说明；
- 损失金额较大的，应留存备查自行出具的有法定代表人、主要负责人和财务负责人签章证实有关损失的书面申明。

②固定资产报废、毁损损失。固定资产报废、毁损损失，为其账面净值扣除残值和责任人赔偿后的余额，应依据以下证据材料确认：

- 固定资产的计税基础相关资料；
- 企业内部有关责任认定和核销资料；
- 企业内部有关部门出具的鉴定材料；
- 涉及责任赔偿的，应当有赔偿情况的说明；
- 损失金额较大的或自然灾害等不可抗力原因造成固定资产毁损、报废的，应留存备查自行出具的有法定代表人、主要负责人和财务负责人签章证实有关损失的书面申明。

③固定资产被盗损失。固定资产被盗损失，为其账面净值扣除责任人赔偿后的余额，

应依据以下证据材料确认：

- 固定资产计税基础相关资料；
- 公安机关的报案记录，公安机关立案、破案和结案的证明材料；
- 涉及责任赔偿的，应有赔偿责任的认定及赔偿情况的说明等。

④在建工程停建、报废损失。在建工程停建、报废损失，为其工程项目投资账面价值扣除残值后的余额，应依据以下证据材料确认：

- 工程项目投资账面价值确定依据；
- 工程项目停建原因说明及相关材料；
- 因质量原因停建、报废的工程项目和因自然灾害和意外事故停建、报废的工程项目，应留存备查自行出具的有法定代表人、主要负责人和财务负责人签章证实有关损失的书面申明。

⑤工程物资损失。工程物资发生损失，可比照存货损失的规定确认。

6.4.2.3 电网企业输电线路部分报废损失

《国家税务总局关于电网企业输电线路部分报废损失税前扣除问题的公告》（国家税务总局公告2010年第30号）规定：

（1）由于加大水电送出和增强电网抵御冰雪能力需要等原因，电网企业对原有输电线路进行改造，部分铁塔和线路拆除报废，形成部分固定资产损失。考虑到该部分资产已形成实质性损失，可以按照有关税收规定作为企业固定资产损失允许税前扣除。

（2）上述部分固定资产损失，应按照该固定资产的总计税价格，计算每基铁塔和每公里线路的计税价格后，根据报废的铁塔数量和线路长度以及已计提折旧情况确定。

（3）上述报废的部分固定资产，其中部分能够重新利用的，应合理计算价格，冲减当年度固定资产损失。

（4）新投资建设的线路和铁塔，应单独作为固定资产，在投入使用后，按照税收的规定计提折旧。

6.4.3 无形资产损失

6.4.3.1 会计处理

企业处置无形资产，应当按照实际收到的金额等，借记“银行存款”等科目；按照已计提的累计摊销，借记“累计摊销”科目；按其余额，贷记“无形资产”科目；按照其差额，借记“资产处置损益”科目。

【例6-9】甲公司购买的一专利权由于市场上出现新专利技术而被替代，甲公司将其转让给乙公司，该专利权的成本为600 000元，已摊销220 000元，实际取得的转让价款为50 000元，款项已存入银行。不考虑相关税费，会计处理如下：

借：银行存款		50 000
累计摊销		220 000

资产处置损益　332 830.19
贷：无形资产　600 000
应交税费——应交增值税（销项税额）　2 830.19

6.4.3.2　税务处理

被其他新技术所代替或已经超过法律保护期限，已经丧失使用价值和转让价值，尚未摊销的无形资产损失，应提交以下证据备案：

（1）会计核算资料；

（2）企业内部核批文件及有关情况说明；

（3）技术鉴定意见和企业法定代表人、主要负责人和财务负责人签章证实无形资产已无使用价值或转让价值的书面申明；

（4）无形资产的法律保护期限文件。

6.4.3.3　房地产企业国家无偿收回土地使用权损失

国税发〔2009〕31号文件第二十二条规定："企业因国家无偿收回土地使用权而形成的损失，可作为财产损失按有关规定在税前扣除。"

6.4.4　生物资产损失

6.4.4.1　会计处理

生物资产盘亏或死亡、毁损时，应当将处置收入扣除其账面价值和相关税费后的余额先记入"待处理财产损溢"科目，待查明原因后，根据企业的管理权限，经股东大会、董事会、经理（场长）会议或类似机构批准后，在期末结账前处理完毕。生物资产因死亡、毁损造成的损失，减去过失人或者保险公司等的赔款和残余价值之后，记入"管理费用"科目；属于自然灾害等非正常损失的，记入"营业外支出"科目。

【例6-10】甲公司丢失3头种牛，账面价值为11 600元，已计提折旧600元，后经查实，饲养员应赔偿3 000元。会计处理如下：

（1）发现丢失时：

借：待处理财产损溢　11 000
　　生物性生物资产累计折旧　600
　贷：生物性生物资产　11 600

（2）批准后：

借：其他应收款　3 000
　　管理费用　8 000
　贷：待处理财产损溢　11 000

6.4.4.2　税务处理

（1）生产性生物资产盘亏损失。生产性生物资产盘亏损失，为其账面净值扣除责任人赔偿后的余额，应依据以下证据材料确认：

①生产性生物资产盘点表；

②生产性生物资产盘亏情况说明；

③生产性生物资产损失金额较大的，应留存备查自行出具的有法定代表人、主要负责人和财务负责人签章证实有关损失的书面申明。

（2）森林病虫害、疫情、死亡而产生的损失。因森林病虫害、疫情、死亡而产生的生产性生物资产损失，为其账面净值扣除残值、保险赔偿和责任人赔偿后的余额，应依据以下证据材料确认：

①损失情况说明；

②责任认定及其赔偿情况的说明；

③损失金额较大的，应留存备查自行出具的有法定代表人、主要负责人和财务负责人签章证实有关损失的书面申明。

（3）被盗伐、被盗、丢失而产生的损失。对被盗伐、被盗、丢失而产生的生产性生物资产损失，为其账面净值扣除保险赔偿以及责任人赔偿后的余额，应依据以下证据材料确认：

①生产性生物资产被盗后，向公安机关的报案记录或公安机关立案、破案和结案的证明材料；

②责任认定及其赔偿情况的说明。

6.4.5　其他损失

企业由于未能按期赎回抵押资产，使抵押资产被拍卖或变卖，其账面净值大于变卖价值的差额，可认定为资产损失，按以下证据材料确认：

（1）抵押合同或协议书；

（2）拍卖或变卖证明、清单；

（3）会计核算资料等其他相关证据材料。

6.5　投资损失处理

企业投资损失包括债权性投资损失和股权（权益）性投资损失。

6.5.1　债权性投资损失

6.5.1.1　政　策

企业经采取所有可能的措施和实施必要的程序之后，符合下列条件之一的贷款类债权，可以作为贷款损失在计算应纳税所得额时扣除：

（1）借款人和担保人依法宣告破产、关闭、解散、被撤销，并终止法人资格，或者已完全停止经营活动，被依法注销、吊销营业执照，对借款人和担保人进行追偿后，未能收回的债权；

（2）借款人死亡，或者依法被宣告失踪、死亡，依法对其财产或者遗产进行清偿，并对担保人进行追偿后，未能收回的债权；

（3）借款人遭受重大自然灾害或者意外事故，损失巨大且不能获得保险补偿，或者以保险赔偿后，确实无力偿还部分或者全部债务，对借款人财产进行清偿和对担保人进行追偿后，未能收回的债权；

（4）借款人触犯刑律，依法受到制裁，其财产不足归还所借债务，又无其他债务承担者，经追偿后确实无法收回的债权；

（5）由于借款人和担保人不能偿还到期债务，企业诉诸法律，经法院对借款人和担保人强制执行，借款人和担保人均无财产可执行，法院裁定执行程序终结或终止（中止）后，仍无法收回的债权；

（6）由于借款人和担保人不能偿还到期债务，企业诉诸法律后，经法院调解或经债权人会议通过，与借款人和担保人达成和解协议或重整协议，在借款人和担保人履行完还款义务后，无法追偿的剩余债权；

（7）由于上述（1）至（6）项原因借款人不能偿还到期债务，企业依法取得抵债资产，抵债金额小于贷款本息的差额，经追偿后仍无法收回的债权；

（8）开立信用证、办理承兑汇票、开具保函等发生垫款时，凡开证申请人和保证人由于上述（1）至（7）项原因，无法偿还垫款，金融企业经追偿后仍无法收回的垫款；

（9）银行卡持卡人和担保人由于上述（1）至（7）项原因，未能还清透支款项，金融企业经追偿后仍无法收回的透支款项；

（10）助学贷款逾期后，在金融企业确定的有效追索期限内，依法处置助学贷款抵押物（质押物），并向担保人追索连带责任后，仍无法收回的贷款；

（11）经国务院专案批准核销的贷款类债权；

（12）国务院财政、税务主管部门规定的其他条件。

6.5.1.2 证 据

企业债权投资损失应依据投资的原始凭证、合同或协议、会计核算资料等相关证据材料确认。出现下列债权投资损失情况的，还应出具相关证据材料：

（1）债务人或担保人依法被宣告破产、关闭、被解散或撤销、被吊销营业执照、失踪或者死亡等，应出具资产清偿证明或者遗产清偿证明。无法出具资产清偿证明或者遗产清偿证明，且上述事项超过三年以上的，或债权投资（包括信用卡和助学贷款）余额在300万元以下的，应出具对应的债务人和担保人破产、关闭、解散证明、撤销文件、工商行政管理部门注销证明或查询证明以及追索记录等（包括司法追索、电话追索、信件追索和上门追索等原始记录）。

（2）债务人遭受重大自然灾害或意外事故，企业对其资产进行清偿和对担保人进行追偿后，未能收回的债权，应出具债务人遭受重大自然灾害或意外事故证明、保险赔偿证明、资产清偿证明等。

（3）债务人因承担法律责任，其资产不足归还所借债务，又无其他债务承担者的，应出具法院裁定证明和资产清偿证明。

（4）债务人和担保人不能偿还到期债务，企业提出诉讼或仲裁的，经人民法院对债务人和担保人强制执行，债务人和担保人均无资产可执行，人民法院裁定终结或终止（中止）执行的，应出具人民法院裁定文书。

（5）债务人和担保人不能偿还到期债务，企业提出诉讼后被驳回起诉的、人民法院不予受理或不予支持的，或经仲裁机构裁决免除（或部分免除）债务人责任，经追偿后无法收回的债权，应提交法院驳回起诉的证明，或法院不予受理或不予支持证明，或仲裁机构裁决免除债务人责任的文书。

（6）经国务院专案批准核销的债权，应提供国务院批准文件或经国务院同意后由国务院有关部门批准的文件。

6.5.1.3 金融企业涉农贷款和中小企业贷款损失

《国家税务总局关于金融企业涉农贷款和中小企业贷款损失税前扣除问题的公告》（国家税务总局公告2015年第25号）规定：

（1）金融企业涉农贷款、中小企业贷款逾期1年以上，经追索无法收回，应依据涉农贷款、中小企业贷款分类证明，按下列规定计算确认贷款损失进行税前扣除：

①单户贷款余额不超过300万元（含300万元）的，应依据向借款人和担保人的有关原始追索记录（包括司法追索、电话追索、信件追索和上门追索等原始记录之一，并由经办人和负责人共同签章确认），计算确认损失进行税前扣除。

②单户贷款余额超过300万元至1 000万元（含1 000万元）的，应依据有关原始追索记录（应当包括司法追索记录，并由经办人和负责人共同签章确认），计算确认损失进行税前扣除。

③单户贷款余额超过1 000万元的，仍按《国家税务总局关于发布〈企业资产损失所得税税前扣除管理办法〉的公告》（国家税务总局公告2011年第25号）有关规定计算确认损失进行税前扣除。

（2）金融企业涉农贷款和中小企业贷款的分类标准，按照《财政部 国家税务总局关于金融企业涉农贷款和中小企业贷款损失准备金税前扣除有关问题的通知》（财税〔2015〕3号）[1]规定执行。

（3）金融企业应当建立健全贷款损失内部核销管理制度，严格内部责任认定和追究，及时收集、整理、编制、审核、申报、保存资产损失税前扣除证据材料。

对不符合法定条件扣除的贷款损失，或弄虚作假进行税前扣除的，应追溯调整以前年度的税务处理，并按《税收征收管理法》有关规定进行处罚。

---

［1］现行有效文件为《财政部 税务总局关于金融企业涉农贷款和中小企业贷款损失准备金税前扣除有关政策的公告》（财政部 税务总局公告2019年第85号）。

6.5.1.4 关联企业债权损失

企业按独立交易原则向关联企业转让资产而发生的损失，或向关联企业提供借款、担保而形成的债权损失，准予扣除，但企业应留存备查自行出具的有法定代表人、主要负责人和财务负责人签章证实有关损失的书面申明和相关材料。

6.5.2 股权（权益）性投资损失

6.5.2.1 政 策

企业的股权投资符合下列条件之一的，减除可收回金额后确认的无法收回的股权投资，可以作为股权投资损失在计算应纳税所得额时扣除：

（1）被投资方依法宣告破产、关闭、解散、被撤销，或者被依法注销、吊销营业执照的；

（2）被投资方财务状况严重恶化，累计发生巨额亏损，已连续停止经营3年以上，且无重新恢复经营改组计划的；

（3）对被投资方不具有控制权，投资期限届满或者投资期限已超过10年，且被投资单位因连续3年经营亏损导致资不抵债的；

（4）被投资方财务状况严重恶化，累计发生巨额亏损，已完成清算或清算期超过3年以上的；

（5）国务院财政、税务主管部门规定的其他条件。

《国家税务总局关于企业股权投资损失所得税处理问题的公告》（国家税务总局公告2010年第6号）第一条规定："企业对外进行权益性（以下简称股权）投资所发生的损失，在经确认的损失发生年度，作为企业损失在计算企业应纳税所得额时一次性扣除。"

6.5.2.2 证 据

企业股权投资损失应依据以下相关证据材料确认：

（1）股权投资计税基础证明材料；

（2）被投资企业破产公告、破产清偿文件；

（3）工商行政管理部门注销、吊销被投资单位营业执照文件；

（4）政府有关部门对被投资单位的行政处理决定文件；

（5）被投资企业终止经营、停止交易的法律或其他证明文件；

（6）被投资企业资产处置方案、成交及入账材料；

（7）企业法定代表人、主要负责人和财务负责人签章证实有关投资（权益）性损失的书面声明；

（8）会计核算资料等其他相关证据材料。

被投资企业依法宣告破产、关闭、解散或撤销、吊销营业执照、停止生产经营活动、失踪等，应出具资产清偿证明或者遗产清偿证明。

上述事项超过三年以上且未能完成清算的，应出具被投资企业破产、关闭、解散或撤销、吊销等的证明以及不能清算的原因说明。

6.5.3 担保损失

6.5.3.1 一般担保损失

企业对外提供与本企业生产经营活动有关的担保，因被担保人不能按期偿还债务而承担连带责任，经追索，被担保人无偿还能力，对无法追回的金额，比照应收款项损失进行处理。

与本企业生产经营活动有关的担保是指企业对外提供的与本企业应税收入、投资、融资、材料采购、产品销售等生产经营活动相关的担保。

6.5.3.2 房地产开发企业按揭担保损失

《国家税务总局关于印发〈房地产开发经营业务企业所得税处理办法〉的通知》（国税发〔2009〕31号）第十九条规定："企业采取银行按揭方式销售开发产品的，凡约定企业为购买方的按揭贷款提供担保的，其销售开发产品时向银行提供的保证金（担保金）不得从销售收入中减除，也不得作为费用在当期税前扣除，但实际发生损失时可据实扣除。"

6.5.4 其 他

企业委托金融机构向其他单位贷款，或委托其他经营机构进行理财，到期不能收回贷款或理财款项，按照《企业资产损失所得税税前扣除管理办法》第六章有关规定进行处理。

6.5.5 不得扣除的投资损失

下列股权和债权不得作为损失在税前扣除：

（1）债务人或者担保人有经济偿还能力，未按期偿还的企业债权；

（2）违反法律、法规的规定，以各种形式、借口逃废或悬空的企业债权；

（3）行政干预逃废或悬空的企业债权；

（4）企业未向债务人和担保人追偿的债权；

（5）企业发生非经营活动的债权；

（6）其他不应当核销的企业债权和股权。

6.6 其他损失处理

企业将不同类别的资产捆绑（打包），以拍卖、询价、竞争性谈判、招标等市场方式出售，其出售价格低于计税成本的差额，可以作为资产损失并准予在税前申报扣除，但应出具资产处置方案、各类资产作价依据、出售过程的情况说明、出售合同或协议、成交及入账证明、资产计税基础等确定依据。

企业正常经营业务因内部控制制度不健全而出现操作不当、不规范或因业务创新但政策不明确、不配套等原因形成的资产损失，应由企业承担的金额，可以作为资产损失并准予在税前申报扣除，但应出具损失原因证明材料或业务监管部门定性证明、损失专项说明。

企业因刑事案件原因形成的损失，应由企业承担的金额，或经公安机关立案侦查两年以上仍未追回的金额，可以作为资产损失并准予在税前申报扣除，但应出具公安机关、人民检察院的立案侦查情况或人民法院的判决书等损失原因证明材料。

6.7 资产损失管理

6.7.1 原　则

准予在企业所得税税前扣除的资产损失，是指企业在实际处置、转让上述资产过程中发生的合理损失（以下简称实际资产损失），以及企业虽未实际处置、转让上述资产，但符合财税〔2009〕57号文件和国家税务总局公告2011年第25号规定计算确认的损失（以下简称法定资产损失）。

企业实际资产损失，应当在其实际发生且会计上已作损失处理的年度申报扣除；法定资产损失，应当在该项资产已符合法定资产损失确认条件，且会计上已作损失处理的年度申报扣除。

企业发生的资产损失，应按规定的程序和要求向主管税务机关申报后方能在税前扣除。未经申报的损失，不得在税前扣除。

6.7.2 申报管理

企业资产损失按其申报内容和要求的不同，分为清单申报和专项申报两种形式。《国家税务总局关于企业所得税资产损失资料留存备查有关事项的公告》（国家税务总局公告2018年第15号）第一条规定："企业向税务机关申报扣除资产损失，仅需填报企业所得税年度纳税申报表《资产损失税前扣除及纳税调整明细表》，不再报送资产损失相关资料。相关资料由企业留存备查。"现行申报表不再区分清单申报和专项申报，但企业仍然要按照规定留存备查相关资料。

下列资产损失为清单申报，企业可按会计核算科目进行归类、汇总：

（1）企业在正常经营管理活动中，按照公允价格销售、转让、变卖非货币资产的损失；

（2）企业各项存货发生的正常损耗；

（3）企业固定资产达到或超过使用年限而正常报废清理的损失；

（4）企业生产性生物资产达到或超过使用年限而正常死亡发生的资产损失；

（5）企业按照市场公平交易原则，通过各种交易场所、市场等买卖债券、股票、期货、基金以及金融衍生产品等发生的损失。

清单申报以外的资产损失为专项申报。

6.7.3 以前年度未扣资产损失管理

企业以前年度发生的资产损失未能在当年税前扣除的，可以按照国家税务总局公告2011年第25号的规定，向税务机关说明并进行专项申报扣除。其中，属于实际资产损失，准予追补至该项损失发生年度扣除，其追补确认期限一般不得超过五年，但因计划经济体制转轨过程中遗留的资产损失、企业重组上市过程中因权属不清出现争议而未能及时扣除的资产损失、因承担国家政策性任务而形成的资产损失以及因政策定性不明确而形成的资产损失等特殊原因形成的资产损失，其追补确认期限经国家税务总局批准后可适当延长。属于法定资产损失的，应在申报年度扣除。

企业因以前年度实际资产损失未在税前扣除而多缴的企业所得税税款，可在追补确认年度企业所得税应纳税款中予以抵扣，不足抵扣的，向以后年度递延抵扣。

企业实际资产损失发生年度扣除追补确认的损失后出现亏损的，应先调整资产损失发生年度的亏损额，再按弥补亏损的原则计算以后年度多缴的企业所得税税款，并按上述办法进行税务处理。

6.7.4 跨地区总分机构资产损失管理

在中国境内跨地区经营的汇总纳税企业发生的资产损失，应按以下规定申报扣除：

（1）总机构及其分支机构发生的资产损失，除应按专项申报和清单申报的有关规定，各自向当地主管税务机关申报外，各分支机构同时还应上报总机构；

（2）总机构对各分支机构上报的资产损失，除税务机关另有规定外，应以清单申报的形式向当地主管税务机关进行申报；

（3）总机构将跨地区分支机构所属资产捆绑打包转让所发生的资产损失，由总机构向当地主管税务机关进行专项申报。

6.7.5 境内、境外资产损失核算

企业境内、境外营业机构发生的资产损失应分开核算，对境外营业机构由于发生资产损失而产生的亏损，不得在计算境内应纳税所得额时扣除。

6.7.6 因国务院决定事项形成的资产损失管理

《国家税务总局关于企业因国务院决定事项形成的资产损失税前扣除问题的公告》（国家税务总局公告2014年第18号）规定：

（1）自国发〔2013〕44号文件发布之日起，企业因国务院决定事项形成的资产损失，不再上报国家税务总局审核。国家税务总局公告2011年第25号发布的《企业资产损失所

得税税前扣除管理办法》第十二条同时废止。

（2）企业因国务院决定事项形成的资产损失，应以专项申报的方式向主管税务机关申报扣除。专项申报扣除的有关事项，按照国家税务总局公告2011年第25号规定执行。

6.7.7 其　他

企业应当建立健全资产损失内部核销管理制度，及时收集、整理、编制、审核、申报、保存资产损失税前扣除证据材料，方便税务机关检查。

税务机关应按分项建档、分级管理的原则，建立企业资产损失税前扣除管理台账和纳税档案，及时进行评估。对资产损失金额较大或经评估后发现不符合资产损失税前扣除规定，或存有疑点、异常情况的资产损失，应及时进行核查。对有证据证明申报扣除的资产损失不真实、不合法的，应依法做出税收处理。

注　意

1. 正常损失不用专项申报。

企业的正常损失，包括企业在正常经营管理活动中，按照公允价格销售、转让、变卖非货币资产的损失、企业固定资产达到或超过使用年限而正常报废清理的损失等。企业各项存货发生的正常损耗，商品低于成本价甩卖，买卖股票损失，股权投资损失等都属于企业正常损失，应清单申报，无须专项申报。

2. 自然灾害等造成的毁损进项税额不转出。

《增值税暂行条例》第十条第二款规定，“非正常损失的购进货物以及相关的劳务和交通运输服务”进项税额不得从销项税额中抵扣。《增值税暂行条例实施细则》第二十四条规定：“条例第十条第（二）项所称非正常损失，是指因管理不善造成被盗、丢失、霉烂变质的损失。”企业只有因管理不善造成被盗、丢失、霉烂变质的损失才须转出进项税额，自然灾害、火灾等造成的损失不用转出进项税额。

财税〔2009〕57号文件第十条规定：“企业因存货盘亏、毁损、报废、被盗等原因不得从增值税销项税额中抵扣的进项税额，可以与存货损失一起在计算应纳税所得额时扣除。”不得抵扣的进项税额可以作为资产损失申报扣除，反之，可以抵扣的进项税额不能作为资产损失申报扣除。

3. 国家税务总局公告2011年第25号中没有列明的损失也可以税前扣除。

国家税务总局公告2011年第25号第五十条规定：“本办法没有涉及的资产损失事项，只要符合企业所得税法及其实施条例等法律、法规规定的，也可以向税务机关申报扣除。”

企业发生国家税务总局公告2011年第25号没有列明的资产损失，也可以向税务机关申报扣除。

风险提示

1. 资产损失仍然需要申报。

企业不再报送资产损失相关资料，并不意味着企业不用再申报资产损失，资产损失仍然需要申报，填报A105090《资产损失税前扣除及纳税调整明细表》。

案　例

杭州远之源科技有限公司2017年因存货正常损失计入“管理费用——存货核销”合计124 352.93元，未进行资产损失申报，也未按规定将资产损失相关资料留存备查，处罚款6 000元。

资料来源：杭州远之源科技有限公司行政处罚公示［EB/OL］.（2021-06-21）浙江省杭州市税务局网站.

2.企业应保存好相关资料。

资产损失相关资料由企业留存备查，不用向税务机关报送，减轻了企业办税负担，但国家税务总局公告2018年第15号同时规定，“企业应当完整保存资产损失相关资料，保证资料的真实性、合法性”，否则要承担相应的法律责任。

3.保险赔款应冲减损失金额。

企业毁损、报废的固定资产或存货，以该固定资产的账面净值或存货的成本减除残值、保险赔款和责任人赔偿后的余额，作为固定资产或存货毁损、报废损失，在计算应纳税所得额时扣除。

案　例

甲公司处理、核销了一批价值512万元的流动资产，降低了盈利。税务机关发现，有三位责任人均被处以每人5万元的赔偿款，同时保险公司给予了赔偿。检查人员找到为公司办理理赔业务的业务人员，证明甲公司在本次理赔中获得保险赔款384万元。甲公司承认隐瞒了399万元的赔偿款，同时要求保险公司将赔偿款汇到早已弃用且未列入账面核算的公司账户，以少缴纳企业所得税。最终甲公司受到了补税、罚款的处理。

资料来源：资产损失背后隐匿百万赔款［N］.中国税务报，2015-04-03（B4）.

4.房屋、建筑物推倒重置不是资产损失。

《国家税务总局关于企业所得税若干问题的公告》（国家税务总局公告2011年第34号）第四条规定：“企业对房屋、建筑物固定资产在未足额提取折旧前进行改扩建的，如属于推倒重置的，该资产原值减除提取折旧后的净值，应并入重置后的固定资产计税成本，并在该固定资产投入使用后的次月起，按照税法规定的折旧年限，一并计提折旧”。

房屋、建筑物未足额提取折旧前推倒重置，在企业看来，确实发生了损失，就按资产损失申报扣除，但按照上述规定，推倒重置不属于资产损失，其房屋、建筑物净值应并入重置后的固定资产计税成本，一并计提折旧。

案　例

甲公司饮料生产车间于2000年12月建成投入使用，在“固定资产”账户反映原值280万元。截至2013年6月，已累计计提折旧166.25万元。为适应市场产品更新和质量要求，董事会2013年6月研究决定，对原有厂房拆除重新建造。甲公司执行《企业会计准则》。财务部门将固定资产账面净值113.75万元、清理费用1.5万元和处置残料收入2.5万元一并转入“固定资产清理”科目，在“营业外支出”账户反映2013年度资产损失112.75万元。

税务机关认为，根据国家税务总局公告2011年第34号规定，甲公司原有厂房账面净值应作为重置资产计税成本，不能认定为2013年的资产损失。

资料来源：重置固定资产净值不能认定为资产损失［N］.中国税务报，2015-05-05（B2）.

5.与企业生产经营活动无关的担保损失不得在税前扣除。

国家税务总局公告2011年第25号第四十四条规定：“企业对外提供与本企业生产经营活动有关的担保，因被担保人不能按期偿还债务而承担连带责任，经追索，被担保人无偿还能力，对无法追回的金额，比照本办法规定的应收款项损失进行处理。与本企业生产经营活动有关的担保是指企业对外提供的与本企业应税收入、投资、融资、材料采购、产品销售等生产经营活动相关的担保。”因此，企业发生的与本企业生产经营活动无关的担保损失不得在税前扣除。

案 例

一年前，某私营纺织企业负责人因私人原因替一家与该公司无任何业务往来的金属制品企业担保，帮助其取得银行贷款150万元。现该金属制品企业因经营不善，贷款到期无力偿还，银行便扣划了纺织企业的存款。纺织企业咨询：这部分损失能否在税前扣除?

根据国家税务总局公告2011年第25号第四十四条的规定，纺织公司提供的担保为公司负责人出于私人原因，且与被担保人无任何相关的业务往来，因此，该笔担保形成的损失不能在税前扣除。

资料来源：与生产经营无关担保损失不能税前扣除［N］.中国税务报，2013-04-08（12）.

6.注意资产损失扣除年度是否正确。

国家税务总局公告2011年第25号第四条规定：“企业实际资产损失，应当在其实际发生且会计上已作损失处理的年度申报扣除；法定资产损失，应当在企业向主管税务机关提供证据资料证明该项资产已符合法定资产损失确认条件，且会计上已作损失处理的年度申报扣除。”但会计上已作损失处理的年度应当正确，不得提前或滞后。

7.境外营业机构的资产损失不能税前扣除。

财税〔2009〕57号文件第十二条规定：“企业境内、境外营业机构发生的资产损失应分开核算，对境外营业机构由于发生资产损失而产生的亏损，不得在计算境内应纳税所得额时扣除。”企业境外营业机构发生的资产损失，不能在境内税前扣除。

案 例

某公司上报的2016年资产损失清单里，包含驻外某项目部焊机被盗导致的固定资产被盗损失15万元，企业在会计处理时，将此境外项目部丢失的固定资产列入营业外支出，在申报企业所得税时未将境内、境外所得分别计算应纳税额，而是与其他境内损失汇总列支在企业所得税年报的资产损失中。

说明：该完整案例见“7.1.1　企业应纳税所得额的计算”小节。

资料来源：境外收支核算不清企业补税2 500万元［N］.中国税务报，2018-06-15（B6）.

第7章

纳税申报

Enterprise Income Tax

Practice and Risk

Prevention and Control

TAXING

7.1 应纳税额的计算

7.1.1 应纳税所得额的计算

《企业所得税法》第三条规定："居民企业应当就其来源于中国境内、境外的所得缴纳企业所得税。"

《企业所得税法实施条例》第六条规定："企业所得税法第三条所称所得，包括销售货物所得、提供劳务所得、转让财产所得、股息红利等权益性投资所得、利息所得、租金所得、特许权使用费所得、接受捐赠所得和其他所得。"

第七条规定："企业所得税法第三条所称来源于中国境内、境外的所得，按照以下原则确定：

（一）销售货物所得，按照交易活动发生地确定；

（二）提供劳务所得，按照劳务发生地确定；

（三）转让财产所得，不动产转让所得按照不动产所在地确定，动产转让所得按照转让动产的企业或者机构、场所所在地确定，权益性投资资产转让所得按照被投资企业所在地确定；

（四）股息、红利等权益性投资所得，按照分配所得的企业所在地确定；

（五）利息所得、租金所得、特许权使用费所得，按照负担、支付所得的企业或者机构、场所所在地确定，或者按照负担、支付所得的个人的住所地确定；

（六）其他所得，由国务院财政、税务主管部门确定。"

应纳税所得额的计算分为直接法和间接法。

直接法，即按照《企业所得税法》第五条"企业每一纳税年度的收入总额，减除不征税收入、免税收入、各项扣除以及允许弥补的以前年度亏损后的余额，为应纳税所得额"的规定，以收入减除税前扣除、弥补亏损等，最后计算出应纳税所得额。

间接法，即先计算出会计上的利润总额，再进行纳税调整，最后计算出应纳税所得额。现行年度申报表采用的就是间接法。

风险提示

境外机构亏损不能抵减境内机构盈利。

《企业所得税法》第十七条规定："企业在汇总计算缴纳企业所得税时，其境外营业机构的亏损不得抵减境内营业机构的盈利。"企业境外机构发生的亏损不能抵减境内机构盈利。

案 例

某公司在境外3个国家分别设立了分支机构或项目部，承接建筑工程，但该公司在近几年的企业所得税年度申报表中，均未分别计算境内、境外所得，未对境内、境外所得相关的共同费用加以分摊，也未对境外缴纳所得税予以抵免，而是将其收入、成本和费用等一并计入境内所得部分，汇总缴纳企业所得税。

企业在汇总计算缴纳企业所得税时，其境外营业机构的亏损不得抵减境内营业机构的盈利，对其将C国亏损2亿元直接抵减境内盈利的部分做出调整。共补缴企业所得税2 531万元、滞纳金805万元，合计3 336万元。

资料来源：境外收支核算不清企业补税2 500万元［N］. 中国税务报，2018-06-15（B6）.

7.1.2 应纳税额的计算

《企业所得税法》第二十二条规定："企业的应纳税所得额乘以适用税率，减除依照本法关于税收优惠的规定减免和抵免的税额后的余额，为应纳税额。"

《企业所得税法实施条例》第七十六条规定："企业所得税法第二十二条规定的应纳税额的计算公式为：

应纳税额＝应纳税所得额 × 适用税率－减免税额－抵免税额

公式中的减免税额和抵免税额，是指依照企业所得税法和国务院的税收优惠规定减征、免征和抵免的应纳税额。"

这个公式是依据年度申报表而来的。无论企业适用什么样的税率，都是按照法定税率25%计算应纳税额，再减去减免税额和抵免税额，得出实际应纳税额。

比如高新技术企业，先按照25%税率计算出应纳税额，再减去与适用税率15%的差额10%计算出的减免税额，得出高新技术企业实际应缴纳的税额。

7.2 企业所得税预缴

7.2.1 时 限

《企业所得税法》第五十四条规定："企业所得税分月或者分季预缴。企业应当自月份或者季度终了之日起十五日内，向税务机关报送预缴企业所得税纳税申报表，预缴税款。"

《企业所得税法实施条例》第一百二十七条规定："企业所得税分月或者分季预缴，由税务机关具体核定。企业根据企业所得税法第五十四条规定分月或者分季预缴企业所得税时，应当按照月度或者季度的实际利润额预缴；按照月度或者季度的实际利润额预缴有困难的，可以按照上一纳税年度应纳税所得额的月度或者季度平均额预缴，或者按照经税务机关认可的其他方法预缴。预缴方法一经确定，该纳税年度内不得随意变更。"

7.2.2 申 报

预缴申报表分为查账征收适用的A类报表和核定征收适用的B类报表。我们此处仅介绍A类报表。

根据《国家税务总局关于发布〈中华人民共和国企业所得税月（季）度预缴纳税申报表（A类）〉的公告》（国家税务总局公告2021年第3号）规定，自2021年4月1日起，启用修订版《中华人民共和国企业所得税月（季）度预缴纳税申报表（A类）》。

2021版预缴申报表包括主表、A201020《资产加速折旧、摊销（扣除）优惠明细表》、A202000《企业所得税汇总纳税分支机构所得税分配表》。

企业在填报各类税收优惠时，根据《企业所得税申报事项目录》分类别查找具体事项，进行填报。《企业所得税申报事项目录》在总局网站“纳税服务”栏目公布。

企业预缴时可以享受的税收优惠包括：免税收入（国债利息、股息红利等）、所得类减免（农林牧渔业项目、“三免三减半”、固定资产加速折旧等）、低税率（高新技术企业、小型微利企等）。

企业预缴时不可以享受加计扣除的税收优惠。如本书第4章所述，企业安置残疾人员工资都不能在预缴时加计扣除，只能在汇算清缴时加计扣除；研发费用只能在10月份预缴申报时加计扣除上半年的研发费用。

7.2.3 管 理

《国家税务总局关于加强企业所得税预缴工作的通知》（国税函〔2009〕34号）第二条规定：“各级税务机关根据企业上年度企业所得税预缴和汇算清缴情况，对全年企业所得税预缴税款占企业所得税应缴税款比例明显偏低的，要及时查明原因，调整预缴方法或预缴税额。”第三条规定：“各级税务机关要处理好企业所得税预缴和汇算清缴税款入库的关系，原则上各地企业所得税年度预缴税款占当年企业所得税入库税款（预缴数+汇算清缴数）应不少于70%。”

需要注意的是，这个70%指的是税务机关的总体预缴率，不是单个企业的预缴率。

注 意

房地产开发企业预缴申报有变化。

2019版、2021版预缴申报表曾对房地产开发企业做出重大调整。

2018版预缴申报表主表第4行“特定业务计算的应纳税所得额”填报说明为：“从事房地产开发等特定业务的纳税人，填报按照税收规定计算的特定业务的应纳税所得额。房地产开发企业销售未完工开发产品取得的预售收入，按照税收规定的预计计税毛利率计算的预计毛利额填入此行。企业开发产品完工后，其未完工预售环节按照税收规定的预计计税毛利率计算的预计毛利额在汇算清缴时调整，月（季）度预缴纳税申报时不调整。本行填报金额不得小于本年上期申报金额。”

2019版预缴申报表第4行“特定业务计算的应纳税所得额”填报说明为：“从事房地产开发等特定业务的纳税人，填报按照税收规定计算的特定业务的应纳税所得额。房地产开发企业销售未完工开发产品取得的预售收入，按照税收规定的预计计税毛利率计算出预计毛利额填入此行。”

2019版预缴申报表“特定业务计算的应纳税所得额”填报说明删除了“企业开发产品完工后，其未完工预售环节按照税收规定的预计计税毛利率计算的预计毛利额在汇算清缴时调整，月（季）度预缴纳税申报时不调整”和“本行填报金额不得小于本年上期申报金额”，对房地产开发企业影响重大。

按照原填报口径，房地产开发企业未完工产品预售收入结转完工产品收入后，计算的会计利润在预缴申报时要先全额纳税，其已按预计毛利计算预缴的税款只能在年度汇算清缴时抵减，预缴申报时不得做纳税调整。新填报口径意味着房地产开发企业未完工产品预售收入结转完工产品收入后，可以按照实际利润在预缴时对预计毛利额进行纳税调整，这对房地产开发企业是利好，减少了其资金占用。

房地产开发企业在预售环节，存在实际缴纳但在会计核算中未计入当期损益的土地增值税等税金及附加，按照2019、2020版预缴申报表填报说明，"特定业务计算的应纳税所得额"只包括房地产开发企业销售未完工开发产品计算的预计毛利额，由于预缴申报时的利润总额按照会计制度填报，企业在会计核算中未计入当期损益的土地增值税等税金及附加自然不能在应纳税所得额中扣除。但年度申报表A105010《视同销售和房地产开发企业特定业务纳税调整明细表》第25行"实际发生的税金及附加、土地增值税"，填报说明为"房地产企业销售未完工产品实际发生的税金及附加、土地增值税，且在会计核算中未计入当期损益的金额"。即该部分税金在预缴时不扣除，在汇算清缴时扣除。

2021版预缴申报主表第4行"特定业务计算的应纳税所得额"填报说明修改为："房地产开发企业销售未完工开发产品取得的预售收入，按照税收规定的预计计税毛利率计算出预计毛利额，扣除实际缴纳且在会计核算中未计入当期损益的土地增值税等税金及附加后的金额，在此行填报。"该部分税金在预缴时即可扣除，对房地产开发企业又是利好，减少了其资金占用。

风险提示

企业少预缴有风险。

企业所得税采取"按年计算、分期预缴、年终汇算清缴"的方法征收，因此不少企业存在这样一个误解：只要在一个纳税年度内足额缴纳税款就没有问题，平时少预缴一些没关系，汇算清缴补齐就可以了。但这样做是有风险的。

我们在所得税汇算清缴中发现，有些企业平时预缴额为零，汇算清缴时一次性补清；或者平时预缴额极少，汇算清缴时大额补缴。这些企业在该纳税年度内虽然没有少缴税款，但其采用的是平时无预缴、少预缴，汇算一次性补缴的做法。企业往往认为，只要全年没有少缴税款，就不违反税法。

预缴是保证税款均匀入库的一种手段。企业的收入和费用列支要到企业的一个会计年度结束后才能准确计算出来，在预缴时很难准确计算当期应纳税所得额，因此汇算清缴出现补、退税是很正常的现象，但若预缴过低补税过高，甚至恶意不预缴或少预缴，就是违法行为，可以对其进行处罚。

《企业所得税法实施条例》第一百二十八条规定，"企业根据企业所得税法第五十四条规定分月或者分季预缴企业所得税时，应当按照月度或者季度的实际利润额预缴"，显然，企业未按照实际利润额预缴，是违反该规定的。

尽管70%不是对单个企业的要求，但预缴率已被列入各级税务机关绩效考核指标，因此各地税务机关都会加大检查力度，按照规定完成本地预缴率。企业预缴比例明显偏低的，会被列入重点检查对象。

国税函〔2009〕34号文件第四条规定："各级税务机关要进一步加大监督管理力度。对未按规定申报预缴企业所得税的，按照《中华人民共和国税收征收管理法》及其实施细则的有关规定进行处理。”

企业少预缴税款被税务机关发现，补缴税款，并加收滞纳金。

7.3 企业所得税汇算清缴

7.3.1 时 限

《企业所得税法》第五十四条第三款规定：“企业应当自年度终了之日起五个月内，向税务机关报送年度企业所得税纳税申报表，并汇算清缴，结清应缴应退税款。”该法第五十四条第四款规定：“企业在报送企业所得税纳税申报表时，应当按照规定附送财务会计报告和其他有关资料。”

《企业所得税法实施条例》第一百二十九条规定：“企业在纳税年度内无论盈利或者亏损，都应当依照企业所得税法第五十四条规定的期限，向税务机关报送预缴企业所得税纳税申报表、年度企业所得税纳税申报表、财务会计报告和税务机关规定应当报送的其他有关资料。”

《国家税务总局关于印发〈企业所得税汇算清缴管理办法〉的通知》（国税发〔2009〕79号）第四条规定：“纳税人应当自纳税年度终了之日起5个月内，进行汇算清缴，结清应缴应退企业所得税税款。”第五条规定：“纳税人12月份或者第四季度的企业所得税预缴纳税申报，应在纳税年度终了后15日内完成，预缴申报后进行当年企业所得税汇算清缴。”

7.3.2 申 报

根据《国家税务总局关于发布〈中华人民共和国企业所得税年度纳税申报表（A类，2017年版）〉的公告》（国家税务总局公告2017年第54号）的规定，自2017年度汇算清缴起，企业汇算清缴时应报送2017版纳税申报表。2017版纳税申报表共37张，比2014版减少4张。包括1张基础信息表，1张主表，6张收入、支出、费用明细表，13张纳税调整表，1张弥补亏损表，9张税收优惠表，4张境外所得抵免表，2张汇总纳税表。

后来，《国家税务总局关于修订〈中华人民共和国企业所得税年度纳税申报表（A类，2017年版）〉部分表单样式及填报说明的公告》（国家税务总局公告2018年第57号）、《国家税务总局关于修订企业所得税年度纳税申报表有关问题的公告》（国家税务总局公告2019年第41号）、《国家税务总局关于修订企业所得税年度纳税申报表的公告》（国家税务总局公告2020年第24号）和《国家税务总局关于企业所得税年度汇算清缴有关事项的公告》（国家税务总局公告2021年第34号）又对部分报表进行了修订。

企业见到37张报表不必惊慌，因为报表虽多，但企业不会都填写，如其中包括1张金融企业收入明细表，1张金融企业支出明细表，1张事业单位、民间非营利组织收入、支出明细表，非金融企业、事业单位、民间非营利组织不用填写；如果企业没有纳税调整，则不必完全填写13张纳税调整表；如果企业不享受税收优惠，则不必完全填写9张税收优惠表；如果企业没有境外税收抵免，则不必填写4张境外所得抵免表；如果企业不是汇总纳税企业，则不必填写2张汇总纳税表；如果企业不用弥补以前年度亏损，则不必填写1张弥补亏损表。

小型微利企业有些报表不必填报，详见“4.6.2.6　小型微利企业的汇算清缴”小节。

根据2017版纳税申报表填报说明规定，A105050《职工薪酬支出及纳税调整明细表》、A105070《捐赠支出及纳税调整明细表》、A105080《资产折旧、摊销及纳税调整明细表》和A105120《特殊行业准备金及纳税调整明细表》，企业只要发生相关支出，不论是否纳税调整，均需填报。

7.3.3 管　理

7.3.3.1　汇算清缴的范围

除实行核定定额征收的企业外，其他所有的企业都必须进行汇算清缴。

国税发〔2009〕79号文件第三条规定：“凡在纳税年度内从事生产、经营（包括试生产、试经营），或在纳税年度中间终止经营活动的纳税人，无论是否在减税、免税期间，也无论盈利或亏损，均应按照企业所得税法及其实施条例和本办法的有关规定进行企业所得税汇算清缴。实行核定定额征收企业所得税的纳税人，不进行汇算清缴。”

7.3.3.2　延期申报和缴纳税款

企业确有困难，可以申请延期申报或延期缴纳税款。国税发〔2009〕79号文件第九条规定：“纳税人因不可抗力，不能在汇算清缴期内办理企业所得税年度纳税申报或备齐企业所得税年度纳税申报资料的，应按照税收征管法及其实施细则的规定，申请办理延期纳税申报。”第十二条规定：“纳税人因有特殊困难，不能在汇算清缴期内补缴企业所得税款的，应按照税收征管法及其实施细则的有关规定，办理申请延期缴纳税款手续。”

《税收征收管理法》第二十七条规定：“纳税人、扣缴义务人不能按期办理纳税申报或者报送代扣代缴、代收代缴税款报告表的，经税务机关核准，可以延期申报。经核准延期办理前款规定的申报、报送事项的，应当在纳税期内按照上期实际缴纳的税额或者税务机关核定的税额预缴税款，并在核准的延期内办理税款结算。”第三十一条规定：“纳税人、扣缴义务人按照法律、行政法规规定或者税务机关依照法律、行政法规的规定确定的期限，缴纳或者解缴税款。纳税人因有特殊困难，不能按期缴纳税款的，经省、自治区、直辖市国家税务局、地方税务局批准，可以延期缴纳税款，但是最长不得超过三个月。”

7.3.3.3　多退少补

企业汇算清缴发现预缴税款少于实际应纳税额的，应在汇算清缴期内结清应补缴的税款；企业汇算清缴发现预缴税款多于实际应纳税额的，税务机关应办理退税。国家税务总局公告2021年第34号第二条规定：“纳税人在纳税年度内预缴企业所得税税款超过汇算清缴应纳税款的，纳税人应及时申请退税，主管税务机关应及时按有关规定办理退税，不再抵缴其下一年度应缴企业所得税税款。”

7.3.3.4　更正申报和补充申报

国税发〔2009〕79号文件第十条规定：“纳税人在汇算清缴期内发现当年企业所得税申报有误的，可在汇算清缴期内重新办理企业所得税年度纳税申报。”

企业在汇算清缴期间发现申报有误的，可以更正申报，不加收滞纳金；但若在汇算清缴期结束发现申报有误，进行补充申报，则加收滞纳金。

7.3.3.5　法律责任

税务机关受理企业的年度申报，对企业年度申报表及相关资料进行审核，但这并不影响企业对自己的申报承担法律责任。国税发〔2009〕79号文件第七条规定：“纳税人应当按照企业所得税法及其实施条例和企业所得税的有关规定，正确计算应纳税所得额和应纳所得税额，如实、正确填写企业所得税年度纳税申报表及其附表，完整、及时报送相关资料，并对纳税申报的真实性、准确性和完整性负法律责任。”

7.3.4　清算企业的汇算清缴

清算企业也须进行汇算清缴。《企业所得税法》第五十五条规定：“企业在年度中间终止经营活动的，应当自实际经营终止之日起六十日内，向税务机关办理当期企业所得税汇算清缴。企业应当在办理注销登记前，就其清算所得向税务机关申报并依法缴纳企业所得税。”

7.4　弥补亏损

7.4.1　基本规定

《企业所得税法》第十八条规定：“企业纳税年度发生的亏损，准予向以后年度结转，用以后年度的所得弥补，但结转年限最长不得超过五年。”

若企业以前年度亏损，被税务机关检查调增，可弥补当年度亏损，即减少以后可弥补的亏损额。《国家税务总局关于查增应纳税所得额补以前年度亏损处理问题的公告》（国家税务总局公告2010年第20号）规定：“根据《中华人民共和国企业所得税法》（以下简称企业所得税法）第五条的规定，税务机关对企业以前年度纳税情况进行检查时调增的应纳税所得额，凡企业以前年度发生亏损、且该亏损属于企业所得税法规定允许弥补的，应允许调增的应纳税所得额弥补该亏损。弥补该亏损后仍有余额的，按照企业所得税法规定计算缴纳企业所得税。对检查调增的应纳税所得额应根据其情节，依照《中华人民共和国税收征收管理法》有关规定进行处理或处罚。”需要注意的是，在以后有盈利弥补时应按照新的减少的亏损额来弥补，而不能按照原来的亏损额弥补。

企业利润总额大于或小于零，只是企业会计上的盈亏额，纳税调整后所得才是税法上的盈亏额。若纳税调整后所得小于零，则为以后年度可弥补的亏损；若纳税调整后所得大于零，其减去所得减免后的金额为可弥补以前年度亏损的本年金额。

7.4.2 特殊规定

7.4.2.1 高新技术企业或科技型中小企业

《财政部 税务总局关于延长高新技术企业和科技型中小企业亏损结转年限的通知》（财税〔2018〕76号）第一条规定："自2018年1月1日起，当年具备高新技术企业或科技型中小企业资格的企业，其具备资格年度之前5个年度发生的尚未弥补完的亏损，准予结转以后年度弥补，最长结转年限由5年延长至10年。"

详见"4.6.1 高新技术企业"小节。

7.4.2.2 线宽小于130纳米（含）的集成电路生产企业

《财政部 税务总局 发展改革委 工业和信息化部关于促进集成电路产业和软件产业高质量发展企业所得税政策的公告》（财政部 税务总局 发展改革委 工业和信息化部公告2020年第45号）第二条规定："国家鼓励的线宽小于130纳米（含）的集成电路生产企业，属于国家鼓励的集成电路生产企业清单年度之前5个纳税年度发生的尚未弥补完的亏损，准予向以后年度结转，总结转年限最长不得超过10年。"

7.4.2.3 受新冠肺炎疫情影响较大的企业

《财政部 税务总局关于支持新型冠状病毒感染的肺炎疫情防控有关税收政策的公告》（财政部 税务总局公告2020年第8号）第四条规定："受疫情影响较大的困难行业企业2020年度发生的亏损，最长结转年限由5年延长至8年。"

困难行业企业，包括交通运输、餐饮、住宿、旅游（指旅行社及相关服务、游览景区管理两类）四大类，具体判断标准按照现行《国民经济行业分类》执行。困难行业企业2020年度主营业务收入须占收入总额（剔除不征税收入和投资收益）的50%以上。

受疫情影响较大的困难行业企业按照适用延长亏损结转年限政策的，应当在2020年度企业所得税汇算清缴时，通过电子税务局提交《适用延长亏损结转年限政策声明》，填入纳税人名称、纳税人识别号（统一社会信用代码）、所属的具体行业三项信息，并对其符合政策规定、主营业务收入占比符合要求、勾选的所属困难行业等信息的真实性、准确性、完整性负责。

《财政部 税务总局关于电影等行业税费支持政策的公告》（财政部 税务总局公告2020年第25号）第二条规定："对电影行业企业2020年度发生的亏损，最长结转年限由5年延长至8年。"

电影行业企业限于电影制作、发行和放映等企业，不包括通过互联网、电信网、广播电视网等信息网络传播电影的企业。

7.4.3 几种不能弥补亏损的情形

（1）超过5年的亏损不能弥补。高新技术企业和科技型中小企业之外的企业弥补亏损最长期限为5年，超过5年的亏损不得弥补。

（2）境外亏损不得在境内弥补。《企业所得税法》第十七条规定：“企业在汇总计算缴纳企业所得税时，其境外营业机构的亏损不得抵减境内营业机构的盈利。”企业在境外发生的亏损不得用境内的盈利来弥补，反之则可以。

（3）核定征收企业不得弥补以前年度亏损。《国家税务总局关于印发〈企业所得税核定征收办法（试行）〉的通知》（国税发〔2008〕30号）第六条规定：“采用应税所得率方式核定征收企业所得税的，应纳所得税额计算公式如下：

应纳所得税额＝应纳税所得额 × 适用税率

应纳税所得额＝应税收入额 × 应税所得率

或：

应纳税所得额＝成本（费用）支出额/（1–应税所得率）× 应税所得率”

《国家税务总局关于企业所得税核定征收若干问题的通知》（国税函〔2009〕377号）第二条规定：“国税发〔2008〕30号文件第六条中的‘应税收入额’等于收入总额减去不征税收入和免税收入后的余额。用公式表示为：应税收入额＝收入总额–不征税收入–免税收入。”

公式中没有减去以前年度亏损，核定征收企业在计算应纳税额时不得弥补以前年度亏损。

核定征收企业在以后年度转换为查账征收时，在政策规定的期限内仍可继续弥补亏损。但结转年限应连续计算，最长不得超过五年。也就是说，核定征收年度也计算弥补亏损年度。

（4）被投资企业的亏损投资企业不能弥补。《国家税务总局关于企业所得税若干问题的公告》（国家税务总局公告2011年第34号）第五条第二款规定：“被投资企业发生的经营亏损，由被投资企业按规定结转弥补；投资企业不得调整减低其投资成本，也不得将其确认为投资损失。”

（5）合伙企业的亏损合伙人不能弥补。《财政部 国家税务总局关于合伙企业合伙人所得税问题的通知》（财税〔2008〕159号）第五条规定：“合伙企业的合伙人是法人和其他组织的，合伙人在计算其缴纳企业所得税时，不得用合伙企业的亏损抵减其盈利。”

（6）一般性重组前的亏损不能弥补。在一般性重组中，被合并企业的亏损不得在合并企业弥补，企业分立相关企业的亏损不得相互弥补。《财政部 国家税务总局关于企业重组业务企业所得税处理若干问题的通知》（财税〔2009〕59号）第四条第四款第四项规定：“被合并企业的亏损不得在合并企业结转弥补。”该文件第四条第五款第五项规定：“企业分立相关企业的亏损不得相互结转弥补。”

（7）集团公司内企业亏损不得相互弥补。集团公司内各个企业都是法人企业，亏损只能由本企业弥补，不得相互弥补。

风险提示

1.以前年度亏损不能多弥补。

企业弥补以前年度亏损应严格按照实际亏损金额弥补，不能多弥补，否则将导致少缴企业所得税。

2.查补减少以前年度亏损要记牢。

比如某企业有以前年度可弥补亏损100万元，后被税务稽查调减亏损40万元，即该企业可弥补的亏损只有60万元。若企业在以后年度汇算清缴时仍按照往年的年度申报表数据弥补以前年度亏损100万元，就会多弥补亏损40万元，导致少缴税款。

造成这种风险的原因除了主观故意外，可能有以下两点：一是现在企业财务人员流动率较高，往往由于离职比较突然而造成交接不完整，从而出现新财务人员根本不知道曾被稽查的情况；二是由于时间较长忘记了曾被稽查过。很多企业被检查后补缴税款了事，不修改纳税申报表。避免这种风险最好的方法是企业在被检查后及时到主管税务机关修改纳税申报表，这样以后年度在弥补亏损时就能看到正确的数据了。

现在企业财务人员流动率较高，往往由于离职比较突然而造成交接不完整，从而出现税务风险。因此，企业财务负责人必须真正负起责任，掌握企业全面的涉税信息，避免因沟通不畅产生税务风险。

3.必须连续地弥补以前年度亏损。

一般认为，企业弥补以前亏损应是连续性的，且不弥补亏损对企业不利。但实务中，确有企业出于某种目的故意不弥补亏损，或跳跃性弥补亏损。《企业所得税法》第十八条只规定了弥补以前年度亏损不得超过五年，并未规定必须连续弥补，企业出于某种目的跳跃性弥补亏损，并没有违反法律。

但从《国家税务总局关于修订企业所得税年度纳税申报表有关问题的公告》（国家税务总局公告2019年第41号）始，A106000《企业所得税弥补亏损明细表》填报说明规定："纳税人弥补以前年度亏损时，应按照'先到期亏损先弥补、同时到期亏损先发生的先弥补'的原则处理"。

因此，企业必须连续地弥补以前年度亏损。

7.5 汇总纳税

《企业所得税法》第五十条第二款规定："居民企业在中国境内设立不具有法人资格的营业机构的，应当汇总计算并缴纳企业所得税。"

《企业所得税法实施条例》第一百二十五条规定："企业汇总计算并缴纳企业所得税时，应当统一核算应纳税所得额，具体办法由国务院财政、税务主管部门另行制定。"

汇总纳税的基本政策依据为《国家税务总局关于印发〈跨地区经营汇总纳税企业所得税征收管理办法〉的公告》（国家税务总局公告2012年第57号）。

7.5.1 适用企业

居民企业在中国境内跨地区（指跨省、自治区、直辖市和计划单列市，下同）设立不具有法人资格分支机构的，该居民企业为跨地区经营汇总纳税企业（以下简称汇总纳税企业）。

总机构和具有主体生产经营职能的二级分支机构，就地分摊缴纳企业所得税。二级分支机构，是指汇总纳税企业依法设立并领取非法人营业执照（登记证书），且总机构对其财务、业务、人员等直接进行统一核算和管理的分支机构。

总机构设立具有主体生产经营职能的部门，且该部门的营业收入、职工薪酬和资产总额与管理职能部门分开核算的，可将该部门视同一个二级分支机构，按《跨地区经营汇总纳税企业所得税征收管理办法》规定计算分摊并就地缴纳企业所得税；该部门与管理职能部门的营业收入、职工薪酬和资产总额不能分开核算的，该部门不得视同一个二级分支机构，不得按上述办法规定计算分摊并就地缴纳企业所得税。

以下二级分支机构不就地分摊缴纳企业所得税：

（1）不具有主体生产经营职能，且在当地不缴纳增值税、营业税的产品售后服务、内部研发、仓储等汇总纳税企业内部辅助性的二级分支机构，不就地分摊缴纳企业所得税。

（2）上年度认定为小型微利企业的，其二级分支机构不就地分摊缴纳企业所得税。

（3）新设立的二级分支机构，设立当年不就地分摊缴纳企业所得税。

（4）当年撤销的二级分支机构，自办理注销税务登记之日所属企业所得税预缴期间起，不就地分摊缴纳企业所得税。

（5）汇总纳税企业在中国境外设立的不具有法人资格的二级分支机构，不就地分摊缴纳企业所得税。

7.5.2 分摊方法

7.5.2.1 计算公式

汇总纳税企业按照《企业所得税法》规定汇总计算的企业所得税，包括预缴税款和汇算清缴应缴应退税款，50%在各分支机构间分摊，各分支机构根据分摊税款就地办理缴库或退库；50%由总机构分摊缴纳，其中25%就地办理缴库或退库，25%就地全额缴入中央国库或退库。

简单地说，就是汇总纳税企业由总机构汇总计算应纳税额，税款的50%在总机构缴纳，另外的50%在各个分支机构分摊缴纳。

总机构按以下公式计算分摊税款：

总机构分摊税款=汇总纳税企业当期应纳所得税额 × 50%

分支机构按以下公式计算分摊税款：

所有分支机构分摊税款总额=汇总纳税企业当期应纳所得税额 × 50%

某分支机构分摊税款=所有分支机构分摊税款总额 × 该分支机构分摊比例

总机构应按照上年度分支机构的营业收入、职工薪酬和资产总额三个因素计算各分支机构分摊所得税款的比例；三级及以下分支机构，其营业收入、职工薪酬和资产总额统一计入二级分支机构；三因素的权重依次为0.35、0.35、0.30。

计算公式如下：

$$\text{某分支机构分摊比例}=\frac{\text{该分支机构营业收入}}{\text{各分支机构营业收入之和}}\times 0.35+\frac{\text{该分支机构职工薪酬}}{\text{各分支机构职工薪酬之和}}\times 0.35+\frac{\text{该分支机构资产总额}}{\text{各分支机构资产总额之和}}\times 0.30$$

公式中所称分支机构营业收入，是指分支机构销售商品、提供劳务、让渡资产使用权等日常经营活动实现的全部收入。其中，生产经营企业分支机构营业收入是指生产经营企业分支机构销售商品、提供劳务、让渡资产使用权等取得的全部收入。金融企业分支机构营业收入是指金融企业分支机构取得的利息、手续费、佣金等全部收入。保险企业分支机构营业收入是指保险企业分支机构取得的保费等全部收入。

公式中所称分支机构职工薪酬，是指分支机构为获得职工提供的服务而给予各种形式的报酬以及其他相关支出。

公式中所称分支机构资产总额，是指分支机构在经营活动中实际使用的应归属于该分支机构的资产合计额。

公式中所称上年度分支机构的营业收入、职工薪酬和资产总额，是指分支机构上年度全年的营业收入、职工薪酬数据和上年度12月31日的资产总额数据，是依照国家统一会计制度的规定核算的数据。

一个纳税年度内，总机构首次计算分摊税款时采用的分支机构营业收入、职工薪酬和资产总额数据，与此后经过中国注册会计师审计确认的数据不一致的，不作调整。

7.5.2.2 分支机构分摊比例的调整

分支机构分摊比例按上述方法一经确定，除出现“当年撤销的二级分支机构，自办理注销税务登记之日所属企业所得税预缴期间起，不就地分摊缴纳企业所得税”和下面的情形外，当年不作调整。

汇总纳税企业当年由于重组等原因从其他企业取得重组当年之前已存在的二级分支机构，并作为本企业二级分支机构管理的，该二级分支机构不视同当年新设立的二级分支机，按规定计算分摊并就地缴纳企业所得税。

汇总纳税企业内就地分摊缴纳企业所得税的总机构、二级分支机构之间，发生合并、分立、管理层级变更等形成的新设或存续的二级分支机构，不视同当年新设立的二级分支机构，按上述办法规定计算分摊并就地缴纳企业所得税。

7.5.2.3 总分机构税率不同的情形

对于按照税收法律、法规和其他规定，总机构和分支机构处于不同税率地区的，先由总机构统一计算全部应纳税所得额，然后按规定的比例和计算出的分摊比例，计算划分不同税率地区机构的应纳税所得额，再分别按各自的适用税率计算应纳税额后加总计算出汇总纳税企业的应纳所得税总额，最后按规定的比例和计算出的分摊比例，向总机构和分支机构分摊就地缴纳的企业所得税款。

7.5.3　预　缴

企业所得税分月或者分季预缴，由总机构所在地主管税务机关具体核定。

汇总纳税企业应根据当期实际利润额，按照规定的预缴分摊方法计算总机构和分支机构的企业所得税预缴额，分别由总机构和分支机构就地预缴；在规定期限内按实际利润额预缴有困难的，也可以按照上一年度应纳税所得额的1/12或1/4，按照规定的预缴分摊方法计算总机构和分支机构的企业所得税预缴额，分别由总机构和分支机构就地预缴。预缴方法一经确定，当年度不得变更。

总机构应将本期企业应纳所得税额的50%部分，在每月或季度终了后15日内就地申报预缴。总机构应将本期企业应纳所得税额的另外50%部分，按照各分支机构应分摊的比例，在各分支机构之间进行分摊，并及时通知到各分支机构；各分支机构应在每月或季度终了之日起15日内，就其分摊的所得税额就地申报预缴。

分支机构未按税款分配数额预缴所得税造成少缴税款的，主管税务机关应按照《税收征收管理法》的有关规定对其处罚，并将处罚结果通知总机构所在地主管税务机关。

汇总纳税企业预缴申报时，总机构除报送企业所得税预缴申报表和企业当期财务报表外，还应报送汇总纳税企业分支机构所得税分配表和各分支机构上一年度的年度财务报表（或年度财务状况和营业收支情况）；分支机构除报送企业所得税预缴申报表（只填列部分项目）外，还应报送经总机构所在地主管税务机关受理的汇总纳税企业分支机构所得税分配表。

在一个纳税年度内，各分支机构上一年度的年度财务报表（或年度财务状况和营业收支情况）原则上只需要报送一次。

7.5.4　汇算清缴

汇总纳税企业应当自年度终了之日起5个月内，由总机构汇总计算企业年度应纳所得税额，扣除总机构和各分支机构已预缴的税款，计算出应缴应退税款，按照规定的税款分摊方法计算总机构和分支机构的企业所得税应缴应退税款，分别由总机构和分支机构就地办理税款缴库或退库。

汇总纳税企业在纳税年度内预缴企业所得税税款少于全年应缴企业所得税税款的，应在汇算清缴期内由总、分机构分别结清应缴的企业所得税税款；预缴税款超过应缴税款的，主管税务机关应及时按有关规定分别办理退税，或者经总、分机构同意后分别抵缴其下一年度应缴企业所得税税款。

汇总纳税企业汇算清缴时，总机构除报送企业所得税年度纳税申报表和年度财务报表外，还应报送汇总纳税企业分支机构所得税分配表、各分支机构的年度财务报表和各分支机构参与企业年度纳税调整情况的说明；分支机构除报送企业所得税年度纳税申报表（只填列部分项目）外，还应报送经总机构所在地主管税务机关受理的汇总纳税企业分支机构所得税分配表、分支机构的年度财务报表（或年度财务状况和营业收支情况）和分支机构参与企业年度纳税调整情况的说明。

分支机构参与企业年度纳税调整情况的说明，可参照企业所得税年度纳税申报表附表“纳税调整项目明细表”中列明的项目进行说明，涉及需由总机构统一计算调整的项目不进行说明。

分支机构未按规定报送经总机构所在地主管税务机关受理的汇总纳税企业分支机构所得税分配表，分支机构所在地主管税务机关应责成该分支机构在申报期内报送，同时提请总机构所在地主管税务机关督促总机构按照规定提供上述分配表；分支机构在申报期内不提供的，由分支机构所在地主管税务机关对分支机构按照《税收征收管理法》的有关规定予以处罚；属于总机构未向分支机构提供分配表的，分支机构所在地主管税务机关还应提请总机构所在地主管税务机关对总机构按照《税收征收管理法》的有关规定予以处罚。

7.5.5 查补税款

总机构所在地主管税务机关应加强对汇总纳税企业申报缴纳企业所得税的管理，可以对企业自行实施税务检查，也可以与二级分支机构所在地主管税务机关联合实施税务检查。

总机构所在地主管税务机关应对查实项目按照《企业所得税法》的规定统一计算查增的应纳税所得额和应纳税额。

总机构应将查补所得税款（包括滞纳金、罚款，下同）的50%按规定计算的分摊比例，分摊给各分支机构缴纳，各分支机构根据分摊查补税款就地办理缴库；另外的50%分摊给总机构缴纳。

汇总纳税企业缴纳查补所得税款时，总机构应向其所在地主管税务机关报送汇总纳税企业分支机构所得税分配表和总机构所在地主管税务机关出具的税务检查结论，各分支机构也应向其所在地主管税务机关报送经总机构所在地主管税务机关受理的汇总纳税企业分支机构所得税分配表和税务检查结论。

二级分支机构所在地主管税务机关应配合总机构所在地主管税务机关对其主管二级分支机构实施税务检查，也可以自行对该二级分支机构实施税务检查。

二级分支机构所在地主管税务机关自行对其主管二级分支机构实施税务检查，可对查实项目按照《企业所得税法》的规定自行计算查增的应纳税所得额和应纳税额。

计算查增的应纳税所得额时，应减除允许弥补的汇总纳税企业以前年度亏损；对于需由总机构统一计算的税前扣除项目，不得由分支机构自行计算调整。

二级分支机构应将查补所得税款的50%分摊给总机构缴纳；另外的50%分摊给该二级分支机构就地办理缴库。

汇总纳税企业缴纳查补所得税款时，总机构应向其所在地主管税务机关报送经二级分支机构所在地主管税务机关受理的汇总纳税企业分支机构所得税分配表和二级分支机构所在地主管税务机关出具的税务检查结论，二级分支机构也应向其所在地主管税务机关报送汇总纳税企业分支机构所得税分配表和税务检查结论。

7.5.6 申 报

7.5.6.1 预缴申报

实行汇总纳税企业的分支机构，使用《中华人民共和国企业所得税月（季）度预缴纳税申报表（A类，2018年版）》进行预缴申报。

7.5.6.2 汇算清缴申报

（1）总机构。总机构在汇算清缴时应填报2017版纳税申报表A109000《跨地区经营汇总纳税企业年度分摊企业所得税明细表》和A109010《企业所得税汇总纳税分支机构所得税分配表》。

（2）分支机构。实行汇总纳税企业的分支机构，使用《中华人民共和国企业所得税月（季）度预缴纳税申报表（A类，2018年版）》进行年度汇算清缴申报。

7.5.7 例题解析

7.5.7.1 预 缴

【例7–1】甲公司为汇总纳税企业，总机构位于北京，外省有三家分支机构，全部适用25%的税率。20×1年度各项数据如表7–1所示：

表7–1 单位：万元

项目	各分支机构总额	分支机构一	分支机构二	分支机构三
营业收入	500	100	150	250
职工工资	500	100	150	250
资产总额	500	100	150	250

假设甲公司20×2年度第一季度应纳所得税额为1 000万元，则：

总机构需缴纳的税额=1 000×50%=500（万元）；

三家分支机构分摊的税额=1 000×50%=500（万元）；

分支机构一分摊比例=100/500×0.35+100/500×0.35+100/500×0.3=0.2；

分支机构二分摊比例=150/500×0.35+150/500×0.35+150/500×0.3=0.3；

分支机构三分摊比例=250/500×0.35+250/500×0.35+250/500×0.3=0.5；

分支机构一应分摊的税额=500×0.2=100（万元）；

分支机构二应分摊的税额=500×0.3=150（万元）；

分支机构三应分摊的税额=500×0.5=250（万元）。

7.5.7.2 汇算清缴

在例7–1中，汇算清缴时，甲公司应补缴税款1 000万元。
总机构需补缴的税额=1 000 × 50%=500（万元）；
分支机构一需补缴的税额=500 × 0.2=100（万元）；
分支机构二需补缴的税额=500 × 0.3=150（万元）；
分支机构三需补缴的税额=500 × 0.5=250（万元）。

7.5.7.3 查补税款

【例7–2】（承例7–1）汇算清缴结束后，甲公司主管税务机关对其进行了税务稽查，需补缴企业所得税20万元。

总机构需补缴的税额=20 × 50%=10（万元）；
分支机构一需补缴的税额=10 × 0.2=2（万元）；
分支机构二需补缴的税额=10 × 0.3=3（万元）；
分支机构三需补缴的税额=10 × 0.5=5（万元）。

另外，汇算清缴结束后，分支机构一主管税务机关对其进行了纳税评估，需补缴企业所得税10万元。

总机构需补缴的税额=10 × 50%=5（万元）；
分支机构一需补缴的税额=10 × 50%=5（万元）。

7.5.7.4 总分机构税率不同的情形

【例7–3】甲公司为汇总纳税企业，总机构位于北京，外省有四家分支机构，总机构和分支机构一和分支机构二适用25%的税率，分支机构三和分支机构四位于西部地区，适用15%的税率。20 × 1年度各项数据如表7–2所示：

表7–2 单位：万元

项目	各分支机构总额	分支机构一（25%）	分支机构二（25%）	分支机构三（15%）	分支机构四（15%）
营业收入	1 000	100	150	250	500
职工工资	1 000	100	150	250	500
资产总额	1 000	100	150	250	500

假设甲公司20 × 2年第一季度应纳税所得额为1 000万元，则：

（1）先由总机构统一计算全部应纳税所得额，然后按规定的比例和计算出的分摊比例，计算划分不同税率地区机构的应纳税所得额。

总机构应分摊的应纳税所得额=1 000 × 50%=500（万元）

四家分支机构应分摊的应纳税所得额=1 000×50%=500（万元）

25%税率地区分摊比例=250/1 000×0.35+250/1 000×0.35+250/1 000×0.3=0.25

15%税率地区分摊比例=750/1 000×0.35+750/1 000×0.35+750/1 000×0.3=0.75

25%税率地区应纳税所得额=500×0.25=125（万元）

15%税率地区应纳税所得额=500×0.75=375（万元）

（2）再分别按各自的适用税率计算应纳税额后加总计算出汇总纳税企业的应纳所得税总额。

总机构计算应纳所得税额=500×25%=125（万元）

25%税率地区应纳所得税额=125×25%=31.25（万元）

15%税率地区应纳所得税额=375×15%=56.25（万元）

汇总纳税企业的应纳所得税总额=125+31.25+56.25=212.5（万元）

（3）最后按规定的比例和计算出的分摊比例，向总机构和分支机构分摊就地缴纳的企业所得税款。

总机构应纳所得税额=212.5×50%=106.25（万元）

25%税率地区分摊的应纳税所得额=106.25×0.25=26.56（万元）

分支机构一分摊比例=100/250×0.35+100/250×0.35+100/250×0.3=0.4

分支机构一应纳所得税额=26.56×0.4=10.62（万元）

分支机构二分摊比例=150/250×0.35+150/250×0.35+150/250×0.3=0.6

分支机构二应纳所得税额=26.56×0.6=15.94（万元）

15%税率地区分摊的应纳税所得额=106.25×0.75=79.69（万元）

分支机构三分摊比例=250/750×0.35+250/750×0.35+250/750×0.3=0.33

分支机构三应纳所得税额=79.69×0.33=26.30（万元）

分支机构四分摊比例=500/750×0.35+500/750×0.35+500/750×0.3=0.67

分支机构四应纳所得税额=79.69×0.67=53.39（万元）

风险提示

该分配的没分配或不该分配的分配了都存在风险。

对于总分机构企业来说，无论是该分配的没分配，还是不该分配的分配了，企业整体并没有少缴税款，但对于总、分机构所在地来说减少了应纳税款。该分配的分支机构没有分配，对于分支机构所在地来说减少了应纳税款；不该分配的分支机构分配了，对于总机构和其他分机构所在地来说都有可能减少了应纳税款，都会被税务机关查处。

案　例

C公司在北京设有总公司和3个分公司，后于2018年在深圳设立一个分公司，2018年、2019年，C公司将汇总计算的企业所得税按北京和深圳各50%比例分配缴纳。根据政策，新设立的二级分支机构，设立当年不就地分摊缴纳企业所得税。C公司2018年新成立的深圳分公司不应参与分摊，应全部在北京缴纳企业所得税。

资料来源：稽查提示：教育培训机构注意三大涉税风险［N］.中国税务报，2020-09-15（B3）.

7.6 核定征收

7.6.1 基本规定

7.6.1.1 可以核定征收的企业

《国家税务总局关于印发〈企业所得税核定征收办法〉（试行）的通知》（国税发〔2008〕30号）第三条规定，纳税人具有下列情形之一的，核定征收企业所得税：

（1）依照法律、行政法规的规定可以不设置账簿的；

（2）依照法律、行政法规的规定应当设置但未设置账簿的；

（3）擅自销毁账簿或者拒不提供纳税资料的；

（4）虽设置账簿，但账目混乱或者成本资料、收入凭证、费用凭证残缺不全，难以查账的；

（5）发生纳税义务，未按照规定的期限办理纳税申报，经税务机关责令限期申报，逾期仍不申报的；

（6）申报的计税依据明显偏低，又无正当理由的。

特殊行业、特殊类型的纳税人和一定规模以上的纳税人不适用该办法。

7.6.1.2 不能核定征收的企业

《国家税务总局关于企业所得税核定征收若干问题的通知》（国税函〔2009〕377号）第一条规定："'特定纳税人'包括以下类型的企业：

（1）享受《中华人民共和国企业所得税法》及其实施条例和国务院规定的一项或几项企业所得税优惠政策的企业（不包括仅享受《中华人民共和国企业所得税法》第二十六条规定免税收入优惠政策的企业）；

（2）汇总纳税企业；

（3）上市公司；

（4）银行、信用社、小额贷款公司、保险公司、证券公司、期货公司、信托投资公司、金融资产管理公司、融资租赁公司、担保公司、财务公司、典当公司等金融企业；

（5）会计、审计、资产评估、税务、房地产估价、土地估价、工程造价、律师、价格鉴证、公证机构、基层法律服务机构、专利代理、商标代理以及其他经济鉴证类社会中介机构；

（6）国家税务总局规定的其他企业。

对上述规定之外的企业，主管税务机关要严格按照规定的范围和标准确定企业所得税的征收方式，不得违规扩大核定征收企业所得税范围；对其中达不到查账征收条件的企业核定征收企业所得税，并促使其完善会计核算和财务管理，达到查账征收条件后要及时转为查账征收。"

《国家税务总局关于企业所得税核定征收有关问题的公告》（国家税务总局公告2012

年第27号）第一条规定："专门从事股权（股票）投资业务的企业，不得核定征收企业所得税。"

《国家税务总局关于印发〈房地产开发经营业务企业所得税处理办法〉的通知》（国税发〔2009〕31号）第四条规定："企业出现《中华人民共和国税收征收管理法》第三十五条规定的情形，税务机关可对其以往应缴的企业所得税按核定征收方式进行征收管理，并逐步规范，同时按《中华人民共和国税收征收管理法》等税收法律、行政法规的规定进行处理，但不得事先确定企业的所得税按核定征收方式进行征收、管理。"

7.6.1.3　核定征收方法

税务机关应根据纳税人具体情况，对核定征收企业所得税的纳税人，核定应税所得率或者核定应纳所得税额。

具有下列情形之一的，核定其应税所得率：

（1）能正确核算（查实）收入总额，但不能正确核算（查实）成本费用总额的；

（2）能正确核算（查实）成本费用总额，但不能正确核算（查实）收入总额的；

（3）通过合理方法，能计算和推定纳税人收入总额或成本费用总额的。

纳税人不属于以上情形的，核定其应纳所得税额。

税务机关采用下列方法核定征收企业所得税：

（1）参照当地同类行业或者类似行业中经营规模和收入水平相近的纳税人的税负水平核定；

（2）按照应税收入额或成本费用支出额定率核定；

（3）按照耗用的原材料、燃料、动力等推算或测算核定；

（4）按照其他合理方法核定。

采用上述所列一种方法不足以正确核定应纳税所得额或应纳税额的，可以同时采用两种以上的方法核定。采用两种以上方法测算的应纳税额不一致时，可按测算的应纳税额从高核定。

采用应税所得率方式核定征收企业所得税的，应纳所得税额计算公式如下：

应纳所得税额＝应纳税所得额×适用税率

应纳税所得额＝应税收入额×应税所得率

或

应纳税所得额＝成本（费用）支出额/（1–应税所得率）×应税所得率

国税函〔2009〕377号文件第二条规定："'应税收入额'等于收入总额减去不征税收入和免税收入后的余额。用公式表示为：

应税收入额＝收入总额–不征税收入–免税收入

其中，收入总额为企业以货币形式和非货币形式从各种来源取得的收入。"

如上所述，核定征收企业不能弥补以前年度亏损。

实行应税所得率方式核定征收企业所得税的纳税人，经营多业的，无论其经营项目是否单独核算，均由税务机关根据其主营项目确定适用的应税所得率。

主营项目应为纳税人所有经营项目中，收入总额或者成本（费用）支出额或者耗用原材料、燃料、动力数量所占比重最大的项目。

应税所得率按表7–3规定的幅度标准确定。

表7–3

行　　业	应税所得率（%）
农、林、牧、渔业	3~10
制造业	5~15
批发和零售贸易业	4~15
交通运输业	7~15
建筑业	8~20
饮食业	8~25
娱乐业	15~30
其他行业	10~30

纳税人的生产经营范围、主营业务发生重大变化，或者应纳税所得额或应纳税额增减变化达到20%的，应及时向税务机关申报调整已确定的应纳税额或应税所得率。

7.6.1.4　特殊规定

（1）股权转让收入。《国家税务总局关于企业所得税核定征收有关问题的公告》（国家税务总局公告2012年第27号）规定："依法按核定应税所得率方式核定征收企业所得税的企业，取得的转让股权（股票）收入等转让财产收入，应全额计入应税收入额，按照主营项目（业务）确定适用的应税所得率计算征税；若主营项目（业务）发生变化，应在当年汇算清缴时，按照变化后的主营项目（业务）重新确定适用的应税所得率计算征税。"

（2）核定征收改为查账征收后资产的税务处理。《国家税务总局关于企业所得税若干政策征管口径问题的公告》（国家税务总局公告2021年第17号）第四条规定："企业所得税核定征收改为查账征收后有关资产的税务处理问题。（一）企业能够提供资产购置发票的，以发票载明金额为计税基础；不能提供资产购置发票的，可以凭购置资产的合同（协议）、资金支付证明、会计核算资料等记载金额，作为计税基础。（二）企业核定征税期间投入使用的资产，改为查账征税后，按照税法规定的折旧、摊销年限，扣除该资产投入使用年限后，就剩余年限继续计提折旧、摊销额并在税前扣除。"

7.6.2　申报方法

（1）纳税人实行核定应税所得率方式的，按下列规定申报纳税：

①主管税务机关根据纳税人应纳税额的大小确定纳税人按月或者按季预缴，年终汇算清缴。预缴方法一经确定，一个纳税年度内不得改变。

②纳税人应依照确定的应税所得率计算纳税期间实际应缴纳的税额，进行预缴。按实

际数额预缴有困难的，经主管税务机关同意，可按上一年度应纳税额的1/12或1/4预缴，或者按经主管税务机关认可的其他方法预缴。

③纳税人预缴税款或年终进行汇算清缴时，应按规定填写《中华人民共和国企业所得税月（季）度预缴纳税申报表（B类）》，在规定的纳税申报时限内报送主管税务机关。

（2）纳税人实行核定应纳所得税额方式的，按下列规定申报纳税：

①纳税人在应纳所得税额尚未确定之前，可暂按上年度应纳所得税额的1/12或1/4预缴，或者按经主管税务机关认可的其他方法，按月或按季分期预缴。

②在应纳所得税额确定以后，减除当年已预缴的所得税额，余额按剩余月份或季度均分，以此确定以后各月或各季的应纳税额，由纳税人按月或按季填写《中华人民共和国企业所得税月（季）度预缴纳税申报表（B类）》，在规定的纳税申报期限内进行纳税申报。

③年度终了后，纳税人在规定的时限内按照实际经营额或实际应纳税额向税务机关申报纳税。申报额超过核定经营额或应纳税额的，按申报额缴纳税款；申报额低于核定经营额或应纳税额的，按核定经营额或应纳税额缴纳税款。

（3）《中华人民共和国企业所得税月（季）度预缴和年度纳税申报表（B类，2018年版）》适用于实行核定征收企业所得税的居民企业月度、季度预缴申报和年度汇算清缴申报时填报。

核定征收企业的企业所得税预缴与汇算清缴使用同一张申报表。

7.6.3　管理措施

（1）主管税务机关应及时向纳税人送达《企业所得税核定征收鉴定表》，及时完成对其核定征收企业所得税的鉴定工作。具体程序如下：

①纳税人应在收到《企业所得税核定征收鉴定表》后10个工作日内，填好该表并报送主管税务机关。《企业所得税核定征收鉴定表》一式三联，主管税务机关和县税务机关各执一联，另一联送达纳税人执行。主管税务机关还可根据实际工作需要，适当增加联次备用。

②主管税务机关应在受理《企业所得税核定征收鉴定表》后20个工作日内，分类逐户审查核实，提出鉴定意见，并报县税务机关复核、认定。

③县税务机关应在收到《企业所得税核定征收鉴定表》后30个工作日内，完成复核、认定工作。

纳税人收到《企业所得税核定征收鉴定表》后，未在规定期限内填列、报送的，税务机关视同纳税人已经报送，按上述程序进行复核认定。

（2）税务机关应在每年6月底前对上年度实行核定征收企业所得税的纳税人进行重新鉴定。重新鉴定工作完成前，纳税人可暂按上年度的核定征收方式预缴企业所得税；重新鉴定工作完成后，按重新鉴定的结果进行调整。

（3）主管税务机关应当分类逐户公示核定的应纳所得税额或应税所得率。主管税务机关应当按照便于纳税人及社会各界了解、监督的原则确定公示地点、方式。

纳税人对税务机关确定的企业所得税征收方式、核定的应纳所得税额或应税所得率有异议的，应当提供合法、有效的相关证据，税务机关经核实认定后调整有异议的事项。

7.6.4 跨境电商企业的核定征收

《国家税务总局关于跨境电子商务综合试验区零售出口企业所得税核定征收有关问题的公告》（国家税务总局公告2019年第36号）第二条规定："综试区内核定征收的跨境电商企业应准确核算收入总额，并采用应税所得率方式核定征收企业所得税。应税所得率统一按照4%确定。"

试行核定征收企业所得税办法的综试区内的跨境电商企业，应同时符合下列条件：

（1）在综试区注册，并在注册地跨境电子商务线上综合服务平台登记出口货物日期、名称、计量单位、数量、单价、金额的；

（2）出口货物通过综试区所在地海关办理电子商务出口申报手续的；

（3）出口货物未取得有效进货凭证，其增值税、消费税享受免税政策的。

7.6.5 税收优惠

7.6.5.1 免税收入

根据国税函〔2009〕377号文件第一条的规定，核定征收企业可以享受免税收入优惠。

7.6.5.2 小型微利企业的税收优惠

如第4章所述，无论采取查账征收还是核定征收方式，均可享受小型微利企业所得税优惠政策。

其他的税收优惠，核定征收企业就不能享受了。

第8章
特殊事项

Enterprise Income Tax
Practice and Risk
Prevention and Control

TAXING

8.1 企业重组

8.1.1 概 述

8.1.1.1 企业重组范围

企业重组，是指企业在日常经营活动以外发生的法律结构或经济结构重大改变的交易，包括企业法律形式改变、债务重组、股权收购、资产收购、合并、分立等。适用政策为《财政部 国家税务总局关于企业重组业务企业所得税处理若干问题的通知》（财税〔2009〕59号）、《国家税务总局关于发布〈企业重组业务企业所得税管理办法〉的公告》（国家税务总局公告2010年第4号）、《财政部 国家税务总局关于促进企业重组有关企业所得税处理问题的通知》（财税〔2014〕109号）、《国家税务总局关于企业重组业务企业所得税征收管理若干问题的公告》（国家税务总局公告2015年第48号）等相关文件。

8.1.1.2 企业形式改变

企业由法人转变为个人独资企业、合伙企业等非法人组织，或将登记注册地转移至中华人民共和国境外（包括港澳台地区），应视同企业进行清算、分配，股东重新投资成立新企业。企业的全部资产以及股东投资的计税基础均应以公允价值为基础确定。

企业发生其他法律形式简单改变的，可直接变更税务登记，除另有规定外，有关企业所得税纳税事项（包括亏损结转、税收优惠等权益和义务）由变更后企业承继，但因住所发生变化而不符合税收优惠条件的除外。

8.1.1.3 特殊性税务处理

（1）适用条件。重组的税务处理包括一般性税务处理和特殊性税务处理，一般性税务处理是重组时即缴税，特殊性税务处理可以递延纳税。根据财税〔2009〕59号文件第五条规定，企业重组同时符合下列条件的，适用特殊性税务处理规定：

①具有合理的商业目的，且不以减少、免除或者推迟缴纳税款为主要目的。

②被收购、合并或分立部分的资产或股权比例符合该通知规定的比例。

③企业重组后的连续12个月内不改变重组资产原来的实质性经营活动。

④重组交易对价中涉及股权支付金额符合该通知规定比例。

⑤企业重组中取得股权支付的原主要股东，在重组后连续12个月内，不得转让所取得的股权。

“原主要股东”，是指原持有转让企业或被收购企业20%以上股权的股东；“企业重组后的连续12个月内”，是指自重组日起计算的连续12个月内。

（2）股权支付。股权支付，是指企业重组中购买、换取资产的一方支付的对价中，以本企业或其控股企业的股权、股份作为支付的形式。所称非股权支付，是指以本企业的现金、银行存款、应收款项、本企业或其控股企业股权和股份以外的有价证券、存货、固定资产、其他资产以及承担债务等作为支付的形式；所称控股企业，是指由本企业直接持有股份的企业。

企业重组若适用特殊性税务处理，首先要符合以上五个条件，还需要符合各个重组形式的特殊规定。

8.1.2 债务重组

债务重组，是指在不改变交易对手方的情况下，经债权人和债务人协定或法院裁定，就清偿债务的时间、金额或方式等重新达成协议的交易。新修订的《企业会计准则第12号——债务重组》（财会〔2019〕9号）自2019年6月17日起施行。

债务重组一般包括下列方式，或下列一种以上方式的组合：

（1）债务人以资产清偿债务；

（2）债务人将债务转为权益工具；

（3）除上述第（1）项和第（2）项以外，采用调整债务本金、改变债务利息、变更还款期限等方式修改债权和债务的其他条款，形成重组债权和重组债务。

8.1.2.1 会计处理

（1）债权人的会计处理。以资产清偿债务方式进行债务重组的，债权人初始确认受让的金融资产以外的资产时，应当按照下列原则以成本计量：

①存货的成本，包括放弃债权的公允价值和使该资产达到当前位置和状态所发生的可直接归属于该资产的税金、运输费、装卸费、保险费等其他成本。

②对联营企业或合营企业投资的成本，包括放弃债权的公允价值和可直接归属于该资产的税金等其他成本。

③投资性房地产的成本，包括放弃债权的公允价值和可直接归属于该资产的税金等其他成本。

④固定资产的成本，包括放弃债权的公允价值和使该资产达到预定可使用状态前所发生的可直接归属于该资产的税金、运输费、装卸费、安装费、专业人员服务费等其他成本。

⑤生物资产的成本，包括放弃债权的公允价值和可直接归属于该资产的税金、运输费、保险费等其他成本。

⑥无形资产的成本，包括放弃债权的公允价值和可直接归属于使该资产达到预定用途所发生的税金等其他成本。

放弃债权的公允价值与账面价值之间的差额，应当计入当期损益。

（2）债务人的会计处理。以资产清偿债务方式进行债务重组的，债务人应当在相关资产和所清偿债务符合终止确认条件时予以终止确认，所清偿债务账面价值与转让资产账面价值之间的差额计入当期损益。

8.1.2.2　税务处理

（1）收入确认时间。《国家税务总局关于贯彻落实企业所得税法若干税收问题的通知》（国税函〔2010〕79号）第二条规定："企业发生债务重组，应在债务重组合同或协议生效时确认收入的实现。"

（2）一般性税务处理。

①以非货币资产清偿债务，应当分解为转让相关非货币性资产、按非货币性资产公允价值清偿债务两项业务，确认相关资产的所得或损失。

②发生债权转股权的，应当分解为债务清偿和股权投资两项业务，确认有关债务清偿所得或损失。

③债务人应当按照支付的债务清偿额低于债务计税基础的差额，确认债务重组所得；债权人应当按照收到的债务清偿额低于债权计税基础的差额，确认债务重组损失。

④债务人的相关所得税纳税事项原则上保持不变。

（3）特殊性税务处理。企业债务重组确认的应纳税所得额占该企业当年应纳税所得额50%以上，可以在5个纳税年度的期间内，均匀计入各年度的应纳税所得额。

企业发生债权转股权业务，对债务清偿和股权投资两项业务暂不确认有关债务清偿所得或损失，股权投资的计税基础以原债权的计税基础确定。企业的其他相关所得税事项保持不变。

《国家税务总局关于企业重组业务企业所得税征收管理若干问题的公告》（国家税务总局公告2015年第48号）所附《企业重组所得税特殊性税务处理报告表（债务重组）》显示，企业债务重组确认的应纳税所得额，指债务重组所得，并不包括以非货币性资产清偿债务应确认的资产转让所得。也就是说，企业需要将"其他收益"会计科目中核算的非货币性资产账面价值与公允价值的差额部分，从债务重组所得中剔除。这部分差额，属于以非货币性资产清偿债务应确认的资产转让所得，应一次性计入当期所得，计算缴纳企业所得税。

8.1.2.3　以非货币资产清偿债务

【例8–1】甲、乙公司为一般纳税人，甲公司欠乙公司200万元。甲公司因发生财务困难，不能按照合同规定付款。经双方协商，甲公司以其生产的产品偿还债务。该产品的公允价值120万元，成本100万元。乙公司接受甲公司以产品偿还债务时，将该产品作为库存商品入库；乙公司对该项应收账款计提了10万元的坏账准备。假设应收账款的公允价值为150万元。

（1）会计处理。

①债务人甲公司：

借：应付账款	2 000 000	
贷：库存商品		1 000 000
应交税费——应交增值税（销项税额）		156 000
其他收益		844 000

②债权人乙公司：

借：库存商品 1 500 000

应交税费——应交增值税（进项税额） 156 000

坏账准备 100 000

投资收益 244 000

贷：应收账款 2 000 000

（2）税务处理。

①当适用一般性税务处理时：

债务人甲公司：

转让存货=120−100=20（万元）

清偿债务=200−120−15.6=64.4（万元）

债务重组收益=20+64.4=84.4（万元）

不存在税会差异。

债权人乙公司：

债务重组损失=200−（120+15.6）=64.4（万元）

纳税调减=64.4−24.4=40（万元）。其中10万元为前期调增的坏账准备，30万元为处置时调增的该存货账面价值与计税基础的差额。

该存货账面价值为150万元，计税基础为120万元。

②当适用特殊性税务处理时：

债务重组所得64.4万元可以在5个纳税年度的期间内，均匀计入各年度的应纳税所得额，转让存货所得20万元在当期纳税。

【例8-2】甲、乙公司为一般纳税人，甲公司欠乙公司700万元。甲公司因发生财务困难，不能按照合同规定付款。经双方协商，甲公司以其持有的一套房产抵偿对乙公司的债务。该房产原值为500万元，已计提折旧150万元。经评估，该房产当月公允价值为520万元。双方于当月完成该房产产权转移手续。乙公司发生转入房产相关税费10万元，甲公司发生转出房产相关税费15万元。乙公司对该项应收账款计提了100万元的坏账准备。假设应收账款的公允价值为550万元。

（1）会计处理。

①债务人甲公司：

借：固定资产清理 3 500 000

累计折旧 1 500 000

贷：固定资产 5 000 000

借：固定资产清理 150 000

贷：银行存款 150 000

借：应付账款 7 000 000

贷：固定资产清理 3 650 000

应交税费——应交增值税（销项税额） 468 000

资产处置收益 2 882 000

②债权人乙公司：

借：固定资产　5 600 000
　　坏账准备　1 000 000
　　应交税费——应交增值税（进项税额）　468 000
　　投资收益　32 000
　贷：应收账款　7 000 000
　　　银行存款　100 000

（2）税务处理。

①当适用一般性税务处理时：

债务人甲公司：

转让房产=520−350−15=155（万元）

清偿债务=700−520−46.8=133.2（万元）

债务重组所得=155+133.2=288.2（万元）

不存在税会差异。

债权人乙公司：

债务重组损失=700−520−46.8=133.2（万元）

纳税调减=133.2−3.2=130（万元）。其中100万元为前期调增的坏账准备，30万元为每年调增的该固定资产账面价值与计税基础的折旧差额。

该房产账面价值为560万元，计税基础为530万元，每年对计提的折旧进行纳税调增。

②当适用特殊性税务处理时：

债务重组所得133.2万元可以在5个纳税年度的期间内，均匀计入各年度的应纳税所得额，转让房产所得155万元在当期纳税。

8.1.2.4　债转股

债转股，债权人放弃债权的公允价值与账面价值之间的差额，计入当期损益；债务人所清偿债务账面价值与权益工具确认金额之间的差额，计入当期损益。

【例8–3】甲公司应付乙公司6 000万元，决定增发1 000万股股票（每股面值1元），偿还对乙公司的欠款。甲公司做出发行决定时，股票市价为每股2元。

（1）会计处理。

①债务人甲公司：

借：应付账款　60 000 000
　贷：股本　10 000 000
　　　资本公积　10 000 000
　　　其他收益　40 000 000

②债权人乙公司：

借：长期股权投资　20 000 000
　　投资收益　40 000 000
　贷：应收账款　60 000 000

（2）税务处理。

①当适用一般性税务处理时：

债务人甲公司：

债务重组所得=6 000–2 000=4 000（万元）

不存在税会差异。

债权人乙公司：

债务重组损失=6 000–2 000=4 000（万元）

乙公司取得甲公司股票的计税基础为2 000万元。

②当适用特殊性税务处理时：

债务人甲公司：

甲公司暂不确认债务重组利得，

债权人乙公司：

乙公司也不确认债务重组损失，乙公司取得的甲公司股票计税基础为6 000万元。

8.1.3 股权收购

股权收购，是指一家企业（下称收购企业）购买另一家企业（下称被收购企业）的股权，以实现对被收购企业控制的交易。收购企业支付对价的形式包括股权支付、非股权支付或两者的组合。

8.1.3.1 一般性税务处理

企业股权收购重组交易，相关交易应按以下规定处理：

（1）被收购方应确认股权所得或损失。

（2）收购方取得股权的计税基础应以公允价值为基础确定。

（3）被收购企业的相关所得税事项原则上保持不变。

8.1.4.2 特殊性税务处理

收购企业购买的股权不低于被收购企业全部股权的50%，且收购企业在该股权收购发生时的股权支付金额不低于其交易支付总额的85%，可以选择按以下规定处理：

（1）被收购企业的股东取得收购企业股权的计税基础，以被收购股权的原有计税基础确定。

（2）收购企业取得被收购企业股权的计税基础，以被收购股权的原有计税基础确定。

（3）收购企业、被收购企业的原有各项资产和负债的计税基础和其他相关所得税事项保持不变。

【例8–4】甲公司以其持有的A公司60%股权收购乙公司持有的B公司70%股权。A公司60%股权的计税基础（与账面价值一致）为6 000万元，公允价值为10 000万元，B公司70%股权的计税基础（与账面价值一致）为4 000万元，公允价值为10 000万元。股权架构的变化如图8–1所示。

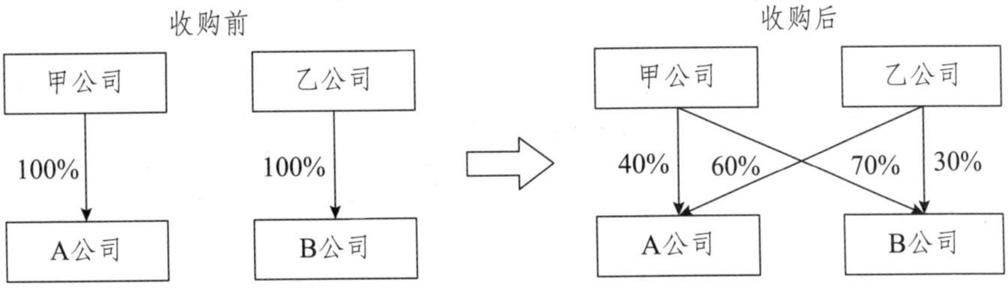

图8-1

本例中，该收购不低于B公司全部股权的50%，且甲公司以100%股权支付，符合股权收购特殊性税务处理条件。

（1）收购企业甲公司。

①会计处理：

借：长期股权投资——B公司　　10 000

　贷：长期股权投资——A公司　　6 000

　　　投资收益　　4 000

②税务处理。

甲公司暂不确认所得，调减应纳税所得额4 000万元，其取得B公司70%股权的计税基础，以被收购股权（B公司）的原有计税基础确定，即4 000万元。

（2）被收购企业的股东乙公司。

①会计处理：

借：长期股权投资——A公司　　10 000

　贷：长期股权投资——B公司　　4 000

　　　投资收益　　6 000

②税务处理。

乙公司暂不确认所得，调减应纳税所得额6 000万元，其取得A公司60%股权的计税基础，以被收购股权（B公司）的原有计税基础确定，即4 000万元。

【例8-5】乙公司以其持有的B公司70%股权收购甲公司持有的A公司60%股权。其他条件同例8-4。

（1）被收购企业的股东甲公司。

①会计处理同例8-4。

②税务处理。

甲公司暂不确认所得，调减应纳税所得额4 000万元，其取得B公司70%股权的计税基础，以被收购股权（A公司）的原有计税基础确定，即6 000万元。

（2）收购企业乙公司。

①会计处理同例8-4。

②税务处理。

乙公司暂不确认所得，调减应纳税所得额6 000万元，其取得A公司60%股权的计税基础，以被收购股权（A公司）的原有计税基础确定，即6 000万元。

从上面两个例子可以看出，以谁作为股权收购的发起方，取得股权的计税基础是不同的。

【例8-6】20×1年9月，甲公司通过定向增发的方式收购乙公司持有的丙公司100%股权。丙公司股权公允价值为1 000万元，乙公司对丙公司股权投资的计税基础为600万元（与账面价值一致）。甲公司定向增发股票200万股（每股面值1元），公允价值为1 000万元。20×1年10月完成丙公司股权变更手续。股权架构的变化如图8-2所示。

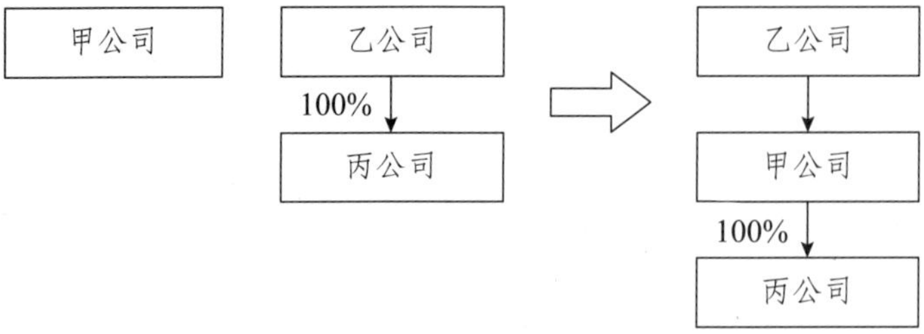

图8-2

本例中，收购企业（甲公司）购买被收购企业（丙公司）100%股权，且收购企业（甲公司）在该股权收购发生时的交易支付总额全部为股权支付金额，符合特殊性税务处理条件。

（1）被收购企业的股东乙公司。

①会计处理。

借：长期股权投资——甲公司	10 000 000
贷：长期股权投资——丙公司	6 000 000
投资收益	4 000 000

②税务处理。

乙公司转让丙公司股权的所得，税收上暂不确认。乙公司取得甲公司的股权以丙公司原有的计税基础确定，即乙公司持有甲公司股权的计税基础为600万元，与账面价值存在400万元差异。甲公司在未来处置该股权时，做相应纳税调增处理。20×1年度汇算清缴时，调减应纳税所得额400万元。

（2）收购企业甲公司。

①会计处理。

借：长期股权投资——丙公司	10 000 000
贷：股本	2 000 000
资本公积——资本溢价	8 000 000

②税务处理。

甲公司收购丙公司股权的计税基础，以丙公司股权原有的计税基础确定，即甲公司持有丙公司股权计税基础为600万元，与账面价值存在400万元差异。甲公司在未来处置该股权时，做相应纳税调增处理。

8.1.4 资产收购

资产收购，是指一家企业（下称受让企业）购买另一家企业（下称转让企业）实质经营性资产的交易。受让企业支付对价的形式包括股权支付、非股权支付或两者的组合。

8.1.4.1 一般性税务处理

企业资产收购重组交易，相关交易应按以下规定处理：

（1）被收购方应确认资产转让所得或损失。

（2）收购方取得资产的计税基础应以公允价值为基础确定。

（3）被收购企业的相关所得税事项原则上保持不变。

8.1.4.2 特殊性税务处理

受让企业收购的资产不低于转让企业全部资产的50%，且受让企业在该资产收购发生时的股权支付金额不低于其交易支付总额的85%，可以选择按以下规定处理：

（1）转让企业取得受让企业股权的计税基础，以被转让资产的原有计税基础确定。

（2）受让企业取得转让企业资产的计税基础，以被转让资产的原有计税基础确定。

需要注意的是，“受让企业收购的资产不低于转让企业全部资产的50%”，此处的“资产”指资产的账面价值、计税基础，还是公允价值，政策没有明确。企业采用不同口径计算出的比例不一致，可能正好在50%上下。在国家税务总局公告2015年第48号所附《企业重组所得税特殊性税务处理报告表（资产收购）》中，需要填报“资产转让方全部资产的公允价值”“资产转让方所转让资产的公允价值”“所转让资产占资产转让方全部资产的比例%”。据此，此处的“资产”应指资产的公允价值。

【例8–7】20×1年9月，甲公司收购乙公司计税基础为700万元（与账面价值一致）、公允价值为1 000万元的实质性经营资产。甲公司支付的对价全部是本公司增发的股份，增发500万股（每股面值1元），公允价值为1 000万元。增发后甲公司股本为1 000万元，乙公司占甲公司股权比例为50%，重组日乙公司全部资产公允价值为1 200万元。20×1年10月资产收购协议生效并办妥相关手续。

本例中，受让企业（甲公司）收购的资产为转让企业（乙公司）全部资产的83.33%（1 000÷1 200），且受让企业（甲公司）在该资产收购发生时的交易支付总额全部为股权支付金额，符合特殊性税务处理条件。

（1）转让企业乙公司。

①会计处理。

借：长期股权投资——甲公司	10 000 000	
贷：资产类科目		7 000 000
损益类科目		3 000 000

②税务处理。

乙公司取得甲公司股权的计税基础，以被转让资产的原有计税基础确定，即700万元，资产转让所得暂不确认。20×1年度汇算清缴时，调减应纳税所得额300万元。

（2）受让企业甲公司。

①会计处理。

借：资产类科目	10 000 000	

贷：股本 5 000 000

资本公积——资本溢价 5 000 000

②税务处理。

甲公司取得乙公司资产的计税基础，以被转让资产的原有计税基础确定，即700万元。在收购资产的折旧、摊销期间，资产的折旧、摊销额计税基础与账面价值之间的差异需要调整。

8.1.5 企业合并

合并，是指一家或多家企业（下称被合并企业）将其全部资产和负债转让给另一家现存或新设企业（下称合并企业），被合并企业股东换取合并企业的股权或非股权支付，实现两个或两个以上企业的依法合并。

8.1.5.1 一般性税务处理

企业合并，当事各方应按下列规定处理：

（1）合并企业应按公允价值确定接受被合并企业各项资产和负债的计税基础。

（2）被合并企业及其股东都应按清算进行所得税处理。

（3）被合并企业的亏损不得在合并企业结转弥补。

8.1.5.2 特殊性税务处理

企业股东在该企业合并发生时取得的股权支付金额不低于其交易支付总额的85%，以及同一控制下且不需要支付对价的企业合并，可以选择按以下规定处理：

（1）合并企业接受被合并企业资产和负债的计税基础，以被合并企业的原有计税基础确定。

（2）被合并企业合并前的相关所得税事项由合并企业承继。

（3）可由合并企业弥补的被合并企业亏损的限额=被合并企业净资产公允价值×截至合并业务发生当年年末国家发行的最长期限的国债利率。

（4）被合并企业股东取得合并企业股权的计税基础，以其原持有的被合并企业股权的计税基础确定。

【例8-8】20×1年8月甲企业以吸收方式合并乙企业，合并业务符合特殊性税务处理条件。合并时乙企业净资产账面价值1 100万元，市场公允价值1 300万元，弥补期限内的亏损70万元，年末国家发行的最长期限的国债利率为4.5%。

20×1年由甲企业弥补的乙企业的亏损额=1 300×4.5%=58.50（万元）

8.1.6 企业分立

分立，是指一家企业（下称被分立企业）将部分或全部资产分离转让给现存或新设的企业（下称分立企业），被分立企业股东换取分立企业的股权或非股权支付，实现企业的依法分立。

8.1.6.1　一般性税务处理

企业分立，当事各方应按下列规定处理：

（1）被分立企业对分立出去资产应按公允价值确认资产转让所得或损失。

（2）分立企业应按公允价值确认接受资产的计税基础。

（3）被分立企业继续存在时，其股东取得的对价应视同被分立企业分配进行处理。

（4）被分立企业不再继续存在时，被分立企业及其股东都应按清算进行所得税处理。

（5）企业分立相关企业的亏损不得相互结转弥补。

8.1.6.2　特殊性税务处理

被分立企业所有股东按原持股比例取得分立企业的股权，分立企业和被分立企业均不改变原来的实质经营活动，且被分立企业股东在该企业分立发生时取得的股权支付金额不低于其交易支付总额的85%，可以选择按以下规定处理：

（1）分立企业接受被分立企业资产和负债的计税基础，以被分立企业的原有计税基础确定。

（2）被分立企业已分立出去资产相应的所得税事项由分立企业承继。

（3）被分立企业未超过法定弥补期限的亏损额可按分立资产占全部资产的比例进行分配，由分立企业继续弥补。

（4）被分立企业的股东取得分立企业的股权（以下简称“新股”），如需部分或全部放弃原持有的被分立企业的股权（以下简称“旧股”），“新股”的计税基础应以放弃“旧股”的计税基础确定。如不需放弃“旧股”，则其取得“新股”的计税基础可从以下两种方法中选择确定：直接将“新股”的计税基础确定为零；或者以被分立企业分立出去的净资产占被分立企业全部净资产的比例先调减原持有的“旧股”的计税基础，再将调减的计税基础平均分配到“新股”上。

8.1.7　非股权支付所得处理

重组交易各方对交易中股权支付暂不确认有关资产的转让所得或损失的，其非股权支付仍应在交易当期确认相应的资产转让所得或损失，并调整相应资产的计税基础。

非股权支付对应的资产转让所得或损失=（被转让资产的公允价值−被转让资产的计税基础）×（非股权支付金额÷被转让资产的公允价值）

【例8-9】20×1年9月，乙公司以定向增发的股权和部分现金收购甲公司持有的A公司60%股权，A公司60%股权账面价值（与计税基础相同）为6 000万元，公允价值为10 000万元；乙公司定向增发3 000股（面值1元，公允价值3元），支付现金1 000万元。符合股权收购特殊性税务处理条件。则：

（1）甲公司：

①会计处理。

借：长期股权投资——乙　9 000

　　银行存款　1 000

　贷：长期股权投资——A　6 000

　　　投资收益　4 000

②税务处理。

甲公司取得非股权支付对应的资产转让所得=（10 000–6 000）×（1 000 ÷ 10 000）=400（万元）。

甲公司取乙公司股权的计税基础，以A公司原有计税基础确定，即为6 000 ×（9 000 ÷ 10 000）=5 400（万元），与账面价值产生3 600万元差异。甲公司在未来处置该股权时，做相应纳税调增处理。20×1年汇算清缴时，调减应纳税所得额4 000–400=3 600（万元）。

（2）乙公司：

①会计处理。

借：长期股权投资——A　10 000

　贷：股本——甲　3 000

　　　资本公积——股本溢价　6 000

　　　银行存款　1 000

②税务处理。

乙公司取A公司股权的计税基础，以A公司原有计税基础和支付的现金对价确定，即为6 000 ×（9 000 ÷ 10 000）+1 000=6 400（万元），与账面价值产生3 600万元差异。乙公司在未来处置该股权时，做相应纳税调增处理。

8.1.8 合并、分立税收优惠继承

8.1.8.1 合　并

【例8–10】甲公司20×1年应纳税所得额为500万元，处于“三免三减半”的第一个免税年度，净资产公允价值为10 000万元；乙公司20×1年应纳税所得额为300万元，处于“三免三减半”的第一个减半年度，净资产公允价值为2 000万元。20×2年初甲公司吸收合并乙公司，合并后存续的企业性质及适用税收优惠的条件未发生改变，20×2年实现应纳税所得额1 200万元。甲公司性质及适用税收优惠条件未发生改变。

（1）一般性税务处理。财税〔2009〕59号文件第九条第一款规定：“在企业吸收合并中，合并后的存续企业性质及适用税收优惠的条件未发生改变的，可以继续享受合并前该企业剩余期限的税收优惠，其优惠金额按存续企业合并前一年的应纳税所得额（亏损计为零）计算。”

国家税务总局公告2010年第4号第十五条规定：“企业合并或分立，合并各方企业或分立企业涉及享受《税法》第五十七条规定中就企业整体（即全部生产经营所得）享受的税收优惠过渡政策尚未期满的，仅就存续企业未享受完的税收优惠，按照《通知》第九条的规定执行；注销的被合并或被分立企业未享受完的税收优惠，不再由存续企业承继；合

并或分立而新设的企业不得再承继或重新享受上述优惠。合并或分立各方企业按照《税法》的税收优惠规定和税收优惠过渡政策中就企业有关生产经营项目的所得享受的税收优惠承继问题，按照《企业所得税法实施条例》第八十九条规定执行。”

在例8-10中，20×2年存续企业甲公司可享受的免税金额为20×1年应纳税所得额500万元，剩余的不能享受减免税。

20×2年甲公司应纳税额=（1 200-500）×25%=175（万元）。

（2）特殊性税务处理。国家税务总局公告2010年第4号第二十八条规定：“……对税收优惠政策承继处理问题，凡属于依照《税法》第五十七条规定中就企业整体（即全部生产经营所得）享受税收优惠过渡政策的，合并或分立后的企业性质及适用税收优惠条件未发生改变的，可以继续享受合并前各企业或分立前被分立企业剩余期限的税收优惠。合并前各企业剩余的税收优惠年限不一致的，合并后企业每年度的应纳税所得额，应统一按合并日各合并前企业资产占合并后企业总资产的比例进行划分，再分别按相应的剩余优惠计算应纳税额。合并前各企业或分立前被分立企业按照《税法》的税收优惠规定以及税收优惠过渡政策中就有关生产经营项目所得享受的税收优惠承继处理问题，按照《企业所得税法实施条例》第八十九条规定执行。”

在例8-10中，存续企业甲公司适用免税的应纳税所得额=1 200×10 000/（10 000+2 000）×1 200=1 000（万元）。

适用减半征收的应纳税所得额=1 200-1 000=200（万元）；

20×2年甲公司应纳税额=200×50%×25%=25（万元）。

8.1.8.2 分　立

【例8-11】甲公司净资产公允价值50 000万元，20×1年应纳税所得额为1 000万元，处于“三免三减半”的第一个减半年度，20×2年存续分立为甲、乙两个公司，存续的甲公司净资产30 000万元，20×2年实现应纳税所得额为800万元；新成立的乙公司净资产20 000万元，20×2年实现应纳税所得额为600万元。

（1）一般性重组。财税〔2009〕59号文件第九条第二款规定：“在企业存续分立中，分立后的存续企业性质及适用税收优惠的条件未发生改变的，可以继续享受分立前该企业剩余期限的税收优惠，其优惠金额按该企业分立前一年的应纳税所得额（亏损计为零）乘以分立后存续企业资产占分立前该企业全部资产的比例计算。”

在例8-11中，20×2年存续企业甲公司可享受减半的应纳税所得为20×1年应纳税所得额1 000万元乘以分立后存续企业资产占分立前该企业全部资产的比例，即1 000×30 000/（30 000+20 000）=600（万元），剩余的不能享受减免税。

20×2年甲公司应纳税额=600×50%×25%+（800-600）×25%=125（万元）。

（2）特殊性税务处理。在例8-11中，根据国家税务总局公告2010年第4号第二十八条规定，存续企业甲公司和分立企业乙公司都能享受税收优惠。

20×2年甲公司应纳税额=800×50%×25%=100（万元）；

20×2年乙公司应纳税额=600×50%×25%=75（万元）。

8.1.9 税务管理

（1）企业发生符合特殊性重组条件并选择特殊性税务处理的，当事各方应在该重组业务完成当年企业所得税年度申报时，向主管税务机关提交书面备案资料，证明其符合各类特殊性重组规定的条件。企业未按规定书面备案的，一律不得按特殊重组业务进行税务处理。

重组业务完成当年，是指重组日所属的企业所得税纳税年度。企业重组日的确定，按以下规定处理：

①债务重组，以债务重组合同（协议）或法院裁定书生效日为重组日。

②股权收购，以转让合同（协议）生效且完成股权变更手续日为重组日。关联企业之间发生股权收购，转让合同（协议）生效后12个月内尚未完成股权变更手续的，应以转让合同（协议）生效日为重组日。

③资产收购，以转让合同（协议）生效且当事各方已进行会计处理的日期为重组日。

④合并，以合并合同（协议）生效、当事各方已进行会计处理且完成工商新设登记或变更登记日为重组日。按规定不需要办理工商新设或变更登记的合并，以合并合同（协议）生效且当事各方已进行会计处理的日期为重组日。

⑤分立，以分立合同（协议）生效、当事各方已进行会计处理且完成工商新设登记或变更登记日为重组日。

（2）企业重组业务适用特殊性税务处理的，除企业发生其他法律形式简单改变情形外，重组各方应在该重组业务完成当年，办理企业所得税年度申报时，分别向各自主管税务机关报送《企业重组所得税特殊性税务处理报告表及附表》和申报资料。合并、分立中重组一方涉及注销的，应在尚未办理注销税务登记手续前进行申报。

重组主导方申报后，其他当事方向其主管税务机关办理纳税申报。申报时还应附送重组主导方经主管税务机关受理的《企业重组所得税特殊性税务处理报告表及附表》（复印件）。

（3）企业重组业务适用特殊性税务处理的，申报时，应从以下方面逐条说明企业重组具有合理的商业目的：

①重组交易的方式；

②重组交易的实质结果；

③重组各方涉及的税务状况变化；

④重组各方涉及的财务状况变化；

⑤非居民企业参与重组活动的情况。

（4）企业重组业务适用特殊性税务处理的，申报时，当事各方还应向主管税务机关提交重组前连续12个月内有无与该重组相关的其他股权、资产交易情况的说明，并说明这些交易与该重组是否构成分步交易，是否作为一项企业重组业务进行处理。

（5）企业在重组发生前后连续12个月内分步对其资产、股权进行交易的，应根据实质重于形式原则将上述交易作为一项企业重组交易进行处理。

若同一项重组业务涉及在连续12个月内分步交易，且跨两个纳税年度，当事各方在首个纳税年度交易完成时预计整个交易符合特殊性税务处理条件，经协商一致选择特殊性税务处理的，可以暂时适用特殊性税务处理，并在当年企业所得税年度申报时提交书面申报资料。

在下一纳税年度全部交易完成后，企业应判断是否适用特殊性税务处理。如适用特殊性税务处理，当事各方应按国家税务总局公告2015年第48号要求申报相关资料；如适用一般性税务处理，应调整相应纳税年度的企业所得税年度申报表，计算缴纳企业所得税。

（6）企业发生“债务重组确认的应纳税所得额占该企业当年应纳税所得额50%以上，可以在5个纳税年度的期间内，均匀计入各年度的应纳税所得额”情形的，应准确记录应予确认的债务重组所得，并在相应年度的企业所得税汇算清缴时对当年确认额及分年结转额的情况做出说明。

主管税务机关应建立台账，对企业每年申报的债务重组所得与台账进行比对分析，加强后续管理。

（7）企业发生“居民企业以其拥有的资产或股权向其100%直接控股的非居民企业进行投资”情形的，居民企业应准确记录应予确认的资产或股权转让收益总额，并在相应年度的企业所得税汇算清缴时对当年确认额及分年结转额的情况做出说明。

主管税务机关应建立台账，对居民企业取得股权的计税基础和每年确认的资产或股权转让收益进行比对分析，加强后续管理。

（8）适用特殊性税务处理的企业，在以后年度转让或处置重组资产（股权）时，应在年度纳税申报时对资产（股权）转让所得或损失情况进行专项说明，包括特殊性税务处理时确定的重组资产（股权）计税基础与转让或处置时的计税基础的比对情况，以及递延所得税负债的处理情况等。

适用特殊性税务处理的企业，在以后年度转让或处置重组资产（股权）时，主管税务机关应加强评估和检查，将企业特殊性税务处理时确定的重组资产（股权）计税基础与转让或处置时的计税基础及相关的年度纳税申报表进行比对，发现问题的，应依法进行调整。

8.1.10　股权（资产）划转

政府将国有资产无偿划拨、集团公司内资产无偿划拨是否视同销售，接受方是否为接受捐赠所得，一直是争议很大的问题，直到2014年后才得以明确。

8.1.10.1　政府划拨资产

《国家税务总局关于企业所得税应纳税所得额若干问题的公告》（国家税务总局公告2014年第29号）第一条规定：

（1）县级以上人民政府（包括政府有关部门，下同）将国有资产明确以股权投资方式投入企业，企业应作为国家资本金（包括资本公积）处理。该项资产如为非货币性资产，应按政府确定的接收价值确定计税基础。

（2）县级以上人民政府将国有资产无偿划入企业，凡指定专门用途并按《财政部　国家税务总局关于专项用途财政性资金企业所得税处理问题的通知》（财税〔2011〕70号）规定进行管理的，企业可作为不征税收入进行企业所得税处理。其中，该项资产属于非货币性资产的，应按政府确定的接收价值计算不征税收入。

县级以上人民政府将国有资产无偿划入企业，属于上述（1）、（2）项以外情形的，应按政府确定的接收价值计入当期收入总额计算缴纳企业所得税。政府没有确定接收价值的，按资产的公允价值计算确定应税收入。

8.1.10.2 股东划拨资产

国家税务总局公告2014年第29号第二条规定：

（1）企业接收股东划入资产（包括股东赠予资产、上市公司在股权分置改革过程中接收原非流通股股东和新非流通股股东赠予的资产、股东放弃本企业的股权，下同），凡合同、协议约定作为资本金（包括资本公积）且在会计上已做实际处理的，不计入企业的收入总额，企业应按公允价值确定该项资产的计税基础。

（2）企业接收股东划入资产，凡作为收入处理的，应按公允价值计入收入总额，计算缴纳企业所得税，同时按公允价值确定该项资产的计税基础。

8.1.10.3 关联企业间划拨资产

关联企业间划拨资产适用政策为《财政部 国家税务总局关于促进企业重组有关企业所得税处理问题的通知》（财税〔2014〕109号）第三条和《国家税务总局关于资产（股权）划转企业所得税征管问题的公告》（国家税务总局公告2015年第40号）。

（1）政策规定。对100%直接控制的居民企业之间，以及受同一或相同多家居民企业100%直接控制的居民企业之间按账面净值划转股权或资产，凡具有合理商业目的，不以减少、免除或者推迟缴纳税款为主要目的，股权或资产划转后连续12个月内不改变被划转股权或资产原来实质性经营活动，且划出方企业和划入方企业均未在会计上确认损益的，可以选择按以下规定进行特殊性税务处理：

①划出方企业和划入方企业均不确认所得。

②划入方企业取得被划转股权或资产的计税基础，以被划转股权或资产的原账面净值确定。

③划入方企业取得的被划转资产，应按其原账面净值计算折旧扣除。

所称“股权或资产划转后连续12个月内不改变被划转股权或资产原来实质性经营活动”，是指自股权或资产划转完成日起连续12个月内不改变被划转股权或资产原来实质性经营活动。

股权或资产划转完成日，是指股权或资产划转合同（协议）或批复生效，且交易双方已进行会计处理的日期。

所称“划入方企业取得被划转股权或资产的计税基础，以被划转股权或资产的原账面净值确定”，是指划入方企业取得被划转股权或资产的计税基础，以被划转股权或资产的原计税基础确定。

所称“划入方企业取得的被划转资产，应按其原账面净值计算折旧扣除”，是指划入方企业取得的被划转资产，应按被划转资产的原计税基础计算折旧扣除或摊销。进行特殊性税务处理的股权或资产划转，交易双方应在协商一致的基础上，采取一致处理原则统一进行特殊性税务处理。

【例8-12】甲公司持有乙公司100%股权，20×1年1月，甲公司将其持有的丙公司60%股权划转给乙公司，该股权的计税基础为600万元，公允价值为1 000万元。

甲公司会计处理：

借：长期股权投资——乙公司　6 000 000

　贷：长期股权投资——丙公司　6 000 000

乙公司会计处理：

借：长期股权投资——丙公司　6 000 000

　贷：实收资本　6 000 000

税务处理：

（1）甲公司和乙公司均不确认所得。

（2）划入方企业乙公司取得丙公司的计税基础，以丙公司原计税基础确定，即600万元。

（2）四种方式。上述政策规定所称“100%直接控制的居民企业之间，以及受同一或相同多家居民企业100%直接控制的居民企业之间按账面净值划转股权或资产”，限于以下限于“两类架构、四种方式”情形：

①母转子（有偿划转）。100%直接控制的母子公司之间，母公司向子公司按账面净值划转其持有的股权或资产，母公司获得子公司100%的股权支付。母公司按增加长期股权投资处理，子公司按接受投资（包括资本公积，下同）处理。母公司获得子公司股权的计税基础以划转股权或资产的原计税基础确定。股权架构的变化如图8-3所示。

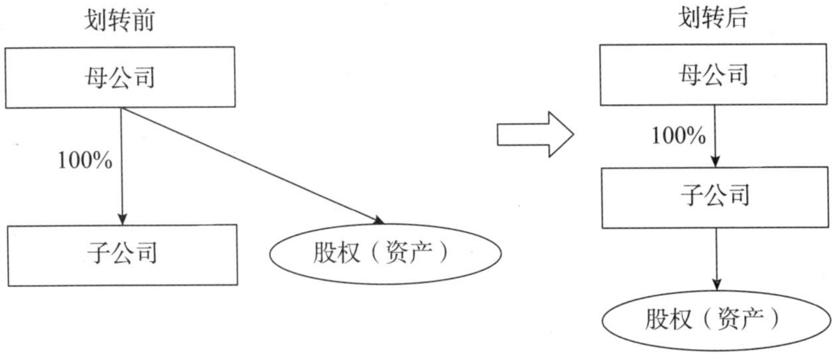

图8-3

②母转子（无偿划转）。100%直接控制的母子公司之间，母公司向子公司按账面净值划转其持有的股权或资产，母公司没有获得任何股权或非股权支付。母公司按冲减实收资本（包括资本公积，下同）处理，子公司按接受投资处理。股权架构的变化与图8-3相同。

③子转母。100%直接控制的母子公司之间，子公司向母公司按账面净值划转其持有的股权或资产，子公司没有获得任何股权或非股权支付。母公司按收回投资处理，或按接受投资处理，子公司按冲减实收资本处理。母公司应按被划转股权或资产的原计税基础，

相应调减持有子公司股权的计税基础。股权架构的变化如图8–4所示。

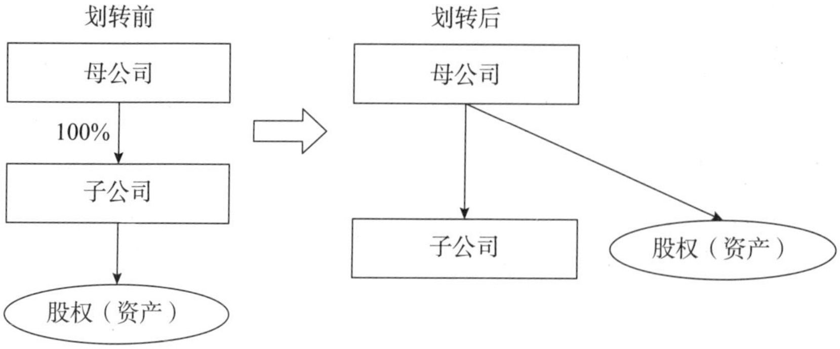

图8–4

④子转子。受同一或相同多家母公司100%直接控制的子公司之间，在母公司主导下，一家子公司向另一家子公司按账面净值划转其持有的股权或资产，划出方没有获得任何股权或非股权支付。划出方按冲减所有者权益处理，划入方按接受投资处理。股权架构的变化如图8–5（受同一母公司100%直接控制）或图8–6（受相同多家母公司100%直接控制）所示。

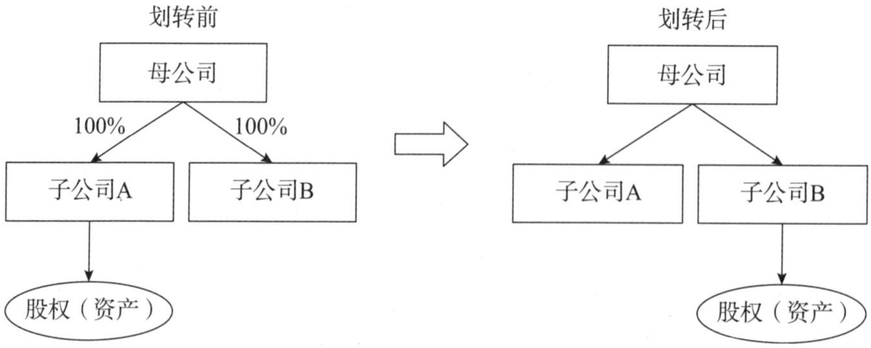

图8–5

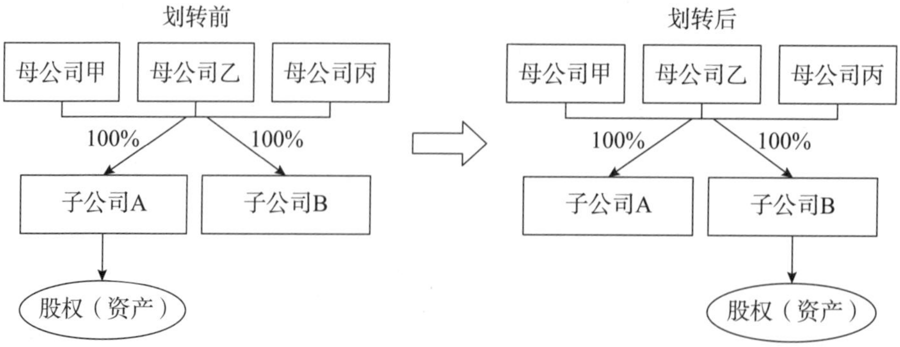

图8–6

（3）应报送的相关资料。交易双方应在企业所得税年度汇算清缴时，分别向各自主管税务机关报送《居民企业资产（股权）划转特殊性税务处理申报表》和相关资料（一式两份）。

相关资料包括：

①股权或资产划转总体情况说明，包括基本情况、划转方案等，并详细说明划转的商业目的；

②交易双方或多方签订的股权或资产划转合同（协议），需有权部门（包括内部和外部）批准的，应提供批准文件；

③被划转股权或资产账面净值和计税基础说明；

④交易双方按账面净值划转股权或资产的说明（需附会计处理资料）；

⑤交易双方均未在会计上确认损益的说明（需附会计处理资料）；

⑥12个月内不改变被划转股权或资产原来实质性经营活动的承诺书。

交易双方应在股权或资产划转完成后的下一年度的企业所得税年度申报时，各自向主管税务机关提交书面情况说明，以证明被划转股权或资产自划转完成日后连续12个月内，没有改变原来的实质性经营活动。

（4）12个月内改变原有实质性经营活动的处理。交易一方在股权或资产划转完成日后连续12个月内发生生产经营业务、公司性质、资产或股权结构等情况变化，致使股权或资产划转不再符合特殊性税务处理条件的，发生变化的交易一方应在情况发生变化的30日内报告其主管税务机关，同时书面通知另一方；另一方应在接到通知后30日内将有关变化报告其主管税务机关。

上述情况发生变化后60日内，原交易双方应按以下规定进行税务处理：

①母转子（有偿划转）。母公司应按原划转完成时股权或资产的公允价值视同销售处理，并按公允价值确认取得长期股权投资的计税基础；子公司按公允价值确认划入股权或资产的计税基础。

②母转子（无偿划转）。母公司应按原划转完成时股权或资产的公允价值视同销售处理；子公司按公允价值确认划入股权或资产的计税基础。

③子转母。子公司应按原划转完成时股权或资产的公允价值视同销售处理；母公司应按撤回或减少投资进行处理。

④子转子。划出方应按原划转完成时股权或资产的公允价值视同销售处理；母公司根据交易情形和会计处理对划出方按分回股息进行处理，或者按撤回或减少投资进行处理，对划入方按以股权或资产的公允价值进行投资处理；划入方按接受母公司投资处理，以公允价值确认划入股权或资产的计税基础。

交易双方应调整划转完成纳税年度的应纳税所得额及相应股权或资产的计税基础，向各自主管税务机关申请调整划转完成纳税年度的企业所得税年度申报表，依法计算缴纳企业所得税。

8.1.10.4　划转国有资本充实社保基金

2017年11月，《国务院关于印发划转部分国有资本充实社保基金实施方案的通知》（国发〔2017〕49号）下发，规定国有企业划转国有股权的10%充实社保基金，以弥补社保险基金缺口。在2019年的政府工作报告中，再次强调了划转部分国有资本充实社保基金。

国有股东划转国有股权，既无法适用特殊性税务处理，又不属于公益性股权捐赠，企业依照行政命令划转国有股权，对其征税既感到冤，又没有现金流，导致在税务稽查中发现此类问题，税企争议较大，不少案件悬而未决。

2019年9月，财政部、人力资源和社会保障部、国资委、国家税务总局、中国证监会下发《关于全面推开划转部分国有资本充实社保基金工作的通知》（财资〔2019〕49号），对划转国有资本充实社保基金的税务处理做出明确，其第五条第二十五款规定："国有股权划出方和划入方均不确认所得，不征收企业所得税，划入方取得已划入股权的企业所得税计税基础以划入股权的原计税基础确定"。

8.1.11 非货币性资产投资

非货币性资产投资适用政策为《财政部 国家税务总局关于非货币性资产投资企业所得税政策问题的通知》（财税〔2014〕116号）和《国家税务总局关于非货币性资产投资企业所得税有关征管问题的公告》（国家税务总局公告2015年第33号）。

（1）居民企业以非货币性资产对外投资确认的非货币性资产转让所得，可在不超过5年期限内，分期均匀计入相应年度的应纳税所得额，按规定计算缴纳企业所得税。

所称"不超过5年期限"，是指从确认非货币性资产转让收入年度起不超过连续5个纳税年度的期间。

（2）企业以非货币性资产对外投资，应对非货币性资产进行评估并按评估后的公允价值扣除计税基础后的余额，计算确认非货币性资产转让所得。

企业以非货币性资产对外投资，应于投资协议生效并办理股权登记手续时，确认非货币性资产转让收入的实现。关联企业之间发生的非货币性资产投资行为，投资协议生效后12个月内尚未完成股权变更登记手续的，于投资协议生效时，确认非货币性资产转让收入的实现。

（3）企业以非货币性资产对外投资而取得被投资企业的股权，应以非货币性资产的原计税成本为计税基础，加上每年确认的非货币性资产转让所得，逐年进行调整。

被投资企业取得非货币性资产的计税基础，应按非货币性资产的公允价值确定。

【例8-13】20×1年9月，甲公司以自产的一批货物对外投资成立乙公司，该批存货账面价值为800万元（与计税基础相同），公允价值为1 000万元。会计处理如下：

借：长期股权投资	11 300 000
贷：主营业务收入	10 000 000
应交税费——应交增值税（销项税额）	1 300 000
借：主营业务成本	8 000 000
贷：库存商品	8 000 000

税务处理：非货币性资产转让所得200万元可在不超过连续5个纳税年度的期间内，分期均匀计入相应年度的应纳税所得额，20×1年度会计确认非货币性资产转让所得200万元，税收上只确认：200/5=40（万元），调减160万元；20×2—20×5年每年调增40万元。

20×1年，甲公司持有的乙公司股权计税基础为800+40=840（万元），计税基础每年增加40万元。

乙公司取得该批货物的计税基础为1 000万元。

（4）企业在对外投资5年内转让上述股权或投资收回的，应停止执行递延纳税政策，并就递延期内尚未确认的非货币性资产转让所得，在转让股权或投资收回当年的企业所得税年度汇算清缴时，一次性计算缴纳企业所得税；企业在计算股权转让所得时，可按第3条第一款规定将股权的计税基础一次调整到位。

企业在对外投资5年内注销的，应停止执行递延纳税政策，并就递延期内尚未确认的非货币性资产转让所得，在注销当年的企业所得税年度汇算清缴时，一次性计算缴纳企业所得税。

（5）上述政策规定所称非货币性资产，是指现金、银行存款、应收账款、应收票据以及准备持有至到期的债券投资等货币性资产以外的资产。所称非货币性资产投资，限于以非货币性资产出资设立新的居民企业，或将非货币性资产注入现存的居民企业。

（6）符合财税〔2014〕116号文件规定的企业非货币性资产投资行为，同时又符合财税〔2009〕59号文件、财税〔2014〕109号文件等规定的特殊性税务处理条件的，可由企业选择其中一项政策执行，且一经选择，不得改变。

（7）企业应将股权投资合同或协议、对外投资的非货币性资产（明细）公允价值评估确认报告、非货币性资产（明细）计税基础的情况说明、被投资企业设立或变更的工商部门证明材料等资料留存备查，并单独准确核算税法与会计差异情况。

8.1.12　技术入股

8.1.12.1　递延纳税

技术成果投资入股（以下简称技术入股），是指纳税人将技术成果所有权让渡给被投资企业、取得该企业股票（权）的行为。技术成果是指专利技术（含国防专利）、计算机软件著作权、集成电路布图设计专有权、植物新品种权、生物医药新品种，以及科技部、财政部、国家税务总局确定的其他技术成果。

在旧政策下，企业技术入股属于非货币性资产投资，可以选择一次性纳税，也可以选择不超过5年分期均匀计入应纳税所得额，符合条件的，也可以适用特殊性税务处理。新政策《财政部 国家税务总局关于完善股权激励和技术入股有关所得税政策的通知》（财税〔2016〕101号）给出了第三种选择，其第三条第一款规定："企业或个人以技术成果投资入股到境内居民企业，被投资企业支付的对价全部为股票（权）的，企业或个人可选择继续按现行有关税收政策执行，也可选择适用递延纳税优惠政策。选择技术成果投资入股递延纳税政策的，经向主管税务机关备案，投资入股当期可暂不纳税，允许递延至转让股权时，按股权转让收入减去技术成果原值和合理税费后的差额计算缴纳所得税"。即投资入股当期可暂不纳税，允许递延至转让股权时再纳税。由于技术入股时并没有取得现金，却要缴纳大额税款，造成纳税困难，即使分5年缴纳也相当困难，因此，新政策允许递延至转让股权时再纳税，化解了执行难题。

此处须注意三点：一是技术成果所有权人为查账征收的居民企业，核定征收的居民企业不能享受递延纳税政策；二是技术入股的对象必须是境内居民企业，非境内居民企业不可以，如被认定为中国居民企业的境外注册中资控股企业，虽然也是居民企业，但不是境内居民企业，不能享受递延纳税政策；三是被投资企业支付的对价全部为股票（权），即使支付的对价99%都为股票（权），也不能享受递延纳税政策。

对于接受技术投资的被投资企业来说，财税〔2016〕101号文件第三条第二款规定："企业或个人选择适用上述任一项政策，均允许被投资企业按技术成果投资入股时的评估值入账并在企业所得税前摊销扣除"。

8.1.12.2 税务管理

《国家税务总局关于股权激励和技术入股所得税征管问题的公告》（国家税务总局公告2016年第62号）第二条第二款规定："企业适用递延纳税政策的，应在投资完成后首次预缴申报时，将相关内容填入《技术成果投资入股企业所得税递延纳税备案表》"；第三款规定："企业接受技术成果投资入股，技术成果评估值明显不合理的，主管税务机关有权进行调整"。

风险提示

1. 特殊性税务处理须符合相关条件。

企业适用特殊性税务处理须符合政策规定的条件，在符合财税〔2009〕59号文件第五条的基础上，还要符合各个重组单项的相关要求，尤其是政策规定的比例，必须符合。

2. 重组后连续12个月内不得转让所取得的股权。

特殊性税务处理要求重组中取得股权支付的原主要股东，在重组后连续12个月内不得转让所取得的股权。若企业在12个月内转让了所取得的股权，则不能适用特殊性税务处理。

3. 重组后连续12个月内不改变重组资产原来的实质性经营活动。

特殊性税务处理要求重组后连续12个月内不改变重组资产原来的实质性经营活动。若重组后12个月内重组资产的实质性经营活动发生了改变，则不能适用特殊性务处理。

4. 股权（资产）划转须符合相关条件。

企业间股权（资产）划转适用特殊性税务处理须符合政策规定的条件。如一些国资委主导下的划转，不符合特殊性税务处理条件，不能适用特殊性税务处理；爷孙公司之间的划转，也不能适用特殊性税务处理；母公司向子公司无偿划转股权或资产，母公司应按冲减实收资本处理，但实务中有的母公司冲减了盈余公积和未分配利润，不符合政策规定。

5. 注意股权（资产）划转的后续条件。

股权（资产）划转后，有两个"12个月内不能改变"：一是股权或资产划转后连续12个月内不能改变被划转股权（资产）原来实质性经营活动；二是交易一方在股权（资产）划转完成日后连续12个月内不能改变股权结构。前者很多人都关注到了，后者容易被忽视。

财税〔2014〕109号文件和国家税务总局公告2015年第40号只说了股权或资产划转后连续12个月内不改变被划转股权（资产）原来实质性经营活动，没有明确股权（资产）划转入方在12个月内能否转让该股权（资产）。实务中，若股权（资产）划转入方在12个月内转让了该股权（资产），则不能适用股权（资产）划转递延纳税政策，是税务机关的共识。理由主要有三：一是股权（资产）划转是特殊性税务处理的一部分，首先要遵循财税〔2009〕59号文件第五条的五个条件，其中之一即“企业重组中取得股权支付的原主要股东，在重组后连续12个月内，不得转让所取得的股权”；二是国家税务总局公告2015年第40号第七条规定：“交易一方在股权或资产划转完成日后连续12个月内发生生产经营业务、公司性质、资产或股权结构等情况变化，致使股权或资产划转不再符合特殊性税务处理条件的，发生变化的交易一方应在情况发生变化的30日内报告其主管税务机关，同时书面通知另一方。另一方应在接到通知后30日内将有关变化报告其主管税务机关”，说明作为交易一方的股权（资产）划转入方的股权结构在12个月内不能发生变化；三是有的税务机关将股权（资产）划转入方在12个月内将该股权（资产）再转让视为改变了被划转股权或资产原来实质性经营活动，案例如下。

案 例

2015年3月23日，W集团公司将旗下7家全资子公司的全部股权转让给甲集团全资子公司A公司，转让对价合计为27.10亿元。2016年10月11日，A公司与同一集团下的全资子公司B公司和全资子公司C公司签订《股权无偿划转协议》，将W集团公司旗下7家全资子公司全部股权无偿划转。仅两个月后，B公司和C公司又分别通过产权交易所挂牌这7家公司各90%的股权，最终由乙集团的M公司接手，支付对价合计为41.84亿元。

显然，A公司将7家股权划转给B公司和C公司两个月后，就将被划转股权作了转让，不符合“连续12个月内不改变被划转股权原来实质性经营活动”的规定。最终，税务机关否定了甲集团的税收筹划方案。

资料来源：合规：企业集团税收筹划的底线［N］. 中国税务报，2017-11-10（B5）.

另外，在股权（资产）划转的12个月内，划转方与被划转方股权（资产）结构发生变化，不再符合“两类架构、四种方式”要求，也不能适用特殊性税务处理。比如，在划转时双方是100%直接控制的母子公司，划转后12个月内不再是100%直接控制的母子公司，不符合特殊性税务处理条件。这是最容易被企业忽视的。

6. 注意股权收购发起方。

从前面的例8-4和例8-5可以看出，股权收购的发起方不同，取得股权的计税基础是不同的。另外，发起方的不同还可能导致适用特殊性税务处理的不同，如乙公司以其持有B公司40%股权收购甲公司持有A公司60%股权，可以适用特殊性税务处理，反之，甲公司以其持有A公司60%股权收购乙公司持有B公司40%股权，由于甲公司收购B公司的股权未超过50%，则不能适用特殊性处理。

7. 债务重组注意“债务人发生财务困难”和“作出让步”的税会差异。

在新修订的《企业会计准则第12号——债务重组》中，债务重组的定义不再强调“债务人发生财务困难”和“作出让步”，但财税〔2009〕59号文件中，仍然强调“债务人发生财务困难”和“作出让步”，即债务重组的前提是债务人发生财务困难，导致的结果是债权人作出让步。如果债权人未作出让步，则债权人的债权没有减少，债务人的债务也没有减少，债权人和债务人相互间的经济利益未发生改变，不涉及纳税所得的变化，不作为税收口径的债务重组。

如债务人以实物或股权抵债，其公允价值超过债务金额，超过部分债权人应计入当期应纳税所得额。

8. 注意债务重组所得与会计债务重组收益的差异。

债务重组适用特殊性税务处理的，其债务重组所得可以在5个纳税年度的期间内，均匀计入各年度的应纳税所得额。该债务重组所得不包括以非货币性资产清偿债务应确认的资产转让所得。以非货币性资产清偿债务应确认的资产转让所得，应一次性计入当期所得，计算缴纳企业所得税。

如在例8-1中，债务人甲公司会计上的债务重组收益为84.4万元，但税收上，债务重组所得64.4万元可以5年内分期纳税，转让存货所得20万元应在当期纳税，而不能将84.4万元都在5年内分期纳税。

9. 非货币性资产投资所得应在5年内均匀递延。

企业非货币性资产投资所得在不超过5年期限内分期均匀计入相应年度的应纳税所得额。此处需要注意与个人非货币性资产投资税务处理的差异。根据《财政部 国家税务总局关于个人非货币性资产投资有关个人所得税政策的通知》（财税〔2015〕41号）第三条"纳税人一次性缴税有困难的，可合理确定分期缴纳计划并报主管税务机关备案后，自发生上述应税行为之日起不超过5个公历年度内（含）分期缴纳个人所得税"的规定，个人所得税只要求5年内分期纳税，未要求分期均匀纳税，实务中，有个人前四年各缴纳1元钱，第五年再缴清剩余税款的情形。但企业所得税要求5年内分期均匀纳税，即每年缴纳1/5。

案 例

2013年11月，A公司以其自有的大厦及土地使用权出资设立C公司，占注册资本的30%，共产生评估增值46 000万元。A公司根据财税〔2014〕116号文件，于2014年度起的5个纳税年度内，每年均匀确认增值额的五分之一，即每年确认所得9 200万元。检查组认为，A公司收入确认时点有误。财税〔2014〕116号文件第二条第二款明确，企业以非货币性资产对外投资，应于投资协议生效并办理股权登记手续时，确认非货币性资产转让收入的实现。2013年度A公司投资协议已生效并办理了股权登记手续，依法设立C公司并完成了工商登记，故其非货币性资产转让所得实现应是2013年度而非2014年度。A公司应自2013年度起的5个纳税年度内，每年均匀确认所得9 200万元，A公司应调增2013年度应纳税所得额9 200万元，补缴税款2 300万元。

资料来源：股票股权一字之差涉税风险大为不同［N］.中国税务报，2017-11-17（B1）.

10. 注意区分非货币性资产交换与非货币性资产投资。

非货币性资产投资，限于以非货币性资产出资设立新的居民企业，或将非货币性资产注入现存的居民企业。即非货币性资产投资有两种方式，一是以非货币性资产出资设立新企业，二是将非货币性资产注入现存的居民企业，前者好理解，但后者容易与非货币性资产交换混淆。

情况一：甲公司以其持有的A公司30%股权交换乙公司持有的B公司40%股权；情况二：甲公司将其持有的A公司30%股权注入B公司。在这两种情况下，B公司股东变化是一致的（甲公司40%，乙公司30%），因此让人产生误解。股权架构如图8-7所示。

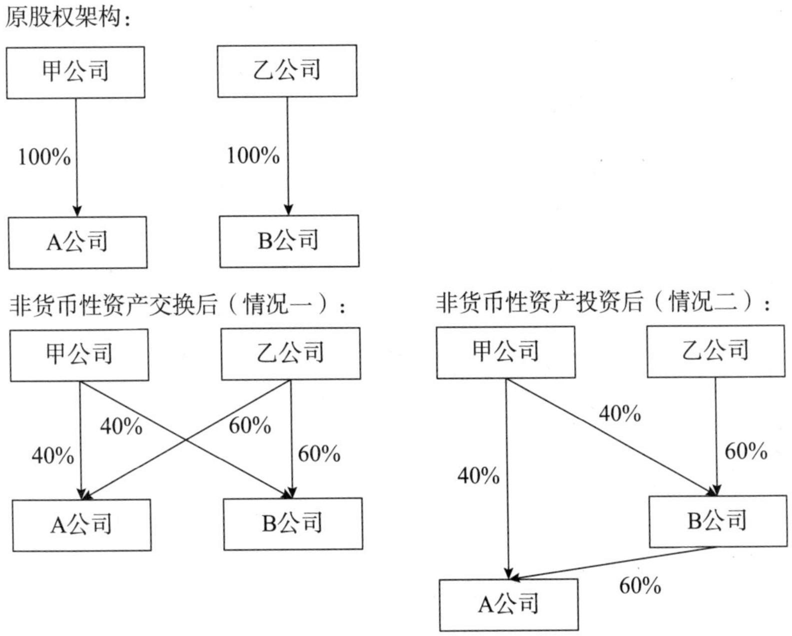

图8–7

从上图可以看出，无论非货币性资产投资还是非货币性资产交换，甲都失去了A公司60%股权、取得了B公司40%股权，而B公司股东变化是一致的（甲公司40%，乙公司60%），因此让人产生误解，但二者的股权架构明显不同。

非货币性资产投资中，被投资企业一般通过增资扩股的形式引入新股东，被投资企业的实收资本会发生变化，而非货币性资产交换中，被投资企业的实收资本不会发生变化。

情况一，甲公司持有的A公司30%股权没有注入B公司，交易完成后，B公司不持股A公司；情况二，甲公司将其持有的A公司30%股权注入B公司，交易完成后，B公司持股A公司。情况一为非货币性资产交换，一次性确认非货币性资产交换所得；情况二为非货币性资产投资，投资所得可以分5年均匀纳税。

11.分立企业原股东持股比例不变。

分立的特殊性税务处理条件之一是"被分立企业所有股东按原持股比例取得分立企业的股权"，即分立后，原股东持股比例不变。

此处需要注意与土地增值税和契税的差异。《财政部 税务总局关于继续实施企业改制重组有关土地增值税政策的公告》（财政部 税务总局公告2021年第21号）第三条规定："按照法律规定或者合同约定，企业分设为两个或两个以上与原企业投资主体相同的企业，对原企业将房地产转移、变更到分立后的企业，暂不征土地增值税。"第八条规定："本公告所称不改变原企业投资主体、投资主体相同，是指企业改制重组前后出资人不发生变动，出资人的出资比例可以发生变动；投资主体存续，是指原企业出资人必须存在于改制重组后的企业，出资人的出资比例可以发生变动。"《财政部 税务总局关于继续执行企业 事业单位改制重组有关契税政策的公告》（财政部 税务总局公告2021年第17号）第三条规定："两个或两个以上的公司，依照法律规定、合同约定，合并为一个公司，且原投资主体存续的，对合并后公司承受原合并各方土地、房屋权属，免征契税。”第十条规定：“本公告所称投资主体相同，是指公司分立前后出资人不发生变动，出资人的出资比例可以发生变动。”土地增值税和契税分立后原股东持股比例可以发生变化，但企业所得税分立后原股东持股比例不能发生变化。

12.注意关联企业确认非货币性资产转让收入实现的时点。

根据财税〔2014〕116号文件第二条第二款规定，“企业以非货币性资产对外投资，应于投资协议生效并办理股权登记手续时，确认非货币性资产转让收入的实现”。但关联企业之间发生非货币性资产投资行为，可能由于具有关联关系而不及时办理或不办理股权登记手续，以延迟确认或长期不确认非货币性资产转让收入，实际上延长了递延纳税期限，造成对此项政策的滥用。为防止此种情况发生，国家税务总局公告2015年第33号第二条规定：“关联企业之间发生的非货币性资产投资行为，投资协议生效后12个月内尚未完成股权变更登记手续的，于投资协议生效时，确认非货币性资产转让收入的实现”。即如果投资协议生效后12个月内仍未完成股权变更登记手续，则于投资协议生效时，确认非货币性资产转让收入的实现。

13.技术入股取得股权再投资不能继续享受递延纳税。

财税〔2016〕101号文件第四条第四款规定：“持有递延纳税的股权期间，因该股权产生的转增股本收入，以及以该递延纳税的股权再进行非货币性资产投资的，应在当期缴纳税款。”也就是说，优惠政策不能叠加享受，将递延纳税的股权再进行非货币性资产投资时，应在当期一次性纳税，而不能再享受5年分摊的政策。

争议

1.非货币性资产投资5年中转让部分股权的，是仅就转让部分停止递延，还是全部停止递延？

财税〔2014〕116号文件第四条规定，“企业在对外投资5年内转让上述股权或投资收回的，应停止执行递延纳税政策，并就递延期内尚未确认的非货币性资产转让所得，在转让股权或投资收回当年的企业所得税年度汇算清缴时，一次性计算缴纳企业所得税”。若企业在5年内转让部分股权，是仅就该股权对应的部分停止递延，缴纳企业所得税，还是所有股权都停止递延，缴纳企业所得税，存在争议。

观点一是部分转让部分停止递延。如《北京市税务局企业所得税实务操作政策指引（第一期）》解答：企业享受非货币资产投资递延纳税政策后，五年内将部分股权转让，“仅将转让股权部分对应的递延所得在转让股权当年的企业所得税年度汇算清缴时，一次性计算缴纳企业所得税。”

观点二是部分转让全部停止递延。如《天津市税务局2019年度企业所得税汇缴政策口径》第6个解答：“企业享受非货币性资产投资递延纳税政策后，五年内将部分股权转让，应停止执行递延纳税政策，并就递延期内尚未确认的非货币性资产转让所得，在转让股权当年的年度企业所得税汇算清缴时，一次性计算缴纳企业所得税。”

2.资产划转是否包括负债？

企业划转大多是资产、负债一并划转，财税〔2014〕109号文件中的“资产划转”是否包括负债？在很多上市公司公告中，都明示资产、负债一起划转，并进行了特殊性税务处理。

3.何为"不改变重组资产原来的实质性经营活动"?

财税〔2009〕59号文件规定特殊性税务处理的五个条件之一为"企业重组后的连续12个月内不改变重组资产原来的实质性经营活动"。那么,何为"不改变重组资产原来的实质性经营活动"?比如,重组资产原来是生产企业,重组后改为销售企业,应为改变了实质性经营;重组资产原来生产高污染产品,重组后改为生产环保产品,是否改变了重组资产原来的实质性经营活动?

4.股权收购的计税基础问题。

特殊性税务处理是一种递延纳税,即在重组收益在重组时不纳税,待再次转让时纳税。但是在股权收购中会产生问题。

如在例8–4中,股权收购后,A公司、B公司计税基础均为4 000万元,假设12个月后,甲公司、乙公司均以12 000万元的价格转让给第三方,则甲公司、乙公司股权转让所得均为12 000–4 000=8 000(万元)。对甲公司来说,其会计上的股权转让收益为12 000–10 000=2 000(万元),纳税调增6 000万元,而其在第一次转让时的收益仅为4 000万元,当时递延的应纳税所得额在此时需要再多确认应纳税所得额2 000万元。对乙公司来说,其会计上的股权转让收益为12 000–10 000=2 000(万元),纳税调增6 000万元,其在第一次转让时的收益正好是6 000万元,当时递延的应纳税所得额在此时得到实现。

又如在例8–5中,股权收购后,A公司、B公司计税基础均为6 000万元,假设12个月后,甲公司、乙公司均以12 000万元的价格转让给第三方。对甲公司来说,会计上的股权转让收益为2 000万元,纳税调增4 000万元,其在第一次转让时的收益正好是4 000万元,当时递延的应纳税所得额在此时得到实现。对乙公司来说,其公司会计上的股权转让收益为2 000万元,纳税调增4 000万元,而其在第一次转让时的收益为6 000万元,当时递延的应纳税所得额在此时未得到完全实现。

《上海市浦东新区国家税务局2010年度企业所得税汇算清缴答疑》解答:"根据财税〔2009〕59号文、国家税务总局公告2010年第4号的有关规定,收购方以其控股企业的股权作为支付对价,收购被收购企业股权(或资产),若符合特殊性税务处理条件且选择特殊性税务处理的,其收购的股权或资产的计税基础以换出股权的原计税基础确认。涉及补价的,应按财税〔2009〕59号文第六条第(六)款规定调整计算计税基础。"若收购的股权以换出股权的原计税基础确认,则不需要进行纳税调整。

8.2 政策性搬迁

8.2.1 定 义

企业政策性搬迁,是指由于社会公共利益的需要,企业在政府主导下进行整体搬迁或部分搬迁。适用政策为《国家税务总局关于发布〈企业政策性搬迁所得税管理办法〉的公告》(国家税务总局公告2012年第40号)和《国家税务总局关于企业政策性搬迁所得税有关问题的公告》(国家税务总局公告2013年第11号)。

企业由于下列需要之一,提供相关文件证明资料的,属于政策性搬迁:

（1）国防和外交的需要；

（2）由政府组织实施的能源、交通、水利等基础设施的需要；

（3）由政府组织实施的科技、教育、文化、卫生、体育、环境和资源保护、防灾减灾、文物保护、社会福利、市政公用等公共事业的需要；

（4）由政府组织实施的保障性安居工程建设的需要；

（5）由政府依照《中华人民共和国城乡规划法》有关规定组织实施的对危房集中、基础设施落后等地段进行旧城区改建的需要；

（6）法律、行政法规规定的其他公共利益的需要。

8.2.2 搬迁收入

企业的搬迁收入，包括搬迁过程中从本企业以外（包括政府或其他单位）取得的搬迁补偿收入，以及本企业搬迁资产处置收入等。

企业取得的搬迁补偿收入，是指企业由于搬迁取得的货币性和非货币性补偿收入。具体包括：

（1）对被征用资产价值的补偿；

（2）因搬迁、安置而给予的补偿；

（3）对停产停业形成的损失而给予的补偿；

（4）资产搬迁过程中遭到毁损而取得的保险赔款；

（5）其他补偿收入。

企业搬迁资产处置收入，是指企业由于搬迁而处置企业各类资产所取得的收入。企业由于搬迁处置存货而取得的收入，应按正常经营活动取得的收入进行所得税处理，不作为企业搬迁收入。

8.2.3 搬迁支出

企业的搬迁支出，包括搬迁费用支出以及由于搬迁所发生的企业资产处置支出。

搬迁费用支出，是指企业搬迁期间所发生的各项费用，包括安置职工实际发生的费用、停工期间支付给职工的工资及福利费、临时存放搬迁资产而发生的费用、各类资产搬迁安装费用以及其他与搬迁相关的费用。

资产处置支出，是指企业由于搬迁而处置各类资产所发生的支出，包括变卖及处置各类资产的净值、处置过程中所发生的税费等支出。企业由于搬迁而报废的资产，如无转让价值，其净值作为企业的资产处置支出。

8.2.4 搬迁资产

企业搬迁的资产，简单安装或不需要安装即可继续使用的，在该项资产重新投入使用后，就其净值按《企业所得税法》及其实施条例规定的该资产尚未折旧或摊销的年限，继续计提折旧或摊销。

企业搬迁的资产，需要进行大修理后才能重新使用的，应按该资产的净值，加上大修理过程所发生的支出，为该资产的计税成本。在该项资产重新投入使用后，按该资产尚可使用的年限，计提折旧或摊销。

企业搬迁中被征用的土地，采取土地置换的，换入土地的计税成本按被征用土地的净值，以及该换入土地投入使用前所发生的各项费用支出，为该换入土地的计税成本，在该换入土地投入使用后，按《企业所得税法》及其实施条例规定的年限摊销。

企业政策性搬迁被征用的资产，采取资产置换的，其换入资产的计税成本按被征用资产的净值，加上换入资产所支付的税费（涉及补价，还应加上补价款）计算确定。

企业搬迁期间新购置的各类资产，应按《企业所得税法》及其实施条例等有关规定，计算确定资产的计税成本及折旧或摊销年限。企业发生的购置资产支出，不得从搬迁收入中扣除。

8.2.5　搬迁所得

企业在搬迁期间发生的搬迁收入和搬迁支出，可以暂不计入当期应纳税所得额，而在完成搬迁的年度，对搬迁收入和支出进行汇总清算。

企业的搬迁收入，扣除搬迁支出后的余额，为企业的搬迁所得。企业应在搬迁完成年度，将搬迁所得计入当年度企业应纳税所得额计算纳税。

有下列情形之一的，为搬迁完成年度，企业应进行搬迁清算，计算搬迁所得：

（1）从搬迁开始，5年内（包括搬迁当年度）任何一年完成搬迁的。

（2）从搬迁开始，搬迁时间满5年（包括搬迁当年度）的年度。

企业搬迁收入扣除搬迁支出后为负数的，应为搬迁损失。搬迁损失可在下列方法中选择其一进行税务处理：

（1）在搬迁完成年度，一次性作为损失进行扣除。

（2）自搬迁完成年度起分3个年度，均匀在税前扣除。

上述方法由企业自行选择，但一经选定，不得改变。

企业同时符合下列条件的，视为已经完成搬迁：

（1）搬迁规划已基本完成；

（2）当年生产经营收入占规划搬迁前年度生产经营收入50%以上。

企业边搬迁、边生产的，搬迁年度应从实际开始搬迁的年度计算。

企业以前年度发生尚未弥补的亏损的，凡企业由于搬迁停止生产经营无所得的，从搬迁年度次年起，至搬迁完成年度前一年度止，可作为停止生产经营活动年度，从法定亏损结转弥补年限中减除；企业边搬迁、边生产的，其亏损结转年度应连续计算。

注　意

政策性搬迁中报废的资产，其净值作为企业的资产处置支出，不需要按照《国家税务总局关于印发〈企业资产损失所得税税前扣除管理办法〉的公告》（国家税务总局公告2011年第25号）的规定进行清单或专项申报；非政策性搬迁中报废的资产仍应按照该文件的规定进行清单或专项申报。

风险提示

1. 非政策性搬迁不适用该政策。

该政策仅限于企业政策性搬迁过程中涉及的所得税征收管理事项，不包括企业自行搬迁或商业性搬迁等非政策性搬迁的税务处理事项。

2. 搬迁收支应单独核算。

企业应按《政策性搬迁所得税管理办法》要求，就政策性搬迁过程中涉及的搬迁收入、搬迁支出、搬迁资产税务处理、搬迁所得等所得税征收管理事项，单独进行税务管理和核算。不能单独进行税务管理和核算的，应视为企业自行搬迁或商业性搬迁等非政策性搬迁进行所得税处理，不得执行该办法规定。各搬迁事项核算要准确。

案 例

A公司存在政策性搬迁业务，2016年度发生搬迁损失3 300万元，于当年申报时做了纳税调减。经审核，其符合政策性搬迁规定。

政策规定，企业搬迁期间新购置的各类资产，应按规定计算资产的计税成本及折旧或摊销年限。企业发生的新购置资产支出，不得从搬迁收入中扣除。A公司不能将重置资产发生的支出作为搬迁支出，从搬迁收入中扣除。因此，A公司将新购置资产发生的3.6亿元支出列入搬迁支出，据此计算搬迁所得或损失，不符合政策规定，应该在当年企业所得税申报时做纳税调增。

资料来源：只因政策性搬迁，所得税锐减正常吗？［N］. 中国税务报，2017-07-21（B5）.

8.3 境外税收抵免

8.3.1 基本规定

《企业所得税法》第三条规定："居民企业应当就其来源于中国境内、境外的所得缴纳企业所得税。"

第二十三条规定："企业取得的下列所得已在境外缴纳的所得税税额，可以从其当期应纳税额中抵免，抵免限额为该项所得依照本法规定计算的应纳税额；超过抵免限额的部分，可以在以后五个年度内，用每年度抵免限额抵免当年应抵税额后的余额进行抵补：

（一）居民企业来源于中国境外的应税所得；

（二）非居民企业在中国境内设立机构、场所，取得发生在中国境外但与该机构、场所有实际联系的应税所得。"

《企业所得税法实施条例》第七十七条规定："企业所得税法第二十三条所称已在境外缴纳的所得税税额，是指企业来源于中国境外的所得依照中国境外税收法律以及相关规定应当缴纳并已经实际缴纳的企业所得税性质的税款。"

第七十八条规定："企业所得税法第二十三条所称抵免限额，是指企业来源于中国境外的所得，依照企业所得税法和本条例的规定计算的应纳税额。除国务院财政、税务主管部门另有规定外，该抵免限额应当分国（地区）不分项计算，计算公式如下：

抵免限额＝中国境内、境外所得依照企业所得税法和本条例的规定计算的应纳税总额×来源于某国（地区）的应纳税所得额÷中国境内、境外应纳税所得总额”

第七十九条规定：“企业所得税法第二十三条所称5个年度，是指从企业取得的来源于中国境外的所得，已经在中国境外缴纳的企业所得税性质的税额超过抵免限额的当年的次年起连续5个纳税年度。”

《企业所得税法》第二十四条规定：“居民企业从其直接或者间接控制的外国企业分得的来源于中国境外的股息、红利等权益性投资收益，外国企业在境外实际缴纳的所得税税额中属于该项所得负担的部分，可以作为该居民企业的可抵免境外所得税税额，在本法第二十三条规定的抵免限额内抵免。”

《企业所得税法实施条例》第八十条规定：“企业所得税法第二十四条所称直接控制，是指居民企业直接持有外国企业20%以上股份。

企业所得税法第二十四条所称间接控制，是指居民企业以间接持股方式持有外国企业20%以上股份，具体认定办法由国务院财政、税务主管部门另行制定。”

第八十一条规定：“企业依照企业所得税法第二十三条、第二十四条的规定抵免企业所得税税额时，应当提供中国境外税务机关出具的税款所属年度的有关纳税凭证。”

境外税收抵免适用政策为《财政部 国家税务总局关于企业境外所得税收抵免有关问题的通知》（财税〔2009〕125号）、《国家税务总局关于发布〈企业境外所得税收抵免操作指南〉的公告》（国家税务总局公告2010年第1号）和《财政部 税务总局关于完善企业境外所得税收抵免政策问题的通知》（财税〔2017〕84号）。

8.3.2 分国不分项抵免

（1）居民企业以及非居民企业在中国境内设立的机构、场所（以下统称企业）依照《企业所得税法》第二十三条、第二十四条的有关规定，应在其应纳税额中抵免在境外缴纳的所得税额的，适用财税〔2009〕125号文件。

（2）企业应按照《企业所得税法》及其实施条例、税收协定以及财税〔2009〕125号文件的规定，准确计算下列当期与抵免境外所得税有关的项目后，确定当期实际可抵免分国（地区）别的境外所得税税额和抵免限额：

①境内所得的应纳税所得额（以下称境内应纳税所得额）和分国（地区）别的境外所得的应纳税所得额（以下称境外应纳税所得额）；

②分国（地区）别的可抵免境外所得税税额；

③分国（地区）别的境外所得税的抵免限额。

企业不能准确计算上述项目实际可抵免分国（地区）别的境外所得税税额的，在相应国家（地区）缴纳的税收均不得在该企业当期应纳税额中抵免，也不得结转以后年度抵免。

（3）企业应就其按照《企业所得税法实施条例》第七条规定确定的中国境外所得（境外税前所得），按以下规定计算《企业所得税法实施条例》第七十八条规定的境外应纳税所得额：

①居民企业在境外投资设立不具有独立纳税地位的分支机构，其来源于境外的所得，以境外收入总额扣除与取得境外收入有关的各项合理支出后的余额为应纳税所得额。各项收入、支出按《企业所得税法》及其实施条例的有关规定确定。

居民企业在境外设立不具有独立纳税地位的分支机构取得的各项境外所得，无论是否汇回中国境内，均应计入该企业所属纳税年度的境外应纳税所得额。

②居民企业应就其来源于境外的股息、红利等权益性投资收益，以及利息、租金、特许权使用费、转让财产等收入，扣除按照《企业所得税法》及其实施条例等规定计算的与取得该项收入有关的各项合理支出后的余额为应纳税所得额。来源于境外的股息、红利等权益性投资收益，应按被投资方做出利润分配决定的日期确认收入实现；来源于境外的利息、租金、特许权使用费、转让财产等收入，应按有关合同约定应付交易对价款的日期确认收入实现。

③非居民企业在境内设立机构、场所的，应就其发生在境外但与境内所设机构、场所有实际联系的各项应税所得，比照上述第②项的规定计算相应的应纳税所得额。

④在计算境外应纳税所得额时，企业为取得境内、境外所得而在境内、境外发生的共同支出，与取得境外应税所得有关的、合理的部分，应在境内、境外［分国（地区）别，下同］应税所得之间，按照合理比例进行分摊后扣除。

⑤在汇总计算境外应纳税所得额时，企业在境外同一国家（地区）设立不具有独立纳税地位的分支机构，按照《企业所得税法》及其实施条例的有关规定计算的亏损，不得抵减其境内或他国（地区）的应纳税所得额，但可以用同一国家（地区）其他项目或以后年度的所得按规定弥补。

（4）可抵免境外所得税税额，是指企业来源于中国境外的所得依照中国境外税收法律以及相关规定应当缴纳并已实际缴纳的企业所得税性质的税款。但不包括：

①按照境外所得税法律及相关规定属于错缴或错征的境外所得税税款；

②按照税收协定规定不应征收的境外所得税税款；

③因少缴或迟缴境外所得税而追加的利息、滞纳金或罚款；

④境外所得税纳税人或者其利害关系人从境外征税主体得到实际返还或补偿的境外所得税税款；

⑤按照《企业所得税法》及其实施条例规定，已经免征我国企业所得税的境外所得负担的境外所得税税款；

⑥按照国务院财政、税务主管部门有关规定已经从企业境外应纳税所得额中扣除的境外所得税税款。

（5）居民企业在按照《企业所得税法》第二十四条规定用境外所得间接负担的税额进行税收抵免时，其取得的境外投资收益实际间接负担的税额，是指根据直接或者间接持股方式合计持股20%以上（含20%，下同）的规定层级的外国企业股份，由此应分得的股息、红利等权益性投资收益中，从最低一层外国企业起逐层计算的属于由上一层企业负担的税额，其计算公式如下：

本层企业所纳税额属于由一家上一层企业负担的税额=（本层企业就利润和投资收益所实际缴纳的税额+符合财税〔2009〕125号文件规定的由本层企业间接负担的税额）×本层企业向一家上一层企业分配的股息（红利）÷本层企业所得税后利润额

（6）除国务院财政、税务主管部门另有规定外，按照《企业所得税法实施条例》第八十条规定由居民企业直接或者间接持有20%以上股份的外国企业，限于符合以下持股方式的三层外国企业：

第一层：单一居民企业直接持有20%以上股份的外国企业；

第二层：单一第一层外国企业直接持有20%以上股份，且由单一居民企业直接持有或通过一个或多个符合此规定持股条件的外国企业间接持有总和达到20%以上股份的外国企业；

第三层：单一第二层外国企业直接持有20%以上股份，且由单一居民企业直接持有或通过一个或多个符合此规定持股条件的外国企业间接持有总和达到20%以上股份的外国企业。

（7）居民企业从与我国政府订立税收协定（或安排）的国家（地区）取得的所得，按照该国（地区）税收法律享受了免税或减税待遇，且该免税或减税的数额按照税收协定规定应视同已缴税额在中国的应纳税额中抵免的，该免税或减税数额可作为企业实际缴纳的境外所得税额用于办理税收抵免。

（8）企业应按照《企业所得税法》及其实施条例和财税〔2009〕125号文件的有关规定分国（地区）别计算境外税额的抵免限额。

某国（地区）所得税抵免限额＝中国境内、境外所得依照企业所得税法及实施条例的规定计算的应纳税总额×来源于某国（地区）的应纳税所得额÷中国境内、境外应纳税所得总额

据以计算上述公式中“中国境内、境外所得依照企业所得税法及实施条例的规定计算的应纳税总额”的税率，除国务院财政、税务主管部门另有规定外，应为《企业所得税法》第四条第一款规定的税率。

企业按照《企业所得税法》及其实施条例和财税〔2009〕125号文件的有关规定计算的当期境内、境外应纳税所得总额小于零的，应以零计算当期境内、境外应纳税所得总额，其当期境外所得税的抵免限额也为零。

（9）在计算实际应抵免的境外已缴纳和间接负担的所得税税额时，企业在境外一国（地区）当年缴纳和间接负担的符合规定的所得税税额低于所计算的该国（地区）抵免限额的，应以该项税额作为境外所得税抵免额从企业应纳税总额中据实抵免；超过抵免限额的，当年应以抵免限额作为境外所得税抵免额进行抵免，超过抵免限额的余额允许从次年起在连续五个纳税年度内，用每年度抵免限额抵免当年应抵税额后的余额进行抵补。

（10）属于下列情形的，经企业申请，主管税务机关核准，可以采取简易办法对境外所得已纳税额计算抵免：

①企业从境外取得营业利润所得以及符合境外税额间接抵免条件的股息所得，虽有所得来源国（地区）政府机关核发的具有纳税性质的凭证或证明，但因客观原因无法真实、准确地确认应当缴纳并已经实际缴纳的境外所得税税额的，除就该所得直接缴纳及间接负担的税额在所得来源国（地区）的实际有效税率低于《企业所得税法》第四条第一款规定税率50%以上的外，可按境外应纳税所得额的12.5%作为抵免限额，企业按该国（地区）税务机关或政府机关核发具有纳税性质凭证或证明的金额，其不超过抵免限额的部分，准予抵免；超过的部分不得抵免。

属于此规定以外的股息、利息、租金、特许权使用费、转让财产等投资性所得，均应按财税〔2009〕125号文件的其他规定计算境外税额抵免。

②企业从境外取得营业利润所得以及符合境外税额间接抵免条件的股息所得，凡就该所得缴纳及间接负担的税额在所得来源国（地区）的法定税率且其实际有效税率明显高于我国的，可直接以按本通知规定计算的境外应纳税所得额和《企业所得税法》规定的税率计算的抵免限额作为可抵免的已在境外实际缴纳的企业所得税税额。

属于此规定以外的股息、利息、租金、特许权使用费、转让财产等投资性所得，均应按本通知的其他规定计算境外税额抵免。

（11）企业在境外投资设立不具有独立纳税地位的分支机构，其计算生产、经营所得的纳税年度与我国规定的纳税年度不一致的，与我国纳税年度当年度相对应的境外纳税年度，应为在我国有关纳税年度中任何一日结束的境外纳税年度。

企业取得上述以外的境外所得实际缴纳或间接负担的境外所得税，应在该项境外所得实现日所在的我国对应纳税年度的应纳税额中计算抵免。

（12）企业抵免境外所得税额后实际应纳所得税额的计算公式为：

企业实际应纳所得税额=企业境内外所得应纳税总额－企业所得税减免、抵免优惠税额－境外所得税抵免额

（13）财税〔2009〕125号文件所称不具有独立纳税地位，是指根据企业设立地法律不具有独立法人地位或者按照税收协定规定不认定为对方国家（地区）的税收居民。

（14）企业取得来源于中国香港、澳门、台湾地区的应税所得，参照财税〔2009〕125号文件执行。

（15）中华人民共和国政府同外国政府订立的有关税收的协定与财税〔2009〕125号文件有不同规定的，依照协定的规定办理。

8.3.3 不分国不分项和五层抵免

为鼓励我国企业“走出去”，《财政部 国家税务总局关于完善企业境外所得税收抵免政策问题的通知》（财税〔2017〕84号）对境外税收抵免做出重大规定，将分国不分项扩大为不分国不分项，将三层抵免扩大为五层抵免。

8.3.3.1 不分国不分项

自2017年1月1日起，企业可以选择按国（地区）别分别计算［即“分国（地区）不分项”］，或者不按国（地区）别汇总计算［即“不分国（地区）不分项”］其来源于境外的应纳税所得额，并按照财税〔2009〕125号文件第八条规定的税率，分别计算其可抵免境外所得税税额和抵免限额。上述方式一经选择，5年内不得改变。

企业选择采用不同于以前年度的方式（以下简称新方式）计算可抵免境外所得税税额和抵免限额时，对该企业以前年度按照财税〔2009〕125号文件规定没有抵免完的余额，可在税法规定结转的剩余年限内，按新方式计算的抵免限额继续结转抵免。

8.3.3.2 五层抵免

企业在境外取得的股息所得，在按规定计算该企业境外股息所得的可抵免所得税额和抵免限额时，由该企业直接或者间接持有20%以上股份的外国企业，限于按照财税〔2009〕125号文件第六条规定的持股方式确定的五层外国企业，即：

第一层：企业直接持有20%以上股份的外国企业；

第二层至第五层：单一上一层外国企业直接持有20%以上股份，且由该企业直接持有或通过一个或多个符合财税〔2009〕125号文件第六条规定持股方式的外国企业间接持有总和达到20%以上股份的外国企业。

【例8–14】居民企业A在甲国设有分支机构B和子公司C，在乙国设有分支机构D。20×1年，居民企业A境内所得的应纳税所得额为300万元；设在甲国的分支机构B当年度应纳税所得额为200万元，在甲国缴纳企业所得税20万元，子公司C当年度分配给居民企业A的股息为100万元，该股息实际负担的所得税10万元；设在乙国的分支机构D当年度应纳税所得额为200万元，在乙国缴纳企业所得税60万元，以前年度结转抵免额为15万元（尚在结转抵免五年有效期内）。

（1）假设20×1年采用分国不分项方法计算。

①甲国：

甲国可抵免境外所得税税额=20+10=30（万元）

甲国所得抵免限额=（300+200+100+200）×25%×（200+100）÷（300+200+100+200）=75（万元）

甲国当年可实际抵免税额=30万元

②乙国：

乙国可抵免境外所得税税额=60万元

乙国所得抵免限额=（300+200+100+200）×25%×200÷（300+200+100+200）=50（万元）

乙国当年可实际抵免税额=50万元

③居民企业：

居民企业A当年可实际抵免税额=30+50=80（万元），还有25万元税额（居民企业A在乙国20×1年度尚未抵免的税额10万元，以前年度结转抵免的税额15万元）结转以后年度用乙国的可抵免境外所得税税额抵免。

（2）假设20×1年选择采用综合抵免方法计算。

甲乙两国合并计算可抵免境外所得税税额=20+10+60=90（万元）

甲乙两国合并计算境外所得抵免限额=（300+200+100+200）×25%×（200+100+200）÷（300+200+100+200）=125（万元）

当年可实际抵免税额=90万元

可抵免以前年度结转税额为15万元。

居民企业A当年境外所得抵免税额合计金额为105万元（90+15）。

8.3.4 其 他

财税〔2009〕125号文件第四条规定："可抵免境外所得税税额，是指企业来源于中国境外的所得依照中国境外税收法律以及相关规定应当缴纳并已实际缴纳的企业所得税性质的税款。"

国家税务总局公告2010年第1号第十五项第二点规定："缴纳的属于企业所得税性质的税额，而不拘泥于名称。在不同的国家，对于企业所得税的称呼有着不同的表述，如法人所得税、公司所得税等。判定是否属于企业所得税性质的税额，主要看其是否是针对企业净所得征收的税额。"

有些国家并不叫企业所得税，但也属于企业所得税性质。如哈萨克斯坦针对签订地下使用合同的企业的所得，除征收企业所得税外，还征收超额利润税。该超额利润税是针对签订地下使用合同的企业的所得征收的税种，因此，《国家税务总局关于哈萨克斯坦超额利润税税收抵免有关问题的公告》（国家税务总局公告2019年第1号）规定："企业在哈萨克斯坦缴纳的超额利润税，属于企业在境外缴纳的企业所得税性质的税款，依据企业所得税法及其实施条例、财税〔2009〕125号文件、国家税务总局公告2010年第1号和财税〔2017〕84号文件等有关规定，应纳入可抵免境外所得税税额范围，计算境外税收抵免"。

注 意

1. 不分国不分项。

自2008年以来，境外抵免一直遵循"分国不分项"原则，但2017年1月1日起，企业可以选择分国不分项，也可以选择不分国不分项。实行不分国不分项，对同时在多个国家投资的企业可以统一计算抵免限额，有利于平衡境外不同国家（地区）间的税负，增加企业可抵免税额，有效降低企业境外所得总体税收负担。但抵免方式一经选择，5年内不得改变。

2. 五层抵免。

财税〔2009〕125号文件只规定了三层抵免，财税〔2017〕84号文件将其扩大为五层。抵免层级越多，消除重复征税就越彻底，但抵免层级增多后，企业计算更为复杂，应提高核算水平。

3. 高新技术企业特殊政策。

在境外税收抵免时，高新技术企业可以按照15%税率计算境内外应纳税总额。《财政部 国家税务总局关于高新技术企业境外所得适用税率及税收抵免问题的通知》（财税〔2011〕47号）第一条规定："以境内、境外全部生产经营活动有关的研究开发费用总额、总收入、销售收入总额、高新技术产品（服务）收入等指标申请并经认定的高新技术企业，其来源于境外的所得可以享受高新技术企业所得税优惠政策，即对其来源于境外所得可以按照15%的优惠税率缴纳企业所得税，在计算境外抵免限额时，可按照15%的优惠税率计算境内外应纳税总额。"

风险提示

1. 境内盈利不能弥补境外亏损。

《企业所得税法》第十七条规定："企业在汇总计算缴纳企业所得税时，其境外营业机构的亏损不得抵减境内营业机构的盈利。"反之可以。

2. 抵免税率为我国法定税率。

"中国境内、境外所得依照企业所得税法及实施条例的规定计算的应纳税总额"的税率，除高新技术企业外，为我国法定税率25%。即使企业境内所得按税收法规规定享受企业所得税优惠，在进行境外所得税额抵免限额计算中的中国境内外所得应纳税总额所适用的税率也应为25%。

3. 抵免税额计算要准确。

境外税收抵免的计算是企业所得税的难点，企业应按照相关政策准确计算抵免税额。

案　例

某建筑安装工程居民企业甲公司2015年在A国设立了非独立核算的乙分公司，承包A国某水泥企业的建筑工程。2016年，甲公司取得来自乙分公司所得56万元，乙分公司在A国已缴纳所得税24万元（适用税率30%）。甲公司当年在国内经营取得的应纳税所得额为90万元，已预缴企业所得税20万元。2015年度汇算清缴申报表反映：甲公司当年共取得境内外应纳税所得额146万元（境内90万元，境外56万元），计算应缴纳企业所得税36.5万元，减抵免境外已缴纳所得税24万元，减境内已预缴企业所得税20万元，汇算清缴应退还企业所得税7.5万元。

税务人员对照境外所得税收抵免有关政策法规，认为甲公司申报存在两个问题：

1. 甲公司少申报境外应纳税所得额。

财税〔2009〕125号文件第三条第一款和国家税务总局公告2010年第1号规定，企业应就其按照实施条例第七条规定确定的中国境外所得（境外税前所得），在计算适用境外税额直接抵免的应纳税所得额时，应将该项境外所得直接缴纳的境外所得税额还原计算后的境外税前所得。也就是说，企业取得的境外所得应包括在境外已按规定实际缴纳的所得税额，即境外税前应纳税所得额。因此，甲公司境外所得额应调整为：56÷（1−30%）=80（万元），企业少申报应纳税所得额24万元（80−56）。

2. 甲公司多申报境外所得税抵免税额。

根据税法规定的计算公式，抵免限额为20万元（80×25%），企业当年多申报抵免税额为4万元（24−20）。

甲公司2015年实际应纳税所得额为170万元（90+80）；境外已缴纳所得税可抵免限额为20万元；实际应缴纳所得税为22.5万元（170×25%−20）；汇算清缴应补缴企业所得税为2.5万元（22.5−20）。

资料来源：境外所得税收抵免：操作细节需关注［N］. 中国税务报，2017-03-17（B6）.

4. 能够税收抵免的是企业所得税性质税款。

财税〔2009〕125号文件第四条规定："可抵免境外所得税税额，是指企业来源于中国境外的所得依照中国境外税收法律以及相关规定应当缴纳并已实际缴纳的企业所得税性质的税款。”企业缴纳的非企业所得税性质税款不能抵免。

5.无税收协定（或安排）规定，税收饶让不能抵免。

税收饶让，是指居民企业在国外得到的减免税优惠，在国内视同已经缴纳，同样给予税收抵免待遇，不再按照国内税法规定的税率予以补征。

我国企业所得税法目前尚未单方面规定税收饶让抵免，但我国与有关国家签订的税收协定规定有税收饶让抵免安排。居民企业从与我国订立税收协定（或安排）的对方国家取得所得，并按该国税收法律享受了免税或减税待遇，且该所得已享受的免税或减税数额按照税收协定（或安排）规定应视同已缴税额在我国应纳税额中抵免的，可在其申报境外所得税额时视为已缴税额。

因此，除非税收协定（或安排）规定有税收饶让抵免安排，否则不能适用税收饶让。

6.应取得与境外所得相关的完税证明或纳税凭证。

国家税务总局公告2010年第1号规定，企业申报抵免境外所得税收时应向其主管税务机关提交如下书面资料：与境外所得相关的完税证明或纳税凭证（原件或复印件）。因此，企业未取得与境外所得相关的完税证明或纳税凭证，不能进行税收抵免。

案　例

问题一：境外获取免税待遇，境内违规申报抵免

检查组经查发现，甲公司在2015—2017年期间为非洲某国某炼油厂承揽扩建项目（以下简称“扩建项目”）。根据合同规定，自合同生效之日至扩建系统完工、试运行并移交扩建项目期间，免除为扩建项目工作的外国承包商的企业所得税。甲公司办理2015—2017年的汇算清缴时，认为其在境外所在国获取了免税，在中国境内依然可以适用，就将非洲某国政府给予的免税优惠视同已缴企业所得税进行了申报并抵免，分别抵免所得税167万余元、1万余元、182万余元，合计抵免所得税350万余元。

然而，在非洲某国与我国签订的税收协定中并未设置税收饶让条款，甲公司对有关税收抵免的处理无政策依据。

问题二：境外扣缴企业所得税，无凭据境内申报抵免

甲公司2014—2016年在中亚某国承包油气安装工程业务，属于非侨民企业。根据该国税法规定，非侨民企业要按照其在该国境内取得收入的20%缴纳非侨民所得税。甲公司办理2014—2016年汇算清缴时，在未提供所得来源地政府机关核发的具有纳税性质的凭证或证明的情况下，将在该国的有关纳税视同已缴纳企业所得税进行了申报并抵免，分别抵免所得税291万余元、290万余元、369万余元，合计抵免所得税951万余元。

完税证明是企业境外经营所得申报税收抵免的重要凭据，未按规定提交相关完税凭证就申报税收抵免，显然是错误处理。

甲公司依照有关规定补缴税款1 300余万元、滞纳金800余万元。

资料来源：违规抵免境外税收　企业付出高昂“学费”［N］.中国税务报，2020-10-20（B1）.

8.4　关联交易

8.4.1　关联方

《企业所得税法实施条例》第一百零九条规定："企业所得税法第四十一条所称关联方，是指与企业有下列关联关系之一的企业、其他组织或者个人：（一）在资金、经营、购销等方面存在直接或者间接的控制关系；（二）直接或者间接地同为第三者控制；（三）在利益上具有相关联的其他关系。"

《国家税务总局关于完善关联申报和同期资料管理有关事项的公告》（国家税务总局公告2016年第42号）第二条规定："企业与其他企业、组织或者个人具有下列关系之一的，构成本公告所称关联关系：

（1）一方直接或者间接持有另一方的股份总和达到25%以上；双方直接或者间接同为第三方所持有的股份达到25%以上。

如果一方通过中间方对另一方间接持有股份，只要其对中间方持股比例达到25%以上，则其对另一方的持股比例按照中间方对另一方的持股比例计算。

两个以上具有夫妻、直系血亲、兄弟姐妹以及其他抚养、赡养关系的自然人共同持股同一企业，在判定关联关系时持股比例合并计算。

（2）双方存在持股关系或者同为第三方持股，虽持股比例未达到本条第（1）项规定，但双方之间借贷资金总额占任一方实收资本比例达到50%以上，或者一方全部借贷资金总额的10%以上由另一方担保（与独立金融机构之间的借贷或者担保除外）。

借贷资金总额占实收资本比例=年度加权平均借贷资金/年度加权平均实收资本

其中：

年度加权平均借贷资金=i笔借入或者贷出资金账面金额×i笔借入或者贷出资金年度实际占用天数/365

年度加权平均实收资本=i笔实收资本账面金额×i笔实收资本年度实际占用天数/365

（3）双方存在持股关系或者同为第三方持股，虽持股比例未达到本条第（一）项规定，但一方的生产经营活动必须由另一方提供专利权、非专利技术、商标权、著作权等特许权才能正常进行。

（4）双方存在持股关系或者同为第三方持股，虽持股比例未达到本条第（1）项规定，但一方的购买、销售、接受劳务、提供劳务等经营活动由另一方控制。

上述控制是指一方有权决定另一方的财务和经营政策，并能据以从另一方的经营活动中获取利益。

（5）一方半数以上董事或者半数以上高级管理人员（包括上市公司董事会秘书、经理、副经理、财务负责人和公司章程规定的其他人员）由另一方任命或者委派，或者同时担任另一方的董事或者高级管理人员；或者双方各自半数以上董事或者半数以上高级管理人员同为第三方任命或者委派。

（6）具有夫妻、直系血亲、兄弟姐妹以及其他抚养、赡养关系的两个自然人分别与双方具有本条第（1）至（5）项关系之一。

（7）双方在实质上具有其他共同利益。

除本条第（2）项规定外，上述关联关系年度内发生变化的，关联关系按照实际存续期间认定。”

8.4.2 特别纳税调整

《企业所得税法》第四十一条规定：“企业与其关联方之间的业务往来，不符合独立交易原则而减少企业或者其关联方应纳税收入或者所得额的，税务机关有权按照合理方法调整。”

《企业所得税法实施条例》第一百一十条规定：“企业所得税法第四十一条所称独立交易原则，是指没有关联关系的交易各方，按照公平成交价格和营业常规进行业务往来遵循的原则。”

很多企业认为境内关联交易不需要调整。《国家税务总局关于发布〈特别纳税调查调整及相互协商程序管理办法〉的公告》（国家税务总局公告2017年第6号）第三十八条规定：“实际税负相同的境内关联方之间的交易，只要该交易没有直接或者间接导致国家总体税收收入的减少，原则上不作特别纳税调整。”若境内关联企业之间实际税负不同，则税务机关可以进行特别纳税调整。

风险提示

1. 关联交易明显不合理。

企业销售给关联企业的产品（服务）价格不应明显偏高或偏低，偏高将造成关联方成本增加，偏低则将造成企业收入降低。

案　例

M公司是K公司设立的全资子公司，按照集团安排，M公司主要承担生产基地职能，负责原材料采购、整机与零配件的组装生产；K公司则主要承担研发、设计、销售和资金调配等职能。税务人员发现，M公司仅有K公司一家客户，多年来毛利率维持在5%~6%，导致企业整体税负较低。K公司为高新技术企业，享受15%税率，且整机再销售业务的毛利率高达70%以上。而M公司不享受任何优惠，适用25%税率，K公司与M公司存在税负差。税务机关进一步调查后，确认M公司向K公司销售整机定价偏低，应按照独立交易原则，对M公司的收入进行调整。

资料来源：集团企业：境内关联交易也有涉税风险［N］. 中国税务报，2021-09-17（B3）.

2. 关联企业之间费用分摊不合理。

很多关联企业实际上是“一套人马，两块牌子”，费用如何在两家企业间分摊就成了问题，企业通过“筹划”，在某一家企业多分摊，造成整体税负下降。

案　例

A、B两家企业本为一家，同一个地址，同一套人马，是典型的“一套人马，两块牌子”。2004年，A企业拿出一个车间注册B企业，主要是为了享受“两免三减半”优惠政策。两个企业的管理、销售和研发人员共用。检查组发现，两个企业在销售收入相近的情况下，A企业列支的期间费用是B企业的两三倍，收入与费用严重不匹配。最终，A企业有关方面承认，A、B两家企业共用的管理、销售和研发人员费用，全部被列入A企业的期间费用，B企业仅以支付给A企业服务费的形式列支了少量期间费用，从而实现“通过高税率企业多列支费用、低税率企业少列支费用方式，转移利润，从而少缴税款”的目的。最终，补缴增值税216.51万元、企业所得税285.83万元，加收滞纳金64万余元。

资料来源：“筹划”失当　两关联企业补税500万元［N］.中国税务报，2015-03-25（B7）.

3.不可利用低税率地区转移利润。

国家为支持区域经济发展，给予一些地区低税率优惠。部分企业在低税率地区成立关联企业，通过关联交易转移利润，减少纳税。

案　例

L公司通过关联交易的方式，将其大部分收入和利润转移至位于西部地区的“空壳”子公司，以达到少缴税款的目的。根据征管法规定，税务部门将“空壳”子公司2015-2017年的合计收入约6.6亿元调整至L公司，L公司需要补缴税款5 200多万元。

资料来源：关联交易形式多　税务风险别放过［N］.中国税务报，2021-08-20（B4）.

第9章

源泉扣缴

Enterprise Income Tax

Practice and Risk

Prevention and Control

TAXING

9.1 非居民企业

9.1.1 概　念

《企业所得税法》第二条第三款规定："本法所称非居民企业，是指依照外国（地区）法律成立且实际管理机构不在中国境内，但在中国境内设立机构、场所的，或者在中国境内未设立机构、场所，但有来源于中国境内所得的企业。"

《企业所得税法实施条例》第四条规定："企业所得税法第二条所称实际管理机构，是指对企业的生产经营、人员、账务、财产等实施实质性全面管理和控制的机构。"

第五条规定："企业所得税法第二条第三款所称机构、场所，是指在中国境内从事生产经营活动的机构、场所，包括：

（一）管理机构、营业机构、办事机构；

（二）工厂、农场、开采自然资源的场所；

（三）提供劳务的场所；

（四）从事建筑、安装、装配、修理、勘探等工程作业的场所；

（五）其他从事生产经营活动的机构、场所。

非居民企业委托营业代理人在中国境内从事生产经营活动的，包括委托单位或者个人经常代其签订合同，或者储存、交付货物等，该营业代理人视为非居民企业在中国境内设立的机构、场所。"

第八条规定："企业所得税法第三条所称实际联系，是指非居民企业在中国境内设立的机构、场所拥有据以取得所得的股权、债权，以及拥有、管理、控制据以取得所得的财产等。"

9.1.2 在中国境内设立机构的非居民企业所得

《企业所得税法》第三条第二款规定："非居民企业在中国境内设立机构、场所的，应当就其所设机构、场所取得的来源于中国境内的所得，以及发生在中国境外但与其所设机构、场所有实际联系的所得，缴纳企业所得税。"

此种非居民企业应纳税额的计算与居民企业相同，在实务中多为外国企业常驻代表机构、非居民外资银行等。

9.1.3 在中国境内未设立机构的非居民企业所得

《企业所得税法》第三条第三款规定："非居民企业在中国境内未设立机构、场所的，或者虽设立机构、场所但取得的所得与其所设机构、场所没有实际联系的，应当就其来源于中国境内的所得缴纳企业所得税。"

《企业所得税法》第三条第三款规定的税收被称为预提所得税，简称预提税，是源泉扣缴的主要组成部分。

关于预提税税率，《企业所得税法》第四条第二款规定："非居民企业取得本法第三条第三款规定的所得，适用税率为20%"。该法第二十七条规定："企业的下列所得，可以免征、减征企业所得税：……（五）本法第三条第三款规定的所得。"《企业所得税法实施条例》第九十一条规定："非居民企业取得企业所得税法第二十七条第（五）项规定的所得，减按10%的税率征收企业所得税。"

预提税税率一般为10%，税收协定另有规定的，依据税收协定。

9.2 预提所得税

9.2.1 预提税的计算

9.2.1.1 一般规定

《企业所得税法》第十九条规定："非居民企业取得本法第三条第三款规定的所得，按照下列方法计算其应纳税所得额：

（一）股息、红利等权益性投资收益和利息、租金、特许权使用费所得，以收入全额为应纳税所得额；

（二）转让财产所得，以收入全额减除财产净值后的余额为应纳税所得额；

（三）其他所得，参照前两项规定的方法计算应纳税所得额。"

《企业所得税法实施条例》第一百零三条规定："依照企业所得税法对非居民企业应当缴纳的企业所得税实行源泉扣缴的，应当依照企业所得税法第十九条的规定计算应纳税所得额。企业所得税法第十九条所称收入全额，是指非居民企业向支付人收取的全部价款和价外费用。"

《财政部 国家税务总局关于非居民企业征收企业所得税有关问题的通知》（财税〔2008〕130号）规定："根据《中华人民共和国企业所得税法》第十九条及《中华人民共和国企业所得税实施条例》第一百零三条规定，在对非居民企业取得《中华人民共和国企业所得税法》第三条第三款规定的所得计算征收企业所得税时，不得扣除上述条款规定以外的其他税费支出。"

《企业所得税法》实施前，扣缴预提税可以扣除营业税；《企业所得税法》实施后，扣缴预提税不得扣除任何税费，以收入全额为应纳税所得额。

若居民企业支付的为含税金额，直接乘以税率；若为不含税金额，先换算为含税金额，再乘以税率。

【例9-1】境内甲公司与A非居民企业签订特许权使用费协议，协议金额100万元，增值税税率6%，预提税税率10%，城市维护建设税税率、教育费附加征收率、地方教育费附加征收率合计12%。

情形一：居民企业负担所有税费。

由于甲公司承担预提税、增值税及附加等所有税费，因此应先将不含税金额换算为含税金额。

含税金额=100÷（1−10%−6%×12%）=112（万元）

甲公司代扣代缴所得税11.2万元（112×10%），增值税6.72万元（112×6%），附加税费0.81万元（6.72×12%）。

情形二：居民企业负担增值税及附加。

上述其他条件不变，但双方约定预提税由A公司承担，其余税费由甲公司承担。该种情况下，协议金额100万元为不含增值税及附加税的金额，因此甲公司需将附加税部分予以还原。

含税金额=100÷（1–6%×12%）=100.73（万元）

甲公司需代扣代缴所得税10.07万元（100.73×10%），增值税6.04万元（100.73×6%），附加税费0.72万元（6.04×12%）。

情形三：居民企业负担预提税及增值税附加。

上述其他条件不变，但双方约定增值税由A公司承担，其余税费由甲公司承担。该种情况下，协议金额100万元为不含预提税及增值税附加的金额，且由于增值税为价外税，因此甲公司在计算时除了需要还原预提税及增值税附加，还需将增值税部分剔除。

含税金额=（100÷1.06）÷（1–10%–6%×12%）=105.67（万元）

甲公司需代扣代缴所得税10.57万元（105.67×10%），增值税6.34万元（105.67×6%），附加税费0.76万元（6.34×12%）。

情形四：居民企业负担预提税。

上述其他条件不变，但双方约定增值税及其附加由A公司承担，预提税由甲公司承担。该种情况下，协议金额100万元为不含预提税金额。

含税金额=（100÷1.06）÷（1–10%）=104.82（万元）

甲公司需代扣代缴所得税10.48万元（104.82×10%），增值税6.29万元（104.82×6%），附加税费0.75万元（6.29×12%）。

9.2.1.2 外币折算

《国家税务总局关于非居民企业所得税源泉扣缴有关问题的公告》（国家税务总局公告2017年第37号）第四条规定："扣缴义务人支付或者到期应支付的款项以人民币以外的货币支付或计价的，分别按以下情形进行外币折算：（一）扣缴义务人扣缴企业所得税的，应当按照扣缴义务发生之日人民币汇率中间价折合成人民币，计算非居民企业应纳税所得额。扣缴义务发生之日为相关款项实际支付或者到期应支付之日。（二）取得收入的非居民企业在主管税务机关责令限期缴纳税款前自行申报缴纳应源泉扣缴税款的，应当按照填开税收缴款书之日前一日人民币汇率中间价折合成人民币，计算非居民企业应纳税所得额。（三）主管税务机关责令取得收入的非居民企业限期缴纳应源泉扣缴税款的，应当按照主管税务机关作出限期缴税决定之日前一日人民币汇率中间价折合成人民币，计算非居民企业应纳税所得额。"

扣缴义务人扣缴税款的，按照扣缴义务发生之日人民币汇率中间价折算；若应扣缴税款由非居民企业申报缴纳，分为非居民企业自行申报缴纳税款和主管税务机关责令限期缴纳税款两种情形，分别按照填开税收缴款书之日前一日和主管税务机关做出限期缴纳税款决定之日前一日人民币汇率中间价进行外币折算。

9.2.2 特许权使用费

非居民企业从中国境内取得的特许权使用费收入，居民企业在对外支付时应扣缴预提税。《企业所得税法》关于特许权使用费没有特殊政策，仅有税收协定对特许权使用费条款做出有关解释。

《国家税务总局关于执行税收协定特许权使用费条款有关问题的通知》（国税函〔2009〕507号）规定：

（1）凡税收协定特许权使用费定义中明确包括使用工业、商业、科学设备收取的款项（即我国税法有关租金所得）的，有关所得应适用税收协定特许权使用费条款的规定。

税收协定对此规定的税率低于税收法律规定税率的，应适用税收协定规定的税率。

上述规定不适用于使用不动产产生的所得，使用不动产产生的所得适用税收协定不动产条款的规定。

（2）税收协定特许权使用费条款定义中所列举的有关工业、商业或科学经验的情报应理解为专有技术，一般是指进行某项产品的生产或工序复制所必需的、未曾公开的、具有专有技术性质的信息或资料（以下简称专有技术）。

（3）与专有技术有关的特许权使用费一般涉及技术许可方同意将其未公开的技术许可给另一方，使另一方能自由使用，技术许可方通常不亲自参与技术受让方对被许可技术的具体实施，并且不保证实施的结果。被许可的技术通常已经存在，但也包括应技术受让方的需求而研发后许可使用并在合同中列有保密等使用限制的技术。

（4）在服务合同中，如果服务提供方提供服务过程中使用了某些专门知识和技术，但并不转让或许可这些技术，则此类服务不属于特许权使用费范围。但如果服务提供方提供服务形成的成果属于税收协定特许权使用费定义范围，并且服务提供方仍保有该项成果的所有权，服务接受方对此成果仅有使用权，则此类服务产生的所得，适用税收协定特许权使用费条款的规定。

（5）在转让或许可专有技术使用权过程中如技术许可方派人员为该项技术的使用提供有关支持、指导等服务并收取服务费，无论是单独收取还是包括在技术价款中，均应视为特许权使用费，适用税收协定特许权使用费条款的规定。但如上述人员的服务已构成常设机构，则对服务部分的所得应适用税收协定营业利润条款的规定。如果纳税人不能准确计算应归属常设机构的营业利润，则税务机关可根据税收协定常设机构利润归属原则予以确定。

（6）下列款项或报酬不应是特许权使用费，应为劳务活动所得：

①单纯货物贸易项下作为售后服务的报酬；

②产品保证期内卖方为买方提供服务所取得的报酬；

③专门从事工程、管理、咨询等专业服务的机构或个人提供的相关服务所取得的款项；

④国家税务总局规定的其他类似报酬。

上述劳务所得通常适用税收协定营业利润条款的规定，但个别税收协定对此另有特殊规定的除外（如中英税收协定专门列有技术费条款）。

（7）税收协定特许权使用费条款的规定应仅适用于缔约对方居民受益所有人，第三国设在缔约对方的常设机构从我国境内取得的特许权使用费应适用该第三国与我国的税收协定的规定；我国居民企业设在缔约对方的常设机构不属于对方居民，不应作为对方居民适用税收协定特许权使用费条款的规定；由位于我国境内的外国企业的机构、场所或常设机构负担并支付给与我国签有税收协定的缔约对方居民的特许权使用费，适用我国与该缔约国税收协定特许权使用费条款的规定。

9.2.3 租 金

非居民企业从中国境内取得的租金收入，居民企业在对外支付时应扣缴预提税。

《国家税务总局关于非居民企业所得税管理若干问题的公告》（国家税务总局公告2011年第24号）第四条第二款规定："居民企业出租位于中国境内的房屋、建筑物等不动产，对未在中国境内设立机构、场所进行日常管理的，以其取得的租金收入全额计算缴纳企业所得税，由中国境内的承租人在每次支付或到期应支付时代扣代缴。如果非居民企业委派人员在中国境内或者委托中国境内其他单位或个人对上述不动产进行日常管理的，应视为其在中国境内设立机构、场所，非居民企业应在税法规定的期限内自行申报缴纳企业所得税。"

9.2.4 利 息

9.2.4.1 一般规定

非居民企业从中国境内取得的利息收入，居民企业在对外支付时应扣缴预提税。最常见的利息就是居民企业向外国企业借款支付的利息。《国家税务总局关于加强非居民企业来源于我国利息所得扣缴企业所得税工作的通知》（国税函〔2008〕955号）第一条规定："自2008年1月1日起，我国金融机构向境外外国银行支付贷款利息、我国境内外资金融机构向境外支付贷款利息，应按照企业所得税法及其实施条例规定代扣代缴企业所得税。"

9.2.4.2 融资租赁费

非居民企业以融资租赁方式将设备等租给中国境内企业使用，按照利息计算企业所得税。

国家税务总局公告2011年第24号第四条第一款规定："在中国境内未设立机构、场所的非居民企业，以融资租赁方式将设备、物件等租给中国境内企业使用，租赁期满后设备、物件所有权归中国境内企业（包括租赁期满后作价转让给中国境内企业），非居民企业按照合同约定的期限收取租金，应以租赁费（包括租赁期满后作价转让给中国境内企业的价款）扣除设备、物件价款后的余额，作为贷款利息所得计算缴纳企业所得税，由中国境内企业在支付时代扣代缴。"

9.2.4.3 向我国银行境外分行支付的利息

我国境内企业向我国银行境外分行支付利息须扣缴预提税，这一政策在2015年有变化。根据《国家税务总局关于境内机构向我国银行的境外分行支付利息扣缴企业所得税有关问题的公告》（国家税务总局公告2015年第47号），境内机构向境外分行支付利息时，不代扣代缴企业所得税。

境外分行是指我国银行在境外设立的不具备所在国家（地区）法人资格的分行。境外分行作为中国居民企业在境外设立的分支机构，与其总机构属于同一法人。境外分行开展境内业务，并从境内机构取得的利息，为该分行的收入，计入其营业利润，按《财政部 国家税务总局关于企业境外所得税收抵免有关问题的通知》（财税〔2009〕125号）的相关规定，与总机构汇总缴纳企业所得税。

但并不是所有支付给我国银行境外分行的利息一律不扣缴预提税，需要严格区分：

（1）境外分行从境内取得的利息，如果据以产生利息的债权属于境内总行或总行其他境内分行，该项利息应为总行或其他境内分行的收入。总行或其他境内分行和境外分行之间应严格区分此类收入，不得将本应属于总行或其他境内分行的境内业务及收入转移到境外分行。

（2）境外分行从境内取得的利息如果属于代收性质，据以产生利息的债权属于境外非居民企业，境内机构向境外分行支付利息时，应代扣代缴企业所得税。

9.2.4.4 担保费

居民企业向非居民企业支付的担保费，按照利息扣缴预提税。

国家税务总局公告2011年第24号第二条规定："非居民企业取得来源于中国境内的担保费，应按照企业所得税法对利息所得规定的税率计算缴纳企业所得税。上述来源于中国境内的担保费，是指中国境内企业、机构或个人在借贷、买卖、货物运输、加工承揽、租赁、工程承包等经济活动中，接受非居民企业提供的担保所支付或负担的担保费或相同性质的费用。"

9.2.4.5 向QFII支付的利息

中国居民企业向合格境外机构投资者（QFII）支付利息，根据《国家税务总局关于中国居民企业向QFII支付股息、红利、利息代扣代缴企业所得税有关问题的通知》（国税函〔2009〕47号）的规定，"QFII取得来源于中国境内的利息收入，应当按照企业所得税法规定缴纳10%的企业所得税。如果是利息，则由企业在支付或到期应支付时代扣代缴。QFII取得利息收入，需要享受税收协定（安排）待遇的，可向主管税务机关提出申请，主管税务机关审核无误后按照税收协定的规定执行；涉及退税的，应及时予以办理"。

9.2.5 股息、红利

9.2.5.1 一般规定

《企业所得税法》实施前，外国企业从中国境内取得的股息、红利是免税的，但《企业所得税法》实施后不再免税。《财政部 国家税务总局关于企业所得税若干优惠政策的通知》（财税〔2008〕1号）第四条规定："2008年1月1日之前外商投资企业形成的累积未分配利润，在2008年以后分配给外国投资者的，免征企业所得税；2008年及以后年度外商投资企业新增利润分配给外国投资者的，依法缴纳企业所得税。"

9.2.5.2 向境外B股和H股非居民企业股东派发的股息

中国居民企业向境外B股非居民企业股东派发股息，应扣缴预提税。

《国家税务总局关于非居民企业取得B股等股票股息征收企业所得税问题的批复》（国税函〔2009〕394号）规定："根据《中华人民共和国企业所得税法》及其实施条例规定，在中国境内外公开发行、上市股票（A股、B股和海外股）的中国居民企业，在向非居民企业股东派发2008年及以后年度股息时，应统一按10%的税率代扣代缴企业所得税。非居民企业股东需要享受税收协定待遇的，依照税收协定执行的有关规定办理。"

中国居民企业向境外H股非居民企业股东派发股息，应扣缴预提税。

《国家税务总局关于中国居民企业向境外H股非居民企业股东派发股息代扣代缴企业所得税有关问题的通知》（国税函〔2008〕897号）规定：

（1）中国居民企业向境外H股非居民企业股东派发2008年及以后年度股息时，统一按10%的税率代扣代缴企业所得税。

（2）非居民企业股东在获得股息之后，可以自行或通过委托代理人或代扣代缴义务人，向主管税务机关提出享受税收协定（安排）待遇的申请，提供证明自己为符合税收协定（安排）规定的实际受益所有人的资料。主管税务机关审核无误后，应就已征税款和根据税收协定（安排）规定税率计算的应纳税款的差额予以退税。

9.2.5.3 向QFII支付的股息、红利

中国居民企业向合格境外机构投资者（QFII）支付股息、红利，根据国税函〔2009〕47号文件的规定，"QFII取得来源于中国境内的股息、红利，应当按照企业所得税法规定缴纳10%的企业所得税。如果是股息、红利，则由派发股息、红利的企业代扣代缴。

QFII取得股息、红利，需要享受税收协定（安排）待遇的，可向主管税务机关提出申请，主管税务机关审核无误后按照税收协定的规定执行；涉及退税的，应及时予以办理"。

9.2.5.4　税收协定

《国家税务总局关于执行税收协定股息条款有关问题的通知》（国税函〔2009〕81号）规定：

（1）所称税收协定股息条款是指专门适用于股息所得的税收协定条款，不含按税收协定规定应作为营业利润处理的股息所得所适用的税收协定条款。

（2）按照税收协定股息条款规定，中国居民公司向税收协定缔约对方税收居民支付股息，且该对方税收居民（或股息收取人）是该股息的受益所有人，则该对方税收居民取得的该项股息可享受税收协定待遇，即按税收协定规定的税率计算其在中国应缴纳的所得税。如果税收协定规定的税率高于中国国内税收法律规定的税率，则纳税人仍可按中国国内税收法律规定纳税。

纳税人需要享受上款规定的税收协定待遇的，应同时符合以下条件：

①可享受税收协定待遇的纳税人应是税收协定缔约对方税收居民；

②可享受税收协定待遇的纳税人应是相关股息的受益所有人；

③可享受税收协定待遇的股息应是按照中国国内税收法律规定确定的股息、红利等权益性投资收益；

④国家税务总局规定的其他条件。

（3）根据有关税收协定股息条款规定，凡税收协定缔约对方税收居民直接拥有支付股息的中国居民公司一定比例以上资本（一般为25%或10%）的，该对方税收居民取得的股息可按税收协定规定税率征税。该对方税收居民需要享受该税收协定待遇的，应同时符合以下条件：

①取得股息的该对方税收居民根据税收协定规定应限于公司；

②在该中国居民公司的全部所有者权益和有表决权股份中，该对方税收居民直接拥有的比例均符合规定比例；

③该对方税收居民直接拥有该中国居民公司的资本比例，在取得股息前连续12个月以内任何时候均符合税收协定规定的比例。

（4）以获取优惠的税收地位为主要目的的交易或安排不应构成适用税收协定股息条款优惠规定的理由，纳税人因该交易或安排而不当享受税收协定待遇的，主管税务机关有权进行调整。

（5）纳税人需要按照税收协定股息条款规定纳税的，相关纳税人或扣缴义务人应该取得并保有支持其执行税收协定股息条款规定的信息资料，并按有关规定及时根据税务机关的要求报告或提供。有关的信息资料包括：

①由协定缔约对方税务主管当局或其授权代表签发的税收居民身份证明以及支持该证明的税收协定缔约对方国内法律依据和相关事实证据；

②纳税人在税收协定缔约对方的纳税情况，特别是与取得由中国居民公司支付股息有关的纳税情况；

③纳税人是否构成任一第三方（国家或地区）税收居民；

④纳税人是否构成中国税收居民；

⑤纳税人据以取得中国居民公司所支付股息的相关投资（转让）合同、产权凭证、利润分配决议、支付凭证等权属证明；

⑥纳税人在中国居民公司的持股情况；

⑦其他与执行税收协定股息条款规定有关的信息资料。

9.2.5.5　扣缴时间

国家税务总局公告2017年第37号第七条第二款规定："非居民企业取得应源泉扣缴的所得为股息、红利等权益性投资收益的，相关应纳税款扣缴义务发生之日为股息、红利等权益性投资收益实际支付之日。"

此前，国家税务总局公告2011年第24号第五条（已被国家税务总局公告2017年第37号废止）规定："中国境内居民企业向未在中国境内设立机构、场所的非居民企业分配股息、红利等权益性投资收益，应在作出利润分配决定的日期代扣代缴企业所得税。如实际支付时间先于利润分配决定日期的，应在实际支付时代扣代缴企业所得税。"

这是一大变化，非居民企业取得股息、红利所得的扣缴义务发生时间，不再以做出利润分配决定的日期作为扣缴义务发生之日，而是以股息的实际支付之日。

9.2.6　转让财产所得（不含股权转让）

转让财产所得，以收入全额减除财产净值后的余额为应纳税所得额。财产净值，是指有关资产、财产的计税基础减除已经按照规定扣除的折旧、折耗、摊销、准备金等后的余额。

关于土地使用权转让所得，国家税务总局公告2011年第24号第三条规定："非居民企业在中国境内未设立机构、场所而转让中国境内土地使用权，或者虽设立机构、场所但取得的土地使用权转让所得与其所设机构、场所没有实际联系的，应以其取得的土地使用权转让收入总额减除计税基础后的余额作为土地使用权转让所得计算缴纳企业所得税，并由扣缴义务人在支付时代扣代缴"。

风险提示

1. 应扣缴未扣缴预提税。

非居民企业取得符合《企业所得税法》第三条第三款规定的收入，对外支付的企业应扣缴未扣缴预提税的，存在风险。

案　例

惠州市烯谷新能源产业技术研究院有限公司和台湾适多博股份有限公司在2018年5月22日签订了《技术研发合作协议》，台湾适多博股份有限公司为你公司提供研发石墨烯STOBA极板技术服务，你公司于2018年6月4日对外支付157 796.82美元折合人民币1 015 122.72元，检查人员在金三系统查询到你公司对外支付合同备案信息，但未在金三系统查询到你公司针对该笔对外支付代扣代缴台湾适多博股份有限公司企业所得税的申报信息。根据《企业所得税法》第三条第三款等规定，你公司应按对外支付的所属期代扣代缴台湾适多博股份有限公司企业所得税共计101 512.27元。

资料来源：惠州市烯谷新能源产业技术研究院有限公司行政处罚公示［EB/OL］.（2021-08-31）广东省税务局网站.

2. 企业到期未支付的款项也应扣缴预提税。

国家税务总局公告2011年第24号第一条规定："中国境内企业（以下称为企业）和非居民企业签订与利息、租金、特许权使用费等所得有关的合同或协议，如果未按照合同或协议约定的日期支付上述所得款项，或者变更或修改合同或协议延期支付，但已计入企业当期成本、费用，并在企业所得税年度纳税申报中作税前扣除的，应在企业所得税年度纳税申报时按照企业所得税法有关规定代扣代缴企业所得税。"虽然境内居民企业没有实际支付款项，但按照合同约定应付未付，且已计入当期成本费用税前扣除，应当扣缴预提税。

案 例

A公司因生产新型产品需要，于2016年1月1日与境外母公司签订了《有偿使用特许权协议》，协议约定境外母公司为境内A公司提供使用专有技术，A公司应于当年12月31日支付特许权使用费1 200万元人民币。A公司在2016年12月取得了境外母公司开具的发票（非我国发票），由于境外母公司不急于索取该笔款项，因此A公司截至检查时款项仍未支付，因此也未做任何税务处理。

A公司虽未实际支付款项，但扣缴义务已发生，最终当地税务机关将非居民企业所得税税款113.21万元及滞纳金解缴入库。

资料来源：异常的"管理费用"引出的百万税款［EB/OL］.（2018-03-28）原甘肃省金昌市地税局网站.

3. 特许权使用费不得混同于劳务费用。

企业将特许权使用费混同于劳务费用申报纳税，特许权使用费税率为10%，劳务费用先核定利润率再乘以25%税率，若利润率为20%，则实际税率只有5%（20%×25%），若利润率为30%，实际税率也只有7.5%（20%×25%），低于特许权使用费的税率。

案 例

某企业2014年技术服务费突增，对外支付频繁且金额较大。企业与其法国某关联集团企业在合营之初签订的技术协助协议，约定法国关联公司向该企业提供技术协助、知识、系统、方法、工艺和经验，包括信息技术，以及境外关联公司建立和管理生产业务，尤其是在产品生产加工方面的具体专有技术等，并按营业额的3%提取技术服务费。税务人员研究合同后认识到，该合同名义上是技术协作协议，实质上具有特许权的性质，此技术服务费应属于特许权使用费。

支付特许权使用费一般按10%税率代扣代缴企业所得税，而支付技术服务费，一般采用核定应纳税所得额再乘以25%税率的方式计算扣缴税额。在本案中，支付技术服务费应代扣代缴7.5%的企业所得税，与10%相差2.5个百分点。

最终，该企业补缴非居民企业所得税304.69万元、增值税33.63万元。

资料来源：破解技术服务费突增谜团［N］.中国税务报，2016-01-08（B6）.

4.不得变相分配税后利润逃避纳税。

外商投资企业到中国来就是为了赚钱，但一些外资企业为了逃避缴纳股息、红利预提税，不分配税后利润，这是不正常的。它们不是没有分配，而是以借款等形式予以分配，这种情形也应缴纳股息、红利预提税。

案　例

A公司系港商独资企业，截至2013年底，其未分配利润已累计达1亿多元，但公司自成立后一直未分配过股息、红利。税务机关发现，该公司“其他应收款”科目余额达1亿元，且长期挂账未作处理。经确认，该款项属于向6户关联企业借出资金，借出后即长期未归还。

该公司负责人最终承认这些资金实质就是分配的股息，而非普通的拆借资金。在联系香港股东后，该公司最终提供了分配1亿元股息、红利的董事会决议。该公司应按10%的税率扣缴非居民企业所得税1 000万元。后该公司就股息分配提出申请享受税收协定待遇，按5%的优惠税率扣缴税款500万元，并经主管税务机关批准同意。

资料来源：股息红利变借款？税务人员说No！［N］.中国税务报，2015-04-29（B5）.

9.3　股权转让

9.3.1　直接股权转让

9.3.1.1　一般规定

（1）一般股权转让。股权转让收入减除股权净值后的余额为股权转让所得应纳税所得额。

股权转让收入是指股权转让人转让股权所收取的对价，包括货币形式和非货币形式的各种收入。

股权净值是指取得该股权的计税基础。股权的计税基础是股权转让人投资入股时向中国居民企业实际支付的出资成本，或购买该项股权时向该股权的原转让人实际支付的股权受让成本。股权在持有期间发生减值或者增值，按照国务院财政、税务主管部门规定可以确认损益的，股权净值应进行相应调整。企业在计算股权转让所得时，不得扣除被投资企业未分配利润等股东留存收益中按该项股权所可能分配的金额。

（2）部分股权转让。国家税务总局公告2017年第37号第三条第四款规定：“多次投资或收购的同项股权被部分转让的，从该项股权全部成本中按照转让比例计算确定被转让股权对应的成本。”因此，多次投资取得的股权部分转让的，按照转让股权比例计算相应的股权成本。

【例9-2】境外甲公司为非居民公司，境内乙公司和C公司为居民公司，甲公司经过前后三次投资丙公司，合计持有丙公司40%的股权，第一次投资人民币100万元，第二次投资人民币200万元，第三次投资人民币400万元。20×1年1月8日，甲公司与乙公司签订股权转让合同，以人民币1 000万元的价格转让其持有的丙公司30%的股权给B公司。则：

甲公司转让丙公司30%股权对应的成本=（100+200+400）÷40%×30%=525（万元）

甲公司此次股权转让应纳税所得额=1 000-525=475（万元）

乙公司应扣缴企业所得税=475×10%=47.5（万元）

（3）分期收款股权转让。国家税务总局公告2017年第37号第七条第三款规定："非居民企业采取分期收款方式取得应源泉扣缴所得税的同一项转让财产所得的，其分期收取的款项可先视为收回以前投资财产的成本，待成本全部收回后，再计算并扣缴应扣税款。"也就是说，分期收款转让股权的，若分期收到的款项未超过股权成本，不产生所得；只有分期收到的款项超过股权成本，才产生所得，扣缴税款。

【例9-3】境外甲公司为非居民企业，境内乙公司和丙公司均为居民企业，甲公司和乙公司各持有丙公司50%的股权，甲公司投资取得丙公司50%股权的成本为500万元人民币。20×1年1月10日甲公司以人民币1 000万元将该项股权一次性转让给乙公司，但按股权转让合同约定，乙公司分别于20×1年2月10日、20×1年3月10日和20×1年4月10日支付转让价款300万元、400万元和300万元。则：

（1）20×1年2月10日。

乙公司支付的300万元价款可视为甲公司收回500万元股权转让成本中的300万元，没有所得，不扣缴税款。

（2）20×1年3月10日。

乙公司支付的400万元价款中的200万元为甲公司收回500万元股权转让成本中的剩余200万元成本，其余200万元价款应作为股权转让收益计算扣缴税款。

乙公司应扣缴企业所得税=200×10%=20（万元）

（3）20×1年4月10日。

乙公司支付的300万元价款全部作为股权转让收益计算扣缴税款。

乙公司应扣缴企业所得税=300×10%=30（万元）

这种方法更像收付实现制，赚了钱才缴税，没赚钱不缴税，大大减轻了交易双方的负担。

（4）外币折算。国家税务总局公告2017年第37号第五条规定："财产转让收入或财产净值以人民币以外的货币计价的，分扣缴义务人扣缴税款、纳税人自行申报缴纳税款和主管税务机关责令限期缴纳税款三种情形，先将以非人民币计价项目金额比照本公告第四条规定折合成人民币金额；再按企业所得税法第十九条第二项及相关规定计算非居民企业财产转让所得应纳税所得额。财产净值或财产转让收入的计价货币按照取得或转让财产时实际支付或收取的计价币种确定。原计价币种停止流通并启用新币种的，按照新旧货币市场转换比例转换为新币种后进行计算。"

【例9-4】境外甲公司为非居民企业，境内乙公司和丙公司为居民企业，甲公司经过前后两次投资丙公司，合计持有丙公司40%的股权，2008年8月1日第一次出资100万美元（假设当时人民币汇率中间价为：1美元=8.6元人民币），2010年9月1日第二次投资50

万欧元（假设当时人民币汇率中间价为：1欧元=8.9元人民币），20×1年1月10日甲公司以人民币2 000万元将该项股权转让给乙公司，合同于当天生效，乙公司于20×1年1月15日向甲公司支付了股权转让款2 000万元，假设20×1年1月15日，人民币兑美元和欧元的中间价分别为：1美元=6.6元人民币，1欧元=7.2元人民币。则：

甲公司转让丙公司股权的财产净值=100×6.6+50×7.2=1 020（万元）

甲公司此次股权转让应纳税所得额=2 000–1 020=980（万元）

乙公司应扣缴企业所得税=980×10%=98（万元）

9.3.1.2　特殊性税务处理

非居民企业股权转让适用特殊性税务处理的，适用政策为《财政部 国家税务总局关于企业重组业务企业所得税处理若干问题的通知》（财税〔2009〕59号）第七、第八条和《国家税务总局关于非居民企业股权转让适用特殊性税务处理有关问题的公告》（国家税务总局公告2013年第72号）。

（1）适用条件。企业发生涉及中国境内与境外之间（包括港澳台地区）的股权和资产收购交易，除应符合财税〔2009〕59号文件规定的特殊性税务处理条件外，还应同时符合下列条件，才可选择适用特殊性税务处理规定：

①非居民企业向其100%直接控股的另一非居民企业转让其拥有的居民企业股权，没有因此造成以后该项股权转让所得预提税负担变化，且转让方非居民企业向主管税务机关书面承诺在3年（含3年）内不转让其拥有受让方非居民企业的股权。

包括因境外企业分立、合并导致中国居民企业股权被转让的情形。

②非居民企业向与其具有100%直接控股关系的居民企业转让其拥有的另一居民企业股权。

③居民企业以其拥有的资产或股权向其100%直接控股的非居民企业进行投资。

④财政部、国家税务总局核准的其他情形。

上述第③项所指居民企业以其拥有的资产或股权向其100%直接控股关系的非居民企业进行投资，其资产或股权转让收益如选择特殊性税务处理，可以在10个纳税年度内均匀计入各年度应纳税所得额。

（2）税务管理。

①企业。非居民企业股权转让选择特殊性税务处理的，应于股权转让合同或协议生效且完成工商变更登记手续30日内进行备案。属于上述第①项情形的，由转让方向被转让企业所在地所得税主管税务机关备案；属于上述第②项情形的，由受让方向其所在地所得税主管税务机关备案。

股权转让方或受让方可以委托代理人办理备案事项；代理人在代为办理备案事项时，应向主管税务机关出具备案人的书面授权委托书。

股权转让方、受让方或其授权代理人（以下简称备案人）办理备案时应填报以下资料：

- 《非居民企业股权转让适用特殊性税务处理备案表》；
- 股权转让业务总体情况说明，应包括股权转让的商业目的、证明股权转让符合特殊性税务处理条件、股权转让前后的公司股权架构图等资料；

- 股权转让业务合同或协议（外文文本的同时附送中文译本）；
- 工商等相关部门核准企业股权变更事项证明资料；
- 截至股权转让时，被转让企业历年的未分配利润资料；
- 税务机关要求的其他材料。

以上资料已经向主管税务机关报送的，备案人可不再重复报送。其中以复印件向税务机关提交的资料，备案人应在复印件上注明“本复印件与原件一致”字样，并签字后加盖备案人印章；报送中文译本的，应在中文译本上注明“本译文与原文表述内容一致”字样，并签字后加盖备案人印章。

非居民企业股权转让适用特殊性税务处理备案后经调查核实不符合条件的，应调整适用一般性税务处理，按照有关规定缴纳企业所得税。非居民企业股权转让适用特殊性税务处理未进行备案的，税务机关应告知其按照上述规定办理备案手续。

非居民企业发生股权转让属于上述第①项情形且选择特殊性税务处理的，转让方和受让方不在同一国家或地区的，若被转让企业股权转让前的未分配利润在转让后分配给受让方的，不享受受让方所在国家（地区）与中国签订的税收协定（含税收安排）的股息减税优惠待遇，并由被转让企业按税法相关规定代扣代缴企业所得税，到其所在地所得税主管税务机关申报缴纳。

②税务机关。主管税务机关应当按规定受理备案，资料齐全的，应当场在《非居民企业股权转让适用特殊性税务处理备案表》上签字盖章，并退一份给备案人；资料不齐全的，不予受理，并告知备案人各应补正事项。

非居民企业发生股权转让属于上述“适用条件”的第①项情形的，主管税务机关应当自受理之日起30个工作日内就备案事项进行调查核实、提出处理意见，并将全部备案资料以及处理意见层报省（含自治区、直辖市和计划单列市，下同）税务机关。

税务机关在调查核实时，如发现此种股权转让情形造成以后该项股权转让所得预提税负担变化，包括转让方把股权由应征税的国家或地区转让到不征税或低税率的国家或地区，应不予适用特殊性税务处理。

非居民企业发生股权转让属于上述“适用条件”的第②项情形的，应区分以下两种情形予以处理：

- 受让方和被转让企业在同一省且由同一税务机关管辖的，按照上述规定执行。
- 受让方和被转让企业不在同一省或分别由不同税务机关管辖的，受让方所在地省税务机关收到主管税务机关意见后30日内，应向被转让企业所在地省税务机关发出《非居民企业股权转让适用特殊性税务处理告知函》。

9.3.2 间接股权转让

外国A公司在中国投资设立甲公司，现在A公司的股东B公司将A公司股权转让给非居民企业C公司，尽管甲公司的股东仍然是A公司，但B公司间接转让了中国境内的股权，就是间接股权转让，适用《国家税务总局关于非居民企业间接转让财产企业所得税若干问题的公告》（国家税务总局公告2015年第7号）。

9.3.2.1 应税财产

（1）非居民企业通过实施不具有合理商业目的的安排，间接转让中国居民企业股权等财产，规避企业所得税纳税义务的，应按照《企业所得税法》第四十七条的规定，重新定性该间接转让交易，确认为直接转让中国居民企业股权等财产。

所称中国居民企业股权等财产，是指非居民企业直接持有，且转让取得的所得按照中国税法规定，应在中国缴纳企业所得税的中国境内机构、场所财产，中国境内不动产，在中国居民企业的权益性投资资产等（以下称中国应税财产）。

间接转让中国应税财产，是指非居民企业通过转让直接或间接持有中国应税财产的境外企业（不含境外注册中国居民企业，以下称境外企业）股权及其他类似权益（以下称股权），产生与直接转让中国应税财产相同或相近实质结果的交易，包括非居民企业重组引起境外企业股东发生变化的情形。间接转让中国应税财产的非居民企业称股权转让方。

（2）适用上述规定的股权转让方取得的转让境外企业股权所得归属于中国应税财产的数额（以下称间接转让中国应税财产所得），应按以下顺序进行税务处理：

①对归属于境外企业及直接或间接持有中国应税财产的下属企业在中国境内所设机构、场所财产的数额（以下称间接转让机构、场所财产所得），应作为与所设机构、场所有实际联系的所得，按照《企业所得税法》第三条第二款规定征税；

②除适用上述第①项规定情形外，对归属于中国境内不动产的数额（以下称间接转让不动产所得），应作为来源于中国境内的不动产转让所得，按照《企业所得税法》第三条第三款规定征税；

③除适用上述第①项或第②项规定情形外，对归属于在中国居民企业的权益性投资资产的数额（以下称间接转让股权所得），应作为来源于中国境内的权益性投资资产转让所得，按照《企业所得税法》第三条第三款规定征税。

9.3.2.2 合理商业目的

（1）判断合理商业目的，应整体考虑与间接转让中国应税财产交易相关的所有安排，结合实际情况综合分析以下相关因素：

①境外企业股权主要价值是否直接或间接来自中国应税财产；

②境外企业资产是否主要由直接或间接在中国境内的投资构成，或其取得的收入是否主要直接或间接来源于中国境内；

③境外企业及直接或间接持有中国应税财产的下属企业实际履行的功能和承担的风险是否能够证实企业架构具有经济实质；

④境外企业股东、业务模式及相关组织架构的存续时间；

⑤间接转让中国应税财产交易在境外应缴纳所得税情况；

⑥股权转让方间接投资、间接转让中国应税财产交易与直接投资、直接转让中国应税财产交易的可替代性；

⑦间接转让中国应税财产所得在中国可适用的税收协定或安排情况；

⑧其他相关因素。

（2）除以下第③种和第④种规定情形外，与间接转让中国应税财产相关的整体安排同时符合以下情形的，无须按上述第（1）项进行分析和判断，应直接认定为不具有合理商业目的：

①境外企业股权75%以上价值直接或间接来自中国应税财产；

②间接转让中国应税财产交易发生前一年内任一时点，境外企业资产总额（不含现金）的90%以上直接或间接由在中国境内的投资构成，或间接转让中国应税财产交易发生前一年内，境外企业取得收入的90%以上直接或间接来源于中国境内；

③境外企业及直接或间接持有中国应税财产的下属企业虽在所在国家（地区）登记注册，以满足法律所要求的组织形式，但实际履行的功能及承担的风险有限，不足以证实其具有经济实质；

④间接转让中国应税财产交易在境外应缴所得税税负低于直接转让中国应税财产交易在中国的可能税负。

（3）与间接转让中国应税财产相关的整体安排符合以下情形之一的，不适用上述“9.3.2.1 应税财产”小节第（1）项的规定：

①非居民企业在公开市场买入并卖出同一上市境外企业股权取得间接转让中国应税财产所得；

②在非居民企业直接持有并转让中国应税财产的情况下，按照可适用的税收协定或安排的规定，该项财产转让所得在中国可以免予缴纳企业所得税。

（4）间接转让中国应税财产同时符合以下条件的，应认定为具有合理商业目的：

①交易双方的股权关系具有下列情形之一：

- 股权转让方直接或间接拥有股权受让方80%以上的股权；
- 股权受让方直接或间接拥有股权转让方80%以上的股权；
- 股权转让方和股权受让方被同一方直接或间接拥有80%以上的股权。

境外企业股权50%以上（不含50%）价值直接或间接来自中国境内不动产的，此处第①项三种目的持股比例应为100%。

上述间接拥有的股权按照持股链中各企业的持股比例乘积计算。

②本次间接转让交易后可能再次发生的间接转让交易相比在未发生本次间接转让交易情况下的相同或类似间接转让交易，其中国所得税负担不会减少。

③股权受让方全部以本企业或与其具有控股关系的企业的股权（不含上市企业股权）支付股权交易对价。

9.3.2.3 税务管理

（1）间接转让机构、场所财产所得按照国家税务总局公告2015年第7号规定应缴纳企业所得税的，应计入纳税义务发生之日所属纳税年度该机构、场所的所得，按照有关规定申报缴纳企业所得税。

（2）间接转让不动产所得或间接转让股权所得按照国家税务总局公告2015年第7号规定应缴纳企业所得税的，依照有关法律规定或者合同约定对股权转让方直接负有支付相关款项义务的单位或者个人为扣缴义务人。

扣缴义务人未扣缴，且股权转让方未缴纳应纳税款的，主管税务机关可以按照税收征管法及其实施细则相关规定追究扣缴义务人责任；但扣缴义务人已在签订股权转让合同或协议之日起30日内按下列第（3）项规定提交资料的，可以减轻或免除责任。

（3）间接转让中国应税财产的交易双方及被间接转让股权的中国居民企业可以向主管税务机关报告股权转让事项，并提交以下资料：

①股权转让合同或协议（为外文文本的需同时附送中文译本，下同）；

②股权转让前后的企业股权架构图；

③境外企业及直接或间接持有中国应税财产的下属企业上两个年度财务、会计报表；

④间接转让中国应税财产交易不适用国家税务总局公告2015年第7条第一条的理由。

（4）间接转让中国应税财产的交易双方和筹划方，以及被间接转让股权的中国居民企业，应按照主管税务机关要求提供以下资料：

①上述第（3）项规定的资料（已提交的除外）；

②有关间接转让中国应税财产交易整体安排的决策或执行过程信息；

③境外企业及直接或间接持有中国应税财产的下属企业在生产经营、人员、账务、财产等方面的信息，以及内外部审计情况；

④用以确定境外股权转让价款的资产评估报告及其他作价依据；

⑤间接转让中国应税财产交易在境外应缴纳所得税情况；

⑥与适用“9.3.2.2　合理商业目的”小节第（3）项和第（4）项有关的证据信息；

⑦其他相关资料。

（5）主管税务机关需对间接转让中国应税财产交易进行立案调查及调整的，应按照一般反避税的相关规定执行。

（6）股权转让方通过直接转让同一境外企业股权导致间接转让两项以上中国应税财产，按照国家税务总局公告2015年第7号的规定应予征税，涉及两个以上主管税务机关的，股权转让方应分别到各所涉主管税务机关申报缴纳企业所得税。

各主管税务机关应相互告知税款计算方法，取得一致意见后组织税款入库；如不能取得一致意见的，应报其共同上一级税务机关协调。

（7）国家税务总局公告2015年第7号适用于在中国境内未设立机构、场所的非居民企业取得的间接转让中国应税财产所得，以及非居民企业虽设立机构、场所但取得与其所设机构、场所没有实际联系的间接转让中国应税财产所得。

股权转让方转让境外企业股权取得的所得（含间接转让中国应税财产所得）与其所设境内机构、场所有实际联系的，无须适用国家税务总局公告2015年第7号规定，应直接按照《企业所得税法》第三条第二款规定征税。

（8）所称纳税义务发生之日是指股权转让合同或协议生效，且境外企业完成股权变更之日。

（9）所称主管税务机关，是指在中国应税财产被非居民企业直接持有并转让的情况下，财产转让所得应纳企业所得税税款的主管税务机关，应分别按照“9.3.2.1　应税财产”小节第（2）项规定的三种情形确定。

（10）所称“以上”除有特别标明外均含本数。

（11）国家税务总局公告2015年第7号规定与税收协定不一致的，按照税收协定办理。

风险提示

1.外币投资汇率使用错误。

国家税务总局公告2017年第37号规定，财产转让收入或财产净值以人民币以外的货币计价的，分扣缴义务人扣缴税款、纳税人自行申报缴纳税款和主管税务机关责令限期缴纳税款三种情形。扣缴义务人扣缴税款的，应当按照扣缴义务发生之日人民币汇率中间价折合成人民币，计算非居民企业应纳税所得额；纳税人自行申报缴纳税款的，应当按照填开税收缴款书之日前一日人民币汇率中间价折合成人民币，计算非居民企业应纳税所得额；主管税务机关责令限期缴纳税款的，应当按照主管税务机关做出限期缴税决定之日前一日人民币汇率中间价折合成人民币，计算非居民企业应纳税所得额。但有的企业按照取得股权支付外币时的汇率计算股权成本。

案 例

中国香港上市公司A房地产投资信托基金向注册地在巴巴多斯的B公司购买其在中国内地的子公司Y物业管理（深圳）有限公司股权，交易总价超过51亿元人民币。在确定股权交易成本时，使用的是人民币对美元汇率中间价8.0，与交易发生时的人民币对美元汇率中间价6.7相差较大。

被收购的Y公司成立于2006年，实收资本3 950万美元，多年来股权未发生变动。Y公司使用的是2006年人民币对美元汇率中间价，从而导致Y公司列报的交易成本较高。

税务机关认为，企业应当按照填开税收缴款书之日前1日人民币汇率中间价折合成人民币，计算非居民企业应纳税所得额。因此，Y公司在进行股权转让所得纳税申报过程中，应先将3 950万美元交易额按照6.7左右的汇率折算为人民币金额，再确定股权交易成本，计算相应的税款。最终，Y公司调减了此项股权交易成本，补缴税款500多万元。

资料来源：忽略汇率差，企业补税500多万元［N］.中国税务报，2019-05-31（B4）.

2.间接股权转让不缴税。

间接股权转让交易双方均在境外，境内居民企业股东未发生变化，因此间接股权转让的最大风险在于难以发现。境外股东多为在避税地的空壳公司，不具有合理商业目的，看似与境内企业无关，其实股权转让的价值基本来自境内企业，应按照股权转让所得扣缴预提税。间接股权转让一般取证比较难，税务机关与外国企业谈判耗时较长，但金额巨大。

案 例

新加坡RC公司（卖方）与S股份有限公司（买方）签订股权转让协议，RC公司将其持有的R公司股权全部转让给S公司，转让价格为3.4亿多元人民币。双方签订协议后不久，S公司致函RC公司，提出由S公司在香港设立的全资子公司F公司作为此次股权转让交易的受让方。随后，F公司与RC公司签订了正式股权转让合同。

税务人员了解到，A公司是在北京市怀柔区注册的一家中外合资房地产开发公司，由S公司和新加坡R公司投资，两企业持股比例分别为50%。新加坡R公司注册地为新加坡，是新加坡RC公司的全资子公司。

税务人员发现，R公司除持有A房地产开发有限公司50%的股权外，在资金、购销等企业经营方面无其他任何活动，企业没有固定资产，企业收到的股息除分配给股东外，并无其他支配权。

税务机关认为，RC公司和S股份公司该项股权交易转让价格的确定基于我国境内A公司的估值，股权交易对象R公司为没有实际经营活动的空壳公司，该项股权转让交易不具有合理的商业目的。RC公司设立R公司并最终将其转让，只是将R公司作为转让A公司股权的“通道”，交易的实质为A公司50%的股权。交易双方通过空壳公司转让股权，以及在最终交易时变更股权交易受让方为香港注册企业的行为，并不能改变该项交易的实质目的。因此，应对该项交易重新定性，并对转让收益征税。

RC公司最终认可了税务机关的处理决定，缴纳了2 724万元股权交易所得税。

资料来源：怀柔国税局追缴2 700万股权转让税款［N］. 中国税务报，2015-07-01（B6）.

3. 非居民企业间合并也是股权转让。

财税〔2009〕59号文件第七条第一款规定，“非居民企业向其100%直接控股的另一非居民企业转让其拥有的居民企业股权，没有因此造成以后该项股权转让所得预提税负担变化，且转让方非居民企业向主管税务机关书面承诺在3年（含3年）内不转让其拥有受让方非居民企业的股权”。国家税务总局公告2013年第72号第一条规定：“本公告所称股权转让是指非居民企业发生《通知》第七条第（一）、（二）项规定的情形；其中《通知》第七条第（一）项规定的情形包括因境外企业分立、合并导致中国居民企业股权被转让的情形。”根据上述规定，持有居民企业股权的非居民企业母子公司间的合并也视为股权转让，但只有“母转子”可以适用特殊性税务处理，“子转母”不能。

案 例

甲公司是一家外商独资企业，原投资方为境外C公司。因境外集团重组，C公司被原持有其43.31%股权的境外母公司B公司吸收合并。吸收合并后，C公司不再存在，该境外吸收合并导致甲公司股东变更为B公司。

甲公司的股东由C公司变为B公司，属于“子转母”，不符合财税〔2009〕59号文件规定的条件。C公司最终同意就境外重组事项引起的我国居民企业股权转让行为在中国境内缴税，入库企业所得税税款600多万元。

资料来源：解复杂涉税难题，不妨试试“笨办法”［N］. 中国税务报，2021-08-27（B4）.

9.4 税收优惠

9.4.1 一般规定

《企业所得税法》第二十七条规定：“企业的下列所得，可以免征、减征企业所得税：……（五）本法第三条第三款规定的所得。”

《企业所得税法实施条例》第九十一条规定："非居民企业取得企业所得税法第二十七条第（五）项规定的所得，减按10%的税率征收企业所得税。

下列所得可以免征企业所得税：

（一）外国政府向中国政府提供贷款取得的利息所得；

（二）国际金融组织向中国政府和居民企业提供优惠贷款取得的利息所得；

（三）经国务院批准的其他所得。"

《财政部 国家税务总局关于执行企业所得税优惠政策若干问题的通知》（财税〔2009〕69号）第六条规定："实施条例第九十一条第（二）项所称国际金融组织，包括国际货币基金组织、世界银行、亚洲开发银行、国际开发协会、国际农业发展基金、欧洲投资银行以及财政部和国家税务总局确定的其他国际金融组织；所称优惠贷款，是指低于金融企业同期同类贷款利率水平的贷款。"

9.4.2 境外投资者以分配利润直接投资

9.4.2.1 优惠方式

自2017年1月1日起，对境外投资者从中国境内居民企业分配的利润，直接投资于鼓励类投资项目，凡符合规定条件的，实行递延纳税政策，暂不征收预提所得税。《财政部 税务总局 国家发展改革委 商务部关于扩大境外投资者以分配利润直接投资暂不征收预提所得税政策适用范围的通知》（财税〔2018〕102号）和《国家税务总局关于扩大境外投资者以分配利润直接投资暂不征收预提所得税政策适用范围有关问题的公告》（国家税务总局公告2018年第53号）规定，自2018年1月1日起，将该政策的适用范围，由外商投资鼓励类项目扩大至所有非禁止外商投资的项目和领域。

9.4.2.2 优惠条件

境外投资者暂不征收预提所得税须同时满足以下条件：

（1）境外投资者以分得利润进行的直接投资，包括境外投资者以分得利润进行的增资、新建、股权收购等权益性投资行为，但不包括新增、转增、收购上市公司股份（符合条件的战略投资除外）。具体是指：

①新增或转增中国境内居民企业实收资本或者资本公积；

境外投资者以分得的利润用于补缴其在境内居民企业已经认缴的注册资本，增加实收资本或资本公积的，属于符合"新增或转增中国境内居民企业实收资本或者资本公积"情形。

②在中国境内投资新建居民企业；

③从非关联方收购中国境内居民企业股权；

④财政部、税务总局规定的其他方式。

境外投资者采取上述投资行为所投资的企业统称为被投资企业。

（2）境外投资者分得的利润属于中国境内居民企业向投资者实际分配已经实现的留存

收益而形成的股息、红利等权益性投资收益。

（3）境外投资者用于直接投资的利润以现金形式支付的，相关款项从利润分配企业的账户直接转入被投资企业或股权转让方账户，在直接投资前不得在境内外其他账户周转；境外投资者用于直接投资的利润以实物、有价证券等非现金形式支付的，相关资产所有权直接从利润分配企业转入被投资企业或股权转让方，在直接投资前不得由其他企业、个人代为持有或临时持有。

境外投资者按照金融主管部门的规定，通过人民币再投资专用存款账户划转再投资资金，并在相关款项从利润分配企业账户转入境外投资者人民币再投资专用存款账户的当日，再由境外投资者人民币再投资专用存款账户转入被投资企业或股权转让方账户的，视为符合“境外投资者用于直接投资的利润以现金形式支付的，相关款项从利润分配企业的账户直接转入被投资企业或股权转让方账户，在直接投资前不得在境内外其他账户周转”的规定。

9.4.2.3　优惠管理

（1）境外投资者。境外投资者符合规定条件的，应按照税收管理要求进行申报并如实向利润分配企业提供其符合政策条件的资料。利润分配企业经适当审核后认为境外投资者符合规定的，可暂不按照《企业所得税法》第三十七条规定扣缴预提所得税，并向其主管税务机关履行备案手续。

境外投资者按照规定享受暂不征税政策时，应当填写《非居民企业递延缴纳预提所得税信息报告表》，并提交给利润分配企业。

利润分配企业应当按照规定审核境外投资者提交的资料信息，并确认以下结果后，执行暂不征税政策：

①境外投资者填报的信息完整，没有缺项；

②利润实际支付过程与境外投资者填报信息吻合；

③境外投资者填报信息涉及利润分配企业的内容真实、准确。

利润分配企业已按照规定执行暂不征税政策的，应在实际支付利润之日起7日内，向主管税务机关提交以下资料：

①由利润分配企业填写的《中华人民共和国扣缴企业所得税报告表》；

②由境外投资者提交并经利润分配企业补填信息后的《非居民企业递延缴纳预提所得税信息报告表》。

境外投资者按照规定可以享受暂不征收预提所得税政策但未实际享受的，可在实际缴纳相关税款之日起三年内申请追补享受该政策，退还已缴纳的税款。

境外投资者按照规定追补享受暂不征税政策时，应向利润分配企业主管税务机关提交《非居民企业递延缴纳预提所得税信息报告表》以及相关合同、支付凭证、与鼓励类投资项目活动相关的资料以及省税务机关规定要求报送的其他资料。

境外投资者享受规定的暂不征收预提所得税政策待遇后，被投资企业发生重组符合特殊性重组条件，并实际按照特殊性重组进行税务处理的，可继续享受暂不征收预提所得税政策待遇，不补缴递延的税款。

境外投资者持有的同一项中国境内居民企业投资包含已享受暂不征税政策和未享受暂不征税政策的投资，境外投资者部分处置该项投资的，视为先行处置已享受暂不征税政策的投资。

所称“境外投资者”，是指适用《企业所得税法》第三条第三款规定的非居民企业；所称“中国境内居民企业”，是指依法在中国境内成立的居民企业。

（2）税务机关。被投资企业主管税务机关或者其他税务机关发现以下情况的，应在5个工作日内以《非居民企业税务事项联络函》反馈给利润分配企业主管税务机关：

①被投资企业不符合享受暂不征税政策条件的相关事实或信息；

②境外投资者处置已享受暂不征税政策的投资的相关事实或信息。

主管税务机关在税务管理中可以依法要求境外投资者、利润分配企业、被投资企业、股权转让方等相关单位或个人限期提供与境外投资者享受暂不征税政策相关的资料和信息。

利润分配企业未按照上述规定审核确认境外投资者提交的资料信息，致使不应享受暂不征税政策的境外投资者实际享受了暂不征税政策的，利润分配企业主管税务机关依照有关规定追究利润分配企业应扣未扣税款的责任，并依法向境外投资者追缴应该缴纳的税款。

（3）补缴税款的情形。境外投资者已享受暂不征收预提所得税政策，经税务部门后续管理核实不符合规定条件的，除属于利润分配企业责任外，视为境外投资者未按照规定申报缴纳企业所得税，依法追究延迟纳税责任，税款延迟缴纳期限自相关利润支付之日起计算。

境外投资者通过股权转让、回购、清算等方式实际收回享受暂不征收预提所得税政策待遇的直接投资，在实际收取相应款项后7日内，按规定程序向税务部门申报补缴递延的税款。

按照规定补缴税款的，境外投资者可按照有关规定享受税收协定待遇，但是仅可适用相关利润支付时有效的税收协定。后续税收协定另有规定的，按后续税收协定执行。

境外投资者按照规定补缴税款时，应当填写《中华人民共和国扣缴企业所得税报告表》，并提交给利润分配企业主管税务机关。

9.4.3 境外机构投资境内债券市场

《财政部 税务总局关于延续境外机构投资境内债券市场企业所得税、增值税政策的公告》（财政部 税务总局公告2021年第34号）规定：“自2021年11月7日起至2025年12月31日止，对境外机构投资境内债券市场取得的债券利息收入暂免征收企业所得税和增值税。上述暂免征收企业所得税的范围不包括境外机构在境内设立的机构、场所取得的与该机构、场所有实际联系的债券利息。”

风险提示

非居民企业不能享受小型微利企业优惠。

《国家税务总局关于非居民企业不享受小型微利企业所得税优惠政策问题的通知》（国税函〔2008〕650号）规定：“企业所得税法第二十八条规定的小型微利企业是指企业的全

部生产经营活动产生的所得均负有我国企业所得税纳税义务的企业。因此，仅就来源于我国所得负有我国纳税义务的非居民企业，不适用该条规定的对符合条件的小型微利企业减按20%税率征收企业所得税的政策。”

9.5 源泉扣缴管理

9.5.1 扣缴义务人

9.5.1.1 自然扣缴义务人

非居民企业取得《企业所得税法》第三条第三款规定所得的，以支付人为扣缴义务人。

《企业所得税法》第三十七条规定：“对非居民企业取得本法第三条第三款规定的所得应缴纳的所得税，实行源泉扣缴，以支付人为扣缴义务人。税款由扣缴义务人在每次支付或者到期应支付时，从支付或者到期应支付的款项中扣缴。”

《企业所得税法实施条例》第一百零四条规定：“企业所得税法第三十七条所称支付人，是指依照有关法律规定或者合同约定对非居民企业直接负有支付相关款项义务的单位或者个人。”

9.5.1.2 指定扣缴义务人

非居民企业取得《企业所得税法》第三条第三款规定的所得，实行源泉扣缴。但在中国境内进行工程作业和提供劳务的非居民企业，可能在中国设立了机构、场所。实务中，一些在中国境内未设立固定机构的外国企业，由于预计工程作业或者提供劳务期限不足一个纳税年度，导致没有办理税务登记或者临时税务登记，未按照规定办理企业所得税纳税申报或者预缴申报。因此，税务机关可以指定工程价款或者劳务费的支付人为扣缴义务人。

《企业所得税法》第三十八条规定：“对非居民企业在中国境内取得工程作业和劳务所得应缴纳的所得税，税务机关可以指定工程价款或者劳务费的支付人为扣缴义务人。”

《企业所得税法实施条例》第一百零六条规定：“企业所得税法第三十八条规定的可以指定扣缴义务人的情形，包括：

（一）预计工程作业或者提供劳务期限不足一个纳税年度，且有证据表明不履行纳税义务的；

（二）没有办理税务登记或者临时税务登记，且未委托中国境内的代理人履行纳税义务的；

（三）未按照规定期限办理企业所得税纳税申报或者预缴申报的。

前款规定的扣缴义务人，由县级以上税务机关指定，并同时告知扣缴义务人所扣税款的计算依据、计算方法、扣缴期限和扣缴方式。”

9.5.2 纳税地点

《企业所得税法》第五十一条规定："非居民企业取得本法第三条第二款规定的所得，以机构、场所所在地为纳税地点。非居民企业在中国境内设立两个或者两个以上机构、场所的，经税务机关审核批准，可以选择由其主要机构、场所汇总缴纳企业所得税。非居民企业取得本法第三条第三款规定的所得，以扣缴义务人所在地为纳税地点。"

《企业所得税法实施条例》第一百零七条规定："企业所得税法第三十九条所称所得发生地，是指依照本条例第七条规定的原则确定的所得发生地。在中国境内存在多处所得发生地的，由纳税人选择其中之一申报缴纳企业所得税。"

《国家税务总局关于非居民企业所得税源泉扣缴有关问题的公告》（国家税务总局公告2017年第37号）第十六条规定："扣缴义务人所在地主管税务机关为扣缴义务人所得税主管税务机关。对企业所得税法实施条例第七条规定的不同所得，所得发生地主管税务机关按以下原则确定：

（一）不动产转让所得，为不动产所在地国税机关。

（二）权益性投资资产转让所得，为被投资企业的所得税主管税务机关。

（三）股息、红利等权益性投资所得，为分配所得企业的所得税主管税务机关。

（四）利息所得、租金所得、特许权使用费所得，为负担、支付所得的单位或个人的所得税主管税务机关。"

9.5.3 扣缴义务发生时间

居民企业对外支付时应扣缴预提税，若比合同约定的时间提前支付，那么在支付时扣缴；若尚未支付，但已计入成本费用，也应当扣缴。

《企业所得税法》第三十七条规定："对非居民企业取得本法第三条第三款规定的所得应缴纳的所得税，实行源泉扣缴，以支付人为扣缴义务人。税款由扣缴义务人在每次支付或者到期应支付时，从支付或者到期应支付的款项中扣缴。"第四十条规定："扣缴义务人每次代扣的税款，应当自代扣之日起七日内缴入国库，并向所在地的税务机关报送扣缴企业所得税报告表。"

国家税务总局公告2017年第37号第七条规定："扣缴义务人应当自扣缴义务发生之日起7日内向扣缴义务人所在地主管税务机关申报和解缴代扣税款。扣缴义务人发生到期应支付而未支付情形，应按照《国家税务总局关于非居民企业所得税管理若干问题的公告》（国家税务总局公告2011年第24号）第一条规定进行税务处理。"

扣缴义务人对外支付时应扣缴预提税，若比合同约定的时间提前支付，那么在支付时扣缴；若尚未支付，但已计入成本费用，也应当扣缴。

《国家税务总局关于非居民企业所得税管理若干问题的公告》（国家税务总局公告2011年第24号）第一条规定："中国境内企业（以下称为企业）和非居民企业签订与利息、租金、特许权使用费等所得有关的合同或协议，如果未按照合同或协议约定的日期支付上述所得款项，或者变更或修改合同或协议延期支付，但已计入企业当期成本、费用，并在企业所得税年度纳税申报中作税前扣除的，应在企业所得税年度纳税申报时按照企业所得税法有关规定代扣代缴企业所得税。如果企业上述到期未支付的所得款项，不是一次性计入当期成本、费用，而是计入相应资产原价或企业筹办费，在该类资产投入使用或开始生产经营后分期摊入成本、费用，分年度在企业所得税前扣除的，应在企业计入相关资产的年度纳税申报时就上述所得全额代扣代缴企业所得税。如果企业在合同或协议约定的支付日期之前支付上述所得款项的，应在实际支付时按照企业所得税法有关规定代扣代缴企业所得税。”

9.5.4　非居民企业自行申报

扣缴义务人未履行扣缴义务的，由非居民企业自行申报。

《企业所得税法》第三十九条规定：“依照本法第三十七条、第三十八条规定应当扣缴的所得税，扣缴义务人未依法扣缴或者无法履行扣缴义务的，由纳税人在所得发生地缴纳。纳税人未依法缴纳的，税务机关可以从该纳税人在中国境内其他收入项目的支付人应付的款项中，追缴该纳税人的应纳税款。”

国家税务总局公告2017年第37号第九条第二款规定：“非居民企业未按照企业所得税法第三十九条规定申报缴纳税款的，税务机关可以责令限期缴纳，非居民企业应当按照税务机关确定的期限申报缴纳税款；非居民企业在税务机关责令限期缴纳前自行申报缴纳税款的，视为已按期缴纳税款。”

非居民企业自行申报缴纳税款，没有期限的限制，只要在税务机关责令限期缴纳前自行申报缴纳税款，均视为已按期缴纳税款。此规定避免了非居民企业由于不了解中国税法而延误申报，但若责令限期仍不缴纳，就是明知故犯，仍要承担法律责任。

9.5.5　法律责任

《税收征收管理法》将扣缴义务人未履行扣缴义务的法律责任分为两种：

一是应扣未扣，处以罚款。《税收征收管理法》第六十九条规定：“扣缴义务人应扣未扣、应收而不收税款的，由税务机关向纳税人追缴税款，对扣缴义务人处应扣未扣、应收未收税款百分之五十以上三倍以下的罚款。”

二是应缴未缴，加收滞纳金。《税收征收管理法》第三十二条规定：“纳税人未按照规定期限缴纳税款的，扣缴义务人未按照规定期限解缴税款的，税务机关除责令限期缴纳外，从滞纳税款之日起，按日加收滞纳税款万分之五的滞纳金。”

国家税务总局公告2017年第37号采用了正列举应缴未缴、反列举应扣未扣的方法加以明确。该公告第十四条规定：“按照本公告规定应当源泉扣缴税款的款项已经由扣缴义务人实际支付，但未在规定的期限内解缴应扣税款，并具有以下情形之一的，应作为税款已扣但未解缴情形，按照有关法律、行政法规规定处理：（一）扣缴义务人已明确告知收款人已代扣税款的；（二）已在财务会计处理中单独列示应扣税款的；（三）已在其纳税申报中单独扣除或开始单独摊销扣除应扣税款的；（四）其他证据证明已代扣税款的。除上款规定情形外，按本公告规定应该源泉扣缴的税款未在规定的期限内解缴入库的，均作为应扣未扣税款情形，按照有关法律、行政法规规定处理。”

扣缴义务人具有上述四种情形之一的，属于应缴未缴，除此之外均属于应扣未扣。该公告第十二条规定：“按照企业所得税法第三十七条规定应当扣缴的税款，扣缴义务人应扣未扣的，由扣缴义务人所在地主管税务机关依照《中华人民共和国行政处罚法》第二十三条规定责令扣缴义务人补扣税款，并依法追究扣缴义务人责任；需要向纳税人追缴税款的，由所得发生地主管税务机关依法执行。”

风险提示

须遵循支付孰先原则。

居民企业对外支付时扣缴预提税，若比合同约定的时间提前支付，那么在支付时扣缴；若尚未支付，但已计入成本费用，也应当扣缴。

9.6 售付汇

境内机构和个人向境外单笔支付等值5万美元以上（不含等值5万美元）外汇资金，除了规定的无须备案的情形外，均应向所在地主管税务机关进行备案，适用《国家税务总局国家外汇管理局关于服务贸易等项目对外支付税务备案有关问题的公告》（国家税务总局国家外汇管理局公告2013年第40号）和《国家税务总局 国家外汇管理局关于服务贸易等项目对外支付税务备案有关问题的补充公告》（国家税务总局 国家外汇管理局公告2021年第19号）。

9.6.1 需要备案的情况

下列外汇资金均应向所在地主管税务机关进行税务备案：

（1）境外机构或个人从境内获得的包括运输、旅游、通信、建筑安装及劳务承包、保险服务、金融服务、计算机和信息服务、专有权利使用和特许、体育文化和娱乐服务、其他商业服务、政府服务等服务贸易收入；

（2）境外个人在境内的工作报酬，境外机构或个人从境内获得的股息、红利、利润、直接债务利息、担保费以及非资本转移的捐赠、赔偿、税收、偶然性所得等收益和经常转移收入；

（3）境外机构或个人从境内获得的融资租赁租金、不动产的转让收入、股权转让所得以及外国投资者其他合法所得。

境内机构和个人（以下称备案人）在办理对外支付税务备案时，应向主管税务机关提交加盖公章的合同（协议）或相关交易凭证复印件（外文文本应同时附送中文译本），并填报《服务贸易等项目对外支付税务备案表》（一式三份，以下简称《备案表》）。

境内机构和个人（以下称备案人）对同一笔合同需要多次对外支付的，仅需在首次付汇前办理税务备案。

9.6.2 不需要备案的情况

境内机构和个人对外支付下列外汇资金，无须办理和提交《备案表》：

（1）境内机构在境外发生的差旅、会议、商品展销等各项费用；

（2）境内机构在境外代表机构的办公经费，以及境内机构在境外承包工程的工程款；

（3）境内机构发生在境外的进出口贸易佣金、保险费、赔偿款；

（4）进口贸易项下境外机构获得的国际运输费用；

（5）保险项下保费、保险金等相关费用；

（6）从事运输或远洋渔业的境内机构在境外发生的修理、油料、港杂等各项费用；

（7）境内旅行社从事出境旅游业务的团费以及代订、代办的住宿、交通等相关费用；

（8）亚洲开发银行和世界银行集团下属的国际金融公司从我国取得的所得或收入，包括投资合营企业分得的利润和转让股份所得、在华财产（含房产）出租或转让收入以及贷款给我国境内机构取得的利息；

（9）外国政府和国际金融组织向我国提供的外国政府（转）贷款［含外国政府混合（转）贷款］和国际金融组织贷款项下的利息。本项所称国际金融组织是指国际货币基金组织、世界银行集团、国际开发协会、国际农业发展基金组织、欧洲投资银行等；

（10）外汇指定银行或财务公司自身对外融资如境外借款、境外同业拆借、海外代付以及其他债务等项下的利息；

（11）我国省级以上国家机关对外无偿捐赠援助资金；

（12）境内证券公司或登记结算公司向境外机构或境外个人支付其依法获得的股息、红利、利息收入及有价证券卖出所得收益；

（13）境内个人境外留学、旅游、探亲等因私用汇；

（14）境内机构和个人办理服务贸易、收益和经常转移项下退汇；

（15）国家规定的其他情形；

（16）外国投资者以境内直接投资合法所得在境内再投资；

（17）财政预算内机关、事业单位、社会团体非贸易非经营性付汇业务。

9.6.3 法律责任

税务机关不当场审核纳税事项不等于不履行管理职责，而是把审核工作转移到了备案之后。主管税务机关审查发现对外支付项目未按规定缴纳税款的，应书面告知纳税人或扣缴义务人履行申报纳税或源泉扣缴义务，依法追缴税款，按照税收法律法规的有关规定实施处罚。

风险提示

国家税务总局、国家外汇管理局公告2013年第40号简化了付汇手续，方便了纳税人。5万美元以下的外汇资金支付不需要备案，但企业不得将应纳税的外汇资金拆分为5万美元以下，不备案以逃避纳税。

附录1

部分企业所得税政策执行期限一览表

项目	政　策	执行时间	依　据
税前扣除	化妆品制造或销售、医药制造和饮料制造（不含酒类制造）企业发生的广告费和业务宣传费支出，不超过当年销售（营业）收入30%的部分，准予扣除	2021年1月1日起至2025年12月31日	财政部　税务总局公告2020年第43号
	金融企业贷款损失准备金	2019年1月1日至2023年12月31日，到期后继续执行	财政部 税务总局公告2019年第86号，财政部 税务总局公告2021年第6号
	金融企业涉农贷款和中小企业贷款损失准备金	2019年1月1日至2023年12月31日，到期后继续执行	财政部 税务总局公告2019年第85号，财政部 税务总局公告2021年第6号
	保险公司准备金	2016年1月1日至2020年12月31日，到期后继续执行	财税〔2016〕114号，财政部 税务总局公告2021年第6号
	证券行业准备金	2016年1月1日至2020年12月31日，到期后继续执行	财税〔2017〕23号，财政部 税务总局公告2021年第6号
	中小企业融资（信用）担保机构准备金	2016年1月1日至2020年12月31日，到期后继续执行	财税〔2017〕22号，财政部 税务总局公告2021年第6号
	小额贷款公司按年末贷款余额的1%计提贷款损失准备金	2017年1月1日至2023年12月31日	财税〔2017〕48号，财政部 税务总局公告2020年第22号
	企业用于目标脱贫地区符合条件的扶贫捐赠支出，准予据实扣除	2019年1月1日至2025年12月31日	财政部 税务总局 国务院扶贫办公告2019年第49号，财政部 税务总局 人力资源社会保障部 国家乡村振兴局公告2021年第18号
税收优惠	小型微利企业年应纳税所得额不超过100万元的部分，减按12.5%计入应纳税所得额，按20%的税率缴纳企业所得税	2021年1月1日至2022年12月31日	财政部 税务总局公告2021年第12号
	小型微利企业年应纳税所得额超过100万元但不超过300万元的部分，减按25%计入应纳税所得额，按20%的税率缴纳企业所得税	2022年1月1日至2024年12月31日	财政部 税务总局公告2022年第13号

续表

项目	政　　策	执行时间	依　　据
税收优惠	创业投资企业标准调整	2019年1月1日至2023年12月31日	财政部 税务总局公告2021年第12号，财政部 税务总局公告2022年第6号
	符合条件的从事污染防治的第三方企业减按15%的税率征收企业所得税	2019年1月1日至2023年12月31日	财政部 税务总局 国家发展改革委 生态环境部公告2019年第60号，财政部 税务总局公告2022年第4号
	所有企业的研发费用加计扣除比例提高至75%	2018年1月1日至2023年12月31日	财税〔2018〕99号，财政部 税务总局公告2021年第6号
	制造业研发费用加计扣除比例提高至100%	2021年1月1日起	财政部 税务总局公告2021年第13号
	科技型中小企业100%加计扣除	2022年1月1日起	财政部 税务总局 科技部公告2022年第16号
	委托境外研发可以加计扣除	2018年1月1日起	财税〔2018〕64号
	所有企业职工教育经费支出税前扣除限额提高至8%	2018年1月1日起	财税〔2018〕51号
	高新技术企业和科技型中小企业亏损可结转以后10年弥补	2018年1月1日起	财税〔2018〕76号
	设备 器具一次性扣除（500万以下）	2018年1月1日至2023年12月31日	财税〔2018〕54号，财政部 税务总局公告2021年第6号
	设备 器具一次性扣除（500万以上）	2022年1月1日至2022年12月31日	财政部 税务总局公告2022年第12号
	加速折旧扩大至全部制造业领域	2019年1月1日起	财政部 税务总局公告2019年第66号
	提供社区养老、托育、家政服务取得的收入，减按90%计入收入总额	2019年6月1日至2025年12月31日	财政部 税务总局 发展改革委 民政部 商务部 卫生健康委公告2019年第76号
	生产和装配伤残人员专门用品的企业征免企业所得税	2021年1月1日至2023年12月31日	财政部 税务总局 民政部公告2021年第14号
	金融机构农户小额贷款的利息收入，减按90%计入收入总额；保险公司为种植业、养殖业提供保险业务取得的保费收入，减按90%计入收入总额	2017年1月1日至2023年12月31日	财税〔2017〕44号，财政部 税务总局公告2020年第22号
	小额贷款公司取得的农户小额贷款利息收入，减按90%计入收入总额	2017年1月1日至2023年12月31日	财税〔2017〕48号，财政部 税务总局公告2020年第22号
	设在西部地区的鼓励类产业企业减按15%的税率征收企业所得税	2021年1月1日至2030年12月31日	财政部 税务总局 国家发展改革委公告2020年第23号

续表

项目	政　　策	执行时间	依　　据
税收优惠	设在海南自由贸易港的鼓励类产业企业减按15%税率征收企业所得税	2020年1月1日至2024年12月31日	财税〔2020〕31号
	新疆困难地区新办企业两免三减半	2021年1月1日至2030年12月31日	财税〔2021〕27号
	新疆喀什、霍尔果斯新办企业五年免征企业所得税		
	前海深港现代服务业合作区的符合条件的企业减按15%税率征收企业所得税	2021年1月1日至2025年12月31日	财税〔2021〕30号

附录2

常用企业所得税政策

一、收入

■ 一般收入

《国家税务总局关于确认企业所得税收入若干问题的通知》（国税函〔2008〕875号）

■ 视同销售

《国家税务总局关于企业处置资产所得税处理问题的通知》（国税函〔2008〕828号）

《国家税务总局关于企业所得税有关问题的公告》（国家税务总局公告2016年第80号）

■ 不征税收入

《财政部 国家税务总局关于财政性资金行政事业性收费政府性基金有关企业所得税政策问题的通知》（财税〔2008〕151号）

《财政部 国家税务总局关于专项用途财政性资金企业所得税处理问题的通知》（财税〔2011〕70号）

《国家税务总局关于企业所得税应纳税所得额若干税务处理问题的公告》（国家税务总局公告2012年第15号）

二、税前扣除

■ 工资薪金

《国家税务总局关于企业工资薪金及职工福利费扣除问题的通知》（国税函〔2009〕3号）

《国家税务总局关于企业所得税应纳税所得额若干税务处理问题的公告》（国家税务总局公告2012年第15号）

《国家税务总局关于企业工资薪金和职工福利费等支出税前扣除问题的公告》（国家税务总局公告2015年第34号）

《国家税务总局关于我国居民企业实行股权激励计划有关企业所得税处理问题的公告》（国家税务总局公告2012年第18号）

■ 职工福利费

《国家税务总局关于企业工资薪金及职工福利费扣除问题的通知》（国税函〔2009〕3号）

■ 职工教育经费

《财政部 国家税务总局关于进一步鼓励软件产业和集成电路产业发展企业所得税政策的通知》（财税〔2012〕27号）

《国家税务总局关于企业所得税执行中若干税务处理问题的通知》（国税函〔2009〕202号）

《财政部 国家税务总局 商务部 科技部 国家发展改革委关于技术先进型服务企业有

关企业所得税政策问题的通知》（财税〔2010〕65号）

《财政部 国家税务总局对中关村科技园区建设国家自主创新示范区有关职工教育经费税前扣除试点政策的通知》（财税〔2010〕82号）

《财政部 国家税务总局关于高新技术企业职工教育经费税前扣除政策的通知》（财税〔2015〕63号）

《财政部 税务总局关于企业职工教育经费税前扣除政策的通知》（财税〔2018〕51号）

■ 工会经费

《国家税务总局关于工会经费企业所得税税前扣除凭据问题的公告》（国家税务总局公告2010年第24号）

《国家税务总局关于税务机关代收工会经费企业所得税税前扣除凭据问题的公告》（国家税务总局公告2011年第30号）

■ 业务招待费

《国家税务总局关于贯彻落实企业所得税法若干税收问题的通知》（国税函〔2010〕79号）

■ 广告费和业务宣传费

《财政部 税务总局关于广告费和业务宣传费支出税前扣除有关事项的公告》（财政部 税务总局公告2020年第43号）

■ 捐赠支出

《财政部 国家税务总局关于公益股权捐赠企业所得税政策问题的通知》（财税〔2016〕45号）

《财政部 税务总局关于公益性捐赠支出企业所得税税前结转扣除有关政策的通知》（财税〔2018〕15号）

《财政部 税务总局民政部关于公益性捐赠税前扣除资格有关问题的补充通知》（财税〔2018〕110号）

《财政部 税务总局 民政部关于公益性捐赠税前扣除有关事项的公告》（财政部 税务总局 民政部公告2020年第27号）

《财政部 税务总局 民政部关于公益性捐赠税前扣除资格确认有关衔接事项的公告》（财政部 税务总局 民政部公告2021年第3号）

《财政部 税务总局关于通过公益性群众团体的公益性捐赠税前扣除有关事项的公告》（财政部 税务总局公告2021年第20号）

■ 利息支出

《财政部 国家税务总局关于企业关联方利息支出税前扣除标准有关税收政策问题的通知》（财税〔2008〕121号）

《国家税务总局关于企业投资者投资未到位而发生的利息支出企业所得税前扣除问题的批复》（国税函〔2009〕312号）

《国家税务总局关于企业向自然人借款的利息支出企业所得税税前扣除问题的通知》（国税函〔2009〕777号）

《国家税务总局关于企业所得税若干问题的公告》（国家税务总局公告2011年第34号）

《国家税务总局关于企业混合性投资业务企业所得税处理问题的公告》（国家税务总局公告2013年第41号）

■ **补充养老保险、补充医疗保险**

《财政部 国家税务总局关于补充养老保险费补充医疗保险费有关企业所得税政策问题的通知》(财税〔2009〕27号)

■ **管理费**

《国家税务总局关于母子公司间提供服务支付费用有关企业所得税处理问题的通知》(国税发〔2008〕86号)

■ **保险费**

《国家税务总局关于企业所得税有关问题的公告》(国家税务总局公告2016年第80号)

《国家税务总局关于责任保险费企业所得税税前扣除有关问题的公告》(国家税务总局公告2018年第52号)

■ **手续费及佣金支出**

《财政部 国家税务总局关于企业手续费及佣金支出税前扣除政策的通知》(财税〔2009〕29号)

《国家税务总局关于企业所得税应纳税所得额若干税务处理问题的公告》(国家税务总局公告2012年第15号)

《国家税务总局关于电信企业手续费及佣金支出税前扣除问题的公告》(国家税务总局公告2013年第59号)

《财政部 税务总局关于保险企业手续费及佣金支出税前扣除政策的公告》(财政部 税务总局公告2019年第72号)

■ **准备金**

《财政部 税务总局关于金融企业贷款损失准备金企业所得税税前扣除有关政策的公告》(财政部 税务总局公告2019年第86号)

《财政部 税务总局关于金融企业涉农贷款和中小企业贷款损失准备金税前扣除有关政策的公告》(财政部 税务总局公告2019年第85号)

《财政部 国家税务总局关于保险企业计提准备金有关税收处理问题的通知》(财税〔2015〕115号)

《财政部 国家税务总局关于保险公司准备金支出企业所得税税前扣除有关政策问题的通知》(财税〔2016〕114号)

《国家税务总局关于企业所得税应纳税所得额若干问题的公告》(国家税务总局公告2014年第29号)

《财政部 国家税务总局关于证券行业准备金支出企业所得税税前扣除有关政策问题的通知》(财税〔2017〕23号)

《财政部 国家税务总局关于中小企业融资(信用)担保机构有关准备金企业所得税税前扣除政策的通知》(财税〔2017〕22号)

《财政部 税务总局关于小额贷款公司有关税收政策的通知》(财税〔2017〕48号)

《财政部 税务总局关于延续实施普惠金融有关税收优惠政策的公告》(财政部 税务总局公告2020年第22号)

■ **维简费**

《国家税务总局关于煤矿企业维简费和高危行业企业安全生产费用企业所得税税前扣

除问题的公告》（国家税务总局公告2011年第26号）

《国家税务总局关于企业维简费支出企业所得税税前扣除问题的公告》（国家税务总局公告2013年第67号）

■ 筹办费

《国家税务总局关于企业所得税若干税务事项衔接问题的通知》（国税函〔2009〕98号）

《国家税务总局关于贯彻落实企业所得税法若干税收问题的通知》（国税函〔2010〕79号）

《国家税务总局关于企业所得税应纳税所得额若干税务处理问题的公告》（国家税务总局公告2012年第15号）

■ 其他

《财政部 国家税务总局关于行政和解金有关税收政策问题的通知》（财税〔2016〕100号）

《财政部 国家税务总局关于银行业金融机构存款保险保费企业所得税税前扣除有关政策问题的通知》（财税〔2016〕106号）

三、税收优惠

■ 优惠管理

《国家税务总局关于发布修订后的〈企业所得税优惠政策事项办理办法〉的公告》（国家税务总局公告2018年第23号）

■ 国债利息

《国家税务总局关于企业国债投资业务企业所得税处理问题的公告》（国家税务总局公告2011年第36号）

■ 非营利组织

《财政部 国家税务总局关于非营利组织企业所得税免税收入问题的通知》（财税〔2009〕122号）

《财政部 税务总局关于非营利组织免税资格认定管理有关问题的通知》（财税〔2018〕13号）

■ 资源综合利用

《财政部 国家税务总局关于执行资源综合利用企业所得税优惠目录有关问题的通知》（财税〔2008〕47号）

《国家税务总局关于资源综合利用企业所得税优惠管理问题的通知》（国税函〔2009〕185号）

《财政部 税务总局 发展改革委 生态环境部关于公布〈环境保护、节能节水项目企业所得税优惠目录（2021年版）〉以及〈资源综合利用企业所得税优惠目录（2021年版）〉的公告》（财政部 税务总局 发展改革委 生态环境部公告2021年第36号）

■ 农、林、牧、渔

《国家税务总局关于贯彻落实从事农、林、牧、渔业项目企业所得税优惠政策有关事项的通知》（国税函〔2008〕850号）

《财政部 国家税务总局关于发布享受企业所得税优惠政策的农产品初加工范围（试行）的通知》（财税〔2008〕149）

《国家税务总局关于“公司+农户”经营模式企业所得税优惠问题的通知》（国家税务总局公告2010年第2号）

《国家税务总局关于实施农林牧渔业项目企业所得税优惠问题的公告》（国家税务总局公告2011年第48号）

■ **公共基础设施**

《财政部 国家税务总局国家发展改革委关于公布公共基础设施项目企业所得税优惠目录（2008年版）的通知》（财税〔2008〕116号）

《财政部 国家税务总局关于执行公共基础设施项目企业所得税优惠目录有关问题的通知》（财税〔2008〕46号）

《国家税务总局关于实施国家重点扶持的公共基础设施项目企业所得税优惠问题的通知》（国税发〔2009〕80号）

《财政部 国家税务总局关于公共基础设施项目和环境保护节能节水项目企业所得税优惠政策问题的通知》（财税〔2012〕10号）

《财政部 税务总局关于继续实行农村饮水安全工程税收优惠政策的公告》（财政部 税务总局公告2019年第67号）

■ **环境保护、节能节水项目**

《财政部 国家税务总局关于公共基础设施项目和环境保护节能节水项目企业所得税优惠政策问题的通知》（财税〔2012〕10号）

《财政部 税务总局 发展改革委 生态环境部关于公布〈环境保护、节能节水项目企业所得税优惠目录（2021年版）〉以及〈资源综合利用企业所得税优惠目录（2021年版）〉的公告》（财政部 税务总局 发展改革委 生态环境部公告2021年第36号）

■ **技术转让所得**

《国家税务总局关于技术转让所得减免企业所得税有关问题的通知》（国税函〔2009〕212号）

《财政部 国家税务总局关于居民企业技术转让有关企业所得税政策问题的通知》（财税〔2010〕111号）

《国家税务总局关于技术转让所得减免企业所得税有关问题的公告》（国家税务总局公告2013年第62号）

《财政部 国家税务总局关于中关村国家自主创新示范区技术转让企业所得税试点政策的通知》（财税〔2013〕72号）

《财政部 国家税务总局关于将国家自主创新示范区有关税收试点政策推广到全国范围实施的通知》（财税〔2015〕116号）

《国家税务总局关于许可使用权技术转让所得企业所得税有关问题的公告》（国家税务总局公告2015年第82号）

■ **研究开发费用**

《财政部 国家税务总局科技部关于完善研究开发费用税前加计扣除政策的通知》（财税〔2015〕119号）

《国家税务总局关于企业研究开发费用税前加计扣除政策有关问题的公告》（国家税务总局公告2015年第97号）

《科技部 财政部 国家税务总局关于进一步做好企业研发费用加计扣除政策落实工作的通知》（国科发政〔2017〕211号）

《国家税务总局 科技部关于加强企业研发费用税前加计扣除政策贯彻落实工作的通知》（税总发〔2017〕106号）

《国家税务总局关于研发费用税前加计扣除归集范围有关问题的公告》（国家税务总局公告2017年第40号）

《财政部 税务总局关于企业委托境外研究开发费用税前加计扣除有关政策问题的通知》（财税〔2018〕64号）

《财政部 国家税务总局科技部关于提高科技型中小企业研究开发费用税前加计扣除比例的通知》（财税〔2017〕34号）

《科技部 财政部 国家税务总局关于印发〈科技型中小企业评价办法〉的通知》（国科发政〔2017〕115号）

《国家税务总局关于提高科技型中小企业研究开发费用税前加计扣除比例有关问题的公告》（国家税务总局公告2017年第18号）

《科技部 国家税务总局关于做好科技型中小企业评价工作有关事项的通知》（国科发火〔2018〕11号）

《财政部 税务总局科技部关于提高研究开发费用税前加计扣除比例的通知》（财税〔2018〕99号）

《财政部 税务总局关于进一步完善研发费用税前加计扣除政策的公告》（财政部 税务总局公告2021年第13号）

《国家税务总局关于进一步落实研发费用加计扣除政策有关问题的公告》（国家税务总局公告2021年第28号）

《财政部 税务总局 科技部关于进一步提高科技型中小企业研发费用税前加计扣除比例的公告》（财政部 税务总局 科技部公告2022年第16号）

所得税司《研发费用加计扣除政策执行指引》（2018）

所得税司《研发费用税前加计扣除新政指引》（2021）

■ **残疾人员工资**

《财政部 国家税务总局关于安置残疾人员就业有关企业所得税优惠政策问题的通知》（财税〔2009〕70号）

■ **高新技术企业**

《高新技术企业认定管理办法》（国科发火〔2016〕32号）

《高新技术企业认定管理工作指引》（国科发火〔2016〕195号）

《财政部 国家税务总局关于高新技术企业境外所得适用税率及税收抵免问题的通知》（财税〔2011〕47号）

《国家税务总局关于实施高新技术企业所得税优惠政策有关问题的公告》（国家税务总局公告2017年第24号）

《财政部 税务总局关于延长高新技术企业和科技型中小企业亏损结转年限的通知》

（财税〔2018〕76号）

《国家税务总局关于延长高新技术企业和科技型中小企业亏损结转弥补年限有关企业所得税处理问题的公告》（国家税务总局公告2018年第45号）

■ **小型微利企业**

《国家税务总局关于简化小型微利企业所得税年度纳税申报有关措施的公告》（国家税务总局公告2018年第58号）

《财政部 税务总局关于实施小微企业和个体工商户所得税优惠政策的公告》（财政部 税务总局公告2021年第12号）

《国家税务总局关于落实支持小型微利企业和个体工商户发展所得税优惠政策有关事项的公告》（国家税务总局公告2021年第8号）

《财政部 税务总局关于进一步实施小微企业所得税优惠政策的公告》（财政部 税务总局公告2022年第13号）

《国家税务总局关于小型微利企业所得税优惠政策征管问题的公告》（国家税务总局公告2022年第5号）

■ **软件企业和集成电路企业**

《财政部 国家税务总局关于进一步鼓励软件产业和集成电路产业发展企业所得税政策的通知》（财税〔2012〕27号）

《国家税务总局关于执行软件企业所得税优惠政策有关问题的公告》（国家税务总局公告2013年第43号）

《财政部 国家税务总局国家发展改革委工业和信息化部关于进一步鼓励集成电路产业发展企业所得税政策的通知》（财税〔2015〕6号）

《财政部 国家税务总局国家发展改革委工业和信息化部关于软件和集成电路产业企业所得税优惠政策有关问题的通知》（财税〔2016〕49号）

《财政部 税务总局关于集成电路生产企业有关企业所得税政策问题的通知》（财税〔2018〕27号）

《财政部 税务总局关于集成电路设计和软件产业企业所得税政策的公告》（财政部 税务总局公告2019年第68号）

《财政部 税务总局关于集成电路设计企业和软件企业2019年度企业所得税汇算清缴适用政策的公告》（财政部 税务总局公告2020年第29号）

《财政部 税务总局 发展改革委 工业和信息化部关于促进集成电路产业和软件产业高质量发展企业所得税政策的公告》（财政部 税务总局 发展改革委 工业和信息化部公告2020年第45号）

中华人民共和国工业和信息化部 国家发展改革委 财政部 国家税务总局公告2021年第9号

中华人民共和国工业和信息化部 国家发展改革委 财政部 国家税务总局公告2021年第10号

《国家发展改革委等5个部门关于做好2022年享受税收优惠政策的集成电路企业或项目、软件企业清单制定工作有关要求的通知》（发改高技〔2022〕390号）

■ 创业投资企业

《国家税务总局关于实施创业投资企业所得税优惠问题的通知》（国税发〔2009〕87号）

《财政部 国家税务总局关于将国家自主创新示范区有关税收试点政策推广到全国范围实施的通知》（财税〔2015〕116号）

《国家税务总局关于有限合伙制创业投资企业法人合伙人企业所得税有关问题的公告》（国家税务总局公告2015年第81号）

《财政部 税务总局关于创业投资企业和天使投资个人有关税收政策的通知》（财税〔2018〕55号）

《国家税务总局关于创业投资企业和天使投资个人税收政策有关问题的公告》（国家税务总局公告2018年第43号）

《财政部 税务总局关于实施小微企业普惠性税收减免政策的通知》（财税〔2019〕13号）

《财政部 税务总局关于延续执行创业投资企业和天使投资个人投资初创科技型企业有关政策条件的公告》（财政部 税务总局公告2022年第6号）

■ 加速折旧

《国家税务总局关于企业固定资产加速折旧所得税处理有关问题的通知》（国税发〔2009〕81号）

《财政部 国家税务总局关于完善固定资产加速折旧企业所得税政策的通知》（财税〔2014〕75号）

《国家税务总局关于固定资产加速折旧税收政策有关问题的公告》（国家税务总局公告2014年第64号）

《财政部 国家税务总局关于进一步完善固定资产加速折旧企业所得税政策的通知》（财税〔2015〕106号）

《国家税务总局关于进一步完善固定资产加速折旧企业所得税政策有关问题的公告》（国家税务总局公告2015年第68号）

《财政部 税务总局关于设备器具扣除有关企业所得税政策的通知》（财税〔2018〕54号）

《国家税务总局关于设备器具扣除有关企业所得税政策执行问题的公告》（国家税务总局公告2018年第46号）

《财政部 税务总局关于扩大固定资产加速折旧优惠政策适用范围的公告》（财政部 税务总局公告2019年第66号）

《财政部 税务总局关于延长部分税收优惠政策执行期限的公告》（财政部 税务总局公告2021年第6号）

《财政部 税务总局关于中小微企业设备器具所得税税前扣除有关政策的公告》（财政部 税务总局公告2022年第12号）

■ 环境保护、节能节水、安全生产等专用设备

《财政部 国家税务总局关于执行环境保护专用设备企业所得税优惠目录节能节水专用设备企业所得税优惠目录和安全生产专用设备企业所得税优惠目录有关问题的通知》（财税〔2008〕48号）

《国家税务总局关于环境保护节能节水安全生产等专用设备投资抵免企业所得税有关问题的通知》（国税函〔2010〕256号）

《财政部 税务总局国家发展改革委工业和信息化部环境保护部关于印发节能节水和环境保护专用设备企业所得税优惠目录（2017年版）的通知》（财税〔2017〕71号）

《财政部 税务总局应急管理部关于印发〈安全生产专用设备企业所得税优惠目录（2018年版）〉的通知》（财税〔2018〕84号）

■ **过渡期优惠**

《国务院关于实施企业所得税过渡优惠政策的通知》（国发〔2007〕39号）

《财政部 国家税务总局关于贯彻落实国务院关于实施企业所得税过渡优惠政策有关问题的通知》（财税〔2008〕21号）

《财政部 国家税务总局关于执行企业所得税优惠政策若干问题的通知》（财税〔2009〕69号）

《国家税务总局关于进一步明确企业所得税过渡期优惠政策执行口径问题的通知》（国税函〔2010〕157号）

■ **文化产业**

《财政部 国家税务总局关于继续实施文化体制改革中经营性文化事业单位转制为企业若干税收政策的通知》（财税〔2014〕84号）

《文化部 财政部 国家税务总局关于印发〈动漫企业认定管理办法（试行）〉的通知》（文市发〔2008〕51号）

《财政部 国家税务总局关于扶持动漫产业发展有关税收政策问题的通知》（财税〔2009〕65号）

■ **鼓励就业**

《财政部 税务总局退役军人部关于进一步扶持自主就业退役士兵创业就业有关税收政策的通知》（财税〔2019〕21号）

《财政部 税务总局 人力资源社会保障部国务院扶贫办关于进一步支持和促进重点群体创业就业有关税收政策的通知》（财税〔2019〕22号）

《国家税务总局 人力资源社会保障部 国务院扶贫办 教育部关于实施支持和促进重点群体创业就业有关税收政策具体操作问题的公告》（国家税务总局公告2019年第10号）

■ **技术先进型服务企业**

《财政部 国家税务总局 商务部 科技部 国家发展改革委关于完善技术先进型服务企业有关企业所得税政策问题的通知》（财税〔2014〕59号）

《财政部 国家税务总局 商务部 科技部 国家发展改革委关于在服务贸易创新发展试点地区推广技术先进型服务企业所得税优惠政策的通知》（财税〔2016〕122号）

《财政部 税务总局 商务部 科技部 国家发展改革委关于将技术先进型服务企业所得税政策推广至全国实施的通知》（财税〔2017〕79号）

《财政部 税务总局 商务部 科技部 国家发展改革委关于将服务贸易创新发展试点地区技术先进型服务企业所得税政策推广至全国实施的通知》（财税〔2018〕44号）

■ **区域性税收优惠**

《财政部 税务总局 国家发展改革委关于延续西部大开发企业所得税政策的公告》（财政部 税务总局 国家发展改革委公告2020年第23号）

《西部地区鼓励类产业目录（2020年本）》（中华人民共和国国家发展和改革委员会令

第40号）

《财政部 税务总局关于海南自由贸易港企业所得税优惠政策的通知》（财税〔2020〕31号）

《国家发展改革委 财政部 税务总局关于印发〈海南自由贸易港鼓励类产业目录（2020年本）〉的通知》（发改地区规〔2021〕120号）

《财政部 税务总局关于中国（上海）自贸试验区临港新片区重点产业企业所得税政策的通知》（财税〔2020〕38号）

《财政部 国家税务总局 科技部 知识产权局关于中关村国家自主创新示范区特定区域技术转让企业所得税试点政策的通知》（财税〔2020〕61号）

《财政部 国家税务总局 发展和改革委员会 证监会关于中关村国家自主创新示范区公司型创业投资企业有关企业所得税试点政策的通知》（财税〔2020〕63号）

《财政部 税务总局关于新疆困难地区及喀什、霍尔果斯两个特殊经济开发区新办企业所得税优惠政策的通知》（财税〔2021〕27号）

《财政部 税务总局 发展改革委 工业和信息化部关于印发〈新疆困难地区重点鼓励发展产业企业所得税优惠目录〉的通知》（财税〔2021〕42号）

《财政部 税务总局关于延续福建平潭综合实验区企业所得税优惠政策的通知》（财税〔2021〕29号）

《财政部 税务总局关于延续深圳前海深港现代服务业合作区企业所得税优惠政策的通知》（财税〔2021〕30号）

《财政部 税务总局 发展改革委 证监会关于上海市浦东新区特定区域公司型创业投资企业有关企业所得税试点政策的通知》（财税〔2021〕53号）

■ **其他**

《财政部 国家税务总局关于企业所得税若干优惠政策的通知》（财税〔2008〕1号）

《财政部 国家税务总局关于执行企业所得税优惠政策若干问题的通知》（财税〔2009〕69号）

《财政部 国家税务总局证监会关于沪港股票市场交易互联互通机制试点有关税收政策的通知》（财税〔2014〕81号）

《财政部 国家税务总局证监会关于深港股票市场交易互联互通机制试点有关税收政策的通知》（财税〔2016〕127号）

《财政部 国家税务总局关于地方政府债券利息免征所得税问题的通知》（财税〔2013〕5号）

《财政部 税务总局关于保险保障基金有关税收政策问题的通知》（财税〔2018〕41号）

《财政部 国家税务总局关于中国清洁发展机制基金及清洁发展机制项目实施企业有关企业所得税政策问题的通知》（财税〔2009〕30号）

《财政部 税务总局关于延续支持农村金融发展有关税收政策》（财税〔2017〕44号）

《财政部 税务总局关于铁路债券利息收入所得税政策的公告》（财政部 税务总局公告2019年第57号）

《国家税务总局关于电网企业电网新建项目享受所得税优惠政策问题的公告》（国家税务总局公告2013年第26号）

《财政部 国家税务总局关于促进节能服务产业发展增值税、营业税和企业所得税政策问题的通知》（财税〔2010〕110号）

《国家税务总局国家发展改革委关于落实节能服务企业合同能源管理项目企业所得税优惠政策有关征收管理问题的公告》（国家税务总局 国家发展改革委公告2013年第77号）

《财政部 税务总局 证监会关于创新企业境内发行存托凭证试点阶段有关税收政策的公告》（财政部 税务总局 证监会公告2019年第52号）

《财政部 税务总局 国家发展改革委 生态环境部关于从事污染防治的第三方企业所得税政策问题的公告》（财政部 税务总局 国家发展改革委 生态环境部公告2019年第60号）

《国家税务总局 国家发展改革委 生态环境部关于落实从事污染防治的第三方企业所得税政策有关问题的公告》（国家税务总局 国家发展改革委 生态环境部公告2021年第11号）

《财政部 税务总局 发展改革委 民政部 商务部 卫生健康委关于养老、托育、家政等社区家庭服务业税费优惠政策的公告》（财政部 税务总局 发展改革委 民政部 商务部 卫生健康委公告2019年第76号）

《财政部 税务总局 民政部关于生产和装配伤残人员专门用品企业免征企业所得税的公告》（财政部 税务总局 民政部公告2021年第14号）

《财政部 税务总局关于延续实施普惠金融有关税收优惠政策的公告》（财政部 税务总局公告2020年第22号）

《财政部 税务总局关于延长部分税收优惠政策执行期限的公告》（财政部 税务总局公告2021年第6号）

《财政部 税务总局 人力资源社会保障部 国家乡村振兴局关于延长部分扶贫税收优惠政策执行期限的公告》（财政部 税务总局 人力资源社会保障部 国家乡村振兴局公告2021年第18号）

四、资产损失

《财政部 国家税务总局关于企业资产损失税前扣除政策的通知》（财税〔2009〕57号）

《国家税务总局关于企业股权投资损失所得税处理问题的公告》（国家税务总局公告2010年第6号）

《国家税务总局关于电网企业输电线路部分报废损失税前扣除问题的公告》（国家税务总局公告2010年第30号）

《国家税务总局关于发布〈企业资产损失所得税税前扣除管理办法〉的公告》（国家税务总局公告2011年第25号）

《国家税务总局关于商业零售企业存货损失税前扣除问题的公告》（国家税务总局公告2014年第3号）

《国家税务总局关于企业因国务院决定事项形成的资产损失税前扣除问题的公告》（国家税务总局公告2014年第18号）

《国家税务总局关于金融企业涉农贷款和中小企业贷款损失税前扣除问题的公告》（国家税务总局公告2015年第25号）

《国家税务总局关于企业所得税资产损失资料留存备查有关事项的公告》（国家税务总

局公告2018年第15号）

五、重组

《财政部 国家税务总局关于企业重组业务企业所得税处理若干问题的通知》（财税〔2009〕59号）

《国家税务总局关于发布〈企业重组业务企业所得税管理办法〉的公告》（国家税务总局公告2010年第4号）

《财政部 国家税务总局关于促进企业重组有关企业所得税处理问题的通知》（财税〔2014〕109号）

《国家税务总局关于资产（股权）划转企业所得税征管问题的公告》（国家税务总局公告2015年第40号）

《国家税务总局关于企业重组业务企业所得税征收管理若干问题的公告》（国家税务总局公告2015年第48号）

《财政部 国家税务总局关于非货币性资产投资企业所得税政策问题的通知》（财税〔2014〕116号）

《国家税务总局关于非货币性资产投资企业所得税有关征管问题的公告》（国家税务总局公告2015年第33号）

《财政部 国家税务总局关于完善股权激励和技术入股有关所得税政策的通知》（财税〔2016〕101号）

《国家税务总局关于股权激励和技术入股所得税征管问题的公告》（国家税务总局公告2016年第62号）

《国家税务总局关于全民所有制企业公司制改制企业所得税处理问题的公告》（国家税务总局公告2017年第34号）

《财政部 人力资源 社会保障部 国资委 税务总局 证监会关于全面推开划转部分国有资本充实社保基金工作的通知》（财资〔2019〕49号）

《财政部 税务总局关于基础设施领域不动产投资信托基金（REITs）试点税收政策的公告》（财政部 税务总局公告2022年第3号）

六、总分机构

《国家税务总局关于印发〈跨地区经营汇总纳税企业所得税征收管理办法〉的公告》（国家税务总局公告2012年第57号）

七、房地产

《国家税务总局关于印发〈房地产开发经营业务企业所得税处理办法〉的通知》（国税发〔2009〕31号）

《国家税务总局关于房地产开发企业开发产品完工条件确认问题的通知》（国税函

〔2010〕201号）

《国家税务总局关于房地产开发企业成本对象管理问题的公告》（国家税务总局公告2014年第35号）

《国家税务总局关于房地产开发企业土地增值税清算涉及企业所得税退税有关问题的公告》（国家税务总局公告2016年第81号）

八、清算

《财政部 国家税务总局关于企业清算业务企业所得税处理若干问题的通知》（财税〔2009〕60号）

《国家税务总局关于印发〈中华人民共和国企业清算所得税申报表〉的通知》（国税函〔2009〕388号）

九、境外抵免

《财政部 国家税务总局关于企业境外所得税收抵免有关问题的通知》（财税〔2009〕125号）

《国家税务总局关于发布〈企业境外所得税收抵免操作指南〉的公告》（国家税务总局公告2010年第1号）

《国家税务总局关于企业境外承包工程税收抵免凭证有关问题的公告》（国家税务总局公告2017年第41号）

《财政部 税务总局关于完善企业境外所得税收抵免政策问题的通知》（财税〔2017〕84号）

《国家税务总局关于哈萨克斯坦超额利润税税收抵免有关问题的公告》（国家税务总局公告2019年第1号）

十、源泉扣缴

《财政部 国家税务总局关于非居民企业征收企业所得税有关问题的通知》（财税〔2008〕130号）

《国家税务总局关于非居民企业不享受小型微利企业所得税优惠政策问题的通知》（国税函〔2008〕650号）

《国家税务总局关于下发协定股息税率情况一览表的通知》（国税函〔2008〕112号）

《国家税务总局关于做好〈中国税收居民身份证明〉开具工作的通知》（国税函〔2008〕829号）

《国家税务总局关于中国居民企业向境外H股非居民企业股东派发股息代扣代缴企业所得税有关问题的通知》（国税函〔2008〕897号）

《国家税务总局关于非居民企业船舶、航空运输收入计算征收企业所得税有关问题的通知》（国税函〔2008〕952号）

《国家税务总局关于印发〈非居民企业所得税汇算清缴管理办法〉的通知》（国税发〔2009〕6号）

《非居民承包工程作业和提供劳务税收管理暂行办法》（国家税务总局令2009年第19号）

《国家税务总局关于进一步加强非居民税收管理工作的通知》（国税发〔2009〕32号）

《国家税务总局关于简化判定中国居民股东控制外国企业所在国实际税负的通知》（国税函〔2009〕37号）

《国家税务总局关于非居民企业取得B股等股票股息征收企业所得税问题的批复》（国税函〔2009〕394号）

《国家税务总局关于中国居民企业向QFII支付股息、红利、利息代扣代缴企业所得税有关问题的通知》（国税函〔2009〕47号）

《国家税务总局关于执行税收协定特许权使用费条款有关问题的通知》（国税函〔2009〕507号）

《国家税务总局关于执行税收协定股息条款有关问题的通知》（国税函〔2009〕81号）

《国家税务总局关于税收协定有关条款执行问题的通知》（国税函〔2010〕46号）

《国家税务总局关于印发〈非居民企业所得税核定征收管理办法〉的通知》（国税发〔2010〕19号）

《国家税务总局关于修改〈非居民企业所得税核定征收管理办法〉等文件的公告》（国家税务总局公告2015年第22号）

《国家税务总局关于印发〈非居民企业税收协同管理办法（试行）〉的通知》（国税发〔2010〕119号）

《国家税务总局关于非居民企业所得税管理若干问题的公告》（国家税务总局公告2011年第24号）

《国家税务总局关于非居民企业派遣人员在中国境内提供劳务征收企业所得税有关问题的公告》（国家税务总局公告2013年第19号）

《国家税务总局关于加强非居民企业来源于我国利息所得扣缴企业所得税工作的通知》（国税函〔2008〕955号）

《国家税务总局关于境外分行取得来源于境内利息所得扣缴企业所得税问题的通知》（国税函〔2010〕266号）

《国家税务总局关于境内机构向我国银行的境外分行支付利息扣缴企业所得税有关问题的公告》（国家税务总局公告2015年第47号）

《国家税务总局关于非居民企业股权转让适用特殊性税务处理有关问题的公告》（国家税务总局公告2013年第72号）

《国家税务总局关于非居民企业间接转让财产企业所得税若干问题的公告》（国家税务总局公告2015年第7号）

《国家税务总局关于非居民企业所得税源泉扣缴有关问题的公告》（国家税务总局公告2017年第37号）

《财政部 税务总局国家发展改革委商务部关于扩大境外投资者以分配利润直接投资暂不征收预提所得税政策适用范围的通知》（财税〔2018〕102号）

《国家税务总局关于扩大境外投资者以分配利润直接投资暂不征收预提所得税政策适

用范围有关问题的公告》（国家税务总局公告2018年第53号）

《国家税务总局关于税收协定中“受益所有人”有关问题的公告》（国家税务总局公告2018年第9号）

《国家税务总局关于税收协定执行若干问题的公告》（国家税务总局公告2018年第11号）

《国家税务总局 国家外汇管理局关于服务贸易等项目对外支付税务备案有关问题的公告》（国家税务总局 国家外汇管理局公告2013年第40号）

《国家税务总局 国家外汇管理局关于服务贸易等项目对外支付税务备案有关问题的补充公告》（国家税务总局 国家外汇管理局公告2021年第19号）

《财政部 税务总局关于延续境外机构投资境内债券市场企业所得税、增值税政策的公告》（财政部 税务总局公告2021年第34号）

十一、特别纳税调整

《国家税务总局关于印发〈特别纳税调整实施办法（试行）〉的通知》（国税发〔2009〕2号）

《国家税务总局关于特别纳税调整监控管理有关问题的公告》（国家税务总局公告2014年第54号）

《国家税务总局关于规范成本分摊协议管理的公告》（国家税务总局公告2015年第45号）

《国家税务总局一般反避税管理办法（试行）》（国家税务总局令第32号）

《国家税务总局关于完善关联申报和同期资料管理有关事项的公告》（国家税务总局公告2016年第42号）

《国家税务总局关于完善预约定价安排管理有关事项的公告》（国家税务总局公告2016年第64号）

《国家税务总局关于发布〈特别纳税调查调整及相互协商程序管理办法〉的公告》（国家税务总局公告2017年第6号）

《国家税务总局关于明确国别报告有关事项的公告》（国家税务总局公告2017年第46号）

《国家税务总局关于明确同期资料主体文档提供及管理有关事项的公告》（国家税务总局公告2018年第14号）

十二、综合文件

《国家税务总局关于企业所得税若干税务事项衔接问题的通知》（国税函〔2009〕98号）

《国家税务总局关于企业所得税执行中若干税务处理问题的通知》（国税函〔2009〕202号）

《国家税务总局关于贯彻落实企业所得税法若干税收问题的通知》（国税函〔2010〕79号）

《国家税务总局关于企业所得税若干问题的公告》（国家税务总局公告2011年第34号）

《国家税务总局关于企业所得税应纳税所得额若干税务处理问题的公告》（国家税务总局公告2012年第15号）

《国家税务总局关于企业所得税应纳税所得额若干问题的公告》（国家税务总局公告

2014年第29号）

《国家税务总局关于企业所得税有关问题的公告》（国家税务总局公告2016年第80号）

《国家税务总局关于修订企业所得税2个规范性文件的公告》（国家税务总局公告2016年第88号）

《国家税务总局关于企业所得税若干政策征管口径问题的公告》（国家税务总局公告2021年第17号）

十三、预缴

《国家税务总局关于加强企业所得税预缴工作的通知》（国税函〔2009〕34号）

《国家税务总局关于修订〈中华人民共和国企业所得税月（季）度预缴纳税申报表（A类，2018年版）〉等报表的公告》（国家税务总局公告2020年第12号）

《国家税务总局关于发布〈中华人民共和国企业所得税月（季）度预缴纳税申报表（A类）〉的公告（国家税务总局公告2021年第3号）》

十四、汇算清缴

《国家税务总局关于印发〈企业所得税汇算清缴管理办法〉的通知》（国税发〔2009〕79号）

《国家税务总局关于发布〈中华人民共和国企业所得税年度纳税申报表（A类，2017年版）〉的公告》（国家税务总局公告2017年第54号）

《国家税务总局关于修订〈中华人民共和国企业所得税年度纳税申报表（A类，2017年版）〉部分表单样式及填报说明的公告》（国家税务总局公告2018年第57号）

《国家税务总局关于修订企业所得税年度纳税申报表有关问题的公告》（国家税务总局公告2019年第41号）

《国家税务总局关于修订企业所得税年度纳税申报表的公告》（国家税务总局公告2020年第24号）

《国家税务总局关于企业所得税年度汇算清缴有关事项的公告》（国家税务总局公告2021年第34号）

十五、核定征收

《国家税务总局关于印发〈企业所得税核定征收办法〉（试行）的通知》（国税发〔2008〕30号）

《国家税务总局关于企业所得税核定征收若干问题的通知》（国税函〔2009〕377号）

《国家税务总局关于企业所得税核定征收有关问题的公告》（国家税务总局公告2012年第27号）

《国家税务总局关于跨境电子商务综合试验区零售出口企业所得税核定征收有关问题的公告》（国家税务总局公告2019年第36号）

十六、税前扣除凭证

《国家税务总局关于发布〈企业所得税税前扣除凭证管理办法〉的公告》(国家税务总局公告2018年第28号)

十七、其他

《国家税务总局关于企业取得财产转让等所得企业所得税处理问题的公告》(国家税务总局公告2010年第19号)

《国家税务总局关于查增应纳税所得额弥补以前年度亏损处理问题的公告》(国家税务总局公告2010年第20号)

以上企业所得税相关政策整理截止时间为2022年3月。